O CONTROLO DOS OLIGOPÓLIOS PELO DIREITO COMUNITÁRIO DA CONCORRÊNCIA

A POSIÇÃO DOMINANTE COLECTIVA

JOSÉ PAULO FERNANDES MARIANO PEGO
Professor da Faculdade de Direito da Universidade de Coimbra

O CONTROLO DOS OLIGOPÓLIOS PELO DIREITO COMUNITÁRIO DA CONCORRÊNCIA

A POSIÇÃO DOMINANTE COLECTIVA

Dissertação de Doutoramento em Ciências Jurídico-Empresariais apresentada à Faculdade de Direito da Universidade de Coimbra

ALMEDINA

O CONTROLO DOS OLIGOPÓLIOS
PELO DIREITO COMUNITÁRIO DA CONCORRÊNCIA
A POSIÇÃO DOMINANTE COLECTIVA

AUTOR
JOSÉ PAULO FERNANDES MARIANO PEGO

EDITOR
EDIÇÕES ALMEDINA, SA
Avenida Fernão de Magalhães, n.º 584, 5.º Andar
3000-174 Coimbra
Tel.: 239 851 904
Fax: 239 851 901
www.almedina.net
editora@almedina.net

PRÉ-IMPRESSÃO • IMPRESSÃO • ACABAMENTO
G.C. – GRÁFICA DE COIMBRA, LDA.
Palheira – Assafarge
3001-453 Coimbra
producao@graficadecoimbra.pt

Julho, 2007

DEPÓSITO LEGAL
262043/07

Não sei se tenho um coração grande.
Mas sei que chega para dedicar este trabalho:

à sagrada memória dos meus avós
aos meus pais
ao meu irmão

NOTA PRÉVIA E AGRADECIMENTOS

A monografia que agora se publica corresponde à dissertação de Doutoramento em Ciências Jurídico-Empresariais que apresentei à Faculdade de Direito da Universidade de Coimbra em Abril de 2005 e, numa versão reformulada, em Maio de 2006 (as provas públicas tiveram lugar em Março de 2007). Movido em primeira linha pela vontade de apresentar um trabalho actualizado, introduzi no texto uma ou outra alteração.

Conquanto não possa nomear todos os que me ajudaram nesta empresa, há algumas homenagens académicas que quero prestar.

Ab imo corde, agradeço aos Doutores Avelãs Nunes e Coutinho de Abreu. Eles mostram-me o que é um Mestre (com um "M" muito, muito grande). Dirigindo-me em particular ao Doutor Coutinho de Abreu, acrescento um "bem-haja" pela forma como orientou a dissertação.

Aos Doutores Manuel Lopes Porto e Rui Moura Ramos expresso igualmente o meu reconhecimento e a minha homenagem, já por aquilo que me ensinaram, já pela forma como cativaram o meu interesse para temas relacionados com a União Europeia.

Outrossim, manifesto a minha gratidão junto de alguns Amigos que conheci no claustro universitário e que, ao longo do tempo, me têm ajudado muito: Sandra Passinhas, Olinda Garcia, Ana Coutinho, Francisco Ferreira de Almeida, José Manuel Quelhas e João Pedro Rodrigues.

Para a elaboração da tese, contei com o suporte financeiro da Fundação para a Ciência e a Tecnologia e do Fundo Social Europeu no âmbito do III Quadro Comunitário de Apoio. Numa primeira fase, recebi, igualmente, patrocínios financeiros da Fundação Calouste Gulbenkian e da Fundação Rangel de Sampaio. A estas instituições, "obrigado"!

Termino com os agradecimentos *ao lado germânico*. Entre 2001 e 2003, a fim de aperfeiçoar o conhecimento da língua alemã, frequentei, na qualidade de *Gast*, o *Staatliches Studienkolleg an der Johannes Gutenberg-Universität (Mainz)*. Estou grato pela oportunidade que me deram e agradeço, em particular, a Bernd Engelbauer, Harald Ebert, Zvonimir Misanec e Martine Pfeifer.

De Outubro de 2001 a Fevereiro de 2003, visitei, como *Gastwissenschaftler*, a cátedra do Professor Meinrad Dreher (*Lehrstuhl für Europarecht, Bürgerliches Recht, Handels– und Wirtschaftsrecht, Rechtsvergleichung*) na *Johannes Gutenberg-Universität (Mainz)*. Aqui expresso o meu reconhecimento ao Professor Dreher e aos seus colaboradores Michael Kling, Olaf Kunz e Regina Heß.

Entre Fevereiro de 2003 e Outubro de 2004, fiz investigação – uma vez mais enquanto *Gastwissenschaftler* – no *Institut für deutsches und europäisches Wirtschafts–, Wettbewerbs–, und Energierecht der Freien Universität Berlin*. Ao Professor Franz Jürgen Säcker, aos seus colaboradores (mormente Jens Thomas Füller e Katharina Vera Boesche) e a Carolina Jara Ronda, o meu "muito obrigado"!

Eiras, Junho de 2007

SIGLAS E ABREVIATURAS

A.	Autor.
AA.	Autores.
AB	The Antitrust Bulletin.
ABl.	Amtsblatt der Europäischen Gemeinschaften.
Abs.	Absatz.
Ac.	Acórdão.
AER	The American Economic Review.
AG	Die Aktiengesellschaft. Zeitschrift für das gesamte Aktienwesen, für deutsches, europäisches und internationales Unternehmens– und Kapitalmarktrecht.
Al.	Alínea.
ALJ	Antitrust Law Journal.
BB	Betriebs-Berater.
Begr.	Begründet von.
BFD	Boletim da Faculdade de Direito da Universidade de Coimbra.
BJE	The Bell Journal of Economics.
C.	Coluna.
CDE	Cahiers de Droit Européen.
Cfr.	Confira.
CJ	Colectânea de Jurisprudência.
CJEL	The Columbia Journal of European Law.
CM	Concorrenza e Mercato. Rassegna degli orientamenti dell'Autorità Garante.
CMLR	Common Market Law Review.
Col.	Colectânea da Jurisprudência do Tribunal; a partir de 1990, Colectânea da Jurisprudência do Tribunal de Justiça e do Tribunal de Primeira Instância (das Comunidades Europeias).
Com.	Comissão Europeia.
Cornell L. Rev.	Cornell Law Review.
CPI	Código da Propriedade Industrial.
CPN	Competition Policy Newsletter.

CTF	Ciência e Técnica Fiscal.
DCI	Diritto del Commercio Internazionale.
DDC	Documentação e Direito Comparado.
Dec.	Decisão.
DL	Decreto-Lei.
DR	Diário da República.
EBOR	European Business Organization Law Review.
ECLR	European Competition Law Review.
EE	European Economy.
E. g.	Exempli gratia.
ELR	European Law Review.
EuR	Europarecht.
EuZW	Europäische Zeitschrift für Wirtschaftsrecht.
EWS	Europäisches Wirtschafts– und Steuerrecht.
FI	Il Foro Italiano.
FTC	Federal Trade Commission.
GC	Giustizia Civile.
GComm	Giurisprudenza Commerciale.
GE	Giornale degli Economisti.
GJ	Gaceta Juridica de la C.E. y de la Competencia.
GM	Giurisprudenza di Merito.
GRUR	Gewerblicher Rechtsschutz und Urheberrecht.
GWB	Gesetz gegen Wettbewerbsbeschränkungen.
Harv Int LJ	Harvard International Law Journal.
HLR	Harvard Law Review.
Hrsg.	Herausgeber *ou* herausgegeben von.
IJIO	International Journal of Industrial Organization.
JO	Jornal Oficial das Comunidades Europeias ou Journal Officiel des Communautés Européennes.
JPE	The Journal of Political Economy.
JZ	Juristenzeitung.
LIEI	Legal Issues of European Integration.
MMR	Multimedia und Recht. Zeitschrift für Informations–, Telekommunikations– und Medienrecht.
N.	Nota.
NJW	Neue Juristische Wochenschrift.
ORDO	ORDO. Jahrbuch für die Ordnung von Wirtschaft und Gesellschaft.
OREP	Oxford Review of Economic Policy.
RCC	Revue de la Concurrence et de la Consommation.
RCEJ	Revista do CEJ.

RDAI/IBLJ	Revue de Droit des Affaires Internationales/International Business Law Journal.
RDES	Revista de Direito e de Estudos Sociais.
RDI	Rivista di Diritto Industriale.
RES	The Review of Economics and Statistics.
RIDE	Revue Internationale de Droit Économique.
RIW	Recht der Internationalen Wirtschaft.
RJE	The Rand Journal of Economics.
RLJ	Revista de Legislação e Jurisprudência.
RMC	Revue du Marché Commun.
RMUE	Revue du Marché Unique européen.
ROA	Revista da Ordem dos Advogados.
RTDE	Revue Trimestrielle de Droit Européen.
S.	Satz.
Slg.	Sammlung der Rechtsprechung des Gerichtshofes der Europäischen Gemeinschaften [desde 1990, Sammlung der Rechtsprechung des EuGH (Teil I) und des EuG (Teil II)].
SLR	Stanford Law Review.
TCECA	Tratado que institui a Comunidade Europeia do Carvão e do Aço.
TD	Theory and Decision. An International Journal for Philosophy and Methodology of the Social Sciences.
TInt	Temas de Integração.
TJCE	Tribunal de Justiça das Comunidades Europeias.
TPI	Tribunal de Primeira Instância das Comunidades Europeias.
Vd.	Vide.
V. g.	Verbi gratia.
Vol.	Volume.
WC	World Competition. Law and Economics Review.
WRP	Wettbewerb in Recht und Praxis.
WuW	Wirtschaft und Wettbewerb.
YEL	Yearbook of European Law.
ZGR	Zeitschrift für Unternehmens- und Gesellschaftsrecht.
ZgS	Zeitschrift für die gesamte Staatswissenschaft.
ZHR	Zeitschrift für das gesamte Handelsrecht und Wirtschaftsrecht.
ZWeR	Zeitschrift für Wettbewerbsrecht.

APRESENTAÇÃO

O oligopólio é uma forma de mercado cada vez mais presente na realidade económica dos nossos dias. O espaço comunitário não foge a esta tendência: vários relatórios da Comissão patenteiam que, ao longo dos anos, muitos sectores de actividade na União Europeia se vêm distinguindo por elevado grau de concentração e por um número diminuto de grandes produtores, traços que, como se verá, são característicos daquele tipo de mercado[1]. O que ocorre em palco europeu é apenas reflexo de um fenómeno mais vasto e serve para roborar a feliz asserção de GALAMBOS nos termos da qual os oligopólios globais são tão inevitáveis como o nascer-do-sol[2].

---

[1] Cfr. Comissão Europeia, *Dritter Bericht über die Wettbewerbspolitik (1973)*, Luxemburg, 1974, n.º 26; *id.*, *Neunter Bericht über die Wettbewerbspolitik (1979)*, Luxemburg, 1980, n.º 257; *id.*, *Elfter Bericht über die Wettbewerbspolitik (1981)*, Luxemburg, 1982, p. 15; *id.*, *Décimo Sexto Relatório sobre a Política de Concorrência (1986)*, Luxemburgo, 1987, n.º 330.

[2] Citada em ANDREAS HAHN, *Oligopolistische Marktbeherrschung in der Europäischen Fusionskontrolle*, Berlin, 2003, p. 16, n. 5. Também INGO SCHMIDT («SLC – oder Marktbeherrschungstest als Eingreifkriterium in der Fusionskontrolle?», *WuW*, 2/2003, p. 115) faz referência à crescente oligopolização da economia mundial. No Brasil, os oligopólios respondem pela maior parte da produção – GESNER OLIVEIRA/JOÃO GRANDINO RODAS, *Direito e Economia da Concorrência*, Rio de Janeiro/São Paulo/Recife, 2004, p. 42.

De resto, FRANZ BÖHM já havia assinalado a frequência dos mercados de configuração oligopolística nas indústrias de capital intensivo – «Wirtschaftsordnung und Staatsverfassung», *in* FRANZ BÖHM, *Freiheit und Ordnung in der Marktwirtschaft*, Baden-Baden, 1980, p. 65 – e MARK BLAUG escreveu que o oligopólio é a estrutura típica de mercado no sector transformador das economias industriais modernas – *A Metodologia da Economia. Ou como os Economistas Explicam*, tradução da 2ª ed. por parte de VICTOR CALVETE/ /revisão científica de M. LOPES PORTO, Lisboa, 1994, p. 231.

Por seu turno, NOGUEIRA SERENS – *A Tutela das Marcas e a (Liberdade de) Concorrência (Alguns Aspectos)*, Coimbra, 1990, vol. I, pp. 145 e 177 (ver, igualmente, a

Para que a Europa se esteja a transformar cada vez mais numa Europa dos oligopólios, concorrem tópicos como o peso crescente das economias de escala em muitos sectores da produção[3] ou a vaga de concentrações a que se tem assistido[4]. Certo é que as grandes empresas, nomeadamente as oligopolistas, assumem papel de «*dramatis personae* da vida económica»[5], gozando de um poder que, à míngua de controle eficaz, é passível de lesar a concorrência sadia e de prejudicar os interesses dos consumidores[6].

O direito da concorrência não o dessabe, de jeito algum o pode ignorar, e um dos seus problemas mais agudos[7] e actuais é justamente o

---

p. 176) – não só referiu a importância crescente dos mercados oligopolistas como, observando ser ela comum à generalidade dos países industrializados (*ob. cit.*, vol I, p. 177), notou que, por provar, está se o grau de industrialização depende inevitavelmente da prevalência desse tipo de mercados (*ob. cit.*, vol. II, p. 96, n. 561). O Autor lançou interrogação curiosa: não será "pura arrogância de saber" garantir que, sendo outra a estrutura do mercado, teria sido impossível atingir o grau de industrialização que hoje se nos depara nos países mais desenvolvidos? Formulada em 1990 (cfr. *últ. loc. cit.*), a questão não deixou de ser pertinente.

[3] Massimo Giordano, «Abuso di posizione dominante collettiva e parallelismo oligopolistico: la Corte di giustizia tenta la quadratura del cerchio?», *FI*, 2001, IV, c. 269.

Em acepção lata, economias de escala definem-se como a redução do custo médio de produção quando o volume produzido aumenta. Em sentido mais restrito, há economias de escala ou rendimentos crescentes com a escala quando, a um mesmo acréscimo relativo das quantidades utilizadas dos factores capital e trabalho, sobrevém subida mais do que proporcional da produção obtida. Alfredo Marques, «Concentrações de Empresas – Forças motrizes e consequências económicas», *TInt*, 5.º vol., 1.º Semestre de 2000, n.º 9, p. 26.

[4] Como explanaremos, um e outro ponto podem estar ligados.

[5] Incisiva expressão que forrageámos em Vital Moreira, *A ordem jurídica do capitalismo*, 4ª ed., Lisboa, 1987, p. 46.

[6] Não quer isto dizer que, nos nossos dias, esses colossos económicos sofram desaprovação generalizada por parte da opinião pública – ver Victor João de Vasconcelos Raposo Ribeiro Calvete, «De que falamos quando falamos de política de defesa da concorrência», *in* Júlio Gomes (coordenação editorial), *Estudos dedicados ao Prof. Doutor Mário Júlio Brito de Almeida Costa*, Lisboa, 2002, p. 1482. Como notou J. K. Galbraith, «embora socialmente suspeito, em princípio, o oligopólio era de facto o fornecedor dos automóveis, dos pneumáticos, da gasolina, dos cigarros, da pasta dentífrica, da aspirina – e, portanto, não despertava por parte do consumidor grande ressentimento» (citação trasladada de Victor Calvete, *ob. cit.*, p. 1482, n. 4).

[7] Tendo em vista a realidade alemã, Ernst Niederleithinger, «Praxis der Fusionskontrolle 1979/80. Auslegungsfragen zu § 23 ff. der Vierten GWB-Novelle», *in* AAVV, *Schwerpunkte des Kartellrechts 1979/80*, Köln/Berlin/Bonn/München, 1981, p. 51.

do controle dos mercados oligopolizados. Na Alemanha, houve mesmo o arrojo de sustentar que o destino da política (alemã) de defesa da concorrência se decidia no oligopólio[8], assim como não faltou opinião afoita segundo a qual, na medida em que o maior problema da política da concorrência nas modernas sociedades industriais resida na posição de supremacia detida por várias empresas – e não apenas por uma –, é nele que se decide a efectividade do controle das concentrações de empresas[9].

Sucede que os vaticínios encontrados na doutrina nem sempre são optimistas, registando-se amostras cépticas em relação às leis de defesa da concorrência e ao modo como elas podem controlar os oligopólios: de acordo com GALBRAITH, tais leis fortaleciam a ilusão de controle pelo mercado, mas revelavam-se anódinas para as grandes empresas e, na medida em que intentavam preservar o mercado, representavam um anacronismo no mundo maior da planificação industrial[10]. Para rebater perspectivas desta índole e aderir à tese dos que afirmam o seu credo nas leis *antitrust*[11], é necessário que os mecanismos jusconcorrenciais possam fiscalizar de jeito eficaz os oligopólios. Se o logram fazer na União Europeia, é o que vamos indagar nesta monografia.

A fiscalização dos oligopólios pelo direito da concorrência tem duas dimensões: uma prospectiva, a outra retrospectiva.

A primeira baseia-se em juízos de prognose e opera, no essencial, por via do controlo das concentrações de empresas. Não está aí em causa evitar o aparecimento de toda e qualquer estrutura oligopolística; tal seria um desassiso, porquanto há oligopólios nos quais se regista concorrência

[8] KNUD HANSEN, «Zur Unterscheidung von bewußten Parallelverhalten und abgestimmten Verhaltensweisen in der kartellbehördlichen Praxis», *ZHR*, vol. 136, 1972, p. 52.

[9] ERNST NIEDERLEITHINGER, «Fusionskontrolle und Mißbrauchsaufsicht. Die Praxis zu §§ 22 bis 24a GWB», *in* AAVV, *Schwerpunkte des Kartellrechts 1981/82*, Köln/Berlin//Bonn/München, 1983, p. 46.

[10] JOHN KENNETH GALBRAITH, *The New Industrial State*, London, 1967, pp. 187 e 197.

[11] Entre os quais se inscreve J. TEIXEIRA MARTINS (*in Capitalismo e concorrência – Sobre a Lei de defesa da concorrência* –, Coimbra, 1973, pp. 45-48), para quem tais leis conteriam o fenómeno da concentração dentro de limites razoáveis, apaziguariam a opinião pública – tradicionalmente adversa a situações monopolistas e paramonopolistas –, constituiriam um elemento importante da planificação pública e concorreriam para reforçar a ideia da independência do Estado ante o poder económico das grandes empresas.

sã e vivaz. O que se pretende é antes impedir que a concentração dê origem a oligopólios nos quais é provável que venha a ter lugar uma de duas espécies de efeitos[12]: coordenação ou reforço da coordenação entre as empresas, com prejuízo sério para a concorrência efectiva (fenómeno que o direito europeu da concorrência qualifica de "posição dominante colectiva", "posição dominante conjunta" ou "posição dominante oligopolística") – são os *efeitos coordenados das concentrações*; supressão de apertos concorrenciais a que, até aí, as empresas estavam sujeitas – graças à mudança que a concentração introduz no mercado, as empresas, agora livres de certas peias, vêem aumentar a sua margem de manobra e são capazes de actuar de forma malfazeja para a concorrência efectiva mesmo sem recorrer a coordenação (eis os *efeitos unilaterais das concentrações*). No direito comunitário da concorrência, a lista de instrumentos (normativos ou não) a que se recorre para dar corpo à fiscalização *ex ante* é encimada pelo Regulamento (CE) n.º 139/2004 do Conselho – de 20 de Janeiro de 2004[13] – e pelas "Orientações para a apreciação das concentrações horizontais nos termos do regulamento do Conselho relativo ao controlo das concentrações de empresas", editadas pela Comissão Europeia e publicadas em Fevereiro de 2004[14].

No tocante à vertente retrospectiva, ela opera no direito europeu, de modo primordial, por intermédio das normas que reprimem os abusos de

---

[12] Um de dois, posto que se excluem mutuamente.

[13] Publicado em JO L 24, de 29.1.2004, p. 1 e aplicável desde 1 de Maio do mesmo ano (art.º 26, n.º 1).

Há casos a que se continua a aplicar o Regulamento das Concentrações anterior (n.º 4064/89); estão previstos no n.º 2 do citado art. 26.º (*e. g.*, concentrações cujo acordo de conclusão é anterior a 1 de Maio de 2004). No que respeita aos Estados que, *in futuro*, venham a aderir à União Europeia, o Regulamento n.º 139/2004 torna-se aplicável a partir da data da adesão – art. 26.º, n.º 3.

O Regulamento (CEE) n.º 4064/89 do Conselho foi o primeiro de que o espaço comunitário dispôs em matéria de concentrações de empresas. Adoptado em 21.12.1989, entrou em vigor em 21.9.1990 – cfr. JO L 395 de 30.12.1989, p. 1; a versão rectificada encontra-se em JO L 257 de 21.9.1990, p. 13. Esse Regulamento foi alterado pelo Acto de Adesão da Áustria, Finlândia e Suécia – cfr. JO C 241 de 29.8.1994, p. 57 – e pelo Regulamento (CE) n.º 1310/97 do Conselho, de 30.6.1997 («Regulamento de alteração») – cfr. JO L 180, de 9.7.1997, p. 1 (rectificação no JO L 40, de 13.2.1998, p. 17).

[14] JO C 31, de 5.2.2004, p. 5. Amiúde nos referiremos a este texto usando apenas a palavra "Orientações". Trata-se de documento que dá a conhecer ao público (nomeadamente às empresas) os critérios a seguir na avaliação das concentrações horizontais.

dominação. Em causa está averiguar se alguns oligopolistas, actuando de maneira coordenada (como se uma só entidade estivesse em causa), fizeram uso indevido do seu ascendente; dizendo-o de outro modo, é preciso escrutinar se exploraram de maneira abusiva a posição dominante (colectiva) a que se haviam alcandorado. No direito comunitário da concorrência, o principal instrumento normativo para levar a cabo o controlo *ex post* dos oligopólios é o art. 82.º CE, por via do qual se proíbe que uma ou mais empresas explorem de forma abusiva uma posição dominante no mercado comum ou numa parte substancial deste. Não deixaremos, todavia, de avaliar em que medida se pode lançar mão do art. 81.º CE para atingir aquele fim.[15]

O que vai dito a propósito do arsenal comunitário destinado ao controlo dos oligopólios deixa entrever o sobressaliente papel da "posição dominante colectiva". Mais tarde ofereceremos os contornos de tal noção. Entretanto, não queremos deixar de dizer que tanto os instrumentos normativos mencionados como os outros mecanismos previstos para evitar que se falseie a concorrência marcam bem o sistema económico vigente na União Europeia, a saber, a Economia de Mercado, *rectius*, Economia Social de Mercado[16].

Breve indicação da sequência. Dois esclarecimentos

Além da corrente *Apresentação*, o nosso trabalho comporta quatro partes e um trecho intitulado *Síntese e Conclusões*.

---

[15] Em 18 de Junho de 2004, foi adoptado o Tratado que estabelece uma Constituição para a Europa. Assinado a 29 de Outubro de 2004, está sujeito à ratificação pelos Estados-membros e entra em vigor a 1 de Novembro de 2006 (desde que tenham sido depositados todos os instrumentos de ratificação; se tal não acontecer, entra em vigor no primeiro dia do segundo mês seguinte ao do depósito do instrumento de ratificação do Estado signatário que proceder a esta formalidade em último lugar) – art. IV-447.º.

O Tratado que estabelece a Constituição europeia revoga o Tratado CE (art. IV--437.º, n.º 1). Porém, o teor dos artigos 81.º e 82.º CE passa, sem alteração, a constar dos artigos III-161.º e III-162.º do novo Tratado; apenas se registam ligeiras mudanças no texto (que em nada interferem na análise a desenvolver nesta monografia).

[16] Sobre o entendimento da Economia de Mercado da União como Economia *Social* de Mercado, evitando a recondução do sistema económico ali vigente a qualquer modelo liberal ou neo-liberal, FAUSTO DE QUADROS, *Direito da União Europeia. Direito Constitucional e Administrativo da União Europeia*, Coimbra, 2004, p. 110.

A *Primeira Parte* vai dedicada, no precípuo, ao estudo do oligopólio e da coordenação de condutas entre os seus membros (a posição dominante colectiva é, já o antecipámos, um problema de coordenação de comportamentos).

Na *Segunda Parte*, o controlo *ex ante* dos oligopólios – a sobredita dimensão prospectiva – cativará o nosso estudo. Depois de, à guisa de prelúdio, tratarmos o conceito de "empresa" no direito europeu da concorrência, embrenhamo-nos na fiscalização dos oligopólios que opera por intermédio do controlo das concentrações de empresas (título **A**) e fechamos com o escrutínio de meios que, ao menos de forma difusa, também possibilitam concretizar tal fiscalização (título **B**).

A *Terceira Parte* devota-se ao controlo *ex post* dos oligopólios, aquele que ostenta matriz retrospectiva. Não podendo prescindir de interpelar o art. 81.º, n.º 1 CE – que proíbe os acordos e práticas concertadas entre empresas, assim como as decisões de associações que agrupam tais operadores –, o que se faz no título **A**, é no esquadrinhamento das possibilidades abertas pelo art. 82.º CE que nos centraremos (título **B**).

Na *Quarta Parte*, trata-se o modo de controlar os oligopólios no direito norte-americano. Aí assume particular importância o controlo das concentrações de empresas, matéria estudada sob o título **A**. Os outros meios de fiscalização são referidos em **B**. Quando analisarmos o direito americano, estabeleceremos termos de comparação com o direito comunitário.

No trecho *Síntese e Conclusões*, procuraremos mostrar em que medida o conjunto de meios enucleados na segunda e na terceira parte proporciona um controlo eficaz dos mercados oligopolísticos na União Europeia.

Sentimo-nos obrigados a apresentar dois esclarecimentos. Aqui fica o primeiro. Quando se lê o índice, não passa despressentido o desdobramento muito miúdo da sistematização adoptada na *Segunda Parte* (regista-se, nomeadamente, o contraste com o sucedido na *Terceira Parte*). Atendendo à matéria em causa – considerando, sobretudo, a vasta lista de factores a arrolar quando se faz juízo de prognose tendente a avaliar se uma operação de concentração gera efeitos nocentes para a concorrência –, não tivemos como evitá-lo.

Uma outra advertência se impõe. No curso deste trabalho, quando referirmos o direito da concorrência, estaremos a aludir ao direito de defesa da concorrência, que tem como missão básica a preservação das estruturas concorrenciais do mercado.

Já o instituto da concorrência desleal procura defender os agentes económicos perante actos de concorrência contrários às normas e aos usos honestos de qualquer ramo de actividade económica, por exemplo, actos susceptíveis de criar confusão com o estabelecimento, os produtos ou os serviços dos concorrentes, qualquer que seja o meio utilizado (art. 317.º do CPI, aprovado pelo DL n.º 36/2003, de 5 de Março).

Para vincar o sentido distinto da "defesa da concorrência" e da "concorrência desleal", vale a pena auscultar alguns Autores. CARLOS FERREIRA DE ALMEIDA[17] nota que, ao lado dos princípios positivos da concorrência (manter a concorrência, incentivar a concorrência) – plasmados, *inter alia*, nos artigos 85.º e seguintes do Tratado de Roma [actualmente, no artigo 81.º CE (e seguintes)] –, «(...) funcionam normas aparentemente antitéticas de morigeração da mesma concorrência, do seu funcionamento dentro de limites éticos – a repressão da chamada concorrência desleal (...)». O mesmo Professor observa que, enquanto a defesa da concorrência garante a subsistência do sistema, já a condenação da concorrência qualitativamente excessiva, "moralmente" reprovável, assegura os limites aceitáveis das condutas dos membros da classe mercantil. PEDRO DE ALBUQUERQUE – «Direito português da concorrência», *ROA*, ano 50, Dezembro 1990, pp. 581-582 – refere, na mesma esteira, que o direito (de defesa) da concorrência procura assegurar e tutelar os valores do sistema (p. 582) e EDUARDO PAZ FERREIRA[18] escreve que esse ramo do direito visa organizar os mercados e, por esse caminho, proteger consumidores e produtores (reconduzindo-se, basicamente, à ideia de ordenação da economia por parte do Estado), enquanto o direito da concorrência desleal se situa no plano jusprivatístico, almejando a defesa de agentes económicos concretos (exige dos concorrentes o respeito por padrão de lealdade na concorrência).

Na presente dissertação, seguiremos, afinal, a tradição de muitos sistemas jurídicos ocidentais – incluindo o direito comunitário –, em que

---

[17] *Os Direitos dos Consumidores*, Coimbra, 1982, p. 72.
[18] *Lições de Direito da Economia*, Lisboa, 2001, p. 464.

direito da concorrência (*Wettbewerbsrecht*) e direito de defesa da concorrência – ou direito dos cartéis (*Kartellrecht*) – são usados como sinónimos. Já na Áustria, o direito da concorrência designa, sobretudo, o direito da concorrência desleal[19].

[19] BERNHARD GIRSCH, *Fusionskontrolle in konzentrierten Märkten: das theoretische Konzept der oligopolistischen Marktbeherrschung und dessen Anwendung in der Praxis*, Wien/Graz, 2002, p. 11, n. 1.

PRIMEIRA PARTE
O OLIGOPÓLIO E A COORDENAÇÃO DE COMPORTAMENTOS

Para se apreender o controle dos oligopólios pelo direito comunitário da concorrência e o preciso recorte que a posição dominante colectiva assume, é preciso oferecer um quadro de entendimento do oligopólio e da coordenação de atitudes que nele ocorre com frequência. A semelhante tarefa é devotada esta parte do trabalho. No capítulo I, apresentamos as várias formas de mercado, dando ênfase ao oligopólio e às principais construções teóricas de que foi alvo. O capítulo II é tributado à análise da coordenação de comportamentos, com particular realce para o seu ocurso em oligopólio. O capítulo III serve para mostrar os caminhos que, em ordem a combater os obstáculos à concorrência (mormente no oligopólio), se encontram à disposição da política e do direito de defesa da concorrência; a sistematização aí exposta assenta, todavia, em critério diferente daquele que seguimos no nosso trabalho (que se escora no momento em que o controlo intervém: *ex ante* ou *ex post*).

CAPÍTULO I
FORMAS DE MERCADO. O OLIGOPÓLIO

1. **Referência às distintas formas de mercado**

Ultrapassa o âmbito desta monografia o exame pormenorizado das várias formas de mercado, mas mal se compreenderia que não lhes fizéssemos menção (o destaque e o tratamento minudencioso caberão, está visto, ao oligopólio).

Há vários modos de fazer a taxinomia dos mercados. Adoptando uma exposição comum na nossa Escola[20] e ordenando-os de modo decrescente atendendo ao número de vendedores, distinguimos concorrência pura e perfeita, concorrência imperfeita [que abarca a concorrência monopolista (ou monopolística) e o oligopólio] e monopólio.

1.1. Concorrência pura e perfeita

As condições que definem o mercado de concorrência pura e perfeita são as seguintes[21]: *atomicidade do mercado* – tanto do lado da oferta como do da procura, existe grande número de unidades económicas, nenhuma delas com dimensão ou poderio bastante para exercer influência sobre a produção e o preço; *homogeneidade do produto* – todas as empresas de uma indústria fabricam bens que os adquirentes consideram idênticos ou homogéneos, não se descortinando razão para preferir o artigo de uma ao de outra; *livre acesso à indústria* – quem almejar dedicar-se a certa exploração, pode fazê-lo num pronto, sem restrições nem demoras; os ofertantes que integram a indústria não podem opor-se à entrada de novos concorrentes, para os quais é fácil obter os factores de produção necessários; *perfeita transparência do mercado* (*publicidade completa*) – todos os participantes no mercado têm conhecimento completo de todos os factores significativos do mesmo (designadamente, os vendedores e os adquirentes conhecem sempre as quantidades procuradas e oferecidas aos vários preços possíveis); *perfeita mobilidade dos agentes económicos* – cada um dos vendedores pode dirigir a sua oferta a qualquer dos compradores e cada um destes pode encaminhar a sua procura para qualquer dos ofertantes; de indústria para indústria, existe uma *perfeita mobilidade dos factores* de produção. Os três primeiros predicados definem a "concorrência pura", *id est*, expurgada de qualquer elemento de monopólio; todos em conjunto chancelam a "concorrência perfeita" ou "pura e perfeita".

---

[20] Cfr. MANUEL LOPES PORTO, *Economia: um texto introdutório*, Coimbra, 2004, pp. 149-172; AVELÃS NUNES, *Economia Política. A Produção. Mercados e Preços*, Coimbra, 1998, pp. 348-431.

[21] AVELÃS NUNES, *Economia Política...*, pp. 348-349; ver, também, M. LOPES PORTO, *Economia...*, pp. 149-150 e JOÃO SOUSA ANDRADE, *Introdução à Economia*, Coimbra, 1998, pp. VI-4 e VI-5.

A concorrência pura e perfeita é um arquétipo, não acha materialização na vida real[22]. Nem sequer é difícil compreender que o modelo sucumba ante as características da economia moderna: muitas vezes, os consumidores não estão suficientemente informados sobre os preços e, sobretudo, não têm tempo nem disposição para procurar a alternativa mais conveniente – falha a transparência; mercados atomizados são, cada vez mais, *avis rara*; os bens não são homogéneos e aí estão (ao menos) a publicidade e o *marketing* para os diferenciar; a mobilidade dos factores está posta em causa – muitas vezes, é difícil mudar de emprego e a evolução tecnológica condiciona cada vez mais a transição para outras actividades[23].

Visto haver subido número de compradores e de vendedores e nenhum daqueles com a sua procura nem qualquer destes com a sua oferta ser capaz de exercer influência sensível sobre o preço, uns e outros olham este como um dado, como algo independente da sua acção – todos fazem as respectivas procuras e ofertas supondo que, com elas, não induzem variação do preço.

Para maximizar o lucro e obter os ganhos mais pingues, as empresas devem produzir até ao ponto em que o custo despendido na produção adicional, no fabrico de mais uma unidade – o custo marginal –, seja igual ao preço de mercado, que é a receita média. E a receita média é igual à receita marginal. Na verdade, as vendas adicionais fazem-se ao mesmo preço que as anteriores e a receita que provém da venda de uma unidade suplementar do produto (receita marginal) é igual ao preço uni-

[22] Cfr. Avelãs Nunes, *Economia Política...*, pp. 396-397, M. Lopes Porto, *Economia...*, p. 152, António Menezes Cordeiro, «Defesa da concorrência e direitos fundamentais das empresas: da responsabilização da Autoridade da Concorrência por danos ocasionados em actuações de inspecção», *in* Ruy de Albuquerque/António Menezes Cordeiro (coordenação), *Regulação e Concorrência. Perspectivas e limites da defesa da concorrência*, Coimbra, 2005, p. 124 [«(...) a concorrência perfeita é apenas um modelo teórico de reflexão (...)»], Maria José Bicho, *in* Maria Belmira Martins/Maria José Bicho/Azeem Remtula Bangy, *O Direito da Concorrência em Portugal. O Decreto-Lei n.º 422/83 comentado e comparado com o direito comunitário e de vários países*, Lisboa, 1986, p. 19 e Theodor Wessels, «Bemerkungen zum Begriff des Monopolmissbrauchs», *ZgS*, 1959, pp. 530-531.

[23] *Vide* Eduardo Paz Ferreira, *Lições...*, p. 469 e Maria do Rosário Rebordão Sobral/João Eduardo Pinto Ferreira, *Da Livre Concorrência à Defesa da Concorrência. História e Conceitos Base da Legislação de Defesa da Concorrência*, Porto, 1985, p. 93.

tário no mercado. Assim, sendo constante a receita média, a receita marginal será também constante e igual àquela (e, também, sempre igual ao preço). Sintetizando, o volume de produção que garante o máximo lucro à empresa em concorrência perfeita corresponde ao ponto em que o custo marginal iguala a receita marginal, que é idêntica ao preço e à receita média[24].

Vimos de assentar que o preço de concorrência coincide com o custo marginal da oferta necessária para fazer equilíbrio com a procura. Isso significa que esse é o preço mais baixo por que as empresas aceitam estavelmente vender[25]. Desta sorte, o preço igual ao custo marginal, o preço de concorrência, é o preço mais baixo possível. Ora, na medida em que a procura varia num sentido inverso ao do preço, se este é o mais baixo possível, ele é, outrossim, aquele a que se faz a maior procura possível[26] – o preço da concorrência é, em princípio, aquele que dá satisfação ao maior número possível de adquirentes.

Porquê dizer "em princípio"? É que, tomando a lição de M. Lopes Porto[27], uma maior escala de produção em certos mercados – como a que se verifica no monopólio ou noutros tipos de mercado que não na concorrência pura e perfeita – pode proporcionar custos de tal forma mais baixos que o preço nesses mercados, mesmo sendo superior à receita marginal, acaba por ser inferior àqueloutro da concorrência pura e perfeita.

1.2. **Monopólio**

Quando atendemos ao número de vendedores que integram o mercado, encontramos no pólo oposto à concorrência pura e perfeita o monopólio, no qual existe apenas uma unidade. Esta controla a oferta de um produto que não tem sucedâneos próximos – a elasticidade-cruzada da

---

[24] Seguimos de perto alguns trechos de Avelãs Nunes, *Economia Política...*, pp. 355-357; cfr., ainda, M. Lopes Porto, *Economia...*, p. 150 e Wessels, «Bemerkungen...», 1959, p. 531.

[25] Se o preço for inferior ao custo marginal, as empresas restringem a produção até que o custo marginal desça ao nível do preço.

[26] Avelãs Nunes, *Economia Política...*, pp. 394-395.

[27] *Economia...*, pp. 173-174; em sentido convergente, Juan Briones Alonso, *Test de Dominancia VS. Test de Reducción de la Competencia: Aspectos Económicos*, Madrid, 2002, p. 5.

procura [conceito que relaciona a variação do preço de um bem (**A**) e a variação consequente da quantidade procurada de outro bem (**B**), ou seja, mostra em que medida a alteração do preço de **A** provoca modificação da quantidade procurada de **B**] entre o artigo que fabrica e todos os outros produtos é muito fraca. Com acerto se pode dizer que, no monopólio, desaparece a distinção entre a empresa e a indústria, aquela abrange toda a indústria[28].

Segundo o "Princípio de Cournot", enunciado no século XIX pelo Autor com o mesmo nome, o monopolista não pode controlar ao mesmo tempo o preço do seu produto e a quantidade que será procurada, ele fixa apenas o preço *ou* a quantidade, já que é obrigado a ter em conta as reacções da procura. Se estabelece as quantidades que pretende vender, o mercado indica-lhe o preço por que as compra; se fixa o preço a que almeja transaccionar, o mercado decide as quantidades que absorve[29].

O monopolista, tal como a empresa em concorrência perfeita, vai desenvolver a sua produção até ao ponto no qual o que gasta a mais na produção de uma unidade suplementar (custo marginal) se parifica com aquilo que recebe a mais pela venda dessa unidade (receita marginal) – o *preço óptimo de monopólio* é, pois, um preço de equilíbrio entre a procura e aquela oferta cujo custo marginal iguala a receita marginal. Em monopólio, o preço é superior à receita marginal[30] e, evidentemente, também ao custo marginal, pois a produção desenvolve-se até que este iguala a receita marginal. Mas, se o preço de monopólio é superior ao

---

[28] Avelãs Nunes, *Economia Política...*, p. 371 (e, sobre o conceito de elasticidade--cruzada da procura, p. 301).

[29] *Vd.* A. Augustin Cournot, *Recherches sur les Principes Mathématiques de la Théorie des Richesses*, (Nouvelle Édition), Paris, 1938, p. 61; J. J. Teixeira Ribeiro, *Economia Política* (De harmonia com as prelecções ao 2º ano jurídico de 1958-1959), edição policopiada, Coimbra, 1959, pp. 319-320; Avelãs Nunes, *Economia Política...*, pp. 373-375; M. Lopes Porto, *Economia...*, p. 155; George Frederik Stanlake, *Introdução à Economia*, tradução da 5ª ed. por parte de Paula Maria Ribeiro de Seixas/revisão técnica de A. Avelãs Nunes, Lisboa, 1993, p. 297.

Face ao princípio de Cournot, Giorgio Monti – «Oligopoly: Conspiracy? Joint Monopoly? Or Enforceable Competition?», *WC*, 19(3), March 1996, p. 59 – deveria ter mais cuidado antes de escrever que o monopolista é livre de fixar o seu preço, que se torna então o preço de mercado.

[30] Avelãs Nunes, *Economia Política...*, pp. 376-379, texto em que se encontra a explicação para o facto de a receita marginal ser inferior ao preço; *vd.*, também, M. Lopes Porto, *Economia...*, pp. 155-156.

custo marginal, isso significa que não se trata do menor preço por que uma empresa se dispõe a oferecer estavelmente as quantidades que fabrica. Não o sendo, não é o menor preço possível, pelo que não satisfaz o maior número possível de consumidores[31].

O monopolista pode, todavia, ser levado a cobrar preço mais baixo do que aquele correspondente à parificação entre o custo marginal e a receita marginal. Isso sucede devido à concorrência de bens sucedâneos (mais ou menos afastados), à concorrência potencial e à possibilidade de o Estado intervir a fim de sanear situações de abuso de poder monopolista. A concorrência dos sucedâneos pode afectar todos os monopolistas, gozem eles de monopólio legal (aquele que resulta da lei), natural (originado pela escassez natural de certos elementos, geralmente matérias-primas) ou de facto (criado por virtude de circunstâncias ligadas ao funcionamento do mercado). A concorrência potencial pode atingir apenas os operadores que beneficiem de monopólio de facto[32].

1.3. **Concorrência monopolista**

Nos mercados de concorrência monopolista coabita um número bastante elevado de empresas (mas menor do que na concorrência pura e perfeita); a oferta de cada uma delas tem influência sobre o preço, já porque são em menor número, já porque, embora reduzida, a sua dimensão é maior do que na concorrência perfeita; quanto às possibilidades de aceder à indústria, são variáveis, ainda que não possa falar-se de dificuldade de entrada como elemento característico deste tipo de mercado. Os bens produzidos não são homogéneos como na concorrência perfeita, mas tão-pouco meros sucedâneos remotos como no monopólio, vigorando o chamado "princípio da diferenciação mínima", que BOULDING enuncia com meridiana clareza: «tornai o vosso produto tanto quanto possível similar aos produtos existentes, mas sem destruir as diferenças». Por intermédio da diferenciação do produto, cada empresa procura criar, no espírito do consumidor, uma preferência relativa ao artigo que fabrica,

---

[31] AVELÃS NUNES, *Economia Política...*, p. 395.

[32] *Vd.* AVELÃS NUNES, *Economia Política...*, pp. 383-387, e, acerca dos tipos de monopólio, pp. 372-373; cfr., ainda, M. LOPES PORTO, *Economia...*, p. 159.

uma certa posição de monopólio para o seu produto[33]. Tomando uma linguagem usada por NOGUEIRA SERENS[34] a propósito da marca como instrumento privilegiado da publicidade – não por acaso, a marca e a publicidade são factores relevantes das estratégias de diferenciação na concorrência monopolista[35] –, o produtor estabelece (designadamente graças à marca) uma *comunicação* com o consumidor e fixa um "círculo de clientes", de indivíduos que tendem a repetir experiências de aquisição de certo bem.

Conquanto a empresa logre clientela fiel, o facto de a diferenciação ser mínima e de a mercadoria que oferece ter de suportar a concorrência de sucedâneos próximos (ela e os seus sucedâneos pertencem à *mesma indústria*, integram o *mesmo produto*) obriga-a a moderar a sua política de preços, sob pena de larga parcela dos consumidores deslocar a sua procura para sucedâneos postos à venda a preço mais reduzido. Cada operador tem, pois, de tomar em conta não apenas a elasticidade da procura relativamente ao preço do seu produto (a chamada elasticidade-preço da procura, que indica a relação entre a variação do preço de um bem e a consequente modificação, em sentido contrário ao da alteração do preço, da quantidade procurada desse mesmo bem), mas também a já mencionada elasticidade-cruzada da procura [a relação entre as variações do preço do seu produto e as variações da procura do(s) sucedâneo(s)][36].

O preço que se vem a estabelecer no mercado de concorrência monopolista é um preço de equilíbrio entre a procura que se dirige a cada empresa e a oferta de cada uma delas, cujo custo marginal iguala a receita marginal[37] e cujo custo total médio iguala o preço[38].

---

[33] Na caracterização do mercado de concorrência monopolista, temos vindo a seguir de perto trechos de AVELÃS NUNES, *Economia Política...*, pp. 397-399 (a frase citada de BOULDING encontra-se na p. 398); relancear também A. L. SOUSA FRANCO, *Concorrência*, *in* Enciclopédia Luso-Brasileira de Cultura, vol. V, col. 1243 e ALBERTO P. XAVIER, «Subsídios para uma lei de defesa da concorrência», *CTF*, n.º 136, Abril de 1970, p. 101.

[34] *A Tutela...*, vol. I, p. 148.

[35] AVELÃS NUNES, *Economia Política...*, pp. 398-399.

[36] AVELÃS NUNES, *Economia Política...*, p. 400 (e, sobre o conceito de elasticidade--preço da procura, p. 285).

[37] É a lógica que vale para todas as empresas, independentemente do mercado em que se encontram: produzir até que a despesa feita na produção de uma unidade adicional iguale aquilo que recebem pela venda de tal unidade.

[38] É o ponto em que desaparecem os *lucros anormais* (ou seja, lucros que a empresa percebe por vender a preço superior ao custo total médio), e cessam porque, quando

A concorrência monopolista traz consigo ineficiência social, dado que as empresas produzem menos do que poderiam produzir e fazem-no a um custo médio superior ao custo médio mínimo [aos custos da produção acrescem normalmente os custos de venda (*e. g.*, publicidade) e os próprios custos de produção vêm onerados pela diferenciação do produto][39].

2. Oligopólio

2.1. Escrutínio do mercado oligopolístico

2.1.1. *Preliminares*

Chegou a altura de cravar a atenção na forma de mercado que mais interessa a este trabalho, o oligopólio. O conceito de oligopólio provém da ciência económica e suscita vários problemas. Lendo MÖSCHEL – segundo o Autor, há quase tantas definições de oligopólio como teorias acerca do mesmo[40] – e atentando na diversidade de construções versando o oligopólio[41], ficamos impressionados. Encontrar definição capaz de

---

existiam, a indústria era atractiva, novas empresas acederam ao mercado (e as que já lá estavam aumentaram a produção), isso levou a um aumento da oferta e à consequente diminuição do preço (que baixou justamente até esse ponto em que se tornou igual ao custo total médio; a partir daí não desceu mais, pois a indústria deixou de ser atractiva e findou o incentivo à entrada de novas empresas) – AVELÃS NUNES, *Economia Política...*, pp. 405-410, *passim*; para a expiração dos lucros anormais contribui ainda o facto de o custo médio ir, eventualmente, subindo, em virtude de se afectar à produção factores menos vantajosos – M. LOPES PORTO, *Economia...*, p. 167.

[39] AVELÃS NUNES, *Economia Política...*, pp. 412-413; veja-se também JOÃO SOUSA ANDRADE, *Introdução...*, p. VI-42 e GILBERT ABRAHAM-FROIS, *Économie Politique*, 5ª ed., Paris, 1992, p. 315.

[40] WERNHARD MÖSCHEL, *Der Oligopolmissbrauch im Recht der Wettbewerbsbeschränkungen. Eine vergleichende Untersuchung zum Recht der USA, Großbritanniens, der EWG und der Bundesrepublik Deutschland*, Tübingen, 1974, p. 3.

[41] *Vd.* BERND SIMONIS, *Die Aussagen der neueren Oligopolpreistheorie und ihre Bedeutung für die Wettbewerbspolitik*, Meisenheim am Glan, 1971, quadro apresentado entre as páginas 26 e 27. Na mesma esteira, MARTIN SHUBIK (*apud* BLAUG, *A Metodologia...*, p. 231) proclama que não há uma teoria do oligopólio, há bocados e peças de

abranger tão rico e multifacetado fenómeno parece ser um aporismo. E novos espinhos se excogitam nas palavras de ZAMAGNI[42], para quem o papel que a teoria pode desempenhar no oligopólio é menor do que no monopólio ou em mercados de concorrência atomística, pois naquele há uma série praticamente infinita de mecanismos que torna quase impossível formular leis universalmente aplicáveis. Igualmente num sentido que converge, deparamos com a menção ao vasto espectro de comportamentos empresariais que o oligopólio permite[43]: tanto pode haver disputa intensa como de todo não ocorrer competição[44], trata-se de terreno em que *tudo pode acontecer*[45]. Não bastasse este sudário, esbarramos na afirmação de SCHERER segundo a qual «(...) one of the well-established truths of oligopoly theory is that nothing is well-established (...)»[46]. Mas o paroxismo encontra-se em texto, com laivos de misticismo, de DENOZZA, conforme o qual o modo de funcionamento do oligopólio permanece absolutamente *misterioso*[47].

---

modelos. Cfr., ainda, CARL SHAPIRO, «Theories of oligopoly behavior», *in* R. SCHMALENSEE/R. D. WILLIG, *Handbook of Industrial Organisation*, reimpressão, vol. I, Amsterdam//New York/Oxford/Tokyo, 1990, que não só menciona como aplaude a variedade de concepções (respectivamente, a pp. 332 e 408).

[42] *Apud* E. ADRIANO RAFFAELLI, «Oligopolio e normativa antitrust», *in* AAVV, *Antitrust fra diritto nazionale e diritto comunitario*, Milano, 1996, p. 31.

[43] GERHARD BROSIUS, *Oligopolistische Preispolitik und Inflation*, Göttingen, 1979, p. 82. Cfr., ainda, JOÃO SOUSA ANDRADE, *Introdução...*, p. VI-42 e JOÃO LUÍS CÉSAR DAS NEVES, *Introdução à Economia*, Lisboa/São Paulo, 1992, p. 162.

[44] THEODOR WESSELS, «Bemerkungen...», pp. 527-528. Outrossim, *vide* ULRICH MEYER-CORDING, *Monopol und Marktbeherrschung als Rechtsprobleme*, Tübingen, J. C. B. Mohr (Paul Siebeck), 1954, p. 46, ANTOINE WINCKLER/MARC HANSEN, «Collective dominance under the EC Merger Control Regulation», *CMLR*, 1993, p. 790, DANIELE CANGEMI, «Contrôle des concentrations et position dominante collective», *RMUE*, 1/1995, p. 114, ERNST-JOACHIM MESTMÄCKER, «Entgeltregulierung, Marktbeherrschung und Wettbewerb im Mobilfunk», *MMR*, 1998, Beilage zu Heft 8, p. 14 e MESTMÄCKER/HEIKE SCHWEITZER, *Europäisches Wettbewerbsrecht*, 2ª edição (da obra de MESTMÄCKER com o mesmo nome), München, 2004, p. 252.

[45] *Vd.* F. M. SCHERER/DAVID ROSS, *Industrial Market Structure and Economic Performance*, 3ª ed., Boston, 1990, p. 199; DIETER WOLF, «L'appréciation concurrentielle d'oligopoles dans l'optique de l'Office Fédéral des Ententes», *RCC*, n.º 84, mars-avril 1995, p. 45.

[46] F. M. SCHERER, «Focal point pricing and conscious parallelism», *AB*, vol. XII, Summer 1967, p. 495.

[47] FRANCESCO DENOZZA, *Antitrust. Leggi antimonopolistiche e tutela dei consumatori nella CEE e negli USA*, Bologna, 1988, p. 38.

Apesar da névoa de problemas delicados que envolve o oligopólio, os tópicos a seguir adiantados para a sua definição transformaram-se já em *locus classicus* e, no nosso modo de ver, permitem captar toda a filigrana de comportamentos que nele tem lugar.

2.1.2. *Caracterização*

O termo oligopólio provém do grego – "Ολιγοι" (*oligos*) é a palavra grega que significa poucos. "Oligopólio" quer dizer, exactamente, "poucos vendedores"[48].

Trata-se de tipo de mercado no qual coabita número diminuto de grandes ofertantes e em que, via de regra, é difícil entrar. O caso mais simples de oligopólio é o duopólio, situação em que duas empresas asseguram toda a oferta. Mau grado serem só duas, a sua conduta estrutura-se de maneira idêntica à de quaisquer outros oligopolistas, pelo que a análise do oligopólio vale para o duopólio[49]. Ao lado das empresas com avultada envergadura, pode haver pequenos operadores (as *fringe firms*) que, tendo quota de mercado diminuta, não condicionam a actuação das grandes nem das (outras) pequenas empresas que coabitem no mercado[50].

Há oligopólios em que o bem oferecido é homogéneo e outros em que existe diferenciação do produto. Ali, fala-se de oligopólio perfeito, aqui, de oligopólio imperfeito. Mesmo no segundo caso, os oligopolistas pertencem à mesma indústria, vendem o mesmo produto (artigos que são sucedâneos próximos uns dos outros).

Atendendo ao pequeno número de empresas activas no mercado e ao facto de serem partícipes da mesma indústria, devem os oligopolistas considerar em que medida o seu comportamento influencia a actuação dos rivais, pois a sua própria acção é condicionada pela destes (ou, pelo menos, por aquilo que a empresa pensa que vai ser a conduta das demais). A actuação da empresa **A** depende daquilo que **A** crê que a rival

---

[48] Avelãs Nunes, *Economia Política...*, p. 414; Andreas Aigner, *Kollektive Marktbeherrschung im EG-Vertrag: Zugleich eine Untersuchung der Behandlung von Oligopolfällen durch die Kommission und den Gerichtshof der Europäischen Gemeinschaften*, Wien, 2001, p. 8.

[49] Avelãs Nunes, *Economia Política...*, p. 414.

[50] David Flint, «Abuse of a collective dominant position», *LIEI*, 1978/2, p. 50; Erhard Kantzenbach/Jörn Kruse, *Kollektive Marktbeherrschung*, Göttingen, 1989, p. 12; Girsch, *Fusionskontrolle...*, p. 18, n. 20.

B vai fazer, e a conduta de **B** depende do que **B** supõe que **A** vai fazer. Dá-se uma interdependência dos preços e dos volumes de vendas (oferta) e ela é reconhecida pelos oligopolistas[51]. E não pode deixar de ser reconhecida porquanto, no mundo de poucos que é o oligopólio, as empresas se olham quase olhos nos olhos[52].

Dizendo-o de outro jeito, a circunstância de poucas empresas se apresentarem no oligopólio faz com que tenham influência sobre os preços e sobre a oferta. Assim, são capazes de interferir no rendimento, nas receitas e nos lucros dos competidores, daqui advindo uma interdependência entre os oligopolistas e uma subida relevância da acção estratégica de cada um deles[53] [54].

---

[51] AVELÃS NUNES, *Economia Política...*, pp. 421-423; ver também WILLIAM FELLNER, «Collusion and its limits under oligopoly», *AER*, vol. XL (1950), p. 54, KNUD HANSEN, «Zur Unterscheidung...», p. 54, KLAUS-DIETER KÜHN, *Abgestimmtes und sogenanntes bewußtes Parallelverhalten auf Oligopolmärkten. Bedeutung, Unterscheidungsproblematik und Konsequenzen für die Wettbewerbspolitik*, Frankfurt am Main/Zürich, 1978, pp. 5-6, BROSIUS, *Oligopolistische...*, p. 73, SCHERER/ROSS, *Industrial...*, p. 199, DONALD A. HAY/ /DEREK J. MORRIS, *Industrial economics and organization. Theory and evidence*, Oxford, 1991, p. 58, GÜNTHER LOIBNER, *Das Oligopol im Kartellrecht der EG*, policopiado, Wien, 1995, p. 20, GARY HEWITT, «Oligopoly. Background Note», *OECD Journal of Competition Law and Policy*, vol. 3/n.º 3, 2001, p. 144 e GUNNAR NIELS, «Collective Dominance: More Than Just Oligopolistic Interdependence», *ECLR*, 2001, p. 169.

[52] ROBERTO PARDOLESI, «Sul 'nuovo che avanza' in antitrust: l'illiceità oggettiva dello scambio d'informazioni», *FI*, 2002, III, c. 502.

[53] Cfr. FERNANDO ARAÚJO, *Introdução à Economia*, 3ª ed., Coimbra, 2005, p. 369. Outrossim, MONICA ANDERSSON, *Collective Dominance Under the EC Merger Regulation – An Analysis of Commission Decisions*, Stockholm, 2000, p. 8, MONTI, «Oligopoly...», p. 159 e A. L. SOUSA FRANCO/GUILHERME D'OLIVEIRA MARTINS, *A Constituição Económica Portuguesa. Ensaio Interpretativo*, Coimbra, 1993, p. 43.

[54] Passa-se aquilo que a exposição de WERNER ZOHLNHÖFER (*Wettbewerbspolitik im Oligopol. Erfahrungen der amerikanischen Antitrustpolitik*, Tübingen, 1968, p. 18) tão bem patenteia: o conceito de oligopólio supõe um liame estreito entre estrutura do mercado e comportamento no mesmo. A noção parte de um critério morfológico, mas orienta-se de forma decisiva por um critério de conduta, e é o reconhecimento, por parte do oligopolista, da interdependência mútua relativamente às decisões dos rivais que entretece a conexão entre os dois pólos referidos. No fundo, a própria estrutura do mercado traz consigo o reconhecimento da interdependência e esta, por seu turno, pauta a conduta de cada oligopolista, obrigando-o a considerar as reacções dos demais. Neste sentido, pode dizer-se que o comportamento oligopolístico vem determinado pela estrutura do mercado.

O enlace entre estrutura e comportamento ressuma também da definição de oligopólio que CARL KAYSEN e DONALD TURNER (*Antitrust Policy. An Economic and Legal*

A fim de designar a posição correlata das empresas com tal jaez, são usadas as expressões "interdependência oligopolística"[55], "interdependência conjectural"[56], "interdependência circular"[57] e "interdependência paramétrica"[58] (neste trabalho, empregaremos todas estas qualificações, estamos diante de sinónimos). O fenómeno também aparece denominado como "solidariedade de reacções" (*Reaktionsverbundenheit*)[59], mas mais correcto é sustentar que a solidariedade de reacções *deriva* da interdependência oligopolística[60].

O fenómeno da interdependência e o jogo de condicionamentos recíprocos entre os oligopolistas entendem-se de jeito mais preciso partindo da lição de SANDROCK[61]: no oligopólio, os concorrentes (**B**, **C**, **D**) de uma empresa (**A**) condicionam as vendas que esta faz; e influenciam-nas não apenas como *conjunto* (de rivais de **A**), mas também encarados de forma *individual* (**B**; **C**; **D**). Pertencendo estes operadores à mesma indústria

---

Analysis, Cambridge, 1959, p. 27) propõem: «A structurally oligopolistic market is one in which the few largest sellers in the market have a share of the market sufficient to make it likely that they will recognize the interaction of their own behaviour and their rivals' response in determining the values of the market variables». KAYSEN e TURNER inserem-se no pensamento estruturalista, ao qual dedicaremos algumas linhas na *Quarta Parte*.

[55] ROBERT H. BORK, *The Antitrust Paradox. A Policy at War with Itself*, New York, 1993, p. 103; GERWIN VAN GERVEN/EDURNE NAVARRO VERONA, «The *Wood Pulp* Case and the Future of Concerted Practices», *CMLR*, 1994, p. 576; LOIBNER, *Das Oligopol...*, p. 20; AIGNER, *Kollektive...*, p. 9; HEIKO HAUPT, «Kollektive Marktbeherrschung in der europäischen Missbrauchs– und Fusionskontrolle nach dem Airtours-Urteil des Gerichts Erster Instanz», *EWS*, 8/2002, p. 362.

[56] Expressão adoptada por RAYMOND BARRE (*apud* AVELÃS NUNES, *Economia Política...*, p. 415) e LOUIS VOGEL, *Droit de la concurrence et concentration économique*, Paris, 1988, p. 182.

[57] MARC AMSTUTZ, *Kollektive Marktbeherrschung im europäischen Wettbewerbsrecht. Eine evolutorische Perspektive*, Tübingen, 1999, p. 14; MARC HABERSAAT, *Gemeinsame Marktbeherrschung und Europäisches Kartellrecht: Das Oligopol in der Europäischen Rechtsprechung*, Göttingen, 2002, p. 10.

[58] KNUD HANSEN, «Zur Unterscheidung...», p. 55; KANTZENBACH/KRUSE, *Kollektive...*, p. 10; LOIBNER, *Das Oligopol...*, p. 20; MESTMÄCKER, «Entgeltregulierung...», p. 14; FRANZ--JÜRGEN SÄCKER, *Zielkonflikte und Koordinationsprobleme im deutschen und europäischen Kartellrecht*, Düsseldorf, sem indicação de data, p. 61.

[59] AIGNER, *Kollektive...*, p. 9; HAUPT, «Kollektive...», p. 362.

[60] HAHN, *Oligopolistische...*, p. 21.

[61] OTTO SANDROCK, *Grundbegriffe des Gesetzes gegen Wettbewerbsbeschränkungen*, München, 1968, p. 92. O Autor refere-se a determinadas teorias do oligopólio (mormente de VON STACKELBERG e de GUTENBERG), mas a apresentação que delas faz tem um alcance bem mais lato e permite entender tal forma de mercado *in nuce*.

que **A** e detendo qualquer deles grande quinhão do mercado, cada um, singularmente visto, influi nas vendas e nas receitas de **A**. Desta sorte, **A** tem de gizar as suas estratégias atendendo não só ao *conjunto* dos seus competidores (enquanto *grupo*), mas também a cada um deles, tomado de maneira *individual*.

Ex hypothesi, se **A** sobe o preço do produto que vende e **B**, **C**, e **D** mantêm o dos bens que oferecem, **A** perderá toda ou parte da clientela para os demais vendedores (consoante se esteja no oligopólio perfeito ou no imperfeito). **A** é obrigado a ajustar o seu preço àquele que o *conjunto* dos seus rivais pratica, a sua estratégia é influenciada pelo globo formado pelos outros operadores. Trata-se de um tipo de interferência que também ocorre nos mercados de concorrência pura e perfeita e naqueles de concorrência monopolística: em ambos, a empresa define a sua estratégia atendendo ao conjunto dos outros vendedores e às condições que resultam da actuação destes como um todo. Só que, no oligopólio, dá-se ainda um influxo relativamente a *cada um* dos rivais (**B**; **C**; **D**). Quando **A** encarece os bens, qualquer dos contendores vê a procura que se lhe dirige crescer muito, cada um beneficia em magna medida da diversão da procura que antes se encaminhava para **A**. Isto não acontece na concorrência pura e perfeita (na qual a empresa que fixa um preço ligeiramente superior ao das co-participantes no mercado perde toda a clientela, mas sem que cada uma das rivais, individualmente encarada, veja subir de modo sensível a procura que se lhe destina) nem tem lugar – ou, pelo menos, só o terá de feição mitigada – na concorrência monopolista (passando **A** a exigir um preço superior ao dos concorrentes, parte da procura de que beneficiava encaminhar-se-á para os outros competidores, mas não pode dizer-se que cada um destes, tomado singularmente, lucre em grande medida com o desvio).

No caso de o oligopolista **A** passar a cobrar preço mais baixo do que os competidores, ele recebe larga parcela da procura que a estes se dirigia – eis a relação entre a empresa e o *conjunto* de oligopolistas rivais – e privará *cada um* dos concorrentes de parte importante da sua clientela – tomados singularmente, eles são condicionados pela atitude de **A**[62] [63].

Além das características referidas – cifra pequena de empresas com avantajada envergadura; dificuldade de acesso ao mercado; bens homogéneos ou sucedâneos; interdependência paramétrica –, o oligopólio distingue-se pela *indeterminação da procura*, que é um elemento absolutamente decisivo para compreender o processo de formação dos preços. Cada empresa, face a uma desejada variação do preço dos bens que oferece,

[62] Contudo, **A** logra distrair a clientela em seu favor apenas de forma temporária, porque os rivais vão reagir descendo o preço.

[63] Os dois exemplos referidos – um contemplando a subida, o outro a descida do preço – foram colhidos em Sandrock (*Grundbegriffe...*, p. 92), mas introduzimos alterações da nossa lavra.

não pode contar apenas com a resposta dos adquirentes perante tal alteração; ela depende também da réplica dos outros membros do oligopólio. Por mor do alcance das reacções dos seus pares, as empresas só logram determinar a curva da procura dos seus artigos depois de lhes estabelecerem um preço; não podem fixar-lhes um preço em face de certa curva da procura. Eis a indeterminação da procura. Tem lugar sempre que o número de vendedores é tão limitado que a procura dos bens fabricados por qualquer deles se torna indeterminada. Precisemos este ponto.

Ut supra, a empresa que se afoita a subir o preço perderá os clientes (todos ou alguns) e a que decide baixá-lo só por curto lapso de tempo beneficiará de acréscimo da quantidade procurada. Lançando mão do conceito de elasticidade-preço da procura, significa esta parlenga que, a preços superiores aos estabelecidos no mercado, a procura destinada a cada empresa é muito elástica (diminui em maior medida do que aquela em que os preços subiram); a preços inferiores, é pouco elástica (sobe em menor proporção do que a correspondente à queda dos preços). Deste jeito, a curva da procura que se dirige à empresa no oligopólio ganha a forma de uma *curva quebrada* (*kinky demand* ou *kinked demand*)[64]. Eis a sua representação gráfica:

Figura 1 – Curva quebrada da procura

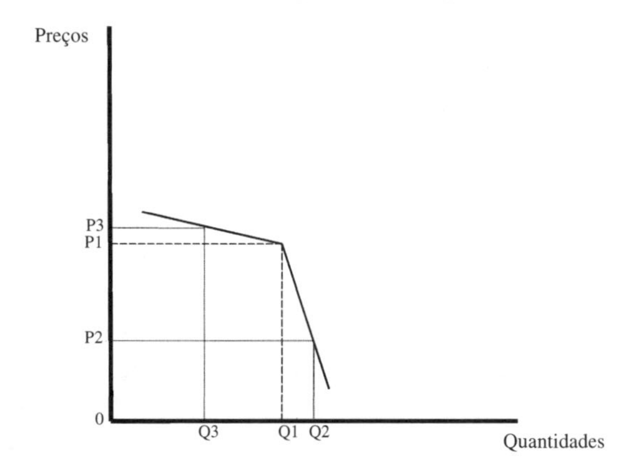

[64] O conceito de "kinky demand" é geralmente associado à análise de SWEEZY – cfr. FERNANDO ARAÚJO, *Introdução...*, p. 379 –, mas também parece ser de assacar a HALL e a HITCH – cfr. PAOLO SYLOS LABINI, *Oligopolio e progresso tecnico*, Milano, 1957, pp. 26-27 e JOHN SLOMAN (com a colaboração de MARK SUTCLIFFE), *Economics*, 2ª ed., New York e outras, 1994, p. 260.

Simplesmente, *este andamento da procura – melhor, o ponto de quebra da curva da procura – só pode ser conhecido pelo vendedor depois de estabelecido um preço no mercado*, seja ele qual for. Só após a fixação do preço a 10 ou a 8 sabe a empresa que, a preços inferiores – respectivamente, a 10 ou a 8 –, a procura dos bens que oferece é pouco elástica, e muito elástica a preços superiores. Quer dizer: por causa da importância das reacções dos contendores, os oligopolistas só logram determinar a curva da procura dos seus artigos depois de lhes fixarem um preço; é para eles impossível estabelecer um preço em face de certa curva da procura[65].

O acervo de elementos que vem caracterizando o oligopólio – designadamente, a indeterminação da procura, a necessidade de, em vista de uma ambicionada variação do preço dos artigos que vende, a empresa não poder contar apenas com a reacção da procura, mas também com a das rivais e, por fim, a circunstância de a diminuição de preço por parte de uma empresa redundar em guerra de preços com que todas ficarão a perder – explica que o preço se estabeleça por acordo entre as empresas e tenda a permanecer inalterado durante largos períodos (*preço rígido*)[66].

Fazemos notar não existir no oligopólio um único *ponto* de equilíbrio entre preços e quantidades produzidas que seja o mais favorável para as empresas. Há antes uma *área* alargada de equilíbrio dentro da qual cada ponto é ponto estável de equilíbrio. Quando se atinge um dos equilíbrios possíveis dentro de tal área, não faz sentido, sob o ponto de vista da racionalidade económica, que a empresa altere o preço dos artigos que vende: subindo-o, perde toda ou parte da clientela (só o faria se estivesse segura de que as demais seguiriam o mesmo rumo); descendo-o, as outras adoptam idêntica atitude e todas ficam a perder. Assim nasce, sem qualquer combinação entre as empresas, uma área composta por pontos de

---

[65] *Vd.* AVELÃS NUNES, *Economia Política...*, pp. 424-426.

[66] Cfr. AVELÃS NUNES, *Economia Política...*, p. 428; SÄCKER, *Zielkonflikte...*, pp. 60--61; FEMI ALESE, «The Economic Theory of Non-Collusive Oligopoly and the Concept of Concerted Practice Under Article 81», *ECLR*, 1999, p. 381; PARDOLESI, «Sul 'nuovo che avanza'...», c. 502; outrossim, CRISTOFORO OSTI, «Brevi puntualizzazioni in tema di collusione oligopolistica», *FI*, 2002, III, c. 509.

O acordo não tem de ser expresso nem, tão-pouco, de resultar de colusão activa, a ele se pode chegar por via de coordenação tácita.

equilíbrio estáveis[67]. Em virtude da inexistência de um particular e preciso comportamento maximizador de lucros por parte das empresas, há quem sustente que a forma de mercado oligopolista não *determina* o comportamento dos vendedores, apenas o *influencia*[68].

Retratado o oligopólio e definidos os seus traços[69], desvelamos as causas que explicam o seu aparecimento. Aproveita-se o passo para indicar exemplos de mercados que assumem configuração oligopolística.

2.1.3. ***Origem. Exemplos***

O oligopólio pode nascer de razões legais (*e. g.*, regime de condicionamento industrial), naturais (*v. g.*, certa matéria-prima existe apenas numa zona à qual poucas empresas têm acesso) e de facto. No atinente às últimas, distinguimos razões de concorrência (por força dos mecanismos desta, poucos operadores sobrevivem) e razões técnicas (há equipamentos que não são reprodutíveis em pequenas unidades; um custo médio mínimo aceitável postula volume muito avultado de produção – a título de exemplo, se este é de 100 mil unidades/ano, quando o mercado comprador não ultrapassa 200 mil agentes, só dois fabricantes podem vingar, não sendo provável a intrusão de outros[70]).

É chegada a hora de desfiar alguns exemplos de mercados que, na vida económica, assumem configuração oligopolística: nos Estados Unidos, os sectores da produção de cigarros, de automóveis, de frigoríficos domésticos e de "cereais para pequeno-almoço"; na Europa, as áreas das telecomunicações, *software* informático, linhas aéreas, transportes marítimos, indústrias automóvel, química e farmacêutica; no espaço mais amplo constituído pela América do Norte e pela Europa, o fabrico de aviões comerciais de grande porte[71].

---

[67] PETER RAISCH, «Methodische Bedenken gegen Generalklauseln im Kartellrecht am Beispiel der Mißbrauchsaufsicht über marktbeherrschende Unternehmen», *JZ*, n.º 20, 15. Oktober 1965, pp. 629-630.

[68] ROBERT KNÖPFLE, «Zur Mißbrauchsaufsicht über marktbeherrschende Unternehmen auf dem Preissektor», *BB*, caderno 19, de 10.7.1974, p. 863.

[69] Juso voltaremos ao problema do (difícil) acesso ao mercado.

[70] M. LOPES PORTO, *Economia...*, pp. 168-169.

[71] Cfr. M. LOPES PORTO, *Economia...*, p. 169, JUAN BRIONES/A. JORGE PADILLA, «The Complex Landscape of Oligopolies under EU Competition Policy – Is Collective

No campo coberto pelos mercados de trabalho, Alberto P. Xavier assinalava, em artigo publicado em 1970[72], estrutura e comportamento oligopolísticos. Estaríamos perante resultado do fenómeno sindical, que afastava o salário corrente médio do nível do salário que se formaria em hipótese de concorrência perfeita. O regime jurídico das associações sindicais e das negociações colectivas restringia a competitividade no mercado do trabalho, consagrando um sistema de coligação forçada a nível da oferta e da procura deste factor de produção (que nem sempre conseguia assegurar um equilíbrio rigoroso de poder de negociação). Ainda acompanhando aquele Professor, a natureza oligopolista – ou mesmo monopolista – dos mercados de trabalho não só suprimia a liberdade de licitação recíproca no seu seio, como distorcia as condições de concorrência entre as empresas, colocando em inferioridade aquelas que usavam mais elevada proporção de mão-de-obra: enquanto a parte maior dos seus custos de produção se encontrava subtraída à livre concorrência, a esta vinham submetidos os preços dos bens que fabricavam. É distinta a nossa forma de ver. Mesmo que déssemos de barato tudo o resto, não aquiescemos ao remate. À uma, não é adquirido estarem os preços submetidos "à livre concorrência". À outra parte, os concorrentes directos das empresas em causa serão, também eles, empresas de trabalho intensivo.

2.1.4. ***Oligopólio restrito e oligopólio amplo***

No âmbito do oligopólio, é mister distinguir "oligopólio restrito" ou "oligopólio estreito" [*enges Oligopol*, *tight oligopoly* (*narrow oligopoly*), *oligopolio stretto*] e "oligopólio amplo", "oligopólio largo" ou "oligo-

---

Dominance Ripe for Guidelines?», *WC*, 24(3), September 2001, p. 308, Briones Alonso, *Test...*, p. 7 e Barry Rodger, «Market integration and the development of european competition policy to meet new demands: a study of the control of oligopolistic markets and the concept of a collective dominant position under article 86 of the EC Treaty», *LIEI*, 1994/2, p. 3. Por sua vez, Alberto Pera – *Concorrenza e Antitrust*, Bologna, 1998, pp. 32-33 – aponta estrutura oligopolística aos seguintes mercados: automóvel, muitos produtos alimentares e domésticos de grande consumo, bebidas gaseificadas, tabaco e produtos petrolíferos (o Autor parece falar em termos gerais, não se cinge a área geográfica particular).

[72] «Subsídios...», *CTF*, n.º 136, Abril de 1970, pp. 93-94.

pólio alargado" (*weites Oligopol, wide oligopoly, oligopolio allargato*)[73]. A linha de fronteira entre as duas castas não é, todavia, precisa. Desde logo, não pode apontar-se um número exacto de vendedores que ministre linha de demarcação[74]: para SÖLTER[75], o oligopólio restrito integra cifra de empresas que, no seu limite superior, vai até oito ou nove; AUTENRIETH[76] coloca a fronteira em dez; EDUARDO R. LOPES RODRIGUES[77] fala, a título de exemplo, de três a cinco protagonistas.

KANTZENBACH e KRUSE[78] alvitram dois critérios de diferenciação: número de vendedores, por um lado, interdependência de reacções e forma como as empresas sentem os efeitos da conduta das rivais, por outro – no oligopólio estreito, aquele é reduzido e a interdependência experimenta-se de forma intensa[79]. No oligopólio amplo, há mais ofer-

---

[73] *Vide, ex multis*, KANTZENBACH/KRUSE, *Kollektive...*, p. 11; ZOHLNHÖFER, *Wettbewerbspolitik...*, pp. 18-19; ARNOLD WALLRAFF, «Enges Oligopol und Mißbrauch. Zum Verhältnis von § 22 Abs. 2 zu Abs. 4 des GWB», *WuW*, 4/1974, p. 211; AIGNER, *Kollektive...*, p. 9; HAHN, *Oligopolistische...*, p. 20; ANDERSSON, *Collective...*, p. 11; LORNA MCGREGOR, «The Future for the Control of Oligopolies Following *Compagnie Maritime Belge*», *ECLR*, 2001, pp. 434-436; OSTI, «Brevi...», c. 511.

A fórmula "enges Oligopol" foi criada e usada pela primeira vez por KANTZENBACH na sua *Habilitationsschrift* com o título *Die Funktionsfähigkeit des Wettbewerbs*, publicada em 1966; no nosso trabalho, consultámos a segunda edição (publicada em Göttingen, em 1967) – *vd.*, aí, pp. 45-48, *passim*; cfr., também, ARNO SÖLTER, «Unternehmensgröße und Wettbewerbspolitik. Anmerkungen zur Konzeption und Praxis des deutschen Fusionskontrollrechts aus der Sicht des Marktwirts», *in* WALTER KOLVENBACH/GERT-WALTER MINET/A. SÖLTER, *Großunternehmen und Wettbewerbsordnung*, Köln/Berlin/ /Bonn/München, 1981, p. 66 e SIMONIS, *Die Aussagen...*, p. 2. Porquanto o seu incunábulo está na obra de KANTZENBACH, não estranhamos ver a bipartição referida no texto generalizada sobretudo na Alemanha.

[74] Cfr. HERBERT JACOB, «Das Problem des marktbeherrschenden Unternehmen aus wirtschaftswissenschaftlicher Sicht», *in* AAVV, *Schwerpunkte des Kartellrechts 1980/81*, Köln/Berlin/Bonn/München, 1982, p. 19.

[75] «Unternehmensgröße...», p. 66.

[76] KARLHEINZ AUTENRIETH, «Die Erfassung von Oligopoltatbeständen in der Fusionskontrolle», *WRP*, 1983, pp. 256 e 259.

[77] *O Essencial da Política de Concorrência*, Oeiras, 2005, p. 354.

[78] *Kollektive...*, pp. 11-12; em termos propínquos, AIGNER, *Kollektive...*, p. 9.

[79] Como a interdependência não resulta apenas do número de vendedores, KANTZENBACH e Kruse não se acham legitimados a dar indicação precisa da cifra de partícipes que compõe o oligopólio estreito. Todavia, como ponto de referência, aventam duas a cinco empresas, cada qual com grande quota de mercado.

tantes e a interdependência oligopolística é vivida com pouca intensidade, sendo provável que haja compita.

No essencial, não andamos muito longe de KANTZENBACH e de KRUSE. Parece-nos ser atilado acrescentar que o ponto realmente decisivo para a identificação do oligopólio restrito está no modo intenso por que as empresas estão enleadas nas teias da interdependência. Dizer que no mercado coabitam cinco, seis, sete, oito empresas é pouco conclusivo. Já observar que o agir das empresas está muito condicionado pelo jogo de acções e de reacções das rivais é terminante e só pode ser apanágio do oligopólio restrito.

É certo que, quando cuidamos de classificações, o número de participantes no mercado tem serventia. Ele permite distinguir o oligopólio relativamente à figura em que há menos vendedores: mercados com um ofertante denominam-se monopólios, enquanto com dois estamos já ante um duopólio, que é uma forma de oligopólio. Só que tanta linearidade já não existe quando confrontamos o oligopólio com o mercado que, em ordem crescente de vendedores, se lhe segue: a concorrência monopolista. Aqui, também aqui, o elemento mais apropriado para o discrime é a interdependência: no oligopólio largo, ela ainda ocorre, embora com menor intensidade, e as empresas são sempre obrigadas a ter em conta a actuação de *cada uma* das rivais, o que já não sucede na concorrência monopolista.

Familiarizados com o oligopólio, poderíamos tratar agora a coordenação de condutas e deixar para depois a apresentação das principais construções teóricas que sobre aquele incidem. Não é o caminho que vamos adoptar. Visto que os modelos em causa abarcam a "teoria dos jogos" e esta traz contributos capitais relativamente aos factores que determinam a coordenação, apresentá-los-emos nas páginas que se seguem, adiando o verbo acerca da concertação de comportamentos; quando lidarmos com esta, logo incorporaremos a lição da teoria dos jogos na criação e na manutenção estável do concerto. É uma via que se nos afigura mais profícua do que a calcorreada em visões estáticas, nas quais os ingredientes da concertação são expostos duas vezes, uma como que geral e outra proposta pela teoria dos jogos[80].

---

[80] É a marcha que segue GIRSCH (*Fusionskontrolle...*, pp. 31 ss. e 53 ss.).

2.2. Modelos de análise

Estudamos agora as construções teóricas que mais significado tiveram para a intelecção da forma de mercado oligopolística. Enfileirando com outra doutrina[81], optamos por divisão em que o corte resolutivo é dado pela teoria dos jogos e pelo seu emprego na análise do oligopólio.

Não escapará ao leitor o alentado peso de fontes indirectas lado a lado com os escritos dos criadores dos arquétipos. Tal *modus procedendi* radica, sobretudo, no emprego, por parte dos teóricos em causa, de instrumentos matemáticos que não dominamos.

2.2.1. *Anteriores à teoria dos jogos*

2.2.1.1. *Modelo de Cournot*

Sabido que o oligopólio postula a necessidade de equacionar as acções e as reacções dos rivais, põe-se ao cientista o problema de identificar conjecturas que a empresa faz acerca do procedimento das outras. O primeiro autor a trazê-lo para a teoria e a fornecer um modelo teórico de oligopólio foi Antoine Augustin Cournot, em 1838[82].

Cournot serviu-se do exemplo de duas nascentes, cada uma pertencendo a proprietário diferente (a água que jorrava de uma fonte tinha características idênticas à que brotava da outra)[83]. Qualquer dos proprietários – ou, na linguagem que nos interessa adoptar, dos oligopolistas ou duopolistas **A** e **B** – conhece a procura que se dirige ao mercado e vai seleccionar as quantidades a produzir a fim de maximizar o seu ganho individual; fá-lo sem acto de coordenação com o outro, mas, ao tomar tal decisão, toma o rival em conta, pois sabe que este também terá de resol-

[81] *Ex plurimis*, Boris Etter, «The Assessment of Mergers in the EC under the Concept of Collective Dominance: An Analysis of the Recent Decisions and Judgements – an Economic Approach», *WC*, 23(3), September 2000, pp. 112 ss..

[82] Cfr. Scherer/Ross, *Industrial...*, p. 200; William Fellner, *Competition Among the Few. Oligopoly and Similar Market Structures*, New York, 1949, p. 56; Etter, «The Assessment...», p. 112.

[83] Cournot, *Recherches...*, p. 88 (início do capítulo VII, no qual é exposta a teoria do oligopólio).

ver quanto oferece e está ciente de que o preço é condicionado pelo volume total ministrado pelos dois[84]. No processo decisório, **A** parte da *pressuposição de que **B** não alterará o seu volume de produção e de vendas* e orienta-se em função da oferta de **B** – no fundo, a oferta do primeiro duopolista é uma oferta-reacção à oferta do segundo e esta é uma oferta-reacção do segundo duopolista à oferta do primeiro[85]; em decorrência, se **A** aumentar o seu volume de produção a fim de ampliar a quota de mercado, o concorrente vai baixar o preço que cobra até recuperar o quinhão de mercado que lhe pertencia. Salta à vista que é conveniente para cada um adoptar volume de oferta que não contribua para a sobreprodução e para a descida dos preços, chegando-se por essa via a um "equilíbrio de NASH"[86], também chamado "equilíbrio de COURNOT-NASH"[87].

Simplesmente, visto que a empresa duopolista (ou oligopolista) só tem em conta o seu interesse, mas não o da(s) outra(s) contendora(s) – dizendo melhor, o das participantes na indústria globalmente entendidas – (o que já aconteceria se as empresas coordenassem a sua acção), o nível de produção que se atinge excede (e o preço é menor) aquele que as empresas reputariam como sendo o melhor caso concertassem o respectivo agir[88].

---

[84] Cfr. ETTER, «The Assessment...», p. 112; EUROPE ECONOMICS, *Assessment criteria for distinguishing between competitive and dominant oligopolies in merger control*, Luxembourg, 2001, p. 10 [documento obtido através da Internet (www.europa.eu.int) em consulta efectuada a 12.10.2002].

[85] *Vd.* HEINRICH VON STACKELBERG, *Marktform und Gleichgewicht*, Wien/Berlin, 1934, p. 21.

[86] Cfr. FERNANDO ARAÚJO, *Introdução...*, p. 378. Ponto no qual sucede aquilo que JOHN F. NASH enunciou na sua concepção de equilíbrio: "cada empresa está a proceder da melhor maneira atendendo ao que os concorrentes estão a fazer"; ou seja, nenhuma empresa tem interesse em mudar de estratégia, considerando aquela que os rivais seguem – ver ETTER, «The Assessment...», p. 111 e SCHERER/ROSS, *Industrial...*, pp. 208-209.

[87] *Vd.* ETTER, «The Assessment...», p. 112, n. 57 e WILLIAM BAUMOL/JOHN PANZAR/ /ROBERT WILLIG, *Contestable Markets and the Theory of Industry Structure*, New York e o., 1982, p. 40.

Tem tal denominação porque a proposta de COURNOT é um exemplo do equilíbrio definido por NASH – SCHERER/ROSS, *Industrial...*, p. 209, n. 24. A teoria de NASH é independente da de COURNOT – aquela data da década de 50 do século XX – e só após NASH publicar as suas ideias é que se tornou evidente o liame entre elas e a solução de COURNOT – LESTER G. TELSER, *Theories of Competition*, New York/Amsterdam/London, 1988, p. 136, n. 4.

[88] Cfr. EUROPE ECONOMICS, *Assessment...*, p. 51.

Neste modelo, vai suposta a existência de apenas um período (ou seja, as empresas fixam uma só vez as quantidades a vender), o que significa que um ofertante não pode, *in futuro*, retaliar actos de rival praticados em tal período[89].

As ideias de COURNOT açularam críticas que só adiante expomos, pois são comuns a outras proposições teóricas a apresentar. No tocante às dirigidas especificamente ao seu modelo, nenhum dos duopolistas está apto a fazer estimativa precisa sobre a quantidade que o competidor produz, porque este tentará maximizar os seus ganhos baseando-se em idêntica suposição a propósito do comportamento do rival, e, portanto, *não mantém*, regra geral, o volume da sua oferta *constante*. Na verdade, **A** fabrica a quantidade que lhe permite arrecadar os maiores ganhos assumindo que **B** vai continuar a produzir as quantidades oferecidas presentemente; em resultado, **B** ajusta – e ao ajustar, *opera uma variação* – o montante da sua oferta, de maneira a conseguir o máximo proveito, supondo que **A** vai manter o *quantum* da sua oferta, o que levaria **A** a adaptar – logo, a alterar – as quantidades que vende, num raciocínio que poderia prolongar-se *ad infinitum* e que mostra a falibilidade do arquétipo. Cada um prefigura que o contendor segue política de quantidade oferecida fixa, quando, na realidade, qualquer dos dois obedece a prática de *ajustamento*, de *variação* da sua oferta (supondo que o outro trilha caminho de *output* fixo)[90].

2.2.1.2. *Modelos de BERTRAND e de EDGEWORTH*

Em 1883, o modelo de COURNOT foi objecto de reparos provenientes de JOSEPH BERTRAND, para quem as empresas concorriam por via da fixação de preços e não de quantidades oferecidas. Um duopolista parte do princípio de que, faça o que fizer, o contendor não modificará o preço dos artigos que vende: é este – e não as quantidades oferecidas, como na construção anteriormente examinada – que permanece fixo. Pressupõe-se que os bens vendidos pelas duas empresas activas no mercado são homo-

[89] Ver TELSER, *Theories...*, pp. 136-137.

[90] Demais, é irrealista excluir que as empresas antecipem mudanças na oferta das concorrentes, é bem mais avisado crer que se lhes suscitarão dúvidas acerca do realismo das suas conjecturas atinentes à atitude das rivais. Cfr. FELLNER, *Competition...*, pp. 57-58 e 66.

géneos, só há um período (as empresas estabelecem o preço apenas uma vez), os custos marginais são idênticos para os dois antagonistas e permanecem constantes[91].

Em resultado da luta entre duopolistas, chegar-se-ia a resultado em certos aspectos idêntico ao da concorrência pura e perfeita. Na verdade, cada um dos dois tem a possibilidade de aumentar a quantidade vendida e, inclusive, de fornecer a totalidade do mercado por meio de redução de preços que crê não será imitada pelo competidor[92]. Cada empresa sente então estímulo para reduzir o preço em medida ínfima, pois, na prefiguração que faz sobre o comportamento da rival, esta não vai descer o preço. Esse incentivo só desaparece no momento em que o oligopolista fixar o preço ao nível do custo marginal, a partir daí já não compensa reduzir preços (passaria a receber pela venda menos do que suportaria a nível de custos). E este raciocínio tanto valeria para o caso de haver duas como mais empresas[93]. Mercê do acicate para a baixa de preços, chegar-se-ia a equilíbrio de NASH quando duas ou mais empresas cobrassem preço igual ao custo marginal ou, dito de outra maneira, quando se atingisse resultado análogo ao da concorrência pura e perfeita[94].

Além das críticas que partilha com outras teorias e vêm adiante formuladas, a solução proposta por BERTRAND denota apartamento do mundo real. Desde logo, é modelo que não tem em conta as limitações de capacidade. Nele se arroga que qualquer das empresas está apta a suprir a totalidade do mercado, mas isso é difícil de suceder na prática, nomeadamente em mercados com mais de duas empresas. Na vida económica, se um vendedor descer o preço, o mais certo é não ser capaz de

[91] SIMON BISHOP/MIKE WALKER, *The Economics of EC Competition Law: Concepts, Application and Measurement*, 2ª ed., London, 2002, p. 32; FELLNER, *Competition...*, p. 77.

[92] É por opinar que, se um dos concorrentes baixa o preço, ele chama a si toda a procura, que se imputa a BERTRAND duas suposições: homogeneidade dos bens; independentemente da actuação da empresa, a concorrente não altera os preços. *Vide* JOSEPH BERTRAND, «Théorie mathématique de la richesse sociale», apêndice à obra de A. AUGUSTIN COURNOT, *Recherches sur les Principes Mathématiques de la Théorie des Richesses*, (Nouvelle Édition), Paris, 1938, p. 241. Este trabalho foi publicado, pela primeira vez, no *cahier* de Setembro de 1883 do *Journal des Savants,* p. 499.

[93] BISHOP/WALKER, *The Economics...*, p. 32; FELLNER, *Competition...*, p. 77.

[94] BAUMOL/PANZAR/WILLIG, *Contestable...*, p. 44; ETTER, «The Assessment...», p. 113; ANNE PERROT/LOUIS VOGEL, «Entente tacite, oligopole et parallélisme de comportement», La Semaine Juridique [JCP], Éd. E, n.º 48, 1993, I, pp. 539-540.

satisfazer toda a procura, os competidores manterão clientela, e assim se obtêm resultados diversos dos apontados neste modelo – o preço não chegará a descer ao nível do custo marginal.

Por outro lado, a concepção em apreço supõe bens homogéneos. Ora, em muitas estruturas concretas de oligopólio, os produtos não são iguais, a dissemelhança gera preferências por parte dos compradores e permite às empresas conservar círculo fiel de clientela. Assim sendo, o facto de uma empresa baratear os seus produtos não leva a que as demais percam forçosamente os compradores[95].

A este ror, acresce o reparo sobraçado na possibilidade, nada inverosímil, de um duopolista **A** se dar conta da inutilidade dos abatimentos sucessivos de preço – com os quais todos ficam a perder – e renunciar à fixação do mesmo, antes optando por lançar a sua mercadoria no mercado e aguardar que os mecanismos deste determinem o preço (ele expressa a intenção de vender aquela quantidade a qualquer preço que o mercado venha a ditar). Agora, não faz sentido o duopolista **B** começar a exigir preço inferior ao de **A**, porque este último preço não existiria (**B** não pode prefigurar o que não existe; o preço praticado por **A** há-de resultar do encontro da oferta com a procura)[96].

Na sequência do modelo que acabámos de arguir, Francis Edgeworth apresentou em 1897 a sua teoria. Ao contrário de Bertrand, operou com limitações à capacidade de produção, as quais vão constituir factor de instabilidade dos preços.

Se duas empresas cobram preço idêntico, este é superior ao custo marginal, e elas dispõem de equipamentos por utilizar, cada uma tem incentivo para descer ligeiramente os preços e assim roubar clientela à outra. Cada uma vai praticar sucessivamente preço inferior ao da rival, num processo que só pára quando atingem o seu limite máximo de produção.

Todavia, posto que há restrições à capacidade e uma só empresa não está habilitada a fornecer a totalidade do mercado, um dos duopolistas vai depois subir o preço. Tem incentivo para o fazer, pois sabe que

---

[95] A propósito das objecções formuladas neste parágrafo e no anterior, Bishop/ /Walker, *The Economics...*, pp. 32-33.

[96] Cfr. Stackelberg, *Marktform...*, p. 70.

manterá algum volume de vendas (devido ao constrangimento de capacidade, o antagonista não logra satisfazer toda a procura). Vai fixar um preço relativamente ao qual a descida das quantidades procuradas decorrente da subida de preço encontre compensação no facto de passar a vender mais caro. O segundo duopolista vai então retorquir, imitando a subida de preço e fixando-o ao mesmo nível que o primeiro. Aí se iniciará de novo o processo de redução sucessiva dos preços, que deste jeito oscilarão permanentemente entre valores mais altos e valores mais baixos[97]. EDGEWORTH nega, portanto, a possibilidade de um equilíbrio estável, alude antes a *instabilidade perpétua* e refere-se ao seu esquema como uma «espécie de dança»[98].

2.2.1.3. *Modelo de STACKELBERG*

HEINRICH VON STACKELBERG apresentou o seu modelo em 1934. Num duopólio, a exemplo do que sucedia no modelo de COURNOT, a empresa fixa quantidades, mas, ao invés do que sucedia na concepção do teórico francês, não toma a decisão ao mesmo tempo que a rival: há uma empresa líder (**A**) que determina a sua oferta e a contendora **B** vai fixar as quantidades que põe à disposição dos compradores atendendo ao conhecimento que tem do *output* de **A** – a oferta da segunda estabelece-se em função da oferta da primeira[99]. **A** goza de vantagem estratégica, dado que, independentemente da atitude da competidora, a quantidade por si fornecida é avultada. **B** vê-se instada a tomar em conta o largo volume de vendas da *first-mover* e a fixar para si nível mais módico de quantidade[100].

Enquanto um dos ofertantes, tal como ocorria no modelo de COURNOT, aceita a quantidade do outro como um dado, este está ciente de que aquele desenvolve estratégia de adaptação e lança para venda o montante que, depois desse processo de ajustamento, lhe garante o maior pro-

---

[97] Cfr. FRANCIS Y. EDGEWORTH, «La teoria pura del monopolio», *GE*, reimpressão feita em 1966 do vol. XV da série II (1897), pp. 23-24 (o Autor não designa os ofertantes por duopolistas nem, tão-pouco, oligopolistas; chama-lhes monopolistas, mas não cabe dúvida de que tem em mente aquilo a que chamamos duopolistas); STACKELBERG, *Marktform...*, p. 71; SHAPIRO, «Theories...», p. 345.

[98] «La teoria...», respectivamente pp. 406 e 26.

[99] STACKELBERG, *Marktform...*, p. 17; ver, também, EUROPE ECONOMICS, *Assesment...*, p. 11.

[100] ETTER, «The Assessment...», p. 113.

veito[101]. Em suma, um dos operadores alcandora-se a estado de autonomia, o outro move-se em esfera de dependência. STACKELBERG designou o mercado assim estruturado por "duopólio assimétrico"[102].

Atente-se que no modelo de STACKELBERG – como nos de COURNOT, BERTRAND e EDGEWORTH –, é clara a ideia de "função de reacção": expressa-se a forma como uma empresa reage aos gestos das rivais[103]. Nem se esperaria que fosse de outro jeito, tão característico é o jogo acção/reacção no oligopólio.

2.2.1.4. *Crítica*

As perspectivas examinadas são estáticas. Nos termos que delas decorrem, as empresas encontram-se uma só vez e nunca mais (*one-period games*, *one-shot games*), pelo que não há lugar a lances retaliatórios fundados em atitudes anteriores.

O oligopolista forma conjecturas a propósito das reacções dos seus pares e, baseando-se nelas, selecciona de modo unilateral a conduta que maximiza os seus ganhos. Embora as empresas estejam cientes da interdependência, determinam a sua acção de jeito *unilateral* e *não-cooperativo*. Falta aqui qualquer sorte de cooperação entre elas[104].

Semelhantes postulados não são realistas. Muito mais verosímil é a existência de interacção repetida no mercado, ponto que funciona como pressuposto para que a coordenação seja possível[105]. Por força da interacção reiterada, os oligopolistas sentem de maneira mais acentuada o seu estado correlativo e são levados a concertar atitudes, a agir de feição que optimize os proveitos *conjuntos* (já não se trata de actuação unilateral, em que cada um almeja maximizar os seus próprios lucros).[106]

---

[101] PETER OBERENDER, «Oligopoltheorie», *in* ERWIN DICHTL/OTMAR ISSING (Hrsg.), *Vahlens Großes Wirtschaftslexicon*, München, 1987, vol. 3, p. 1380.

[102] *Marktform...*, p. 22.

[103] ABRAHAM-FROIS, *Économie Politique*, p. 324.

[104] *Vd.* EUROPE ECONOMICS, *Assessment...*, pp. VIII, 10-12; ETTER, «The Assessment...», pp. 113-114.

[105] Cfr. EUROPE ECONOMICS, *Assessment...*, p. VIII.

[106] EDWARD H. CHAMBERLIN foi dos primeiros a arguir os modelos estáticos de oligopólio e a evidenciar as suas falhas. Frequentando algumas das páginas que dedicou ao assunto – *The Theory of Monopolistic Competition. A Re-orientation of the Theory of Value*, 6ª ed. (reimpressão), London, 1948, pp. 46 ss. –, lemos que, no mercado com dois

2.2.1.5. *Teoria de* STIGLER

Numa perspectiva crítica dos modelos expostos inscreve-se a concepção apresentada por GEORGE STIGLER, representante da Escola de Chicago, em 1964[107]. Logo no início do artigo que então dedicou ao assunto, selando agudo contraste com as ideias acima referidas, o Autor sustenta que uma teoria do oligopólio satisfatória não pode partir de prefigurações acerca da maneira como cada empresa vê a sua interdependência em relação às demais.

Partindo do princípio de que os ofertantes agem de molde a maximizar os lucros, STIGLER observou que os ganhos do agregado de vendedores presente numa indústria são os mais pingues quando as empresas actuam *conjuntamente*, como se de um monopolista se tratasse. O instrumento dessa actuação unitária é a coordenação de comportamentos, pelo que importa averiguar os factores que influenciam a exequibilidade da concertação[108].

Assente a importância da coordenação na busca em comum do máximo lucro, logo num pronto se coloca a STIGLER o problema, sempre recorrente no oligopólio, de a empresa se sentir dividida entre o interesse do grupo – que apela à concertação e à respectiva estabilidade – e a sedução egoística, materializada num desvio às fórmulas resultantes da coordenação (*v. g.*, cobrando preço inferior ao acordado, para cativar clientes das outras). O A. insiste na necessidade de fiscalizar o cumprimento daquilo que é concertado pelos oligopolistas, afirma mesmo que um dos axiomas do comportamento humano reside em todos os acordos cuja violação puder acarretar proveitos para o infractor terem de estar dotados de mecanismos que forcem a observância[109].

---

ou poucos vendedores, o ofertante apercebe-se que o seu comportamento provoca efeito assinalável sobre o(s) competidor(es), não sendo assisado supor que este(s) aceitará(ão) sem réplica as perdas que ele lhe(s) impõe (*ob. cit.*, p. 48). Observe-se que, aludindo à possibilidade de resposta, CHAMBERLIN está a mostrar que as empresas não se defrontam apenas num período (a retorsão opera em período posterior ao do facto que a funda).

[107] GEORGE J. STIGLER, «A Theory of Oligopoly», *JPE*, vol. LXXII (1964), p. 44. Na *Quarta Parte*, faremos mais referências à Escola de Chicago.

[108] STIGLER, «A Theory...», p. 44; cfr., ainda, OLIVER WILLIAMSON, *Antitrust Economics: Mergers, Contracting, and Strategic Behavior*, Oxford/New York, 1987, p. 95.

[109] Cfr. STIGLER, «A Theory...», p. 46; FERNANDO ARAÚJO, *Introdução...*, p. 371; CRISTOFORO OSTI, «Il controllo giuridico dell'oligopolio», *GComm*, 1993, parte I, p. 585.

2.2.2. *Teoria dos jogos*

2.2.2.1. *Aspectos gerais*

A teoria dos jogos foi inventada pelo matemático JOHN VON NEUMANN em 1937 e generalizada por si e pelo economista OSKAR MORGENSTERN em 1944[110]. Ela estuda o comportamento do homem quando este é influenciado pela conduta – real ou provável – dos outros indivíduos. Tendo surgido como teoria matemática, aplica-se a todo e qualquer tipo de acção que requeira uma estratégia (como sucede num jogo, na economia[111] e, mais particularmente, no oligopólio). Desde os anos 80 do século XX, a *game theory* converteu-se em instrumento basilar de estudo dos problemas da economia industrial, levando a que, desde então, tenha todo o sentido falar de *Nova Economia Industrial* (*New Industrial Economics*, *New Industrial Organisation Theory*). O facto de a análise ser enformada pela teoria dos jogos constitui exactamente o principal tópico de contraste em relação ao que se passava com a "Velha Economia Industrial"[112].

Graças à teoria dos jogos, «(...) pode dar-se conta da interdependência das decisões, quando elas são tão fortes e eficazes que podem influenciar decisivamente a esfera de interesses alheios, suscitando reacções preventivas e retaliatórias que, a terem a mesma eficácia, refluirão sobre aquele que tomou a primeira decisão, que deu o primeiro passo, forçando-o a ponderar a adequação de cada um dos passos que dá nessa interacção, começando pelo primeiro e dilatando por uma sequência suficientemente ampla as expectativas de reacção e os remédios adequados a cada uma delas: forçando-o, em suma, a delinear uma *estratégia* que recubra vários passos subsequentes àquele que vai dar imediatamente, em

---

[110] M. LOPES PORTO, *Economia...*, p. 171, n. 12; FERNANDO ARAÚJO, *Introdução...*, p. 380. A teoria dos jogos encontrou "segundo fôlego" nas obras de HARSANYI, NASH e SELTEN – de novo, FERNANDO ARAÚJO, *ob. e loc. cits.*.

[111] MARIO FRANZOSI, «L'oligopolio e il Dilemma del Prigioniero (pratiche concordate e comportamento *as if*)», *RDI*, 1988 – Parte Prima, p. 56 [repetido em *Monopolio – Oligopolio, Concentrazioni (Opinioni dissenzienti)*, Milano, 1989, p. 17]. Ver, a título complementar, JOÃO L. CÉSAR DAS NEVES, *Introdução...*, p. 163.

[112] Cfr. ERHARD KANTZENBACH/ELKE KOTTMANN/REINALD KRÜGER, *New Industrial Economics and Experiences from European Merger Control – New Lessons about Collective Dominance?*, Luxembourg, 1995, pp. 4 e 20; HAUPT, «Kollektive...», p. 362.

reconhecimento mútuo da interdependência e da complementaridade, do facto de a melhor opção depender das escolhas alheias, e vice-versa. Em rigor, o *jogo* (...) é um modelo em que se concebe que um grupo de pessoas desenvolve (...) uma estratégia de acordo com uma sequência temporal (...) que conduz a resultados compensadores e úteis, para cada um ou para todos (...)»[113].

Enquanto nos modelos clássicos de estudo do oligopólio – de COURNOT a STACKELBERG – se dissecava o comportamento das empresas de modo estático e com base numa única interacção de mercado (*single-period game* ou *one-shot game*), a teoria dos jogos – bem como a sua aplicação às estruturas oligopolísticas – postula a consideração de interacções que se repetem de forma finita ou infinita (*infinitely repeated games, finitely repeated games*)[114].

A teoria em apreço casa muitíssimo bem com o oligopólio. É sabido que cada um dos participantes em tal forma de mercado influi no nível de preços e interfere nas receitas e nos lucros dos demais. Assim sendo, é plausível que no processo decisório do oligopolista haja uma *consideração estratégica* sobre o impacto das decisões próprias na esfera de interesses dos outros vendedores e sobre a vulnerabilidade dos interesses próprios, já a uma decisão estratégica inicial de outro oligopolista, já a uma sua atitude retaliatória[115].

Tantas vezes se tem falado de estratégia que cumpre perguntar como é ela delineada pelo jogador ou pela empresa oligopolista. A resposta

---

[113] *Verbo ad verbum*, FERNANDO ARAÚJO, *Introdução...*, p. 380. Confronte-se, ainda, DAVID BEGG/STANLEY FISCHER/RUDIGER DORNBUSCH, *Economics*, 5ª ed., Maidenhead – Berkshire, 1997, p. 153 (em particular a definição de jogo aí contida: situação na qual decisões inteligentes são necessariamente interdependentes) e MARIA MANUEL LEITÃO MARQUES, *Um Curso de Direito da Concorrência*, Coimbra, 2002, p. 27.

[114] Cfr. HAUPT, «Kollektive...», p. 362.

[115] FERNANDO ARAÚJO, *Introdução...*, p. 380. Outrossim, CARMEN HERRERO SUÁREZ, *El problema del oligopolio en el derecho de la competencia comunitario*, Actas de Derecho Industrial y Derecho de Autor (Separata) – Instituto de Derecho Industrial/Universidad de Santiago (España) –, sem local, sem data, p. 116, n. 13; AMSTUTZ, *Kollektive...*, p. 12; *id.*, «Oligopole, Fusionskontrolle und evolutorische Ökonomik. Eine wirtschaftsrechtliche Kritik der Lehre von der kollektiven Marktbeherrschung», *in* PETER FORSTMOSER/HANS CASPAR VON DER KRONE/ROLF H. WEBER/DIETER ZOBL (Hrsg.), *Der Einfluss des europäischen Rechts auf die Schweiz. Festschrift für Professor ROGER ZÄCH zum 60. Geburtstag*, Zürich, 1999, p. 193.

logo testemunha contraposição face aos modelos clássicos de oligopólio, nos quais, por mor de uma prefiguração *ad hoc*, o vendedor tomava a acção dos rivais como um dado. Ao invés, segundo a teoria dos jogos, importa saber como forma a empresa, de uma maneira racional, expectativas acerca das escolhas das outras. A resposta da teoria dos jogos procede do "equilíbrio de NASH", que já conhecemos: cada empresa vai prosseguir a sua "melhor estratégia" baseando-se na análise da "melhor estratégia" dos concorrentes[116]. É ideia que se dilucida por intermédio de um caso nuclear estudado pela *game theory*, o "dilema do prisioneiro"[117], um jogo que, do mesmo passo, oferece a melhor ilustração sobre os problemas com que o oligopolista se vê confrontado ao tomar decisões e mostra o antagonismo – sempre latente no oligopólio e inerente à coordenação que nele venha a ter lugar – entre racionalidade colectiva e racionalidade individual[118].

2.2.2.2. *O "dilema do prisioneiro"*

Duas pessoas (**A** e **B**) que não se conhecem estão juntas e são detidas, sendo-lhes imputada a prática de um crime. Os agentes da polícia interrogam-nas separadamente e fazem a cada uma as seguintes propostas:

1ª – Se **A** e **B** não confessarem a prática do crime e se limitarem a protestar a sua inocência, serão condenados, cada um, a um ano de reclusão;

2ª – Caso **A** denuncie **B** e este não acuse aquele, **A** será libertado e **B** cumprirá 25 anos de prisão (o mesmo sucedendo a **A** se **B** o incriminar e **A** não o fizer em relação a **B**);

---

[116] *Vd.* RAY REES, «Tacit Collusion», *OREP*, vol. 9, n.º 2, 1993, p. 29; DENNIS A. YAO/SUSAN S. DE SANTI, «Game theory and the legal analysis of tacit collusion», *AB*, vol. XXXVIII, Spring 1993, p. 123; KANTZENBACH/KOTTMANN/KRÜGER, *New Industrial...*, pp. 20-21.

[117] Assim chamado por quem o concebeu, o matemático americano A. W. TUCKER (informação colhida em ABRAHAM-FROIS, *Économie Politique*, p. 363).

[118] Cfr. KANTZENBACH/KOTTMANN/KRÜGER, *New Industrial...*, p. 21. Como o antagonismo mencionado em texto é recorrente no domínio do social, o jogo em causa exibe vasto espectro de aplicação e está, por isso, no centro da teoria dos jogos não-cooperativos – AMSTUTZ, *Kollektive...*, p. 36, n. 136.

3ª – Sendo **A** acusado por **B** e este por **A**, ambos virão sentenciados a cinco anos de cárcere.

Observamos que a primeira possibilidade leva a uma condenação global de dois anos, a segunda, de 25 anos, e a terceira, de 10 anos. Pudessem os indivíduos em causa concertar as suas declarações, a escolha comum do mal menor recairia na primeira hipótese.

Só que a coordenação não é possível, pois eles não se conhecem e são ouvidos em separado. A teoria dos jogos diz que **A** e **B** escolherão a terceira proposta. Com efeito, se **A** não inculpar **B**, sobrevirá a possibilidade de ser condenado a 25 anos de prisão. Assim, ele optará por acusar **B**: evita o pior dos males (25 anos de prisão), pode mesmo ser libertado e, na pior das hipóteses, será condenado a cinco anos. Por sua parte, **B** chegará a idêntica conclusão[119]. Ambos adoptam estratégia de não-cooperação e o desfecho de denúncia recíproca exprime o "equilíbrio de NASH"[120]. Não se trata do melhor remate possível – este seria proporcionado pelo silêncio dos dois indivíduos e subsequente condenação de qualquer deles a um ano de cárcere[121] –, mas é o melhor epílogo para cada um, atendendo ao procedimento do outro.

Levemos mais longe os raciocínios. **A** e **B** dão entrada e permanecem na mesma penitenciária. Durante o período de detenção, têm oportunidade de conversar e de trocar impressões acerca do sucedido. De início, vituperam-se mutuamente, mas depois reconhecem que, na consideração do interesse alheio, tão mal agiu um como o outro. São então levados a reconhecer que o melhor desfecho teria sido optar pela primeira proposta das autoridades. Em alternativa, suponhamos que não falaram sobre o assunto, mas cada um, na solidão da sua cela, reflectiu: chegará exactamente às mesmas conclusões.

Decorridos meses em liberdade, **A** e **B** estão de novo juntos e são detidos pela polícia, vindo-lhes outra vez imputada a prática de um crime. Interrogados em separado e postos ante as três escolhas fornecidas pelos guardas, decidem-se agora pela primeira possibilidade.

---

[119] Na apresentação do dilema, viemos acompanhando FRANZOSI, «L'oligopolio...», p. 57 (repetido em *Monopolio...*, pp. 18-19).

[120] *Vd.* FERNANDO ARAÚJO, *Introdução...*, p. 381.

[121] Em termos técnicos, qualifica-se de "óptimo de Pareto" – FERNANDO ARAÚJO, *Introdução...*, p. 381.

Em suma, o dilema do prisioneiro evidencia que a solução mais vantajosa é passível de ser alcançada imediatamente por via da concertação ou, passado algum tempo, após um período de experiências e de erros[122] – *quod nocet, docet.*

Transpondo este discurso para o oligopólio, o momento que se inicia com a estadia de **A** e **B** na cadeia também se dá: normalmente, as empresas não estão limitadas a um único lance do qual tudo depende, antes se integram em relações estratégicas duradouras nas quais ocorre muita transmissão de informação, aprendizagem e dilucidação das vantagens que todos obtêm se decidirem cooperar[123]. *Mutatis mutandis*, isto corresponde ao lapso de tempo iniciado com a reclusão de **A** e **B,** durante o qual eles trocaram palavras ou, quando menos, meditaram nos eventos passados.

No fundo, depois daquela hora em que os vendedores oligopolistas alcançaram um "equilíbrio de NASH", eles descobrem a extensão total de lucro que essa perda implica (no caso do dilema, corresponde a quatro anos de cárcere: ficam detidos cinco anos, mas poderia ter sido apenas um). Se o jogo se prolongar e eles tiverem oportunidade de um segundo lance – equivale a dizer, se houver novas interacções entre as empresas –, pode ser favorável fixarem outro preço ou outras quantidades, afigurando-se a concertação como o melhor meio de o materializar. Surge o estímulo ao arranjo de interesses, em detrimento da anterior estratégia dominante de não-cooperação[124]. O dilema do prisioneiro demonstra que as empresas oligopolistas, dando-se conta da sua interdependência, têm vantagem em assumir comportamento uniforme, procurando maximizar os ganhos numa lógica semelhante à da concertação[125].

Escrutinamos em seguida diversas concepções que integram a teoria dos jogos e ajudam a perceber em que medida a concertação – sobretudo na sua forma tácita – é possível. A questão primaz localiza-se na relação entre o repetir de encontros no mercado e a coesão da concertação: o

---

[122] FRANZOSI, «L'oligopolio...», p. 58, com repetição em *Monopolio...*, p. 19.

[123] Ver FERNANDO ARAÚJO, *Introdução...*, p. 385.

[124] Cfr. FERNANDO ARAÚJO, *Introdução...*, p. 386 e, ainda, RAFFAELLI, «Oligopolio...», pp. 32-33, n. 9.

[125] LUIGI LAMBO, «Parallelismo consapevole e collusione nei mercati oligopolistici», *FI*, 2001, III, c. 388.

jogador oligopolista só não defrauda o alinho se houver um período futuro, um novo tempo de interacção no qual pode ser punido pelos rivais em virtude de ter distraído daquilo que fora concertado[126].

2.2.2.3. *Jogos repetidos de forma finita*

REINHARD SELTEN[127] defendeu que nenhuma cooperação é possível se o jogo é reiterado de maneira finita e os participantes conhecem a respectiva duração. O Autor apresentou o problema por meio daquilo que nomeou "paradoxo da cadeia de lojas" (*chain-store paradox*): havendo um período final, as empresas lançam mão do *cheating*[128] nesse período, pois sabem não poder sobrevir represália em período futuro. Mas, cientes disto, fazem *batota* também no penúltimo período[129], e assim sucessivamente até ao primeiro, pelo que nunca vão coordenar tratos – é a chamada "indução para trás" (*backward induction*)[130].

Houve estudos posteriores ao de SELTEN que alardearam a possibilidade de existir cooperação nos jogos repetidos de forma finita. Essas análises referem mormente a circunstância de os jogadores terem na sua posse informação incompleta: ignorando até que ponto o jogo se prolonga, a virtualidade de ter lugar um período seguinte pode ser bastante para produzir coordenação. Por outro lado, se um jogador agir de maneira irracional – hipótese pouco provável, mas que não se pode descartar –, logo seria quebrado o raciocínio subjacente à "indução para trás" e a concertação veria mesmo a luz do dia[131].

---

[126] *Vd.* KANTZENBACH/KOTTMANN/KRÜGER, *New Industrial...*, p. 26.

[127] «The chain store paradox», *TD*, vol. 9, 1978, p. 127 ss..

[128] O *cheating* ou *chiselling* (em português e neste contexto, *batota*) significa desvio ou fraude à concertação – EUROPE ECONOMICS, *Assessment...*, p. 12.

[129] Neste, os jogadores só teriam incentivo para o concerto se estivessem seguros de que tal atitude seria recompensada no período seguinte, o último (a paga assumiria a forma de estratégias de cooperação postas em prática pelos rivais). Simplesmente, os jogadores sabem que, no período derradeiro, ninguém abraçará postura de harmonia ou de alinho. Assim, dado ninguém esperar que uma atitude cooperativa tenha retorno no período seguinte, os jogadores eludem a concertação logo no penúltimo período – KANTZENBACH/KOTTMANN/KRÜGER, *New Industrial...*, pp. 26-27.

[130] Cfr. EUROPE ECONOMICS, *Assessment...*, p. 18; ETTER, «The Assessment...», p. 117; NIELS, «Collective...», p. 171.

[131] Veja-se EUROPE ECONOMICS, *Assessment...*, p. 18 e NIELS, «Collective...», p. 171. KAUSHIK BASU vai ainda mais longe, patenteando a possibilidade de haver

2.2.2.4. *Superjogos*

Explicar a concertação em jogos repetidos de forma finita, acabámos de o ver, é matéria eivada de escolhos. Ao invés, naqueloutros que se iteram de forma infinita, os chamados "superjogos", os espinhos parecem desvanecer-se: faltando um período *derradeiro* a seguir ao qual a represália deixa de ser exequível, a ameaça desta impende sempre sobre os jogadores, a quem não resta alternativa senão a fidelidade ao acordado em comum[132].

2.2.2.4.1. Jogos repetidos de forma infinita com informação perfeita

No quadro dos superjogos, abordamos em primeiro lugar os casos em que os participantes usufruem de informação completa acerca de todos os factores que determinam a sua acção. Nomeadamente, logram observar em permanência os movimentos dos rivais, pelo que o *chiselling* pode ser imediatamente detectado e o lance retaliatório há-de segui-lo num pronto. Toca então perguntar quais os mecanismos de represália plausíveis e efectivos apresentados pela teoria dos jogos no sentido de disciplinar os jogadores e de os prender à concertação.

Um desses mecanismos integra a "estratégia do gatilho" (*trigger strategy*), de acordo com a qual o jogador só coopera desde que todos os jogadores tenham cooperado no período anterior. Se este requisito não se tiver verificado, os participantes no jogo vão optar, em definitivo, por "estratégias de NASH" (que lhes proporcionam ganhos *menos fartos* do que a coordenação); escrevendo-o de outra maneira, sempre que um desvio à cooperação for detectado, isso conduz imediatamente a retorno ao "equilíbrio de NASH" e a proveitos mais baixos. Porque assim é, os jogadores vivem cientes de que a fuga ao acordado engendra amissões futuras e ganham alento a permanecer fiéis ao arranjo em comum dos tratos[133].

---

concertação mesmo sem quebrar os postulados da durança finita das interacções entre oligopolistas e da perfeita racionalidade destes [*vd.* «Collusion in finitely-repeated oligopolies», *IJIO*, vol. 10 (1992), pp. 596 e 608].

[132] *Vd.*. KANTZENBACH/KOTTMANN/KRÜGER, *New Industrial...*, p. 28 e GIRSCH, *Fusionskontrolle...*, p. 51.

[133] Cfr. KANTZENBACH/KOTTMANN/KRÜGER, *New Industrial...*, p. 28; MANFRED J. HOLLER/GERHARD ILLING, *Einführung in die Spieltheorie*, 2ª ed., Berlin/Heidelberg/New

Em construções como a acabada de delinear e, em geral, sempre que falta horizonte de tempo finito ou limitado, há muitas possibilidades de equilíbrio ou de cooperação entre os jogadores (ou empresas): visto que qualquer acto de *batota* ou ludíbrio encerra o condão de ser sancionado no futuro, a concertação deixa de ser difícil de explicar, podendo inclusive sustentar-se que quase todos os resultados possíveis de um jogo são comportamentos de equilíbrio[134]. O fenómeno já é conhecido dos autores da teoria dos jogos desde final da década de 50 do século XX: é o "teorema do povo" (*folk theorem*), assim designado por não se ter apurado quem foi o seu autor[135]. No fundo, subjaz-lhe a ideia de que qualquer equilíbrio ou cooperação pode ser mantido(a) contanto que o seu resultado seja, pelo menos, tão bom como o que dimana de jogos com uma só interacção (os *one-shot games*, nos quais não há concerto e os participantes prosseguem a melhor estratégia possível atendendo àqueloutra posta em prática pelos demais – "equilíbrio de NASH"). E isso significa exactamente o sobredito no parágrafo anterior: a coordenação de condutas é assegurada pela ameaça que paira sobre os jogadores de se passar, em termos definitivos, para um equilíbrio não-cooperativo caso um deles se arrede do comportamento coordenado[136].

Igualmente no quadro dos modelos em que os jogos se repetem de feição infinita e com informação perfeita, deparamos com um outro mecanismo de retaliação na teoria dos "códigos penais simples" (*simple penal codes*). Esta compreende a "estratégia do pau e da cenoura" (*stick and carrot strategy*), proposta na década de 80 do século XX por DILIP ABREU. O castigo aqui forjado é mais severo do que o da "estratégia do

York/London/Paris/Tokyo/Hong Kong/Barcelona/Budapest, 1993, p. 23; CARLOS BAPTISTA LOBO, *Concorrência bancária?*, Coimbra, 2001, p. 196, n. 346.

[134] HOLLER/ILLING, *Einführung...*, p. 24; KANTZENBACH/KOTTMANN/KRÜGER, *New Industrial...*, p. 29.

Apropositada é a eloquência de JEAN TIROLE [*The Theory of Industrial Organization*, Cambridge (EUA)/London, 1989, p. 247]: a teoria dos superjogos ostenta demasiado sucesso na explicação da coordenação (tácita), a pletora de hipóteses de equilíbrio é um "embaraço de ricos".

[135] HOLLER/ILLING, *Einführung...*, p. 24.

[136] Cfr. EUROPE ECONOMICS, *Assessment...*, p. 15. Recorde-se que, no equilíbrio não-cooperativo, no jogo a um só lance, os ganhos são menos fartos do que aqueles auferidos em caso de concertação.

gatilho", que residia simplesmente na passagem para o "equilíbrio de NASH". Segundo a "estratégia do pau e da cenoura", quem defraudar a concertação é punido na medida mais intensa pelos rivais, que aumentam a oferta na esperança de que a subsequente redução de preços diminua e, se possível, elimine os ganhos do relapso. Segue-se depois a fase da "cenoura", na qual se dá o regresso à quantidade oferecida resultante dos termos da coordenação[137].

O jogador que foi alvo de represália é incitado a cooperar de novo após a fase da punição, pois, caso eleja outra vez os caminhos da *batota*, vai ter de voltar ao início de uma fase de castigo ("pau"), assim atrasando o retorno à mais proveitosa fase do comportamento coordenado ("cenoura"). No respeitante às vítimas do *chiselling*, são animadas a levar a cabo conjuntamente a punição, porquanto também elas serão alvo de correctivo no caso de se afastarem do nível de quantidades oferecido em que se materializa a represália[138].

2.2.2.4.2. Jogos repetidos de forma infinita com informação imperfeita

Abordamos agora os jogos que, a mais de se repetirem por horizonte de tempo ilimitado, se caracterizam pela informação incompleta (os jogadores não conhecem todo o registo de informações atinente aos movimentos dos rivais[139]). Raciocinando em termos essencialmente económicos, o facto de a informação não ser perfeita tolda as possibilidades de concertação entre as empresas e de algum modo as imerge em mar de equívocos, daí resultando fases frequentes de disputa entre elas[140].

Bom exemplo disso nos dá o estudo de EDWARD GREEN e de ROBERT PORTER, que mostraram como pode a imperfeição na informação favorecer guerras de preços. Se a empresa ignora o volume da oferta das rivais, não está em condições de saber se uma quebra no preço ou na procura

---

[137] Os proveitos a obter nesta segunda fase garantem àquele que se havia desviado uma contrapartida vantajosa em relação aos prejuízos impostos na fase anterior.

[138] *Vd.* KANTZENBACH/KOTTMANN/KRÜGER, *New Industrial...*, pp. 29-30; CARLOS BAPTISTA LOBO, *Concorrência...*, pp. 196-197, n. 346; REES, «Tacit...», p. 32; EUROPE ECONOMICS, *Assessment...*, p. 17.

[139] Por isso, o *cheating* não é passível de detecção imediata, atrasando-se também o golpe retaliatório.

[140] Cfr. EUROPE ECONOMICS, *Assessment...*, p. 18.

que se lhe dirige é causada por *chiselling* de concorrente ou por simples flutuação aleatória da procura. Porventura, vai desencadear guerra de preços, conjecturando que atrás daquela quebra se esconde uma competidora[141].

Quando a informação é imperfeita, a coordenação ainda perduraria se as empresas, embora estando a ter lucros reduzidos, continuassem a cooperar e a manter o preço acordado entre elas. Simplesmente, se uma empresa (**A**) crê que as outras seguem cooperando (mesmo) na presença de ganhos acanhados, ela sente acicate para, em segredo, passar a cobrar preços mais baixos (é que confia na possibilidade de não ser castigada pelas outras, que, eventualmente, imputarão o decréscimo de vendas que vão sentir a uma retracção da procura e não à *batota* obrada por **A**)[142].

O problema de a informação ser (in)completa ganha foros de particular importância em mercado de oligopólio, no qual o desconhecimento e a incerteza acerca da conduta dos rivais são elementos competitivos relevantes, impedindo aquele cálculo racional oligopolístico que leva à maximização conjunta de proveitos[143].

2.2.2.5. *Síntese*

Logo a abrir a disquisição da teoria dos jogos, dissemos que ela estudava o comportamento humano quando este é influenciado pela conduta de outrem. Estava dado o mote para divisar que também poderia assumir subido relevo na intelecção do comportamento das empresas em oligopólio. O que se disse depois só veio confirmar a primeira impressão. O oligopolista vive enleado nas teias da interdependência, a sua actuação condiciona muito a dos rivais e é por esta assaz condicionada. Rememorando a sábia lição de SANDROCK atrás apresentada, os concorrentes interferem nas vendas e nas receitas de cada empresa, já tomados em conjunto,

[141] Tudo isto explicaria a acrescida frequência de guerras de preços em fases de recessão da economia. Cfr. EDWARD J. GREEN/ROBERT H. PORTER, «Noncooperative collusion under imperfect price information», *Econometrica*, vol. 52, n.º 1, January 1984, pp. 89 ss.. Os AA. empregam instrumentos analíticos que não dominamos; por esse motivo, a compreensão do artigo citado exigiu a leitura de KANTZENBACH/KOTTMANN/ /KRÜGER, *New Industrial...*, p. 38 e de EUROPE ECONOMICS, *Assessment...*, p. 34. Veja-se, ainda, YAO/DE SANTI, «Game...», p. 131, designadamente a n. 49.

[142] Cfr. TIROLE, *The Theory...*, p. 252.

[143] KAYSEN/TURNER, *Antitrust...*, p. 150.

já de forma *individual*. Nenhum outro tipo de mercado encerra este condão de uma empresa, considerada a título singular, poder afectar de maneira tão intensa o orbe de interesses da outra[144]. Cada passo é pensado duas vezes e resulta do delinear cuidado de estratégia. Aí está a mão a que a luva tão bem assenta: como se afirmou, a teoria dos jogos aplica-se a todo e qualquer tipo de acção que solicite uma estratégia.

Assim como na situação recriada pelo dilema do prisioneiro, também no oligopólio se pode chegar a equilíbrio não-cooperativo: atendendo à estratégia dos concorrentes, nenhum operador logra, através da eleição de outra estratégia, obter ganhos mais abundosos ("equilíbrio de NASH"). Os membros do oligopólio só conseguem auferir lucros superiores aos advindos de tal equilíbrio se concertarem os seus negócios[145]. Simplesmente, a colusão – *e. g.*, acordos e práticas concertadas – é proibida pela generalidade das leis da concorrência (no direito comunitário, art. 81.º, n.º 1 CE). Resta a coordenação tácita, que só pode prolongar-se no tempo desde que haja a possibilidade de depressa detectar o *cheating* e de, num pronto, activar mecanismos de represália. Com o que estamos a convocar elementos que perpassam a obra dos autores enquadrados na teoria de jogos: lembre-se, por exemplo, a importância de os jogadores beneficiarem de informação completa acerca dos rivais e dos movimentos que estes fazem; e evoque-se, outrossim, os meios de retaliação presentes na "estratégia do gatilho" e na "estratégia do pau e da cenoura".

A fechar, note-se que, a exemplo do que se passava anteriormente, também pelos cânones da teoria dos jogos a avaliação da probabilidade de as empresas agirem em concerto parte da análise de características estruturais do mercado. Simplesmente, estas não são vistas de forma estática, antes se deve perguntar em que medida conduzem a coordenação tácita e duradoura de comportamentos, é dizer, em que grau propiciam e tornam provável o entendimento entre as empresas, o *chiselling*, a sua detecção e o exercício de golpes de represália[146]. Bem pode aventar-se

[144] Quão longe estamos das palavras de Virgílio «telumque imbelle sine ictu» [*Énéide* (edição bilingue), Deuxième Tirage Revu et Corrigé, Paris, 1981, Livro II, 544, p. 59]. No oligopólio, o golpe que a empresa desfere causa avultados prejuízos a qualquer das rivais.

[145] Cfr. HAUPT, «Kollektive...», pp. 362-363.

[146] Isto mostra que a teoria dos jogos é especialmente útil no domínio das concentrações de empresas (controlo prospectivo dos oligopólios). As suas proposições

que a *Nova Economia Industrial* não implicou propriamente uma revolução, só que, por seu intermédio, passou a dedicar-se especial cuidado a factores que dele antes não beneficiavam (*e. g.*, saber se a informação de que as empresas dispõem sobre a actividade das concorrentes é ou não completa)[147].

aplicam-se bem a situações em que é preciso fazer juízo de prognose, avaliar se as condições que se deparam às empresas as impulsionarão para o amanho ou para a disputa.

[147] Cfr. KANTZENBACH/KOTTMANN/KRÜGER, *New Industrial...*, pp. 5 e 78; HAUPT, «Kollektive...», p. 363.

CAPÍTULO II
COORDENAÇÃO DE COMPORTAMENTOS EM OLIGOPÓLIO

As páginas que levamos escritas entreluzem a importância da coordenação de condutas no oligopólio. É frequente ela ter lugar, muitas estruturas oligopolísticas reais a propiciam[148]. E ainda há pouco vimos que é o único meio de as empresas auferirem lucros superiores aos proporcionados pelo "equilíbrio de NASH". Para quem, como nós, se vê instado a confrontar oligopólios com direito da concorrência, a coordenação ganha papel ainda mais cimeiro, visto que larga parte das sequelas anticoncorrenciais dos gestos das empresas advém de elas terem optado pelo arranjo conjunto dos negócios. Todo este aranzel justifica que dediquemos um capítulo à coordenação, nomeadamente ao seu surto entre os colossos oligopolistas. Além de outros préstimos, o capítulo dará a conhecer a "posição dominante colectiva", figura que o direito da concorrência destaca para controlar o oligopólio no qual teve ou é provável que venha a ter lugar concertação de tratos nefasta para a concorrência.

1. "Escolas" que versam a coordenação

A doutrina[149] distingue quatro escolas que prestaram especial atenção ao problema da concertação entre empresas, mormente entre aquelas

[148] Claro está, porém, que não é exclusiva dessa forma de mercado. Já em 1776, ADAM SMITH notava que «(...) People of the same trade seldom meet together, even for merriment and diversion, but the conversation ends in a conspiracy against the public, or in some contrivance to raise prices (...)» – *An inquiry into the nature and causes of the wealth of nations*, vol. I, p. 103 [usámos edição publicada em Homewood (Illinois) no ano de 1963].

[149] PETER J. WILLIAMSON, «Oligopolistic dominance and EC merger policy», *EE*, n.º 57, 1994, pp. 136-145; PHILIP LOWE, «Un contrôle des positions dominantes oligopo-

que integram oligopólios: "escola da concentração" (*concentration school*), "escola da coordenação" (*coordination school*), "escola da contestabilidade" (*contestability school*) e, em tradução livre, "escola das ameaças cruzadas" (*cross-parry school*). A este propósito, queremos que o leitor retenha duas ideias-base. Em primeiro lugar, não estão aqui em causa modelos ou construções teóricas de oligopólio[150], antes e só a radiografia de alguns elementos que possibilitam a coordenação. Conforme as escolas, ora se atribui mais peso a um(uns) factor(es), ora a outro(s). Em segundo lugar, é com muito rebuço e bastantes reservas que falamos aqui de escolas[151]. A bibliografia frequentada leva-nos a concluir que, ressalvada a escola da contestabilidade, não estamos face a correntes estruturadas de pensamento. Cresce bem mais de sentido dizer que estamos perante autores que, de forma avulsa, pensaram a coordenação e puseram especial ênfase num ou noutro ponto que a condiciona[152].

1.1. **Escola da concentração**

O nível de concentração registado no mercado é visto como o elemento axial da coordenação. Quanto menor for o número de empresas e mais próximas estiverem as respectivas quotas de mercado, mais fácil se torna alinhavar tratos em comum. Com pertinência, esgrime-se o seguinte argumento: o número de canais de comunicação entre as empresas – ponto basilar para que obtenham informação sobre os propósitos das outras e, nessa medida, factor decisivo para haver coordenação – cresce mais do que proporcionalmente do que o respectivo número: se há duas, basta um canal; se há quatro, são precisos seis; se a cifra aumenta para

listiques. Pourquoi? Comment?», *RCC*, n.º 84, mars-avril 1995, p. 41; CHRISTINE SALQUE, «La situation oligopolistique des industries aéronautique et spatiale au regard du règlement communautaire sur les concentrations», *RMUE*, 4/1996, pp. 113-115; LUÍS MORAIS, «La politique communautaire de contrôle des concentrations et la dominance oligopolistique. Le cas Nestlé-Perrier», *DDC*, n.os 75/76, 1998, pp. 17-24; AIGNER, *Kollektive...*, pp. 13-16; GIRSCH, *Fusionskontrolle...*, pp. 27-30.

[150] Se assim fosse, teriam sido objecto de estudo no capítulo anterior.

[151] Daí as aspas no título.

[152] Por este motivo, só na escola da contestabilidade fomos capazes de identificar com precisão alguns dos autores e obras que a integram.

seis oferentes, é necessário haver quinze vias de troca de informação[153]. Assim sendo, a subida da cifra de vendedores importa acréscimo ainda mais acentuado da dificuldade de consociar vontades.

Vários estudos tentaram determinar a partir de que nível de concentração haveria forte probabilidade de coordenação entre as empresas, mas os resultados não foram idênticos[154]. Demais a mais, como observam alguns[155], um nível *crítico* de concentração com intuitos de validade para todos os sectores era susceptível de revelar-se incorrecto em muitos casos específicos, já que, a mais do grau de concentração, a capacidade para coordenar depende de outros tópicos.

Os contributos da escola em apreço são muito profícuos quando se pretende avaliar se um mercado torna a concertação plausível. Como adiante se vincará, o elevado nível de concentração da oferta é *conditio sine qua non* do arranjo em comum das condutas. Só que, além de não se poder pedir-lhe um "patamar crítico" da probabilidade de concertação, a escola em causa sujeita-se a um reparo: alguns trabalhos vêm demonstrando a falibilidade de uma asserção subjacente aos seus raciocínios, a saber, a de que há relação positiva entre a taxa de concentração e os lucros da indústria[156].

1.2. **Escola da coordenação**

Segundo a *coordination school*, há outros factores que, a juntar ao grau de concentração, têm de ser tomados em linha de conta a fim de

---

[153] Meneando o argumento no quadro de apresentação da escola, P. Williamson, «Oligopolistic...», p. 137.

Para melhor compreensão, consulte-se Scherer/Ross, *Industrial...*, p. 278 e Juan Briones, «Oligopolistic Dominance: Is there a Common Approach in Different Jurisdictions? A Review of Decisions Adopted by the Commission under the Merger Regulation», *ECLR*, 1995, p. 337 (ambos os trechos desvinculados da escola da concentração).

[154] Cfr. P. Williamson, «Oligopolistic...», p. 137, Luís Morais, «La politique...», p. 18 e Girsch, *Fusionskontrolle...*, p. 28, n. 65.

[155] Frederick Geithman/Howard Marvel/Leonard Weiss «Concentration, price and critical concentration ratios», *RES*, vol. LXIII (1981), p. 352.

[156] Luís Morais, «La politique...», p. 19 e P. Williamson, «Oligopolistic...», p. 138. Desmentindo tal relação a partir do que se passa no Reino Unido, *vide* James Fairburn/Paul Geroski, «The Empirical Analysis of Market Structure and Performance», *in* J. Fairburn/ /John Kay, *Mergers and Merger Policy*, Oxford, 1989, sobretudo a secção 2 (pp. 176 ss.).

vaticinar se um mercado pressagia concerto[157]. Os elementos em causa vêm esmiuçados noutro passo do trabalho, pelo que agora só os indicamos (com breves referências acerca da forma como facilitam o ajuste de condutas): *e. g.*, *semelhanças entre as empresas*, mormente no plano dos custos, tornam mais fácil chegar a convergência em relação ao preço a cobrar; *homogeneidade do produto* – facilita a coordenação de preços, porque é mais simples acordar num preço único relativamente a um artigo também ele idêntico; existência de *pontos focais* – adiante explicados, são sinais emitidos para o tráfico, permitindo às empresas dispor de pontos de referência que dão a base para o alinho; *procura desconcentrada* e *transacções regulares de pequeno/médio calibre* – quando os compradores são muitos e de pequeno porte, ao oferente não repugna permanecer fiel à concertação, mas, se forem grandes e efectuarem encomendas avultadas, ele empregará todo o denodo a fim de conquistar para si o negócio, se necessário furtando-se à concertação (sendo as transacções irregulares, pode, inclusive, falecer qualquer hipótese de retaliação em período breve); *estabilidade da procura* – desse-se o caso de esta subir, logo iam as empresas disputar tal acréscimo (pondo em causa o alinhamento); *ausência de progresso técnico*, posto que este reduz a importância das projecções feitas com base em condições actuais de mercado, volta as expectativas dos empresários para o futuro e torna-os pouco inclinados a aderir às estruturas, forçosamente mais indolentes, da concertação[158].

Vemos escrito[159] que as raízes da escola da coordenação remontam a obra de FELLNER já citada neste trabalho, a saber, *Competition Among the Few. Oligopoly and Similar Market Structures* (1949). Não obstante o livro tocar alguns dos predicados que favorecem a concertação – ver, designadamente, pp. 191 ss. –, da sua leitura resulta que a imputação é um pouco vaga. Isto só vem fortalecer o que atrás dissemos: ressalvando a escola da contestabilidade, não estamos perante doutrinas estruturadas de pensamento.

---

[157] Cfr. LUÍS MORAIS, «La politique...», p. 19 e AIGNER, *Kollektive...*, p. 14.

[158] P. WILLIAMSON, «Oligopolistic...», pp. 138-141, LUÍS MORAIS, «La politique...», pp. 20-21, AIGNER, *Kollektive...*, p. 14 e GIRSCH, *Fusionskontrolle...*, p. 29.

[159] P. WILLIAMSON, «Oligopolistic...», p. 138; LUÍS MORAIS, «La politique...», p. 19, em nota.

1.3. **Escola da contestabilidade**

A *contestability school* ganhou relevo no início da década de oitenta do século XX[160]. Sustenta-se que prossegue na linha de Autores como BAIN e SYLOS-LABINI, vincando ideia segundo a qual os concorrentes potenciais opõem limitações efectivas ao poder de mercado[161].

O mercado contestável é aquele em que não há barreiras à entrada nem à saída: aquela é livre, esta faz-se sem custos irrecuperáveis. As empresas podem a qualquer momento penetrar no mercado, obter ganhos fartos num curto prazo e, após a reacção das estabelecidas, deixá-lo sem custos irreversíveis (estratégia *hit-and-run*)[162] [163].

A mais do que vai dito na última nota, o grau de contestabilidade é determinado por um catálogo de factores que vai desde as economias de escala (por mor das quais um custo médio mínimo aceitável só se consegue com grande dimensão e quantidades de oferta, não sendo fácil para o *newcomer* conquistar quota de mercado suficiente para sobreviver) até ao tempo exigido para aceder ao mercado e arrecadar proveitos (se é longo, as estratégias de *hit-and-run* não são atractivas), passando pelas

---

[160] Enquanto obras de referência, consultar BAUMOL/PANZAR/WILLIG, *Contestable...*; BAUMOL, «Contestable Markets: an Uprising in the Theory of Industry Structure», *AER*, vol. LXXII (1982), pp. 1-15; BAUMOL/WILLIG, «Contestability: developments since the book», *Oxford Economic Papers*, 38 (supplement), 1986, pp. 9-36.

[161] BAUMOL/WILLIG, «Contestability: developments...», p. 22.

[162] Supõe-se que os compradores são mais céleres a reagir à entrada dos novos concorrentes do que as empresas já instaladas.

[163] Dizer que a entrada é livre não significa dizer que não tem custos, mas antes que o *newcomer* não tem de suportar custo adicional relativamente àquele que onera a empresa existente (esta concepção de barreira à entrada vinha de STIGLER). Afirmar que a saída é livre significa que, no processo de abandono, o operador pode recuperar aquilo que gastara na entrada; isso acontece se todo o equipamento que havia adquirido tem mercado ou é reutilizável sem perda superior à que corresponde à depreciação normal dos equipamentos – BAUMOL, «Contestable Markets: an Uprising...», pp. 3-4; ver também BAUMOL/ /PANZAR/WILLIG, *Contestable...*, p. 13, INGO SCHMIDT, *Wettbewerbspolitik und Kartellrecht: eine interdisziplinäre Einführung*, 8ª ed., Stuttgart, 2005, p. 72, EDUARDO PAZ FERREIRA, *Lições...*, p. 473 e DORIS HILDEBRAND, *The Role of Economic Analysis in the EC Competition Rules*, 2ª ed., The Hague, 2002, p. 136. Depois do que vai dito, não admira ostentarem baixo grau de irreversibilidade de custos as indústrias empregando capital que: se deprecia depressa; pode rapidamente ser objecto de *leasing*; para ele existe activo mercado de segunda-mão – IOANNIS N. KESSIDES, «Market concentration, contestability, and sunk costs», *RES*, vol. LXXII (1990), pp. 614 e 621.

importações (se exigem investimentos de monta – *v. g.*, criar infra-estruturas de distribuição –, decresce a possibilidade de agentes importadores desencadearem acção de *hit-and-run*)[164].

A teoria dos mercados contestáveis merece reparos, porque encontra arrimo em hipóteses com pouca expressão na vida real: acesso livre e sem custos irreversíveis; a reacção à entrada por parte dos compradores tem lugar num pronto, mas a réplica das empresas existentes tarda[165]. A falta de adesão à vida económica torna-se ainda mais expressiva quando temos em mente os oligopólios. Nestes existem, amiúde, escolhos para transpor os muros do mercado, não é fácil entrar, pelo que os seus membros têm boa margem de manobra para coordenar. Mais. Pegando no que se disse sobre as economias de escala, bem pode ocorrer que a envergadura correspondente a um custo médio mínimo aceitável seja excessivamente grande em relação à procura total da mercadoria, assim crescendo o rubicão a atravessar pelo *newcomer.*

1.4. **Escola das ameaças cruzadas**

Tradicionalmente, a análise do comportamento das empresas ligava o exercício do poder de mercado a uma indústria ou sector. Desde a segunda metade do século XX registaram-se alterações. Tendo em mente os conglomerados, Corwin Edwards mostrou que a presença das empresas

---

[164] Cfr. P. Williamson, «Oligopolistic...», pp. 141-142; Luís Morais, «La politique...», p. 22; Girsch, *Fusionskontrolle...*, p. 30.

Nas duas obras citadas em primeiro lugar (respectivamente, a pp. 142-143 e 23), alude-se à hipótese em que, num mercado relevante, se produzem bens diferenciados que requerem investimentos específicos, daí redundando a fragmentação do mercado em grupos estratégicos. Erguer-se-iam barreiras à mobilidade no interior do mercado, passar de um grupo para outro seria custoso e a possibilidade de coordenação dentro de cada grupo viria reforçada.

[165] Schmidt, *Wettbewerbspolitik...*, p. 73; Sloman, *Economics*, p. 236; Godefroy Dang Nguyen, *Économie industrielle appliquée*, Paris, 1995, pp. 311-312; Girsch, *Fusionskontrolle...*, p. 30; Hildebrand, *The Role...*, p. 137. Atente-se, porém, ter Baumol reconhecido que mercados perfeitamente contestáveis, a existir, eram raros; a contestabilidade perfeita não servia, em primeira linha, para descrever a realidade, mas para fornecer uma bitola de organização industrial desejável («Contestable Markets: an Uprising...», pp. 2-3).

em vários mercados levava ao entibiamento da disputa entre elas[166]. São dados ponderosos, já que é cada vez mais corrente as empresas diversificarem actividades e actuarem em vários ramos[167].

A *cross-parry school* tem em conta esta realidade e defende que a concertação é facilitada quando as empresas nela envolvidas competem entre si em distintos mercados. Trata-se de *item* a que voltaremos. Agora, apenas observamos que, graças aos contactos assim estabelecidos, as empresas dispõem de mais oportunidades para "aprender" a cooperar: multiplicam-se as possibilidades de observação das concorrentes, bem como de envio e recepção de sinais lucilando as intenções e propósitos de cada uma. As oportunidades de descobrir o *cheating* aumentam, porque se torna maior o número de compradores comuns aos mesmos ofertantes (se um destes desce os preços, volve-se mais fácil para os outros descobri-lo)[168]. Atingida a coordenação, as empresas tendem a permanecer disciplinadas, pois sabem que conduta agressiva num mercado pode ser objecto de medida retaliatória num outro[169].

Como se verificará, o direito da concorrência recebe subsídios de todas estas escolas quando avalia a plausibilidade de um mercado impelir os que nele participam a coordenar negócios.

---

[166] Ver B. Douglas Bernheim/Michael D. Whinston, «Multimarket contact and collusive behaviour», *RJE*, vol. 21, n.º 1, Spring 1990, pp. 1 e 3; John T. Scott, «Multimarket contact among diversified oligopolists», *IJIO*, vol. 9 (1991), p. 226.

[167] A intervenção em distintos mercados apresenta múltiplos benefícios para a empresa: permite-lhe fugir aos riscos de especialização num só produto e torna-a menos vulnerável às crises cíclicas, tão frequentes desde o século XX; o aumento da quantidade produzida de um só bem é limitado pela extensão do mercado; continuar a fabricar o mesmo artigo pode levar à descida de preços e à diminuição da taxa marginal de lucro. Sobre as vantagens da diversificação, *vd.* Avelãs Nunes, *Os Sistemas Económicos*, reimpressão, Coimbra, 1988 (separata do *BCE*, vol. XVI), pp. 189 ss., *passim*.

[168] De feição primordial, Scott, «Multimarket...», pp. 226-227 e 232; cfr., ainda do mesmo Autor, «Purposive diversification as a motive for merger», *IJIO*, vol. 7 (1989), p. 37; Kantzenbach/Kottmann/Krüger, *New Industrial...*, pp. 54 e 73; Girsch, *Fusionskontrolle...*, p. 30.

[169] Cfr. Girsch, *Fusionskontrolle...*, p. 30. Ver, também, Salque, «La situation oligopolistique...», p. 114.

2. Coordenação entre as empresas

2.1. Causas em geral

Se um oligopolista, com o fito de angariar clientela, embaratecer o produto que vende, os outros agirão do mesmo modo – integram a mesma indústria, pelo que arriscariam perder a totalidade (oligopólio perfeito) ou grande parte (oligopólio imperfeito) dos compradores caso não acompanhassem o primeiro –, ficando todos a perder. Aquele oligopolista só teria vantagem se a procura fosse muito elástica – bastava pequena descida de preço para que a procura a ele destinada aumentasse de forma considerável – e os rivais não reagissem ou protraíssem o contragolpe. Só que estes requisitos raro se verificam no oligopólio, nomeadamente no oligopólio estreito. Os competidores cedo deslindam a sobredita quebra do preço – o *detection lag* (lapso de tempo necessário para conhecer aquela alteração) é curto e os oligopolistas desenvolvem mecanismos para que assim se mantenha ou se torne ainda mais breve[170] – e replicam. Em suma: guerras de preços não compensam.

Na falta de luta a esse nível, a compita desenvolver-se-á noutros planos: publicidade, condições de venda (descontos, facilidades de pagamento, garantias), diferenciação dos produtos, conquista de posições em mercados de bens sucedâneos ou complementares, controlo de redes de distribuição e de comércio de retalho, inovação técnica[171] [172]. Em tese

---

[170] Por exemplo, através de associações empresariais que centralizam informação acerca dos preços e das transacções no sector. Cfr. Hahn, *Oligopolistische...*, p. 22 e Tirole, *The Theory...*, p. 241.

O sobredito em texto é favorecido pela circunstância de poucas empresas coabitarem no oligopólio restrito, ingrediente que eleva a transparência e propicia o conhecimento acerca do que os outros vão fazendo. Afirmando que a transparência torna fácil a resposta a modificação de preços e de quantidades, Peter Oberender, *Industrielle Forschung und Entwicklung. Eine theoretische und empirische Analyse bei oligopolistischen Marktprozessen*, Bern, 1973, p. 27.

[171] Avelãs Nunes, *Economia Política...*, pp. 430-431; Meyer-Cording, *Monopol...*, p. 46; Knud Hansen, «Zur Unterscheidung...», pp. 55-56; Oberender, *Industrielle...*, p. 28; D. Schwarz, «Imposition de prix non équitables par des entreprises en position dominante», *in* J. A. Van Damme (ed.), *La réglementation du comportement des monopoles et entreprises dominantes en droit communautaire*, Semaine de Bruges 1977, Bruges, 1977, p. 389; Stanlake, *Introdução...*, p. 317; Loibner, *Das Oligopol...*, p. 24; Alese,

geral, estes parâmetros são menos transparentes do que os preços ou as quantidades, a sua percepção não é tão inteligível aos concorrentes como a que respeita àqueles dois factores, pelo que a resposta dos adversários a uma modificação neles ocorrida não parece fácil[173]. Pura ilusão. Mesmo a esse nível, há formas de conduta concorrencial mais simples de detectar do que as tocantes aos preços, porquanto deixam "traços visíveis"[174]. Por outra parte, com o decurso do tempo, as empresas apuram tanto a capacidade de desvendar o emprego destes meios "alternativos" enquanto factores de competição como a de lhes retorquir de maneira efectiva. Quer dizer: também eles deixam de ser atractivos enquanto argumentos

---

«The Economic...», p. 381; McGregor, «The Future...», p. 436; outrossim, Paul Pigassou, *Les oligopoles et le droit*, Paris, 1984, pp. 25-26.

Não é de espantar que a referta por meio de parâmetros alheios ao preço venha granjeando lugar cada vez mais importante na análise económica. Como notou Joseph Schumpeter, o *processo de destruição criadora* é o elemento essencial do capitalismo, e quando se move a atenção da forma como o capitalismo administra as estruturas existentes para o modo como as cria e destrui, a concorrência pela qualidade e o serviço ao cliente tomam o lugar central antes ocupado pela concorrência de preços – *Kapitalismus, Sozialismus und Demokratie,* 3ª ed., München, 1972, pp. 138-139 (as apreciações de Schumpeter vêm de 1942, data da edição original em inglês). Cfr., ainda, Douglas H. Ginsburg, «Nonprice competition», *AB,* vol. XXXVIII, Spring 1993, pp. 91 (por lapso, aí se indica 1941 como data da primeira edição da obra de Schumpeter) e 107.

[172] O relatado ajuda a perceber um certo favor à marca. Com o relevo cada vez maior do oligopólio – o qual, sobretudo na forma ampla, chegou a ser visto como forma ideal de mercado, quer por potenciar forte concorrência entre grandes empresas, quer por se entender que nele é mais plausível a *destruição criadora* referida na nota anterior –, o favor a tal casta de mercado teria de resultar num crescente favor à marca. É que esta é instrumento privilegiado das estratégias de diferenciação, que são um factor de disputa nos oligopólios (em detrimento da concorrência pelos preços). Nogueira Serens, *A Tutela...*, vol. I, pp. 145-146 (também nas pp. 52 e 177 se alude ao menor relevo da competição por via de preços em oligopólio). Ver ainda, do mesmo Autor, *A Proibição da Publicidade Enganosa: Defesa dos Consumidores ou Protecção (de alguns) dos Concorrentes?*, Coimbra, 1994 (separata do *BCE*, vol. XXXVII), pp. 16, 21-22 e 30.

Na sequência da menção feita a quem considerou o oligopólio como forma ideal de mercado, não fique por ler Alberto P. Xavier, «Subsídios...», *CTF*, n.º 139, Julho de 1970, p. 94. Aí se dá conta de palavras de Henry H. Villard preconizando o "oligopólio competitivo" como fórmula mais adequada de organização da indústria (em ordem a um melhor aproveitamento da investigação científica e do progresso técnico).

[173] Cfr. Oberender, *Industrielle...*, pp. 27-28; Flint, «Abuse...», p. 52.

[174] É o caso da publicidade – Stigler, «A Theory...», p. 56.

de briga[175], aqui residindo motivo suplementar para que os oligopolistas orientem os tratos em conjunto.

Este discurso encontra especial valimento no oligopólio restrito: as empresas vivem mais condicionadas pelas acções e pelas reacções das outras (interdependência) e sentem o seu orbe de interesses mais permeável aos golpes destas. Na plena consciência disso, a incerteza acerca do comportamento de quem as pode afectar perturba-as, tornando-se forte o estímulo no sentido de a anular. Mas também são os oligopólios estreitos que oferecem predicados ideais para saciar tal impulso e alinhar interesses, dado que a presença de um muito reduzido número de empresas que vende produtos idênticos ou similares favorece o abeiramento de interesses necessário à concertação. Assim, quer por intermédio de colusão, quer de modo espontâneo e tácito, nasce facilmente o concerto que ajusta interesses e, bem entendido, limita a concorrência entre os membros do oligopólio.

2.2. **Objecto**

Tanto a colusão como a coordenação tácita podem ter por alvo preços, capacidade de fabrico e repartição geográfica ou material do mercado. Ainda que envolvam outras matérias, reconduzem-se sempre a um ou vários destes parâmetros[176].

Por via da coordenação de *preços*, as empresas logram exigir preço superior àquele que teria lugar se houvesse concorrência no mercado. Este género de arranjo é ideal para chamar à colação a antinomia entre o interesse do grupo que coopera e a conveniência de cada um dos

---

[175] OBERENDER, *Industrielle...*, p. 28; HAHN, *Oligopolistische...*, p. 23.

[176] KANTZENBACH/KRUSE, *Kollektive...*, p. 27; KANTZENBACH/KOTTMANN/KRÜGER, *New Industrial...*, p. 11. Também a Comissão Europeia o reconhece – *vd.* o n.º 40 das Orientações destinadas à apreciação das concentrações horizontais, JO C 31, de 5.2.2004, p. 5. Observando a sistematização seguida por SIMON BISHOP/ANDREA LOFARO – «A legal and economic consensus? The theory and practice of coordinated effects in EC merger control», *AB*, vol. XLIX, Spring-Summer 2004, pp. 203 ss. –, parece que os contactos das empresas em vários mercados são objecto autónomo de coordenação. Porém, ao ler o artigo em causa – nomeadamente as pp. 205 e 220 –, logo se percebe que são apenas *meios* para facilitar a coordenação.

oferentes, singularmente encarado: no espírito de qualquer deles, perdura sempre o incentivo para tentar vender mais através de corte nos preços (*cheating*)[177]. O encorajamento para o acto de *batota* é tanto mais forte quanto maior for a diferença entre o nível de capacidade utilizada quando se concertam os preços e aqueloutro praticado antes[178] e quanto menos vincada for a preferência dos consumidores pelos artigos de certo vendedor. Conquanto a homogeneidade e a similaridade dos bens favoreçam o *cheating* [basta diminuir um pouco o preço para logo vender (muito) mais], também encerram o perigo de ele toste ser descoberto, em virtude dos efeitos fortíssimos sobre as quantidades vendidas daqueles que permaneceram fiéis à concertação[179].

Enveredando por um segundo tipo de concertação, as empresas limitam de forma colectiva a *capacidade de fabrico*, já fechando instalações existentes, já guardando-se de uma expansão das possibilidades de produção que seria eficiente sob condições concorrenciais. A oferta diminui, os preços e os lucros aumentam.

Ingredientes de diversa ordem condicionam a estabilidade desta forma de amanho de interesses. Desde logo, quando o participante na coordenação labora em ponto próximo da sua máxima capacidade, tem pouco ou nenhum alento para baratear os seus artigos e tentar vender mais. Só atingiria esse desiderato se ampliasse a respectiva capacidade, mas isso não é possível no curto prazo[180]. Em tese mais geral, independentemente de se funcionar perto do topo da capacidade, o acicate à *batota* – materializada no aumento da produção – é tanto menor quanto mais sensível o preço for à subida da oferta e quanto mais avultado for o investimento irreversível exigido pela expansão da capacidade (crescem os riscos para quem quebra o acordo).

---

[177] Dado que o preço resultante da concertação terá sido estabelecido a nível bem acima do custo marginal, não é por temor de suportar custo marginal superior ao preço que a empresa deixará de embaratecer os artigos que vende.

[178] Não se olvide que, por via da concertação, a capacidade de fabrico das empresas é subaproveitada – *vide* Carlos Baptista Lobo, *Concorrência...*, p. 177.

[179] Voltaremos ao ponto. Entretanto, a propósito da concertação de preços, Kantzenbach/Kottmann/Krüger, *New Industrial...*, pp. 12-13, Kantzenbach/Kruse, *Kollektive...*, pp. 30-31, Carlos Baptista Lobo, *Concorrência...*, pp. 177-178 e Bishop//Lofaro, «A legal...», pp. 203-204.

[180] Ver Avelãs Nunes, *Economia Política...*, p. 355.

A estabilidade da concertação é facilitada pela circunstância de as decisões de investimento tomadas pela empresa – nomeadamente, pela empresa envolvida na concertação – a vincularem durante horizonte de tempo bastante alargado. Isso faz com que, durante esse tempo, ela não tenha interesse em fugir aos compromissos assumidos no seio do grupo[181]. Ainda assim, a empresa hesita sempre em aderir a mecanismos de concertação de capacidades, porquanto teme que as demais não cumpram o acordado, vindo ela a arrostar com consequências gravosas: diminuição da sua quota de mercado e esbatimento das suas faculdades para, por intermédio daquilo que é capaz de oferecer, punir as outras a título de represália[182].

A concertação também pode operar por meio de *partição geográfica ou material*: as empresas especializam-se em certos segmentos materiais ou geográficos do mercado e reconhecem e respeitam a especialização das outras, daí advindo definhamento dos níveis de concorrência.

Há todo um inventário de factores que aplainam esta categoria da concertação: *v. g.*, possibilidade de identificar e de destrinçar com nitidez as várias partes que compõem o mercado[183]; presença das empresas em vários mercados – elas sabem que actos hostis podem ser vingados noutras áreas em que se movem, sentem a sua esfera de interesses mais permeável e têm mais respeito pela especialização das rivais[184].

---

[181] *Vd.* KANTZENBACH/KOTTMANN/KRÜGER, *New Industrial...*, pp. 13-14; CARLOS BAPTISTA LOBO, *Concorrência...*, pp. 179-180; KANTZENBACH/KRUSE, *Kollektive...*, p. 33.

[182] Cfr. CRISTINA CAFFARRA/KAI-UWE KÜHN, «Joint Dominance: The CFI Judgement on Gencor/Lonrho», *ECLR*, 1999, p. 358 e GIRSCH, *Fusionskontrolle...*, p. 26.

[183] *Inter alia*, graças a barreiras linguísticas, diferenças culturais ou heterogeneidade dos produtos.

[184] Detectar a concertação partidora dos mercados é tarefa delicada e que requer engenho, pois é difícil apurar se a especialização verificada em determinadas indústrias é mera expressão de realidades diferentes ou, ao invés, decorre de concerto.

Sobre a coordenação que tem por objecto dividir mercados, KANTZENBACH/ /KOTTMANN/KRÜGER, *New Industrial...*, p. 14; CARLOS BAPTISTA LOBO, *Concorrência...*, pp. 181-182; GIRSCH, *Fusionskontrolle...*, pp. 26-27 e 41-42; BISHOP/LOFARO, «A legal...», pp. 204-205.

2.3. **Factores condicionantes: remissão**

No essencial, a colusão activa e a concertação tácita arreigam nos mesmos fundamentos económicos[185]. O escrutínio destes será feito na *Segunda Parte* desta monografia, em trecho consagrado aos determinantes da coordenação, aos factores que tornam possível o surtir de posição dominante colectiva; aí seremos obrigados a mostrar em que medida uma concentração notificada à Comissão Europeia deve ser proibida porque vai criar ou reforçar uma coordenação entre empresas obnóxia para a concorrência; ora, apurá-lo implica indagar se, após a operação, é provável estarem reunidas as *condições necessárias para o concerto de tratos*. Assim sendo, deixamos os esclarecimentos para a *Segunda Parte*.

2.4. **Formas**

Perscrutando-as sob o ângulo do impacto no mercado, a colusão e a concertação tácita têm efeitos idênticos, não ostentando especial relevo distingui-las: prejuízo para a concorrência, preços e lucros superiores aos que se verificariam se esta tivesse lugar, menor eficiência, esmorecimento da pressão para investir, inovar e racionalizar[186]. Todavia, o discrime já cresce de sentido quando se atende aos instrumentos que o direito da concorrência emprega para fiscalizar uma e outra. Tratemos, por isso, de as enuclear em separado.

2.4.1. ***Colusão***

A colusão designa formas de entendimento pelas quais empresas que mantêm a sua autonomia jurídica e económica ajustam, em conjunto e de maneira intencional, o seu comportamento futuro no mercado. Esta forma de orientação em comum das vontades compreende os actos previstos no art. 81.º, n.º 1 CE (na ordem jusconcorrencial portuguesa, art. 4.º, n.º 1 da Lei n.º 18/2003, de 11 de Junho), a saber, os acordos, práticas concertadas entre empresas e decisões de associações de empresas[187].

---

[185] KANTZENBACH/KRUSE, *Kollektive...*, p. 40; GIRSCH, *Fusionskontrolle...*, p. 31, n. 77.

[186] RAFFAELLI, «Oligopolio...», p. 33; HAHN, *Oligopolistische...*, p. 28.

[187] Adiante se explicará o que são acordos, práticas concertadas e decisões de associações de empresas.

Há doutrina[188] que chama "colusão explícita" ao fenómeno em apreço. Temos muito rebuço em aceitar semelhante denominação. Pense-se no que sucede com as práticas concertadas. Como teremos ocasião de aprofundar, são formas de coordenação entre as empresas, que, *sem se terem desenvolvido até à celebração de uma convenção propriamente dita*, substituem cientemente os riscos inerentes à concorrência por uma cooperação prática entre as empresas. Ora, não nos parece muito feliz o casamento desta definição com a fórmula "colusão *explícita*", pois o adjectivo que esta contém pede exteriorização *expressa*[189], a qual falha na prática concertada (relativamente à qual nem convenção se supõe, basta a cooperação resultante de contactos directos ou indirectos, adrede desenvolvidos para coordenar). O que mais sobreleva na colusão, o traço que melhor a contrapõe ao concerto tácito – daqui a pouco explicado – é antes o elemento intencional, o propósito de, em conjunto, determinar linha de atitude futura. Por tudo isto, não empregamos "colusão explícita". As qualificações que cativam o nosso favor e vêm usadas neste trabalho com maior frequência são "colusão"[190] e "colusão activa"[191]. Conquanto também as tenhamos por certas, recorremos menos a "coordenação intencional", "concertação intencional" e "coligação de empresas"[192]. Acrescente-se que é correcto chamar "paralelismo colusivo" à conduta simétrica das empresas que dimana da colusão[193] [194].

---

[188] KANTZENBACH/KRUSE, *Kollektive...*, p. 26; GIRSCH, *Fusionskontrolle...*, pp. 23-24; HAUPT, «Kollektive...», p. 364; HAHN, *Oligopolistische...*, p. 25.

[189] *Vd.* AAVV, *Dicionário da língua portuguesa* (da Porto Editora), 8ª ed. rev. e act., Porto, 1999, p. 717.

[190] A que também adere J. SIMÕES PATRÍCIO, *Direito da Concorrência (Aspectos Gerais)*, Lisboa, 1982, pp. 34 e 93 ss..

[191] Recolhemos "colusão activa" em decisões da Comissão de 24.4.1996, IV/M.619, *Gencor/Lonrho*, JO L 11, de 14.1.1997, p. 30, n.º 140 e de 25.11.1998, IV/M.1225 – *Enso/Stora*, JO L 254, de 29.9.1999, p. 9, n.º 66.

[192] A última destas três expressões é sugerida por quem, ao agrupar acordos, decisões de associação e práticas concertadas, emprega a palavra "coligação" como tradução do vocábulo francês *entente*: por exemplo, ANTÓNIO JOSÉ DA SILVA ROBALO CORDEIRO, «As coligações de empresas e os direitos português e comunitário da concorrência», *RDES*, ano XIX, II, 2ª série, n.º 1, 1987, p. 92, n. 29 e MIGUEL GORJÃO-HENRIQUES, *Da Restrição da Concorrência na Comunidade Europeia: a Franquia de Distribuição*, Coimbra, 1998, p. 143 (ver também *Direito Comunitário*, 3ª ed., Coimbra, 2005, p. 491).

[193] Cfr. AIGNER, *Kollektive...*, p. 13.

[194] Há literatura que se refere às práticas defesas pelo art. 81.º, n.º 1 CE como "proibição de cartéis" (*Kartellverbot*): *ex multis*, GERHARD GRILL, *in* CARL OTTO LENZ

As empresas podem apresentar especial tendência para recorrer à colusão activa nos mercados em que se registe "efeito de aceleração"[195]. Com efeito, quando as oscilações da procura no sector do consumo se transferem, de forma ainda mais intensa ("acelerada"), para o sector do investimento, isso acarretará, neste, situações de sobreinvestimento e de subinvestimento. As flutuações de vendas e de preços tornar-se-ão, porventura, incomportáveis para as empresas, as quais tendem a entrar em processos colusivos para se furtarem a tão devastadores efeitos[196].

A colusão activa é proibida por lei: os acordos, práticas concertadas e decisões de associações de empresas cujo objectivo ou efeito seja

---

(Hrsg.), *EG-Vertrag: Kommentar zu dem Vertrag zur Gründung der Europäischen Gemeinschaften*, 2ª ed., Köln, 1999, p. 701 e Haupt, «Kollektive...», p. 363; na mesma esteira, afirmando que a *explizite Kollusion* supõe um acordo expresso entre as empresas, do qual o exemplo típico é o cartel, Kantzenbach/Kruse, *Kollektive...*, p. 26.

Coibimo-nos, na medida do possível, de usar a palavra "cartel" para qualificar todos os actos previstos naquele preceito. Ela é incapaz de abarcar as práticas concertadas, pois estas não são convénio expresso.

Luís Miguel Pais Antunes – *Lições de Direito Comunitário da Concorrência (versão provisória)*, Universidade Lusíada/Instituto de Estudos Europeus, Curso de Pós-Graduação em Estudos Europeus 1994-1995, p. 20 – seguiu via diversa para mostrar que a proibição do art. 85.º, n.º 1 do Tratado CE (actual art. 81.º, n.º 1 CE) não comportava apenas o acordo geralmente qualificado de cartel. O Autor refere que, por intermédio deste, as partes prosseguem um objectivo *comum*: *v. g.*, acordo celebrado entre empresas situadas ao mesmo nível do processo produtivo – limitação da produção, fixação do preço de venda –, é dizer, acordo horizontal. Ora, como a interdição do art. 85.º alcançava também as cláusulas restritivas inseridas em contratos verticais – ligando empresas situadas em estádios distintos daquele processo – por intermédio dos quais as partes visam em geral objectivos *opostos* (*e. g.*, cláusula de proibição de exportação inscrita em acordo de distribuição), ela teria âmbito mais vasto do que o cartel. Não anda longe Luis Antonio Velasco San Pedro, «Acuerdos, decisiones colectivas y prácticas concertadas», *in* L. A. Velasco San Pedro (Coordinador), *Derecho Europeo de la Competencia (Antitrust e Intervenciones Públicas)*, Valladolid, 2005, p. 63.

[195] O "princípio da aceleração" significa que a procura de bens capitais, derivada da procura de bens de consumo, se acelera. É assim, porque a relação capital-produto é maior do que 1 (*v. g.*, para se obter 1 de produto, exigem-se 5 de capital). Ver J. J. Teixeira Ribeiro, *Lições de Finanças Públicas*, 2ª ed., refundida e actualizada, Coimbra, 1984, pp. 383-384.

[196] *Vide* Arndt, *Wirtschaftliche Macht: Tatsachen und Theorien*, 3ª ed., München, 1980, pp. 65-66.

impedir, falsear ou restringir a concorrência são nulos (art. 81.º, n.os 1 e 2 CE; entre nós, art. 4.º, n.os 1 e 2 da Lei n.º 18/2003)[197] [198].

Além do entrave posto por lei, outros motivos[199] militam contra a colusão e levam os oligopolistas a sulcar os trilhos da coordenação tácita. A fim de assegurar a estabilidade da concertação intencional, as empresas erigem mecanismos que reduzem o encorajamento ao *cheating* e garantem a disciplina e a coesão do grupo. Sucede que tais mecanismos exibem inconvenientes de vária ordem. À uma, aumentam a visibilidade do conchavo e podem deixar material de prova passível de comprometer as empresas num processo desencadeado pelas autoridades. À outra parte, agravam os custos de transacção[200] do arranjo colusivo: pense-se na hipótese de um acordo de preços ser complementado por um outro destinado a fixar contigentes de produção; isto exige organização colectiva para regular a atribuição de quotas, fiscalizar o cumprimento e punir desvios.

Acresce que, perante eventuais variações da procura e dos elementos que determinam os custos de fabrico, os coludentes que se queiram adaptar às mudanças vêem-se confrontados com múltiplos espinhos, designadamente, oposição de algum deles aos termos do ajustamento que o grupo almeja levar a cabo e existência de novos custos de transacção.

---

[197] Salvaguardando a hipótese de o disposto no art. 81, n.º 1 ser declarado inaplicável *ex vi* do n.º 3 do mesmo preceito ou, nos cânones da lei portuguesa, de as práticas proibidas pelo n.º 1 do art. 4.º se considerarem justificadas nos termos do art. 5.º.

[198] O conceito de nulidade que vale para efeito do art. 81.º, n.º 2 CE não se afasta daquele que encontramos no Código Civil português (e que vale também para o direito luso da concorrência): a nulidade opera *ipso jure* ou *ipsa vi legis*, é insanável pelo decurso do tempo ou mediante confirmação, é invocável por qualquer pessoa interessada e a respectiva declaração produz efeitos *ex-tunc* – cfr. NOGUEIRA SERENS, *Direito da Concorrência e Acordos de Compra Exclusiva (Práticas Nacionais e Práticas Comunitárias)*, Coimbra, 1993, p. 81 (*vd.*, igualmente, pp. 78-81) e LUÍS M. PAIS ANTUNES, *Lições...*, pp. 97-98. Sobre o conceito de nulidade no direito civil português, veja-se MANUEL DE ANDRADE, *Teoria Geral da Relação Jurídica*, vol. II, 6ª reimpressão, Coimbra, 1983, pp. 417 ss. e CARLOS ALBERTO DA MOTA PINTO, *Teoria Geral do Direito Civil*, 4ª ed. por ANTÓNIO PINTO MONTEIRO e PAULO MOTA PINTO, Coimbra, 2005, pp. 620-621.

[199] Arrolados em KANTZENBACH/KRUSE, *Kollektive...*, pp. 36-38.

[200] Custos de transacção são aqueles que não resultam da produção, mas antes da transferência de activos de um sujeito económico para outro. Eles vão nascendo do concreto desenvolvimento e da execução de uma transacção, abrangendo, mormente, dispêndios ligados à conclusão de contratos, ao transporte, ao exame de activos e à transferência de títulos de propriedade – FRANZ JOSEF LINK, «Transaktionskosten», *in* ERWIN DICHTL/OTMAR ISSING (Hrsg.), *Vahlens Großes Wirtschaftslexicon*, München, 1987, vol. 4, p. 1843. Outrossim, ALFREDO MARQUES, «Concentrações...», p. 38.

Bem mais simples e menos arriscado se afigura o recurso à coordenação tácita. Ela não tem, é certo, o grau de formalização atingido na colusão activa, só que, com o andar do tempo, vai ser alvo de respeito cada vez maior. Nela fitamos agora os olhos.

2.4.2. *Coordenação tácita*

A coordenação tácita designa um processo informal e espontâneo de concertação de condutas que, no oligopólio, resulta da interdependência entre as empresas e do seu reconhecimento por parte das mesmas[201]. Ela aclara-se especialmente bem lançando mão de exemplo clássico[202].

Suponhamos que em determinada rua, do mesmo lado desta e muito perto uma da outra, se situam duas estações de serviço (**A** e **B**)[203]. Nas proximidades, não há qualquer outra hipótese de abastecer veículos motorizados com gasolina. **A** e **B** praticam o preço de 1 Euro por litro. Aos condutores é indiferente adquirir o combustível numa ou na outra estação, a procura distribui-se por elas de modo aleatório, pelo que assumimos cada uma dispor de 50 % do mercado.

Almejando obter lucros mais fartos, **A** pondera subir o preço para 1,20. Parece que a materialização de tal intento comporta riscos, pois o seu sucesso está dependente da reacção de **B**: se as duas partes não tiverem mantido contactos prévios, pode acontecer que **B** não trilhe o caminho de **A** e mantenha o preço de 1, com o que absorverá toda a procura (todos os condutores abasteceriam em **B**). Simplesmente, depois de subir o preço, **A** depressa apurará qual o procedimento de **B**, pois avista o letreiro em que este exibe os preços. Caso **B** não siga o aumento

---

[201] Porventura, estas não têm a noção ou o propósito de restringir a concorrência – KANTZENBACH/KRUSE, *Kollektive...*, p. 26; GIRSCH, *Fusionskontrolle...*, p. 23.

[202] Que se encontra, com apresentação que pouco difere, em GEORGE A. HAY, «Practices That Facilitate Cooperation: The *Ethyl* Case», *in* JOHN E. KWOKA, Jr./LAWRENCE J. WHITE (ed.), *The Antitrust Revolution*, Glenview/Boston/London, 1989, pp. 185-186, em Van GERVEN/NAVARRO VERONA, «The *Wood Pulp* Case...», pp. 577-578 e em AIGNER, *Kollektive...*, pp. 10-11 (na obra e local mencionados em primeiro lugar, só se contempla a hipótese da subida de preços, nas outras duas também se topa com a hipótese inversa). Ao exemplo introduzimos alterações da nossa lavra.

[203] *Commoditatis causa*, os responsáveis levam o nome da estação de serviço que dirigem, ou seja, **A** e **B**.

de preços, **A** pode voltar logo a cobrar o preço anterior (1). A capacidade de **A** cedo descobrir e responder à conduta de **B** condiciona a melhor estratégia de **B**. Se este persistir no preço de 1, recebe, durante curto período de tempo, toda a procura, mas, após **A** voltar a vender a 1, torna a partilhar com ele o mercado (cada um, 50 %), ambos exigindo 1 Euro por unidade. Mas se **B** encarece o artigo na mesma proporção do que **A** – e o letreiro no qual este indica o preço está ao alcance da vista de **B** –, renuncia, no curto prazo, a um acréscimo das quantidades vendidas e dos lucros, mas obtém, no longo prazo e a par de **A**, ganhos maiores, porquanto continua a fornecer metade do mercado, mas agora a preço mais alto (1,20). Destarte, **B** tem todo o interesse em seguir o acréscimo de preços levado a cabo por **A**, e este, sabendo que a melhor estratégia de **B** é precisamente essa, pode, com pouca margem de risco, desencadear a sobredita subida de preços.

Numa segunda hipótese, em virtude de regressão das quantidades procuradas, **A** medita redução do preço da gasolina para 80 cêntimos (0,8) por litro. Se o rival não cursasse o mesmo rumo, todos os condutores adquiririam gasolina a **A**, para quem o incremento das vendas compensaria a diminuição do preço. Mas as suas reflexões levam-no a concluir que **B** verá o quadro no qual ele afixa os preços e reduzirá sem delonga o preço para 0,8, a fim de poder subsistir no comércio. Isso acarretaria que qualquer das estações de serviço continuava a atender metade dos clientes, mas agora a preço inferior (0,8). Ambas ficariam a perder, e por isso **A** decide, sem qualquer conversa ou conferência com **B**, manter o preço de 1 Euro por litro.

No primeiro cenário traçado, os rivais sobem o preço quase ao mesmo tempo; no segundo, mantêm o seu nível (apesar de ter havido retracção da procura, o que, sob condições concorrenciais, geraria diminuição dos preços). E tanto a subida paralela, no primeiro caso, como a defesa do preço, no segundo, são alcançadas sem qualquer contacto ou interlocução. Elas brotam exclusivamente do estado de correlação e do seu reconhecimento por parte de **A** e de **B**, dimanam apenas da consciência que estes têm relativamente aos efeitos da sua própria conduta na atitude do rival.

A interdependência paramétrica encerra a virtualidade de a empresa antecipar as reacções das competidoras e de as incluir no planeamento da sua acção. Outrossim, faz com que seja racional adoptar condutas paralelas às da antagonista. Deste paralelismo *inteligente* resulta, bem entendido, a diminuição da concorrência entre as empresas[204].

O fenómeno que viemos expondo é amiúde denominado "colusão implícita"[205], "colusão tácita"[206], "colusão informal" ou "colusão espontânea"[207]. Rejeitamos qualquer destas formas, por conterem a palavra "colusão": esta implica algum tipo de conchavo ou urdidura, supõe ao menos comunicação, e tudo isso falta[208]. Demais, ela briga com os adjectivos "informal" e "espontânea", eles sim idóneos para caracterizar o fenómeno que nos ocupa. A qualificação correcta é "coordenação tácita"[209], "concerto tácito" ou "concertação tácita". A conduta paralela que promana da coordenação tácita – ou, se quisermos ir mais fundo, que promana da interdependência oligopolística – chama-se "paralelismo não-colusivo"[210], "puro paralelismo"[211], "paralelismo inteligente"[212] ou "paralelismo interdependente"[213]. Já as expressões "mero paralelismo

---

[204] *Vd.* AIGNER, *Kollektive...*, pp. 11-12.

[205] KANTZENBACH/KRUSE, *Kollektive...*, pp. 26, 35-36 e 138; colhendo nestes autores a expressão, ULRICH IMMENGA, *in* U. IMMENGA/ERNST-JOACHIM MESTMÄCKER (Hrsg.), *EG-Wettbewerbsrecht: Kommentar*, vol. I, München, 1997, p. 902; HAHN, *Oligopolistische...*, p. 26.

[206] Cfr. WINCKLER/HANSEN, «Collective...», p. 789. RICHARD WHISH (*Competition Law*, 5ª ed., London/Edinburgh, 2003, p. 508) noticia que esta expressão é frequentemente usada por economistas; vêmo-lo confirmado em BISHOP/LOFARO, «A legal...», p. 198.

[207] As três últimas expressões são mencionadas por LAWRENCE A. SULLIVAN, *Handbook of the law of antitrust*, 3ª reimpressão, St. Paul, 1987, p. 339.

[208] Não andam longe FELLNER, «Collusion...», p. 54 nem AIGNER, *Kollektive...*, p. 12. Nas frisantes palavras de SCHERER e de ROSS (*Industrial...*, p. 248), «collusion is communication par excellence».

[209] *Vd.* WHISH, *Competition Law*, p. 508 e HERRERO SUÁREZ, *El problema...*, p. 117, n. 15.

[210] JAMES VENIT, «The Evaluation of Concentrations under Regulation 4064/89: The Nature of the Beast», *in* AAVV, *Annual Proceedings of the Fordham Corporate Law Institute (1990). International Mergers and Joint Ventures*, Ardsley-on-Hudson, 1991, p. 542; TREVOR SOAMES, «An Analysis of the Principles of Concerted Practice and Collective Dominance: A Distinction without a Difference?», *ECLR*, 1996, pp. 25, 29, 31.

[211] ALISON JONES, «Woodpulp: Concerted Practice and/or Conscious Parallelism?», *ECLR*, 1993, p. 273.

[212] RAFFAELLI, «Oligopolio...», p. 32.

[213] MONTI, «Oligopoly...», p. 61, n. 9.

consciente"[214], "simples paralelismo consciente"[215] e "paralelismo consciente"[216] são de evitar, porquanto azam confusão com formas de colusão activa referidas no art. 81.º CE: as práticas concertadas são formas *conscientes* de coordenação resultantes de contactos entre as empresas e traduzem-se muitas vezes em condutas paralelas[217]. Ora, não é isto que queremos significar, pois o que está em causa é a conduta paralela que resulta única e exclusivamente da interdependência oligopolística e do reconhecimento desta pelas empresas; não está em apreço comportamento que advenha de contactos e leve as empresas a, de maneira consciente, coordenar os seus gestos.

A "liderança de preços" (*price leadership*, *Preisführerschaft*) é uma forma fundamental de coordenação tácita. Por seu intermédio, uma empresa, a líder de preços, determina o momento e a medida de alteração dos mesmos; sem qualquer contacto, a maioria das outras segue tal disposição, pois sabe que isso lhe é mais favorável do que qualquer tipo de peleja[218]. Trata-se de mecanismo que tem como pressupostos a elevada concentração da oferta e um alto grau alto de transparência, requisitos que justamente se verificam nos oligopólios (em particular na sua forma estreita)[219].

---

[214] VENIT, «The Evaluation...», p. 541; STEFANO BASTIANON, «Mercati oligopolistici, "conscious parallelism" e pratiche concordate: quale intesa tra Tim e Omnitel?», *FI*, 2001, III, c. 396; *id.*, «Il caso dei petrolieri e l'istruttoria antitrust: la "lezione" del Consiglio di Stato», *FI*, 2001, III, c. 455.

[215] BASTIANON, «Il caso...», c. 453.

[216] ALISON JONES, «Woodpulp...», p. 273; PIETRO TRIMARCHI, «Il problema giuridico delle pratiche concordate fra oligopolisti», *in Studi in onore di Francesco Santoro-Passarelli*, vol. IV (Diritto e Processo Civile), Napoli, 1972, p. 698; CRISTOFORO OSTI, «Il lato oscuro dell'antitrust: qualche dubbio in più», *FI*, 1994, IV, c. 77; ENRICO ADRIANO RAFFAELLI, «Mercati oligopolistici: primi orientamenti», *CM*, 4/1996, p. 451; *id.*, «Oligopolio...», p. 32; LAMBO, logo no título de «Parallelismo...», c. 386; BASTIANON, «Mercati...», c. 395.

[217] Na mesma fileira – reservas a propósito de "paralelismo consciente" –, AIGNER, *Kollektive...*, p. 32, n. 121; MONTI, «Oligopoly...», p. 61, n. 9 («Consciousness is a rather ambiguous concept»).

[218] Cfr. HAHN, *Oligopolistische...*, p. 26 e JOE S. BAIN, *Industrial Organization*, 2.ª ed., New York/London/Sydney, 1968, p. 312.

[219] HAHN, *Oligopolistische...*, p. 26. O grau de transparência pode ser reforçado de várias maneiras: *e. g.*, a líder publica listas de preços; as empresas montam sistemas centralizados de informação que facultem, dentro do sector, troca permanente de dados

Atendendo à posição da empresa-líder, podemos distinguir empresa dominante e empresa-barómetro. No primeiro caso, há um vendedor que ocupa larga parcela do mercado e inspira temor ou confiança em matéria de fixação do preço, pelo que os rivais quase se vêem forçados a adoptar as suas decisões[220]. HAHN[221] relata a frequência deste género de liderança nos oligopólios em que, a mais das grandes empresas, participam outras com pequenas quotas de mercado que assumem a sua condição de *price-takers*. A modéstia do estatuto não impede que cobrem preços mais altos e aufiram lucros mais pingues do que sucederia se houvesse concorrência ou porfia[222] [223].

No caso da empresa-barómetro, o ofertante a quem se defere a liderança é visto como um bom juiz das condições de mercado[224]: ele tem a capacidade de mais cedo identificar as causas que podem importar modificação dos preços e de os subir, dando o exemplo a seguir pelos demais. Os operadores com maior aptidão para actuar como empresa-barómetro são os que acumularam mais experiência no ramo de activi-

---

sobre preços, transacções, descontos e condições de venda – HAHN, *ob. cit.*, pp. 26-27; KÜHN, *Abgestimmtes...*, pp. 72-73; ERICH HOPPMANN, «Preismeldestellen und Wettbewerb. Einige Bemerkungen zu den wettbewerbstheoretischen Grundlagen der neueren Diskussion über Preismeldestellen», *WuW*, 2/1966, p. 110.

[220] AVELÃS NUNES, *Economia Política...*, p. 428; *vd.*, ainda, JESSE W. MARKHAM, «The nature and significance of price leadership», *AER*, vol. XLI (1951), pp. 894-896.

[221] *Oligopolistische...*, pp. 27-28.

[222] Estando em causa um oligopólio assimétrico – em que, a par dos colossos, convivem alguns mais pequenos –, não é descabido falar de uma generalização do modelo de STACKELBERG, no qual o *first-mover* agia como líder e a outra empresa actuava como satélite. Ver ABRAHAM-FROIS, *Économie Politique*, p. 338.

[223] LOIBNER (*Das Oligopol...*, pp. 25-26) sustenta que, no caso da empresa dominante, a teoria da interdependência oligopolística não teria aplicação, porquanto o oligopólio supõe a dominância do mercado por poucas empresas, não detendo nenhuma delas, individualmente considerada, uma posição dominante. Não acompanhamos o Autor. Em termos económicos, a empresa-líder dominante goza de poder reforçado e outorga especial temor ou confiança em sede de fixação de preços, mas isso não significa que tenha aquilo que no direito da concorrência se qualifica de "posição dominante singular" (*vd. infra*).

[224] AVELÃS NUNES, *Economia Política...*, p. 428, *in fine*. Cfr., também, MARKHAM, «The nature...», pp. 896 ss., VOGEL, *Droit...*, p. 182, n. 3, SCHERER/ROSS, *Industrial...*, p. 249 e DIETRICH RUGE, *Begriff und Rechtsfolgen des gleichförmigen Unternehmerverhaltens in Europa und den Vereinigten Staaten von Nordamerika*, Köln/Berlin/München//Bonn, 1968, p. 67.

dade em causa; com o transcurso do tempo, as empresas substituem-se nesse papel (*rotating price-leadership*)[225] [226].

3. Posição dominante colectiva: generalidades

A posição dominante colectiva será alvo de lição aturada na segunda e na terceira parte desta obra. Todavia, dado que se reporta a processos de coordenação entre as empresas, apresentamos já os seus lineamentos essenciais. Trata-se do conceito que o direito comunitário da concorrência utiliza para designar o estatuto do agregado de empresas – entre as quais não há concorrência substancial[227] – que é capaz de agir fazendo descaso das atitudes de concorrentes (actuais e potenciais), de parceiros comerciais (fornecedores e clientes) e de consumidores[228]. A ausência de disputa substancial entre as empresas define o atributo "colectiva", a liberdade de actuação face a quem está de fora reporta ao adjectivo "dominante".[229]

[225] HAHN, *Oligopolistische...*, p. 28; LOIBNER, *Das Oligopol...*, p. 26; KNUD HANSEN, «Zur Unterscheidung...», p. 63; ABRAHAM-FROIS, *Économie Politique*, p. 338; SLOMAN, *Economics*, p. 252.

[226] Existe ainda um *tertium genus* integrando as situações em que uma empresa é *designada* líder por acordo ou por entendimento. Ao contrário dos dois casos referidos em texto, a liderança não advém de meros circunstancialismos de mercado (mormente, do temor ou confiança que um fabricante incute ou da qualidade de barómetro que se lhe reconhece); há um líder porque houve combinação para escolhê-lo, só assim é legítimo falar-se de empresa designada. Alguma doutrina opina não estarmos aqui perante verdadeira liderança de preços, fala mesmo de *unechte Preisführerschaft* (a sancionar nos termos das formas de colusão activa). *Vide* RUGE, *Begriff...*, pp. 66-67 e HAHN, *Oligopolistische...*, pp. 27-28, n. 44. Só acompanhamos os Autores citados quando sustentam que a designação de empresa-líder se reconduz à colusão. Mas não vemos que por isso deixe de ser correcto falar em "liderança de preços": não é forçoso que todas as formas de liderança de preços procedam por via de coordenação tácita. Para nós, as situações de empresa designada dão corpo a liderança de preços, mas não materializam concerto tácito.

[227] Fala-se aqui de falta de concorrência substancial ou efectiva nas relações internas.

[228] Pode aludir-se a falta de concorrência substancial nas relações externas, mas é preciso forçar um pouco a nota, porquanto a relação que opõe a empresa aos seus parceiros e aos consumidores não é de concorrência directa.

[229] Algumas das definições que correm pela doutrina não são felizes. GIRSCH afirma que a coordenação tácita corresponde, na linguagem do direito da concorrência, à posição

A noção opera em dois níveis distintos de fiscalização dos oligopólios: *ex ante* e *ex post*. No primeiro, está em causa impedir uma concentração que cria ou reforça uma posição dominante colectiva (art. 2.º, n.º 3 do Regulamento das concentrações). No segundo, são reprimidos os abusos que foram levados a cabo por duas ou mais empresas que dispunham de tal posição (art. 82.º CE).

Quando a posição dominante conjunta radica em coordenação tácita, quase só pode ter lugar no oligopólio restrito. Por mor de características como o reduzidíssimo número de vendedores ou a transparência do mercado, nele é dado às empresas, sem qualquer contacto, actuar adunadas e, ao mesmo tempo, com indiferença pelos gestos de concorrentes, parceiros comerciais e consumidores. No oligopólio amplo, há maior número de produtores – volvendo mais difícil harmonizar interesses –, a interdependência não se sente de feição tão acerada e os rivais não afec-

---

dominante "colectiva", "oligopolística" ou "conjunta" – *Fusionskontrolle*..., p. 23, n. 46, *in fine* (note-se que o A. chama colusão implícita àquilo que qualificamos de coordenação tácita). Semelhante modo de ver enfileira com um outro, preconizado por KANTZENBACH e por KRUSE – *Kollektive*..., p. 12 –, do qual também resultava negar que as formas de colusão activa pudessem dar origem a posição dominante conjunta. Esta só poderia radicar na coordenação tácita.

Esta perspectiva vale, quando muito, em matéria de controle das concentrações, por meio do qual se pretende evitar a criação ou o reforço de posição dominante colectiva assente em coordenação *tácita* entre as empresas. Mas é insusceptível de alcance generalista, porquanto, conforme se perceberá noutra altura, a posição dominante colectiva para efeitos do art. 82.º CE pode ser fundada nos mecanismos de colusão activa (acordos, práticas concertadas e decisões de associação).

Se o caminho cursado pelos AA. referidos no início desta nota não convence, tão-pouco nos persuade o adoptado por DIRKSEN, que chama "posição dominante conjunta" àquela em que o amortecimento ou a elisão da concorrência entre os oligopolistas nas suas relações internas procede de concertação intencional e qualifica de "posição dominante colectiva" aqueloutra em que esse fim é alcançado por vias da coordenação tácita – cfr. DIRK DIRKSEN, *in* EUGEN LANGEN/HERMANN-JOSEF BUNTE, *Kommentar zum deutschen und europäischen Kartellrecht*, vol. 1, 9ª ed., Neuwied/Kriftel, 2001, pp. 2153-2154. Ora, para designar a posição dominante, os atributos "colectiva", "conjunta" e "oligopolística" são usados no direito comunitário como sinónimos (mormente na prática da Comissão – *e. g.*, dec. de 21.11.2001, COMP/M.2498, *UPM-Kymmene/Haindl* e COMP/M.2499, *Norske Skog/Parenco/Walsum*, JO L 233, de 30.8.2002, p. 38, n.º 75, n. 26). Proceder a distinções só serviria para espargir no direito comunitário da concorrência uma indesejável dualidade de sentidos, um vertido em textos oficiais, o outro na doutrina.

tam de modo tão forte a esfera de interesses alheia, pelo que as empresas não são tão intensamente propelidas a, adaptando-se à conduta das outras, aguisar de jeito tácito as suas atitudes. E na concorrência monopolista os estorvos a este tipo de cooperação são ainda maiores: há elevada cifra de ofertantes e bens heterogéneos, pontos que desservem o abeiramento de interesses; a empresa não se sente tão afectada pela conduta de cada rival (visto singularmente), não experimentando tanto a necessidade de com ele se alinhar; não é difícil entrar, pelo que o encarecimento concertado dos bens levaria à entrada de novas unidades; por haver muitos vendedores, não é plausível agrupá-los todos no arranjo[230].

Se a posição dominante colectiva não for fundada em coordenação tácita, o oligopólio amplo não coloca tanto entrave ao seu aparecimento. Cremos, contudo, que teimará em surgir mais amiúde nos oligopólios estreitos, porquanto a materialização *ao mesmo tempo* dos dois pressupostos em que se alicerça (empresas entre as quais falta concorrência substancial, podendo, por isso, adoptar linha unitária de conduta; farta autonomia de actuação mediante concorrentes, parceiros de negócio e clientes) requer condições que, basicamente, têm lugar nesta casta de oligopólios[231].

---

[230] Não falamos da concorrência pura e perfeita nem do monopólio. Aquela é arquétipo sem correspondência na vida real, naquele existe apenas uma empresa.

[231] Nomeadamente, elevadíssima concentração da oferta e enorme simetria de interesses das empresas.

CAPÍTULO III
MODOS DE CONTROLO

À política e ao direito *antitrust* abrem-se três possibilidades para combater os entraves à concorrência, no oligopólio ou fora dele. Actuam, respectivamente, a nível do *comportamento* das empresas, dos *resultados* da sua conduta e da *estrutura* do mercado. Trata-se de classificação que, obedecendo a critério distinto, de maneira nenhuma põe em causa o corte no qual sustentamos a presente monografia, todo ele assente no momento em que o controlo intervém (*ex ante* ou *ex post*).

1. **Comportamentos, resultados, estrutura**

Os ordenamentos jusconcorrenciais integram normas directamente destinadas a fiscalizar os *comportamentos* das empresas, a maneira como estas procedem no mercado. Na ordem comunitária, os artigos 81.º e 82.º CE (sobretudo o último) assumem o maior relevo. O art. 81.º, n.º 1 CE proíbe acordos, práticas concertadas e decisões de associações de empresas que tenham por objectivo ou por efeito impedir, restringir ou falsear a concorrência. O art. 82.º declara incompatível com o mercado comum a exploração abusiva de uma posição dominante (abarcando, mormente, a dominância conjunta). Na terceira parte deste trabalho, exporemos com minúcia o préstimo que cada uma das normas tem na fiscalização dos oligopólios.

O controlo dos *resultados* incide sobre as consequências da acção das empresas – *e. g.*, no plano dos preços e dos lucros – e pode operar por via do art. 82.º CE[232]. Ele não tem encontrado, todavia, grande aplicação no direito comunitário.

---

[232] A fim de marcar diferenciação face ao art. 81.º, atente-se no seguinte: não interessa tanto a subida de preços enquanto comportamento paralelo, mas antes o valor que ela atinge. *Vd.* HAHN, *Oligopolistische...*, p. 44.

A alínea *a*) do art. 82.º CE proíbe a imposição, directa ou indirecta, de preços de compra ou de venda ou de outras condições de transacção não equitativas. As virtualidades que, *primo conspectu*, parece encerrar não se confirmam na *praxis* comunitária: o controlo dos resultados por via da apreciação de preços abusivos não desempenha papel de proa, já que nem a Comissão nem os tribunais lograram apurar uma medida objectiva com base na qual se possa dizer que um preço é abusivo[233].

Por outra banda, os resultados obtidos em certo mercado não fornecem conclusão firme e inconcussa a propósito da possibilidade de a concorrência funcionar, acerca da *Funktionsfähigkeit des Wettbewerbs*. Tomando como exemplo os lucros, assim como podem ser fartos em situação de concorrência efectiva, podem ser reduzidos em caso de dominação[234].

Acresce que as correcções induzidas por via do controlo dos resultados são sempre limitadas. Mesmo que, recorrendo ao art. 82.º CE, se logre impor descidas de preços até níveis concorrenciais, isso não permite forçar as empresas a tomar medidas de racionalização tendentes a diminuir os custos, a levar a cabo política comercial orientada para os interesses dos consumidores ou a robustecer os seus esforços de investi-

---

[233] Voltaremos ao assunto. Por agora, ver Christian Weiser, *Preismißbrauch nach Artikel 86 EWG-Vertrag: eine Untersuchung zum Ausbeutungsmißbrauch im europäischen Recht*, Köln/Berlin/Bonn/München, 1987, p. 4; Hahn, *Oligopolistische...*, p. 44; Comissão Europeia, *XXIV Relatório sobre a Política de Concorrência (1994)*, Luxemburgo, 1995, n.º 207.

[234] Cfr. Zohlnhöfer, *Wettbewerbspolitik...*, p. 224 e o nosso *A posição dominante relativa no direito da concorrência*, Coimbra, 2001, pp. 51-52.

O conceito apresentado a itálico no texto teve gestação curiosa: nos anos 50 do século XX, por alturas do nascimento da lei alemã de defesa da concorrência – *GWB: Gesetz gegen Wettbewerbsbeschränkungen* –, imperavam na teoria o modelo da concorrência perfeita e a sua proclamada bandeira, segundo a qual o estado ideal do mercado apresentaria grande número de unidades tanto do lado da oferta como do da procura. Porém, dado que a vida económica não conhece tal forma de mercado, procurou-se, por via do conceito em apreço, uma aproximação à realidade, aos factos – Franz Jürgen Säcker/Jens Thomas Füller, *in* F. J. Säcker (Hrsg.), *Berliner Kommentar zum Energierecht. Energiewettbewerbsrecht, Energieregulierungsrecht und Energieumweltschutzrecht*, München, 2004, p. 183. *Vide*, ainda, António Menezes Cordeiro, «Defesa...», p. 124, dando conta de que, a partir de meados do século XX, os economistas substituiram o modelo impraticável da concorrência perfeita por visões mais realistas ditas de "concorrência operacional" ou "imaginável".

gação e de desenvolvimento[235]. Pode, inclusive, suceder que uma descida de preços ordenada pela Comissão na sequência do controlo dos abusos facilite a coordenação entre oligopolistas. Na verdade, é crível que o novo preço (mais baixo) desmotive alguns a entrar no mercado e obrigue *fringe firms* a abandoná-lo ou, quando menos, a abdicar dos seus planos de expansão, tudo jogando a favor dos colossos[236]. Mais. O preço que a Comissão determinasse poderia servir de guia para o agir futuro das empresas, elas poderiam alinhar por aí o preço[237].

O cortejo de razões que viemos desfiando explica que se veja o controlo de resultados como *ultima ratio* para situações em que falhe instrumento mais idóneo[238].

Acostemos, por fim, no controlo da *estrutura* do mercado. Tanto pode actuar sobre estruturas já existentes como prevenir a criação de outras afeitas ao advento de danos para a concorrência. A primeira via opera pela desconcentração do mercado e tem expressão prática menor[239]: basta pensar nas resistências políticas que acirraria[240]. A segunda cura de evitar o aparecimento de estruturas malfazejas da concorrência e é fiel à máxima segundo a qual é melhor prevenir uma doença do que tratá-la quando ela se instalou[241]: a ferramenta para o fazer é o controlo das

---

[235] KANTZENBACH/KRUSE, *Kollektive...*, p. 131; HAHN, *Oligopolistische...*, p. 45.

[236] Cfr. MÖSCHEL, «Marktmacht und Preiskontrolle. Nach der Merck-Entscheidung des Kammergerichts», *BB*, caderno 2, de 20.1.1976, p. 53; *id.*, *in* ULRICH IMMENGA/ERNST-JOACHIM MESTMÄCKER (Hrsg.), *GWB: Gesetz gegen Wettbewerbsbeschränkungen. Kommentar*, 3ª ed., München, 2001, p. 688; BENISCH, *in* GRUR, 5/1977, p. 276, *in fine*; PETER ULMER, «Bemerkungen zum Valium-Beschluß des Bundesgerichtshofs», *BB*, caderno 8, de 20.3.1977, p. 359; ROBERT FISCHER, «Der Mißbrauch einer marktbeherrschenden Stellung (§ 22 GWB) in der Rechtsprechung des Bundesgerichtshofes», *ZGR*, 2/1978, pp. 249-250.

[237] *Vide* o que adiante diremos sobre os pontos focais.

[238] Cfr. KANTZENBACH/KRUSE, *Kollektive...*, p. 131; versando o direito alemão da concorrência, MÖSCHEL, *in* IMMENGA/MESTMÄCKER, *GWB...*, p. 574.

[239] De algum modo, poderia apresar-se aqui a hipótese prevista no n.º 4 do art. 8.º do Regulamento das Concentrações: se uma concentração já foi realizada e a Comissão Europeia a declarar incompatível com o mercado comum, as partes envolvidas podem ser obrigadas a proceder à dissolução da operação.

[240] Cfr. AIGNER, *Kollektive...*, p. 26 e HAHN, *Oligopolistische...*, p. 46.

[241] Veja-se o paralelo estabelecido por JOSEPH GILCHRIST, «Anwendbarkeit der Oligopolvermutungen in der deutschen und europäischen Zusammenschlußkontrolle», *in*

concentrações de empresas. Raciocinando em termos da forma de mercado que nos interessa, por este caminho se há-de impedir que nasçam oligopólios em que, já por virtude de efeitos unilaterais das concentrações[242], já mercê da coordenação entre as empresas (posição dominante colectiva), a concorrência sai prejudicada[243].

2. Outras possibilidades

O controlo dos impedimentos à concorrência (nomeadamente nos oligopólios) também pode ser levado a cabo por via de nacionalizações e da regulação. As primeiras não podem ter papel de relevo num espaço privilegiador de economias de mercado como é a União Europeia.

Quanto aos meios de regulação, dão corpo a paleta com medidas de ordem distinta. Desde logo, a fixação de preços a nível "concorrencial" ou "competitivo" por parte de uma agência governamental[244]. *Secundo*,

---

AAVV, *Schwerpunkte des Kartellrechts 1991/92*, Köln/Berlin/Bonn/München, 1993, p. 90. Igualmente neste sentido, já Walter Eucken – *apud* Schmidt, «SLC– oder Marktbeherrschungstest...», p. 115 – escrevia que a política económica devia orientar-se em primeira linha não contra os abusos de entidades existentes dispondo de poder, mas contra o aparecimento de tais unidades. Voltado para a realidade austríaca e pronunciando-se pela importância, ao menos igual, do controlo dos cartéis e dos abusos (de posição dominante) relativamente ao controlo das concentrações, Walter Barfuß, «Primat der Fusionskontrolle gegenüber der Kartell– und Missbrauchskontrolle?», *WuW*, 12/2003, p. 1251.

[242] Serão dilucidados noutro ponto. Por agora, retenha-se que se prendem com a supressão de apertos concorrenciais a que, não fosse a concentração, as empresas estariam sujeitas.

[243] A propósito, pode consultar-se Möschel, *Der Oligopolmissbrauch...*, pp. 23-24 e 69; Heinrich Höfer, «Abgestimmtes Verhalten – Wettbewerbspolitik am Ende oder am Ende Wettbewerbspolitik?», *ORDO*, vol. 29, 1978, p. 224; Kantzenbach/Kruse, *Kollektive...*, pp. 131-132; Aigner, *Kollektive...*, p. 24; Hahn, *Oligopolistische...*, p. 47. Para Miguel Moura e Silva – «Prometeu agrilhoado: breves reflexões sobre a justificação de concentrações no direito português da concorrência», *Revista Jurídica da Associação Académica da Faculdade de Direito de Lisboa*, n.º 23, Novembro de 1999, p. 186, n. 15 –, o principal fundamento do controlo de concentrações é mesmo impedir a criação de estruturas de mercado que possibilitem a colusão sem riscos de detecção

[244] Intervenção que depara com as dificuldades existentes no apurar do preço concorrencial. *Vide* Whish, *Competition Law*, p. 513 e João Pearce Azevedo/Mike Walker, «Dominance: Meaning and Measurement», *ECLR*, 2002, p. 364.

cabe no contexto da regulação a proposta feita por Ernst Heuss de impor aos membros do oligopólio a proibição de, em simultâneo, alterar preços. Ciente de que às rivais é defeso acompanhar de imediato uma subida de preços, a empresa abstém-se de a levar a cabo ou, quando menos, moderará o aumento. E, na hipótese de ocorrer descida da procura, ela tem forte incentivo para baratear os bens, porquanto só após o decurso de certo período estão as outras autorizadas a cursar rumo idêntico[245]. Entra igualmente no quadro da regulação o sistema de *bid-pricing* proposto por William Bishop[246]: o oligopolista compromete-se a comunicar periodicamente a certo organismo – no caso da União Europeia, seria a Comissão – o preço que cobrará, obrigando-se a permanecer-lhe fiel durante certo lapso de tempo (que variará consoante as condições da indústria).

---

[245] Quer dizer: a empresa tem asseverado incremento das vendas, ainda que temporário.

Heuss não indica período de tempo fixo a mediar entre a subida de preços das várias empresas, afirma que ele depende das condições do mercado («Aufeinander abgestimmtes Verhalten – Sackgasse und Ausweg», *WuW*, 6/1974, pp. 376-377).

[246] «Oligopoly pricing: a proposal», *AB*, Summer 1983, p. 315.

SEGUNDA PARTE

CONTROLO PROSPECTIVO DOS OLIGOPÓLIOS

Nesta parte da monografia, esmiuçamos os meios de que o direito comunitário da concorrência dispõe para impedir o surgimento de oligopólios nos quais, com toda a verosimilhança, a concorrência estaria limitada ou nem sequer teria lugar. Note-se a gradação: não está em causa prevenir todo e qualquer oligopólio, apenas aquele em que a disputa entre as empresas se afigura improvável.

O recurso primaz para pôr em prática tal fiscalização *ex ante* é o controlo das concentrações de empresas, a ele se dedica o grosso deste trecho (título **A**). Mas caberá, igualmente, referir as possibilidades abertas pelo n.º 3 do art. 81.º CE, as que derivam da orientação informal dada pela Comissão às empresas (por intermédio de *cartas de orientação*), aqueloutras fundadas nas declarações de não aplicabilidade dos artigos 81.º e 82.º CE emitidas *ex officio* pela Comissão e, por fim, as resultantes de inquéritos sectoriais levados à prática por essa instância (título **B**).

Porquanto o que resta da nossa obra está balizado pelo direito comunitário da concorrência, não seria de bom tom prosseguir sem fazer excurso pela noção (ou noções) de empresa em tal ramo do direito. A isso vão dedicadas as próximas linhas.

PRELÚDIO: *A "EMPRESA" NO DIREITO COMUNITÁRIO DA CONCORRÊNCIA*

No direito, as empresas revelam-se em duas acepções principais: em sentido subjectivo (entendidas como sujeitos jurídicos que exercem uma actividade económica) e em sentido objectivo (empresas como estruturas ou instrumentos produtivo-económicos objectos de direitos e de negócios)[247].

Na ordem comunitária da concorrência[248], designadamente nos artigos 81.º e 82.º CE, a empresa manifesta-se no seu sentido subjectivo, é entendida como um sujeito jurídico, sujeito de direitos e de deveres que exerce (ou está em condições de exercer[249]) uma actividade económica. Na verdade, só sujeitos jurídicos se podem comprometer em acordos e práticas concertadas (art. 81.º CE). Por outro lado, o art. 81.º, n.º 1, *e*) e o art. 82.º *d*) CE proíbem que se subordine a celebração de contratos à aceitação, por parte dos outros contraentes, de prestações que, pela sua natureza ou de acordo com os usos comerciais, não têm ligação com o objecto desses contratos. Ora, só os sujeitos jurídicos celebram contratos. Em causa podem estar pessoas singulares ou colectivas, assim como sociedades, associações ou outras entidades sem personalidade jurídica[250]; a propósito, o pleito resolvido pelo acórdão do TPI (de 26.1.2005) *Laurent Piau/Comissão [apoiada por Fédération internationale de football association (FIFA)]* oferece contornos interessantes: as associações nacionais que agrupam clubes para os quais a prática do futebol constitui uma actividade económica – e que, por isso, foram tidos como empresas –, a mais de serem classificadas como associações de empresas,

---

[247] COUTINHO DE ABREU, *Curso de Direito Comercial*, vol. I (Introdução, Actos de comércio, Comerciantes, Empresas, Sinais distintivos), 5ª ed., Coimbra, 2004, p. 205.

[248] Centramos a vista nos artigos 81.º e 82.º CE e em preceitos do Regulamento das Concentrações, visto que, no plano das normas jurídicas, são as estatuições que mais interessam ao presente trabalho.

[249] Temos aqui presentes as "empresas potenciais", sujeitos que, não desenvolvendo actividade económica, reúnem o mínimo de condições objectivas e a possibilidade de se decidirem pelo início, ou pelo reinício, de tal actividade. Os acordos de que tais empresas sejam parte podem cair no campo de aplicação do art. 81.º CE [seguimos de perto COUTINHO DE ABREU, «L'européanisation du concept d'entreprise», *RIDE*, n.º 1, 1995, p. 11, n. 3 e *Da Empresarialidade (As empresas no direito)*, Coimbra, 1996, pp. 286-287, n. 743].

[250] Cfr. COUTINHO DE ABREU, «L'européanisation...», pp. 10-11; *id.*, *Da Empresarialidade...*, pp. 286-287; *id.*, *Curso...*, p. 207; VELASCO SAN PEDRO, «Acuerdos...», p. 60. Em jeito de complemento, ver ainda, do Professor citado em primeiro lugar, «Empresas virtuais (esboços)», *in* AAVV, *Estudos em Homenagem ao Professor Doutor Inocêncio Galvão Telles*, separata do vol. IV (*Novos estudos de direito privado*), Coimbra, 2003, p. 600 e ANTONIO SPADAFORA, «La nozione di impresa nel diritto comunitario», *GC*, 1990, Tomo II, p. 290.

receberam, elas próprias, a qualificação de empresa (porquanto, segundo os estatutos da FIFA, são obrigadas a participar nas competições que esta organiza e a pagar-lhe uma percentagem da receita bruta de cada jogo internacional, sendo consideradas, de acordo com os citados estatutos, proprietárias – com a FIFA – dos direitos exclusivos de difusão e de transmissão das manifestações desportivas em causa – é dizer, *exercem uma actividade económica*)[251].

A "actividade económica" requerida para se estar perante uma empresa supõe a troca de bens ou de serviços, a sua oferta mediante retribuição[252] – ficando fora das suas fronteiras os casos em que se visa apenas a satisfação das necessidades do sujeito[253] –, mas não tem necessariamente de ser adereçada à obtenção de lucros[254]. Nem tem, tão-pouco, de radicar numa organização de factores produtivos autonomizável em face do sujeito, é dizer, a actividade pode depender apenas da pessoa deste – *v. g.*, profissionais liberais e artistas que explorem comercialmente as suas prestações artísticas podem ser considerados empresas[255] [256]. Num ramo de

---

[251] Processo T-193/02, n.os 69, 71 e 72 (que consultámos no sítio www.curia.eu.int).
NOTA: nos poucos casos em que, versando sentença do TJCE ou do TPI, não mencionarmos a *Colectânea* (em língua portuguesa ou noutra) na qual o aresto foi publicado, obtivemos o respectivo texto no portal que consta do parágrafo anterior.

[252] Coutinho de Abreu, *Da Empresarialidade...*, p. 288; Kurt Stockmann, *in* Gerhard Wiedemann (Hrsg.), *Handbuch des Kartellrechts*, München, 1999, p. 106.

[253] Stockmann, *in* Wiedemann, *Handbuch...*, p. 108; Wolfgang Weiß, *in* Christian Calliess/Matthias Ruffert (Hrsg.), *Kommentar des Vertrages über die Europäische Union und des Vertrages zur Gründung der Europäischen Gemeinschaft – EUV/EGV*, 2ª ed., Neuwied/Kriftel, 2002, p. 1014.

[254] *Vd.* Coutinho de Abreu, «L'européanisation...», p. 11; *id.*, *Da Empresarialidade...*, p. 288; *id.*, *Curso...*, p. 207; Stockmann, *in* Wiedemann, *Handbuch...*, p. 106; Weiß, *in* Calliess/Ruffert, *Kommentar...*, p. 1014. O direito europeu da concorrência rejeita a concepção restritiva da empresa própria da doutrina económica liberal, segundo a qual a actividade económica devia ser prosseguida em ordem a obter um *revenu régulier* – Olivier Mach, *L'entreprise et les groupes de sociétés en droit européen de la concurrence*, Genève, 1974, p. 53.

[255] Coutinho de Abreu, *Da Empresarialidade...*, p. 288; *id.*, *Curso...*, p. 207; cfr., ainda, Weiß, *in* Calliess/Ruffert, *Kommentar...*, p. 1014, Carolina Cunha, «Profissões liberais e restrições da concorrência», *in Estudos de Regulação Pública – I* (Organização de Vital Moreira), Coimbra, 2004, p. 449 e TJCE, sentença de 12.9.2000, *Pavel Pavlov e o./Stichting Pensioenfonds Medische Specialisten*, C-180/98 a C-184/98, *Col.* 2000, I-6451, n.os 77 e 82, nos quais médicos especialistas (independentes, não assalariados) são considerados empresas.

[256] Daqui decorre que a noção fornecida pelo TJCE a propósito da aplicação de

direito que se ocupa da defesa da concorrência, percebe-se bem o relevo atribuído ao critério da actividade económica e, nomeadamente, compreende-se que ele prevaleça sobre pontos como o património da empresa ou a comunidade de trabalho que o pessoal desta forme[257].

O exposto no parágrafo anterior basta para negar o ocurso, no direito comunitário da concorrência, de uma noção unitária de empresa – abarcando a empresa-sujeito e a empresa-objecto –, visto que, se a primeira implica geralmente a segunda e a organização de factores que esta pressupõe, tal já não sucede quando a actividade económica radica exclusivamente na pessoa do sujeito. Assim fica inviabilizada a possibilidade de um conceito genérico e unitário[258]. Mais. Não considerando a estrutura, a organização de factores produtivos, como elemento indispensável à

---

normas do TCECA em arestos de 13.7.1962 (*Klöckner-Werke AG, Hoesch AG/Alta Autoridade*, 17 e 20/61, *Slg.* 1962, p. 653, a p. 687 e *Mannesmann AG/Alta Autoridade*, 19/61, *Slg.* 1962, p. 717, a p. 750) – de acordo com os quais a empresa é constituída por uma organização unitária de elementos pessoais, materiais e imateriais, ligada a um sujeito juridicamente autónomo perseguindo de modo duradouro um certo fim económico – não se afigura passível de transporte pleno para o direito comunitário da concorrência em geral, este não exige organização de meios autonomizável face ao sujeito (Coutinho de Abreu, *Da Empresarialidade...*, pp. 288-289). O TPI andou mal quando adoptou noção similar na sentença de 10.3.1992, *Shell International Chemical Company Ltd/Comissão*, T-11/89, *Col.* 1992, II-757, n.º 311. O TJCE tem cursado rota mais certa desde o acórdão *Höfner e Elser*. Para este tribunal, o conceito de empresa abarca qualquer entidade que exerça uma actividade económica, independentemente do seu estatuto jurídico e do seu modo de financiamento – sentenças de 23.4.1991, *Klaus Höfner e Fritz Elser/Macrotron GmbH*, C-41/90, *Col.* 1991, I-1979, n.º 21, de 17.2.1993, *Christian Poucet/Assurances générales de France (AGF) e Caisse mutuelle régionale du Languedoc-Roussillon (Camulrac), e Daniel Pistre/Caisse autonome nationale de compensation de l'assurance vieillesse des artisans (Cancava)*, C-159/91 e C-160/91, *Col.* 1993, I-637, n.º 17, de 16.11.1995, *Fédération française des sociétés d'assurance e o./Ministério da Agricultura e da Pesca*, C-244/94, *Col.* 1995, I-4013, n.º 14, de 11.12.1997, *Job Centre coop. arl*, C-55/96, *Col.* 1997, I-7119, n.º 21 e, por fim, de 19.2.2002, *J. C. J. Wouters e o./Algemene Raad van de Nederlandse Orde van Advocaten*, C-309/99, *Col.* 2002, I-1577, n.º 46 (a versão portuguesa dos arestos *Höfner e Elser* e *Fédération française des sociétés d'assurance* tem uma gralha: em vez de «modo de financiamento», escreve-se «modo de funcionamento»).

[257] Cfr. Mach, *L'entreprise...*, p. 52.

[258] Veja-se Coutinho de Abreu, *Da Empresarialidade...*, p. 292, advertindo que um conceito unitário de empresa não pode desconsiderar os fenómenos jurídico-empresariais extremos ou excepcionais (no texto representados pelas situações em que à empresa-sujeito não vai associada qualquer empresa-objecto).

noção de empresa, aquele ramo do direito não recebe, em determinados casos, todos os elementos constituintes de algumas noções pré-jurídicas de empresa[259].

Tal como sucede nos artigos 81.º e 82.º CE, também no Regulamento das Concentrações prevalece o sentido subjectivo de empresa. Lancemos mão de algumas normas para o provar: art. 3.º, n.º 3 – apenas sujeitos jurídicos podem ser titulares de direitos ou beneficiários de contratos; artigos 14.º e 15.º – só sujeitos de direito podem ser objecto de coimas e de sanções pecuniárias compulsórias; art. 18.º – só sujeitos jurídicos gozam do direito de audição. Igualmente aqui vale a referência que se fez acima: à empresa-sujeito corresponde normalmente uma ou mais empresas em sentido objectivo[260].

Entre os autores portugueses que tratam o conceito de empresa, descortinamos na obra de CARLOS FERREIRA DE ALMEIDA cercania relativamente ao sentido subjectivo de empresa que acabámos de reputar dominante no direito europeu da concorrência[261]. De elementos doutrinários e legislativos, o Professor de Lisboa decanta a seguinte noção de "empresa em geral": entidade que exerce uma actividade económica por forma organizada e continuada[262]. E sustenta que a *entidade* – «(...) cerne da empresa em sentido jurídico (...)» – se define pela susceptibilidade de ser titular (ou sujeito) de direitos e deveres[263].

---

[259] Pensamos, designadamente, na que foi alvitrada por ORLANDO DE CARVALHO [*Nótulas de direito das empresas (Introdução)*, ed. policop., Coimbra, s.d. (1983?), pp. 11-12], de acordo com a qual a empresa constituía um processo produtivo destinado à troca sistemática e vantajosa (procurando a formação de excedentes das receitas sobre os custos que garantam a auto-reprodução do processo e o estímulo a essa auto-reprodução) e, também, uma estrutura, complexo organizado de factores com racionalidade e estabilidade bastantes para que o processo-estrutura tenha autonomia funcional e financeira e possa emergir, no jogo da comunicação produtiva, como centro emissor e receptor "*a se stante*". Seria, aliás, esta ideia de estrutura que distinguia uma empresa da produção tão incindível do sujeito (o caso, em regra, das profissões liberais) que, praticamente, este absorva toda a eficiência do processo – *últ. a. e ob. cits.*, p. 12.

[260] Já não será assim em casos como os das *holdings* "puras", nos quais à empresa-sujeito não vai associado qualquer conjunto de factores produtivos. Falta aí empresa passível, nomeadamente, de ser objecto de trespasse ou de outros negócios autónomos.

[261] Já havíamos feito semelhante alusão na nossa tese de Mestrado – *vd. A posição...*, pp. 42-43.

[262] CARLOS FERREIRA DE ALMEIDA, *Direito Económico*, I Parte, Lisboa, 1979, p. 359.

[263] *Ob. cit.*, p. 372. Ver também a p. 343, na qual o Autor fala da empresa como sujeito de actos jurídicos múltiplos, integrados na actividade empresarial.

O conceito de empresa no direito da concorrência tem um carácter relativo: deve ser apreciado, em cada caso, em função da actividade específica em questão[264]. Assim, quando um ente exerce simultaneamente actividades de natureza diversa, o órgão jurisdicional procede a uma "dissociação" dessas actividades e examina apenas se, *em relação à actividade em causa*, ele merece ser qualificado de empresa[265].

A rematar o excurso, observe-se que, enquanto noutros ramos do direito predominam conceitos de índole abstracta (*v.g.*, pessoa, coisa), já o uso, no direito da concorrência, de termos como "empresa" – em vez de pessoa jurídica – ou "empresa em posição dominante" espelha o carácter concreto das normas de direito económico, que fazem sobrepujar as características particulares da realidade que é objecto de regulamentação[266]. Este fenómeno mostra, outrossim, que as categorias económicas passaram a fazer parte das categorias jurídicas e que as coisas são diversamente valoradas, conforme a sua *diferença* económica. Amiúde não satisfaz a categoria "empresa", interessando saber o respectivo estatuto económico (por exemplo, de monopólio ou de preponderância)[267] [268].

---

[264] Conclusões do advogado-geral Francis G. Jacobs no processo *Albany International BV/Stichting Bedrijfspensioenfonds Textielindustrie*, C-67/96, *Col.* 1999, I-5803, n.º 207.

[265] Conclusões do advogado-geral Léger no processo *Wouters*, *Col.* 2002, I-1619, n.º 141. Em sentido que converge, TJCE, acórdãos de 16.6.1987, *Comissão/República Italiana*, 118/85, *Col.* 1987, p. 2599, n.os 7-8 e de 18.3.1997, *Diego Cali & Figli Srl//Servizi ecologici porto di Genova SpA (SEPG)*, C-343/95, *Col.* 1997, I-1547, n.os 16-18.

[266] Ver Manuel Afonso Vaz, *Direito Económico. A ordem económica portuguesa*, 4ª ed., Coimbra, 1998, pp. 89-90 e, incisivo, Carlos Ferreira de Almeida, *Direito Económico*, II Parte, p. 705: o «(...) direito económico é um direito do concreto (...)».

[267] Vital Moreira, *A ordem...*, pp. 73-74.

[268] De resto, a especificidade das normas de direito económico (em matéria de concentrações de empresas) foi assinalada pelo TJCE e pelo TPI. As duas instâncias assinalaram que elas conferem à Comissão um certo poder discricionário, mormente no que toca às apreciações de ordem económica: TJCE, sentença de 31.3.1998, *República francesa e outros/Comissão*, C-68/94 e C-30/95, *Col.* 1998, I-1375, n.º 223; TPI, acórdãos de 25.3.1999, *Gencor Ltd/Comissão*, T-102/96, *Col.* 1999, II-753, n.º 164 e de 6.6.2002, *Airtours plc/Comissão*, T-342/99, *Col.* 2002, II-2585, n.º 64.

A. CONTROLO DAS CONCENTRAÇÕES DE EMPRESAS

AA. *PONTOS GERAIS*

1. Noção de concentração (direito comunitário)

A existência de uma "operação de concentração" (nos termos do art. 3.º do Regulamento das Concentrações), em conjunto com a característica da "dimensão comunitária" inerente a tal concentração (art. 1.º do mesmo diploma), delimita o âmbito de aplicação do Regulamento das Concentrações[269] [270].

A noção de concentração que se extrai do Regulamento é lata e abrange as operações de que resulte alteração duradoura no controlo das empresas em causa e, por isso, na estrutura do mercado[271], atribuindo-se relevo tanto a situações de direito como a situações de facto[272]. É de

[269] Ver CAROLINA CUNHA, *Controlo das Concentrações de Empresas (Direito Comunitário e Direito Português)*, Coimbra, 2005, p. 75.

[270] O problema da "dimensão comunitária" extravasa a cercadura desta dissertação e não será aqui tratado. A propósito, veja-se o n.º 2 do art. 1.º do Regulamento, nos termos do qual uma «(...) concentração tem dimensão comunitária quando:

a) O volume de negócios total realizado à escala mundial pelo conjunto das empresas em causa for superior a 5 000 milhões de euros; e

b) O volume de negócios total realizado individualmente na Comunidade por pelo menos duas das empresas em causa for superior a 250 milhões de euros, a menos que cada uma das empresas em causa realize mais de dois terços do seu volume de negócios total na Comunidade num único Estado membro».

As concentrações que não alcancem estes limiares têm ainda dimensão comunitária se se verificarem os pressupostos requeridos no n.º 3 do art. 1.º.

[271] Considerando 20.

[272] CAROLINA CUNHA, *Controlo...*, p. 75.

distinguir duas grandes categorias de concentração: a "fusão" e a "aquisição de controlo".

1.1. **Fusão**

De acordo com o art. 3.º, n.º 1, al. *a)* do Regulamento, realiza-se uma operação de concentração quando uma mudança de controlo duradoura resulta da fusão de duas ou mais empresas ou partes de empresas anteriormente independentes. Conglobam-se aqui já as situações em que duas ou mais empresas independentes se fundem numa nova empresa – deixando de existir como entidades jurídicas distintas –, já aquelas em que uma das empresas absorve a outra – a primeira mantém a respectiva identidade jurídica, a segunda deixa de existir como entidade jurídica[273]. Dissemos *supra* que o termo "empresa" é aqui empregue em sentido subjectivo; e ele vai coincidir, na maioria dos casos, com a pessoa jurídica "sociedade"[274].

Verifica-se que o direito comunitário acolhe a contraposição entre duas modalidades básicas de fusão que, no dizer de António Menezes Cordeiro, todos «(...) os manuais dos diversos países relatam (...)»: na

---

[273] Cfr. n.º 6 da "Comunicação da Comissão relativa ao conceito de concentração de empresas em conformidade com o Regulamento (CEE) n.º 4046/89 do Conselho, relativo ao controlo das operações de concentração de empresas", JO C 66, de 2.3.1998, p. 5.

A noção de fusão para efeito do art. 3.º, n.º 1, al. *a)* foi ainda alargada a situações em que, na ausência de uma operação de concentração de carácter jurídico, a conjugação das actividades de empresas anteriormente independentes conduza à criação de uma única unidade económica. Tal pode ocorrer, nomeadamente, quando duas ou mais empresas, embora mantendo a sua personalidade jurídica própria, estabelecem uma gestão económica comum por via contratual. Se isso levar à junção de facto das empresas interessadas numa verdadeira unidade económica comum, considera-se haver fusão – n.º 7 da Comunicação citada nesta nota. Veja-se Florian Adt, *in* Hans von der Groeben/Jürgen Schwarze (Hrsg.), *Kommentar zum Vertrag über die Europäische Union und zur Gründung der Europäischen Gemeinschaft*, vol. 2, 6ª ed., Baden-Baden, 2003, p. 812 e Michael Kling/ /Stefan Thomas, *Grundkurs Wettbewerbs- und Kartellrecht*, München, 2004, p. 577.

[274] Carolina Cunha, *Controlo...*, p. 76. Conquanto uma sociedade seja em regra constituída para a exploração de uma empresa, "sociedade" e "empresa" não são sinónimos. Sobre a distinção, Coutinho de Abreu, *Curso de Direito Comercial*, vol. II (Das Sociedades), Coimbra, 2002, pp. 22-24.

fusão por incorporação, uma sociedade que já existia mantém-se, absorvendo uma outra; na fusão por concentração, duas ou mais entidades preexistentes transferem as suas posições jurídicas para uma outra, criada a esse propósito[275] [276]. No que tange à natureza da fusão, estão hoje ultrapassadas as teses tradicionais que viam nela a extinção de uma sociedade e a transmissão dos seus bens para o património de outra. A operação é, hoje em dia, vista como uma *transformação* de sociedades, de entes preexistentes[277].

1.2. Aquisição de controlo

A segunda modalidade de concentração, a aquisição de controlo, está prevista no art. 3.º, n.ºs 1 – al. *b)* –, 2 e 3 do Regulamento. A aquisição de controle é de apreensão mais complexa do que a fusão e, para a perceber, seguiremos a sistematização – que nos parece particularmente feliz – adoptada por CAROLINA CUNHA[278] e assente nos pontos seguintes: sujeitos que adquirem o controlo, modos de o conseguir e respectivo objecto. Na posse de tais dados, tentar-se-á então esclarecer em que consiste o controlo.

De acordo com a al. *b)* do n.º 1 do art. 3.º do Regulamento, os *sujeitos que adquirem o controlo* tanto podem ser uma ou mais «pessoas» já detentora(s) do controle de pelo menos uma empresa como uma ou mais empresas. O n.º 8 da "Comunicação da Comissão relativa ao conceito de concentração..." ajuda a enuclear os sujeitos em causa: o con-

---

[275] ANTÓNIO MENEZES CORDEIRO, *Manual de Direito das Sociedades*, I Volume (Das Sociedades em Geral), Coimbra, 2004, p. 783.

[276] No direito luso, ver art. 97.º, n.º 4 do Código das Sociedades Comerciais. Cfr., ainda, RAÚL VENTURA, *Fusão, Cisão, Transformação de Sociedades*, Coimbra, 1990, pp. 16-17, J. A. ENGRÁCIA ANTUNES, *Os Grupos de Sociedades. Estrutura e Organização Jurídica da Empresa Plurissocietária*, 2ª ed., Coimbra, 2002, p. 85, n. 129, MIGUEL J. A. PUPO CORREIA, *Direito Comercial*, 8ª ed., Lisboa, 2003, p. 660 e COUTINHO DE ABREU, *Direito das Empresas – Sumários*, policopiado, IDET, sem local, 2003/2004, p. 2 (o nosso Professor opta pela dicotomia "fusão por incorporação"/"fusão por constituição de nova sociedade").

[277] Cfr. ANTÓNIO MENEZES CORDEIRO, *Manual...*, pp. 787 ss..

[278] *Controlo...*, pp. 77 ss..

trolo tanto pode ser adquirido por uma sociedade como por qualquer outra pessoa jurídica (pública – incluindo o próprio Estado – ou privada, singular ou colectiva) que controle uma empresa[279] [280].

O Regulamento considerou as situações de interposição na aquisição de controle, é dizer, as hipóteses em que a empresa adquirente de participações sociais ou de activos é, ela própria, controlada por outra empresa (ou pessoa jurídica), sendo esta última quem, na verdade, logra o poder efectivo – se bem que indirecto – sobre a empresa-alvo. Assim se compreende a menção a «controlo directo ou indirecto» – art. 3.º, n.º 1, al. *b)* – e a referência, no art.º 3, n.º 3, al. *b)*, ao poder de exercício de certos direitos por parte de quem não seja seu titular[281].

O *modo de adquirir o controlo* abarca os *meios jurídicos* explicitamente conducentes à sua captação e as *situações de facto* passíveis de produzir o mesmo efeito [art. 3.º, n.ºs 1, al. *b)* e 2]. Ali, cabem a aquisição de participações sociais, a aquisição de activos – quer através da respectiva propriedade, quer pela obtenção do seu uso ou fruição – ou ainda a aquisição de direitos que confiram influência determinante na composição, nas deliberações ou nas decisões dos órgãos societários. Quanto às situações de facto, anote-se o exemplo das relações de dependência económica que possibilitam o controlo material de uma empresa (*v. g.*, acordos de fornecimento a longo prazo muito importantes ou créditos concedidos por fornecedores ou clientes, associados a relações estruturais)[282].

---

[279] A "pessoa jurídica" em apreço pode ser titular de empresa em sentido objectivo ou controlar sociedade que explora empresa. CAROLINA CUNHA, *Controlo...*, p. 77.

[280] A reestruturação interna de um grupo de empresas não constitui operação de concentração, porquanto não implica alteração em termos de controlo – "Comunicação da Comissão relativa ao conceito de concentração...", n.º 8.

[281] CAROLINA CUNHA, *Controlo...*, pp. 77-78 e "Comunicação da Comissão relativa ao conceito de concentração...", n.º 10. Outrossim, SOFIA OLIVEIRA PAIS, *O controlo das concentrações de empresas no direito comunitário da concorrência*, Coimbra, 1996, p. 239, n. 244.

[282] CAROLINA CUNHA, *Controlo...*, p. 78 e "Comunicação da Comissão relativa ao conceito de concentração...", n.º 9, textos nos quais se pode verificar que um sujeito pode adquirir inadvertidamente – sem qualquer actuação da sua parte – o controlo de uma empresa (*e. g.*, a transmissão de participações sociais em que o sujeito não esteve envolvido mas que gerou alterações da estrutura societária, conferindo-lhe, doravante, o controlo na acepção do Regulamento – exemplo colhido na obra e no local citados no início desta nota). Cfr., ainda, SOFIA OLIVEIRA PAIS, *O controlo...*, pp. 239-240 e ADT, *in* von der GROEBEN/SCHWARZE, *Kommentar...*, p. 813.

No que tange ao *objecto do controle*, pode ser uma pessoa colectiva (nomeadamente uma sociedade) que exerça actividade económica no mercado ou então a totalidade ou parte dos activos de uma empresa (isto é, aquisição de empresa em sentido objectivo ou apenas de certos elementos empresariais, como marcas ou licenças geradoras de actividade a que possa ser claramente atribuído um volume de negócios no mercado)[283].

Depois de apurar estes dados, procuremos entender exactamente o que é o "controlo" para efeitos do Regulamento das concentrações. A noção apresentada no art. 3.º, n.º 2 – «*possibilidade* de exercer uma *influência determinante* sobre uma empresa»[284] – carece de densificação. Para a levar a cabo, começaremos por dizer que o controlo pode ser "singular" ou "conjunto".

O controlo singular desdobra-se em situações de "controlo exclusivo" e de "controlo negativo ou por veto".

No primeiro caso, estará normalmente em causa a *aquisição da maioria dos direitos de voto*, independentemente da envergadura da participação social correspondente (quer dizer: a percentagem do capital social representada pode ser ou não maioritária). Mas também dão azo a controlo exclusivo a *aquisição de outros direitos* (não de voto) *que permitam ao sócio* (ainda que minoritário) *determinar o comportamento empresarial estratégico da empresa-alvo* (*e. g.*, o poder de nomear mais de metade dos membros do órgão de fiscalização ou de administração) e a *aquisição do direito de gerir as actividades da empresa e de determinar a sua política empresarial.* Por fim, refira-se a aquisição de controlo exclusivo em virtude de mera *situação de facto*: há circunstâncias que levam um sócio minoritário a obter maioria estável de votos (tende a verificar-se quando as restantes participações sociais se encontram de tal modo disseminadas que se torna muito reduzida a probabilidade de todos os outros sócios estarem presentes ou representados em assembleia geral,

---

[283] CAROLINA CUNHA, *Controlo...*, p. 79 e "Comunicação da Comissão relativa ao conceito de concentração...", n.º 11.

[284] Os grifos são da nossa lavra.

apontando nesse sentido o historial de presenças nas assembleias dos anos anteriores)[285].

No que toca ao controlo singular negativo ou por veto, terá lugar quando um sócio detiver o *poder de bloquear decisões comerciais estratégicas*, embora não possua o poder de, por si só e pela positiva, impor tais decisões. Tal faculdade pode resultar da atribuição de um direito de veto em matérias específicas, da detenção de 50 % das participações sociais quando as restantes estiverem disseminadas por dois ou mais sócios ou da exigência de um quórum deliberativo que, em termos práticos, confira a um único sócio um autêntico direito de veto[286].

O controlo conjunto ocorre quando se torna necessário o acordo de dois ou mais sócios para a adopção das principais decisões atinentes à empresa controlada. Dado que cada sócio pode bloquear medidas que determinam a conduta empresarial estratégica da empresa controlada, só o acordo entre eles permite a superação de impasses.

Desde logo, isso sucede quando *os dois únicos sócios possuem igual número de votos na sociedade controlada* (desde que não haja acordos entre eles que rompam o equilíbrio, como acontece com o direito a nomear um número de membros desigual nos órgãos de gestão). Mesmo não havendo apenas dois sócios – ou se estes não possuírem igualdade de votos nem de representação nos órgãos sociais –, existe controlo conjunto na hipótese de *os sócios (minoritários) terem direitos de veto sobre decisões estratégicas relativas à política empresarial da sociedade*.

Outrossim, tem lugar tal modalidade de controlo quando *dois ou mais sócios detêm participações minoritárias que, agregadas, lhes conferem a maioria dos votos que eles irão exercer no mesmo sentido.* Na origem deste "exercício em comum" dos direitos de voto tanto podem estar fontes jurídicas (por exemplo, constituição de um sindicato de voto) como empíricas (traduzidas na existência de interesses comuns

---

[285] CAROLINA CUNHA, *Controlo...*, pp. 80-81, ADT, *in* von der GROEBEN/SCHWARZE, *Kommentar...*, p. 815, KLING/THOMAS, *Grundkurs...*, p. 578 e "Comunicação da Comissão relativa ao conceito de concentração...", n.os 13-14.

[286] CAROLINA CUNHA, *Controlo...*, p. 81.

que impeçam os sócios de se opor uns aos outros no exercício dos direitos de voto[287]).[288] [289]

1.1.3. *Criação de empresa comum*

No âmbito das concentrações por aquisição de controlo conjunto cabe ainda a criação de uma empresa comum[290].

---

[287] Servirão de indício factores como a existência prévia de relações entre os sócios ou a aquisição das participações sociais em apreço através de acção concertada.

[288] Sobre o controlo conjunto, CAROLINA CUNHA, *Controlo...*, pp. 81-83 – que, no essencial, viemos seguindo de perto –, ADT, *in* von der GROEBEN/SCHWARZE, *Kommentar...*, pp. 816 ss., KLING/THOMAS, *Grundkurs...*, pp. 579-580, GIAMPAOLO DALLE VEDOVE, *Concentrazioni e Gruppi nel Diritto Antitrust*, Padova, 1999, pp. 191 ss. – o A. presta muita atenção à realidade italiana – e "Comunicação da Comissão relativa ao conceito de concentração...", n.os 18 ss..

[289] O art. 3.º, n.º 5 do Regulamento apresenta lista de situações excepcionais em que não se realiza concentração. Dizem respeito: à aquisição de participações sociais por período limitado, feita por instituições de crédito, outras instituições financeiras ou companhias de seguros, respeitando certas exigências [al. *a)*]; às aquisições de controlo por parte de pessoa mandatada pelos poderes públicos, em processo de falência ou análogo [al. *b)*]; àquelas realizadas por sociedades de participação financeira, observados que sejam certos requisitos, nomeadamente o de não utilizar os direitos de voto para determinar o comportamento concorrencial das empresas [al. *c)*]. Cfr. CAROLINA CUNHA, *Controlo...*, pp. 83-84. No primeiro caso, fala a doutrina alemã de *Bankenklausel*; no segundo, de *Insolvenzklausel*; no terceiro, de *luxemburgische Klausel* – KLING/THOMAS, *Grundkurs...*, pp. 585-586.

Em apreço estão situações nas quais «o adquirente do controlo não tem vocação para exercê-lo» (LAURENCE IDOT, *apud* SOFIA OLIVEIRA PAIS, *O controlo...*, p. 303). As previstas na al. *a)* são comummente designadas por "aquisições de participações especulativas"; com as exigências postas em letra de lei, pretende-se garantir que as empresas em causa se limitem a desenvolver as suas actividades habituais e evitar a constituição de grupos industriais dominados por bancos. A excepção da al. *b)* radica no carácter provisório das situações aí mencionadas e na necessidade de os interesses de ordem pública subjacentes às legislações nacionais relativas aos processos em causa prevalecerem sobre os objectivos do Regulamento. Quanto à exclusão dos casos tocados na al. *c)*, justifica-se pela circunstância de as sociedades em causa se dedicarem à aquisição de participações nas empresas com fins puramente financeiros, não tendo, via de regra, a intenção ou a possibilidade de influenciar decisivamente a conduta das empresas em que investiram. SOFIA OLIVEIRA PAIS, *ob. cit.*, pp. 303-305.

[290] Incisivo, o n.º 3 da "Comunicação da Comissão relativa ao conceito de empresas comuns que desempenham todas as funções de uma entidade económica autónoma, nos termos do Regulamento (CEE) n.º 4064/89 do Conselho, relativo ao controlo das operações

Levanta-se o problema de discernir as empresas comuns a submeter ao procedimento de controlo das concentrações daqueloutras cujos efeitos sobre a concorrência devem ser aquilatados no quadro do art. 81.º CE (aqui, a entidade criada importa menos do que o acordo restritivo entre as empresas-mãe)[291]. Nos termos do considerando 20 do Regulamento, o conceito de concentração deve abarcar as operações de que resulte alteração duradoura no controlo das empresas em causa e, por conseguinte, na estrutura do mercado. Assim sendo, é de incluir no campo de aplicação do Regulamento n.º 139/2004 as empresas comuns que desempenhem de jeito duradouro todas as funções de uma entidade económica autónoma. E o art. 3.º, n.º 4 do Regulamento faz isso mesmo: «A criação de uma empresa comum que desempenhe de forma duradoura todas as funções de uma entidade económica autónoma constitui uma concentração na acepção da alínea b) do n.º 1».

Quando se densifica o conceito, regista-se que ele implica a verificação de certas condições. Por um lado, as empresas comuns devem operar no mercado de modo semelhante às empresas que já aí se encontram. Por outro lado, devem dispor de gestão própria, ter acesso aos recursos necessários – financiamento, pessoal, activos corpóreos e incorpóreos – e devem, numa base duradoura, administrar a sua actividade através de gestão no quadro da sua autonomia operacional. Por virtude destes requisitos, se a empresa comum desempenhar apenas uma função específica no âmbito das actividades desenvolvidas pela empresa-mãe, não tendo acesso ao mercado, não será considerada como desenvolvendo todas as funções de uma entidade económica autónoma (será o caso das empresas comuns circunscritas a actividades de I & D ou de produção ou daqueloutras que se limitarem a distribuir ou vender os produtos das empresas-mãe). É certo que pode haver aproveitamento das redes de

---

de concentração de empresas" (JO C 66, de 2.3.1998, p. 1): «Nos termos do direito comunitário da concorrência, as empresas comuns são empresas controladas conjuntamente por duas ou mais empresas (...)». Veja-se, a título complementar, Federico Ghezzi, *Le imprese comuni nel diritto della concorrenza*, Milano, 1996, pp. 131 e 139 ss.; Fritz Rittner, *Wettbewerbs– und Kartellrecht: eine systematische Darstellung des deutschen und europäischen Rechts für Studium und Praxis*, 6ª ed., Heidelberg, 1999, p. 361. Em termos gerais, *vd.* a monografia de Luís Domingos Silva Morais intitulada *Empresas Comuns (Joint Ventures) no Direito Comunitário da Concorrência* (Coimbra, 2006).

[291] Cfr. Carolina Cunha, *Controlo...*, p. 84.

distribuição destas, mas, para que não fique precludida a qualidade de "empresa comum que desempenhe de forma duradoura todas as funções de uma entidade económica autónoma", as empresas-mãe não podem ir além de agentes da empresa comum[292].

Se a criação de uma empresa comum (também) tiver como resultado directo (por objecto ou como efeito) a coordenação do comportamento concorrencial das empresas-mãe, tal corolário será tido em conta no próprio âmbito do controle de concentrações, empregando, porém, os critérios do art. 81.º CE (n.os 1 e 3) na sua avaliação[293]. Nessa análise, a Comissão deve ter em conta, designadamente, a presença das empresas-mãe no mercado da empresa comum ou em mercados propínquos (a montante, a jusante ou naqueles vizinhos do mercado em causa), bem como a possibilidade de a coordenação servir para eliminar a concorrência em relação a parte significativa dos produtos ou serviços em causa – art. 2.º, n.º 5 do Regulamento.

2. **Motivação das concentrações**

Posto que nos ocuparemos de concentrações, mal ficaria não fazer referência ao globo de motivos que leva as empresas a pôr em marcha tal género de operação. Laboraremos em termos gerais, não vinculados às causas das concentrações no espaço europeu.

Desde logo, estas podem radicar em *motivos especulativos* – amiúde relacionados com o mercado de capitais (mais-valias bolsistas) e com os mecanismos de direito das sociedades: as concentrações veiculam aparência de crescimento susceptível de valorizar as empresas e representam uma forma de aplicar capitais próprios anteriormente inactivos –, *motivos defensivos* – enfrentar melhor concorrentes actuais ou futuros e evitar ser alvo de aquisições hostis –, *motivos publicitários* – pense-se nas aquisições emblemáticas, que permitem ganhar visibilidade ou consolidar imagem – e *motivos fiscais*[294].

---

[292] "Comunicação da Comissão relativa ao conceito de empresas comuns...", n.os 12-13 e Carolina Cunha, *Controlo...*, pp. 84-85.

[293] *Vd.* Carolina Cunha, *Controlo...*, p. 85 e art. 2.º, n.º 4 do Regulamento.

[294] No desfiar destas causas das concentrações, viemos seguindo de perto Carolina Cunha, *Controlo...*, pp. 29-30. Cfr., também, Miguel Moura e Silva, *Controlo de con-*

Como factores determinantes das concentrações, encontramos, igualmente, *elementos de ordem tecnológica*: economias de escala, economias de gama e ganhos ligados à curva de aprendizagem[295]. Já dissemos em que consistem as primeiras. As economias de gama têm lugar quando uma só empresa produz certo nível de bens diferentes a custos inferiores aos conseguidos, para idêntico nível de produção, por empresas distintas. A combinação de diversas linhas de produção, mormente pela fusão de empresas especializadas preexistentes numa única empresa multi-produtos, pode constituir fonte importante de eficiência[296]. Quanto aos ganhos ligados à curva de aprendizagem, amparam-se na observação de que, em várias actividades, com as mesmas técnicas de produção e as mesmas quantidades de factores, o tempo necessário para obter uma unidade de produto vai diminuindo à medida que o número de unidades produzidas sobe: a repetição das mesmas tarefas proporciona acumulação de saber geradora de ganhos de produtividade[297].

Como factores que impulsionam as concentrações, mencionem-se ainda: a *conquista de poder ou de domínio no mercado*, porventura, *de um monopólio*[298]; a *redução de custos de organização da actividade eco-*

---

centrações na Comunidade Europeia, Direito e Justiça (separata), vol. VIII, tomo 1, 1994, pp. 139-141 e Victor João de Vasconcelos Raposo Ribeiro Calvete, «Da relevância de considerações de eficiência no controlo de concentrações em Portugal», *in* Antunes Varela/ /Diogo Freitas do Amaral/Jorge Miranda/J. J. Gomes Canotilho (organização), *Ab Uno Ad Omnes. 75 anos da Coimbra Editora (1920-1995)*, Coimbra, 1998, pp. 311-312.

As motivações de ordem fiscal assumem a forma de incentivos ao investimento ou à reestruturação de empresas – no direito luso, ver o Decreto-Lei n.º 404/90, de 21 de Dezembro, alterado pelo Decreto-lei n.º 143/94, de 24 de Maio – e a de altas taxas marginais sobre os resultados de exercício que possam ser diluídos com a aquisição de empresas menos lucrativas ou com prejuízos (informações forrageadas em Victor Calvete, «Da relevância...», p. 311, n. 14).

[295] Alfredo Marques, «Concentrações...», p. 26. Também Miguel Moura e Silva, *Controlo...*, p. 141, Victor Calvete, «Da relevância...», p. 313, n. 19, Alison Jones/ /Brenda Sufrin, *EC Competition Law. Text, Cases, and Materials*, 2ª ed., Oxford, 2004, p. 848 e Carolina Cunha, *Controlo...*, p. 30 aludem às economias de escala e de gama.

[296] Seguimos de perto Alfredo Marques, «Concentrações...», p. 31. De forma complementar, *vide* Pera, *Concorrenza...*, pp. 29-30.

[297] Alfredo Marques, «Concentrações...», pp. 31-32, de novo acompanhado de perto (na p. 32, o Autor indica, contudo, por que deve a importância das considerações ligadas à curva de aprendizagem ser relativizada).

[298] Cfr. Alfredo Marques, «Concentrações...», p. 34; Victor Calvete, «Da relevância...», p. 312 [na n. 18, este Autor noticia que, de acordo com várias vozes, a primeira

nómica[299]; os *erros de avaliação do valor das empresas*[300]; a *possibilidade de diversificar a produção* (nas concentrações verticais ou conglomerais)[301]; a *substituição de uma administração menos eficaz na valorização dos activos de uma empresa* e a *prossecução de mais fartos ganhos financeiros* (decorrentes do controlo de um maior volume de recursos e de negócios e/ou da combinação de actividades com diferentes padrões sazonais)[302]; o *progresso tecnológico* – por vezes, apenas as grandes empresas logram adquirir instrumentos de produção baseados nas mais recentes descobertas da ciência e só elas são capazes de suportar os custos da investigação científica; a *resposta ao alargamento dos espaços económicos regionais e nacionais*[303] [304].

---

vaga de concentrações ocorrida nos EUA (1895-1904) foi dirigida à obtenção de monopólios, enquanto a segunda (anos 20 da passada centúria) almejava constituir oligopólios].

[299] ALFREDO MARQUES, «Concentrações...», pp. 38 ss.. *Vd.*, ainda, VICTOR CALVETE, «Da relevância...», p. 313, n. 19.

[300] As concentrações seriam, destarte, uma forma de arbitragem dos erros de avaliação do mercado – venda por parte de quem supunha ter os seus activos sobreavaliados, compra por quem os acreditava subavaliados, com a assimetria na informação a favorecer o vendedor – e explicariam a correlação positiva entre altas bolsistas e operações de concentração: num mercado efervescente é mais fácil ocorrerem erros de avaliação (transcrito, quase *verbo ad verbum*, de VICTOR CALVETE, «Da relevância...», pp. 311-312, n. 15).

[301] Nos EUA, a terceira vaga de concentrações – atingiu o seu pico no fim dos anos 60 do século XX – ter-se-á dirigido à constituição de conglomerados (VICTOR CALVETE, «Da relevância...», p. 312, n. 18).

Convém, aliás, ter impressas na lembrança as já referidas vantagens da diversificação: eludir riscos inerentes à especialização num só produto, tornando a empresa menos vulnerável a crises cíclicas, tão frequentes desde o século XX; o aumento da quantidade produzida de um só bem é limitado pela extensão do mercado; continuar a fabricar o mesmo artigo pode levar à descida de preços e à redução da taxa marginal de lucro. A propósito das vantagens da diversificação, AVELÃS NUNES, *Os Sistemas Económicos*, pp. 189 ss., *passim*.

[302] Uma vez mais, socorremo-nos de VICTOR CALVETE, «Da relevância...», pp. 312--313. A título complementar, JONES/SUFRIN, *EC Competition...*, pp. 848-849.

[303] Veja-se em J. SIMÕES PATRÍCIO, *Direito...*, p. 25 a referência aos dois motivos a que, no texto, se aludiu por último. E acrescente-se que o êxito da integração europeia influenciou a formação de novos blocos regionais, determinados pelo objectivo de contrabalançar o "peso europeu" e/ou por seguirem o seu (bom) exemplo – MANUEL LOPES PORTO, *Teoria da Integração e Políticas Comunitárias*, 3ª ed., Coimbra, 2001, p. 484.

[304] Além do que vai dito, a fusão – um dos campos cobertos pelas concentrações – pode dirigir-se especialmente a dois fins: crescimento exterior, com aproveitamento de sinergias, com uma cobertura mais alargada de capital ou com a obtenção de massa crítica

Distinta – mas rica e complementadora da nossa análise – é a forma como PEDRO VERGA MATOS e VASCO RODRIGUES (*Fusões e Aquisições – Motivações, Efeitos e Política*, S. João do Estoril, 2000, pp. 33 ss.) sistematizam as motivações subjacentes à concentração de empresas. Os Autores operam a partir da bipartição entre o objectivo de maximizar lucros, por um lado, e causas de ordem diversa, por outro.

No quadro da maximização de lucros, os AA. inscrevem: a criação ou reforço de poder de mercado; a eficiência operativa resultante de economias de escala, de economias de gama e do aproveitamento mais acelerado das economias de aprendizagem (reflectidas na curva da experiência); a eficiência no plano da gestão; ganhos financeiros de ordem variada; aquisição de activos subavaliados (*ob. cit.*, pp. 46 ss. e síntese das pp. 59-60).

Entre as outras explicações, PEDRO VERGA MATOS e VASCO RODRIGUES referem: a tentativa de minimizar o risco (mais evidente nas operações conglomerais); o crescimento das empresas e a obtenção de dimensão, tanto mais que, para os gestores, existe forte liame entre o prestígio e o volume de activos sob gestão; a influência de consultores e de intermediários financeiros, os quais, com remuneração amiúde proporcional ao valor e à complexidade da operação, têm todo o interesse em que as empresas se envolvam em concentrações; a compra de empresas próximas da insolvência, nomeadamente daquelas que, por causa do estado em que se encontram, poderiam ser tentadas a perturbar o mercado praticando preços demasiado baixos (*ob. cit.*, pp. 104 ss. e súmula das pp. 115-116)[305].

A fechar o problema dos motivos adjacentes à concentração, note-se que alguns dos factores arrolados (vantagens fiscais, economias de escala, domínio do mercado) são invocados pela explicação liberal e neo-liberal da concentração de empresas, segundo a qual esta é o resultado do progresso técnico e da atitude voluntarista do empresário capitalista, impulsionado pelo aumento e pela segurança do seu lucro[306].

---

que torne viáveis programas de maior envergadura; recomposição interna, facilitando uma direcção coerente e racionalizando as responsabilidades – ver ANTÓNIO MENEZES CORDEIRO, *Direito Europeu das Sociedades*, Coimbra, 2005, p. 262.

Num sector específico, a banca de investimento, as eficiências ou sinergias são muitas vezes apresentadas como motivo subjacente às fusões – ABEL M. MATEUS, «Da Aplicação do Controle de Concentrações em Portugal», *TInt*, 1.º Semestre de 2006, n.º 21, p. 109.

[305] *Cela va sans dire*, as motivações tocadas neste parágrafo não deixam de estar associadas, em grau diverso, à maximização do lucro. Isso é, aliás, reconhecido por PEDRO VERGA MATOS e por VASCO RODRIGUES (*ob. cit.*, p. 116).

[306] Cfr. CARLOS FERREIRA DE ALMEIDA, *Direito Económico*, I Parte, pp. 20-21.

3. **Tipos de efeitos anticoncorrenciais das concentrações**

Que espécie de cuidados pode uma concentração despertar? Quais os danos que importa à concorrência? Em termos latos, ela encerra a virtualidade de produzir dois géneros de efeitos nocivos: *unilaterais* (ou *não coordenados*) e *coordenados*[307] [308].

No que toca aos *efeitos unilaterais*, a concentração[309] é passível de eliminar pressões concorrenciais importantes a que, anteriormente, uma ou mais empresas estavam sujeitas. Daí segue que esta(s) vê(em) crescer o seu poder de mercado sem ter necessidade de recorrer a actos de coordenação. *Por um lado*, a operação suprime a disputa entre aqueles que nela estão envolvidos: se, antes de ter lugar, uma das empresas em causa subisse o preço dos seus bens, logo perderia clientes em favor da outra. Mercê da concentração, esvai-se este aperto concorrencial e é provável que os bens fabricados pelos intervenientes na concentração aumentem de preço[310]. *Por outro lado*, pode acontecer que também os

---

[307] Mas não em simultâneo, posto que se excluem mutuamente – EUROPE ECONOMICS, *Assessment...*, pp. 62-63 e 122-123.

[308] Veja-se o nosso «Direito comunitário das concentrações de empresas: uma defesa do teste "entrave significativo à concorrência efectiva"», *BFD*, vol. LXXX, 2004, pp. 671-672.

[309] Nomeadamente a concentração horizontal, aquela que tem lugar quando as empresas competem no mesmo mercado.

[310] *Vd.* as Orientações da Comissão destinadas à apreciação das concentrações horizontais, n.º 24.

Um exemplo ajuda a enxergar melhor. Admitamos que certo segmento da procura alemã de automóveis restringe as suas opções de compra ao leque composto pelos seguintes modelos: *Audi A6*, *Mercedes C300*, *BMW 520* e *Saab 95*. Ao estabelecer o preço de venda, cada um dos fabricantes leva em conta o preço praticado pelos demais. Suponhamos que, aumentando a *Audi* os preços em 10 %, metade dos compradores que perderia passava a adquirir *BMW*. Quanto à *BMW*, encarecendo 10 % os seus automóveis, um terço dos compradores que deixariam de lhe comprar dirigir-se-ia à *Audi*. Verifica-se que há muita pressão concorrencial entre as duas marcas. Caso tivesse lugar uma operação de concentração entre *Audi* e *BMW*, o quadro alterava-se: ao fixar o preço do modelo *Audi*, a direcção da entidade resultante da concentração não se sentiria tolhida pela circunstância de um acréscimo de preço reverter em tão forte desvio da procura para o modelo *BMW*, pelo que, na ausência de outros factores (*v.g.*, ganhos de eficiência), o mais certo é decidir encarecer os veículos de marca *Audi*. E, por raciocínio simétrico, também é provável que os preços dos *BMW* subam. O exemplo encontra-se em VINCENT VEROUDEN/

operadores estranhos à concentração – mas presentes no mesmo mercado – beneficiem da quebra de sufoco concorrencial que dela advém: o encarecimento dos bens há pouco referidos, na medida em que leve uma parte da procura a desviar-se rumo a outras empresas, pode conduzir estas a subir os preços (assim o ensina a lei da oferta e da procura)[311]. Graças ao esbatimento dos dois géneros de pressão concorrencial, é verosímil que no mercado venha a ocorrer aumento dos preços.[312]

No quadro dos efeitos unilaterais, é possível operar uma bifurcação. Em primeiro lugar, podem materializar-se na criação ou no reforço da posição de domínio de uma só empresa (resultante da concentração), a qual adquire estatuto de superioridade que lhe permite agir a seu talante. Em segundo lugar, são passíveis de se concretizar no aparecimento de oligopólios em que, conquanto haja poucas probabilidades de coordenação, a concorrência é prejudicada (já por força da elisão de pressões a que as partes na concentração se submetiam, já por mor do abatimento das exercidas sobre os outros competidores): estão aqui em causa os

/Claes Bengtsson/Sven Albaek, «The Draft EU Notice on horizontal mergers: a further step toward convergence» – *AB*, vol. XLIX, Spring-Summer 2004, pp. 250-251 –, é simples e estilizado (ignora, designadamente, a presença de outros fabricantes). Todavia, estampa bem o que são efeitos unilaterais e patenteia de maneira impressiva consequências que não são de assacar a qualquer forma de coordenação, mas apenas ao modo como a entidade resultante da concentração actua no ocurso das novas condições de mercado.

NOTA: falámos há pouco – e continuaremos a falar – de "entidade resultante da concentração" (também empregaremos "ente resultante da concentração"). Estamos face a locuções-resumo, actuamos por via de sinédoque. As fórmulas são exactas, sob os pontos de vista jurídico e económico, para designar as fusões. Já no caso das aquisições de controlo, as expressões só são rigorosas no plano económico. De qualquer forma, por clareza do texto, delas nos socorreremos. Mas a advertência fica feita: trata-se de sinédoque.

[311] Remexendo no caso dos automóveis, mais compradores pretenderão adquirir viaturas das marcas *Mercedes* e *Saab* (porque os *Audi* e os *BMW* subiram de preço). Confrontados com semelhante aumento da procura, os responsáveis destas duas empresas são incentivados a encarecer os carros – cfr. Verouden/Bengtsson/Albaek, «The Draft...», p. 252 e, de novo, o n.º 24 das Orientações.

[312] Como o termo "unilateral" dá azo à impressão errada de que os efeitos da concentração se reportam aos gestos de um só ente, o que resulta da concentração, há quem o substitua por "multilateral" [John Vickers, *Competition economics and policy*, 3 October 2002, p. 9 (texto obtido em consulta efectuada a 22.8.2004 ao sítio do *Office of Fair Trading* – www.oft.gov.uk)]. De qualquer jeito, as expressões mais correntes são "efeitos unilaterais" e "efeitos não coordenados". A elas permaneceremos fiéis.

"oligopólios não colusórios", também cunhados de "oligopólios não colusivos"[313] ou "oligopólios não coordenados".[314]

Além dos efeitos unilaterais, as operações de concentração são susceptíveis de produzir dano sério para a concorrência quando delas advierem *efeitos coordenados*. Se uma concentração tiver lugar em mercados concentrados, pode propiciar as circunstâncias para que as empresas comecem a coordenar condutas[315] ou, se já o faziam, para tornar mais estável e efectivo o concerto[316]. Está aqui em causa a criação ou o reforço de uma posição dominante colectiva: as empresas coordenam de forma tácita os seus gestos – não há concorrência efectiva entre si –, daí resultando sequelas (*v. g.*, subida de preços, restrição de quantidades) a que parceiros de negócio, consumidores e concorrentes não conseguem furtar-se ou reagir de modo eficaz.

Forçando um pouco a nota, pode dizer-se que, enquanto a dominação singular surge como que de maneira *mecanicista* – assim que se atinge certa dimensão da empresa –, a dominação colectiva supõe um *comportamento estratégico* dos oligopolistas[317].

Tanto o segundo tipo de efeitos unilaterais referido como a dominação colectiva são instâncias do comportamento oligopolístico, porquanto supõem interacção estratégica entre pequeno número de empresas, cada qual com capacidade suficiente para exercer agigantada influência sobre

---

[313] A primeira expressão foi colhida na terceira epígrafe da secção III de um projecto de Comunicação da Comissão – publicado em Dezembro de 2002 – que versava a apreciação das concentrações horizontais (JO C 331, de 31.12.2002, p. 18). Embora não tenha passado para a versão final das Orientações, parece-nos designação ajustada. Não deixaremos de a usar [é, aliás, empregue por Carmen Herrero Suárez, «Control de las concentraciones de empresas», *in* Luis Antonio Velasco San Pedro (Coordinador), *Derecho Europeo de la Competencia (Antitrust e Intervenciones Públicas)*, Valladolid, 2005, pp. 465-466]. A segunda consta do n.º 54 da exposição de motivos que acompanhou uma proposta de novo Regulamento das concentrações apresentada em Dezembro de 2002 (JO C 20, de 28.1.2003, p. 4).

[314] Sobre o que foi dito neste parágrafo, *vide* o n.º 25 das Orientações.

[315] Sem qualquer necessidade de celebrar acordos ou de recorrer a práticas concertadas.

[316] Cfr. Orientações, n.º 39.

[317] Amstutz, *Kollektive...*, p. 21; *id.*, «Oligopole...», p. 195.

as outras (e sobre o mercado)[318]. Assim sendo, descartamos do nosso trabalho o problema da posição dominante individual e cingimo-nos à dominação colectiva e àquilo que ainda há pouco apodámos de oligopólios não colusórios; e, no seio desta díade, dedicamos o grosso do estudo à posição dominante colectiva (é ela que tem assumido o maior relevo).

Do discurso precedente ressuma que, mais do que estar em causa o "controlo prospectivo dos oligopólios", importa o "controlo prospectivo dos oligopólios malfazejos da concorrência"[319]. Simplesmente, a última fórmula, a mais de pomposa, de algum modo se deixa subsumir à primeira. Daí que seja esta a dar o título à *Segunda Parte* da presente monografia.

Apresentados os efeitos obnóxios da concentração sobre a concorrência e apurado aquilo que, em matéria de oligopólios, é necessário prevenir, é altura de indagar se a ordem comunitária dá resposta satisfatória a tão delicada casta de problemas. Para o desvelar, é preciso conhecer o critério material que nela determina a decisão de autorizar uma concentração. A isso vai dedicado o n.º **4.**

4. **Critério material de autorização das concentrações (direito comunitário). Perspectiva diacrónica**

O direito comunitário das concentrações de empresas foi alvo de reforma relativamente recente. Pilar capital desta é o já citado Regulamento n.º 139/2004 do Conselho, de 20 de Janeiro de 2004, aplicável desde 1 de Maio do mesmo ano: por ele se rege o controlo das concentrações comunitárias, mostrando-se decisivo conhecer o teste material de apreciação das concentrações que ele contém. A seu lado, merecem des-

---

[318] *Vd.* MARC IVALDI/BRUNO JULLIEN/PATRICK REY/PAUL SEABRIGHT/JEAN TIROLE, *The Economics of Unilateral Effects*, November 2003, p. 3 [documento obtido por via da *Internet* (consulta feita em 28.9.2004) – www.europa.eu.int/comm/competition/mergers/review/the_economics_of_unilateral_effects_en.pdf].

[319] Os mercados já apresentarão configuração oligopolística *antes* da concentração (não é crível passar directamente de uma estrutura de concorrência monopolista para um oligopólio tão estreito que nele se possa verificar coordenação tácita). Em abono de semelhante percepção, no que toca a efeitos unilaterais, *vd.* o n.º 25 das Orientações, onde se fala de «concentrações realizadas em mercados oligopolísticos».

taque as já referidas "Orientações para a apreciação das concentrações horizontais nos termos do regulamento do Conselho relativo ao controlo das concentrações de empresas", editadas pela Comissão e publicadas em Fevereiro de 2004. Este documento faz figura de guia, ministra as indicações que a Comissão Europeia segue no exame das concentrações envolvendo empresas que são concorrentes efectivos ou potenciais no mesmo mercado relevante[320].

Várias razões aconselham a trabalhar em perspectiva diacrónica: o novo Regulamento é jovem e traz consigo mudança do critério material que decide a sorte da concentração; essa alteração foi precedida de amplo debate; ao longo da tese, trabalhamos com um direito comunitário que é, em muito, anterior à aplicação desse Regulamento.

4.1. **Regulamento n.º 4064/89**

No primeiro Regulamento das Concentrações de que o espaço comunitário dispôs – o já citado Regulamento n.º 4064/89, de 21.12.1989, com entrada em vigor a 21.9.1990 –, o n.º 3 do art. 2.º exibia a seguinte redacção: «Devem ser declaradas incompatíveis com o mercado comum as operações de concentração que criem ou reforcem uma posição dominante de que resultem entraves significativos à concorrência efectiva no mercado comum ou numa parte substancial deste». Está bem de ver que o critério para proibir a operação projectada era o da dominação, mais propriamente o da criação ou reforço de uma posição dominante. Conquanto a formulação adoptada incluísse dois requisitos cumulativos – criação ou reforço de uma posição dominante *e* produção de obstáculos significativos à concorrência efectiva –, o segundo quase nunca foi levado a sério na prática. Dele se falou como um simples anexo do critério da dominação, havendo mesmo quem alvitrasse ser a parte do texto que o continha, pura e simplesmente, de ignorar[321]. Parece que só nos últimos

[320] Cfr. o seu n.º 5.

[321] Informações recolhidas em Erik Staebe/Ulrich Denzel, «Die neue Europäische Fusionskontrollverordnung (VO 139/2004)», *EWS*, 5/2004, p. 199 e em Daniel Zimmer, «Significant Impediment to Effective Competition. Das neue Untersagungskriterium der EU-Fusionskontrollverordnung», *ZWeR*, 2/2004, p. 251. Também o dissemos em «Direito...», p. 667.

tempos de vigência do Regulamento em causa o TPI considerou o dano à concorrência como pressuposto autónomo da interdição[322].

Por agora, retemos apenas o critério material. O modo como os oligopólios foram controlados na vigência do Regulamento n.º 4064/89 está vertido juso no exame a que vamos submeter a dominação colectiva e os efeitos unilaterais das concentrações.

4.2. **Livro verde relativo à revisão do Regulamento n.º 4064/89**

Em 11 de Dezembro de 2001, a Comissão apresentou o "Livro verde relativo à revisão do Regulamento (CEE) n.º 4064/89 do Conselho"[323]. Com ele se abriu o debate a propósito da mudança do critério de compatibilidade de uma concentração com o mercado comum. Ponderou-se a hipótese de substituir o teste da dominação pelo da "redução substancial da concorrência" (*substantial lessening of competition*[324]), então em vigor em países como os Estados Unidos, o Canadá e a Austrália. De acordo com este último critério, a concentração é vetada não porque crie ou reforce uma posição dominante, mas por afectar substancialmente a concorrência. Embora os dois testes ou critérios em causa conduzam, por norma, aos mesmos resultados, é possível desvendar duas diferenças fundamentais: pelo emprego do teste SLC, pode ser proibida uma concentração que não origine nem reforce posição dominante[325]; o facto de

---

[322] *Vd.* acórdão de 22.10.2002, *Schneider Electric SA/Comissão*, T-310/01, *Col.* 2002, II-4071, n.º 380 e Staebe/Denzel, «Die neue...», p. 199. De acordo com Enrico Adriano Raffaelli [«European Union competition policy subsequent to the *Airtours* case», *in* AAVV, *Annual Proceedings of the Fordham Corporate Law Institute (2002). International Antitrust Law & Policy*, Huntington, 2003, p. 134], o virar de agulhas já se detectava no acórdão *Airtours*, de 6.6.2002 (*Col.* 2002, II-2585).

[323] O documento surgiu com a referência COM (2001) 745 final.

[324] Amiúde referido por meio das iniciais SLC (*ex multis*, cfr. Andreas Bartosch/ /Anne-Kathrin Nollau, «Die zweite Generalüberholung der europäischen Fusionskontrolle – das Grünbuch der Kommission vom 11.12.2001», *EuZW*, 7/2002, pp. 204- -206, Christoph Arhold, «Grünbuch der Kommission über die Revision der europäischen Fusionskontrolle oder: das Bundeskartellamt schlägt zurück», *EWS*, 10/2002, p. 457, António Carlos dos Santos/Maria Eduarda Gonçalves/Maria Manuel Leitão Marques, *Direito económico*, 5.ª ed., Coimbra, 2004, p. 375 e Mark Furse, *Competition Law of the EC and UK*, 4ª ed., Oxford, 2004, p. 328).

a concentração criar ou reforçar posição dominante não faz com que seja forçosamente alvo de veto[326].

A necessidade de discussão foi aguçada pela circunstância de a Comissão ter proibido a concentração projectada entre a *General Electric* e a *Honeywell*[327], a qual havia sido previamente autorizada nos Estados Unidos. Quer dizer: a diferença de critério material conduziu a decisão de teor diverso[328].

No Livro verde, não deixando de observar que existem muitas semelhanças entre o teste da redução substancial e o da dominância[329], a Comissão invocou, como atractivos para uma mudança rumo ao primeiro, argumentos de vária ordem. *Inter alia*, evitar que, na defesa dos seus pontos de vista, as partes nas concentrações fossem obrigadas a apelar a critérios distintos, consoante a jurisdição em causa; relativamente a casos notificados em várias jurisdições, tornar-se-ia mais fácil a cooperação entre as autoridades de defesa da concorrência; o teste da *substantial lessening of competition*, por estar impregnado de lógica essencialmente económica, revelaria mais capacidades de se adaptar a era como a nossa, sarjada por crescentes concentrações industriais[330]. Outrossim, pôs-se a seguinte interrogação: como pode o teste da dominância aplicar-se a situações nas quais, sem criar ou reforçar posição dominante, a concen-

---

[325] Seja o caso da fusão em que se reúnem as seguintes condições: envolve o segundo e o terceiro maiores produtores de um mercado; a quota de mercado da entidade resultante da operação fica aquém da do líder de mercado; dela advém redução substancial da concorrência.

[326] ARHOLD, «Grünbuch...», p. 457 e MARKUS BURGSTALLER, «Marktbeherrschung oder "Substantial Lessening of Competition"? Zugleich ein Beitrag zur Reform des materiellen Europäischen Fusionskontrollrechts», *WuW*, 7 u. 8/2003, p. 732. Já o notámos em «Direito...», p. 666.

[327] Decisão de 3.7.2001, COM/M.2220 – *General Electric/Honeywell*, JO L 48, de 18.2.2004, p. 1. Versando-a, GÖTZ DRAUZ, «Unbundling *GE/Honeywell*: the assessment of conglomerate mergers under EC competition law», *in* AAVV, *Annual Proceedings of the Fordham Corporate Law Institute (2001). International Antitrust Law & Policy*, Huntington, 2002, sobretudo pp. 191 ss..

[328] Cfr. BARTOSCH/NOLLAU, «Die zweite...», p. 205, ARHOLD, «Grünbuch...», p. 457, nota 75 e MERCEDES GARCÍA PÉREZ, *Dominancia VS. Disminución Sustancial de la Competencia ¿Cuál es el criterio más apropiado?: Aspectos Jurídicos*, Madrid, 2002, pp. 15-16. Também VICTOR CALVETE menciona o caso em «De que falamos...», p. 1503, fim da n. 56.

[329] Livro verde, n.º 162.

[330] Cfr. Livro verde, n.os 160 e 165; BARTOSCH/NOLLAU, «Die zweite...», p. 205.

tração é nefasta para a concorrência (permitindo, designadamente, que as empresas, de maneira *unilateral*, aumentem preços)? É o caso – ainda há pouco enunciado em nota – da fusão entre o segundo e o terceiro maiores operadores do mercado, os quais, mesmo em conjunto depois da concentração, não atingem a envergadura nem a quota de mercado do líder; esta operação poderia azar dano à concorrência e, todavia, ser autorizada à míngua de posição dominante[331].

Mas a Comissão não esqueceu o outro prato da balança. No Livro verde foram também apontados inconvenientes que a mudança do critério material acarretaria: *e. g.*, os interessados teriam, ao menos no período inicial subsequente à reforma, maiores dificuldades na previsão do resultado dos procedimentos de controlo; embora a passagem para o teste da redução substancial da concorrência gerasse maior alinhamento com o sistema adoptado noutras partidas do mundo, acentuaria disparidades no espaço comunitário (cujas jurisdições nacionais se voltavam sobretudo para o critério da dominação); a aplicação do conceito de posição dominante evoluiu, tendo sido adaptada aos conhecimentos da teoria económica e, nomeadamente, à afinação dos instrumentos econométricos disponíveis para quantificar o poder de mercado[332].

---

[331] Cfr. Livro verde, n.º 166 e BRIONES ALONSO, *Test...*, p. 12.

A propósito, aludiu-se a um *enforcement gap* – SVEN B. VÖLCKER, «Mind the Gap: Unilateral Effects Analysis Arrives in EC Merger Control», *ECLR*, 2004, p. 401; FRANCISCO ENRIQUE GONZÁLEZ DÍAZ, «The Reform of European Merger Control: *Quid Novi Sub Sole?*», *WC*, 27(2), June 2004, pp. 186, 187, 188 e 190; ANDREAS BARTOSCH, «Gehorsam oder Widerstand. Reformvorschlag der Kommission zur FKVO und die Rechtsprechung des EuG im Fall Airtours ./. Kommission», *WuW*, 6/2003, p. 579; NICHOLAS LEVY, «EU Merger Control: From Birth to Adolescence», *WC*, 26(2), June 2003, pp. 214 e 217. Pôde, igualmente, falar-se de um *oligopoly blindspot* ou *oligopoly blind spot* (STAEBE/DENZEL, «Die neue...», p. 199; DEREK RIDYARD, «Joint Dominance and the Oligopoly Blind Spot Under the EC Merger Regulation», *ECLR*, 1992, pp. 161 ss.; RODGER, «Market...», p. 22), porquanto a estas situações se deixam subsumir os oligopólios não colusórios. Confronte-se, ainda, METTE ALFTER, «Untersagungskriterien in der Fusionskontrolle. SLC-Test versus Marktbeherrschende Stellung – eine Frage der Semantik?», *WuW*, 1/2003, pp. 21-22 e 24. Rejeitando claramente a existência do espaço lacunar em apreço, ULF BÖGE, «Muss die EU zum SLC-Test wechseln?», *WuW*, 9/2002, p. 825 e ULF BÖGE/EDITH MÜLLER, «From the Market Dominance Test to the SLC Test: Are There Any Reasons for a Change?», *ECLR*, 2002, pp. 495 ss.. Já fizemos alusão ao problema do *enforcement gap* em «Direito...», pp. 673-674.

[332] Livro verde, n.ºs 161 e 163. *Vd.*, também, BÖGE/MÜLLER, «From...», p. 498.

Conquanto apresentasse os prós e os contras de uma mudança, a Comissão não tomou posição acerca do critério a adoptar, o seu objectivo circunscreveu-se a gerar debate[333]. As opiniões que recebeu não exprimiram entusiasmo alargado por passagem para o teste SLC, tendo alguns dos que se pronunciaram sobre a matéria aludido à possibilidade de ele se tornar arma perigosa ao alcance da Comissão, volvendo-a demasiado intervencionista[334].

4.3. **Proposta de Regulamento das Concentrações apresentada no final de 2002. Projecto de comunicação da Comissão versando a apreciação das concentrações horizontais**

Em Dezembro de 2002, a Comissão apresentou proposta de um novo Regulamento das Concentrações[335]. O texto permaneceu fiel ao critério da dominância, este continuava a fornecer a bitola de autorização e proibição das operações projectadas[336], e isso mereceu o aplauso de alguns[337]. Para o trajecto de continuidade, apontaram-se razões no n.º 54 da exposição de motivos que acompanhava a proposta da Comissão. Aí, a mais de se registar que o critério da posição dominante e o da redução significativa da concorrência produziam resultados em regra convergentes, assinalou-se que o primeiro vinha demonstrando capacidade para se adaptar a vasto leque de situações de poder de mercado.

---

[333] Cfr. GÖTZ DRAUZ, «Reform der Fusionskontrollverordnung – Die Kernpunkte des Grünbuchs der Europäischen Kommission», *WuW*, 5/2002, p. 447.

[334] Informação veiculada por VÖLCKER, «Mind...», p. 401. *Vide*, ainda, o rosário de dúvidas desfiado por BARTOSCH/NOLLAU, «Die zweite...», pp. 205-206 e a referência à incerteza que a mudança criaria em VIJAY SELVAM, «The EC Merger Control Impasse: is there a Solution to this Predicament?», *ECLR*, 2004, p. 61.

[335] Publicada em JO C 20, de 28.1.2003, p. 4. Sobre ela se disse que, em múltiplos aspectos – entre os quais o do teste material de juízo das concentrações –, acabava por atear perguntas para as quais não continha resposta (JOCHEN HOFFMANN/JÖRG PHILIPP TERHECHTE, «Der Vorschlag der Europäischen Kommission für eine neue Fusionskontrollverordnung», *AG*, 8/2003, p. 423).

[336] Os n.os 3 e 4 do art. 2.º do projecto de regulamento quase reproduziam o teor literal dos n.os 2 e 3 do Regulamento n.º 4064/89 (apenas se substituiu "operações de concentração" por "concentrações").

[337] ALF-HENRIK BISCHKE/THORSTEN MÄGER, «Der Kommissionsentwurf einer geänderten EU-Fusionskontrollverordnung. Zur Reform der Europäischen Fusionskontrolle», *EWS*, 3/2003, p. 106.

Desta sorte, a Comissão não sugeriu alteração do teste material, antes quis clarificar o conceito de posição dominante para efeitos do regulamento[338]. Com tal intuito, alvitrou a inserção de norma – n.º 2 do art. 2.º – com a seguinte redacção: «Para efeitos do presente regulamento, presume-se que uma ou mais empresas detêm uma posição dominante se, com ou sem coordenação, dispõem do poder económico para influenciar de forma significativa e duradoura os parâmetros da concorrência, em especial, os preços, a produção, a qualidade dos produtos, a distribuição ou a inovação ou para restringir sensivelmente a concorrência». Este preceito estava ligado à agnição do *enforcement gap*, aos receios de que o teste da dominância fosse incapaz de apreender efeitos unilaterais da concentração, *rectius*, de dar resposta àquele cenário em que, depois de ela ter lugar, as empresas pudessem subir preços sem recorrer à coordenação[339]. Só que, se assim é, o texto revelava certa incongruência: ligava efeitos unilaterais – repare-se na fórmula "com ou *sem* coordenação" – e posição dominante de tal jeito que parece que esta cobriria todos os casos em que aqueles se registam. E isso é incorrecto. Já sabemos que uma concentração pode gerar efeitos unilaterais nefastos para a concorrência sem criar ou reforçar posição dominante – oligopólios não colusivos. Teria sido mais avisado retirar os oligopólios não coordenados do conceito de posição dominante e dedicar-lhes um preceito autónomo nos termos do qual uma concentração deveria ser declarada incompatível com o mercado comum quando, apesar de não criar nem reforçar uma posição dominante, viesse, por mor do grau de concentração do mercado, a entravar significativamente a concorrência efectiva no mercado comum ou numa parte substancial deste[340].

Ainda segundo a Comissão, o teste a que continuaria a apelar-se – criação ou reforço de posição dominante – seria compaginável com a tomada em apreço dos ganhos de eficiência no controlo das concentrações[341]. A base jurídica para o efeito constava do n.º 1, alínea *b)* do art. 2.º – mantinha a numeração do Regulamento n.º 4064/89 –, o qual prescrevia que, ao avaliar a compatibilidade da operação projectada com o

[338] Cfr. n.º 55 da exposição de motivos e BISCHKE/MÄGER, «Der Kommissionsentwurf...», p. 104.

[339] *Vd.* VÖLCKER, «Mind...», p. 402 e SELVAM, «The EC Merger Control...», p. 64.

[340] Era o conselho de HOFFMANN/TERHECHTE, «Der Vorschlag...», p. 419.

[341] N.º 60 da exposição de motivos.

mercado comum, a Comissão deveria levar em conta, nomeadamente, a evolução do progresso técnico e económico, na medida em que ela fosse vantajosa para os consumidores e não constituísse obstáculo à concorrência.

Ainda em Dezembro de 2002, foi publicado um projecto de comunicação da Comissão versando a apreciação das concentrações horizontais[342]. Seria fastidioso expor agora o seu conteúdo. Aqui fica, porém, a forma como se estruturou. Depois de uma introdução e de uma ligeira análise panorâmica, a Comissão identificou três tipos de efeitos (lesivos) das concentrações horizontais sobre a concorrência (secção III): *primo*, a criação ou o reforço de «posição de supremacia no mercado» detida por uma empresa (corresponde à fórmula clássica da posição dominante individual); *secundo*, surgimento de «oligopólios não colusórios» – por virtude de efeitos unilaterais ou não coordenados, a operação planeada faria diminuir o nível da concorrência num mercado oligopolístico; *tertio*, «maior risco de coordenação» – a concentração alteraria a natureza da concorrência num mercado oligopolístico de tal jeito que os vendedores que anteriormente não coordenavam o seu comportamento poderiam agora passar a fazê-lo, enquanto aqueloutros que já coordenavam viam tal tarefa facilitada. Nas restantes secções do projecto, a Comissão minudeou outros factores a pesar no sentido de decidir a sorte da concentração: possibilidade de os adquirentes actuarem como força de compensação face ao acréscimo de poder surtido da concentração; probabilidade de a entrada de novas empresas preservar a concorrência efectiva; advento de ganhos de eficiência; argumento da empresa insolvente[343].

---

[342] JO C 331, de 31.12.2002, p. 18.

[343] Sobre o projecto da Comissão cuja estrutura acabámos de desfiar, pode consultar-se MARKUS M. WIRTZ, «Der Mitteilungsentwurf der Kommission zur Beurteilung horizontaler Zusammenschlüsse. Zur Reform der Europäischen Fusionskontrolle», *EWS*, 4/2003, pp. 146 ss.; NILS VON HINTEN-REED/PETER D. CAMESASCA/MICHAEL SCHEDL, «Reform der Europäischen Fusionskontrolle», *RIW*, 5/2003, pp. 323-324; VEROUDEN/ /BENGTSSON/ALBAEK, «The Draft...», pp. 243 ss.; SIMON BISHOP/DEREK RIDYARD, «Prometheus Unbound: Increasing the Scope for Intervention in EC Merger Control», *ECLR*, 2003, pp. 357 ss.; OLIVER BLACK, «Collusion and Co-ordination in EC Merger Control», *ECLR*, 2003, pp. 408 ss..

4.4. Regulamento n.º 139/2004. Orientações destinadas à apreciação das concentrações horizontais

Desde 1 de Maio de 2004, é aplicável na União Europeia o Regulamento n.º 139/2004, datado de 20 de Janeiro do mesmo ano. O critério material de exame das concentrações é, ao menos na redacção, diferente de qualquer daqueles com que travámos conhecimento nas páginas anteriores. Na verdade, segundo o n.º 3 do art. 2.º do novo Regulamento, devem «(...) ser declaradas incompatíveis com o mercado comum as concentrações que entravem significativamente uma concorrência efectiva, no mercado comum ou numa parte substancial deste, em particular em resultado da criação ou do reforço de uma posição dominante»[344].

O teste que há-de ditar a sorte da concentração notificada é, agora, o do "entrave significativo à concorrência efectiva" (*significant impediment to effective competition*[345]). A criação e o reforço de posição dominante passam a ser apresentados como exemplo principal do aludido entrave. Palmilhando decisões tomadas no âmbito do actual Regulamento, a alteração de dizeres já se nota: no processo *ORKLA/CHIPS*, a Comissão notou que «(...) it can be concluded that the proposed concentration raises serious doubts as to its compatibility with the common market since it may *significantly impede effective competition* in the Common market or in a substantial part thereof *by the creation of a single dominant position* of the merged entity in a Finnish market for frozen pizzas supplied to the retail trade sector»[346].

[344] Nos termos do art. 8.º, n.º 3, é à Comissão Europeia que incumbe declarar a concentração incompatível com o mercado comum. Caso a operação já tenha sido realizada e venha depois a ser alvo de semelhante veredicto, a Comissão pode exigir que os envolvidos procedam à dissolução da concentração ou ordenar toda e qualquer medida adequada para garantir que as empresas em causa procedem a tal dissolução (art. 8.º, n.º 4).

[345] Também referido como teste SIEC (*ex multis*, FURSE, *Competition...*, p. 329; ULF BÖGE, «Reform der Europäischen Fusionskontrolle», *WuW*, 2/2004, pp. 143-145; ZIMMER, «Significant...», p. 251; FRANZ JÜRGEN SÄCKER, «Angleichung der deutschen Fusionskontrolle an Art. 2 Abs. 3 FKVO?», *WuW*, 10/2004, pp. 1038 e 1040; VOLKER EMMERICH, «Fusionskontrolle 2003/2004», *AG*, 12/2004, p. 630).

[346] Decisão de 3.3.2005, COMP/M.3658, n.º 23 (os grifos são da nossa autoria). Veja-se também decisões de 22.11.2004, COMP/M.3570 – *Piaggio/Aprilia*, n.º 50 e de 7.2.2006, COMP/M.3985 – *EADS/BAES/FNM/NLFK*, n.º 19.

A fórmula "entrave significativo à concorrência efectiva" é resultado de um compromisso a que foi possível chegar no seio do Conselho da União Europeia. O Reino Unido e a Irlanda bateram-se pela adopção do critério da redução substancial da concorrência (que, entretanto, perfilhavam nas suas legislações nacionais[347]). Outros Estados, com a Alemanha à cabeça, teimaram em manter o critério da dominância[348]. O texto final é produto do ajuste alcançado[349].

---

[347] Ver, respectivamente, o *Enterprise Act* de 2002, *Sections* 22.º, 33.º, 35.º e 36.º, assim como o *Competition Act* de 2002, *Sections* 20 (1), *c)*, 21 (2), *a)* e 22 (3), parte final.

Na França, aplica-se igualmente critério substantivo de redução da concorrência. Nos termos do art. L. 430-6 do *Code de Commerce*, o Conseil de la Concurrence avalia se uma concentração é passível de afectar a concorrência, nomeadamente por mor da criação ou do reforço de posição dominante ou por virtude da criação ou reforço de um poder da procura que deixe os fornecedores em situação de dependência económica. Mau grado vejamos na doutrina – André Decocq/Georges Decocq, *Droit de la concurrence interne et communautaire*, 2ª ed., Paris, 2004, p. 148 – a identificação dos testes a que se recorre no direito francês e no direito comunitário, entendemos que o primeiro abre maiores possibilidades de vetar uma concentração (exige simples ofensa à concorrência, sem cuidados de qualificar o dano). Por fim, note-se que o exemplo atinente ao poder da procura expressa bem as preocupações francesas com a grande distribuição (Marie Malaurie-Vignal, *Droit de la concurrence interne et communautaire*, 3ª ed., Paris, 2005, p. 254), que já havíamos referido em *A posição...*.

[348] Na Alemanha – onde já há vozes que se pronunciam pela introdução do critério SIEC no ordenamento jusconcorrencial germânico: Säcker, «Angleichung...», pp. 1039 e 1040 –, *vd.* § 36, *Abs.* 1 da *Gesetz gegen Wettbewerbsbeschränkungen*; em Itália, art. 6.º, n.º 1 da *Legge 10 ottobre 1990, n. 287 – Norme per la tutela della concorrenza e del mercato*. O teste da dominação vigora, outrossim, no ordenamento português de defesa da concorrência: o n.º 4 do art. 12.º da Lei n.º 18/2003, de 11 de Junho (publicada no DR – I Série-A, n.º 134, p. 3450) dispõe que serão «(...) proibidas as operações de concentração que criem ou reforcem uma posição dominante da qual possam resultar entraves significativos à concorrência efectiva no mercado nacional ou numa parte substancial deste». A propósito, ver Abel M. Mateus, «Da Aplicação...», pp. 105 ss..

[349] Cfr. Abel M. Mateus, «Da Aplicação...», pp. 121-122; Zimmer, «Significant...», pp. 251-252; Völcker, «Mind...», pp. 402-403; Böge, «Reform...», p. 143; González Díaz, «The Reform...», p. 187; Helmut Bergmann/Christian Burholt, «Nicht Fisch und nicht Fleisch – Zur Änderung des materiellen Prüfkriteriums in der Europäischen Fusionskontrollverordnung», *EuZW*, 6/2004, p. 161; Emmerich, «Fusionskontrolle...», p. 631; o nosso «Direito...», p. 668; Ivo van Bael/Jean-François Bellis, *Competition Law of the European Community*, 4ª ed., The Hague, 2005, p. 734.

Bergmann e Burholt (*ob. e loc. cits.*) exprimiram fortíssimas reservas face ao teste SIEC, alegando que importaria a maior das perdas possíveis em termos de segurança jurídica: abdicando do teste da dominação na sua forma original, o recurso a decisões

Parece certo é que, no meio de divergências e de compromissos, houve o cuidado de encontrar fórmula que, sem forçar a letra da lei, possibilitasse abarcar (também) os casos em que a concentração gera efeitos lesivos da concorrência, mas não cria nem reforça uma posição dominante – em causa estão os efeitos unilaterais sob forma de oligopólios não colusivos. Nestes, não há dominação, mas há "entrave significativo à concorrência efectiva"[350].

Uma semana depois de ter sido publicado o Regulamento n.º 139/ /2004, foi objecto de publicação no Jornal Oficial da União Europeia a versão final das Orientações da Comissão destinadas à apreciação das concentrações horizontais. De certo jeito, podemos dizer que as Orientações concretizam o critério material de apreciação plasmado no regulamento. Por elas se pauta hoje em dia o exame das concentrações horizontais no espaço comunitário. Aí vêm pormenorizados os factores a ter em conta no sentido de decidir se a operação congeminada pelas empresas acarreta entraves significativos para a concorrência efectiva.

As Orientações serão alvo de muitas e aturadas referências noutros lugares desta monografia. Por agora, indica-se a sua estrutura. Depois de uma introdução (sob o número I) e de considerações de ordem geral (II), é tratada a forma de manusear os níveis das quotas de mercado e de avaliar os graus de concentração (III). Na perícope IV, são identificados dois géneros de sequelas anti-concorrência que podem resultar das concentrações horizontais: efeitos unilaterais e efeitos coordenados. Em cotejo com o projecto de Orientações datado de 2002, a Comissão abandona o tratamento disjunto da «posição de supremacia no mercado» detida por

---

anteriores da Comissão e à jurisprudência dos tribunais em matéria de interpretação mostrar-se-ia limitado; não existe, por outra parte, um factor de compensação – atendendo à falta de total congruência com o critério SLC, não seria possível apelar à *praxis* das autoridades ou dos tribunais americanos. Percucientes, os AA. dizem que o teste SIEC não é, em resultado, *nem peixe nem carne*. Semelhante afirmação parece-nos exagerada. Ao referir as Orientações dirigidas à apreciação das concentrações horizontais – que, de algum modo, concretizam o critério de apreciação das concentrações adoptado no Regulamento –, verificaremos como aí se recolhe de maneira ática e cabal a prática anterior da Comissão e dos tribunais (aliás, esse intuito é explicitamente assumido na parte final do n.º 4 das Orientações). Já apresentámos as críticas de BERGMANN e de BURHOLT (levando também a cabo a sua refutação) em «Direito...», pp. 669-670.

[350] *Vide* considerando 25 do Regulamento.

uma empresa e apresa-a no quadro dos efeitos unilaterais (cfr. a parte inicial do n.º 25 das Orientações de 2004). Nas restantes secções do documento, estão expostos outros pontos relevantes para decidir se a concentração deve ser autorizada: possibilidade de os compradores actuarem como força de balanço (V); probabilidade de a entrada de novas empresas preservar a concorrência efectiva (VI); consideração dos ganhos de eficiência (VII); pressupostos de aplicação do argumento da empresa insolvente (VIII).

Nos termos das Orientações, para formular o juízo sobre a concentração e deliberar se ela merece luz verde, a Comissão Europeia define, em primeiro lugar, o mercado relevante. Depois, aprecia a operação em termos de impacto sobre a concorrência (mais particularmente, mede os possíveis efeitos anticoncorrenciais da operação – unilaterais e coordenados – e os factores que, num sentido lato, lhes sirvam de contrabalanço – poder dos compradores, ausência de barreiras à entrada, ganhos de eficiência apresentados pelas partes). Em circunstâncias excepcionais, a Comissão perscruta se estão reunidas as condições de aplicação do argumento da empresa insolvente[351].

---

[351] Orientações, n.os 10 e 12.

AB. *EFEITOS COORDENADOS DAS CONCENTRAÇÕES: A POSIÇÃO DOMINANTE COLECTIVA*

Durante algum tempo, a Comissão aplicou o primeiro Regulamento das Concentrações (n.º 4064/89) para prevenir mercados concentrados dos quais adviesse a posição dominante de *uma* só empresa. Parecia entender que a convivência de vários operadores de grande envergadura, mais do que dar azo à dominação colectiva, produzia jogo de compensação de poderes[352]. Foi no caso *Varta/Bosch* que a Comissão mostrou estar desperta para os inconvenientes que a dominação conjunta pode suscitar – a existência de dois grandes operadores, armados de força semelhante, poderia atear o paralelismo de atitudes entre ambos, mormente por não haver outras empresas capazes de contrariar tal tendência[353]. Todavia, só na decisão *Nestlé/Perrier* é que a Comissão confirmou de modo inequívoco a aplicabilidade do Regulamento a situações de oligopólio resultantes de uma concentração; aí respigamos o mais básico dos argumentos: o art. 3.º, *f)* do Tratado CE – actual art. 3.º, n.º 1, alínea *g)* CE – e a sua expressão no Regulamento das Concentrações tinham por objectivo manter a concorrência efectiva enquanto tal, não cabendo distinguir os meios de a entravar (uma ou várias empresas)[354]. Entretanto, todo um rol de decisões veio reiterar a aplicabilidade do Regulamento n.º 4064/89 a situações de dominação conjunta.

---

[352] Neste sentido, Sigrid Stroux, «Is EC Oligopoly Control Outgrowing Its Infancy?», *WC*, 23(1), March 2000, p. 25.

[353] Decisão de 31.7.1991, IV/MO12, *Varta/Bosch*, JO L 320, de 22.11.1991, p. 26, n.º 32.

[354] Decisão de 22.7.1992, IV/M.190, *Nestlé/Perrier*, JO L 356, de 5.12.1992, p. 1, n.os 112-114; Juan Briones Alonso, «Economic Assessment of Oligopolies under the Community Merger Control Regulation», *ECLR*, 1993, p. 118; Winckler/Hansen, «Collective...», pp. 787 e 810; J. M. Jimenez de Laiglesia, «Derecho de la competencia y oligopolio», *GJ*, serie D, D-23, Abril de 1995, p. 163; García Pérez, *Dominancia...*, p. 13; Levy, «EU Merger Control...», p. 204; Burgstaller, «Marktbeherrschung...», p. 732.

Quando tem de tomar decisão relativa a concentração que lhe é notificada, a Comissão Europeia faz juízo de prognose tendente a concluir se da operação advêm "entraves significativos para a concorrência efectiva", já sob forma de efeitos unilaterais, já sob veste de efeitos coordenados. Os últimos traduzem-se na criação ou no reforço de uma posição dominante colectiva (ou "conjunta" ou "oligopolística"). Conforme dissemos acima, esta supõe a falta de concorrência substancial entre as empresas (relações internas) e também a adopção de comportamento em larga medida autónomo face a concorrentes, clientes e consumidores (relações externas)[355].

A verdade é que, no essencial, a posição dominante conjunta é um problema de coordenação estável de atitudes das empresas, nisso hão-de desaguar os dois pressupostos referidos. Está em causa saber se, após a concentração, as empresas passam a recorrer ao amanho em comum de comportamentos ou, caso já o fizessem, se este se torna mais fácil, estável ou efectivo[356].

De maneira mais concreta, está em apreço evitar o aparecimento de coordenação tácita. Interessa prognosticar se a concentração planeada leva as empresas a, de maneira informal e espontânea, arrumar conjuntamente os seus negócios. Não chega a ser necessário avaliar se a concentração leva as empresas a adoptar formas de colusão activa (acordos, práticas concertadas). Para ser proibida, já basta, já é suficientemente atentatório da concorrência que venham a coordenar de jeito *tácito* os seus gestos[357].

---

[355] Ver decisões de 22.7.1992, *Nestlé/Perrier*, JO L 356, de 5.12.1992, p. 1, n.º 118, de 18.10.1995, IV/M.580, *ABB/Daimler-Benz*, JO L 11, de 14.1.1997, p. 1, n.º 86, de 22.9.1999, IV/M.1524, *Airtours/First Choice*, JO L 93, de 13.4.2000, p. 1, n.º 54.

[356] *Vd.* Orientações, n.os 22 [alínea *b)*] e 39. É mais fácil para a Comissão mostrar que o risco de coordenação aumenta do que mostrar que ele nasce, que resulta *ex novo* da concentração – Gavin Robert/Charles Hudson, «Past Co-ordination and the Commission Notice on the Appraisal of Horizontal Mergers», *ECLR*, 2004, p. 164.

[357] Neste sentido, notando que está em causa juízo de prognose referente a coordenação tácita, Robert/Hudson, «Past...», p. 166; outrossim, Astrid Poenicke, «Die geplante Fusion von Arthur Andersen Deutschland und Ernst & Young Deutschland – Oligopole und die „Failing Firm Defense"», *WRP*, 8/2002, p. 912, Lorenzo Coppi/Mike Walker, «Substantial convergence or parallel paths? Similarities and differences in the economic analysis of horizontal mergers in U.S. and EU competition law», *AB*, vol. XLIX, Spring-Summer 2004, p. 139, as primeiras linhas de Biro/Parker/Etten/Riechmann, «Die Berücksichtigung...», p. 1267 e Briones Alonso, «Economic...», p. 119.

Em decorrência, a nossa primeira tarefa é recolher junto da ciência económica ensinamentos acerca das condições necessárias e propiciadoras da coordenação, nomeadamente na sua forma tácita. A vereda que assim se descerra aproveita-se para, do mesmo passo, avaliar em que medida esses factores têm sido tomados em conta no direito comunitário da dominação conjunta e em que dose encontram acolhimento nas mui jovens Orientações da Comissão Europeia destinadas a apreciar as concentrações horizontais (como dissemos, é por seu intermédio que se dá uso ao critério material de avaliação das concentrações previsto nos n.os 2 e 3 do art. 2.º do Regulamento n.º 139/2004).[358]

Conquanto aceitemos a existência de umas e de outras, não apresentaremos ao leitor uma sistematização baseada no discrímen relações internas/relações externas. Desde logo, há pontos que, ao fazer juízo de prognose, suportam mal uma separação, posto serem relevantes tanto para a matriz interna como para a matriz externa da dominação colectiva. *Ad exemplum*, o nível de concentração do mercado, as parcelas que nele detêm os operadores e as barreiras à entrada tanto importam para apurar se as empresas se concertam e agem sob veste de ente colectivo como servem para determinar se usufruem da margem de liberdade de comportamento própria da posição dominante[359]. Como notam acertadíssimas palavras de HAHN versando concentrações de empresas, a destrinça entre relações internas e externas constitui uma divisão artificial de fenómeno que só pode ser avaliado de maneira unitária. Semelhante bipartição não tem assento no Regulamento das concentrações e contraria os dados da

---

[358] Teremos em mente as concentrações horizontais – em que os envolvidos integram o mesmo mercado (por todos, GESNER OLIVEIRA/JOÃO GRANDINO RODAS, *Direito e Economia...*, p. 77) –, porquanto é sobretudo esse tipo de operação que vem pondo problemas de dominância colectiva. No fim, não deixaremos de fazer referência à concentração vertical e à concentração conglomeral.

[359] Bem a propósito, CHRIS WITHERS/MARK JEPHCOTT, «Where to now for E.C. oligopoly control?», *ECLR*, 2001, p. 301 (além de mencionarem a decisão *Airtours* – relativa a controle das concentrações –, os Autores referem a sentença *Compagnie Maritime Belge*, na qual foi chamada a norma do abuso de dominação; no que toca a este segundo campo, veremos, contudo, que à análise não repugna a separação dos momentos em que se aprecia a existência de posição *colectiva*, por um lado, e de posição *dominante*, por outro).

ciência económica[360]. Os escrutínios da Comissão apreciaram de forma unitária a probabilidade de dominação conjunta, sem distinguir propriamente se era relevante a matriz interna ou externa do estatuto[361] [362].

---

[360] ANDREAS HAHN, *in* FRANZ JÜRGEN SÄCKER (Hrsg.), *Berliner Kommentar zum Energierecht. Energiewettbewerbsrecht, Energieregulierungsrecht und Energieumweltschutzrecht*, München, 2004, p. 499. Em sentido convergente, AUTENRIETH – «Die Erfassung...», p. 257 – defende que, em termos fácticos, a separação entre relações internas e relações externas é difícil de realizar; do A., ver ainda «Fusionsentwicklung und wettbewerbliche Einheit», *BB*, caderno 13, de 10.5.1982, p. 761.

[361] HAUPT, «Kollektive...», p. 367.

[362] Ainda assim, perguntará o leitor: a operar por via de distinção, que factores estariam do lado das relações internas? E quais devem ser incluídos no âmbito das relações externas? Consultemos doutrina que leva a cabo a destrinça. GIRSCH faz a revista do direito comunitário em *Fusionskontrolle...*, pp. 91 ss.. Insere no primeiro campo os seguintes tópicos: concentração da oferta; repartição das quotas de mercado; redução do número de operadores por virtude da concentração; transparência; estruturas de custos; excesso de capacidade; ligações económicas ou estruturais entre as empresas; contactos em diversos mercados; homogeneidade do produto e inovação; elasticidade da procura; estabilidade da procura; comportamento no passado. No campo das relações externas, atende à concorrência actual e à concorrência potencial. Em terceiro lugar, GIRSCH refere o poder da procura, a capacidade de os adquirentes contrariarem a força dos vendedores: o poder da procura tanto tocaria as relações internas como as relações externas.

Também HAUPT («Kollektive...», pp. 366-367) trabalha com a bipartição que recusámos no texto. No âmbito da matriz externa, diz serem de incluir sobretudo os dados referidos no artigo 2.º, n.º 1, alínea *b)* do Regulamento n.º 4064/89 (mantém a numeração e o conteúdo no novo Regulamento). De acordo com o preceito, ao estabelecer se uma concentração é ou não compatível com o mercado comum, a Comissão terá em conta a «(...) posição que as empresas em causa ocupam no mercado e o seu poder económico e financeiro, as possibilidades de escolha de fornecedores e utilizadores, o seu acesso às fontes de abastecimento e aos mercados de escoamento, a existência, de direito ou de facto, de barreiras à entrada no mercado, a evolução da oferta e da procura dos produtos e serviços em questão (...)». Quanto aos factores que HAUPT respiga da prática da Comissão como dando incentivo aos oligopolistas para concertarem atitudes entre si – ponto em que se materializariam as relações internas –, são: elevada concentração do mercado; homogeneidade do produto; transparência; procura estagnada ou registando crescimento moderado; reduzida elasticidade da procura; falta de inovação técnica; partes de mercado e estruturas de custos simétricas; excesso de capacidade; contactos em vários mercados; ligações estruturais entre as empresas; passado de comportamento oligopolístico; barreiras à entrada; ausência de poder compensador por parte da procura; falta de concorrência actual e potencial. Ainda no domínio das relações internas, o A. citou, como apontando para concertação duradoura e estável, decisões nas quais se referiu a possibilidade de detectar e de punir desvios ao comportamento coordenado. Depois de acompanhar a súmula de HAUPT, só apetece dizer: *quod erat demonstrandum*. Entre os ingredientes que

Dado que a coordenação talha o rosto à posição dominante colectiva, o caminho que seguiremos é o de apresentar os factores que outorgam às empresas a possibilidade de coordenar (tacitamente) os seus tratos.

Nas linhas anteriores, ficou bem vincado que a posição dominante colectiva é problema de coordenação entre empresas.

Ela congloba as partes na concentração, por um lado, e empresa ou empresas que lhe são alheias, por outro[363]. No caso das fusões, não pode deixar de ser assim: a concentração jurídica vai associada à concentração económica, pelo que à entidade delas resultante não poderia ser assacada posição dominante colectiva, apenas individual. Só é próprio falar de dominância conjunta que abarque tal entidade e *mais* um ou vários operadores do mercado.

E quando a concentração se materializa em aquisição de controlo? As partes na operação mantêm individualidade jurídica e, ao menos em termos teóricos, não parece desplante perguntar se elas, *só elas*, podem usufruir de posição dominante colectiva. Propendemos para tese segundo a qual, também nos casos de aquisição de controlo, a posição dominante colectiva requer terceiro estranho à concentração. Prevalece o tópico *concentração económica*, levando a olhar as empresas que se concentram como uma só; para nós, é decisivo o facto de, nos termos do art. 3.º, n.º 2 do Regulamento das concentrações, o controlo advir da possibilidade de exercer "influência determinante" sobre uma empresa. É certo que, na medida em que a aquisição de controle origina grupo, o leitor, ao frequentar o que escreveremos adiante (na Terceira Parte, título **B**, capítulo II, n.º 2.2.), pode acusar-nos de incoerência: aí aceitamos que, em certas circunstâncias, os membros do grupo de sociedades – *só eles* – detenham posição dominante conjunta. Para a diferença de perspectiva, brandimos um argumento: ser diversa a lógica do controlo *ex ante* e do controlo *ex post*, e tão diversa que, num caso, nos leva a sublimar a concentração económica e, no outro, a concentração jurídica.

Referência à delimitação do mercado pertinente

Ainda antes de passar à análise da posição dominante conjunta, tenhamos presente que a Comissão Europeia só pode proibir concentrações que entravem significativamente a concorrência efectiva desde que tenha previamente definido um mercado de referência. Os efeitos da

---

convergem para a coordenação nas relações internas, são vários os que também contribuem para a autonomia de actuação do conjunto de empresas nas relações externas.

[363] Com meridiana clareza, TJCE, sentença de 31.3.1998, *República Francesa*, *Col.* 1998, I-1375, n.os 166 e 171.

operação projectada reportam-se a certo mercado material (ou de produto) e geográfico[364]. O primeiro passo a dar na apreciação das operações de concentração é, por isso, o da delimitação do mercado relevante[365]. Quase diríamos que resulta da natureza das coisas, é impossível falar de efeitos lesivos da concorrência sem os endereçar a certo referente merceológico e espacial.

O objectivo principal da definição do mercado pertinente é identificar as limitações concorrenciais imediatas que o ente resultante da concentração tem de enfrentar[366] e é logo no momento em que ela ocorre que começa a decidir-se a sorte da concentração, visto que, quanto mais vasto for o mercado, mais diluídos tendem a ser os efeitos cerceadores da concorrência e maior é a probabilidade de a concentração receber luz verde[367].

---

[364] Por regra, a delimitação temporal do mercado não ganha significado em matéria de controlo das concentrações. Cfr. BURKHARD RICHTER, *in* GERHARD WIEDEMANN (Hrsg.), *Handbuch des Kartellrechts*, München, 1999, p. 682 (o Autor alude ao direito alemão, mas o juízo pode ser transposto para o direito comunitário).

[365] Cfr. MARKUS WAGEMANN, *in* GERHARD WIEDEMANN (Hrsg.), *Handbuch des Kartellrechts*, München, 1999, p. 517; CAROLINA JARA RONDA *Begründung oder Verstärkung einer marktbeherrschenden Stellung in der leitungsgebundenen Energiewirtschaft nach dem deutschen und dem europäischen Fusionskontrollrecht*, edição de autor, policopiado, Köln, 2003, p. 11; KIRSTEN NEVELING, *Die sachliche Marktabgrenzung bei der Fusionskontrolle im deutschen und europäischen Recht*, Tübingen, 2003, pp. 1 e 140-142; KNUT WERNER LANGE, *Räumliche Marktabgrenzung in der europäischen Fusionskontrolle*, Frankfurt am Main, 1994, p. 64.

A bibliografia indicada nesta nota reporta-se a um tempo em que vigorava no espaço comunitário o primeiro Regulamento das concentrações. Como este seguia o teste da dominância, os autores falavam da definição do *relevant market* como ponto de partida para a apreciação da criação ou do reforço de posição dominante. Hoje, o raciocínio permanece válido. Só que, agora, deve mencionar-se a determinação do mercado pertinente como primeiro passo para aferir se uma concentração entrava significativamente a concorrência efectiva (de resto, os principais meios de entrave continuam a ser as posições dominantes).

O antedito fornece o mote para um alerta importante: o facto de citarmos neste trabalho múltipla bibliografia anterior ao Regulamento das Concentrações de 2004 não espelha descuido da nossa parte. Significa apenas que a lógica subjacente aos dados constantes dessa literatura permanece válida.

[366] Orientações, n.º 10 e Comunicação da Comissão relativa à definição de mercado relevante para efeitos do direito comunitário da concorrência, JO C 372, de 9.12.1997, p. 5, n.º 2. É no documento referido em último lugar que encontramos minuciada a forma de delimitar o mercado relevante na ordem comunitária.

[367] Cfr. NEVELING, *Die sachliche...*, p. 2; LANGE, *Räumliche...*, pp. 2 e 64-65. Veja-se, outrossim, FRANZ JÜRGEN SÄCKER, «Abschied vom Bedarfsmarktkonzept. Zur

O problema do mercado relevante extravasa as fronteiras do nosso trabalho, não é aqui objecto de disquisição. Interessa apenas reter que lidamos com mercados que, ao menos depois da concentração, ostentam estrutura oligopolística.

Erfassung wettbewerbsrelevanter Produktmärkte mit Hilfe des Wirtschaftsplankonzepts», *ZWeR*, 1/2004, pp. 1 e 27.

CAPÍTULO I
REQUISITOS E DETERMINANTES DA COORDENAÇÃO (É DIZER, DA POSIÇÃO DOMINANTE COLECTIVA)

1. Enumeração

Há seis condições que têm de estar preenchidas para que a coordenação – mormente sob a forma tácita – possa nascer e prolongar-se no tempo: 1) estrutura da oferta com poucos vendedores de grande envergadura; 2) interacção repetida entre eles; 3) obstáculos à entrada no mercado; 4) capacidade de alcançar arranjo de interesses aceitável para todos os intervenientes; 5) aptidão para detectar desvios à conduta coordenada[368]; 6) existência de mecanismos que obriguem a respeitar a concertação[369]. Os três pressupostos enumerados em primeiro lugar são de traço

---

[368] Ou seja, meios para descobrir aquilo que apodamos de *batota*, *cheating* ou *chiselling*.

[369] Cfr. EUROPE ECONOMICS, *Assessment...*, p. 21. Na obra acabada de citar, encontramos aquela que é, em nosso juízo, a sistematização mais adequada dos condicionantes da coordenação. Embora preste flanco a reparos (*v. g.*, tratamento superficial dos obstáculos à entrada), permite aferir em que medida um mercado – nomeadamente um oligopólio – é propenso a atitudes concertadas. De modo particular, a síntese vertida nas páginas 45 e 46 bem como o quadro constante da p. 47 indicam a sequência por que devem ser tomados em conta os elementos até aí referidos.

Ao invés, outra literatura esquadrinha de maneira estática os determinantes da concertação, mas pouco adianta acerca dos moldes em que eles se entrelaçam ou sobre a sequência pela qual devem ser considerados. Trajam semelhante figurino – pormenorizado e ministrador de conhecimentos úteis, mas pouco atreito a fornecer soluções práticas – KANTZENBACH/KRUSE, *Kollektive...*, pp. 39 ss., MARGARET SLADE/ALEXIS JACQUEMIN, «Strategic Behaviour and Collusion», *in* GEORGE NORMAN/MANFREDI LA MANNA, *The New Industrial Economics. Recent Developments in Industrial Organization, Oligopoly and Game Theory*, Aldershot, 1992, pp. 48 ss. e GIRSCH, *Fusionskontrolle...*, pp. 31 ss..

mais ou menos concreto e o que sobre eles se dirá já a seguir – no número **2** – permite usá-los num processo tendente a averiguar se um oligopólio pressagia coordenação. Os restantes ostentam carácter abstracto e só ficarão preenchidos nos n.os **3** – no qual se examinam os elementos de que dependem – e **4** – em que se perscrutam estratégias das empresas (práticas facilitadoras e laços estruturais) que favorecem a sua materialização.

É curioso observar que, já em 1951, MARKHAM assinalava os seguintes requisitos necessários para haver liderança de preços efectiva[370]: poucas empresas de grandes dimensões; barreiras à entrada; elevado grau de substituibilidade entre os produtos; elasticidade da procura relativamente baixa; operadores com estruturas de custos similares[371]. O rol permanece válido nos nossos dias. Cotejando-o com o apresentado no parágrafo antecedente, nota-se sobretudo a falta dos subsídios que a teoria dos jogos veio a apresentar (acentuando a matriz comportamental da estratégia das empresas e evidenciando a importância da descoberta e da retaliação do *cheating*).

2. **Desenvolvimento**

Passamos a explicar as condições indispensáveis à coordenação. Os comentários são acompanhados por indicações relativas ao seu tratamento no direito europeu da concorrência e ao acolhimento que receberam nas Orientações destinadas à apreciação das concentrações horizontais.

2.1. **Estrutura da oferta: poucos vendedores de grande dimensão**

A escola da concentração andou bem ao vincar que a presença de número reduzido de empresas de alentada envergadura é pressuposto para que a coordenação de condutas desponte e perdure no tempo.

---

[370] Já sabemos que a liderança de preços é modo de coordenação tácita.

[371] MARKHAM mencionou ainda, como tópicos que influenciam a liderança de preços efectiva, o grau de protecção tarifária, a taxa de evolução tecnológica, a estabilidade da procura e a agressividade da gestão. Ver «The nature...», pp. 901-903 e o trabalho de LEO SLEUWAEGEN, «On the nature and significance of collusive price leadership», *IJIO*, vol. 4 (1986), pp. 181 ss..

Todo um catálogo de motivos o explica. A informação acerca dos propósitos das rivais é decisiva no sentido de as empresas coordenarem as suas atitudes. Ora, como já se disse, o número de canais de informação necessários cresce mais do que proporcionalmente do que o número de empresas: se há duas, basta um canal; se há quatro, são precisos seis; se a cifra aumenta para seis vendedores, é mister haver quinze vias de troca de informação[372].

Quando só alguns ofertantes de grande envergadura coabitam no mercado, qualquer deles é capaz de interferir com particular magnitude nas receitas e nos ganhos dos outros, havendo estímulo para cooperação que atenue a incerteza acerca do comportamento do antagonista[373]. Os custos de transacção resultantes da criação e da subsistência do concertado são menores no caso de estarem envolvidas poucas empresas. Acresce que, se os vendedores têm dimensões e quotas de mercado semelhantes, os seus interesses estão mais próximos, tornando-se mais fáceis de alinhar[374].

Quem defraudar a concertação (diminuindo o preço) beneficiará de tão agigantada subida das quantidades procuradas, que os concorrentes em prejuízo dos quais essa modificação se produz sentem com tremendo impacto a redução da procura, logo enxergam a *batota* e desencadeiam contragolpes punitivos. Mas, se a cifra de vendedores é elevada, é difícil apurar, na presença de desvios à coordenação, a identidade do autor da falta, agravando-se o problema de levar a cabo estratégias de castigo que visam especificamente o relapso (à guisa, por exemplo, da "estratégia do pau e da cenoura" proposta por DILIP ABREU). Por outro lado, nos oligopólios com muito poucas empresas, estas dispõem amiúde de dados acerca

[372] Cfr. SCHERER/ROSS, *Industrial...*, p. 278 e BRIONES, «Oligopolistic...», p. 337.

[373] JOE S. BAIN (*Barriers to new competition: their character and consequences in manufacturing industries*, reimpressão, Fairfield, 1993, p. 26) observa que a emergência de formas de acção colectiva requer normalmente o controlo de quotas substanciais de mercado por parte dos principais vendedores, de molde a que ajustamentos de preços por um deles afectem a esfera de interesses dos outros, produzindo a interdependência e o reconhecimento desta.

[374] Subsistindo empresas de mais pequena dimensão (as *fringe firms*), elas não vão influir, em princípio, na possibilidade de cooperação por parte do grupo oligopolista, para quem a política de preços desses operadores assume acanhado relevo; só não será assim se as *fringe firms* lograrem aumentar de forma significativa a sua capacidade de fabrico – KANTZENBACH/KRUSE, *Kollektive...*, pp. 43 e 59; EUROPE ECONOMICS, *Assessment...*, pp. 23-24; GIRSCH, *Fusionskontrolle...*, p. 34, n. 89.

dos equipamentos, tecnologias, capacidades de produção e fontes de abastecimento das competidoras, não constituindo tarefa de monta divisar alterações nesses pontos que configurem descaminho a condutas concertadas[375].

A este cortejo de argumentos, somamos ainda dois pontos. Quanto mais ofertantes conviverem no mercado, maiores são as perspectivas de, entre eles, se contar uma "empresa dissidente" (no jargão anglo-saxónico, *maverick firm*)[376], noção que, em sentido lato, apresa todos aqueles operadores que, no passado, impediram ou perturbaram a coordenação[377]. Em segundo lugar, existindo poucas empresas, é verosímil que os respectivos directores cultivem relações extravasando as fronteiras da esfera profissional, o que concorre para facilitar a coordenação das unidades por eles geridas[378].

Em plena consonância com tudo isto, a Comissão tem reconhecido que a coordenação tácita só é possível se estiver em jogo número diminuto de empresas. Espiando algumas das decisões em que proibiu a concentração projectada, no caso *Gencor/Lonrho* estava em causa posição dominante duopolística[379], enquanto no *Airtours/First Choice* o estatuto de preponderância se imputava a três empresas[380]. Não há um patamar exacto atinente ao número de empresas que, a ser excedido, perime a dominação colectiva. Embora na decisão *Price Waterhouse/Coopers &*

---

[375] *Vide* HEWITT, «Oligopoly...», p. 149; EUROPE ECONOMICS, *Assessment...*, pp. 21-22; KANTZENBACH/KRUSE, *Kollektive...*, pp. 42-43; GIRSCH, *Fusionskontrolle...*, p. 34; BISHOP/LOFARO, «A legal...», p. 214.

[376] SCHERER/ROSS, *Industrial...*, p. 277.

[377] Recolhemos a expressão "empresa dissidente" – com o amplo alcance que no texto lhe outorgámos – no n.º 42 das Orientações. Percorrendo a doutrina, achamos definição mais concreta em GIRSCH, *Fusionskontrolle...*, p. 100, n. 370 – *maverick firms* são aquelas que agem com independência face à conduta das maiores rivais (líderes de mercado) e, amiúde, utilizam estratégias agressivas de preços e de quantidades – e em EUROPE ECONOMICS, *Assessment...*, p. 43 – empresas de tal modo diferentes das outras, que não se dispõem a aceitar termos de coordenação, estorvando a capacidade de se chegar a um equilíbrio.

[378] Cfr., a propósito, AVELÃS NUNES, *Economia Política...*, pp. 429-430 e KANTZENBACH/KRUSE, *Kollektive...*, p. 42.

[379] Decisão de 24.4.1996, JO L 11, de 14.1.1997, p. 30, n.º 219.

[380] Decisão de 22.9.1999, JO L 93, de 13.4.2000, p. 1, n.º 51.

Lybrand se tenha escrito não ser provável ela ter lugar envolvendo mais de três ou quatro fornecedores[381], isso não foi entendido como um propósito passível de generalização[382].

Diametralmente relacionada com o número de operadores cuja dominação se aquilata, está a parcela de mercado por eles ocupada. Se for grande, constitui sinal de dominação colectiva. O TPI notou que, no contexto do oligopólio, a detenção de quotas de mercado elevadas não tem necessariamente, em relação à análise da posição dominante singular, o mesmo significado em termos de comportamento autónomo face a clientes, concorrentes e consumidores. Mas não deixou de aditar que, ao menos no caso do duopólio, a parcela elevada do mercado é indício muito importante da existência de posição dominante colectiva[383].

Em síntese, podemos dizer que, no *acquis communautaire*, um elevado grau de concentração e altas quotas de mercado assumem subido relevo, mas não se mostram decisivos para, por si só, determinar que a concentração origina posição dominante conjunta[384].

Há pouco, dissemos em nota que as empresas de pequena dimensão (*fringe firms*) só logram estorvar a coordenação se puderem aumentar de forma considerável a sua capacidade de fabrico. A Comissão foi de parecer, no processo *CVC/Danone/Gerresheimer*, que, mau grado a dimensão das quotas de mercado dos principais concorrentes e a existência de barreiras elevadas à entrada, havia pressão competitiva exercida por empresas com parcelas de mercado bem mais acanhadas[385]. Já no caso *Nestlé/Perrier*, o poder das *fringe firms* foi tido por insuficiente para

---

[381] Decisão de 20.5.1998, IV/M.1016, JO L 50, de 26.2.1999, p. 27, n.º 103.

[382] EUROPE ECONOMICS, *Assessment...*, p. 75.

[383] TPI, sentença de 25.3.1999, *Gencor*, *Col.* 1999, II-753, n.º 206.

[384] Decisões de 7.8.1998, IV/M.1230 – *Glaverbel/PPG*, n.os 19-23 e 26, e de 20.6.2001, COMP/M.2201 – *MAN/Auwärter*, JO L 116, de 3.5.2002, p. 35, n.os 26 ss.: mau grado a estrutura assaz concentrada da oferta, não se apurou risco de dominação conjunta; TJCE, aresto de 31.3.1998, *República Francesa*, *Col.* 1998, I-1375, n.º 226; GIRSCH, *Fusionkontrolle...*, pp. 93-94. Pronunciando-se no sentido de um muito relativo significado da quota de mercado na aferição da intensidade da concorrência, SÖLTER, «Unternehmensgröße...», p. 119.

NOTA: sempre que, como acontece com uma das decisões da Comissão acabadas de citar, não incluirmos a referência ao Jornal Oficial (JO), isso significa, por norma, que se trata de decisão que não é objecto de publicação ou que ainda não foi publicada no JO. Tais decisões foram obtidas no sítio oficial da União Europeia (www.europa.eu.int).

[385] Decisão de 5.7.1999, IV/M.1539, n.º 38.

perturbar a concertação: os fornecedores de águas de nascente e de águas minerais locais eram pequenos e estavam demasiado dispersos para constituir alternativa às águas nacionais[386].

Mencionámos acima as empresas com hábitos de dissídio (*maverick firms*). É importante saber se um desses operadores está envolvido na concentração projectada, deixando de existir como competidor independente que embaraça tendências de coordenação no mercado[387]. A título de exemplo, a compra da *Orange* despertou apreensões a nível de concorrência no mercado belga dos serviços de telecomunicações móveis, visto que poria fim ao seu papel perturbador de conduta duopolística a nível dos preços[388].

Conforme dissemos atrás, foram publicadas em Fevereiro de 2004 Orientações dirigidas a guiar a Comissão no exame das concentrações horizontais. O que nos dizem em matéria de concentração do mercado? Para medir o respectivo grau, a Comissão usou e continuará a recorrer amiúde ao índice Herfindahl-Hirschman (IHH)[389], que se calcula adicionando os quadrados das quotas de mercado individuais de todos os participantes no sector[390]. Além de avaliar o nível de concentração existente

---

[386] Decisão de 22.7.1992, JO L 356, de 5.12.1992, p. 1, n.º 129. Ver também a decisão de 14.12.1993, IV/M.308, *Kali + Salz/MdK/Treuhand*, JO L 186, de 21.7.1994, n.º 62: «(...) os outros fornecedores estão fragmentados e não têm a base de vendas necessária para enfrentar um duopólio constituído pela K + S/MdK e a SCPA (...)».

[387] Cfr. Orientações, n.º 42.

[388] Decisão de 11.8.2000, COMP/M.2016, *France Télécom/Orange*, n.º 28 e COPPI/ /WALKER, «Substantial...», p. 149. Numa direcção convergente, ver a síntese de GIRSCH (*Fusionskontrolle...*, pp. 101-102) a propósito do caso *Gencor/Lonrho*.

[389] Decisões de 4.3.1999, IV/M.1365 – *FCC/Vivendi*, n.º 40, de 3.7.2001, COMP/ /JV.55 – *Hutchison/RCPM/ECT*, n.º 50 e Orientações, n.º 16. No âmbito do novo Regulamento, dec. de 3.3.2005, *ORKLA/CHIPS*, n.os 19 e 20.

A Comissão Europeia pode ainda recorrer a outros instrumentos, *e. g.*, rácios de concentração que avaliam a quota de mercado agregada de um pequeno número – por norma, três ou quatro – de empresas importantes do mercado (Orientações, nota 17).

[390] A título de exemplo, um mercado incluindo quatro vendedores dispondo de quotas com, respectivamente, 30 %, 30 %, 20 % e 20 % ostenta um IHH de 2600 ($30^2 + 30^2 + 20^2 + 20^2 = 2600$). O índice Herfindahl-Hirschman varia entre aproximadamente zero – num mercado atomizado – e 10000 (no monopólio puro). Ressalta à vista que o IHH outorga peso acrescido às quotas de mercado das empresas com maior envergadura. O exemplo dado nesta nota foi colhido na n. 17 das *Horizontal Merger Guidelines* americanas, documento a que, noutro ponto deste trabalho, faremos referências mais aturadas.

após a operação, a Comissão lida com o acréscimo que esta provocou naquele, ou seja, com a variação do IHH gerada pela própria operação; a medida da alteração chama-se "delta" e pode ser calculada duplicando o produto das quotas de mercado das empresas participantes[391] [392].

O n.º 19 das Orientações indica ser pouco provável que a Comissão identifique cuidados em termos de concorrência se o mercado ostentar,

---

[391] *V. g.*, a concentração de duas empresas com quotas de mercado de 5 % e 10 % aumentaria o IHH em 100 (5 x 10 x 2 = 100): n. 18 das *Horizontal Merger Guidelines*.

[392] Atendendo aos fins do controlo das concentrações, o IHH é especialmente propício para medir o grau de concentração, vantagem que se torna mais evidente quando o contrapomos a outro método, o dos rácios de concentração, que considera a quota de mercado agregada de um pequeno número de empresas (contadas entre as que têm maior importância).

Enquanto o IHH considera todos os membros do mercado, os rácios de concentração têm em consideração apenas os maiores operadores nele presentes. Por outro lado, a circunstância de o IHH se calcular somando quadrados de quinhões de mercado individuais e de, com isso, atribuir maior peso relativo às parcelas das maiores empresas acaba por espelhar melhor a realidade.

Mau grado estes trunfos, o IHH não é perfeito, há um rol de cuidados a ter no seu emprego. Em primeiro lugar, o índice Herfindahl-Hirschman pode reagir de maneira demasiado sensível à presença de empresas com grandes quotas de mercado: *v. g.*, possuindo uma empresa 36 % deste e ocupando cada uma das outras 64 uma parcela de 1 %, o valor do IHH é de 1360; num outro sector, desfrutando cada uma de quatro empresas de uma participação de 18 %, enquanto as restantes ocupam, cada uma, 1 %, o valor do IHH corresponde a 1324. Embora aqui o IHH seja menor, o risco de coordenação é mais intenso do que no primeiro mercado. Em segundo lugar, o IHH cresce com o aumento de assimetrias nas quotas de mercado: existindo dois operadores com quota, cada um, de 50 %, o valor do IHH corresponde a 5000; mas, se uma empresa detém 60 % e a outra 40 %, o IHH é de 5200; ora, quanto maiores tais assimetrias, menores são, em princípio, as probabilidades de coordenação. Em terceiro lugar, mercê do IHH, pode sobrevalorizar-se o significado da aquisição de empresa com quota muito pequena por uma outra com parcela muito elevada. Em quarto lugar, o IHH e o grau de concentração dizem pouco acerca das possíveis sequelas anticoncorrenciais da operação quando esta envolve fabricantes de bens diferenciados; aí, bem mais decisivo é apurar se os participantes na operação são competidores próximos e se os bens que produzem constituem, para o consumidor, as primeira e segunda escolhas. *Vide* Matthias Ulshöfer, «Der Einzug des Herfindahl-Hirschman Index (HHI) in die europäische Fusionskontrolle», *ZWeR*, 1/2004, pp. 54-55, Zoltan Biro/David Parker/Melanie Etten/Christoph Riechmann, «Die Berücksichtigung von Asymmetrien bei der Analyse kollektiver Marktbeherrschung. Ein ökonomischer Ansatz», *WuW*, 12/2004, pp. 1268-1269, Birgit Linder, *Kollektive Marktbeherrschung in der Fusionskontrolle. Eine Untersuchung zum US-amerikanischen, deutschen und europäischen Recht*, Baden-Baden, 2005, p. 85 e o que dizemos *infra*, com minudência, em matéria de efeitos unilaterais das concentrações.

após a concentração, um IHH aquém de 1000. Via de regra, tais casos não justificam escrutínios suplementares e a operação planeada obtém luz verde.

Quando o índice Herfindahl-Hirschman é igual ou superior a 1000, as Orientações são menos rigorosas do que as suas congéneres norte--americanas. Segundo o seu n.º 20, é improvável que a Comissão vaticine preocupações em termos de concorrência se o IHH, após a concentração, estiver situado entre 1000 e 2000 e o delta for menor do que 250 ou se o IHH estiver acima de 2000 e o delta abaixo de 150. Só assim não será se se verificar(em) outra(s) circunstância(s), *v. g.*: a concentração envolve empresa "dissidente", que, com grande probabilidade, perturbaria comportamentos coordenados; há indícios de coordenação passada ou presente ou de práticas que a facilitam. Na presença de um ou alguns dos factores em causa, a análise deve ser aprofundada[393] [394].

Raciocinemos agora em termos de oligopólio. Mesmo que os valores apontados não fossem o que são – meras indicações – e pudessem dar origem, em absoluto, a *portos seguros*[395] – ou seja, nos limites de um determinado IHH e/ou de certo delta, as empresas teriam asseverada luz verde para a operação –, isso dificilmente se verificaria no oligopólio. Aqui coabita um número reduzido de grandes vendedores, pelo que a concentração que cria ou reforça estrutura oligopolística redunda num alto valor do índice Herfindahl-Hirschman e num elevado delta.

2.2. **Interacção reiterada entre empresas "pacientes"**

Os modelos clássicos de oligopólio postulavam a existência de um só lance entre as empresas. A verdade é que, se estas interagissem a um

[393] Embora os níveis de IHH citados, em combinação com os deltas relevantes, possam ser tidos como indicadores da falta de preocupações em matéria de concorrência, eles não permitem presumir nem a existência nem a míngua de tais cuidados (Orientações, n.º 21). Ainda bem que assim é, pois os valores de IHH não dão indicações absolutamente fiáveis sobre a probabilidade de coordenação.

[394] A introdução de patamares que fornecem ponto de partida importante para apreciar a concentração foi saudada pela doutrina – *vd.* ULSHÖFER, «Der Einzug...», p. 52, dizendo que eles devem aumentar a previsibilidade das decisões da Comissão e, assim, a segurança na planificação por parte das empresas.

[395] Assumindo a existência de *portos seguros*, ULSHÖFER – «Der Einzug...», p. 65 – é impreciso.

só tempo, a coordenação quase não teria lugar, só a escaramuça ou o *chiselling* fariam pleno sentido, porquanto não há possibilidade de retaliar em período ulterior. Mais. É cruzando-se várias vezes que bebem a maneira de actuar e de reagir das outras, que aprendem a alinhar condutas e logram castigar desvios. Foi em decorrência da teoria dos jogos que ficou bem estampado o relevo do encontro repetido, do "jogar várias vezes o mesmo jogo"[396].

Esta ideia de jogar diversas vezes o mesmo jogo supõe estabilidade das condições de mercado e a existência de transacções de pequeno ou médio calibre que se processem a cadência regular. Regressaremos ao tema. Por agora, fica apenas a explicação: posto perante uma encomenda ou negócio de alentadas proporções, o vendedor empregará todo o denodo para conseguir o negócio, aí se incluindo o *cheating*; e a circunstância de a próxima transacção ainda vir longe dá-lhe fundadas esperanças de auferir fartos proveitos até ao momento em que os rivais venham a ter possibilidade de exercer represálias[397].

Tanto na sua prática como nas Orientações, mais do que aludir à interacção repetida entre as empresas, a Comissão tocou pontos com ela relacionados, designadamente a estabilidade/instabilidade das condições de mercado e a frequência e volume das transacções[398]. Adiante trabalharemos estes pontos.

---

[396] Os sujeitos deste jogo são empresas que actuam como "jogadores pacientes", significando que, para colher *in futuro* os frutos da concertação, estão dispostos a abdicar de ganhos provenientes da *batota* no curto prazo.

Vide EUROPE ECONOMICS, *Assessment...*, p. 43; FREDERIC JENNY, «Collective Dominance and the EC Merger Regulation», *in* AAVV, *Annual Proceedings of the Fordham Corporate Law Institute (2001). International Antitrust Law & Policy*, Huntington, Juris Publishing, 2002, p. 363; MARC IVALDI/BRUNO JULLIEN/PATRICK REY/PAUL SEABRIGHT/JEAN TIROLE, *The Economics of Tacit Collusion*, March 2003, pp. 5, 7, *in fine* e 8 [documento obtido por via da *Internet* (consulta feita em 29.9.2004) – www.europa.eu.int/comm/competition/mergers/review/the_economics_of_tacit_collusion_en.pdf]; DEREK RIDYARD, «Economic Analysis of Single Firm and Oligopolistic Dominance under the European Merger Regulation», *ECLR*, 1994, p. 259; NGUYEN, *Économie...*, p. 278.

[397] Cfr. HEWITT, «Oligopoly...», p. 160; EUROPE ECONOMICS, *Assessment...*, p. 22; IVALDI/JULLIEN/REY/SEABRIGHT/TIROLE, *The Economics of Tacit Collusion*, p. 19.

[398] *Vd.* EUROPE ECONOMICS, *Assessment...*, p. 76; Orientações, n.os 45 e 53.

2.3. Barreiras à entrada no mercado

2.3.1. *Generalidades*

A possibilidade de entrada livre no mercado é essencial para o desenvolvimento dos mecanismos de concorrência, sujeitando as empresas a certo aperto e constrangendo-as a, de alguma forma, moderar preços. Obriga-as, outrossim, a produzir de modo eficiente, *conditio sine qua non* para enfrentar novos competidores.

Os foros de importância da concorrência potencial são tanto maiores quanto mais intensas as limitações à concorrência interna (opera entre quem já se estabeleceu no mercado). Quando estas se fazem sentir, mais forte é a probabilidade de os preços serem demasiado altos, de as empresas produzirem com larga margem de ineficiência, não promoverem a evolução tecnológica nem atenderem a parte importante das preferências dos consumidores[399].

A concorrência potencial é cerceada ou eliminada pela existência de *barreiras à entrada* no mercado, que foram definidas de várias modos: «desvantagens que, em cotejo com as empresas estabelecidas, os eventuais *newcomers* têm de suportar, ou, ao avesso, vantagens das empresas instaladas relativamente aos competidores potenciais»[400]; «o que exige determinado dispêndio por parte do *newcomer*, mas não impõe custo equivalente à empresa estabelecida»[401]; «factores que impedem a entrada no mercado e assim possibilitam a subsistência de ineficiências»[402].

---

[399] Cfr. KANTZENBACH/KRUSE, *Kollektive...*, pp. 70-71 [denotando formulação infeliz, pois confundem concorrência potencial com alguns dos seus efeitos].

[400] BAIN, *Industrial...*, p. 252 e *Barriers...*, p. 3. A primeira edição da última obra referida data de 1956 e é tida como obra pioneira na análise das barreiras à entrada. Antes de tal trabalho, havia a tendência para analisar as estruturas de mercado em função apenas do número e da dimensão das empresas instaladas – C. C. von WEIZSÄCKER, *Barriers to Entry. A Theoretical Treatment*, Berlin/Heidelberg, 1980, p. 1.

[401] BAUMOL/PANZAR/WILLIG, *Contestable...*, p. 282. A esta noção, vinda de STIGLER (1968), acrescentou von WEIZSÄCKER que a barreira à entrada pressupõe a existência, sob o ponto de vista da sociedade, de distorções na afectação de recursos («A welfare analysis of barriers to entry», *BJE*, vol. 11, n.º 2, Autumn 1980, p. 400).

[402] KANTZENBACH/KRUSE, *Kollektive...*, pp. 71-72.

Diversos adjectivos são usados para qualificar os estorvos à entrada e daí retirar ilações acerca da sua influência na plausibilidade da concertação – sem a preocupação de sermos exaustivos, podemos falar de barreiras "elevadas", "importantes", "significativas", ou, ao invés, "reduzidas", "irrelevantes", "de pouca monta". Como medir um obstáculo, a fim de saber se merece um destes atributos?

Na proposição de BAIN, uma barreira é significativa se permitir às empresas existentes subir, no longo prazo, os seus preços de venda para níveis superiores ao custo médio mínimo, sem com isso desencadear a entrada de novos competidores[403]. Esta definição faz sentido, porquanto, se as empresas estabelecidas beneficiarem de alguma vantagem sobre os concorrentes potenciais, poderão vender, de forma continuada, a preço superior ao custo médio mínimo sem tornar o mercado atractivo para outras; estas, atendendo aos obstáculos com que se deparam, não conseguem lucros satisfatórios a esse nível de preços nem, por maioria de razão, ao preço inferior que sobreviria à sua entrada no mercado e ao correspondente aumento da oferta[404]. A barreira à entrada é susceptível de ser medida numericamente: o seu valor obtém-se através da percentagem pela qual o preço mais alto que as empresas podem praticar de forma continuada sem atrair novos concorrentes (*maximum entry-forestalling price*) supera o custo médio mínimo possível das empresas estabelecidas. Se os preços não excedem o *maximum entry-forestalling price*, não ocorrerá a vinda de novas empresas; mas, se os ofertantes instalados cobrarem preços superiores, há concorrentes potenciais que, apesar dos empecilhos, entrarão no mercado (agora o preço é compensador) – este nível de preços situa-se no chamado *entry-inducing level*[405].

Na linha de von WEIZSÄCKER[406], preferimos abdicar da quantificação exacta dos obstáculos à entrada, pois, tal como o Autor, entendemos que estes pressupõem a perda de bem-estar para a sociedade, e a medição

[403] *Industrial...*, p. 252 (ver o desenvolvimento do conceito em *Barriers...*, pp. 4-7).

[404] BAIN, *Industrial...*, p. 253.

[405] Se o valor do custo mínimo possível do fabrico do bem **A** for 1 Euro por unidade, e qualquer preço até 1.10 não provocar a entrada de novos vendedores, enquanto preços acima desse valor já o fazem, 1.10 é o *maximum entry-forestalling price*, 1.11 constitui o *minimum entry-inducing price* e o valor numérico da barreira à entrada é de 10 % – BAIN, *Industrial...*, p. 253.

[406] *Barriers...*, pp. 15-17.

empírica deste dano é sobremodo difícil[407]. Quando se escrutinam, num caso concreto, os empecilhos à entrada, logo se surpreende se são suficientes para erguer muralha intransponível de acesso ao mercado. A sua quantificação exacta não é imprescindível para que se possam usar nos processos concretos de verificação dos pressupostos da posição dominante conjunta.

Embora a medida em que as barreiras à entrada condicionam a acção das empresas permaneça relativamente inalterada ao longo do tempo e isso nos autorize a dizer que elas representam uma determinante estrutural de conduta, não é menos certo que as barreiras são afectadas por vicissitudes de vária ordem, chegando a dar lugar a grandes mudanças em curtos períodos[408] (*v. g.*, no termo do período de protecção conferido por uma patente).

As barreiras à saída do mercado também condicionam a possibilidade de coordenação entre as empresas, como ficou provado na análise da teoria dos mercados contestáveis. Se a entrada é livre e a partida se faz sem custos, subsiste sempre a ameaça da estratégia *hit-and-run*: atraídas por indústria lucrativa, as empresas penetram nela, cobram preços mais baixos do que os operadores instalados e, após a reacção destes, abandonam o mercado[409]. As barreiras à saída não terão tratamento

---

[407] Estamos, aliás, ante o reflexo de problema bem mais geral: não se ter conseguido desenvolver uma medida do bem-estar inequívoca e passível de utilização generalizada – ver «Wohlfahrt», *Gabler Wirtschafts-Lexicon* (AAVV), 14ª ed., Wiesbaden, 1997, vol. 10, p. 4467 –, designadamente porque alguns dos elementos que o condicionam são de difícil quantificação (*e. g.*, custos sociais do desenvolvimento, ócio e tempos livres) e também porque para ele concorre toda uma plêiade de bens heterogéneos, daí advindo a necessidade de achar uma medida que a todos se aplique e permita comparar o seu valor. Ora, o padrão a que normalmente se recorre, o preço, não fornece conclusões precisas, pois há bens que não têm mercado e, por isso, não têm preço; além disso, este varia no tempo e o método usado para ter em conta a mudança – os números-índices – apenas reduz as possibilidades de erro no cotejar de dois estados de uma grandeza, mas não as expunge totalmente. *Vide* AVELÃS NUNES, *Economia Política...*, pp. 210 ss.; M. LOPES PORTO, *Economia...*, pp. 247 ss.; FERNANDO ARAÚJO, *Introdução...*, pp. 760 ss..

[408] Cfr. BAIN, *Industrial...*, p. 295 e *Barriers...*, pp. 17-18.

[409] De um dos criadores da teoria do mercados contestáveis, BAUMOL, ver «Contestable markets: an Uprising...», pp. 3-4. Para além dos muros dessa teoria, SCHMIDT, *Wettbewerbspolitik...*, p. 72 e LUÍS MORAIS, «La politique...», pp. 21-22.

autónomo nesta monografia, posto que, como refere BAUMOL[410], a liberdade absoluta de saída é um modo de garantir a liberdade de acesso.

2.3.2. ***Efeitos sobre a concertação***

A existência de barreiras significativas à entrada no mercado – em rigor, de uma só, contanto que importante – não basta, por si só, para haver concerto, mas é condição *sine qua non* para que a coordenação tácita desponte e permaneça estável[411] [412].

Na sua falta, as empresas ponderam com muita cautela o encarecimento concertado dos bens, sabem que ele engendra o ingresso de novos competidores e, de acordo com tal predição, o mais certo é guardarem-se de o concretizar (ou, ao menos, moderam a subida). E se, não obstante, vierem a fazê-lo, o arranjo não será duradouro: preços fixados acima de nível concorrencial funcionam como chamariz para novas empresas e a cooperação soçobrará aos preços inferiores praticados por estas[413]. *Mutatis mutandis*, o mesmo vale para a concertação que almeja limitar a capacidade de fabrico: na ausência de obstáculo de monta à transposição das fronteiras do mercado, a entrada de novas empresas frustra o desfecho pretendido (redução da oferta e decorrente acréscimo de preços e de lucros). Quanto à cooperação tendente a dividir o mercado, é simplificada pela existência de barreiras, que aplanam a individuação dos respectivos segmentos materiais e geográficos.

---

[410] BAUMOL, «Contestable markets: an Uprising...», p. 4.

[411] Não é obra do acaso que, em estudo referente ao início dos anos cinquenta do século passado nos Estados Unidos, patenteiem barreiras à entrada "muito altas" sectores que acima indicámos como exemplos concretos de oligopólio (cigarros e automóveis) – cfr. BAIN, *Industrial...*, p. 279.

[412] No direito comunitário, a concorrência potencial e as barreiras à entrada são tomadas em conta na avaliação da existência de uma posição dominante – ou, dizendo-o em termos que se compadecem melhor com o critério material do novo Regulamento das concentrações, são equacionadas na apreciação do entrave significativo à concorrência efectiva – e não numa outra sede em que era plausível caberem: a definição do mercado relevante. Cfr. Comunicação da Comissão relativa à definição de mercado relevante para efeitos do direito comunitário da concorrência, JO C 372, de 9.12.1997, p. 5, n.º 24.

[413] Ver KANTZENBACH/KRUSE, *Kollektive...*, pp. 73-74 e 100. Vincando igualmente a relevância das barreiras à entrada, MARKHAM, «The nature...», p. 901, *in fine*.

O problema das barreiras à entrada assume particular relevo no quadro dos oligopólios, porquanto, via de regra, estes estão murados pela sua presença. Utilizando linguagem da escola da contestabilidade, podemos proclamar sem rebuço que grande parte dos oligopólios está muito longe de ser "contestável".

Assente o relevo que os empecilhos ao acesso têm no processar da concertação e aventado o seu ocurso nas estruturas concretas de oligopólio, desfiamos a seguir os diversos tipos de obstáculos que se interpõem no caminho de quem pretende aceder a certo mercado.

2.3.3. *Tipos*

As barreiras à entrada podem ser de três tipos: estruturais, estratégicas e institucionais[414]. É a classificação que melhor diferencia e singulariza os obstáculos que se podem erguer à admissão no mercado, distinguindo aqueles que estruturalmente procedem das condições da oferta – *maxime*, custos – e da procura (barreiras estruturais), os que resultam de acção das empresas dirigida ao fim específico de impedir novas entradas (barreiras estratégicas) e, por fim, os que dimanam de normas legais ou de decisões administrativas (barreiras institucionais). Como veremos, há factores que podem integrar-se em mais do que um destes géneros.

O considerável ror de elementos que podem funcionar como barreiras à entrada não pode ser apresentado *paucis verbis*. Assim sendo, para que não pese demasiado no texto nem enevoe o rumo que se está a seguir, a mancha vai diminuída.

2.3.3.1. *Barreiras estruturais*

Irreversibilidades. Os aspirantes à entrada têm de lidar com a incerteza radicada em múltiplos factores que condicionam o sucesso: quantidades procuradas e preferências dos consumidores são passíveis de sofrer alteração; operadores instalados ou outros que

---

[414] KANTZENBACH/KRUSE, *Kollektive...*, pp. 74 ss.; GIRSCH, *Fusionskontrolle...*, pp. 44 ss.. Diversa foi a sistematização proposta por BAIN (*Industrial...*, p. 255), que assinalou três espécies de vantagens dos operadores instalados relativamente aos competidores potenciais: as que advêm da diferenciação dos produtos, as que nascem de vantagens absolutas de custos e as que dependem das economias de escala. A sistematização é redutora, não atende aos entraves que resultam de elementos institucionais.

venham a ingressar podem desenvolver novos produtos ou técnicas de fabrico; os custos de produção podem revelar-se mais pesados do que se esperava. Face a tantas contingências, se a entrada acarretar investimentos irrecuperáveis ou irreversíveis, a empresa sabe que, se penetrar no mercado e o passo se revelar um malogro, não consegue abandoná-lo sem perdas avultadas; designadamente, não logra dar outra aplicação económica aos bens em que os investimentos se materializaram ou o uso alternativo é demasiado oneroso. A aventura é de monta.

Em decorrência, quanto mais alto o risco inerente à entrada (e saída) do mercado, menor é a plausibilidade de novos ingressos. Quer dizer: quanto maiores as irreversibilidades, mais protegida está a concertação face ao perigo representado pelos *newcomers*[415].

Economias de escala. As economias de escala são propícias a embargar o acesso ao mercado. Há sectores que se estruturam sob forma de oligopólio por virtude de razões técnicas e de fabrico, implicando que um custo médio mínimo aceitável apenas se consiga com elevada dimensão, grande face à procura total da mercadoria. Isto significa que, se um recém-chegado pudesse produzir com esse nível de custos – ou, ao menos, aproximado –, ele traria para a indústria grandes quantidades, porventura impossíveis de absorver pela procura.

Integremos esta hipótese num leque mais vasto de conjecturas.

Se o novel membro se juntasse ao mercado produzindo quantidade tão exil que não tem efeitos sensíveis nos preços nem na oferta, as empresas instaladas não reagiriam, só que aquele produziria numa escala que não é a óptima e suportaria nível de custos superior ao do custo médio mínimo possível.

Numa segunda possibilidade, o recém-chegado entra com produção de larga escala (igual ou abeirada da que corresponde ao custo médio mínimo possível). As empresas presentes, a fim de evitar descida de preços, restringem as quantidades e consentem ao *newcomer* quota significativa do sector. Ora, não é nada improvável que esta partilha do mercado com um operador que (também) produz grandes quantidades acabe por obrigar os vendedores a afastar-se da escala óptima de produção, pelo que os custos a suportar pelas empresas instaladas e pela recém-admitida elevar-se-ão para além do custo médio mínimo possível.

Num terceiro caso, a entrada também se faz a dimensão que permite obter o custo médio mínimo possível (ou próximo) e isso terá influência sobre os preços: em lugar de reduzir as quantidades e de conceder ao recém-chegado uma parcela do mercado aos preços já praticados, as empresas estabelecidas optam por baixar o preço. Mas assim, em confonto com aqueloutros cobrados antes da entrada, os preços no período posterior à admissão serão inferiores (tanto para as instaladas como para os *newcomers*).

Em suma, todas as hipóteses convergem em cenário pouco motivador para quem almeje aceder ao mercado: suportar custos superiores ao custo médio mínimo possível –

---

[415] Cfr. KANTZENBACH/KRUSE, *Kollektive...*, pp. 75-78, *passim* e GIRSCH, *Fusionskontrolle...*, p. 44.

devido a escala que não é a óptima – ou vender a preços inferiores aos que a indústria praticava antes da sua incorporação.

De todo este aranzel resulta que as economias de escala sobrepujam na medida em que a eficiência na produção implica o fornecimento de parte considerável da oferta total da indústria. Mas elas são igualmente relevantes porque a grande envergadura requer capitais avultados, difíceis de reunir pelos candidatos ao acesso (amiúde obrigados a suportar taxas de juros ou outras condições que os deixam em clara desvantagem perante as empresas instaladas)[416].

Sublinhe-se não serem apenas as economias de escala a, por si mesmas, gerar obstruções ao ingresso. Abastecer parcela importante do mercado poderá exigir do vendedor um grau elevado de comprometimento com o mesmo, traduzido na existência de investimentos irreversíveis. Agora, não é somente a economia de escala a postar o obstáculo à entrada, mas sim a respectiva combinação com a irreversibilidade do investimento[417].

Desvantagens de custos para os recém-chegados. Pode suceder que o preço permita à generalidade das empresas de um sector superar os custos médios e perceber lucros, mas não chegue, todavia, para cobrir o custo médio da empresa que acaba de transpor as fronteiras do mercado. Factores de índole diversa estão na origem de semelhante desvantagem: problemas ligados ao arranque da produção; necessidade de instruir e de preparar pessoal; faltar ainda a coordenação adequada dos meios requeridos para produzir; mercê de relações comerciais sedimentadas e das quantidades que vendem, as empresas existentes obtêm junto dos fornecedores preços mais baixos do que os *newcomers* e conseguem junto dos financiadores crédito em condições mais favoráveis; é preciso tempo para ganhar a confiança dos consumidores e lograr volume de vendas que permita explorar toda a capacidade de produção e reduzir os custos unitários médios; graças às patentes, os processos de fabrico mais eficientes podem estar controlados pelas empresas instaladas; controlo, por parte destas, do acesso aos factores de produção.

Para ser competitivas, as empresas não podem incorporar no preço todos os custos resultantes dos factores que inventariámos. Eles têm então de ser vistos como investimentos irreversíveis, que postam barreiras à entrada[418].

No nosso modo de ver, também é desvantagem de custo geradora de barreira estrutural a necessidade de o aspirante à entrada ter de organizar o seu sistema de vendas por grosso e a retalho, vendo-se forçado a suportar despesas iniciais muito elevadas para poder competir com as unidades estabelecidas, senhoras de redes de distribuição e de comercialização já estruturadas (que é corrente integrarem representantes exclusivos)[419].

---

[416] Sobre as economias de escala como elemento criador de impedimentos à admissão no mercado, BAIN, *Barriers...*, pp. 54-55.

[417] Cfr. von WEIZSÄCKER, «A welfare...», p. 401.

[418] BAIN, *Industrial...*, pp. 260-261 e *Barriers...*, pp. 144-145; KANTZENBACH/KRUSE, *Kollektive...*, pp. 87-88; GIRSCH, *Fusionskontrolle...*, pp. 45-46.

[419] Cfr. AVELÃS NUNES, *Economia Política...*, p. 418 e BAIN, *Industrial...*, p. 260.

Comportamento do consumidor, (falta de) informação e *publicidade*. A conduta de quem adquire é, em grande medida, determinada pela informação (ou falta dela). É comum os consumidores não estarem a par dos preços nem da qualidade dos bens oferecidos pelos distintos ofertantes, porque a obtenção da informação implica gasto de tempo e de dinheiro. O comprador decide-se pelo que conhece, repete experiências de aquisição, revertendo o seu consumo em favor de produtos ostentando marca conhecida. Face a artigos que, objectivamente, são idênticos, prefere o bem cuja marca lhe é familiar[420] [421].

Aquele que aspira a transpor as fronteiras do mercado vê-se então compelido a despender avultadas quantias em publicidade (para dar a conhecer o bem) e a cobrar preços que, porventura, nem sequer lhe asseguram lucro (a fim de captar clientela). Os investimentos em causa são, em vasta medida, irrecuperáveis, e tanto mais quanto maior for a viscosidade da procura e a relutância que esta sente em dirigir-se a outro(s) vendedor(es)[422].

Em relação à publicidade, queremos deixar uma nota importante. É certo que propagandear os bens pode dar origem a custos altos – inclusive, irreversíveis – e, nessa medida, funcionar como barreira ao acesso. Por norma, assim é. Mas o sinal não é unívoco. Há quem note que ela pode ter efeito oposto: facilitar a entrada no mercado. No essencial, o arrimo argumentativo em que se louva semelhante perspectiva é este: a publicidade ministra informação sobre a existência de produtos alternativos disponíveis para o consumidor e sobre a sua relação qualidade/preço, diminui a lealdade dos consumidores a uma marca e a inércia na mudança para outro produto, leva mais adquirentes a mudar de fornecedor e aumenta a elasticidade-cruzada da procura[423].

Terminando o correr em revista dos obstáculos estruturais à entrada no mercado, não fica por recalcar a importância das irreversibilidades, dos investimentos irrecuperáveis. Estes perpassaram vários tipos de entraves ao acesso. As economias de escala, os elementos que suscitam desvantagens de custos para os recém-chegados e as despesas de publicidade integram uma paleta de factores susceptíveis de originar investimentos irrecuperáveis, traduzidos em amissões muito significativas em caso de fiasco. No fundo,

---

[420] O comportamento descrito é próprio dos que procuram bens de consumo em pequenas quantidades, não dos compradores "profissionais" (*e. g.*, adquirentes de semiprodutos e grandes cadeias de distribuição).

[421] As empresas que o mercado já albergava beneficiam de *goodwill*: pela experiência ou graças a outro tipo de informação, os consumidores formam opinião favorável acerca da qualidade do(s) produto(s) de certo ofertante (von WEIZSÄCKER, *Barriers...*, p. 71 e «A welfare...», p. 412).

[422] Cfr. KANTZENBACH/KRUSE, *Kollektive...*, pp. 85-87; GIRSCH, *Fusionskontrolle...*, p. 45; BAIN, *Industrial...*, p. 260 e *Barriers...*, p. 116; AVELÃS NUNES, *Economia Política...*, p. 417; PIGASSOU, *Les oligopoles...*, p. 26; LABINI, *Oligopolio...*, p. 65.

[423] KESSIDES, «Advertising, sunk costs, and barriers to entry», *RES*, vol. LXVIII (1986), p. 93 (e também pp. 84-85 e 88).

isto patenteia um certo carácter abstracto da irreversibilidade – trata-se de conceito geral e amplo, a preencher por elementos de índole tão diversa como as economias de escala ou os custos ligados à introdução de um bem no mercado.

2.3.3.2. *Barreiras estratégicas*

As barreiras estratégicas são erigidas com o fito de desencorajar a entrada de novos competidores[424]. É o domínio típico das "barreiras que não são inocentes"[425], mas sim adrede criadas para conseguir aquele efeito. Aqui se incluem a política do preço-limite, a estratégia do investimento em massa e o controle do acesso aos factores de produção.

Alguma doutrina[426] aponta como exemplo deste tipo de barreiras os *preços predatórios*, aqueles que são estabelecidos abaixo dos custos a fim de afastar, a longo prazo, eventuais concorrentes. Embora estejamos de acordo com a subsunção, integramo-los num género mais amplo de barreiras estratégicas, a saber, a *política do preço de exclusão* (ou *preço-limite*), que abarca toda a fixação de preços aquém do nível de máximo lucro – e não apenas abaixo dos custos – a curto prazo, como meio de afastar, a longo prazo, eventuais concorrentes[427].

A *estratégia de investimento em massa* significa que as empresas tiram partido da indivisibilidade do investimento, aumentando o seu capital fixo mais do que é exigido pela solicitação da procura, de modo a que o equipamento não esteja nunca completamente utilizado. Assim, face à possibilidade de entrada de *newcomers* – porque a procura aumentou –, os vendedores estabelecidos são capazes de replicar logo com incremento da oferta, não concedendo espaço a novos concorrentes[428].

Tendo em mente o oligopólio, é raro as empresas recorrerem de maneira concertada a este expediente, pois o excesso de capacidade que ele supõe encerra o condão de promover estímulo ao *cheating*. Na incisiva expressão de KANTZENBACH e de KRUSE[429], a estratégia do investimento em massa constitui quase um "acto de trapézio sem rede" e só terá sucesso caso exista forte disciplina entre os oligopolistas, capaz de evitar a tentativa, por parte de algum(ns), de aproveitar o excesso de capacidade para reduzir os preços e tentar vender mais.

Um terceiro caso de barreiras estratégicas é dado pelo *controlo do acesso aos factores de produção*: as empresas procuram tornar impossível ou muito difícil a outrem

[424] KANTZENBACH/KRUSE, *Kollektive...*, p. 95 e GIRSCH, *Fusionskontrolle...*, p. 46.

[425] BEGG/FISCHER/DORNBUSCH, *Economics*, p. 156.

[426] KANTZENBACH/KRUSE, *Kollektive...*, pp. 96-97.

[427] AVELÃS NUNES, *Economia Política...*, p. 419; ABRAHAM-FROIS, *Économie Politique*, p. 343.

[428] Cfr. AVELÃS NUNES, *Economia Política...*, p. 419.

[429] *Kollektive...*, p. 97.

a obtenção de matérias-primas, equipamento, recursos financeiros e *know-how*. O ponto ganha particular importância em economias dominadas por grupos financeiros poderosos: a cada um pertence quase sempre um banco e este decerto não vai financiar quem ambiciona concorrer com outros membros do grupo[430].

Se mencionámos o *know-how*, é porque, na esteira de KANTZENBACH e de KRUSE[431], admitimos que também as patentes integram o acervo de meios que as empresas empregam para dificultar a entrada no mercado – gozando de patentes de invenção, ninguém poderá instalar-se usando os mesmos processos de fabrico e tal pode constituir impedimento *quantum satis* para que novos agentes entrem no mercado[432].

2.3.3.3. *Barreiras institucionais*

Este género de barreiras tem origem institucional, mormente em normas legais e em decisões administrativas (*e. g.*, patentes[433], direitos alfandegários, fixação de contingentes

---

[430] AVELÃS NUNES, *Economia Política...*, pp. 419-420.

[431] *Kollektive...*, p. 97.

[432] AVELÃS NUNES, *Economia Política...*, p. 416; ver, ainda, BAIN, *Industrial...*, p. 260.

As patentes não visam *apenas* prevenir a entrada de novas empresas, mas *também* podem ter esse objectivo, e por isso aqui as referimos.

O mesmo pode dizer-se dos processos de *integração vertical* e de *concentração conglomeral*. Ainda que não visem apenas a criação de tais barreiras, também podem ter semelhante fim. Cfr. KANTZENBACH/KRUSE, *Kollektive...*, p. 98 e GIRSCH, *Fusionskontrolle...*, p. 46.

Mais tarde, voltaremos aos problemas da integração vertical e da concentração conglomeral. Por agora, ficam os lineamentos.

A integração vertical consiste na reunião, no seio de uma única entidade, de fases distintas do processo de produção e de comercialização de um bem.

Numa das suas espécies, o conglomerado é forma de concentração horizontal heterogénea. Caracteriza-se pela existência de uma única direcção económica (não incompatível com certa autonomia de gestão das várias unidades que o integram, obrigadas, todavia, a respeitar os objectivos e a assegurar as taxas de lucro planificadas pelos órgãos de topo) e pela diversificação multilateral (produção e venda de bens que, na perspectiva do produtor, não têm de apresentar entre si qualquer relação de ordem técnica e que, para o consumidor, não são directamente substituíveis nem complementares), lograda essencialmente por meio de sucessivas aquisições de empresas já existentes em sectores diversos (AVELÃS NUNES, *Os Sistemas Económicos*, p. 192). Os conglomerados têm tal feição, que HELMUT ARNDT (*Wirtschaftliche Macht...*, p. 44) lhes chama *Gemischtwarenkonzerne* ("grupos de mercadoria diversificada").

[433] Mencionámos a importância das patentes quando referimos as barreiras estratégicas. AVELÃS NUNES (*Economia Política...*, p. 416) considera-as apenas no âmbito dos obstáculos legais (institucionais) à entrada no mercado. KANTZENBACH e KRUSE (*Kollektive...*, pp. 75 e 97) fazem-lhes alusão em sede de barreiras estratégicas e de barreiras institucionais e este é o modo de ver por que enveredamos.

de quantidade). Para nos apercebermos da sua relevância, basta figurar um pouco: as barreiras estruturais são empecilhos de pouca monta para empresas que já ofereciam, noutros mercados regionais, o artigo em causa no mercado relevante; simplesmente, direitos alfandegários ou outras espécies de barreiras institucionais alteram este cenário e podem tornar difícil o acesso ao mercado (regional) relevante, assim favorecendo as possibilidades de concertação entre os que nele coabitam[434].

2.3.4. *Diferenciação da possibilidade de acesso*

Os que estão fora do mercado relevante e pretendem transpor as respectivas fronteiras não têm todos as mesmas possibilidades de êxito. Os obstáculos são menores para as empresas que, conquanto não pertençam ao *relevant market*, integram o sector de que ele faz parte[435]. Elas gozam de vantagens ao nível de custos, da procura e do risco[436].

No que tange aos *custos*, as despesas impostas pelo arranque da produção são menores no caso de a empresa já integrar o ramo em causa: os seus responsáveis conhecem os mercados a montante e a jusante; os trabalhadores adquiriram conhecimentos e experiência relacionados com os produtos e modos de fabrico; eventualmente, a empresa dispõe de meios por empregar passíveis de ser usados em alguma(s) fase(s) do processo de produção do bem que agora pretende passar a fabricar e

---

[434] *Vd.* KANTZENBACH/KRUSE, *Kollektive...*, pp. 98-99 e GIRSCH, *Fusionskontrolle...*, p. 47.

[435] O que se diz no texto supõe que, pelo menos em alguns casos, o mercado relevante não ocupe todo o espaço de uma indústria ou de um sector. Não causa espanto que assim seja. Por um lado, é fácil conceber mercados de produtos que não esgotam todo um sector ou indústria (*v. g.*, produto "leite"/sector dos lacticínios). Por outro, o conceito de mercado relevante não é estático, antes apresenta maleabilidade para ser aplicado da forma que, sob o ponto de vista teleológico, é requerida pelo caso concreto.

Tudo isto sem prejuízo de o instrumento analítico capital para circunscrever o mercado relevante no direito da concorrência, a elasticidade-cruzada da procura, ser igualmente aquele que, na economia, circunscreve uma indústria. Sobre a elasticidade-cruzada da procura como instrumento precípuo da definição do mercado relevante na ordem da concorrência, ver o nosso *A posição...*, pp. 30 ss. e MICHAEL ALBERS/NICOLE HACKER, *in* HELMUTH SCHRÖTER/THINAM JAKOB/WOLFGANG MEDERER (Hrsg.), *Kommentar zum Europäischen Wettbewerbsrecht*, Baden-Baden, 2003, pp. 1354-1355. Acerca da elasticidade-cruzada como elemento que, na economia, define uma indústria, *mercado* ou sector, AVELÃS NUNES, *Economia Política...*, pp. 302-303 e M. LOPES PORTO, *Economia...*, p. 118.

[436] KANTZENBACH/KRUSE, *Kollektive...*, pp. 89 ss., que, com adaptações, acompanharemos.

beneficia de uma organização de vendas montada, que pode servir também para o "novo" produto.

No plano da *procura*, o titular de marcas conhecidas no sector de que o mercado relevante faz parte goza da reputação e da notoriedade já conquistadas aos olhos da clientela e estas podem ser "transferidas" para outra mercadoria que resolva oferecer naquele ramo[437], poupando-lhe despesas de publicidade necessárias para a introdução de um bem no mercado.

A relação com os clientes assume muita saliência no caso dos compradores profissionais. Em aspectos como o serviço pós-venda, fornecimento de peças de substituição e desenvolvimento do produto em cooperação com o cliente, é vital a confiança deste na continuidade da relação comercial. Ora, este favor é mais árduo de conquistar para os *outsiders* do ramo.

Em matéria de *risco* inerente ao ingresso no mercado, ele é menor para o *insider* do que para quem vem de fora, porque alguns dos equipamentos de que aquele já dispõe são susceptíveis de emprego no fabrico de outro(s) artigo(s) da mesma esfera de actividade. Destarte, não se exige tanto investimento em novos bens de produção e, caso a entrada se revele um logro, a empresa pode deixar de fabricar o produto a que por último se tinha dedicado sem sofrer com isso jactura significativa (os investimcntos apresentam menor grau de irreversibilidade).[438]

2.3.5. *Síntese. Direito comunitário*

À guisa de síntese, repetimos que, para a concertação tácita surgir e se prolongar no tempo, tem de haver uma ou mais barreiras significativas a muralhar o acesso ao mercado. Não sendo condição suficiente, é requisito necessário.

Muitas das barreiras que referimos estão presentes nas estruturas oligopolísticas concretas[439].

---

[437] O "transporte" já não se afigura tão fácil quando estiverem em causa sectores distintos.

[438] As barreiras à entrada são igualmente maiores para um *outsider* do que para uma empresa que do ponto de vista geográfico (ainda) não se situa no mercado relevante, mas já produz o bem nele oferecido. Ela terá, é certo, de suportar custos de transporte, mas, atendendo às condições técnicas de produção, já é uma *insider*.

[439] A propósito, *vide* a exposição de Avelãs Nunes em *Economia Política...*, pp. 416 ss. e Giampaolo Dalle Vedove, *Concentrazioni...*, p. 84.

Aquilo que subjaz a todo o repositório antecedente não passou despressentido à Comissão. No processo *Nestlé/Perrier*, verificou-se que os oligopolistas vinham investindo montantes avultados na publicidade e na promoção das suas marcas, o que, fidelizando o consumidor, gerou reduzida elasticidade da procura e entravou o acesso ao mercado. Os dados disponíveis indicavam que, após a concentração, as empresas que permaneceriam no ramo continuariam essa política de gastos em publicidade. A adesão dos consumidores a nova marca poderia levar anos ou, de todo, nem sequer ser alcançada, caso em que todo o investimento seria perdido[440]. Em causa estavam, portanto, custos irrecuperáveis. No caso *Gencor/Lonrho*, referiu-se um indículo de factores pondo em xeque o acesso de novos concorrentes ao mercado da platina: os oligopolistas estabelecidos controlavam as reservas economicamente rentáveis da África do Sul; a extracção e a refinação eram actividades de capital intensivo e exigiam a reunião de avultados capitais; larga fatia dos custos de exploração de uma mina era composta por custos irrecuperáveis[441]. Em *Airtours/ /First Choice*, a Comissão notou que, para ser viável, a entrada no sector das viagens organizadas teria de fazer-se em larga escala, só que tal cometimento estava eivado de dificuldades, porquanto os maiores operadores estavam verticalmente integrados e controlavam o sector de voos *charter*. A empresa que pretendesse aceder ao mercado também teria de estar verticalmente integrada[442]. No caso *Pilkington-Techint/SIV*, a situação em termos de excesso de capacidade e o aumento previsto da capacidade disponível constituíam entrave importante ao acesso[443] [444].

---

[440] Decisão de 22.7.1992, JO L 356, de 5.12.1992, p. 1, n.os 96-97. Neste caso, a operação de concentração em causa acabou por ser declarada compatível com o mercado comum devido a uma mudança (proposta pela *Nestlé*) no projecto inicial de concentração (n.º 136 da decisão).

[441] Decisão de 24.4.1996, JO L 11, de 14.1.1997, p. 30, n.º 154.

[442] Ver decisão de 22.9.1999, JO L 93, de 13.4.2000, n.os 67-71, 114 ss. e a súmula constante de EUROPE ECONOMICS, *Assessment...*, p. 75. Para outro exemplo em que as economias de escala tornavam o ingresso assaz arriscado, ver decisão de 25.11.1998, *Enso/Stora*, JO L 254, de 29.9.1999, p. 9, n.º 75.

[443] Decisão de 21.12.1993, IV/M.358, JO L 158, de 25.6.1994, p. 24, n.º 44.

[444] Exemplos de mercados em que as barreiras à entrada eram de somenos e a intrusão de novos competidores contrariaria a dominação conjunta encontram-se na decisão de 13.7.1999, IV/M.1517 – *Rhodia/Donau Chemie/Albright & Wilson*, n.os 58 e 77.

O problema do acesso ao mercado é tratado na secção VI das Orientações (n.os 68 a 75). Corroborando o que atrás se disse, logo no primeiro desses números se escreve que, sendo a entrada (suficientemente) fácil, é pouco provável que uma concentração suscite risco anticoncorrencial significativo.

A sistematização adoptada nesta parte das Orientações é infeliz, porquanto apresenta uma definição de barreiras à entrada e as formas que elas podem assumir dentro do primeiro dos três subtítulos da secção VI – "Probabilidades de entrada no mercado", "Oportunidade", "Dimensão e âmbito suficientes" –, cada um contendo critério de aferição da facilidade de acesso. Ora, seria mais próprio que antecedesse qualquer dos subtítulos, à guisa de parte geral. O conceito de barreiras à entrada acolhido nas Orientações – características específicas do mercado que proporcionam às empresas estabelecidas vantagens sobre os concorrentes potenciais[445] – remonta a Joe Bain (cfr. *supra*). No que toca à classificação dos tipos, distinguem-se: vantagens legais [n.º 71, alínea *a)*], vantagens técnicas [n.º 71, alínea *b)*] e barreiras devidas «à posição firme das empresas estabelecidas no mercado» [n.º 71, alínea *c)*]. No essencial, a primeira espécie abrange aquilo que incluímos nas barreiras institucionais. Quanto à segunda, estando em causa vantagens técnicas de que beneficiam as empresas estabelecidas, abrange, em boa medida, o que apodámos de barreiras estruturais[446]. No que tange a impedimentos que derivam de «posição firme das empresas estabelecidas», nota-se que pode ser complexo aceder a certo sector em virtude da necessária experiência ou reputação para concorrer de modo efectivo; ainda na alínea *c)*, aponta-se como exemplo de barreiras à entrada as situações nas quais empresas instaladas criaram grande capacidade excedentária – a "estratégia de investimento em massa" – e aqueloutras em que os custos a suportar por quem pretenda mudar de fornecedor são tão altos que acabam por inibir os *newcomers*.

As Orientações não contemplam qualquer medição numérica das barreiras (como a que conhecemos, por exemplo, pelo punho de Bain),

---

[445] N.º 70.

[446] Entre os casos que as Orientações nomeiam de outorga de vantagens técnicas às empresas estabelecidas, figuram os direitos de propriedade intelectual. Em nosso ver, caberiam melhor nas vantagens legais. Não existe, todavia, contradição, porquanto há obstáculos que não se deixam apresar dentro de uma só categoria.

antes plasmam critérios de ordem qualitativa. Para que a entrada no mercado seja tida como freio bastante ao aparecimento de sequelas anticoncorrenciais, é preciso demonstrar-se que é *provável*, será *realizada em tempo útil* e terá *dimensão e âmbito suficientes* para prevenir ou anular tais efeitos nocivos[447].

No que cabe ao primeiro desses três pontos, as Orientações indicam alguns tópicos a considerar. Para ser *provável*, a entrada deve ser suficientemente rendível, tomando em consideração os efeitos, a nível de preços, da injecção de mais produto no mercado e também a reacção potencial das empresas estabelecidas[448]. Também hão-de ser levados em conta os riscos e os gastos que uma entrada falhada acarreta – os últimos sobem tanto mais quanto maior o grau de custos irrecuperáveis associados ao inêxito da entrada[449]. Por outro lado, deve ser sopesada a alteração das condições de mercado: o vislumbre de sucesso é mais intenso nos mercados que auguram forte crescimento do que naqueloutros maduros ou aos quais se pressagia irem registar declínio[450]. Finalmente, observa-se que a plausibilidade de entrada é maior se as empresas de outros mercados já possuem equipamentos susceptíveis de utilização no *relevant market*[451]. Eis a confirmação do que ainda há pouco escrevemos: os entraves são menos profundos para operadores que, mesmo não integrando o mercado de referência, pertencem ao sector de que ele faz parte.

Em segundo lugar, para prevenir sequelas malfazejas da concorrência, a entrada deve processar-se *em tempo útil*. A concretização do lapso

---

[447] Cfr. Orientações, n.º 68, *in fine*. Os requisitos são cumulativos.

[448] Em decorrência, o ingresso no mercado não é tão verosímil se só for viável em grande escala (originando, por conseguinte, redução significativa dos preços) ou se as empresas instaladas estiverem em condições de defender as suas quotas de mercado (oferecendo contratos a longo prazo ou reduções de preços especialmente dirigidas aos clientes que o novo participante tenta cativar). Orientações, n.º 69.

[449] *Últ. loc. cit.*. A este propósito, diz a redacção da versão portuguesa das Orientações: «(...) Quanto mais elevados forem os custos do malogro de uma tentativa de entrada, mais elevado é o nível dos custos irrecuperáveis a ela associados (...)». Ora, o elemento condicionante é o último, não o primeiro. A justeza da nossa observação confirma-se ao ler a versão das Orientações em língua inglesa: «(...) The costs of failed entry will be higher, the higher is the level of sunk cost associated with entry (...)».

[450] Chamando de novo à colação as economias de escala, estas podem fazer com que o acesso só compense se o *newcomer* puder conquistar grande quota de mercado, empresa difícil nos dois géneros de mercado referidos por último. Cfr. Orientações, n.º 72.

[451] Orientações, n.º 73.

de tempo só é possível à luz do caso concreto e depende das características e da dinâmica do mercado, assim como das capacidades dos *newcomers*; ainda assim, diz-se que, por norma, o acesso só obra em tempo útil se ocorrer no prazo de dois anos[452].

Além de provável e oportuna, a entrada deve ter «*âmbito* e *dimensão suficientes*» para anular possíveis efeitos anticoncorrenciais: o ingresso de acanhado alcance, atingindo apenas certo "nicho" de mercado, pode não ser bastante[453].

Em jeito de súmula crítica adereçada às Orientações, parece-nos sensato que, enquanto pilares de avaliação do peso da entrada, se recorra à tríade composta por probabilidade/oportunidade/idoneidade de dimensão e de âmbito. O conceito de obstáculo à entrada e as formas que pode revestir deveriam estar inseridos numa "parte geral" da perícope atinente à entrada no mercado. Atendendo à definição de barreiras plasmada nas Orientações, compreende-se a distinção entre vantagens legais, técnicas e as que derivam de «posição firme das empresas estabelecidas». Mas nós perfilhamos taxinomia diferente (barreiras estruturais, estratégicas e institucionais), pois pensamos que, no seio de cada categoria, represa elementos que, sob o ponto de vista económico, estão mais próximos.

2.4. **Capacidade de alcançar composição de interesses aceitável para todos os intervenientes**

Para haver concertação, é necessário que as empresas logrem atingir um arranjo, um equilíbrio de interesses, com o qual todas se possam dar por satisfeitas. Sucede que o processar da coordenação é passível de acarretar embaraços de monta, porquanto os cooperantes podem ter entendimentos diversos quanto ao respectivo objecto – preço a praticar, quantidades a produzir, divisão do mercado – ou dificuldades na interpretação dos sinais dados pelos competidores (se correctamente decifrados, esses sinais levariam a optar pelo aguisamento mais apropriado). A necessidade de agir sem chamar a atenção das autoridades *antitrust* agudiza o problema[454].

---

[452] Orientações, n.º 74.

[453] Orientações, n.º 75.

[454] Cfr. SCHERER/ROSS, *Industrial...*, p. 265 e EUROPE ECONOMICS, *Assessment...*, p. 24.

Os escolhos esmorecem com o rodar do tempo e com a interacção reiterada entre as empresas, que, após alguns erros, vão aprendendo quais as reacções dos concorrentes ao seu modo de actuar. Era também o que se passava no dilema do prisioneiro: quando detidos pela segunda vez, os dois indivíduos em causa escolhiam a proposta das autoridades que a cada um faria passar um ano na penitenciária.

Além do factor tempo, atingir a concertação tácita passa muito pela via dos "pontos focais" (*focal points*), que dão indicações preciosas no sentido de apurar o que o outro faz e pretende. A teoria dos pontos focais foi criada em 1960 por Thomas Schelling no livro *The strategy of conflict*[455]. *In nuce*, ela diz que, quando o comportamento humano deve ser coordenado de forma tácita e sem comunicação directa, há tendência para a escolha de quem participa no processo convergir num ponto focal (eleito, designadamente, com base em precedentes, analogias, simetrias, considerações de ordem estética e informações acerca dos outros)[456]. O modelo percebe-se melhor por via de um problema posto por Schelling a trinta e seis indivíduos de New Haven (Connecticut), que foram confrontados com a sugestão de ir ao encontro de outra pessoa em Nova Iorque; foi-lhes dito o dia em que o encontro teria lugar, mas nada a propósito do local ou da hora. Não houve qualquer conferência prévia nem acto de interlocução entre os participantes. Apenas se disse que cada um devia fazer coincidir o sítio e o momento do encontro com aqueles eleitos por outra pessoa. Apesar da vastidão de Nova Iorque, a maioria dos partícipes optou pelo centro em que se presta informações na *Grand Central Station* e quase todos elegeram o meio-dia (12 horas) como momento certo[457]. A estação em causa (ao menos na Nova Iorque de 1960) e o meio-dia tinham uma especial *vis* atractiva, constituíam pontos focais.

Esta índole de raciocínios é passível de transporte para a economia e, mais concretamente, para o oligopólio. Atendendo a exemplos dados por Scherer e por Ross, no comércio a retalho nos Estados Unidos é comum a prática de determinados preços – *v. g.*, $ 19.95 – cujo emprego se deve à tradição. Se uma empresa fixar o preço a esse nível, está a

[455] Ver Scherer, «Focal...», pp. 495-496 e Scherer/Ross, *Industrial...*, p. 266.

[456] Schelling, *The strategy of conflict*, 2ª impressão, Cambridge (Massachusetts), 1963, p. 57.

[457] Schelling, *The strategy...*, p. 56 (e p. 55, n. 1).

supeditar ponto focal e a encorajar tacitamente as outras a cobrar o mesmo. Ao invés, se estabelece preço sem tal força magnética, arrisca-se a que outra exija preço inferior e se desencadeie espiral de descida de preços (à maneira da ocorrida no modelo de BERTRAND). Ao fixar preços máximos (por exemplo, no quadro de políticas anti-inflacionistas), os governos podem igualmente fomentar o paralelismo: tais preços fornecem um sinal às empresas, são verdadeiros pontos focais[458].

Até aqui, passeámos por um quadro algo abstracto (decurso do tempo, pontos focais). A possibilidade de, em concreto, alcançar amanho que a todas as empresas convenha é produto de múltiplos factores, que serão explanados nos números **3** e **4** deste capítulo. Para conhecermos alguns deles, atentemos nas Orientações destinadas à apreciação das concentrações horizontais. Na perícope dedicada aos efeitos coordenados, a primeira epígrafe tem o título "Acordar as condições de coordenação", ou seja, dá-se o reconhecimento expresso do *quarto* pressuposto que *supra* reputámos necessário para haver concertação tácita. Aí se desfia um catálogo de elementos de concretização, de práticas facilitadoras e de laços estruturais que permitem aos oligopolistas alcançar base de alinho: contexto estável e pouco complexo (número reduzido de intervenientes; produto único e homogéneo; estabilidade das condições da procura e da oferta; inovação pouco significativa); simetria a nível de estruturas de custos, quotas de mercado, níveis de capacidade e integração vertical; vínculos estruturais (*v. g.*, participações cruzadas ou participação em empresas comuns); fixação de regras simples em matéria de preços; informações fundamentais disponíveis publicamente; informações obtidas através de associações do sector ou recebidas por via de participações cruzadas ou da participação em empresas comuns[459].

Se está em causa o que facilita o "Acordar as condições da coordenação", somos de parecer que faltou referir debaixo de tal epígrafe das Orientações o reduzido valor da elasticidade-preço e da elasticidade-

---

[458] Ver SCHERER/ROSS, *Industrial...*, p. 266 e SCHERER, «Focal...», pp. 496-498. Estes AA. cometem, porém, uma imprecisão: quando se referem ao inquérito proposto por SCHELLING, dão a entender que os envolvidos eram nova-iorquinos. Ora, como resulta da obra de SCHELLING (p. 55, n. 1), os interpelados provinham de New Haven.

[459] Cfr. n.os 45 a 48.

-cruzada da procura global[460], o contacto entre as empresas em mercados distintos[461] e a estandardização de produtos[462] (a ausência de menção ao poder da procura não choca tanto, pois consta de outra secção). O sentido mais profundo do nosso reparo só poderá ser percebido juso, quando focarmos estes tópicos.

Claro que sempre se poderá objectar: o facto de não terem sido mencionados não obsta a que sejam tidos em conta na prática. Logo redarguiremos que não são menos importantes do que alguns dos factores expressamente referidos.

2.5. **Aptidão para detectar desvios**

É sabido que, quando há concerto, subsiste sempre no espírito da empresa a tentação de dele se arredar (levando a cabo actos de *batota*). Ela vive enleada no dilema de permanecer fiel ao conjunto ou de buscar, pela via de descida de preços, um aumento das vendas que lhe garanta lucros mais pingues. Só não cursará este caminho desde que os seus gestos possam ser detectados (e punidos) sem tempo de respiro. Escrevendo-o de outro modo, o ajuste tácito só perdura no tempo desde que haja a capacidade para cedo descobrir o *cheating*. Em decorrência, é importante que os operadores estejam em condições de observar os parâmetros – preços, quotas de mercado – que sofrem alteração quando alguém se aparta da conduta coordenada ou, ao menos, que possam deduzir dos seus próprios volumes de vendas ou lucros se algum dos concorrentes está a fazer *chiselling*[463].

---

[460] Os oligopolistas sabem que, ante graus diminutos da elasticidade-preço e da elasticidade-cruzada da procura, à sua opção de em conjunto encarecer os bens não se segue a fuga imediata da clientela para mercados vizinhos.

[461] Dá às empresas um leque mais vasto de hipóteses de beber a forma de actuar e de reagir das outras, de compreender os seus propósitos e intenções e isso é importante para iniciar a coordenação.

[462] Elimina dimensões importantes da concorrência – qualidade, forma, características dos bens – e permite que as empresas se centrem na coordenação de preços.

[463] Cfr. EUROPE ECONOMICS, *Assessment...*, pp. 24-25. Recordemos que os modelos de superjogos com informação perfeita assumiam que o *cheating* era susceptível de ser imediatamente descoberto.

Entre os factores que, no plano concreto, dão azo à capacidade para descobrir actos de *batota*, contam-se a simetria entre as empresas, a homogeneidade dos bens, a transparência e a estabilidade das condições de mercado, a presença em vários sectores, a falta de poder da procura e a circunstância de as transacções se processarem a ritmo frequente e regular, ostentando pequeno/médio calibre. Estes tópicos serão alvo de atenção aturada. De qualquer forma, não queremos deixar de referir já texto paradigmático constante da decisão que a Comissão tomou no caso *MAN/Auwärter*: aí se alude à interacção de um conjunto de parâmetros no mercado alemão dos autocarros urbanos que «(...) impede os dois líderes do mercado de observarem reciprocamente as suas práticas concorrenciais com base em factores como (...) a quantidade e o preço, *sendo praticamente impossível as empresas (...) verificarem em que medida o outro líder de mercado se desviou do presumível comportamento concertado*, quando esse seria exactamente o pressuposto para tomarem eventuais medidas de retaliação sobre a parte contrária e manterem, assim, a presumida concertação tácita das suas práticas concorrenciais (...)»[464].

Da parte das Orientações atinente aos efeitos coordenados consta trecho encimado pela epígrafe "Controlo dos desvios". Aqui se faz o tratamento da *quinta* condição que é necessário estar preenchida para haver coordenação: capacidade para detectar a *batota*. Observa-se que, para que o requisito se preencha, é necessário o mercado ser de tal modo transparente que os operadores saibam se alguém se arreda do rumo comum e deve ser punido. O centro de gravidade desta parte das Orientações encontra-se no fenómeno da transparência. Escreve-se que ela é tanto maior quanto mais diminuto o número de intervenientes no mercado e que se relaciona com a forma como as transacções operam: provavelmente, é elevada num mercado em que se efectuam em bolsa pública ou por licitação, mas reduzida quando ocorrer negociação bilateral e confidencial entre vendedor e adquirente. Toca-se também o relevo da estabilidade/instabilidade das condições de mercado: contextos instáveis perturbam a capacidade de a empresa apurar se uma quebra nas vendas se deve a retracção na procura ou a embaratecimento dos produtos de rival.

---

[464] Dec. de 20.6.2001, *MAN/Auwärter*, JO L 116, de 3.5.2002, p. 35, n.º 52 (o grifo é da nossa lavra). Ver também a decisão de 29.9.1999, IV/M.1383 – *Exxon/Mobil*, n.º 474.

As Orientações não deixam de referir que, mesmo em sectores nos quais parece ser difícil controlar os desvios, as empresas podem tornear o problema graças a práticas facilitadoras (*e. g.*, cláusulas de acompanhamento da concorrência ou do cliente mais favorecido, publicação voluntária de informações, anúncios e intercâmbio de informações através das associações do sector) e a elos estruturais (*v. g.* gestão cruzada e participação em empresas comuns)[465].

Nas Orientações, o acento tónico é posto na transparência e contra isso nada temos a objectar. Ela é, realmente, decisiva para deslindar o *cheating*. Tratando-se de uma supracaracterística que procede de factores como a simetria entre ofertantes ou a homogeneidade dos bens, entendemos que estes deviam, no ponto em causa, ter sido objecto de menção. Afinal, se se fala da estabilidade das condições de mercado, das práticas facilitadoras e dos laços estruturais – pontos que reforçam a transparência –, qual o motivo para não tocar aqueles dois factores?

Sob a epígrafe "Controlo dos desvios", mereciam, igualmente, alusão os contactos que as empresas estabelecem em vários mercados e a existência de transacções frequentes, regulares, de pequeno/médio calibre. São *itens* preciosíssmos para desvelar actos de *batota*.

2.6. **Mecanismos que obriguem a respeitar a concertação**

Para que o amanho conjunto de interesses se mantenha estável, tem de impender sobre as empresas ameaça credível de punição rápida em caso de ludíbrio ou desvio. Em sede de teoria dos jogos, travámos conhecimento com algumas estratégias de retaliação ("estratégia do gatilho", "estratégia do pau e da cenoura") que convergem no sentido de evitar que a *batota* seja vantajosa. Na vida económica, ganham relevo, enquanto modos de retorsão, as guerras de preços e o lançamento de quantidades adicionais de produto no mercado. Ponto é que os meios de punição castiguem mais aquele que se desvia do que as empresas que retaliam (estas, ao baixar os preços, também vão perder)[466].

---

[465] Cfr. Orientações, n.os 49-51.

[466] EUROPE ECONOMICS, *Assessment...*, p. 25.

Os factores que, em concreto, possibilitam o exercício de represálias são explicados adiante. Para já, busquemos algumas referências no direito comunitário. Além de pedirmos ao leitor que rememore a passagem há pouco citada da decisão *MAN/Auwärter*, fica a notícia do processo *Shell/ /DEA*, no qual, contrariando a argumentação dos interessados, a Comissão foi de parecer que qualquer dos operadores em causa dispunha de meios de retaliação suficientes para evitar que o outro se afastasse do comportamento paralelo[467].

Quanto às Orientações destinadas à apreciação das concentrações horizontais, a terceira epígrafe do trecho que versa os efeitos coordenados leva o título "Mecanismos de dissuasão" e corresponde, no essencial, ao *sexto* pressuposto necessário para haver concerto de condutas. De maneira lapidar, nota-se que a coordenação só é sustentável desde que os efeitos de um desvio sejam suficientemente graves para persuadir todos os que nela intervêm a permanecer fiéis ao arranjo comum. É a ameaça de represálias futuras que mantém a coordenação no tempo. Mas essa ameaça só é credível se existir certeza bastante de que será activado mecanismo de castigo no caso de ser detectada atitude relapsa[468]. A mais de certa, a retaliação há-de ter lugar em prazo côngruo. Por isso se diz que, se as encomendas forem pouco frequentes e de elevado volume, pode ser difícil criar meios de dissuasão severos: os ganhos do *cheating* apresentam-se certos, fartos e imediatos, mas a jactura advinda do castigo parece incerta, acanhada e tardia[469] [470].

---

[467] Decisão de 20.12.2001, COMP/M.2389, JO L 15, de 21.1.2003, n.os 116 ss.. *Vide*, igualmente, a dec. com a mesma data, COMP/M.2533 – *BP/E.ON*, JO L 276, de 12.10.2002, p. 31, n.os 106 ss. e aqueloutras de 14.3.2000 (COMP/M.1663 – *Alcan/ /Alusuisse*, JO L 90, de 5.4.2002, n.os 71 e 76 ss.) e de 19.7.2004 [COMP/M.3333 – *Sony/ /BMG*, n.os 114 e seguintes (entre outros)].

[468] Cfr. Orientações, n.º 52. Os meios de castigo não se entendem em sentido estrito, como algo que pune de modo individual aquele que distrai do comportamento colectivo. Na verdade, o simples facto de admitir que a coordenação enfraquece durante certo período se for descoberta a *batota* pode funcionar, por si só, como expediente bastante de dissuasão – nota 70 das Orientações.

[469] Os meios de dissuasão estão diametralmente relacionados com a transparência, visto que, se a observação da conduta alheia não se faz em tempo útil, também a punição sofrerá delongas. Orientações, n.º 53.

[470] As empresas que exercem represálias podem sofrer perdas no curto prazo – *v.g.*, no caso de guerra de preços –, mas isso não significa que deixe de existir incentivo para

No trecho das Orientações a que nos vimos referindo, é de saudar a alusão ao facto de as empresas interagirem em vários mercados[471], pois ele distende e aumenta as possibilidades de exercer represálias. Cremos que deviam estar igualmente mencionadas (ao menos) as simetrias entre as empresas[472], a homogeneidade dos bens[473] e o excesso de capacidade[474].

3. Elementos de concretização

Quando enumerámos os seis requisitos necessários para haver concerto estável, advertimos que os três referidos em último lugar – capacidade de alcançar coordenação, detectar *batota* e forçar ao respeito pelo arranjo – possuíam cariz relativamente abstracto. Para se materializarem, contribuem algumas características do mercado. Elas vêm a seguir expostas e juntam-se à estrutura concentrada da oferta, à interacção repetida entre vendedores[475] e às barreiras ao acesso como elementos que determinam a concertação.

3.1. Semelhanças entre as empresas

A existência de semelhanças entre as empresas alisa o processar da concertação[476]. Pensamos, designadamente, em simetrias no plano dos custos, dos níveis de uso da capacidade de fabrico e das quotas de mer-

---

retaliar, visto que o prejuízo no curto prazo pode ser compensado por ganhos pingues no longo prazo (decorrentes do restabelecimento da coordenação) – Orientações, n.º 54.

[471] Orientações, n.º 55.

[472] Nomeadamente a nível de dimensão. Empresas de envergadura cômpar terão capacidade de retaliação semelhante. No campo dos oligopólios, o tamanho é grande, pelo que também é forte o poder de retorquir.

[473] Leva a que os efeitos das guerras de preços desencadeadas contra o autor do *chiselling* tenham mais impacto.

[474] Por via do lançamento imediato de produtos para venda, permite punição mais lesta.

[475] Alguns dos aspectos a explanar – estabilidade das condições de mercado e transacções frequentes, regulares, de pequeno/médio calibre – têm relação estreita com o problema da interacção repetida entre vendedores.

[476] Citando Cícero [*Catón el Mayor: de la Vejez* (edição bilingue), México, 1997, III-7, p. 4], bem podemos dizer que pares «cum paribus facillime congregantur».

cado[477]. Quando existem, é mais simples obter pontos focais que a todas as empresas possam guiar no intuito de atingir composição de interesses, torna-se mais fácil chegar a consenso tácito sobre o preço ou acerca das quantidades. Ao invés, assimetrias de custos fazem com que a maximização colectiva de lucros implique volumes díspares de vendas e/ou lucro para os participantes no ajuste, o que acarreta problemas acrescidos no sentido de chegar a entendimento. Mais. É difícil convencer o ofertante com vantagens de custos a participar na concertação[478].

As similitudes em apreço volvem mais cómodo apurar se os concorrentes oligopolistas se vão comportando de maneira idêntica e, nessa medida, facilitam a descoberta do *cheating*. No que respeita aos mecanismos para exercer represálias, vendedores com dimensão semelhante – e, no oligopólio, ela é grande – têm capacidade de retaliação análoga – e eficaz, bem entendido –, pelo que as possibilidades de castigo credível são elevadas[479] [480].

---

[477] Em puro rigor, as últimas só *à outrance* aqui cabem, não são exactamente semelhanças entre as empresas. Contudo, por clareza da exposição, aqui se deixam ficar.

As simetrias a nível de custos e de emprego das capacidades são "causais"; as que tocam as quotas de mercado são "descritivas" – JAMES VENIT, «Two steps forward and no steps back: economic analysis and oligopolistic dominance after *Kali&Salz*», *CMLR*, 1998, p. 1129.

[478] Cfr. MARKHAM, «The nature...», pp. 902-903; BORK, *The Antitrust Paradox...*, p. 103, *in fine*; KANTZENBACH/KOTTMANN/KRÜGER, *New Industrial...*, pp. 58-59 e 61; CANGEMI, «Contrôle...», p. 131; PHILIPPE GUGLER, «Principaux indicateurs de dominance collective dans le cadre du contrôle préventif des concentrations», *RDAI/IBLJ*, nº 8, 1998, p. 926; ANDERSSON, *Collective...*, pp. 37-38; CHRISTOPH LEIBENATH, *Die Rechtsprobleme der Zusagenpraxis in der europäischen Fusionskontrolle,* Baden-Baden, 2000, p. 264; HEWITT, «Oligopoly...», p. 154; ERIK KLOOSTERHUIS, «Joint Dominance and the Interaction Between Firms», *ECLR*, 2001, p. 83; BISHOP/LOFARO, «A legal...», p. 215; JARA RONDA, *Begründung...*, p. 49; KAYSEN/TURNER, *Antitrust...*, p. 115; GEORGE A. HAY, «Oligopoly, Shared Monopoly, and Antitrust Law», *Cornell L. Rev.*, 1982, pp. 447-448. Também STEFAN KURZ («Zum Nachweis aufeinander abgestimmter Verhaltensweisen im Oligopol», *RIW*, 3/1995, p. 188) menciona as diferenças de custos como elemento que contraria a identidade de interesses das empresas. *Vide*, ainda, os desenvolvimentos propostos por BIRO/PARKER/ETTEN/RIECHMANN, «Die Berücksichtigung...», pp. 1269 ss..

A afirmação que remata o parágrafo do texto deve, porém, ser entendida *cum grano salis*, pois numa das formas que conhecemos de coordenação tácita, a liderança de preços, a empresa-líder pode beneficiar desse estatuto por ser a mais eficiente do mercado – cfr. EUROPE ECONOMICS, *Assessment...*, p. 31.

[479] *Vd.* EUROPE ECONOMICS, *Assessment...*, p. 31, CHRISTOPHER JONES/F. ENRIQUE GONZÁLEZ-DÍAZ, *The EEC Merger Regulation*, London, 1992, p. 175 e WOLF, «L'appré-

O direito comunitário corrobora tudo isto. Entre os argumentos arrolados na decisão *Nestlé/Perrier* para concluir que a estrutura de mercado resultante da concentração originaria posição dominante duopolística, figuram as semelhanças a nível de capacidades e de quotas de mercado[481]. Além disso, estavam próximas as estruturas de custos dos dois operadores a considerar; a Comissão produziu texto tão emblemático que merece ser reproduzido: «Poder-se-ia alegar que empresas com diferentes condições de custos poderiam ter ópticas muito diferentes em relação aos preços que pretendem praticar no mercado, pelo que uma coordenação tácita das políticas de preços sem acordos expressos e vinculativos celebrados pelas companhias se tornaria extremamente difícil. As diferenças significativas de custos podem ser razoavelmente consideradas como um obstáculo (...)» a comportamentos paralelos tácitos[482].

No que tange às Orientações para apreciação das concentrações horizontais, referem a simetria entre as empresas como tópico que favo-

---

ciation...», p. 47. JENNY («Collective...», p. 373): o facto de uma concentração aproximar as condições de custos dos oligopolistas e/ou conduzir a uma mais igualitária distribuição dos excessos de capacidade entre eles pode contribuir para a criação de ameaça credível de represália.

[480] Graus diversos de integração vertical também geram diferenças passíveis de afectar a vontade de compor interesses em conjunto. Na verdade, ao abastecer-se a montante, a empresa prefere adquirir junto de quem não concorre consigo própria no mercado em que se situa. Isso redunda em vantagens para quem não leva a cabo processos de integração vertical descendente, provoca disparidades relativamente a quem o faz e reflecte-se, por último, em propensão distinta para concertar. A propósito, KANTZENBACH/ /KOTTMANN/KRÜGER, *New Industrial...*, p. 60 e ANDERSSON, *Collective...*, pp. 39-40.

[481] Decisão de 22.7.1992, JO L 356, de 5.12.1992, p. 1, n.º 123. Ainda a propósito da proximidade das quotas de mercado enquanto ponto propiciador de coordenação, decisões de 22.9.1999, *Airtours/First Choice*, JO L 93, de 13.4.2000, p. 1, n.º 73 e de 14.3.2000, *Alcan/Alusuisse*, JO L 90, de 5.4.2002, n.º 94. Na decisão de 10.1.1994, IV/M.390 – *AKZO/Nobel Industrier*, n.º 18, a distribuição desigual de capacidades e de quotas de mercado auxiliou a concluir que a operação notificada não criaria nem reforçaria posição dominante oligopolística.

[482] Comissão, dec. de 22.7.1992, JO L 356, de 5.12.1992, p. 1, n.º 125.

Também nas pronúncias do caso *Airtours/First Choice* foi realçada a estrutura similar dos custos: os operadores turísticos voavam para destinos idênticos, em larga medida utilizavam os mesmos hotéis e requeriam os mesmos índices elevados de ocupação – decisão de 22.9.1999, JO L 93, de 13.4.2000, p. 1, n.os 100-101. Ver, ainda, as decisões de 21.12.1993, *Pilkington-Techint/SIV*, JO L 158, de 25.6.1994, p. 24, n.º 41 e de 24.4.1996, *Gencor/Lonrho*, JO L 11, de 14.1.1997, p. 30, n.os 182 ss..

rece o atingir das condições de coordenação (n.º 48). Deviam tê-la mencionado também em matéria de controlo dos desvios e dos mecanismos para obrigar ao respeito pela concertação.

3.2. **Reduzidas elasticidade-preço e elasticidade-cruzada da procura global**

A elasticidade(-preço) da procura *global* (ou seja, da procura que se dirige ao conjunto de empresas activo no mercado)[483] auxilia na tarefa de avaliar se um mercado tende para a disputa ou antes para o alinho. A elasticidade da procura, lembre-se, relaciona a variação do preço de um bem com a consequente alteração – em sentido contrário ao da variação do preço – da quantidade procurada desse mesmo artigo.

Quando a procura global se mostra elástica, os compradores podem encaminhar-se para mercados vizinhos, nos quais há sucedâneos relativamente próximos do bem oferecido no *relevant market*. Isso significa que, se os oligopolistas subirem de maneira colectiva e concertada o preço, aos clientes abre-se o recurso a fornecedores de mercados propínquos, com a decorrente diminuição de vendas para o grupo oligopolista e o malogro da cooperação[484]. Resultado a que também se chega se as empresas, almejando preços e lucros mais altos, acordarem na restrição de quantidades oferecidas: aqueles aumentam, mas os segundos não, pois a procura distrai para mercados adjacentes. Por tudo isto, se a procura é elástica, o alento a concertar é pequeno.

---

[483] A fim de distinguir claramente a (elasticidade da) procura que se encaminha para uma marca ou fabricante e a (elasticidade da) procura global, que se destina ao conjunto de empresas do mercado, tomemos o exemplo dado por Avelãs Nunes (*Economia Política...*, p. 299): a procura de certa marca de cigarros ou de tintas é elástica, porque existem no mercado outras marcas de cigarros ou de tintas que são sucedâneos próximos da primeira; mas a procura global de cigarros ou de tintas mostra-se inelástica, por não haver sucedâneos próximos destes artigos.

[484] Cfr. Girsch, *Fusionskontrolle...*, p. 36; Kantzenbach/Kottmann/Krüger, *New Industrial...*, p. 15; Andersson, *Collective...*, p. 50; Leibenath, *Die Rechtsprobleme...*, p. 262. Em termos que convergem – é mais provável ocorrer comportamento paralelo em mercados que exibem procura inelástica do que naqueles em que ela é elástica –, Cangemi, «Contrôle...», p. 137, *in fine* e Rainer Nitsche/Julia Thielert, «Die ökonomische Analyse auf dem Vormarsch – Europäische Reform und deutsche Wettbewerbspolitik», *WuW*, 3/2004, p. 258.

Sendo útil, o emprego da elasticidade da procura não deixa de envolver cuidados. Despertamos para eles por mor dos incisivos apontamentos[485] que chamam a atenção para a necessidade de ter em conta o factor temporal. A procura inelástica no curto prazo é susceptível de se converter em procura elástica no médio ou longo prazo, já porque o decurso do tempo permite aos compradores achar formas alternativas de satisfazer certa necessidade, já porque lhes dá a hipótese de se adaptarem a outros produtos. Ora, com o aumento da elasticidade vai crescer o estímulo ao *cheating*. Quer dizer: o rodar do tempo pode trazer consigo o colapso da composição de interesses que os oligopolistas tinham alcançado. Assim se atesta que a elasticidade da procura registada em certo momento não fornece indicação totalmente fidedigna acerca da plausibilidade de concerto[486].

Embora a elasticidade da procura seja *item* a que é correcto lançar mão para avaliar se no mercado a coordenação é provável, ela não constitui verdadeiramente um *prius*, antes radica em condicionantes de ordem diversa, a partir dos quais se pode apontar certa tendência.

Por norma, são de procura inelástica e descerram, por isso, via à concertação: produtos de primeira necessidade – as pessoas compram-nos na quantidade que reputam necessária, nem a subida nem a diminuição do preço levam a abatimento ou a acréscimo significativo dos montantes procurados; bens cujo preço unitário é muito baixo e que representam despesa correspondente a parcela mínima do rendimento de quem adquire; artigos que são utilizados em conjunto com outros bens – bens complementares – e que representam pequena fracção da despesa global; produtos que originam habituação, tornando-se difícil abdicar do seu consumo.

Costumam apresentar procura elástica: bens que têm sucedâneos – se um produto passível de ser substituído por outro encarecer, os compradores hão-de dirigir a procura para o sucedâneo (este factor actua no caso de alguns bens de primeira necessidade, cuja procura se vem, então, a tornar elástica); bens de luxo – justamente por o serem, caso os preços subam, muitos deixarão de os comprar[487].

---

[485] KANTZENBACH/KOTTMANN/KRÜGER, *New Industrial...*, p. 16; KANTZENBACH/KRÜGER, «Zur Frage der richtigen Abgrenzung des sachlich relevanten Marktes bei der wettbewerbspolitischen Beurteilung von Unternehmenszusammenschlüssen», *WuW*, 6/1990, p. 473. *Vd.* também FERNANDO ARAÚJO, *Introdução...*, pp. 175-176.

[486] De resto, mesmo as empresas podem ser iludidas, uma vez que são levadas a sobreavaliar os termos de êxito da coordenação.

[487] Mas muitos bens de luxo apresentam procura inelástica, já que são acessíveis apenas a pessoas com rendimentos elevados, para quem pagar mais ou menos é indiferente.

O facto de os bens serem duradouros ou consumíveis também influencia a elasticidade-preço da procura, já que a procura daqueles pode diferir-se se tal for necessário (*v. g.*, em virtude de subida do preço)[488].

Além da elasticidade(-preço) da procura, cumpre considerar a elasticidade-cruzada da procura, que aclara a relação entre a variação do preço de um bem (**A**) e a consequente alteração da quantidade procurada de outro produto (**B**). Quando a elasticidade-cruzada da procura é positiva, ao aumento concertado do preço de **A** pelos oligopolistas no mercado relevante segue-se o acréscimo da procura destinada a mercados contíguos, nos quais se oferece **B**. E ela tende a ser positiva quando a procura que se dirige ao mercado de **A** for elástica, pois é nesta situação que os mercados próximos recebem parte da procura que anteriormente se destinava aos vendedores de **A**.

Assim sendo, estamos aptos a completar o raciocínio atrás exposto e a sustentar que, quanto maiores forem a elasticidade(-preço) e a elasticidade-cruzada (positiva) da procura global, mais entibiado é o incentivo à coordenação de preços e à restrição concertada das quantidades oferecidas – mercê da qual os oligopolistas almejam passar a cobrar preços mais altos –, pois à subida de preços seguir-se-á o desvio dos compradores para mercados adjacentes[489].

A prática comunitária reconheceu o essencial do que se vem dizendo. Na decisão *Nestlé/Perrier*, entre os factores que fundamentaram o entendimento segundo o qual a concentração proposta levaria a *Nestlé* e a *BSN* a subir em conjunto os preços incluía-se a diminuta elasticidade da pro-

---

[488] A propósito de os bens exibirem tipicamente procura elástica ou inelástica, veja-se Teixeira Ribeiro, *Economia Política*, pp. 62-63; Avelãs Nunes, *Economia Política...*, pp. 297-300.

[489] Com grande espanto, notamos a falta de referência à noção de elasticidade-cruzada da procura nos trechos que temos vindo a citar das obras de Kantzenbach e Kruse, daquele em parceria com Kottmann e Krüger, e ainda de Girsch. É certo que, em rigor, a elasticidade-cruzada é "elasticidade-preço cruzada da procura", é uma aplicação da elasticidade-preço (Fernando Araújo, *Introdução...*, p. 184; Avelãs Nunes, *Economia Política...*, p. 301) e que os Autores em causa têm presente o fenómeno a que a elasticidade-cruzada se refere (*v. g.*, Girsch, *Fusionskontrolle...*, p. 36, quando, com imprecisão, diz que a elasticidade da procura reflecte a intensidade da relação concorrencial com oferentes de mercados vizinhos; é a elasticidade-cruzada da procura que mede tal parâmetro). Não lhe dão, todavia, a designação mais correcta.

cura. Devido à motivação dos consumidores para adquirirem e consumirem diariamente águas minerais, não havia substitutos para estas. E a imagem global das águas de marca, bem como a fidelidade à mesma, acentuavam o baixo grau de elasticidade da procura[490]. No processo *Airtours/First Choice*, observou-se que a procura não sofreria retracção de monta se houvesse aumento generalizado de preços (as pessoas estão dispostas a pagar mais pelas suas férias se os preços de todos os que vendem subirem), pelo que os operadores lograriam ganhos mais quantiosos se desenvolvessem comportamento paralelo[491].

Incompreensivelmente, as Orientações não aludem ao papel das reduzidas elasticidade-preço e elasticidade-cruzada da procura global como elementos que propiciam o alinho de condutas. A única atenuante que lobrigamos encontra-se no citado factor de relativização: a procura inelástica no curto prazo é susceptível de se converter em procura elástica no médio ou longo prazo. Mesmo assim, a falta nota-se.

3.3. O problema da homogeneidade dos bens e da elasticidade da procura individual

A circunstância de o oligopólio ser perfeito – ou seja, de nele não se registarem diferenças entre os bens – promove o encontro de vontades próprio da concertação. Em particular, a coordenação de preços torna-se mais simples, pois as empresas convergem mais facilmente para um único preço se o produto, também ele, é igual. Por outro lado, a homogeneidade dos bens descomplica a observação do mercado e intensifica a respectiva transparência, contribuindo para desembaraçar a detecção da *batota*. No que tange a mecanismos de retaliação, os seus efeitos sentem-se com mais impacto, porquanto a guerra de preços desencadeada contra o autor do desvio importa para ele amissão de muitos clientes[492].

---

[490] Decisão de 22.7.1992, JO L 356, de 5.12.1992, p. 1, n.º 124.

[491] Decisão de 22.9.1999, JO L 93, de 13.4.2000, n.º 98.

[492] Ver EUROPE ECONOMICS, *Assessment...*, pp. 31-32; HEWITT, «Oligopoly...», p. 152; GIRSCH, *Fusionskontrolle...*, p. 38; ANDERSSON, *Collective...*, p. 47; LEIBENATH, *Die Rechtsprobleme...*, p. 263; PIERRE MATHIJSEN, «Oligopolistic Dominance under the EC Merger Regulation», *in* CARL OTTO LENZ/WERNER THIEME/FRIEDRICH GRAF VON WESTPHALEN (hrsg.), *Beiträge zum deutschen und europäischen Recht. Freundesgabe für Jürgen*

As linhas precedentes sugerem que a homogeneidade dos produtos contribui para o nascimento e estabilidade da coordenação. Todavia, a moeda tem outra face: o facto de os bens serem idênticos aumenta o estímulo para levar a cabo actos de *cheating*, pois quem descer o preço captará imediatamente larga fatia da procura que se destinava aos rivais[493]. Por isso, não é legítimo escrever sem reservas que a homogeneidade dos produtos concorre para uma coordenação firme e inabalável. É certo que simplifica a obtenção do consenso, favorece a descoberta do *chiselling* e intensifica os efeitos da punição. Mas não é menos verdade que, por via do enorme aumento da procura sobrevindo a redução de preço, ela dá estímulo a actos de desvio.

A elasticidade da procura que se dirige a cada marca ou fabricante *individualmente* encarados depende, em grande medida, de os bens serem ou não idênticos, homogéneos. Destarte, tal como não podemos dizer que há relação unívoca entre a homogeneidade dos produtos e a estabilidade da concertação, tão-pouco estamos autorizados a escrever que existe nexo predeterminado entre a elasticidade da procura individual e a solidez do concerto.

No que respeita ao arranjo tendo em vista fraccionar o mercado, aplana-se quando há diferenças entre os bens, estas favorecem intuitos de segmentação. Uma vez dividido o mercado, a concertação dentro de cada parte é mais simples, já que o número de vendedores é menor do que seria caso não se desse a partição[494].

Gündisch, Köln/Berlin/Bonn/München, 1999, p. 177. De maneira convergente: Kurz – «Zum Nachweis...», p. 188 –, incluindo as diferenciações no produto entre os tópicos que se opõem à identidade de interesses dos concorrentes (oligopolistas); Jacob, «Das Problem...», p. 19; Bork, *The Antitrust Paradox...*, pp. 103-104; Richard Posner, «Oligopoly and the Antitrust Laws: A Suggested Approach», *SLR*, vol. 21, June 1969, p. 1603.

[493] Myong-Hun Chang, «The effects of product differentiation on collusive pricing», *IJIO*, vol. 9 (1991), p. 454; Hewitt, «Oligopoly...», p. 152, *in fine*; EUROPE ECONOMICS, *Assessment...*, p. 32. *Vd.*, ainda, Thomas W. Ross, «Cartel stability and product differentiation», *IJIO*, vol. 10 (1992), pp. 1 ss..

[494] Cfr. Kantzenbach/Kruse, *Kollektive...*, p. 49; Kantzenbach/Kottmann/Krüger, *New Industrial...*, p. 36; Juan Briones/Jaime Folguera/Andrés Font/Edurne Navarro, *El Control de Concentraciones en la Unión Europea. La práctica de la Comisión Europea y las novedades introducidas en el Reglamento (CEE) 4064/89 por el Reglamento (CE) 1310/ /97*, Madrid/Barcelona, 1999, p. 207. Ver, também, Luís Morais, «La politique...», p. 23.

Embora a homogeneidade dos bens não dê sinal unívoco relativamente à probabilidade de uma concentração originar ajuste de condutas entre as empresas, parece prevalecer na prática comunitária registo de acordo com o qual a homogeneidade favorece a coordenação. Ela esteve no rol de factores conducentes a posição dominante oligopolística no mercado da platina[495] e, no caso *Kali + Salz/MdK/Treuhand*, foi uma das bases para sustentar que não existiria concorrência efectiva entre as empresas[496]. A presença de vários tipos de serviços – *id est*, a falta de homogeneidade – num dos mercados em causa na decisão *France Télécom/Orange* contou-se entre os elementos arrolados para concluir não ser provável o surgimento de dominação conjunta[497]. Nas Orientações, a homogeneidade dos bens é tida como aspecto que favorece o alcançar do consenso entre as empresas[498]; no nosso entender, também merecia ser referida no trecho atinente ao controlo dos actos de *batota* e naquele que versa os mecanismos de dissuasão.

3.4. Transparência

A transparência do mercado significa que os seus membros têm conhecimento completo de todos os factores relevantes do mesmo[499], tocando pontos tão distintos como preços, capacidade de fabrico, quantidades produzidas, despesas publicitárias, investigação e desenvolvimento. Posto que fornece às empresas dados acerca da vontade e da conduta das outras, é decisiva para o processar da coordenação.

Mercê da transparência, é mais simples reconhecer pontos focais e atingir um amanho de negócios aceitável e conveniente para todos os interessados. Na míngua de informação sobre preços, quantidades vendidas e custos das concorrentes, bem como sobre a procura que a estas se

495 Decisão de 24.4.1996, *Gencor/Lonrho*, JO L 11, de 14.1.1997, p. 30, n.os 143 ss..

496 Decisão de 14.12.1993, JO L 186, de 21.7.1994, n.º 57. Em sentido convergente – homogeneidade dos bens propicia dominação conjunta –, decisões de 20.12.2001, *Shell/ /DEA*, JO L 15, de 21.1.2003, n.os 78-79 e *BP/E.ON*, JO L 276, de 12.10.2002, p. 31, n.os 69-70.

497 Decisão de 11.8.2000, n.º 40, *in fine*. Outrossim, dec. de 19.7.2004, *Sony/BMG*, n.º 110 (entre outros).

498 N.º 45.

499 Avelãs Nunes, *Economia Política...*, p. 348.

dirige, as empresas são incapazes de alcançar a coordenação. E só quando, por saber as cartas com que as antagonistas jogam, for possível detectar imediatamente desvios e num pronto reagir, pode aquela ser estável e duradoura. Se esse pressuposto não se verificar, quem faz *batota* descendo preços conquistará clientela aos rivais sem que isso ateie contragolpe destes (afinal, não sabem se a procura que se lhes dirige regrediu em virtude de *cheating* ou por qualquer outro motivo)[500]. É apropositado lembrar a teoria dos superjogos com informação imperfeita. Logo aí, assinalámos que faltas de informação e flutuações aleatórias da procura geram dificuldade em descortinar atitudes relapsas e provocam guerras de preços, pois as empresas não sabem se a queda destes é resultado de *chiselling* ou de oscilação fortuita da procura.

Em certo sentido, a transparência é uma espécie de supracaracterística do mercado, que procede de pontos tão diversos como o número módico de vendedores[501], as semelhanças entre eles[502], a homogeneidade do produto, a estabilidade da procura, a dimensão e frequência das transacções, as práticas facilitadoras e a existência de laços estruturais[503].

Atente-se que a transparência faz diminuir os gastos dos consumidores na busca do produto oferecido com melhores condições e, nessa

---

[500] A propósito, GIRSCH, *Fusionskontrolle...*, p. 40, RIDYARD, «Economic...», pp. 259-260, BRIONES, «Oligopolistic...», p. 342, BRIONES/PADILLA, «The Complex...», p. 308, VENIT, «Two steps...», p. 1130, MATHIJSEN «Oligopolistic...», p. 178, ANDERSSON, *Collective...*, p. 35, LEIBENATH, *Die Rechtsprobleme...*, pp. 261-262, KLOOSTERHUIS, «Joint...», p. 83, IVALDI/JULLIEN/REY/SEABRIGHT/TIROLE, *The Economics of Tacit Collusion*, p. 22, JENNY, «Collective...», p. 366 e BISHOP/LOFARO, «A legal...», p. 214. Em termos muito genéricos, HERVÉ DUMEZ/ALAIN JEUNEMAÎTRE, *A Concorrência na Europa. Novas regras para as empresas*, tradução de MARIA DO CÉU S. PEREIRA/JOÃO P. NOGUEIRA MARTINS, Porto, 1993, pp. 31-32.

[501] Estivesse a oferta atomizada, a custo se deslindaria a acção de quem reduz o preço.

[502] Havendo grandes diferenças entre as empresas e/ou entre os artigos que produzem, as exigências de informação necessárias para concertar atingem tal grau que as empresas já não conseguiriam fazê-lo de feição tácita.

[503] Ver EUROPE ECONOMICS, *Assessment...*, pp. 32-33 e 43; HEWITT, «Oligopoly...», pp. 157 ss.; KANTZENBACH/KOTTMANN/KRÜGER, *New Industrial...*, p. 39. O dito em texto é reconhecido nas Orientações para apreciação das concentrações horizontais, em cujos n.os 45 e 48 – respeitantes ao acordar das condições de coordenação – não se fala da transparência, mas de alguns factores que a ensejam. Nesse mesmo documento, outorga-se à transparência papel decisivo já em matéria de controlo dos desvios, já dos mecanismos de dissuasão – n.os 49-50 e 53, respectivamente.

medida, pode animar as empresas ao *cheating*[504]. Porém, este fenómeno não atinge intensidade susceptível de pôr em causa a asserção para que apontam os parágrafos antecedentes: a transparência favorece a coordenação.

O direito comunitário reconheceu o papel decisivo da transparência no surtir de efeitos coordenados das concentrações. Na decisão *Gencor/ /Lonrho*, atestou-se ser elevada a transparência no sector da platina – em matéria de preços, quantidades produzidas e vendidas, aumentos de capacidade efectuados no quadro de novos projectos de investimento e de reservas totais dos produtores –, não tendo a Comissão rebuço em sustentar que isso facilitava a adopção de comportamentos paralelos anticoncorrenciais[505]. Por raciocínio simétrico, a fraca transparência de preços apurada em *Pilkington-Techint/SIV* ajudou a decidir no sentido da improbabilidade de coordenação lesiva da sã concorrência[506].

3.5. **Estabilidade das condições de mercado**

É difícil alinhar vontades quando as condições do mercado não são estáveis e se encontram sujeitas a mudança. As empresas não vislumbram ganhos cooperativos a longo prazo – afinal, a situação relativamente à qual concertam em breve sofrerá temperamentos e modificações – e tendem a organizar os seus negócios de forma individual, de molde a arrecadar vantagens no imediato.

---

[504] É uma nota de MØLLGAARD e OVERGAARD, citados em EUROPE ECONOMICS, *Assessment...*, p. 32, n. 47.

[505] Decisão de 24.4.1996, JO L 11, de 14.1.1997, p. 30, n.º 148. Na lide que teve por objecto o pedido de anulação da decisão, o TPI confirmou o acerto do escrutínio – sentença de 25.3.1999, *Gencor, Col.* 1999, II-753, n.º 229. Outrossim, nas decisões *Shell/ /DEA* (de 20.12.2001, *in* JO L 15, de 21.1.2003, n.os 112 ss.) e *BP/E.ON* (com a mesma data, publicada no JO L 276, de 12.10.2002, n.os 102 ss.) entendeu-se que o mercado do etileno era suficientemente transparente para permitir a coordenação tácita entre os dois novos líderes.

[506] Decisão de 21.12.1993, JO L 158, de 25.6.1994, p. 24, n.º 63. As listas de preços são elemento relevante para propiciar transparência (cfr. ANDERSSON, *Collective...*, p. 36). *In casu*, ou não havia tais listas ou, quando existiam, tinham relevo menoscabável (em virtude dos descontos concedidos individualmente aos compradores) – n.º 36.

Podemos distinguir quatro fases "clássicas" de desenvolvimento do mercado: experimentação, expansão, maturidade e estagnação. São as duas últimas que, atendendo à relativa estabilidade das características do mercado que nelas se verifica, oferecem o terreno mais fértil para a concertação vicejar. Importa, ainda assim, fazer uma ressalva. Quando o mercado se abeira do fim em virtude de o ciclo de vida do produto ou das tecnologias estar a terminar, as empresas sentem-se pouco inclinadas à concertação, dado que a perspectiva de ganhos cooperativos futuros é pouco animadora (o "jogo" está perto do fim)[507].

Quando cravamos a atenção na estabilidade das condições de mercado, há dois pontos que, de maneira primaz, têm de ser contemplados: o *progresso técnico* e a *evolução da procura*. Aquele tolda a projecção feita com base em factores dominantes num certo momento e torna a rendibilidade a longo prazo dependente de decisões voltadas para o futuro. Em consequência, é menor o interesse do oligopolista em aderir às estruturas, necessariamente mais indolentes, da concertação[508]. Por outra banda, o facto de o arranjo ter de ser ajustado a elementos que se alteram com o decurso do tempo obriga a renegociar os seus termos, daí podendo advir desentendimentos entre as empresas. Com isto, os custos de transacção agravam-se. Acresce que, quanto mais dinâmico for o mercado, mais exigentes são as estruturas de informação de que as empresas carecem para coordenar os seus gestos (eventualmente, não o conseguem fazer sem recorrer a colusão activa). O presente arrimo argumentativo mostra que oligopólios marcados por assinalável dinamismo e desenvolvimento tecnológico são os menos propensos à concertação[509]. Finalmente,

[507] GUGLER, «Principaux...», p. 925; LEIBENATH, *Die Rechtsprobleme...*, p. 264; WOLF, «L'appréciation...», p. 49. Ver também JONES/GONZÁLEZ-DÍAZ, *The EEC...*, p. 175.

[508] Cfr. KANTZENBACH/KRUSE, *Kollektive...*, pp. 54-55, GIRSCH, *Fusionskontrolle...*, p. 41 e LEIBENATH, *Die Rechtsprobleme...*, p. 264.

[509] Cfr. GEORGE HAY, «Oligopoly...», pp. 449-450; KANTZENBACH/KOTTMANN/KRÜGER, *New Industrial...*, pp. 36 e 39; CANGEMI, «Contrôle...», p. 136; SLADE/JACQUEMIN, «Strategic...», pp. 50-51; KLOOSTERHUIS, «Joint...», p. 84; NITSCHE/THIELERT, «Die ökonomische...», p. 258; BISHOP/LOFARO, «A legal...», p. 214. IVALDI/JULLIEN/REY/ /SEABRIGHT/TIROLE (*The Economics of Tacit Collusion*, p. 32) observam que a inovação pode permitir a uma empresa obter vantagem significativa sobre as outras, o que reduz o valor da coordenação futura e o *quantum* de prejuízo – leia-se: de represália – que as demais serão capazes de infligir.

não fique por registar que a fracas taxas de inovação se associa amiúde a homogeneidade do produto[510], conluiando-se os dois pontos no favor à cooperação.

No que toca à *procura*, é difícil haver coordenação duradoura se as quantidades não permanecem constantes. De certa forma, isso leva as empresas a deixar de "jogar o mesmo jogo". Estabelecendo uma ponte com o problema das fases por que o mercado passa, é complicado coordenar estratégias naqueles oligopólios recentes e em período de desenvolvimento, nos quais a procura está crescendo a ritmo vivo. A perspectiva de ganhar parcela graúda do mercado constitui estímulo forte para o *chiselling* e pode profligar qualquer esforço de cooperação[511]. Já quando a procura se encontra estagnada ou apresenta ritmo lento de crescimento, concorrer significa pelejar pelas parcelas de mercados detidas por outrem, o que pode ser prejudicial para qualquer dos concorrentes; afigura-se-lhes muito mais proveitoso cooperar a fim de manter as quotas que possuem[512].

Voltando a rememorar o escrito em matéria de superjogos com informação imperfeita – nomeadamente o modelo de GREEN e de PORTER –, quebras de procura são passíveis de criar a ideia de que ocorreu desvio por parte de um concorrente, levando a empresa a desencadear guerras de preços (que, nesta perspectiva, seriam mais frequentes em períodos de recessão)[513]. Já nas construções de outros autores[514], semelhantes refregas são mais plausíveis em fases de prosperidade e de procura abundante, pois aí há mais incentivos à *batota* e os meios de castigo que o futuro trará são menos efectivos (porque a procura acaba por regressar a níveis inferiores). Uma coisa é certa: as variações da procura prejudicam o êxito da concertação.

---

[510] GUGLER, «Principaux...», p. 925, MATHIJSEN «Oligopolistic...», p. 177 e JUAN BRIONES/JAIME FOLGUERA/ANDRÉS FONT/EDURNE NAVARRO, *El Control...*, p. 206.

[511] Cfr. EUROPE ECONOMICS, *Assessment...*, p. 34. Em parte, IVALDI/JULLIEN/ /REY/SEABRIGHT/TIROLE (*The Economics of Tacit Collusion*, p. 27) divergem, notando que, nos mercados com número *fixo* de participantes, a coordenação é mais fácil de manter quando a procura está em crescimento – os ganhos que se consegue no presente são diminutos quando comparados com aqueloutros a obter no futuro (ver, também, as observações feitas pelos Autores na p. 28).

[512] ANDERSSON, *Collective...*, pp. 50-51 e JUAN BRIONES/JAIME FOLGUERA/ANDRÉS FONT/EDURNE NAVARRO, *El Control...*, p. 208.

[513] Ver também NITSCHE/THIELERT, «Die ökonomische...», p. 258 e BISHOP/LOFARO, «A legal...», p. 213.

[514] ROTEMBERG e SALONER, *apud* EUROPE ECONOMICS, *Assessment...*, p. 34.

A prática comunitária acolita estas teses. No processo *Nestlé/Perrier*, a maturidade da tecnologia e a circunstância de a investigação e desenvolvimento não desempenharem subido papel concorriam para a criação de posição dominante duopolística no mercado francês das águas engarrafadas[515]; permanecendo na mesma linha, assinalou-se no caso *Gencor/ /Lonrho* que os progressos a nível das técnicas de extracção de platina eram lentos, não se prevendo que avanços tecnológicos em tal plano viessem a postar-se como fonte de concorrência vivaz[516]. Em *Pilkington-Techint/SIV*, registou-se que a inovação conduzia à diferenciação dos produtos, assim dificultando a emergência de comportamento paralelo anticoncorrencial[517]. O caso *Alcan/Alusuisse* também elucida, contendo trecho paradigmático: «O mercado das chapas litográficas é um mercado em estagnação devido à redução da procura por parte da indústria tipográfica, dado o desenvolvimento de novos meios de comunicação sem recurso ao papel, tais como os suportes electrónicos e a internet. Os mercados em estagnação são mais propícios à adopção de comportamentos paralelos do que os mercados em forte crescimento, que possuem mais atractivos à entrada de novos concorrentes e oferecem mais incentivos aos agentes existentes para aumentarem a sua quota de mercado (...)»[518]. Nas decisões *Shell/DEA* e *BP/E.ON*, a circunstância de o mercado do etileno ser maduro e de nele não se registar inovação significativa contribuiu para estabelecer a existência de posição dominante conjunta[519].

Quanto às condições da procura, notou-se na decisão *Gencor/Lonrho* que um mercado estável e com crescimento (apenas) moderado da procura não incentivava novos concorrentes a entrar e nem sequer motivava os competidores já estabelecidos a gizar estratégias tendentes a conseguir o favor da (pouca) procura suplementar[520]. No caso *France Télécom/ /Orange*, a circunstância de certo mercado ser emergente e de nele se verificar crescimento da procura foi relevante para concluir não ser provável que a concentração em causa originasse dominação conjunta[521].

---

[515] Decisão de 22.7.1992, JO L 356, de 5.12.1992, p. 1, n.º 126.

[516] Cfr. decisão de 24.4.1996, JO L 11, de 14.1.1997, p. 30, n.º 153.

[517] Decisão de 21.12.1993, JO L 158, de 25.6.1994, p. 24, n.º 42.

[518] Decisão de 14.3.2000, JO L 90, de 5.4.2002, n.º 96.

[519] Decisões de 20.12.2001, *in* JO L 15, de 21.1.2003, n.os 78 e 80 e JO L 276, de 12.10.2002, n.os 69 e 71, respectivamente.

[520] Decisão de 24.4.1996, JO L 11, de 14.1.1997, p. 30, n.º 151.

[521] Decisão de 11.8.2000, n.º 40.

Nas perícopes dedicadas ao acordar das condições de coordenação e ao controlo do *chiselling*, o texto das Orientações casa bem com todo este discurso segundo o qual os contextos instáveis e a inovação prejudicam o sucesso do aguisamento em comum de negócios[522].

3.6. **A questão do excesso de capacidade**

Em princípio, a concertação estável é prejudicada pelo excesso de capacidade de fabrico. Com efeito, dispondo a empresa de meios de produção por utilizar, é tentada a embaratecer os produtos para vender mais (assim aproveitando os equipamentos que estão por usar), o que redunda em pouca plausibilidade de sobrevivência de processos de concerto[523]. O pendor não se inverte quando ao excesso de capacidade se junta decréscimo da procura provocado por recessão económica: embora fosse natural que as empresas se quisessem defender por via da concertação de uma provável baixa de preços, é o incentivo ao *chiselling* que vai vingar, porquanto num sector em recessão e no qual a procura está a decrescer não se aguardam, no longo prazo, vantagens do concerto[524].

Só que, sob outro ângulo, os excessos de capacidade actuam em sentido favorável à estabilidade da coordenação, porquanto outorgam aos operadores que pretendem retaliar desvios um meio poderosíssimo de o fazer: como têm equipamentos disponíveis, estão em condições de lançar grandes quantidades no mercado[525].

O ponto de partida para vaticinar se os excessos de capacidade jogam ou não a favor da concertação deve ser dado pelas estruturas de custos e, nomeadamente, pela existência de investimentos irreversíveis. Vejamos a lógica. Conquanto a capacidade de fabrico livre encoraje ao *cheating* (materializado numa descida do preço que possibilite aumentar

[522] Cfr. n.os 45 e 50.

[523] Tendência tanto mais forte quanto maior a percentagem representada pelos custos fixos no total de gastos da empresa: esta tem toda a vantagem em reparti-los por volume de produção tão grande quanto possível.

[524] *Vd.* Kantzenbach/Kruse, *Kollektive...*, pp. 55-56, Girsch, *Fusionskontrolle...*, p. 40 e Andersson, *Collective...*, p. 41.

[525] EUROPE ECONOMICS, *Assessment...*, p. 34 e Andersson, *Collective...*, p. 42.

o volume de vendas), ele só terá lugar se os ganhos que proporciona no curto prazo forem superiores aos que derivam, no longo prazo, da cooperação. E isto depende da irreversibilidade dos investimentos – que amarra a empresa ao mercado – e do tempo durante o qual um factor de produção está adstrito a certa aplicação económica: quanto maiores forem, menos atractivos são os actos de *batota*, cujos frutos no curto prazo serão decerto sobrepujados pelas perdas que, no longo prazo, advêm da retorsão levada a cabo pelos concorrentes[526].

No ocurso de irreversibilidades, o incentivo ao *cheating* é ainda menor se a coordenação entre as empresas tiver por alvo restringir capacidades. Neste caso, a *batota* materializar-se-ia no aumento da capacidade de fabrico. Ora, se este se traduz em investimentos irreversíveis, a empresa fica mais vinculada ao mercado e está sobremodo exposta a represálias por parte das rivais, o que a motiva a permanecer fiel ao alinhamento. Tendência acentuada pelo facto de a irreversibilidade determinar que o *cheating* não é passível de retrocesso – a empresa já fez os investimentos e não pode voltar atrás – nem é fácil de ocultar aos competidores[527].

No direito comunitário, tem pesado a ideia de que o excesso de capacidade prejudica a concertação. No processo *AKZO/Nobel Industrier*, a inexistência de preocupações ligadas à criação ou ao reforço de posição dominante conjunta baseou-se, entre outros motivos, na circunstância de os três produtores remanescentes no mercado disporem de equipamentos por utilizar e de qualquer deles estar apto a ampliar a produção no curto prazo[528]. Na decisão *Glaverbel/PPG*, embora a oferta pós-operação ficasse muito concentrada (um dos mercados em análise era ocupado, em mais de 85 %, pelas quatro maiores empresas), não havia risco de dominação colectiva, já que estavam na forja importantes aumentos de capacidade[529] [530].

---

[526] Cfr. KANTZENBACH/KRUSE, *Kollektive...*, p. 52 e KANTZENBACH/KOTTMANN/KRÜGER, *New Industrial...*, p. 19.

[527] Ver KANTZENBACH/KRUSE, *Kollektive...*, pp. 52-53.

[528] Decisão de 10.1.1994, n.º 18.

[529] Decisão de 7.8.1998, n.º 22 (ver também, a propósito de outro dos mercados sob escrutínio, o n.º 26).

[530] Nas Orientações, *vd.* a parte inicial do n.º 49: «As empresas que participam numa coordenação são muitas vezes tentadas a aumentar as suas quotas de mercado

3.7. **Actuação em diversos mercados**

Ao referir a "escola das ameaças cruzadas", dissemos que Corwin Edwards, pensando nos conglomerados, sustentou que os contactos entre as empresas em diversos sectores eram passíveis de redundar em afrouxamento do páreo entre elas. O correr do tempo veio roborar a tese.

Tais contactos aumentam a frequência da interacção entre as empresas e facilitam o abeiramento de vontades, na medida em que ampliam as possibilidades de observar as concorrentes, de lhes enviar sinais contendo intenções e propósitos e de delas receber informações. As hipóteses de apurar actos de *batota* crescem, porque, havendo (mais) compradores comuns aos mesmos vendedores, se um destes reduz preços, torna-se mais fácil para os outros detectá-lo[531]. *Last but not least*, o potencial para exercer represálias multiplica-se, pois a empresa que defraudar a concertação em certo mercado pode ser alvo de correctivo num outro em que actue. Por tudo isto, o desfecho surge irrefutável: a coordenação e a respectiva estabilidade são favorecidas pela presença em vários mercados[532].

No processo *Gencor/Lonrho*, observou-se que, mesmo antes de a concentração ter lugar, o mercado da platina apresentava múltiplas características possibilitando e incentivando a adopção de comportamento paralelo, entre elas a presença dos fornecedores em vários mercados[533]. Mais se avançou que os «(...) contactos a nível dos vários mercados (...) podem disciplinar os membros de um oligopólio através dos riscos de

---

desviando-se das condições de coordenação, por exemplo (...) aumentando (...) a capacidade (...)».

[531] Ver Scott, «Multimarket...», pp. 226-227 e 232; Kantzenbach/Kottmann/Krüger, *New Industrial...*, pp. 54 e 73; Ivaldi/Jullien/Rey/Seabright/Tirole, *The Economics of Tacit Collusion*, p. 48.

[532] Cfr. Girsch, *Fusionskontrolle...*, pp. 41-42, Kantzenbach/Kruse, *Kollektive...*, p. 57, Andersson, *Collective...*, p. 46, Pedro Verga Matos/Vasco Rodrigues, *Fusões...*, p. 162, n. 125 e Bishop/Lofaro, «A legal...», pp. 205 e 220.

Deflui do escrito em texto que de maneira nenhuma assentimos no que vemos em EUROPE ECONOMICS, *Assessment...*, quadro da p. 37, onde se dá a perceber que os contactos em vários mercados só se reflectem no potencial retaliatório das empresas, não na capacidade de atingir o acordo e de detectar o *cheating*.

[533] Decisão de 24.4.1996, JO L 11, de 14.1.1997, p. 30, n.º 141, alínea *b)*.

retaliação, devido à existência de um elevado número de possibilidades de retaliação, se um membro do oligopólio tiver um comportamento inaceitável para os outros membros (...)»[534].

Nas Orientações, invoca-se a coabitação entre as empresas em vários mercados no âmbito dos mecanismos de dissuasão (n.º 55). A referência peca por tardia, pois também devia ter lugar em matéria de acordo das condições da concertação e em sede de controlo dos desvios.

3.8. Ausência de poder da procura. Transacções frequentes, regulares, de pequeno/médio calibre

Para a coordenação ter êxito, deve faltar o "poder da procura"[535], ou seja, os adquirentes não devem estar habilitados a contrabalançar o poder dos vendedores, a funcionar como um *countervailing power*. Quando tal capacidade exista – mormente em virtude da aquisição de avultadas quantidades –, dar-se-á acesa refrega entre os vendedores, cada um tentando obter para si o negócio de avantajado calibre. Chegar a consensos, alcançar composição de interesses que agrade a todos os vendedores, volve-se, nessas circunstâncias, impossível.

Se os ofertantes têm diante de si uma grande massa de compradores de pequena dimensão – corresponde a forma de ausência de poder da procura –, para os concorrentes é fácil detectar reduções de preço que dão corpo a actos de *batota*. STIGLER mostrou-o bem em 1964. Segundo o Professor de Chicago, o oligopolista não tem vantagem em ludibriar a concertação por intermédio de redução secreta de preços a favor do comprador cuja procura representa uma pequena parte do seu volume de vendas. Para que tal acto se revelasse frutuoso, era preciso que muitos outros (pequenos) adquirentes dele tomassem ciência e encaminhassem a sua demanda para quem se subtraiu à coordenação. Todavia, não há forma de noticiar tantos adquirentes sem alertar os rivais. Os oligopolistas tendem, portanto, a permanecer fiéis ao grupo quando venderem a com-

[534] Decisão de de 24.4.1996, JO L 11, de 14.1.1997, p. 30, n.º 158. Ver também a decisão de 22.7.1992, *Nestlé/Perrier*, JO L 356, de 5.12.1992, p. 1, n.º 123, segunda parte, *in fine*.

[535] A propósito do poder da procura, *vd.* o nosso *A posição...*, pp. 57 ss. e 115-116.

pradores que, individualmente considerados, pouco significam no seu volume de negócios[536]. Ao contrário, nas vendas às grandes cadeias de distribuição, naqueles casos em que as condições são discutidas em concreto – grandes transacções industriais; fabrico por encomenda – e/ou o número de transacções e de compradores é reduzido, é mais simples manter em segredo os pormenores do negócio e a plausibilidade de cooperação duradoura é menor[537].

Escrutinando as Orientações, verificamos que imputar a um cliente força suficiente para servir de contrapeso aos vendedores significa mais do que dizer, *sic et simpliciter*, que aquele tem avantajada dimensão. O poderio em causa reporta-se à capacidade de negociação com quem vende, aferindo-se por parâmetros como a envergadura do comprador, a sua importância comercial para o ofertante e a capacidade de mudar, num prazo razoável, para fornecedores alternativos[538].

---

[536] «A Theory...», p. 47.

Havia outra situação que, segundo STIGLER, tendia a manter o vendedor oligopolista fiel à concertação: o confronto com clientes que dão a conhecer os preços que lhes são propostos para a aquisição de bens ou serviços (por exemplo, o Estado). Aí, salvaguardando situações ilícitas, a *batota* materializada em abatimento secreto de preços é impossível. Ao invés, a cooperação já se afiguraria muito limitada em sectores nos quais os compradores de maior dimensão não são sempre os mesmos (por exemplo, na construção civil: *determinada* grande empresa só por uma vez pretenderá que lhe construam uma fábrica). Em tais casos, é difícil ao globo de oligopolistas saber se o rival que prometeu as melhores condições a quem fez a encomenda é ou não *price-cutter* («A Theory...», p. 48).

[537] Cfr. KANTZENBACH/KRUSE, *Kollektive...*, pp. 43-44; GIRSCH, *Fusionskontrolle...*, pp. 34-35; ALFREDO MARQUES, «Concentrações...», p. 36. Na mesma linha, escrevendo que, quanto mais concentrada estiver a procura, menos provável é a *collusion* com sucesso por parte dos vendedores, POSNER, «Oligopoly...», p. 1603.

[538] Orientações, n.º 64. A Comissão dá exemplos de exercício efectivo de poder da procura, *v.g.*: ameaça credível, feita pelo adquirente, de desencadear processo de integração vertical abrangendo o mercado a montante ou de apoiar, nesse mesmo mercado, a entrada ou a expansão de novos operadores garantindo-lhes encomendas de vulto; possibilidade de recusar ou de diferir a aquisição de outros artigos fabricados pelo fornecedor (viável, sobretudo, estando em causa bens duradouros) – n.º 65 [quanto ao patrocínio de ingresso no mercado a montante, uma empresa pode não ter interesse em obrá-lo no caso de os benefícios dessa entrada em termos de redução de custos (mormente, de matérias-primas) puderem reverter também a favor dos seus competidores (n.º 66)]. A título suplementar, *vide* EUROPE ECONOMICS, *Assessment...*, pp. 35-36 e JUAN BRIONES/JAIME FOLGUERA/ANDRÉS FONT/EDURNE NAVARRO, *El Control...*, p. 219.

No fundo, o texto das Orientações corrobora o que já sucedia no direito europeu. Na sua *praxis*, a Comissão não se centrou apenas no grau de concentração da procura – que, por ser elevado, não significava forçosamente que pusesse freio à actuação de quem oferecia[539] –, ateve-se igualmente a pontos como a capacidade de os adquirentes desviarem as suas disposições de compra. Na decisão *CVC/Danone/Gerresheimer*, um dos motivos por que se concluiu não haver perigo de criação ou reforço de posição dominante colectiva foi a possibilidade de os compradores se abastecerem junto de fontes diversas (podiam mesmo fazê-lo dentro de curto lapso de tempo)[540].

As considerações que viemos desfiando ajudam a ver mais longe. A plausibilidade da concertação é diminuta se as transacções forem pouco frequentes, ostentarem cadência irregular e se materializarem, de modo primordial, em encomendas de grande porte. Na verdade, porque avultadas, parecem ser rendosas; porque espacejadas no tempo, não há a perspectiva de tão cedo conseguir negócio assim quantioso. Face a tais perspectivas, os vendedores esforçam-se por conseguir o negócio a todo o custo, ainda que isso implique defraudar a concertação. O *cheating* não vai ser simples de apurar e, ainda que seja descoberto, as empresas rivais podem ter de esperar bastante tempo até surgir nova transacção que lhes conceda a possibilidade de, por via de uma baixa de preço, retaliar[541]. Nas Orientações, toca-se o problema da regularidade e da dimensão das transacções a propósito dos mecanismos de dissuasão. A referência tem cabimento. Porém, a Comissão andou mal ao não ter referido o ponto em matéria de controlo dos desvios, pois a existência de transacções frequentes, regulares, de pequena/média envergadura auxilia a desvendar actos de *batota*.

---

[539] Cfr. decisão de 24.4.1996, *Gencor/Lonrho*, JO L 11, de 14.1.1997, p. 30, n.º 150.

[540] *Vd.* decisão de 5.7.1999, n.os 35-36. Outrossim, dec. de 25.11.1998, *Enso/Stora*, JO L 254, de 29.9.1999, p. 9, n.º 91.

[541] *Vd.* Hewitt, «Oligopoly...», p. 160; Scherer/Ross, *Industrial...*, p. 306; Slade/ /Jacquemin, «Strategic...», p. 51; EUROPE ECONOMICS, *Assessment...*, quadro da p. 37; George Hay, «Oligopoly...», pp. 450-451. Ver, ainda, Ivaldi/Jullien/Rey/Seabright/ /Tirole, *The Economics of Tacit Collusion*, p. 19.

4. Práticas facilitadoras e laços estruturais

4.1. Práticas facilitadoras

As empresas adoptam certas atitudes que tornam mais simples o preenchimento dos requisitos da coordenação (designadamente, capacidade para alcançar arranjo comum de interesses, para detectar desvios e fazer cumprir o concertado). Trata-se das "práticas facilitadoras" (*facilitating practices*). Enquanto os "elementos de concretização" referidos no n.º **3** eram características do mercado que, em boa medida, fogem ao controlo das empresas, agora estamos perante variáveis que estas comandam[542]. As práticas facilitadoras englobam condutas que aligeiram os riscos próprios da coordenação, mitigando incertezas e reduzindo estímulos ao *cheating*. Por seu intermédio, as empresas tentam mudar algo na natureza do mercado a fim de, com isso, lograrem prosseguir comportamentos paralelos sem ter de recorrer a acordos[543].

As *facilitating practices* podem ser adoptadas por uma só empresa ou resultarem de acção colectiva, porventura a nível de toda a indústria. Elas incrementam a transparência do mercado e criam pontos focais, representando concurso de monta para o preenchimento dos três últimos requisitos que acima reputámos de essenciais à coordenação. Atentamos de seguida em alguns dos tipos que podem revestir.

Discursos públicos. A empresa pode servir-se de discursos públicos para dar a conhecer aos competidores os seus propósitos e intenções, designadamente em matéria de preços e de planos de produção. Trata-se de mensagens que, embora não vinculativas, deixam sinal precioso – um ponto focal – que pode guiar as outras no sentido de alinhar comporta-

---

[542] Cfr. EUROPE ECONOMICS, *Assessment...*, p. 26, n. 43 (onde também se nota que as autoridades de defesa da concorrência podem proibir as práticas facilitadoras mas têm, normalmente, pouco controlo sobre os factores de mercado que simplificam a coordenação). Cfr., ainda, os n.os 47 e 51 das Orientações.

O que acabámos de dizer no texto sobre os "elementos de concretização" deve ser objecto de leve tempero. Rememorando o que se disse a propósito das barreiras estratégicas, elas são obra das empresas instaladas no mercado com o fim de evitar a entrada de *newcomers*.

[543] Cfr. HERRERO SUÁREZ, *El problema...*, p. 125.

mentos[544]. É um meio com grande préstimo em matéria de liderança de preços e integra aquilo que, na literatura anglo-saxónica, se cunha de *cheap talk*[545].

Fórmulas geográficas de preços. Quando vendedores e compradores se encontram dispersos por vasta área geográfica e os custos de transporte representam parte significativa do custo total, a coordenação é tarefa árdua: para saber o que as demais cobram, a empresa tem de apurar não apenas os preços de fábrica, mas também os custos de transporte suportados pelas rivais; praticando estas preço distinto para cada cliente geograficamente disperso, seria preciso obter informação acerca de múltiplos preços (considerando cada meio de transporte, cada cliente, cada estabelecimento).

O escolho é temperado por via de práticas que uniformizam o preço de transporte: *e. g.*, figurar, para todos os clientes de um país ou de uma região, um único custo de transporte calculado a partir de um ponto *ideal*, de um ponto-base[546].

Estandardização. A estandardização de produtos torna mais fácil atingir o alinhamento, porquanto elimina dimensões importantes da concorrência – qualidade, forma, características do bem – e permite que as empresas se centrem no plano dos preços. Isto faz com que se torne mais difícil o *cheating* sob a forma de descontos secretos, dado não haver diferenciação entre os produtos que o justifique[547].

Troca de informações. A troca de informações entre as empresas sarja vias para a coordenação, porque permite identificar aquilo que

---

[544] Cfr. EUROPE ECONOMICS, *Assessment...*, p. 38.

[545] HERRERO SUÁREZ, *El problema...*, pp. 125-126.

[546] *Vide* EUROPE ECONOMICS, *Assessment...*, p. 39; CRISTOFORO OSTI, *Antitrust e oligopolio. Concorrenza, cooperazione e concentrazione*, Bologna, 1995, p. 233; *id.*, «Il controllo...», p. 597; ARNDT, *Wirtschaftliche Macht...*, pp. 68-69; HERRERO SUÁREZ, *El problema...*, p. 126. Cfr., ainda, GEORGE HAY, «Oligopoly...», pp. 454-455.

[547] OSTI, *Antitrust...*, p. 231. Ver também HEWITT, «Oligopoly...», p. 157 e EUROPE ECONOMICS, *Assessment...*, p. 39. A estandardização facilita muito o acordar das condições de coordenação, mal se entendendo que não esteja incluída no ror de exemplos de práticas facilitadoras incluído no n.º 47 das Orientações. A explicação mais plausível que encontramos para tal omissão reside na circunstância de os (grandes) ganhos de eficiência que a estandardização de produtos traz superarem, regra geral, os seus efeitos anticompetitivos – *vd.* STEVEN C. SALOP, «Practices that (Credibly) Facilitate Oligopoly Co-ordination», *in* JOSEPH STIGLITZ/G. FRANK MATHEWSON, *New Developments in the Analysis of Market Structure*, reimpressão, Basingstoke, Hampshire/London, 1989, p. 279.

interessa a cada uma, possibilitando atingir consensos. Além disso, estando os oligopolistas na posse de dados a propósito dos preços e das vendas dos contendores, mais fácil se torna apurar se estes distraem do concertado.

A troca de informações processa-se de várias formas – *v. g.*, publicação de listas de preços – e é simplificada se as empresas integram certa organização que defenda e represente os seus interesses. Esta traz vantagens diversas: coligir e disseminar informações pelos membros, abrir canais de comunicação entre eles e, bem entendido, ameaçar de expulsão quem fizer *chiselling*[548]. Como nota OSTI[549], é a única prática facilitadora cujos efeitos se estendem desde o surgimento da coordenação até ao controlo e à punição dos desvios.

Cláusulas de acompanhamento da concorrência ("meeting competition"). Por elas se assegura ao adquirente de certo bem ou serviço não ter de pagar preço mais alto do que aquele que lhe for proposto por outros vendedores. Mediante a sua inserção, quem oferece é obrigado a igualar os preços sucessivamente praticados pelos rivais ou, em alternativa, a libertar o comprador da obrigação de aquisição.

Salta à vista que, por mor de semelhante cláusula, quem compra é estimulado a observar e a comunicar a quem vende os preços dos concorrentes deste, assim facilitando a descoberta do *cheating*. O incentivo a desvios na forma de redução de preços desaparece. Tivesse esta lugar, as empresas rivais reagiriam imediatamente com o mesmo gesto (por força da cláusula "*meeting competition*") e todas ficariam a perder[550].

Cláusulas do cliente mais favorecido. Mediante a sua inserção em contratos, o vendedor obriga-se a exigir de certo adquirente preço não superior àquele que cobra a qualquer outro dos que junto de si compram.

Se for garantido aos clientes actuais que (também) beneficiarão de reduções de preços futuras, tal acarreta efeitos favoráveis para o concerto. Semelhante cláusula anemiza o incentivo a descer preços *in futuro* e

---

[548] Cfr. EUROPE ECONOMICS, *Assessment...*, pp. 39-40, KANTZENBACH/KRUSE, *Kollektive...*, pp. 44, SLADE/JACQUEMIN, «Strategic...», p. 52, HEWITT, «Oligopoly...», p. 157, GIRSCH, *Fusionskontrolle...*, p. 35 e OSTI, «Il controllo...», p. 597. Outrossim, GEORGE HAY, «Oligopoly...», p. 454.

[549] OSTI, *Antitrust...*, p. 222.

[550] EUROPE ECONOMICS, *Assessment...*, p. 40, OSTI, *Antitrust...*, p. 229, HEWITT, «Oligopoly...», p. 158, SALOP, «Practices...», p. 279 e HERRERO SUÁREZ, *El problema...*, pp. 126-127, n. 44.

limita os ganhos provindos de actos de *batota*, porquanto o desconto outorgado a certo comprador teria de o ser a todos os que da cláusula beneficiam. Isto dá aos concorrentes um indício de que o vendedor não assumirá posturas agressivas e fornece um ponto focal[551].

Integração vertical descendente e fixação dos preços de revenda ("resale price maintenance"). Àquela já fizemos referência. A última consiste na determinação, por parte do fabricante, do preço que o distribuidor há-de cobrar.

Ambas facilitam a descoberta e a punição dos actos de *cheating*. Os preços finais são mais simples de observar do que os de fábrica. Na falta de uma das práticas referidas, o industrial não sabe se modificações do preço final se devem a *batota* por parte de um concorrente ou a alterações nas margens de comercialização dos distribuidores. Nessas circunstâncias, desvelar o *chiselling* é tarefa espinhosa. Ao invés, na sua presença, ao industrial basta observar o preço de retalho para saber se algum dos seus pares se desviou. A concertação é igualmente aplanada na fase da distribuição, pois o retalhista que *motu proprio* baratear os bens está sujeito a sanções da parte do fornecedor, que deixa de o abastecer[552].

No direito comunitário, respigamos um exemplo em que é paradigmática a conjugação da prática facilitadora com o incremento da transparência e, por essa via, com a plausibilidade da concertação. No caso *Nestlé/Perrier*, apurou-se que as empresas *Perrier*, *Vittel* e *BSN* publicavam preços de tabela que ministravam referência preciosa a partir da qual era possível concertar preços (dito de outra maneira, elas criavam magníficos pontos focais); além disso, puseram em prática mecanismo de troca regular de informações relativo às quantidades vendidas em cada mês, assim permitindo a qualquer delas acompanhar de maneira permanente a evolução das vendas das outras[553].

---

[551] Cfr. EUROPE ECONOMICS, *Assessment...*, p. 40; OSTI, *Antitrust...*, pp. 228-229; GEORGE HAY, «Oligopoly...», pp. 455-456; *id.*, «Practices...», pp. 196-197; SALOP, «Practices...», p. 273; LUÍS CABRAL, *Economia Industrial*, Lisboa e (muitas) outras, 1994, p. 73.

[552] *Vd.* HEWITT, «Oligopoly...», p. 158, EUROPE ECONOMICS, *Assessment...*, pp. 40-41 e OSTI, *Antitrust...*, pp. 235-236.

[553] Decisão de 22.7.1992, JO L 356, de 5.12.1992, p. 1, n.os 121-122. Após a concentração, estes instrumentos poderiam, inclusive, tornar-se dispensáveis (atendendo à diminuição do número de fornecedores e ao reforçado aumento da transparência – segunda parte do ponto 122).

As Orientações destinadas à apreciação das concentrações horizontais também reconhecem a importância das *facilitating practices*, mas só as referem em sede de alcance de acordo das condições de coordenação e de controlo dos desvios – ver n.os 47 e 51, respectivamente. Deviam tê-lo feito igualmente em matéria de mecanismos de dissuasão[554].

4.2. Laços estruturais

Como se registará noutro passo deste trabalho, é absolutamente indisputável – ao menos desde o acórdão do TPI no caso *Gencor*[555] – que a existência de laços estruturais entre as empresas não constitui requisito necessário para haver posição dominante colectiva (a interdependência oligopolística basta, oferece vínculo suficiente para se poder dizer que as empresas se alçapremam a tal estatuto). Todavia, quando tenham lugar, os laços estruturais favorecem a coordenação de comportamentos e o aparecimento de dominância conjunta. Eles distinguem-se das práticas facilitadoras na medida em que ligam duas ou mais empresas por meio de acordos. Como exemplos, citem-se *joint ventures*[556], partilha de canais de fornecimento ou de distribuição, acordos de fornecimento ou aqueles

---

[554] As considerações feitas neste parágrafo também valem para os laços estruturais (a seguir, no texto).

[555] Sentença de 25.3.1999, *Col.* 1999, II-753.

[556] A expressão *joint venture* dá guarida a um vasto sector de acordos vocacionados para a realização de empreendimento comum entre empresas. Eles assumem conformações jurídico-operacionais concretas muito distintas, podendo consubstanciar-se na mera criação de relações obrigacionais entre as partes (*contractual joint venture*) ou dar origem à criação de uma organização dotada de personalidade jurídica própria (*equity joint venture*) – J. A. Engrácia Antunes, *Os Grupos...*, pp. 98-99; no mesmo sentido, referindo a grande latidão de *joint venture* e a impossibilidade de lhe dar definição unitária, Ghezzi, *Le imprese...*, pp. XIV e 1. Vincenzo Donativi – *Impresa e gruppo nella legge antitrust*, Milano, 1996, pp. 190-191, n. 101 – também menciona o cariz amplo e genérico da *joint venture* e indica outros tipos de distinção que ela proporcionou.

Como exemplos de *joint ventures*, temos o consórcio – Coutinho de Abreu, *Curso de Direito Comercial*, vol. II, p. 34 – e a criação de empresa comum – Ghezzi, *ob. cit.*, pp. XV e 2; Valérie Rabassa, «Joint Ventures as a Mechanism that May Favour Co-ordination: An Analysis of the Aluminium and Music Mergers», *ECLR*, 2004, p. 771 (a Autora não o diz de forma expressa, mas pensamos que tem em mente a empresa comum).

que têm por objecto a investigação e desenvolvimento. Os vínculos estruturais possibilitam contacto mais próximo entre as empresas e engrossam as hipóteses de chegar a ajuste, de observar comportamentos alheios e de punir actos de *batota*[557].

O papel dos liames estruturais entre as empresas no aparecimento e na manutenção da coordenação estável foi reconhecido na *praxis* comunitária. Confirma-o a decisão *Exxon/Mobil*, na qual se observou que tal espécie de laços leva as empresas a conhecer as estratégias das outras, as suas estruturas de custos e os respectivos planos para o futuro[558]. Quanto aos tipos concretos de vínculos estruturais identificados no correr das decisões da Comissão, destacamos as relações de fornecimento[559].

5. **Existência de concertação no passado**

Se as empresas já demonstraram vezo de coordenação no passado, se já alinharam em conjunto os seus tratos (quer no mercado relevante, quer noutro mercado geográfico), isso pode dar sinal de que o voltarão a fazer[560]. De algum modo, representa a velha máxima *semel malus, semper malus*. Não nos parece muito exacto dizer que estamos aqui perante uma característica do mercado, prática facilitadora ou laço estrutural[561], por isso tratamos a questão em número autónomo. A dedução que se faz a partir de tendências pretéritas supõe que seja legítimo comparar os mercados no tempo e no espaço e isso depende de circunstâncias tão diversas como apurar se houve evolução tecnológica ou se o líder de mercado permanece o mesmo[562].

---

[557] Cfr. EUROPE ECONOMICS, *Assessment...*, pp. 38 e 41-42; IVALDI/JULLIEN/REY/ /SEABRIGHT/TIROLE, *The Economics of Tacit Collusion*, p. 53. A empresa comum é um dos factores que pode concorrer para a existência de efeitos coordenados – cfr. GHEZZI, *Le imprese...*, p. 39; GIAMPAOLO DALLE VEDOVE, *Concentrazioni...*, p. 303; RABASSA, «Joint...», pp. 772 (condicionado pela interpretação que indicámos na nota anterior).

[558] Decisão de 29.9.1999, n.º 480.

[559] Decisões de 21.12.1993, *Pilkington-Techint/SIV*, JO L 158, de 25.6.1994, p. 24, n.º 39 e de 13.7.1999, *Rhodia/Donau Chemie/Albright & Wilson*, n.º 54.

[560] Cfr., por exemplo, POSNER, «Oligopoly...», p. 1603, no fim.

[561] Conquanto uma das formas que a concertação assumiu no passado se possa materializar em acordos, em vínculos estruturais.

[562] EUROPE ECONOMICS, *Assessment...*, p. 88.

No caso *Kali + Salz/MdK/Treuhand*, a concertação ocorrida no passado [materializada em acordo que veio a ser declarado incompatível com o art. 85.º do Tratado CE (actual art. 81.º CE) e relativo, designadamente, à fixação das quantidades e da qualidade dos produtos à base de potássio exportados por cada uma das partes] foi tida como vaticinadora de coordenação, de dominância conjunta[563].

Já sabemos que, no oligopólio – em particular na falta de diferenciação do produto –, quando um operador barateia os bens, os outros são "obrigados" a segui-lo, sob pena de perder toda ou parte importante da clientela. Mas, se uma das empresas aumenta o preço, as demais não têm forçosamente de a seguir; muitas vezes, só o fazem se a sua conduta tiver sido alinhavada em comum. Desta sorte, subidas paralelas de preços podem revelar concertação e dar indícios para o futuro. Na decisão *Nestlé/ /Perrier*, verificou-se que os preços à saída da fábrica das cinco principais gamas de água mineral não gaseificada de três fornecedores tinham registado um aumento constante de forma paralela durante anos; a empresa que subia em primeiro lugar os preços era sempre seguida pelas outras duas; durante o período em consideração, não houve qualquer decréscimo dos mesmos. Assim sendo, a Comissão entendeu que o incentivo e a possibilidade de elevar os preços em conjunto já haviam sido reconhecidos pelas empresas, pelo que a concentração projectada só reforçaria a possibilidade de semelhante estratégia continuar a ser prosseguida (pela *Nestlé* e pela *BSN*)[564] [565].

6. **Síntese**

O momento é próprio para, em jeito de fixação dos conhecimentos adquiridos, dispor em síntese os determinantes da concertação. Fá-lo-emos por meio de um quadro (figura 2)[566]. Na coluna do centro, encon-

---

[563] Decisão de 14.12.1993, JO L 186, de 21.7.1994, n.º 57.

[564] Decisão de 22.7.1992, JO L 356, de 5.12.1992, n.os 59 e 124.

[565] Nas Orientações para apreciação das concentrações horizontais, ver no n.º 43 a menção à importância de coordenação anterior.

A concertação pretérita a que se olha tanto diz respeito a formas de alinho tácito como a modos de colusão activa – ver ROBERT/HUDSON, «Past...», p. 166.

[566] A ideia de fazer a súmula por via de um quadro surgiu quando consultámos aqueloutros constantes de EUROPE ECONOMICS, *Assessment...*, pp. IX, 29, 37, 41 e 119.

tramos as seis condições que lhe são indispensáveis. As colunas da esquerda e da direita ostentam, respectivamente, as características do mercado ("elementos de concretização") e os gestos das empresas (práticas facilitadoras e vínculos estruturais) que possibilitam o preenchimento dessas condições.

Figura 2 – Determinantes da concertação

	Estrutura da oferta: poucas empresas de avultada envergadura.	
Estabilidade das condições de mercado (*e. g.*, da procura). Transacções frequentes, regulares, de pequeno/médio calibre.	**Interacção repetida entre vendedores "pacientes".**	
Mercados maduros ou que pressagiem declínio.	**Obstáculos à entrada no mercado.**	
Semelhanças entre os produtores. Reduzidas elasticidade-preço e elasticidade-cruzada da procura global. Homogeneidade dos bens (todavia, atingida a concertação, favorece os desvios). Transparência. Estabilidade das condições de mercado. Presença em diversos mercados. Falta de poder da procura.	**Capacidade de atingir arranjo de interesses conveniente para todos os participantes.**	Discursos públicos. Fórmulas geográficas de preços. Estandardização. Troca de informações. Laços estruturais.
Semelhanças entre as empresas. Homogeneidade dos bens. Transparência. Estabilidade das condições de mercado. Presença em vários mercados. Ausência de poder da procura. Transacções frequentes, regulares, de pequeno/médio porte.	**Aptidão para detectar actos de desvio (*batota*, *cheating*, *chiselling*).**	Troca de informações. Cláusulas de acompanhamento da concorrência. Cláusulas do comprador mais favorecido. Integração vertical descendente e fixação do preço de revenda. Laços estruturais.
Semelhanças entre as empresas. Homogeneidade dos produtos. Transparência. Estabilidade das condições de mercado. Excesso de capacidade (desde que associado a grau alto de irreversibilidades). Actuação em distintos mercados. Transacções frequentes, regulares, de pequena/média grandeza.	**Meios que obriguem a respeitar a concertação.**	Troca de informações. Cláusulas de acompanhamento da concorrência. Integração vertical descendente e fixação do preço de revenda. Laços estruturais.

Neste capítulo I, viemos fazendo exposição dual, que conjugou dados da ciência económica com a *praxis* comunitária. No tocante à última, queremos deixar duas notas. Por um lado, ao analisar os problemas, a Comissão optou, em larga medida, por um escrutínio do género "lista de verificação" (destinado a apurar a presença deste e daquele factor determinante do concerto)[567]. Semelhante abordagem preponderou em detrimento de uma outra tendente a revelar, em perspectiva dinâmica, *como* se conjugam os factores que propiciam a coordenação. Por outro lado, não houve tendência constante que reconhecesse de maneira explícita os três requisitos de matriz essencialmente abstracta que reputámos de essenciais para a coordenação estável, antes se procurou, em primeira linha, verificar se estavam reunidos os elementos que de algum modo os condicionam.[568] As influências da teoria dos jogos – espelhando-se, sobretudo, na alusão aos mecanismos de represália – tardaram em fazer-se notadas.

Atente-se, por fim, que os "elementos de concretização" e as práticas facilitadoras/laços estruturais mencionados não são de aplicação cumulativa nem é necessário que todos estejam presentes para concluir que a operação de concentração projectada origina dominância conjunta.

7. **Referência ao acórdão *Airtours***

Na exposição que fizemos, aludimos várias vezes ao processo *Airtours/First Choice*, no qual a Comissão declarou, em Setembro de 1999, a incompatibilidade da concentração ideada com o mercado comum. Em Dezembro do mesmo ano, a *Airtours* interpôs recurso junto do TPI, solicitando-lhe que anulasse a decisão. A sentença do TPI foi proferida em audiência pública a 6 de Junho de 2002 e contém alguns pontos que, não importando alterações ao que dissemos nos números **1** a **6** do presen-

[567] Em alguns documentos da sua autoria, a própria Comissão apresentou sob a forma de "lista de verificação" as características que levam a concluir se existe posição dominante colectiva: *v. g.*, nas "Orientações relativas à análise e avaliação do poder de mercado significativo no âmbito do quadro regulamentar comunitário para as redes e serviços de comunicações electrónicas", JO C 165, de 11.7.2002, p. 6, n.º 97.

[568] Cfr. EUROPE ECONOMICS, *Assessment...*, p. 89.

te capítulo, merecem ser focados em número autónomo. Dizem respeito ao precisar de pressupostos da posição dominante colectiva – no aresto se nota abundosa influência da teoria dos jogos – e às exigências que, a nível de prova, se faz no sentido de identificar tal posição[569].

7.1. **Pressupostos da posição dominante colectiva**

Depois de confirmar que a interdependência oligopolística ministra vínculo capaz de originar posição dominante colectiva[570], o TPI procede à caracterização geral de tal estatuto no ponto 61 da sentença: ele é passível de resultar de uma concentração quando, atendendo às características do mercado relevante e à modificação introduzida na sua estrutura pela realização da operação, «(...) esta teria como resultado que, tendo consciência dos interesses comuns, cada membro do oligopólio dominante consideraria possível, economicamente razoável e portanto preferível adoptar de forma duradoura a mesma linha de conduta no mercado com o objectivo de vender acima dos preços concorrenciais, sem dever proceder à celebração de um acordo ou recorrer a uma prática concertada na acepção do artigo 81.º CE (...), e isto sem que os concorrentes actuais ou potenciais, ou mesmo os clientes e os consumidores, possam reagir de modo eficaz». Porquanto menciona tanto a conduta unitária no mercado como a possibilidade de comportamento autónomo face a concorrentes, clientes e consumidores, esta fórmula contém as limitações futuras da concorrência nas relações internas e nas relações externas (que continuam a valer como pressupostos da posição dominante conjunta).

No ponto seguinte do aresto (n.º 62), o TPI indica serem necessárias três condições para que a posição dominante colectiva assim definida seja criada[571]:

– em primeiro lugar, cada membro do oligopólio dominante deve poder conhecer o comportamento dos outros, a fim de verificar se adoptam ou não a mesma linha de conduta. O mercado deve ser de tal modo

---

[569] Cfr. Haupt, «Kollektive...», pp. 368-369.

[570] TPI, acórdão de 6.6.2002, *Airtours*, *Col.* 2002, II-2585, n.º 60.

[571] As condições são cumulativas – cfr. Andreas Bartosch, «Welche Dimension hat das "Neue" im Airtours-Urteil des EuG?», *EuZW*, 21/2002, p. 646.

transparente que permita a qualquer operador conhecer, de modo suficientemente preciso e imediato, a evolução do comportamento de cada um dos demais.

– em segundo lugar, é necessário que a coordenação tácita possa manter-se no tempo, deve subsistir o estímulo ao não afastamento da linha de conduta comum. Tem de haver factores que, de maneira duradoura, dissuadam as empresas de se apartar de tal linha de acção: cada oligopolista deve saber que um gesto concorrencial da sua parte dirigido a aumentar a quota de mercado provocará reacção dos concorrentes, pelo que todos ficarão a perder. Este segundo requisito integra os mecanismos de represália por comportamento que divirja do curso de conduta comum.

– em terceiro lugar, tem de ser provado que a reacção previsível dos concorrentes actuais e potenciais, dos clientes e dos consumidores não contraria os resultados esperados da linha de actuação em conjunto.

Os três requisitos vão encontrando concretização noutros passos do aresto. Quanto à transparência, o TPI notou ser preciso determinar se, no momento de tomar as suas decisões essenciais em matéria de capacidade, cada um dos grandes operadores turísticos em causa poderia ou não conhecer, com grau de certeza suficiente, as opções dos principais antagonistas. Só assim é que ele poderia estimar a capacidade total decidida pelos outros e estar certo de que, ao planificar a sua própria capacidade de determinada maneira, prossegue a mesma linha de conduta; sentir-se-ia, então, incitado a fazê-lo. Demais, o grau de transparência é relevante para, permitindo detectar as variações efectuadas pelos outros em matéria de capacidade, distinguir o *cheating* das simples adaptações lógicas à evolução volátil da procura e determinar se é de reagir em conformidade, aplicando sanções[572]. No tocante à segunda das três condições referidas, o TPI observou que, ao fazer análise prospectiva de mercado, a posição dominante colectiva não deve ser vista apenas num plano estático, num dado momento – o da concentração –, mas também de modo dinâmico, nomeadamente no que respeita à sua coerência interna, à sua estabilidade e ao facto de saber se o comportamento paralelo anticoncorrencial que ela pode gerar é susceptível de perdurar no tempo. Desta sorte, era necessário apurar se o interesse próprio de cada um dos maiores operadores turísticos (aumentar o lucro por via de concorrência) não era

---

[572] TPI, acórdão de 6.6.2002, *Airtours*, *Col.* 2002, II-2585, n.º 159.

passível de prevalecer sobre o interesse comum (restringir a capacidade a fim de elevar os preços); isso sucederia se não houvesse factores de dissuasão. É a possibilidade de exercer represálias que, demovendo os oligopolistas de desvios ao comportamento alinhado, assegura a coesão dos membros do oligopólio. Neste contexto, a Comissão não estava obrigada a provar a existência de um certo mecanismo de retorsão, mais ou menos rígido, mas deveria demonstrar a presença de factores de dissuasão suficientes para que cada um dos membros do oligopólio dominante não tivesse interesse em arredar-se do comportamento comum[573].

O que vai escrito a propósito da sentença *Airtours* sobeja para retirar as primeiras conclusões acerca da sua novidade e do seu alcance. Não há qualquer mudança consubstanciada na alteração dos factores que determinam a posição dominante colectiva. O que se fez foi precisar os seus pressupostos e explanar os elementos – já antes conhecidos e utilizados – que a condicionam[574]. Também se verifica que a sentença consagra as três condições (essencialmente) abstractas da concertação – capacidade de atingir alinhamento de interesses conveniente para todos, meios de descobrir os desvios e mecanismos que obriguem a respeitar a concertação –, autorizando-nos a apregoar que os juízes do caso *Airtours* aplicaram os ensinamentos da teoria dos jogos.

7.2. **A obrigação de apresentar "provas sólidas"**

Além do precisar de condições da posição dominante colectiva, o outro *apport* fundamental do aresto *Airtours* diz respeito a exigências no plano da prova.

O TPI reconheceu que a Comissão detinha certo poder discricionário, mormente versando as apreciações de ordem económica. O controlo pelo órgão jurisdicional deveria ser efectuado tendo em conta tal margem

---

[573] *Vd.* TPI, acórdão de 6.6.2002, *Airtours*, *Col.* 2002, II-2585, n.os 192-195.

[574] Em sentido convergente, BARTOSCH, «Welche Dimension...», pp. 647 e 649; HAUPT, «Kollektive...», p. 368. Não andam longe CHRISTINE HÖHN, «Kollektive Marktbeherrschung vor und nach der Airtours-Entscheidung des EuG», *RIW*, 1/2003, pp. 68 e 69, nem mesmo ALI NIKPAY e FRED HOUWEN, «Tour de Force or a Little Local Turbulence? A Heretical View on the *Airtours* Judgement», *ECLR*, 2003, pp. 197-198 e 202.

de análise subjacente às normas de carácter económico que integram o regime das concentrações. Porém, isso não exonerava a Comissão de um escrutínio cuidado das circunstâncias relevantes para o juízo sobre os efeitos da concentração. Reportando-se à decisão *Price Waterhouse/ /Coopers & Lybrand* e ao aresto *Kali & Salz* (do TJCE), o TPI determinou que, se a Comissão entende que uma operação deve ser proibida porque vai criar dominância conjunta, compete-lhe apresentar "provas sólidas" que mostrem a falta de disputa efectiva entre as empresas e a acanhada pressão concorrencial que os outros operadores são capazes de exercer[575]. Ou seja, a Comissão tem de *explicar ao pormenor* em que medida as características do mercado tornam provável, após a concentração, a falta de concorrência substancial a nível de relações internas e de relações externas[576]. No essencial, aqui reside o *novum* da sentença.

De harmonia com tais preocupações, o TPI esquadrinhou os argumentos usados pela Comissão, acabando por concluir que ela não estribara a sua análise prospectiva em provas sólidas e proibira a operação sem ter demonstrado de maneira suficiente que daria origem a posição dominante oligopolística susceptível de entravar significativamente a concorrência efectiva. A decisão foi, por isso, anulada[577].

Note-se que não há uma indicação precisa e concreta acerca do parâmetro de prova a que a Comissão deve obedecer. É certo que ela teria de pôr mais desvelo na apresentação dos seus argumentos e de fazer fundamentação mais assente em factos do que em teorias, mas não há indicação exacta acerca do *standard* a seguir[578].

---

[575] TPI, acórdão de 6.6.2002, *Airtours*, *Col.* 2002, II-2585, n.os 64 e 63, respectivamente. Ver também JENS HOLGER QUELLMALZ, «Die Justiziabilität des Art. 81 Abs. 3 EG und die nichtwettbewerblichen Ziele des EG-Vertrages», *WRP*, 2004, p. 469.

[576] *Vd.* HAUPT, «Kollektive...», p. 369.

[577] TPI, acórdão de 6.6.2002, *Airtours*, *Col.* 2002, II-2585, n.os 294-295.

BARTOSCH («Welche Dimension...», p. 649) afirmou que, verdadeiramente nova no aresto *Airtours*, é esta disposição revelada pelo tribunal no sentido de, com todo o pormenor, examinar os meios de prova a que a Comissão recorreu. Cfr., ainda, do mesmo Autor, «Gehorsam...», p. 574, CHRISTOPH FEDDERSEN/ROBERT O'DONOGHUE, «Anmerkung zu EuG, Rs. T-342/99 *Airtours plc/Kommission*, Urteil vom 6.6.2002», *EuR*, caderno 5, 2002, pp. 743 e 749, HÖHN, «Kollektive...», p. 68.

[578] Cfr. NIKPAY/HOUWEN, «Tour de Force...», p. 202 (e ainda pp. 196-197); CENTO VELJANOVSKI, «EC merger policy after *GE/Honeywell* and *Airtours*», *AB*, vol. XLIX, Spring-Summer 2004, p. 190.

Há quem retire algo mais do acórdão *Airtours*. Tomemos alguns autores. VELJANOVSKI parece confortar-se nele para mostrar quão importante é a análise económica em matéria de direito da concorrência[579].

Já segundo THOUVENIN, a obrigação de apresentar provas sólidas, credíveis e coerentes evidencia que o juiz assume de forma esclarecida a sua função de controle, mesmo em domínios económicos complexos. O apoio que o acórdão *Airtours* encontra na teoria económica e o uso de argumentos que provêm da economia mostrariam que ele não quer deixar instrumentalizar o direito da concorrência, cuja aplicação deve estar guarnecida de objectividade económica suficiente[580]. Não acompanhamos tal asserção na íntegra. Quem lida com questões de direito *antitrust* transporta para o exame dos problemas as suas ideologias e mundividências. Falar aqui de objectividade – ao menos, de plena objectividade – é um voto pio. Expressam-no três exemplos: 1.º – a noção de "mercado pertinente" ou "mercado relevante" não é um conceito objectivo, mas antes um elemento passível de manipulação que, por vezes, espelha reservas face à empresa de grande porte[581]; 2.º – não falta quem diga serem a "posição dominante" e o respectivo "abuso" questões dependentes, *inter alia*, das concepções, ideologias e relações de força prevalecentes em cada sistema sócio-económico[582]; 3.º – nos Estados Unidos, o teste da *substantial lessening of competition* desenvolveu-se com o rodar dos anos

---

[579] «EC merger policy...», pp. 189-190.

[580] JEAN-MARC THOUVENIN, «L'arrêt *Airtours* du 6 Juin 2002: l'irruption du juge dans le contrôle des concentrations entre entreprises», *Revue du Marché commun et de l'Union européenne*, n.º 460, juillet-août 2002, p. 482. Caso os tenha lido, THOUVENIN decerto se associou ao regozijo exteriorizado por DUMEZ e JEUNEMAÎTRE (*A Concorrência...*, p. 193) quando estes proclamaram que o facto de os juristas, advogados e juízes serem cada vez melhor formados em economia é um ponto positivo para o futuro.

A talho de foice: tradicionalmente, o direito europeu da concorrência não se apoiou tanto em conceitos económicos como o seu congénere norte-americano. Todavia, o recurso à análise económica por parte das instâncias comunitárias tem vindo a ganhar relevo [já o notava MÁRIO MARQUES MENDES, *Antitrust in a World of Interrelated Economies. The Interplay between Antitrust and Trade Policies in the US and the EEC*, Bruxelles, 1991, p. 84 (*vd.* também a p. 83)].

[581] MICHEL GLAIS/PHILIPPE LAURENT, *Traité d'économie et de droit de la concurrence*, Paris, 1983, p. 287. Na mesma linha, VOGEL escreve que a delimitação do mercado não é operação objectiva e que a respectiva qualificação é aleatória (assim o mostra a experiência) – *Droit...*, pp. 105 e 202.

[582] J. SIMÕES PATRÍCIO, *Direito...*, p. 37 (espreite-se também a p. 40).

e a sua flexibilidade assegurou interpretações diversas, conforme as ideologias *económicas* e *políticas* que predominavam[583].

Finalmente, RAFFAELLI[584] afirmou que o julgamento (leia-se: a sentença) *Airtours* contribuiu para aumentar a segurança jurídica[585] – designadamente, dando resposta a propósito do teste material de exame das concentrações, que o Livro Verde relativo à revisão do Regulamento n.º 4064/89 mencionava sem, contudo, propor solução a adoptar – e, clarificando os critérios a seguir para vetar concentração num mercado oligopolístico, aumentou a coordenação entre a Comissão e outras autoridades *antitrust* (particularmente, dos Estados Unidos)[586]. Quanto ao primeiro ponto mencionado pelo A. italiano, concedemos que o acórdão *Airtours* terá trazido garantias suplementares de segurança jurídica ao precisar os pressupostos da posição dominante colectiva e ao obrigar a Comissão a apresentar "provas sólidas". Todavia, não faz sentido dizer que proporcionou soluções em matéria de teste material, porquanto existia um critério claramente plasmado no Regulamento n.º 4064/89, o da dominação, e o TPI teria sempre de o respeitar. Quanto ao segundo *item* aduzido por RAFFAELLI, tão-pouco convence: não nos parece que o precisar de pressupostos da posição dominante colectiva trouxesse consigo possibilidades de aumento da coordenação entre autoridades, tanto mais que os critérios materiais de apreciação eram diversos aquém e além-Atlântico.

Múltiplas vozes vaticinaram que a Comissão saberia retirar as devidas ilações da sentença *Airtours*, mormente no plano dos meios de prova. Outrossim, seria de aguardar que a sua prática se aproximasse da que provinha dos tribunais, saindo reforçada a

---

[583] SELVAM, «The EC Merger Control...», p. 61. A história do direito norte-americano da concorrência inclui exemplos de interpretação e aplicação influenciadas por objectivos politicamente delineados – MARIA MANUEL LEITÃO MARQUES, *Um Curso...*, p. 20.

[584] RAFFAELLI, «European...», pp. 134-135.

[585] A qual tem lugar assente entre os princípios gerais do direito comunitário – C. S. KERSE, *E.C. Antitrust Procedure,* 4ª ed., 1998, p. 366.

[586] A coordenação global seria essencial para lidar com mercados também eles globais – RAFFAELLI, «European...», p. 135.

Coincidindo nalguns pontos com RAFFAELLI, FEDDERSEN/O'DONOGHUE, «Anmerkung...», pp. 740 e 745 ss.. *Vd.*, igualmente, ALAN OVERD, «After the Airtours Appeal», *ECLR*, 2002, pp. 376-377.

segurança jurídica[587]. As profecias confirmaram-se. Nos processos *Ernst & Young/ /Andersen France* e *Sydkraft/Graninge*, aquele órgão ateve-se ao propósito de respeitar os três requisitos indicados pelo TPI como essenciais à posição dominante conjunta[588]. Quanto às exigências em matéria de prova, o aresto *Airtours* também deixou semente (mesmo para além dos confins da dominação colectiva): na sentença *Tetra Laval BV/ /Comissão*, o TPI notou falhas a nível de prova na decisão da Comissão que estava sob análise, acabando por anulá-la[589]. A Comissão Europeia é efectivamente exortada a provar de maneira convincente e plausível os efeitos anticoncorrenciais que augura a uma concentração[590].

GEORG WEIDENBACH e HENNING LEUPOLD chegam a sustentar que, nos termos do acórdão *Impala*, os três critérios que o TPI indicou na sentença *Airtours* só valeriam de forma directa para a prova da *criação* de posição dominante colectiva. Estando em causa o *reforço* de tal estatuto, a prova seria mais fácil, já que os supracitados critérios eram passíveis de preenchimento por via indirecta: *v. g.*, o alinhamento duradouro de preços (em conjunto com outros factores característicos da dominação conjunta) poderia, na ausência de outra explicação razoável, provar que existia posição dominante colectiva (não era necessário, designadamente, haver provas directas sólidas de forte transparência do mercado)[591]. Todavia, os mesmos AA. reconhecem que, conquanto interessante do ponto de vista jurídico, semelhante pronúncia perde significado em matéria de concentrações de empresas por causa da passagem para o teste do "entrave significativo à concorrência efectiva" (poderia, contudo, vir a ganhar relevo em sede de aplicação do art. 82.º CE, no qual continua a valer a "dominância")[592].

---

[587] Que, até então, não estaria devidamente assegurada: cfr. HAUPT, «Kollektive...», pp. 369-370 e CHRISTINE VILMART, «La remise en cause par le TPICE de la notion de position dominante collective. L'affaire *Air Tours – First Choice c/ Commission* (TPICE, 6 Juin 2002)», *JCP– La Semaine Juridique Entreprise et Affaires*, n.º 29, 18 juillet 2002, p. 1212.

[588] Respectivamente, decisões de 5.9.2002, COMP/M.2816, n.º 73 e de 30.10.2003, COMP/M.3268, n.º 39.

[589] Cfr. TPI, sentença de 25.10.2002, T-5/02, *Col.* 2002, II-4381, n.º 336. A Comissão Europeia interpôs recurso, pedindo a anulação do aresto. Em acórdão de 15.2.2005 (*Comissão/Tetra Laval BV*, C-12/03 P), o TJCE negou provimento ao recurso.

[590] HÖHN, «Kollektive...», p. 68.

[591] Ver WEIDENBACH/LEUPOLD, «Das Impala-Urteil des EuG – Gemeinsame Marktbeherrschung "letzter Akt"?», *EWS*, 10/2006, pp. 435-436 e TPI, ac. de 13.7.2006, *Independent Music Publishers and Labels Association (Impala)/Comissão*, T-464/04, n.ºs 251-252.

[592] WEIDENBACH/LEUPOLD, «Das Impala-Urteil...», p. 437. Ainda sobre o acórdão *Impala*, ANDREAS BARTOSCH, «Das Urteil des EuG in der Rechtssache Impala/Kommission», *RIW*, 10/2006, pp. 729 ss..

8. Justificação da sequência

No capítulo que agora termina, apresentámos os tópicos que possibilitam e propiciam o alinhamento de condutas entre as empresas[593]. Verificadas as seis condições que apontámos, é provável que, em resultado da concentração projectada, a coordenação nasça e se prolongue no tempo, não sendo de crer que competidores (actuais ou potenciais) a possam estorvar[594].

Significa isto que estão apurados os elementos que, por norma, ditam se há "posição dominante colectiva". Porquê escrever «por norma»? Faltará considerar mais algum ponto a fim de decidir a sorte da concentração planeada? A resposta é: pode faltar.

Por um lado, a Comissão Europeia toma em conta as alegações devidamente fundamentadas de *ganhos de eficiência* apresentadas pelas partes na concentração. Porventura, os ganhos de eficiência decorrentes da concentração mostram-se susceptíveis de levar os que nela intervêm a agir de maneira pró-concorrencial em benefício dos consumidores, assim compensando os efeitos nocivos que, de outra forma, a operação teria. Não estão aqui em causa factores que propiciam a concertação, mas

---

[593] E que, consoante seja exigido pelo caso decidendo, também são usados noutros ordenamentos jusconcorrenciais: *vd.* PIERO FATTORI/MARIO TODINO, *La disciplina della concorrenza in Italia*, Bologna, 2004, pp. 262-264 e algumas decisões da Autorità Garante della Concorrenza e del Mercato [n.º 4049 (C2347), *HEINEKEN ITALIA/BIRRA MORETTI*, de 4.7.1996, n.º 44; n.º 9557 (C4502), *GRANAROLO/CENTRALE DEL LATTE DI VICENZA*, de 24.5.2001, n.os 61 ss. e 104; n.º 11040 (C5151), *SOCIETÀ ESERCIZI COMMERCIALI INDUSTRIALI-S.E.C.I.-CO.PRO.B-FINBIETICOLA/ /ERIDANIA*, de 1.8.2002, n.os 99 ss.; n.º 12685 (C6133), *BRITISH AMERICAN TOBACCO/ENTE TABACHI ITALIANI*, de 17.12.2003, n.os 54 ss. e 63-64, decisão em que são evidentes as influências da sentença *Airtours* e da teoria dos jogos – as decisões da Autorità Garante que citamos nesta monografia foram extraídas do respectivo sítio oficial (www.agcm.it)]; quanto à Alemanha, cfr. LINDER, *Kollektive...*, pp. 217 ss., Bundeskartellamt, dec. de 23.5.2002, B 10 – 177/01 – *Viterra/Brunata*, *WuW*, 9/2002, p. 886 (VII. ENTSCHEIDUNGSSAMMLUNG), sobretudo o ponto 3.4, pp. 891-892 e dec. de 20.11.2003, B 8 – 84/03 – *E.ON/Stadtwerke Lübeck*, *WuW*, 2/2004, p. 187 (VII. ENTSCHEIDUNGSSAMMLUNG), nomeadamente n.º 36 a p. 191; no que tange à França, *vd.* JEAN-MATHIEU COT/JEAN-PATRICE DE LA LAURENCIE, *Le contrôle français des concentrations*, 2ª ed., Paris, 2003, pp. 296 ss.; em Portugal, a lista *exemplificativa* do art. 12.º, n.º 2 da Lei n.º 18/2003 possibilita, igualmente, que os tópicos referidos em texto sejam tidos em conta.

[594] Cfr. o n.º 56 das Orientações.

justamente o inverso: os ganhos de eficiência podem acicatar as partes a aumentar a oferta e a baixar os preços, reduzindo, por conseguinte, o seu incentivo para entrar em jogos de arranjo com o(s) outro(s) operador(es) presente(s) no mercado. No fundo, as eficiências podem atenuar o risco de aparecimento de efeitos coordenados[595].

Por fim, em circunstâncias excepcionais, a Comissão considera se estão preenchidas as condições de aplicação do *argumento da empresa insolvente*. Ela pode decidir que uma concentração – de outra forma atiçando preocupações concorrenciais – é compatível com o mercado comum se uma das empresas envolvidas for empresa insolvente. Ao argumento subjaz a ideia de que a degradação da estrutura concorrencial ocorrida após a concentração não é imputável a esta[596].

Tanto no que respeita aos ganhos de eficiência como no que toca ao argumento da empresa insolvente estão em apreço dados que, embora sejam de tomar em conta na apreciação da concentração – *rectius*, no juízo sobre a criação ou reforço de posição dominante conjunta –, não são elementos *propiciadores* da concertação e, por isso, não foram referidos neste capítulo. Antes lhes dedicamos os próximos dois.

---

[595] Ver Orientações, n.os 77 e 82.

[596] Cfr. Orientações, n.º 89.

CAPÍTULO II
GANHOS DE EFICIÊNCIA

As concentrações de empresas podem ser forma de dar resposta a instâncias de concorrência dinâmica e são passíveis de contribuir para aumentar a competitividade da indústria europeia, melhorando as condições de crescimento e elevando o nível de vida no espaço comunitário. Seria cego o controlo que o ignorasse, tanto mais que os ganhos de eficiência resultantes de uma concentração podem compensar os seus efeitos nocivos. Ainda há pouco afirmámos que os ganhos de eficiência produzidos pela concentração podem induzir as partes a actuar de jeito pró-concorrencial, daí saindo beneficiado o consumidor. Nesses casos, a concentração merece luz verde, deve ser declarada compatível com o mercado comum[597].

No fundo, os dados de eficiência são parte natural de uma análise económica coerente das concentrações, eles permitem manter a mira certa, evitando que se centre a atenção apenas naquilo que pode vir a correr menos bem[598].

Estudemos, pois, os diversos tipos de ganhos de eficiência e a forma como são acolhidos no direito comunitário.

1. **Tipos**

Em termos gerais, há ganhos de eficiência atinentes a custos e outros relacionados com a natureza dos bens. Ali, estão em causa descidas de

---

[597] *Vd.* Regulamento n.º 139/2004, considerandos 4 e 29; Orientações, n.os 76-77. Outrossim, VICKERS, *Competition...*, p. 13. Já havíamos lembrado o que vai dito no texto em «Direito...», p. 674.

[598] VEROUDEN/BENGTSSON/ALBAEK, «The Draft...», p. 279.

custos a nível do fabrico ou da distribuição que podem levar os participantes na concentração a praticar preços inferiores aos exigidos anteriormente[599]. No segundo caso, os consumidores beneficiam de produtos ou de serviços novos ou que apresentam melhorias no plano da qualidade.[600]

Dentro destas duas categorias, apresentamos algumas das vantagens de eficiência que, com maior verosimilhança, as empresas invocarão junto da Comissão Europeia[601].

1.1. **Eficiências em termos de custos**

Racionalização a nível de fabrico. Graças à concentração, empresas que suportam custos marginais diferentes podem transferir parte da produção de uma fábrica na qual o custo marginal é mais elevado para uma

---

[599] Ao avaliar se as vantagens de eficiência proporcionam benefício líquido para os consumidores, atribui-se maior peso à diminuição de custos marginais ou variáveis do que de custos fixos, porquanto é mais plausível que seja dos primeiros que resultam as quedas de preços (já reduzir custos fixos não afecta directamente o volume da oferta e não é, por conseguinte, motivo provável de embaratecimento dos bens): cfr. EUROPE ECONOMICS, *Assessment...*, p. 56, BISHOP/WALKER, *The Economics...*, p. 301 e VEROUDEN/ /BENGTSSON/ALBAEK, «The Draft...», pp. 283-284.

[600] A bipartição abraçada no texto encontra acolhimento nas Orientações para a apreciação das concentrações horizontais (n.os 80-81), nas "Orientações relativas à aplicação do n.º 3 do artigo 81.º do Tratado" (n.os 59 ss.) – este documento foi publicado no JO C 101, de 27.4.2004, p. 97 – e já a recordámos em «Direito...», pp. 674-675. À frente aprofundaremos o conhecimento do art. 81.º, n.º 3 CE. Trata-se de norma na qual se prescreve que a proibição estabelecida no n.º 1 do mesmo artigo – relativa a todos os acordos, práticas concertadas e decisões de associações de empresas que sejam susceptíveis de afectar o comércio entre os Estados-membros e que tenham por objectivo ou efeito impedir, restringir ou falsear a concorrência no mercado comum – pode ser declarada inaplicável desde que estejam satisfeitas certas condições, a primeira das quais se reporta precisamente aos ganhos de eficiência: «(...) melhorar a produção ou a distribuição dos produtos ou (...) promover o progresso técnico ou económico (...)».

Em franco contraste com alguma literatura económica, o texto das Orientações relativas à aplicação do n.º 3 do artigo 81.º do Tratado ressalta muito claro aos olhos do jurista. Dessa sorte, não deixaremos de o usar em nosso socorro (fazendo a adaptação exigida pelo facto de não se tratar de documento versando o controlo das concentrações).

[601] Cfr. MIGUEL DE LA MANO, *For the customer's sake: The competitive effects of efficiencies in European merger control*, Luxembourg, 2002, pp. 62 e seguintes (obtido em 24.8.2004 por via da Internet: www.europa.eu.int).

outra em que ele é mais baixo (sem alterar com isso as fronteiras relativas às possibilidades de produção). Por exemplo, se as dissemelhanças de custo arreigam em limitações de capacidade díspares, compensa reduzir a produção nas unidades fabris que sofrem maiores limitações, aumentando-a naqueloutras em que se regista mais excesso de capacidade. Agindo dessa forma, as empresas racionalizam o fabrico de um bem, processo que atingirá o seu ponto óptimo quando for idêntico o custo marginal das várias fábricas exploradas pelos envolvidos na concentração.

As vantagens assim obtidas têm boa probabilidade de preencher os três requisitos cumulativos exigidos nas Orientações (n.º 78) para que a Comissão tome em conta a invocação de ganhos de eficiência e possa concluir que, por sua mercê, a concentração não deve ser declarada incompatível com o mercado comum[602].

Economias de escala. As economias de escala – diminuição do custo unitário do bem por virtude do aumento da produção – a nível de produção, distribuição, *marketing*, investigação e desenvolvimento podem igualmente gerar ganhos de eficiência. O investimento em equipamentos e noutros activos tem, muitas vezes, de ser feito em blocos indivisíveis. Quando duas empresas, singularmente consideradas, não têm condições para usar certos blocos na sua plenitude, os respectivos custos médios são maiores do que sucederia se o pudessem fazer. A concentração pode dar resposta a este problema, redundando em custos mais baixos. No plano da distribuição, os gastos necessários para explorar um veículo pesado de mercadorias são virtualmente os mesmos, esteja ele quase vazio, meio cheio ou cheio; por mor de uma concentração e da subsequente combinação de actividades logísticas, logra-se aumentar os níveis de carga e reduzir o número de veículos a utilizar. Outrossim, laborar em maior escala pode permitir melhor divisão do trabalho, também ela potenciadora de redução dos custos unitários[603].

---

[602] Adiante focaremos tais requisitos. Por agora, MANO, *For the customer's sake...*, p. 62 (com particular atenção aos cuidados postos no último parágrafo da página em causa) e BISHOP/WALKER, *The Economics...*, p. 301.

[603] *Mutatis mutandis*, cfr. Orientações relativas à aplicação do n.º 3 do artigo 81.º do Tratado, n.º 66. Ver, também, MANO, *For the customer's sake...*, pp. 63-65, BRIONES ALONSO, *Test...*, p. 13 e ALFREDO MARQUES, «Concentrações...», pp. 26 ss..

Para acentuar como são importantes as descidas de preços proporcionadas por economias de escala, vale ter impressa na lembrança a lição de M. Lopes Porto[604]: a maior escala de produção em certos mercados – como a que se verifica no monopólio ou noutros tipos de mercado que não na concorrência pura e perfeita (designadamente, no oligopólio) – pode proporcionar custos de tal forma mais baixos que o preço nesses mercados, mesmo sendo superior à receita marginal, acaba por ser inferior ao da concorrência pura e perfeita.

Economias de gama. As economias de gama também integram o rol de fontes de eficiência em termos de custos. Sabemos que elas ocorrem quando é vantajoso produzir bens diferentes – de algum modo relacionados entre si – empregando os mesmo factores de produção (instalações e pessoal). Os custos são mais baixos do que aconteceria mantendo fábricas especializadas na produção de cada um dos artigos em apreço[605].

1.2. **Eficiências de ordem qualitativa**

As eficiências de natureza qualitativa acarretam benefícios nos planos da investigação, desenvolvimento e inovação, uns e outros revertendo a favor dos consumidores sob forma de bens ou de serviços novos ou melhorados[606]. A concentração permite que se suprima a desnecessária duplicação de esforços e se explorem economias de escala. Por outro lado, na medida em que as empresas disponham de activos que se complementem, a sua reunião conduz ao abatimento de custos no plano da actividade inovadora. Finalmente, posto que as empresas partilham descobertas do passado, a velocidade de difusão do progresso técnico é mais acelerada.

---

[604] *Economia...*, pp. 173-174. Ver também Briones Alonso, *Test...*, p. 5.

[605] As economias de gama alargam-se à distribuição quando vários tipos de produtos são distribuídos nos mesmos veículos. *Vd.* Orientações relativas à aplicação do n.º 3 do artigo 81.º do Tratado, n.º 67 (adaptando-o à circunstância de termos em vista concentrações de empresas); Mano, *For the customer's sake...*, p. 65; Briones Alonso, *Test...*, p. 13; Alfredo Marques, «Concentrações...», p. 31.

[606] Cfr. Orientações, n.º 81.

Há, contudo, dois problemas que se põem a nível de eficiências de ordem qualitativa, nomeadamente nos campos da investigação e desenvolvimento: por vezes, são difíceis de verificar e, em certos casos, evitar duplicação de recursos e assegurar larga disseminação dos conhecimentos pode ser obtido por outras vias, menos "perigosas" para a concorrência do que uma concentração[607]. Estes dois escolhos podem bastar para a Comissão ter por improcedente a invocação de ganhos de eficiência feita pelas partes na operação.

2. **Ponderação dos ganhos de eficiência no direito comunitário**

Ao apreciar as concentrações na vigência do Regulamento n.º 4064/ /89, a Comissão foi assaz moderada naquilo que diz respeito à consideração das vantagens de eficiência. Três razões capitais estiveram na base de tanta parcimónia. *Primo*, as eficiências e as suas sequelas benignas (para a concorrência e para os consumidores) são difíceis de avaliar na prática[608]. *Secundo*, houve dúvidas acerca da possibilidade de o critério material de apreciação das concentrações plasmado nesse Regulamento (criação ou reforço de posição dominante) abrir margem para contemplar as vantagens de eficiência. *Tertio*, o temor de que as eficiências pudessem ser usadas em registo de sinal contrário aos seus interesses – é dizer, como factor que contribuía para decidir pela existência de posição dominante – inibia as partes envolvidas nas concentrações de invocar eficiências quando notificavam uma operação junto da Comissão[609] [610].

---

[607] *Vd.* MANO, *For the customer's sake...*, p. 69.

[608] Mesmo para as empresas envolvidas – e são elas que dispõem das informações mais precisas –, é árduo fazer o juízo de prognose e a avaliação dos ganhos de eficiência. Muitas vezes, os resultados de uma concentração são distintos do que se esperava. Cfr. ULF BÖGE, «Der "more economic approach" und die deutsche Wettbewerbspolitik», *WuW*, 7 u. 8/2004, p. 732, WIRTZ, «Der Mitteilungsentwurf...», p. 157 e DAMIEN GERARD, «Merger control policy: how to give meaningful consideration to efficiency claims?», *CMLR*, 2003, p. 1389.

[609] De modo primacial, ver MANO, *For the customer's sake...*, pp. V e 1. A título complementar, GIAN LUCA ZAMPA, «The Role of Efficiency under the EU Merger Regulation», *EBOR*, 4 (2003), pp. 577 e 613-614 (artigo obtido na Internet em visita efectuada a 20.9.2004 – www.journals.cambridge.org); GONZÁLEZ DÍAZ, «The Reform...», p. 190; BURGSTALLER, «Marktbeherrschung...», pp. 734 e 738; PIERRE-EMMANUEL NOËL,

Ainda assim, decisões houve nas quais a Comissão, fugindo ao que era regra, se mostrou disposta a ponderar os ganhos de eficiência derivados da operação ideada. No processo *Aerospatiale-Alenia/de Havilland*, as empresas alegaram que um dos objectivos prosseguidos com a operação era a redução de custos. A Comissão não excluiu a possibilidade de considerar argumentos de eficiência, mas acabou por entender que, no caso concreto, as poupanças identificadas eram desdenháveis, alçando-se a apenas 0,5 % do volume de negócios combinado das partes[611]. A tonalidade acentuou-se em decisões posteriores, mostrando uma Comissão aberta a atender aos dados de eficiência[612]. Disso nos dá exemplo o caso *Mercedes-Benz/Kässbohrer*, que contém trecho paradigmático segundo o qual a concentração proposta deveria possibilitar aos envolvidos a consecução de certos efeitos de sinergia, essencialmente nas áreas da investigação, desenvolvimento, produção e administrativa[613]. Deflui do exposto que, apesar de prevalecer a tónica referida no parágrafo anterior, não deixaram de retinir alguns acordes que apontavam para a consideração dos ganhos de eficiência no examinar das operações de concentração.

A linha esboçada teve desenvolvimento importante em Dezembro de 2002. Como dissemos, este mês viu nascer uma proposta de novo

---

«Efficiency Considerations in the Assessment of Horizontal Mergers under European and U.S. Antitrust Law», *ECLR*, 1997, pp. 512 e 514; VICTOR CALVETE, «Da relevância...», p. 339 (deste Autor, pode consultar-se ainda «Da relevância de considerações de eficiência no controlo de concentrações», *in* AAVV, *Colectânea de Estudos de Homenagem a Francisco Lucas Pires*, Universidade Autónoma de Lisboa, Lisboa, 1999, pp. 309 ss.).

[610] O receio expresso no terceiro argumento mencionado escorava-se em decisões como a proferida em 18.1.1991 no caso IV/M.050 – *AT&T/NCR*: parece admitir-se que as poupanças de custos alcançadas mercê da concentração podiam concorrer para a criação ou reforço de posição dominante (n.º 30). Cfr. ZAMPA, «The Role...», p. 614, nota 115, GERARD, «Merger...», pp. 1403-1404 e NOËL, «Efficiency...», p. 512.

[611] Decisão de 2.10.1991, IV/M.053, JO L 334, de 5.12.1991, p. 42, n.º 65. Da decisão em apreço pode inferir-se que, no entender da Comissão, os ganhos de eficiência teriam de ser substanciais e específicos da concentração, ficando em aberto saber se teriam de ser transferidos para os consumidores – PETER D. CAMESASCA, «The Explicit Efficiency Defence in Merger Control: Does it Make the Difference?», *ECLR*, 1999, p. 25. Em leitura ligeiramente distinta, NOËL («Efficiency...», p. 513) eduziu da decisão que as «efficiencies should be "at consumers" advantage (...)».

[612] Cfr. CAMESASCA, «The Explicit...», p. 25 e GERARD, «Merger...», p. 1398.

[613] Decisão de 14.2.1995, IV/M.477, JO L 211, de 6.9.1995, p. 1, n.º 66.

Regulamento das Concentrações e nele foi publicado um projecto de comunicação da Comissão versando a apreciação das concentrações horizontais[614]. O considerando 24 do primeiro diploma afirmava que, por forma a determinar os efeitos de uma concentração, era adequado levar em conta as alegações devidamente fundamentadas de ganhos de eficiência apresentadas pelos envolvidos (os ganhos de eficiência eram passíveis de suplantar os efeitos negativos da operação). Quanto ao outro documento referido, assumiu sem rebuço que os ganhos de eficiência têm papel importante no aquilatar das operações propostas; ao problema foi mesmo devotada toda uma secção [a sexta, compreendendo os n.os 87 a 95 (inclusive)][615]. Não entraremos em explicações aturadas sobre tal texto – muito do que aí se escreve é reiterado na versão definitiva das Orientações –, mas sempre diremos que, para serem tomados em conta, os ganhos de eficiência invocados pelas partes teriam de beneficiar directamente os consumidores e, além disso, ser específicos da concentração proposta, substanciais, realizados em tempo útil e verificáveis. O significado de alguns destes pontos será esclarecido nas próximas páginas.

A tendência que viemos detectando é roborada no quadro vigente do direito comunitário. Os ganhos de eficiência podem e devem ser considerados no juízo que dita a sorte da concentração proposta. Desde logo, a substituição do critério material de exame – passagem do teste da dominação para o do entrave significativo à concorrência efectiva (SIEC) – aplana o caminho: as dúvidas que se poderiam levantar no sentido de saber se o primeiro deixava margem para a consideração dos ganhos de eficiência esvaem-se quando se faz apelo ao segundo[616]. Por outra banda, as Orientações destinadas à apreciação das concentrações horizontais, de Fevereiro de 2004, dedicam toda uma secção – a sétima (n.os 76 a 88, inclusive) – ao problema das vantagens de eficiência; pese embora já tenhamos tocado parte do seu conteúdo[617], é de deixar aqui a menção aos

[614] Respectivamente, JO C 20, de 28.1.2003, p. 4 e JO C 331, de 31.12.2002, p. 18.

[615] Porventura carregando excessivamente nas tintas, Zampa («The Role...», p. 577) sustentou que o projecto de comunicação da Comissão relativo à apreciação das concentrações dava corpo a um «dramatic reversal» da atitude daquele órgão em matéria do papel a desempenhar pelas eficiências.

[616] Cfr. o nosso «Direito...», p. 675.

[617] Dissemos, nomeadamente, que, no campo dos efeitos coordenados (posição dominante colectiva), os ganhos de eficiência podem acicatar as partes na concentração

requisitos cumulativos de que as Orientações (n.º 78) fazem depender a conclusão de que, mercê dos ganhos de eficiência, não existem motivos para declarar a concentração planeada incompatível com o mercado comum: tais ganhos têm de *beneficiar os consumidores*[618], ser *específicos da concentração* e ser *verificáveis*.

Em relação ao primeiro pressuposto, está em causa saber se as empresas transferem para os consumidores, sob forma de preços mais baixos ou de bens e serviços novos ou melhorados, as vantagens em termos de custos e de natureza qualitativa que acima demos a conhecer. É sabido que, a nível de impacte sobre a probabilidade de efeitos coordenados, as eficiências podem atear o incentivo da entidade resultante da concentração para aumentar a oferta e reduzir os preços, anemizando o estímulo para coordenar comportamentos com outras empresas[619]. Além de substanciais, os ganhos de eficiência devem ser realizados em tempo útil. Quer dizer: quanto mais tarde se concretizarem, menos importância se lhes pode atribuir[620].

Quanto ao segundo requisito, as vantagens de eficiência são de ter em conta quando forem consequência directa da operação proposta e não puderem ser atingidas, em grau semelhante, por meio de alternativas menos nefastas para a concorrência (tenham elas o carácter de concentração – *v. g.*, concentração estruturada de maneira diferente – ou não – *e. g.*, acordo de licença). É às partes na concentração que incumbe fornecer as informações relevantes necessárias para demonstrar que não existem alternativas realistas, viáveis, menos anticoncorrenciais e capazes de preservar os invocados ganhos de eficiência[621].

---

a aumentar a oferta e a diminuir os preços, assim entibecendo o seu estímulo para coordenar atitudes com os demais presentes no mercado: cfr. n.º 82 das Orientações.

[618] A noção de "consumidores" tanto engloba consumidores intermédios como finais – cfr. nota 105 das Orientações e art. 2.º, n.º 1, al. *b)* do Regulamento das Concentrações.

[619] Cfr. Orientações, n.os 79-82. No que tange aos custos, tendo em conta a necessidade de apreciar se os ganhos de eficiência induzirão benefício líquido para os consumidores, é mais provável dar relevo aos cortes nos custos marginais ou variáveis do que naqueles que são fixos, porquanto é mais plausível que seja dos primeiros que resultam descidas de preços (n.º 80 das Orientações).

[620] Orientações, n.º 83. O "tempo útil" varia conforme o caso concreto, o mercado ou o sector em causa (ver GERARD, «Merger...», p. 1407).

[621] *Vide* Orientações, n.º 85 e, sobre a especificidade dos ganhos relativamente a uma concentração, MANO, *For the customer's sake...*, pp. 50-52 e GERARD, «Merger...», p. 1394.

No que toca ao terceiro requisito, os ganhos de eficiência derivados da concentração têm de ser verificáveis e, sempre que razoavelmente possível, devem ser quantificados[622]. Há certas eficiências mais passíveis de "verificabilidade"[623] do que outras: por exemplo, as poupanças a nível da produção são mais fáceis de provar do que as resultantes da investigação e do desenvolvimento[624].

A maior parte das informações necessárias para a Comissão apreciar em que medida a operação proposta origina ganhos de eficiência está na posse das partes nela envolvidas, pelo que a estas compete fornecer os dados relevantes para demonstrar que os ganhos alegados são específicos da concentração e susceptíveis de ser realizados; incumbe-lhes, igualmente, demonstrar em que medida os ganhos de eficiência são passíveis de contrabalançar os efeitos negativos que, de outra forma, a operação teria para a concorrência[625]. Está visto que, tendo em vista a aprovação da concentração, as empresas terão interesse em exagerar a avaliação dos ganhos de eficiência[626].

---

[622] Orientações, n.º 86.

[623] Embora o termo não conste dos dicionários por nós consultados, teimamos no seu uso. É que nenhum outro – nem sequer "verificação" – expressa de modo tão exacto o que se tem em vista.

[624] HERRERO SUÁREZ, «Control...», p. 479, n. 103.

[625] *Vd.* Orientações, n.º 87. Para atingir tal fito, devem as empresas fornecer, em especial, documentos internos usados pelos órgãos de gestão no sentido de realizar a concentração, declarações desses órgãos aos accionistas e aos mercados financeiros acerca dos ganhos de eficiência esperados, exemplos históricos de tal tipo de ganhos e dos benefícios que deles advieram para os consumidores e, ainda, estudos prévios à concentração realizados por peritos externos (já a propósito do tipo e dimensão dos ganhos, já acerca da importância dos benefícios para os consumidores). Estes são os elementos referidos no n.º 88 das Orientações. Entendemos que também devia ter sido referido o exame dos resultados de empresas com envergadura distinta presentes no sector em causa. Ele é capaz de proporcionar algumas indicações úteis: se as grandes empresas apresentam maior rendibilidade ou crescem mais depressa do que as rivais de menor dimensão, isso pode revelar a existência de economias de escala; de modo ainda mais preciso, se dados relativos aos custos estiverem disponíveis e mostrarem que os maiores operadores têm menor custo por unidade produzida, isso fornece indicação no sentido de haver eficiências. Cfr. JOHN E. KWOKA, JR./FREDERICK WARREN-BOULTON, «Efficiencies, failing firms, and alternatives to merger: a policy synthesis», *AB*, vol. XXXI, Summer 1986, pp. 435-436 e MANO, *For the customer's sake...*, p. 49.

[626] LUÍS CABRAL, *Economia Industrial*, p. 131.

Os ganhos de eficiência derivados das concentrações são difíceis de identificar e de avaliar. São grandes os custos resultantes da concentração que recebeu luz verde com base em futurados ganhos de eficiência que, afinal, não vêm a ter lugar. Assim sendo, anuir concentração com base na ponderação de ganhos de eficiência comporta sempre risco elevado[627].

Por isso, é de aplaudir que esteja plasmada nas Orientações a forma como a Comissão toma em conta os dados de eficiência quando decide a sorte de uma concentração. Tal favorece a segurança jurídica e esconjura espectros do passado, quando as empresas se inibiam de invocar eficiências por temer que fossem usadas num sentido de sinal contrário aos seus interesses. O teor da secção VII das Orientações não nos suscita qualquer crítica de monta. O reparo que nos merece é aquele que consta da nota n.º 625.

[627] *Vd.* WIRTZ, «Der Mitteilungsentwurf...», p. 157, GERARD, «Merger...», p. 1393, INGO SCHMIDT, «Fusionskontrolle – Effizienz durch Wettbewerb oder Konzentration?», *WuW*, 4/2004, p. 359 (parte final do primeiro parágrafo) e STEFAN VOIGT/ANDRÉ SCHMIDT, «Switching to Substantial Impediments of Competition (SIC) can have Substantial Costs--SIC!», *ECLR*, 2004, p. 589.

CAPÍTULO III
ARGUMENTO DA EMPRESA INSOLVENTE

O ordenamento jurídico comunitário prevê a possibilidade de uma concentração, que de outra forma não seria autorizada, ser tida por compatível com o mercado comum desde que a empresa que dela é objecto seja insolvente. A semelhante possibilidade subjaz a ideia de que a degenerescência da estrutura concorrencial ocorrida após a concentração não é imputável a esta[628]. Em causa está um argumento que teve berço jurisprudencial[629] e é designado, na terminologia anglo-saxónica, por *failing firm defense* (ou *defence*) – "argumento da empresa insolvente", "teoria da empresa em situação de insolvência" (ainda a propósito, fala-se de "concentração de recuperação"[630]).

Há duas ordens de razões passíveis de ser chamadas a fundamentar tal "defesa". Uma delas exibe carácter puramente concorrencial e assenta na circunstância de, na ausência da concentração, certo operador estar destinado a abandonar o mercado num prazo breve (antevendo-se, por

---

[628] Cfr. Orientações, n.º 89.

[629] Remonta à sentença do Supreme Court americano proferida em 1930 no caso *International Shoe Co. v. Federal Trade Commission* – cfr. LAWRENCE A. SULLIVAN/WARREN S. GRIMES, *The Law of Antitrust: An Integrated Handbook*, St. Paul, 2000, p. 613; SOFIA OLIVEIRA PAIS, «Failing firm defence in merger cases: a first look», *in* MANUEL AFONSO VAZ/J. A. AZEREDO LOPES (coordenação), *Juris et de Jure. Nos vinte anos da Faculdade de Direito da Universidade Católica Portuguesa – Porto*, Porto, 1998, p. 1250; FRANCESCA AMMASSARI, «La "failing firm defense" nella valutazione delle operazioni di concentrazione», *CM*, 7/1999, pp. 257, 258, *in fine* e 259; CLAUDIO TESAURO, «Crisi dell'impresa e posizione dominante collettiva nella disciplina delle concentrazioni», *FI*, 1999, IV, c. 190.

[630] Na literatura alemã, *Sanierungsfusion* – WIRTZ, «Der Mitteilungsentwurf...», p. 158; KLING/THOMAS, *Grundkurs...*, pp. 478 e 591-592. Em inglês, *rescue merger* – SOFIA OLIVEIRA PAIS, «Failing firm...», pp. 1249 e 1256 (entre outras); POENICKE, «Die geplante...», p. 914.

isso, que será incapaz de assegurar grau bastante de disputa). Assim sendo, o definhar da estrutura competitiva que ocorre após a concentração não é imputável a esta. A outra casta de motivos em que o argumento da empresa insolvente se pode firmar tem natureza mais geral (se quisermos, "social" em sentido lato). Nela convergem os interesses dos accionistas, credores e trabalhadores da empresa em dificuldades. A segunda índole de motivos assumiu o maior relevo nas pronúncias iniciais dos tribunais americanos. Todavia, o transcurso do tempo fez com que cedesse passo às justificações de cariz concorrencial[631], as quais, de modo evidente e cristalino, prevalecem hoje no direito comunitário[632].

Só em circunstâncias excepcionais se dá guarida a defesa baseada no argumento da empresa insolvente. É que, por norma, é da concentração – mormente da que cria ou reforça uma posição dominante – que deriva a piora das condições de concorrência[633]. São, por conseguinte, *rarissima avis* os casos em que a teoria da empresa insolvente levou a Comissão a autorizar operação que, de outro jeito, seria achada incompatível com o mercado comum. Tal sucedeu nos casos *Kali + Salz/MdK/ /Treuhand* e *BASF/Eurodiol/Pantochim*[634]. No tocante ao primeiro, a Comissão apontou três condições que teriam de estar preenchidas para excluir o nexo causal entre a concentração e o agravamento da estrutura da

---

[631] Cfr. AMMASSARI, «La "failing firm defense"...», pp. 257-258 e HERBERT HOVENKAMP, *Federal antitrust policy: the law of competition and its practice*, St. Paul, 2005, pp. 551-552.

[632] Ver o n.º 89 das Orientações.

[633] *Vd.* AMMASSARI, «La "failing firm defense"...», p. 276.

[634] Em ambos estava em causa uma posição dominante individual. Só que, dada a escassez de processos em que o argumento da empresa insolvente procedeu, sentimo-nos na obrigação de os referir aqui. Um outro esclarecimento: acabámos de falar de posição dominante individual a propósito do caso *Kali + Salz/MdK/Treuhand*, quando, atrás, o referimos múltiplas vezes em sede de posição dominante colectiva. Não se trata de amálgama ou desalinhavo da nossa parte. O problema da dominação colectiva pôs-se relativamente ao mercado composto por todos os países da Comunidade com exclusão da Alemanha. O da preponderância individual limitava-se a este país. Confirme-se o que acabámos de dizer em JOHAN YSEWYN/CRISTINA CAFFARRA, «Two's Company, Three's a Crowd: The Future of Collective Dominance after the Kali & Salz Judgement», *ECLR*, 1998, p. 468 e não nos deixemos iludir pelo título do artigo que TESAURO escreveu na sequência do acórdão do TJCE («Crisi dell'impresa e posizione dominante collettiva nella disciplina delle concentrazioni», *FI*, 1999, IV, c. 184 ss.).

concorrência: a empresa adquirida seria obrigada a sair do mercado a curto prazo se não fosse comprada por outra; a sua quota, em caso de abandono do mercado, seria absorvida pela empresa adquirente[635]; falta de opção alternativa de compra menos nefasta para a concorrência. Resultou do escrutínio da Comissão que os três pressupostos citados se verificavam *in casu*, assim se concluindo que não era a concentração planeada a reforçar uma posição dominante no mercado alemão[636]. Por esta via, o caminho estava livre para a operação notificada ser declarada compatível com o mercado comum[637]. Note-se que, em princípio, os três requisitos exigidos pela Comissão só se verificariam no caso de a concentração gerar um *monopólio de facto*. Na verdade, caso houvesse outros competidores no mercado, é de crer que também eles beneficiariam da saída da empresa em crise e veriam engrandecer a sua parcela de mercado[638]. Assim sendo, parece que só haveria ensejo para falar da teoria da empresa insolvente quando estivesse em causa o aparecimento de uma posição dominante individual.

Também no processo *BASF/Eurodiol/Pantochim*, o argumento da empresa insolvente foi decisivo para a Comissão declarar que a concentração ideada não criaria nem reforçaria posição dominante da qual adviesse entrave significativo para a concorrência efectiva no mercado comum ou numa parte substancial deste[639]. A Comissão manteve as

---

[635] No n.º 71, a versão portuguesa da decisão contém lapso: «a quota de mercado da empresa adquirida, no caso de esta sair do mercado, seria absorvida pela empresa *adquirida*».

[636] Ver decisão de 14.12.1993, *Kali + Salz/MdK/Treuhand*, JO L 186, de 21.7.1994, p. 38, n.ºs 70 ss. e, em particular, a conclusão plasmada no n.º 95. No tocante aos restantes países da Comunidade, não se encontravam verificados os pressupostos atinentes à falta de nexo causal entre a concentração e a pioria da estrutura concorrencial – n.º 79 da decisão. Sobre o caso *Kali + Salz/MdK/Treuhand*, pode ver-se Sofia Oliveira Pais, «Failing firm...», pp. 1258 ss. e Pierre-Emmanuel Noël, «La théorie de l'entreprise en difficulté et la notion de position dominante collective en matière de contrôle communautaire des concentrations», *RDAI/IBLJ*, n.º 8, 1998, pp. 894-896 e 899-900.

[637] No que toca à recepção do argumento da empresa insolvente, o TJCE confirmou, no essencial, a bondade do exame e do juízo da Comissão – sentença de 31.3.1998, *República Francesa*, *Col.* 1998, I-1375, n.ºs 110-124. A propósito desse acórdão, Noël, «La théorie...», pp. 896 e 899; Tesauro, «Crisi...», colunas 187 ss..

[638] Hahn, *in* Säcker, *Berliner Kommentar...*, p. 505.

[639] Decisão de 11.7.2001, COMP/M.2314, JO L 132, de 17.5.2002, p. 45, n.ºs 144-156 e 163-164. Além da teoria da *failing firm*, a Comissão firmou o seu entendimento em limitações de capacidade e na inelasticidade da procura: n.ºs 157-164.

condições acima referidas em primeiro e em terceiro lugar (a propósito do caso *Kali + Salz/MdK/Treuhand*); substituiu, porém, o segundo pressuposto mencionado por um outro com o seguinte teor: na ausência da concentração em apreço, os activos a ser adquiridos sairiam inevitavelmente do mercado[640].[641]

Tal como apresentados na decisão *BASF/Eurodiol/Pantochim*, os três critérios relevantes para o sucesso de uma defesa baseada na teoria da empresa em estado de insolvência passaram para o projecto de Comunicação relativa à apreciação das concentrações horizontais publicado em Dezembro de 2002 (*vd.*, aí, o n.º 97) e, igualmente, para o texto actual das Orientações (n.º 90): «A Comissão considera que os três critérios que se seguem são relevantes para a aplicação do "argumento da empresa insolvente". Em primeiro lugar, a empresa alegadamente insolvente seria num futuro próximo excluída do mercado devido a dificuldades financeiras, se não fosse adquirida por outra empresa. Em segundo lugar, não existe qualquer aquisição alternativa que provoque menos distorções da concorrência do que a concentração notificada. Em terceiro lugar, na ausência da concentração, os activos da empresa insolvente sairiam inevitavelmente do mercado (...)».

Em consonância com a sobredita ideia segundo a qual, via de regra, é de imputar à concentração o definhamento da rivalidade no mercado, incumbe àqueles que nela tomam parte fornecer as informações necessárias para mostrar que a pioria da estrutura concorrencial no pós-concentração não é causada por esta[642].

---

[640] Decisão de 11.7.2001, JO L 132, de 17.5.2002, p. 45, n.º 142. A propósito do caso *BASF/Eurodiol/Pantochim*, Poenicke, «Die geplante...», p. 915.

[641] No caso *Newscorp/Telepiù* (dec. de 2.4.2003, COMP/M.2876, JO L 110, de 16.4.2004, p. 73), a *Newscorp* invocou o argumento da empresa insolvente, mas a Comissão entendeu não estarem preenchidos os seus requisitos (n.º 220 da decisão). Ainda assim, a concentração acabou por ser autorizada mediante a assunção de um leque variado de compromissos por parte daquela empresa (n.os 222 ss.). Sobre esse processo, Carolina Cunha, *Controlo...*, pp. 167-168.

O argumento da empresa insolvente foi igualmente invocado, sem êxito, nos processos *Aerospatiale-Alenia/de Havilland* (decisão de 2.10.1991, IV/M.053, JO L 334, de 5.12.1991, p. 42, n.º 31) e *Saint-Gobain/Wacker-Chemie/NOM* (dec. de 4.12.1996, IV/M.774, JO L 247, de 10.9.1997, p. 1, n.os 247-259). Acerca do primeiro, Sofia Oliveira Pais, «Failing firm...», pp. 1256 ss..

[642] Orientações, n.º 91.

CAPÍTULO IV
SÍNTESE. MODO DE DETERMINAR SE A CONCENTRAÇÃO CRIA OU REFORÇA POSIÇÃO DOMINANTE COLECTIVA. COMPROMISSOS

Na posse dos subsídios que viemos explanando ao longo dos três capítulos anteriores, resta explicar como devem eles ser carreados para um processo tendente a averiguar se uma concentração cria ou reforça posição dominante colectiva[643]. O itinerário a propor serve apenas de guia, não é trilho a ser calcorreado de maneira estrita.

À guisa de esclarecimento prévio, note-se que os determinantes da coordenação entre as empresas não devem ser encarados de forma isolada. Dado que se influenciam reciprocamente, postulam consideração global, só esta pode fornecer indicações acerca da propensão do oligopólio para alinhar tratos em conjunto[644].

Para ocorrer concertação, é essencial haver poucas empresas em mercado muito concentrado e protegido por barreiras à entrada[645]. Elas hão-de ser ofertantes "pacientes", no sentido de se moverem por lógica segundo a qual vale a pena abdicar de ganhos imediatos quando se pode, no futuro, obter proveitos mais pingues. A fim de vaticinar se um mercado – nomeadamente um oligopólio – pressagia concertação, estes factores devem ser examinados em primeiro lugar.

---

[643] Baseamo-nos em EUROPE ECONOMICS, *Assessment...*, pp. 45-46, mas ao caminho aí proposto enxertamos alterações.

[644] EUROPE ECONOMICS, *Assessment...*, pp. 42 e 45; IMMENGA, *in* IMMENGA/ /MESTMÄCKER, *EG-Wettbewerbsrecht...*, p. 904; BRIONES, «Oligopolistic...», p. 347; HEWITT, «Oligopoly...», p. 149; GIRSCH, *Fusionskontrolle...*, p. 31.

[645] Cfr. EUROPE ECONOMICS, *Assessment...*, pp. 43 e 45; HEWITT, «Oligopoly...», p. 149. Também na Alemanha, os *Auslegungsgrundsätze zu Prüfung von Marktbeherrschung in der deutschen Fusionskontrolle* conferem às quotas de mercado e às barreiras à entrada papel nuclear (II.3.).

Caso se verifiquem, deve averiguar-se a elasticidade-preço e a elasticidade-cruzada da procura global, verificar a fase que o mercado atravessa – experimentação, expansão, maturação, estagnação – e perscrutar se as condições prevalecentes são estáveis (designadamente no que tange à procura e ao grau de inovação). Se o valor das duas elasticidades referidas é alto, a procura não é estável, o mercado registar período de crescimento ou de expansão e viver tempos de inovação tecnológica, não pode haver, em princípio, concertação duradoura. Nesta hipótese, só se justifica continuar a análise se tópicos como as práticas facilitadoras ou um passado de coordenação apontarem de maneira significativa para o amanho comum de interesses.

Quando o valor das duas elasticidades mencionadas é baixo, as condições reinantes no mercado são estáveis, há práticas facilitadoras ou comportamentos pretéritos que sugerem concertação, deve escrutinar-se o grau de transparência do mercado, as semelhanças entre as empresas e a homogeneidade/diferenciação do produto. Se o mercado for transparente, os bens idênticos e se verificarem simetrias entre as empresas, é provável que se desencadeiem mecanismos estáveis de coordenação tácita. Só vale a pena prosseguir a análise se houver factores capazes de contrariar tal tendência, por exemplo, forte poder da procura, cadência irregular das transacções e presença de empresas "dissidentes" (*maverick firms*).

Caso o mercado não seja transparente, as empresas apresentem grandes diferenças (*v. g.*, a nível de custos) e os bens sejam heterógeneos, a coordenação tácita de preços é improvável, mas pode haver alinho versando divisão de mercados. Se os três tópicos jogarem em sentido contrário (*e. g.*, o mercado é transparente, mas há diferenças assinaláveis entre as empresas), só a análise do caso clarifica se o concerto é provável. Nesse momento, serão de chamar à análise aspectos como o excesso de capacidade, as irreversibilidades, a actuação em vários mercados e os laços estruturais entre as empresas.

A Comissão Europeia toma ainda em conta as alegações devidamente fundamentadas de ganhos de eficiência apresentadas pelas partes na concentração e aquilata se eles as incentivam a aumentar a oferta e a baixar os preços, reduzindo ou apagando o seu estímulo para coordenar comportamentos. Por fim, em circunstâncias excepcionais, a Comissão apura se estão preenchidas as condições de aplicação do argumento da empresa insolvente, por virtude do qual uma concentração – de outra forma achada preocupante em termos concorrenciais – é compatível com o mercado comum se a empresa objecto da operação for empresa insolvente.

Todo este *modus procedendi* é esquematizado na figura 3[646].

Figura 3 – Modo de determinar se a concentração cria ou reforça posição dominante colectiva

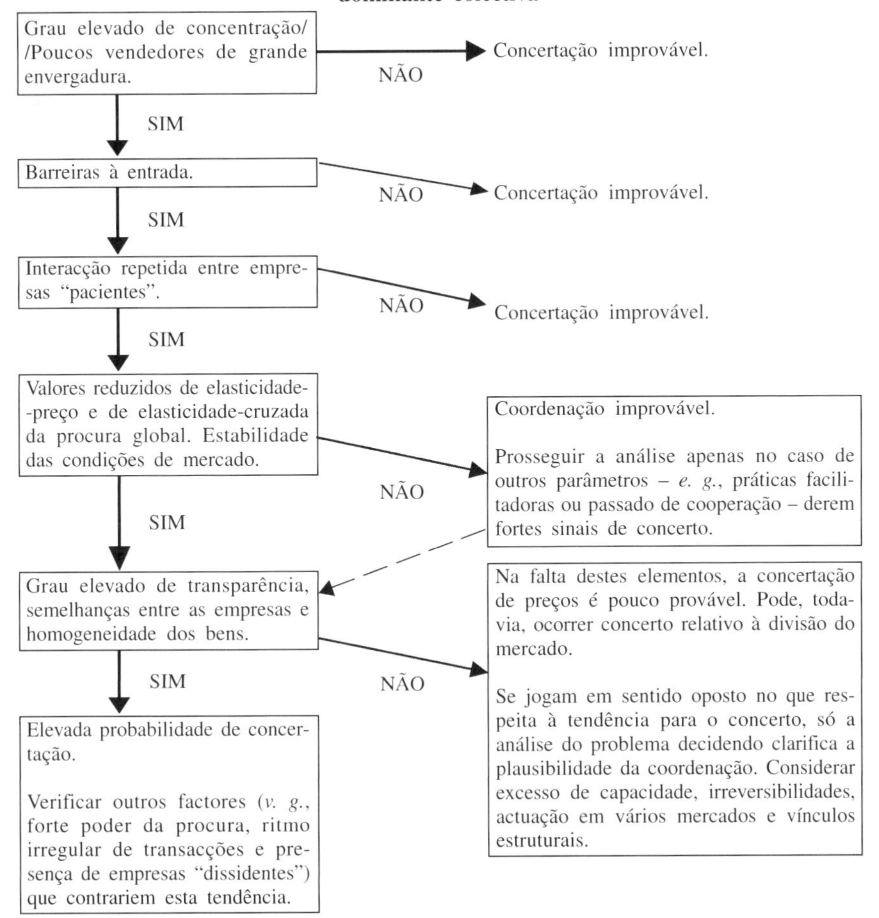

Atender à alegação de ganhos de eficiência e, em circunstâncias excepcionais, ao argumento da empresa insolvente.

[646] Inspirámo-nos na figura que consta de EUROPE ECONOMICS, *Assessment...*, pp. XI, 47 e 121, mas introduzimos alterações da nossa lavra.

O caminho proposto neste esquema é perfeitamente compatível com o texto das Orientações destinadas à apreciação das concentrações horizontais, publicadas em Fevereiro de 2004. As Orientações reflectem os ensinamentos da ciência económica e da teoria dos jogos, apresentando um acastelamento relativamente completo dos factores que propiciam a concertação. Apontámos atrás alguns pontos que também deviam ter sido considerados. E agora acrescentamos que falta, no documento, um esquema como aquele acabado de propor. Se as Orientações, a mais de indicarem os factores a ter em conta, incluíssem quadro como este, isso só traria vantagens em termos de clareza e de aproximação ao problema concreto, porquanto forneceria a ordem por que os referidos factores devem ser tomados em conta.

Em consonância com o carácter indicativo de umas "Orientações", tal esquema não agrilhoaria a Comissão a um caminho fixo nem lhe retiraria flexibilidade de apreciação, mas traria consigo clareza e segurança jurídica[647]. Se, de acordo com a possibilidade prevista na parte final do n.º 6, a Comissão vier a rever ocasionalmente as Orientações, era positivo que este reparo fosse tido em conta.

Explicado o modo de determinar se uma concentração cria ou reforça posição dominante colectiva, não queremos deixar de referir que, a fim de evitar a proibição assente em tal fundamento, as partes podem propor compromissos que levem a Comissão Europeia a declarar a operação compatível com o mercado comum[648]. Embora a hipótese de oferecer compromissos não se cinja a casos de dominação colectiva, nesta sede eles põem problemas particulares e, por isso, agora fazemos a referência.

Em geral, os compromissos podem ser estruturais ou dizer respeito à conduta das empresas. Por via dos primeiros, assegura-se que, após a concentração, a estrutura do mercado relevante não vai azar entraves significativos à concorrência efectiva. Já os compromissos de conduta levam a uma mudança de comportamento das empresas que

---

[647] O segundo destes dois tópicos nem sempre esteve convenientemente garantido no direito comunitário da concorrência – *vd.* HAUPT, «Kollektive...», pp. 369-370 e VILMART, «La remise...», p. 1212.

VOIGT e SCHMIDT – «Switching...», pp. 589-590 – opinam que as Orientações deveriam ter carácter mais vinculativo do que aquele que ostentam actualmente e conter uma lista tão exaustiva quanto possível dos factores relevantes para a apreciação dos efeitos coordenados e dos efeitos unilaterais.

[648] Cfr. considerando 30 e artigos 6.º – n.º 1, al. *b)* e n.º 2 – e 8.º, n.º 2 do Regulamento [*vd.*, ainda, os artigos 14, n.º 2, al. *d)* e 15, n.º 1, al. *c)*].

promove a concorrência e previne os referidos entraves[649]. Em sede de concentrações, prevalecem os compromissos de ordem estrutural, visto que o Regulamento n.º 139/2004 deve permitir o controlo eficaz de todas as concentrações em função do seu efeito sobre a *estrutura da concorrência na Comunidade*[650]. Por outro lado, os compromissos de carácter estrutural (*v. g.*, diminuição da quota de mercado da entidade resultante da concentração através da venda de uma filial) impedem de modo definitivo – ou, quando menos, duradouro – a criação ou o reforço de posição dominante, sem exigir medidas de vigilância a médio ou a longo prazo[651].

A prática da Comissão em casos envolvendo a dominação colectiva vem demonstrando esta preferência por compromissos estruturais, nomeadamente por aqueles que criam condições para o aparecimento de um novo concorrente[652]. No caso *Nestlé/Perrier*, no sentido de facilitar a entrada de um concorrente viável ou o aumento da capacidade de um concorrente actual – de modo a que, em qualquer dos casos, esse concorrente pudesse competir de forma efectiva com a *Nestlé* e com a *BSN* no mercado francês das águas engarrafadas –, a *Nestlé* comprometeu-se a vender a esse concorrente uma carteira de marcas que possuíam grande capacidade de água para engarrafar (o competidor em causa disporia de uma capacidade mínima de 3000 milhões de litro por ano). Desse jeito se criaria um agente capaz de competir de maneira efectiva com a *Nestlé* e com a *BSN*, assim se obstando ao domínio duopolístico que, de outra forma, resultaria da concentração proposta[653]. Sob reserva do cumprimento integral das condições e das obrigações contidas no compromisso da *Nestlé*, a Comissão acabou por declarar a concentração compatível com o mercado comum.[654] Além dos casos em que está em causa o surgimento de novo concorrente, merecem referência aqueloutros em que os compromissos das partes na concentração se consubstanciam na supressão de vínculos estruturais mantidos com concorrentes (ou com clientes). Faz todo o sentido falar disso, pois já vimos que tal

---

[649] Cfr. EUROPE ECONOMICS, *Assessment...*, p. 104, com ajustamento que fizemos tendo em conta o critério material do Regulamento n.º 139/2004.

[650] Considerando n.º 6 do Regulamento; LINDER, *Kollektive...*, p. 315.

[651] *Vd.* TPI, acórdão de 25.3.1999, *Gencor*, *Col.* 1999, II-753, n.º 319 e *Commission Notice on remedies acceptable under Council Regulation (EEC) N.º 139/2004 and under Commission Regulation (EC) N.º 802/2004* (2007), n.º 15 (acedemos ao texto através de www.ec.europa.eu).

[652] Cfr. também a "Comunicação da Comissão sobre as soluções passíveis de serem aceites nos termos do Regulamento (CEE) n.º 4064/89 do Conselho e do Regulamento (CE) n.º 447/98 da Comissão", JO C 68, de 2.3.2001, p. 3, n.º 13.

[653] Decisão de 22.7.1992, *Nestlé/Perrier*, JO L 356, de 5.12.1992, p. 1, n.os 136 ss..

[654] Outrossim, no processo *ABB/Daimler-Benz*, os compromissos oferecidos pelas partes foram decisivos para a Comissão autorizar uma concentração que, de outra forma, criaria posições dominantes colectivas nos mercados alemães dos carros eléctricos (incluindo os comboios urbanos e a parte eléctrica dos autocarros com *trolley*) e das composições para o metropolitano – decisão de 18.10.1995, JO L 11, de 14.1.1997, p. 1, n.os 139-147, 150 e 152.

género de laços facilita a coordenação de condutas. No processo *Kali + Salz/MdK/ /Treuhand*, verificou-se que a *K + S* e a *SCPA* tinham ligações duradouras (mormente a nível de fornecimento: os produtos à base de potássio que aquela vendia em França eram comercializados através da *SCPA*); se tais relações prosseguissem, a operação projectada levaria à criação de um duopólio dominante, de uma posição dominante conjunta da *K + S/MdK* e da *SCPA*. Porém, os compromissos assumidos (implicando a dissolução dos vínculos existentes) vieram a determinar que a concentração fosse declarada compatível com o mercado comum[655].

A leitura do parágrafo anterior deixa impressão segundo a qual os envolvidos nas concentrações podem, mediante oferta de compromissos, esconjurar cuidados relativos ao exercício da dominância colectiva. Todavia, essa impressão não se confirma. Por motivos que passamos a indicar, a via dos compromissos não serve, em regra, para resolver tal tipo de preocupações. Como vimos, são muitos e de índole variada os factores que originam dominação conjunta; porque assim é, não se pode esperar que, actuando sobre um ou alguns desses factores por meio de compromissos, as partes logrem eliminar todos[656] os receios atinentes a efeitos anticompetitivos (tanto mais havendo elementos – *v. g.*, a natureza do produto ou a atomicidade da procura – que não conferem grande margem de manobra). Em segundo lugar, a dominação colectiva diz respeito não apenas às empresas envolvidas na concentração, mas também a outras que a ela são estranhas – logo, compromissos efectivos e eficazes requereriam, na generalidade dos casos, a imposição de medidas a quem não participa na concentração; ora, isso não é permitido, a Comissão não tem competência para o fazer. Por fim, a preferência por soluções que visam o aparecimento de um novo concorrente não garante resultados certos, porquanto não é possível antecipar com toda a exactidão a forma como tal competidor vai agir no futuro (ele pode, inclusive, entrar no jogo da coordenação)[657].

Em suma: são poucos os casos em que, assumindo compromissos, as partes na concentração logram levar a Comissão Europeia a tomar uma decisão distinta daquela que adopta depois de seguir o modo de determinação da dominância conjunta sintetizado no início deste capítulo.

---

[655] Cfr. decisão de 14.12.1993, *Kali + Salz/MdK/Treuhand*, JO L 186, de 21.7.1994, p. 38, n.os 61 ss. e 96.

Enquanto no processo *Kali + Salz/MdK/Treuhand* estava em apreço a supressão de vínculos estruturais com competidores, no caso *Enso/Stora* o problema dizia respeito a laços com clientes: uma das participantes na concentração, a *Enso*, desenvolvia actividades conjuntas de transformação com a *Elopak*, tendo-se comprometido a vender a esta última a totalidade da sua participação nessas actividades. Tal venda tinha como objectivo pôr fim a preocupações despertadas pelo facto de a ligação ser passível de reduzir a força compensatória da procura exercida pela *Elopak* – decisão de 25.11.1998, JO L 254, de 29.9.1999, p. 9, n.º 101, al. *c)*.

[656] Note-se que os compromissos devem possibilitar a eliminação *total* do problema de concorrência – *vd.* considerando 30 do Regulamento n.º 139/2004.

[657] Cfr. LINDER, *Kollektive...*, pp. 320 e 332; EUROPE ECONOMICS, *Assessment...*, p. 110.

CAPÍTULO V
CONCENTRAÇÕES VERTICAIS, CONCENTRAÇÕES CONGLOMERAIS E POSIÇÃO DOMINANTE COLECTIVA

1. As concentrações verticais

O discurso que desfiámos nos quatro capítulos anteriores reporta-se às concentrações horizontais, aquelas que, no direito comunitário, têm propiciado o nascimento de efeitos coordenados na forma de posição dominante colectiva. Não está, porém, excluído que uma concentração vertical favoreça igualmente o despontar de semelhante género de efeitos. Na ordem comunitária não há ainda um texto que, a exemplo das Orientações relativas à apreciação das concentrações horizontais, sirva de luz para o exame das concentrações verticais[658]; nos Estados Unidos, estas são analisadas de acordo com as *Merger Guidelines* de 1984[659].

As concentrações verticais envolvem empresas situadas em fases distintas do processo de fabrico e de comercialização dos bens, dando corpo a formas de integração vertical[660]. Por exemplo, **A** adquire **B**, for-

---

[658] Reclamando tal documento, VOIGT/SCHMIDT, «Switching...», p. 590. Em Fevereiro de 2007, a Comissão deu a conhecer um projecto de Orientações visando o exame de concentrações de cariz vertical e conglomeral. Depois da consulta pública, a Comissão emitirá Orientações. Em matéria de efeitos coordenados, é notória a influência da teoria dos jogos (cfr., designadamente, n.ºs 85 ss. do projecto).

[659] Ver SULLIVAN/GRIMES, *The Law...*, p. 630, MEINRAD DREHER, «Die US-amerikanischen Horizontal Merger Guidelines 1992 – Kartellrecht jenseits von Reaganomics?», *RIW*, 5/1995, pp. 377-378 e ULSHÖFER, «Der Einzug...», p. 53, n. 11. As *Merger Guidelines* de 1992 tocam apenas concentrações horizontais.

[660] *Ex multis*, SULLIVAN/GRIMES, *The Law...*, p. 628; ADT, *in* von der GROEBEN/ /SCHWARZE, *Kommentar...*, p. 866; KLING/THOMAS, *Grundkurs...*, p. 462; GESNER OLIVEIRA/ /JOÃO GRANDINO RODAS, *Direito e Economia...*, p. 77.

necedor de matérias-primas ao mercado em que **A** se encontra; **A** compra **C**, que abastece esse mercado de semiprodutos[661] (nestes dois casos, deparamos com processos de integração vertical ascendente); **A** adquire **D**, distribuidor dos artigos fabricados no sector de que **A** faz parte (integração vertical descendente).

Poderá este género de concentração facilitar o arranjo entre oligopolistas?

Como se perceberá usando um punhado de exemplos, a resposta é afirmativa. Suponhamos que ocorre concentração entre um fabricante de pneus e um construtor automóvel, ambos de avultado porte. Figuremos ainda que o ente nascido da concentração precisa de continuar a comprar pneus a outros fornecedores, solicitando-lhes que façam propostas de venda; a informação que por essa via recebe é transmitida à unidade que, no seu seio, se ocupa do fabrico de pneumáticos, a qual passa a dispor de conhecimentos preciosos acerca das ofertas e das possibilidades competitivas dos restantes produtores de pneus. Tal unidade pode então *alinhar os seus preços* com os dos outros fabricantes de pneumáticos, isto é, a concertação tácita torna-se mais fácil[662].

Admitamos agora que o produtor de pneus envolvido na concentração é um importante fornecedor de várias companhias automóveis. O mais certo é colher, nas negociações que com estas desenvolve, dados relativos aos seus planos para o futuro. Ora, estes dados podem ser passados ao fabricante automóvel com quem se concentra, o qual passa a usufruir de um capital de conhecimento acerca das disposições dos construtores rivais que é susceptível de favorecer a concertação[663].

Contemplemos ainda as duas situações plasmadas na § 4.22 das *Merger Guidelines* norte-americanas de 1984. A epígrafe é elucidativa:

---

[661] Matérias-primas são bens que, não tendo sofrido qualquer mutação por parte do homem, se destinam, todavia, a posteriores transformações (*e. g.*, petróleo). Os semiprodutos já procedem de uma alteração e ainda vão ser transformados (*v. g.*, ferro fundido). TEIXEIRA RIBEIRO, *Economia Política*, pp. 23-24.

[662] Na ausência da concentração, a empresa do ramo automóvel que solicitava as melhores propostas aos vendedores de pneus não teria incentivo para partilhar tal informação com outros ofertantes de pneumáticos (e estes tão-pouco compartiriam a informação entre si).

[663] Os dois exemplos foram recolhidos em SULLIVAN/GRIMES, *The Law...*, p. 641; cfr., ainda, MICHAEL H. RIORDAN/STEVEN C. SALOP, «Evaluating Vertical Mergers: a Post-Chicago Approach», *ALJ*, vol. 63 (1995), pp. 557 ss..

«Facilitating Collusion Through Vertical Mergers». Na § 4.221, nota-se que um grau elevado de integração vertical levado a cabo em sentido descendente de molde a abarcar o retalho é passível de facilitar a coordenação no mercado a montante, porquanto torna mais fácil observar preços – estes são mais "visíveis" no retalho do que no mercado a montante – e detectar actos de *batota*[664]. No fundo, está aqui em causa, tal como nos parágrafos anteriores, a forma como as concentrações verticais facilitam a transmissão de informação entre competidores[665]. A § 4.222 refere a hipótese de a concentração absorver um adquirente que até aí se postava como elemento perturbador da concentração, como alguém capaz de semear cizânia entre os vendedores: atendendo à sua importância e ao (grande) volume das suas encomendas, o comprador representa tanto, que os vendedores, para com ele fazerem negócio, arriscam afastar-se dos termos da coordenação entre eles existente. Se o citado comprador é parte numa concentração com empresa situada no mercado a montante, ele pode deixar de existir como elemento perturbador da concertação, tornando-a mais fácil em tal mercado[666] [667].

---

[664] A propósito, HOVENKAMP, *Federal...*, p. 394 e BISHOP/WALKER, *The Economics...*, p. 289. Não andando longe desta hipótese: DENOZZA, *Antitrust...*, p. 79.

[665] *Vd.* RIORDAN/SALOP, «Evaluating...», p. 557, n. 105.

[666] Cfr. RIORDAN/SALOP, «Evaluating...», p. 538 e n. 62 (pp. 538-539); HOVENKAMP, *Federal...*, p. 394. Na União Europeia, *vd.* o n.º 89 do projecto de Orientações.

[667] Nos Estados Unidos, tanto em relação à hipótese prevista na § 4.221 como àqueloutra contemplada na § 4.222 (das *Merger Guidelines* de 1984), só se considera provável que a operação vertical lese a concorrência desde que o mercado a montante reúna, ele próprio, condições para tal. Assim, não espanta que essas concentrações só sejam postas em causa desde que o valor do índice Herfindahl-Hirschman seja superior a 1800.

A proibição de concentrações verticais assente no fundamento específico de facilitarem a coordenação parece não ter grande relevo na prática (norte-americana ou europeia). Compreende-se que assim seja, pois as concentrações verticais não aumentam directamente o grau de concentração do mercado a montante nem do mercado a jusante (*vd.* SULLIVAN/GRIMES, *The Law...*, p. 629). AREEDA e TURNER notam apenas uma "obscure passage" à hipótese de a concentração eliminar *disruptive buyer* que forçava os vendedores a concorrer entre si na decisão *Union Carbide Corp.*, da Federal Trade Commission (informação colhida em HOVENKAMP, *Federal...*, p. 394, n. 8).

De resto, este registo está em consonância com ideias segundo as quais é provável que as *vertical mergers* favoreçam a concorrência. Ao contrário do que sucede quando concorrentes se concentram, o principal incentivo da empresa que integra um fornecedor não é limitar os *outputs* para subir os preços. Por norma, são as empresas autónomas –

Este acervo de hipóteses permite entender como pode a concentração vertical favorecer a coordenação. Mas há ponto suplementar que merece ser salientado: a influência exercida pelas concentrações verticais nas possibilidades de coordenação entre oligopolistas depende, em boa medida, da mudança que elas provocam no nível (relativo) de integração vertical posto em prática por essas empresas. O laço que a operação cria entre o oligopolista e o operador situado a montante ou a jusante é passível de gerar importantes vantagens a nível de custos (para qualquer das empresas envolvidas). Ora, se os demais oligopolistas não enveredarem, também eles, pelo caminho da integração, podem registar-se disparidades no plano dos custos que desservem a convergência de interesses essencial à coordenação[668]. Mais. Diversos níveis de integração

---

e não as *integrated firms* – que limitam a oferta com esse fim; a *vertically merged firm* sente muito rebuço em encarecer o primeiro bem de uma cadeia vertical, porquanto isso faria descer a procura não apenas desse bem, mas igualmente do segundo bem de tal cadeia. PHILLIP AREEDA/LOUIS KAPLOW/AARON EDLIN, *Antitrust Analysis. Problems, Text, and Cases*, 6ª ed., New York, 2004, p. 771; veja-se, ainda, trecho exemplar de BORK (*The Antitrust Paradox...*, p. 226): «(...) Antitrust's concern with vertical mergers is mistaken. Vertical mergers are means of creating efficiency, not of injuring competition (...)». Mesmo quanto ao risco de exclusão (*foreclosure*) – *v. g.*, um fabricante adquire um retalhista e obriga-o a vender apenas os seus produtos, com isso excluindo os outros produtores da fatia de mercado representada pelo *captive retailer* (BORK, *The Antitrust Paradox...*, p. 231) –, o tribunal mostrou-se «(...) *unwilling to assume that any vertical foreclosure lessens competition.* Absent very high market concentration or some other factor threatening a tangible anticompetitive effect, a vertical merger may simply realign sales patterns, for insofar as the merger forecloses some of the market from the merging firms' competitors, it may simply free up that much of the market (...) for new transactions (...)» [United States Court of Appeals, Second Circuit (28.6.1979), *FRUEHAUF CORPORATION v. FEDERAL TRADE COMMISSION*, 603 F.2d 345, n. 9 – o grifo é nosso; com excepção das sentenças do Supreme Court, obtivemos através de www.westlaw.com não só esta como as outras decisões dos tribunais americanos que citamos no presente trabalho].

[668] Atente-se, todavia, que nem sempre graus distintos de integração vertical significam benefícios a nível de custos para o oligopolista integrado: quando, no mercado a jusante, a oferta excede claramente a procura, os seus competidores acedem facilmente aos bens (matérias-primas, semiprodutos), não sendo afectados por desvantagens no plano dos custos. Cfr. HAHN, *Oligopolistische...*, pp. 220 e 322. De resto, BRIONES observa («Oligopolistic...», p. 344) que, caso da integração vertical resultassem efectivamente vantagens de custos, todas as empresas do mercado tenderiam a atingir grau similar de integração.

Nos Estados Unidos, cfr. United States District Court, District of Columbia, *UNITED STATES v. PREMDOR INC., Premdor U.S. Holdings, Inc., International Paper*

vertical podem patentear que as empresas têm interesses estratégicos diferentes e, nessa medida, contrários à coordenação (*v. g.*, certa empresa está mais interessada em maximizar a oferta no mercado a montante do que em, por via da concertação, auferir lucros estáveis a jusante)[669].

Já quando, por força da concentração, o grau de integração vertical levado a cabo pelos oligopolistas se volve idêntico ou similar, a concertação é mais provável. Desde logo, pelo que isso significa em matéria de apropinquação entre as empresas. Mas também pelo que pode implicar em termos de obstáculos à entrada: o concorrente potencial teria de preocupar-se com o acesso e a obtenção de capacidades não apenas num mercado, mas em dois[670]. Por outro lado, um grau próximo de integração vertical ascendente por parte de todos os membros de certo oligopólio é susceptível de funcionar como meio de estabilizar a coordenação. Na verdade, flutuações de preços a nível das matérias-primas ou dos semi-produtos estorvam a coordenação, porquanto instam as empresas a procurar sistematicamente novos preços de equilíbrio que a todas agradem. De molde que, controlando os preços no mercados a montante, logram manter estável o preço cobrado a jusante (sem os gastos que derivam de estar sempre buscando um preço que a todas satisfaça)[671].

2. **As concentrações conglomerais**

As concentrações conglomerais envolvem empresas que não concorrem entre si num mercado nem tão-pouco se situam em fases sucessivas da cadeia de fabrico e de distribuição dos bens. Estamos ante conceito passível de definição residual, abarcando as concentrações que não têm natureza horizontal nem vertical[672]. O género em apreço abarca três tipos

---

Co., and Masonite Corp., 2002 WL 1816981 (D.D.C.), 16: por mor da concentração proposta, a aproximação da estrutura de custos de duas empresas integradas verticalmente aumentaria o incentivo à coordenação.

[669] Briones, «Oligopolistic...», p. 344; Hahn, *Oligopolistische...*, pp. 220-221.

[670] Cfr. Hahn, *Oligopolistische...*, pp. 221 e 322; David Kaserman, «Theories of vertical integration: implications for antitrust policy», *AB*, vol. XXIII, Fall 1978, pp. 505-508.

[671] *Vd.* Kaserman, «Theories...», pp. 508-509 e Hahn, *Oligopolistische...*, pp. 221-222.

[672] Kling/Thomas, *Grundkurs...*, p. 462; Rolf Büscher, *Antitrust und konglomerate Konzentration*, Köln, 1982, p. 8; Bork, *The Antitrust Paradox...*, p. 246; Sullivan/Grimes, *The Law...*, p. 616; Drauz, «Unbundling...», p. 183; Gesner Oliveira/João Grandino

de concentração: entre operadores que produzem ou vendem o mesmo artigo em mercados geográficos distintos (*market extension merger*, concentração de extensão do mercado), implicando fabricantes de produtos que, apesar de serem diferentes, de algum jeito se relacionam[673] (*product-line extension merger*, concentração de extensão do produto) e, por fim, concentrações em que falta a comunhão existente em qualquer dos dois tipos anteriores[674] (*pure conglomerate merger*, concentração conglomeral pura)[675].

Na União Europeia, ainda não há Orientações destinadas ao tratamento específico das concentrações conglomerais[676] (como se disse atrás,

---

RODAS, *Direito e Economia...*, p. 77. Já demos o conceito de concentração conglomeral em «Controlo de concentrações de empresas: *quid novi* na sentença do Tribunal de Justiça *Tetra Laval BV*?», *TInt*, 1.º Semestre de 2005, n.º 19, p. 144, n. 7.

[673] *V. g.*, porque, na sua produção, se empregam idênticos meios de fabrico ou se recorre aos mesmos canais de distribuição.

[674] Não há relação ou laço funcional entre as empresas nem entre os artigos que elas fabricam.

[675] Veja-se a tripartição em SULLIVAN/GRIMES, *The Law...*, p. 616; WHISH, *Competition Law*, p. 780; BÜSCHER, *Antitrust...*, p. 9; *id.*, *Diagonale Unternehmenszusammenschlüsse im amerikanischen und deutschen Recht*, Baden-Baden, 1983, p. 25; no nosso «Controlo...», pp. 144-145, n. 8.

[676] Reclamando-as, VOIGT/SCHMIDT, «Switching...», p. 590.

Nos Estados Unidos, o texto que tem servido para o efeito são as *Merger Guidelines* de 1984, na parte atinente à concorrência potencial – cfr. SULLIVAN/GRIMES, *The Law...*, pp. 626-627; DREHER, «Die US-amerikanischen...», pp. 377-378; ULSHÖFER, «Der Einzug...», p. 53, n. 11. RICHARD POSNER (*Antitrust Law*, 2ª ed., Chicago/London, 2001, p. 131, n. 30) diz, inclusive, que concentrações conglomerais que não envolvem concorrência potencial já não são objecto de *antitrust concern*. Esta focagem na concorrência potencial compreende-se se pensarmos que esta pode ser encarada como concorrência actual (vista do lado da oferta, não propriamente do lado da procura); no fundo, a operação será caso particular de *horizontal merger* (a que damos toda a atenção noutro local); simplesmente, na *potential competition merger*, a elasticidade-cruzada da procura que se dirige às *merging firms* tem um valor que não permite integrá-las no mesmo *relevant market* (a atenção centra-se na elasticidade da oferta e nas possibilidades de entrada) – *vide* HOVENKAMP, *Federal...*, p. 565. Note-se, porém, que a operação não deve ser proibida se aumentar a concorrência existente no *target market*, o que acontece amiúde se a empresa adquirida não domina tal mercado (*últ. a. e ob. cits.*, p. 568); o Supreme Court já aprovou concentração de extensão do mercado entre um banco de Seattle e outro de Spokane em que este representava apenas 17, 4 % do *relevant market* (que era a área metropolitana de Spokane) – a operação eliminava um concorrente potencial, é certo, mas aumentava substancialmente a concorrência existente no mercado bancário de Spokane [Cfr. U.S. Supreme Court (26.6.1974), *U.S. v. Marine Bancorporation*, 418 U.S. 602, 616

existe um projecto de Orientações, datado de Fevereiro de 2007). Quanto ao problema de saber se esse tipo de operação é susceptível de favorecer o aparecimento de efeitos coordenados maléficos para a concorrência (sob forma de posição dominante colectiva), o perigo existe. A pouca doutrina que encontrámos sobre o assunto nota, desde logo, que a concentração pode redundar em certo nivelamento dos recursos das empresas, conferindo a todas não só as mesmas (fortes) possibilidades de se defender de ataques das rivais mas também outorgando-lhes força idêntica de retorsão face a atitudes que divirjam do concertado, um e outro ponto desencorajando o *cheating*[677].

Em segundo lugar, as empresas estabelecem, por via da concentração conglomeral, contactos em vários mercados, tópico que depõe em favor da concertação. O aparecimento desta torna-se mais fácil. Mercê dos contactos esparsos por diferentes mercados, as empresas obtêm capital preciosíssimo de informação acerca da maneira de agir e de reagir das outras, factor importante para o advir do alinhamento. Se desenvolveram experiências de concerto noutros mercados e daí retiraram ensinamentos acerca da forma de orientar tratos em comum, podem transportar essa aprendizagem para outra indústria (sobretudo se esta ainda se encontra em fase jovem[678])[679]. Além disso, estando presentes em vários mercados, têm mais vastas possibilidades de atingir as rivais que se apartam da conduta coordenada e estão mais sujeitas a sofrer, elas próprias, as consequências do castigo por *chiselling* (corolário mais intenso quando a empresa não sabe em que mercado será exercida a retaliação)[680]. Por outro lado, quando a empresa que pune e a que é punida (**A** e **B**) estão presentes em diversos mercados (**1** e **2**) e cada uma tem a maior participação e o maior lucro em mercado distinto da outra (**A** em **1**, **B** em **2**),

---

e 641-642 (1974); as sentenças do Supreme Court que citamos na presente dissertação foram obtidas através do sítio www.findlaw.com].

[677] Cfr. HAHN, *Oligopolistische...*, p. 323 (em conjugação com a p. 222); *id.*, *in* SÄCKER, *Berliner Kommentar...*, p. 504.

[678] No oligopólio, isto é muito relevante quando os mecanismos da interdependência paramétrica não estão ainda consolidados.

[679] HAHN, *Oligopolistische...*, p. 323 (e também p. 275); *id.*, *in* SÄCKER, *Berliner Kommentar...*, p. 504; BÜSCHER, *Diagonale...*, p. 413.

[680] Acresce poder dar-se o caso de uma empresa ser incapaz de exercer represálias num mercado – *v. g.*, devido a limitações na capacidade de produção –, mas estar apta a fazê-lo num outro.

aquele em que a empresa tem o maior lucro e participação oferece excelente oportunidade para ela ser atingida, mormente através de descida de preços: o custo da represália tende a ser relativamente menor para quem a leva a cabo do que o prejuízo causado a quem dela é alvo[681]. Mais. Graças à presença em vários sectores e à capacidade para lesar a antagonista no mercado que, para ela, é o mais importante, pode chegar-se a um ponto em que as empresas dividem de maneira tácita a liderança de mercados: cada uma fica líder na área que, para si, tem mais relevo. A empresa reconhece que, para a outra – mas não para si própria – certo mercado assume maior importância, esperando que a rival (se ainda for legítimo apodá-la de rival...) faça apreciação similar quanto ao mercado que, para si, é mais valioso[682] [683].

Todo este título **AB**, que agora terminamos, foi dedicado aos efeitos coordenados das concentrações, *rectius*, à posição dominante colectiva. Quando referimos os tipos de efeitos anticoncorrenciais das concentrações – título **AA**, n.º **3** –, dissemos que, além de efeitos coordenados, a concentração pode originar efeitos unilaterais nocentes para a concorrência (já sob forma de posição dominante individual, já na veste de oligopólio não colusivo). A dominação individual fica fora do âmbito do nosso trabalho. Já os oligopólios não coordenados, pese embora o pouco relevo que vêm assumindo, têm de se estudar numa dissertação que versa o controle dos oligopólios pelo direito comunitário da concorrência. A isso vai dedicado o título **AC**.

---

[681] *Vd.* HAHN, *Oligopolistische...*, pp. 276-277 e ROLF BÖHNKE, *Diversifizierte Unternehmen: Eine Untersuchung über wettbewerbliche Wirkungen, Ursachen und Ausmaß der Diversifizierung*, Berlin, 1976, p. 123.

[682] Cfr. HAHN, *Oligopolistische...*, pp. 277-278; BÖHNKE, *Diversifizierte...*, pp. 135-136; WILKO MEINHOLD, *Diversifikation, konglomerate Unternehmen und Gesetz gegen Wettbewerbsbeschränkungen*, Köln/Berlin/Bonn/München, 1977, p. 72; BÜSCHER, *Diagonale...*, p. 411.

[683] Cfr., ainda, o n.º 119 do projecto de Orientações de apreciação de concentrações verticais e conglomerais.

AC. *EFEITOS UNILATERAIS DAS CONCENTRAÇÕES: OLIGOPÓLIOS NÃO COORDENADOS*

1. **Efeitos unilaterais**

Este género de efeitos maléficos para a concorrência resulta do esbatimento de pressões competitivas que tinham lugar antes da concentração. Esta suscita reforço do poder de mercado sem necessidade de coordenar condutas.

Como explicámos[684], a concentração suprime a referta entre as empresas que nela são partes: se, antes de ter lugar, uma delas encarecesse os bens que produz, logo perderia clientes em favor da outra. Por força da concentração, desaparece este aperto concorrencial e os que nela estão envolvidos sentem incentivo para subir preços[685]. Os operadores que não intervieram na concentração e fazem parte do mesmo mercado beneficiam igualmente daquela quebra de sufoco concorrencial: o acréscimo de preços dos bens fabricados pelas empresas que se concentram, na medida em que leve parte dos adquirentes a comprar junto de outros vendedores, anima estes a aumentar os preços (assim o ensina a lei da oferta e da procura)[686]. É, pois, plausível que todos estes desenvolvimentos originem efeitos anticoncorrenciais graves, mormente subidas de preços[687].

---

[684] Título **AA**, n.º **3**.

[685] No exemplo dos automóveis destinados a certa fracção da procura alemã, extinguia-se a pressão que, reciprocamente, *Audi* e *BMW* exerciam.

[686] No caso dos automóveis, crescia a procura dirigida às marcas *Mercedes* e *Saab*.

[687] Em termos que sintetizamos no texto, ver a aclaração dos efeitos não coordenados em: Orientações, pontos 22 [alínea *a)*] e 24; VEROUDEN/BENGTSSON/ALBAEK, «The Draft...», pp. 249-252 (aí se encontra o exemplo que apresentámos); VICKERS, *Competition...*, p. 9; von HINTEN-REED/CAMESASCA/SCHEDL, «Reform...», p. 323; BISHOP/LOFARO, «A legal...», pp. 206-207; BEN DUBOW/DAVID ELLIOTT/ERIC MORRISON, «Unilateral Effects and Merger Simulation Models», *ECLR*, 2004, p. 115.

As concentrações realizadas em mercados oligopolísticos[688], na medida em que impliquem o esbater da prema concorrencial referida no parágrafo anterior, podem resultar em entraves significativos para a concorrência, mesmo que não haja grandes possibilidades de coordenação[689]. Eis o campo dos "oligopólios não colusórios" (também chamados "oligopólios não colusivos" ou "oligopólios não coordenados"). A necessidade de serem controlados patenteia-se bem se pensarmos em problema com os seguintes lineamentos: num mercado, há três operadores; o segundo e o terceiro (em dimensão) fundem-se; em conjunto depois da fusão não chegam a atingir a envergadura nem a quota de mercado do líder. Desta operação podem nascer danos para a concorrência, independentemente de qualquer forma de concerto: estamos, pois, perante efeitos unilaterais (que não se reconduzem a posição dominante singular, já que o líder era outro).

Antes de passar em revista o direito comunitário, deixamos alguns esclarecimentos prévios.

É útil chamar à colação o discrime que é comum estabelecer entre dois grandes planos em que a concorrência se desenvolve: produção e capacidade, por um lado, preços, por outro. No primeiro, as empresas escolhem o nível de produção ou de capacidade e, subsequentemente, atendendo ao volume da procura, estabelecem os preços. No segundo, as empresas fixam preços e ajustam o nível de oferta em função da procura[690]. Ao avaliar os efeitos anticoncorrenciais das concentrações, a

---

[688] Já se disse que realmente decisiva é a estrutura do mercado *após* a concentração, porquanto interessa prevenir o aparecimento de oligopólios malfazejos da concorrência. Todavia, na nossa maneira de ver, os mercados que venham ao caso decerto apresentam configuração oligopolística *antes* da operação, pois não é verosímil passar directamente de um mercado de concorrência monopolista para um oligopólio tão restrito que nele possa ocorrer concertação tácita.

[689] Ver Orientações, n.º 25. O considerando 25 do Regulamento das Concentrações esclarece que as concentrações que derem origem a tais efeitos não coordenados devem ser declaradas incompatíveis com o mercado comum.

[690] Veja-se esta síntese no projecto de Comunicação da Comissão relativa à apreciação das concentrações horizontais, JO C 331, de 31.12.2002, p. 18, n.º 17 e recorde-se o sobredito a propósito dos modelos de COURNOT e de BERTRAND – ali, concorrência a nível de quantidades, no último, no plano dos preços. Ainda a propósito, BISHOP/RIDYARD, «Prometheus...», p. 361 e EUROPE ECONOMICS, *Assessment...*, pp. 50 ss..

distinção é importante. No caso referido em último lugar – as empresas reagem, sobretudo, aos preços praticados pelas outras – é a presença de bens homogéneos ou de substitutos muito próximos que assegura disputa concorrencial: mais do que haver muitos competidores próximos, interessa é eles existirem, ainda que em acanhado número. Já no primeiro caso – luta pelas quantidades –, é relevante haver não apenas bens que sejam substitutos próximos, mas também um número suficiente de competidores capaz de alargar a sua oferta em resposta à diminuição dos *outputs* das partes na concentração[691].

De resto, o impacto da concentração nas empresas que, permanecendo no mercado, a ela são estranhas, depende muito do género de compita em causa. Se combatem por via dos preços, estes são amiúde "complementos estratégicos" (*strategic complements*): a subida de preços por quem se concentra leva os concorrentes a elevar também os seus. Caso a refrega tenha lugar a nível de quantidades, estas são, por norma, "substitutos estratégicos" (*strategic substitutes*): a redução dos *outputs* por parte de um operador leva os rivais a aumentar as quantidades oferecidas[692].

Por razões de vária ordem, num processo destinado a aquilatar as sequelas anticoncorrenciais de uma concentração, o escrutínio dos efeitos unilaterais e o dos efeitos coordenados deve ser conduzido em separado. Desde logo, há factores que, tanto importando para um como para o outro, são encarados de maneira distinta, consoante o tipo de efeitos em causa. Por exemplo, se de uma fusão resulta entidade com porte bastante superior ao dos rivais, isso aumenta muito o seu poder de mercado, só que, em virtude do reforço da assimetria entre as empresas, torna a coordenação mais difícil[693]. Além do mais, sob o ponto de vista analítico, efeitos

---

[691] Cfr. IVALDI/JULLIEN/REY/SEABRIGHT/TIROLE, *The Economics of Unilateral Effects*, p. 17.

[692] IVALDI/JULLIEN/REY/SEABRIGHT/TIROLE, *The Economics of Unilateral Effects*, p. 23. As acções denominadas "complementos estratégicos" são as que geram resposta similar por parte dos antagonistas, aqueloutras cunhadas de "substitutos estratégicos" induzem, por norma, réplica de sentido oposto (*ob. cit.*, p. 5; PEDRO VERGA MATOS/VASCO RODRIGUES, *Fusões...*, p. 165, n. 128).

[693] *Vd.* IVALDI/JULLIEN/REY/SEABRIGHT/TIROLE, *The Economics of Unilateral Effects*, p. 21, *in fine*. A despeito do que vai escrito, o papel desempenhado pelos factores "externos" que de algum modo coarctam a margem de liberdade das empresas envolvidas em coordenação (*v. g.*, barreiras à entrada e poder de compensação da procura) é similar

unilaterais e efeitos coordenados são conceitos diversos e mutuamente exclusivos, não podem ocorrer ao mesmo tempo[694]. Geralmente, a Comissão aprecia primeiro se a concentração possibilita o exercício unilateral de poder de mercado e, depois, se cria ou fortalece posição dominante colectiva[695].

2. Consideração dos efeitos unilaterais no direito comunitário da concorrência

Na prática da Comissão, os efeitos unilaterais na forma de oligopólio não colusório não têm assumido grande relevo[696]. Por esse motivo, optamos por fazer exposição que, em boa medida, *acompanha o trecho das Orientações* devotado aos efeitos unilaterais. Com esta maneira de proceder, perceberemos o acolhimento que estes tiveram no direito comunitário[697] e faremos de imediato projecções em termos de futuro.

Os efeitos não coordenados são objecto de tratamento na secção IV das Orientações. O registo feito em tal trecho tanto vale para os efeitos unilaterais concretizados na criação ou no reforço de posição dominante singular como para os que se produzem no oligopólio. O rol de factores apresentado não é exaustivo; tão-pouco é necessário estarem presentes todos os elementos que dele constam para que os efeitos unilaterais nocivos da concorrência tenham lugar[698].

àquele que assumem no processo destinado a avaliar se a concentração gera efeitos unilaterais indesejáveis – Bishop/Walker, *The Economics...*, p. 287.

[694] EUROPE ECONOMICS, *Assessment...*, pp. XII, 62-63 e 122-123.

[695] Decisão de 26.10.2004, COMP/M.3216 – *Oracle/PeopleSoft*, n.os 187 ss. e 206 ss., respectivamente; Levy, «EU Merger Control...», p. 198.

[696] Acontece o mesmo nos países da União Europeia: quanto à Alemanha, cfr., por exemplo, Linder, *Kollektive...*, p. 242.

[697] Recorde-se que as Orientações tiveram a preocupação de recolher e de preservar dados extraídos da prática decisória anterior e da jurisprudência dos tribunais comunitários – *vd.* n.º 4, *in fine.* Esse foi, de resto, argumento com que atrás contraditámos a opinião de Bergmann e de Burholt – expressa em «Nicht Fisch...», p. 161 – de acordo com a qual o emprego do teste SIEC limitaria o recurso a anteriores decisões da Comissão e à jurisprudência dos tribunais em matéria de interpretação.

[698] Orientações, n.º 26.

Elevada quota de mercado dos participantes na concentração. Quanto maior for a parcela de mercado detida pelas partes na concentração, mais probabilidades existem de a entidade que desta resulta possuir poder de mercado[699]. De acordo com o considerando 32 do Regulamento n.º 139/2004 e com o ponto 18 das Orientações, pode «(...) presumir-se que as concentrações que, devido à quota de mercado limitada das empresas em causa, não são susceptíveis de entravar a manutenção de uma concorrência efectiva, são compatíveis com o mercado comum (...)»; existe essa presunção, nomeadamente, quando a parcela de mercado dos participantes na concentração não é superior a 25 % no mercado comum nem numa parte substancial deste[700].

O relevo das quotas de mercado é maior quando a concentração envolve produtores de *bens homogéneos*, dizendo menos quando implica fabricantes de *artigos distintos*. Para o perceber, é aconselhável recorrer a exemplo. Suponhamos que **A** e **B** pretendem concentrar-se. Antes de a operação ter lugar, a estratégia de preços de **A** era condicionada pela possibilidade de, em caso de encarecimento dos seus bens, os clientes desviarem a procura para **B**, **C** e **D**. Após a concentração (pela qual, figuremos, **A** adquire o controlo de **B**), se os que deixam de comprar a **A** passam a abastecer-se junto de **B**, **A** não se sente particularmente tolhido na sua vontade de aumentar preços, porquanto os clientes perdidos compram agora junto de quem com ele se concentrou. Caso as empresas fabriquem *bens homogéneos*, as respectivas parcelas de mercado fornecem boa base para avaliar os potenciais efeitos anti-concorrência: é razoável supor que, detendo **A** e **B** grandes quinhões na indústria, a circunstância de os adquirentes passarem a comprar a **B** fará desaparecer magna parte da pressão competitiva exercida sobre **A** (e a concentração suscita cuidados em matéria de concorrência). Porém, se **A** e **B** oferecem *produtos distintos*, as sequelas anticoncorrenciais da operação prendem-se, sobretudo, com o grau de compita que **A** e **B** reciprocamente exercem e não com a envergadura das suas quotas de mercado. Agora, o ponto decisivo é saber, em caso de encarecimento dos bens produzidos por **A** (primeira escolha), que parte dos seus clientes se desvia para **B** (segunda

---

[699] Cfr. Orientações, n.º 27.

[700] É uma presunção que não se aplica aos casos em que a concentração proposta cria ou reforça posição dominante colectiva envolvendo as «empresas em causa» e terceiros – nota 24 das Orientações.

escolha) e não para **C** ou **D** – os efeitos nocentes da operação dependem de os compradores passarem a dirigir a procura a **B** e não a **C** ou **D** e esse movimento não tem de corresponder forçosamente à distribuição das quotas de mercado[701] [702].

Os participantes na operação são competidores próximos. Quanto mais elevado for o grau de substituibilidade entre os bens produzidos pelos participantes na concentração, mais provável se torna estes aumentarem significativamente os preços[703]. Em particular, suscita especiais cuidados a concentração de dois fabricantes que oferecem produtos tidos como primeira e como segunda escolha por grande número de clientes. Está aqui patente a importância que, no aparecimento dos efeitos não coordenados, assume a supressão do aperto concorrencial que as partes na concentração exerciam em momento anterior[704] [705]. Também é importante averiguar em que medida os bens fabricados pelos intervenientes na concentração são permutáveis com os produzidos pelas empresas estranhas à operação: quanto maior a proximidade, mais anemizado é o incentivo dos que nela tomam parte para subir o preço (estão cientes de que perderão grande parte da clientela)[706] [707]. Recorrendo ao conceito de

---

[701] O exemplo foi colhido em ALFTER, «Untersagungskriterien...», pp. 22-23; em linha convergente, DUBOW/ELLIOTT/MORRISON, «Unilateral...», p. 115, SIMON BAKER/ANDREA COSCELLI, «The Role of Market Shares in Differentiated Product Markets», *ECLR*, 1999, pp. 412 ss. e 418-419, BIRO/PARKER/ETTEN/RIECHMANN, «Die Berücksichtigung...», pp. 1268-1269.

[702] Atente-se que, sendo os produtos muito diferenciados, dificilmente estaremos mediante concentração realizada *num* mercado de oligopólio: é que, mesmo nos oligopólios imperfeitos, os bens são sucedâneos relativamente próximos.

[703] Orientações, n.º 28. *Vd.*, ainda, decisões de 14.3.2000, COMP/M.1672 – *Volvo/ /Scania*, JO L 143, de 29.5.2001, p. 74, n.os 107, 148, 163, 176, de 25.6.2002, COMP/ /M.2817 – *Barilla/BPL/Kamps*, n.º 34 e CAROLINA CUNHA, *Controlo...*, p. 150.

[704] A propósito, cfr. Orientações, n.º 28; decisão de 31.1.2001, COMP/M.2097 – *SCA/Metsä Tissue*, JO L 57, de 27.2.2002, p. 1, n.os 94 e 108; TPI, sentença de 22.10.2002, *Schneider Electric*, *Col.* 2002, II-4071, n.º 418.

[705] Ainda há pouco vincámos a importância do grau de disputa que entre si exercem os participantes na concentração no aquilatar de efeitos anticoncorrenciais de concentração envolvendo produtores de *bens diferenciados*.

[706] Cfr. Orientações, n.º 28, decisão de 2.3.2001, *Philips/Agilent Health Care Solutions*, n.os 33-35 e CAROLINA CUNHA, *Controlo...*, p. 150.

[707] O grau de substituibilidade entre os bens pode ser determinado através de inquéritos sobre as preferências dos consumidores, de análises dos padrões de compra, do

elasticidade-cruzada da procura, a asserção é clara: os efeitos unilaterais nocivos serão tanto maiores quanto *maior* for o valor da elasticidade--cruzada que relaciona a variação do preço do bem de um dos intervenientes na concentração com a variação das quantidades procuradas do artigo fabricado pelo outro participante na mesma e quanto *menor* for o valor da elasticidade-cruzada que relaciona a variação do preço dos bens que são lavra dos intervenientes na concentração com a variação das quantidades procuradas do artigo feito por quem a ela é estranho[708].

A importância da posição relativa dos intervenientes na concentração e destes perante as empresas que a ela são alheias aclara-se melhor recorrendo a modelo de diferenciação espacial (do tipo proposto por HAROLD HOTELLING em 1929)[709].

Conjecturemos que há três empresas – **A**, **B** e **C** – oferecendo, cada uma, certa variedade de produto diferenciado por uma só característica t. **A**, **B** e **C** concorrem pelo preço. Admitamos que as empresas têm custos de produção idênticos e não podem alterar as características do artigo que vendem (ou seja, de acordo com a analogia espacial em que assenta o modelo, não podem mudar a sua localização)[710]. Em equilíbrio, as três empresas cobram o mesmo preço p, o qual, mercê do poder de mercado conferido pela diferenciação do produto, é superior ao custo marginal.

Suponhamos que duas das empresas se concentram. O que sucederá ao preço de equilíbrio? A resposta depende de *quais* forem os participantes na operação. Figuremos que esta envolve **A** e **B**. Antes da concentração, as duas empresas competiam directamente pelos compradores situados entre elas (na figura **4**, **A** vende aos consumidores que estão à esquerda de x e **B** vende aos que se encontram à direita desse ponto). Nos preços que deseje praticar, **A** está limitada pela concorrência advinda de **B**: se subir os preços, perde clientes para a última. Após a operação, se o preço cobrado por **A** aumenta, alguns consumidores passam a comprar o produto feito por **B**. Só que isso não acarreta prejuízos em termos globais para as empresas em apreço. Por exemplo, se estiver em causa a aquisição do controlo de **B** por parte de **A**, **A** não se sentirá particularmente tolhida em elevar o preço.

---

cálculo da elasticidade-cruzada da procura ou dos rácios de transferência (os últimos revelam a proporção de vendas que passa de um produto **A** para um bem **B** na hipótese de ocorrer aumento do preço de **A**) – cfr. Orientações, n.º 29 e nota 39.

[708] Cfr. PEDRO VERGA MATOS/VASCO RODRIGUES, *Fusões...*, p. 172.

[709] O que segue em mancha reduzida, assim como o gráfico apresentado, acompanha de perto PEDRO VERGA MATOS/VASCO RODRIGUES, *Fusões...*, pp. 172-174.

[710] Os pressupostos utilizados permitem empregar – por razões de economia de notação – o mesmo símbolo para designar a empresa, a variedade do produto que oferece e a respectiva localização.

Figura 4 – Efeitos unilaterais das concentrações. Posição relativa dos que nelas intervêm e daqueloutros que a elas são estranhos

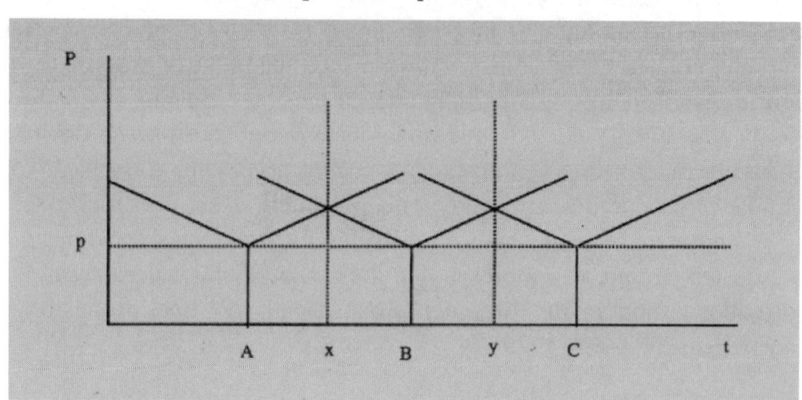

Consideremos agora a hipótese de os participantes na concentração serem **A** e **C**. Em equilíbrio, **A** e **C** não concorrem directamente por qualquer cliente: se uma baratear o bem que fabrica, não ganhará clientes à outra; se o encarecer, tão-pouco perderá compradores em favor desta. Daqui resulta que, ocorrendo concentração entre **A** e **C**, não é de esperar qualquer impacto sobre os preços[711].

Em estreito liame com o que se vem dizendo, é necessário ter em conta a possibilidade de as outras empresas que permanecem no mercado reposicionarem os seus produtos ou alargarem a carteira de bens oferecidos, um e outro factor capazes de cercear o estímulo dos intervenientes na concentração para subir os preços[712]. Pelo punho de VÖLCKER, aprendemos que o reposicionamento consiste na capacidade de os vendedores passarem a dirigir a oferta a segmentos da procura nos quais, anteriormente, tinham dificuldade em penetrar[713]. A este propósito, é

[711] O exemplo que se veio apresentando é simplificado – omite, designadamente, as possibilidades de reposicionamento dos bens (*vd.* já a seguir, no texto) e de entrada de novas empresas –, mas permite entender o fenómeno que está em causa.

[712] Cfr. Orientações, n.º 30.

[713] No nosso exemplo dos veículos automóveis, admitamos que os modelos da *BMW* e da *Audi* eram tidos como sucedâneos próximos por um grupo significativo de consumidores em virtude de projectarem imagem mais jovem e dinâmica do que a irradiada pelos rivais. Um aumento dos preços pós-concentração só seria sustentável enquanto a *Mercedes* e/ou a *Saab* não lograssem oferecer modelo capaz de difundir a citada imagem. Nisto reside saber se estas duas empresas conseguem "reposicionar" os seus produtos,

essencial saber se o reposicionamento ou a extensão da linha de produtos implica custos elevados – quiçá irrecuperáveis – ou, ao invés, apenas processos simples e pouco dispendiosos[714].

Quando caracterizámos o oligopólio, escrevemos que, conforme se registe ou não diferenciação do produto, o oligopólio é imperfeito ou perfeito. E acrescentámos que, se os bens não forem homogéneos, apresentam ao menos grau elevado de sucedaneidade. Queremos com isto dizer que, estando em causa o aparecimento de um oligopólio não colusório, as empresas serão competidoras mais ou menos próximas.

Poucas possibilidades de os clientes mudarem de fornecedor. Ao avaliar se a concentração planeada produz efeitos unilaterais nefastos, importa considerar as possibilidades que os clientes dos que nela participam têm de optar por outros fornecedores. Trata-se de pressuposto fundamental para se conseguirem furtar ao agravamento das condições da oferta que lhes é irrogado pelo ente nascido da concentração. A este respeito, é particularmente delicada a situação de quem, almejando obter preços concorrenciais, usava os dois envolvidos na concentração como fonte dupla de abastecimento.

O recurso a vendedores alternativos pode ser difícil de concretizar, já em virtude de existirem em pequeno número[715], já porque os custos de transferência são significativos[716] [717]. No oligopólio, o problema ganha particular acuidade, pois a circunstância de o número de vendedores ser pequeno logo há-de circunscrever muito as hipóteses de fornecimento vindo de outrem.

Probabilidade diminuta de os concorrentes aumentarem a oferta em caso de subida de preços. Se for pouco crível que os rivais das partes na

---

volvê-los em alternativa a ter em conta pelo globo de consumidores referido. Cfr. VÖLCKER, «Mind...», p. 397. Em jeito complementar, PEDRO VERGA MATOS/VASCO RODRIGUES, *Fusões...*, p. 174.

714 *Vd.* Orientações, n.º 30, *in fine* e os desenvolvimentos apresentados por BAKER/ /COSCELLI, «The Role...», p. 418.

715 Cfr. decisão de 30.7.1997, IV/M.877 – *Boeing/McDonnell Douglas*, JO L 336, de 8.12.1997, p. 16, n.º 70.

716 Decisão de 11.2.1998, IV/M.986 – *Agfa-Gevaert/DuPont*, JO L 211, de 29.7.1998, p. 22, n.os 63-71.

717 Orientações, n.º 31; CAROLINA CUNHA, *Controlo...*, p. 150.

concentração aumentem muito a sua oferta em caso de subida dos preços, as empresas nela intervenientes sentir-se-ão encorajadas a diminuir a respectiva oferta, colocando-a a nível inferior às quantidades agregadas antes da concentração e originando, dessa maneira, aumento de preços[718]. Ao invés, se as empresas alheias à operação dispuserem de capacidade por empregar e um aumento das vendas se vislumbra lucrativo, é pouco provável a Comissão concluir que a operação proposta entrava significativamente a concorrência efectiva[719].

As limitações de capacidade são particularmente importantes quando os bens são homogéneos ou sucedâneos muito próximos, porquanto, se elas não tiverem lugar, os participantes na concentração que decidam encarecer os produtos sofrem com mais impacto o desvio de clientela para os contendores[720].

Meios de a entidade resultante da concentração impedir a expansão dos concorrentes. Uma concentração é susceptível de proporcionar aos que nela intervêm meios para enfraquecer a capacidade concorrencial dos rivais, nomeadamente a sua expansão ou a entrada no mercado. Isso acontece quando a entidade advinda da concentração exerce subido controlo ou influência sobre as fontes de matérias-primas ou sobre os canais de distribuição[721]. É um dado importante. No oligopólio, a disputa entre as empresas não incide, via de regra, nos preços, mas em aspectos como o acesso às fontes de matérias-primas ou o controlo de redes de venda[722]. Assim sendo, eliminar a concorrência em tais domínios significa impedi-la, justamente, numa das áreas em que poderia ter lugar[723].

---

[718] Cfr. decisão de 17.10.2001, COMP/M.2187 – *CVC/Lenzing*, n.ºs 162 ss. e CAROLINA CUNHA, *Controlo...*, p. 150.

[719] A expansão das quantidades oferecidas é menos verosímil se for onerosa, se houver limitações de capacidade insuperáveis e também nos casos em que os custos de exploração dos meios excedentários são mais altos do que os relativos aos equipamentos já em uso. *Vide* Orientações, n.ºs 32-34.

[720] Orientações, n.º 35 (ponto no qual a Comissão, ao falar de bens relativamente homogéneos, desacerta na linguagem; um bem é homogéneo ou não, não se admitem gradações; só a similaridade é que pode ser disposta em escala, não a homogeneidade).

[721] Orientações, n.º 36; TPI, acórdão de 15.12.1999, *Kesko Oy/Comissão*, T-22/97, *Col.* 1999, II-3775, n.ºs 143 ss..

[722] Cfr. AVELÃS NUNES, *Economia Política...*, p. 431.

[723] As patentes e as marcas também podem servir para dificultar a expansão ou a entrada de empresas rivais (*vide*, respectivamente, Comissão, dec. de 3.5.2000, COMP/

A concentração elimina força concorrencial importante. É importante saber se a operação proposta absorve empresas que poderiam vir a funcionar como força concorrencial importante (*v. g.*, um *newcomer* do qual se esperava que viesse a manter pressão concorrencial de monta sobre as empresas estabelecidas). Ao aquilatá-lo, é de ter em conta que a influência exercida por um operador sobre o processo concorrencial pode ser distinta daquilo que a respectiva quota de mercado indicia[724].

Nos mercados em que a inovação constitui elemento dinâmico importante, a concorrência pode ser entravada de forma significativa mercê de concentração entre duas empresas inovadoras. Outrossim, certa empresa, ainda que dispondo de quota de mercado relativamente diminuta, pode constituir força concorrencial importante se oferecer produtos que auguram sucesso e estão prontos a ser comercializados[725].

A fim de prognosticar se uma concentração tem efeitos unilaterais nocivos para a concorrência, é ainda necessário levar em conta o *poder de compensação dos adquirentes*, as *possibilidades de acesso ao mercado*, os *ganhos de eficiência* apresentados pelas partes e, em certas condições, o *argumento da empresa insolvente*. A estes quatro pontos e ao acolhimento que encontram nas Orientações (secções V a VIII), fizemos referência circunstanciada quando estudámos os efeitos coordenados. Agora, não se vai além de algumas notas.

Repetimos *ad abundantiam* que, para as concentrações surtirem efeitos unilaterais obnóxios, é decisivo o apagar de pressões competitivas

/M.1671 – *Dow Chemical/Union Carbide*, JO L 245, de 14.9.2001, p. 1, n.os 107 ss. e TPI, sentença de 3.4.2003, *BaByliss SA/Comissão*, T-114/02, *Col.* 2003, II-1279, n.os 343 ss.). Nos sectores em que a interoperabilidade entre diferentes infra-estruturas ou plataformas ganha mais significado – *v. g.*, indústrias de rede como a energia, telecomunicações e outras indústrias da comunicação –, uma concentração é passível de proporcionar ao ente que dela resulta a capacidade e o incentivo para aumentar os custos ou diminuir a qualidade do serviço dos rivais (decisões de 8.7.1998, IV/M.1069 – *WorldCom/MCI*, JO L 116, de 4.5.1999, p. 1, n.os 117 ss. e de 28.6.2000, COMP/M.1741 – *MCI WorldCom/ /Sprint*, n.os 145 ss.). Sobre o antedito em texto e nesta nota, Orientações, n.º 36.

[724] Sirva de exemplo o caso *Boeing/McDonnell Douglas*: em tempo passado, o impacto da *McDonnell Douglas Corporation* na concorrência – sector dos grandes aviões comerciais – tinha sido mais forte do que aquilo que a sua parcela de mercado deixava antever (Comissão, dec. de 30.7.1997, JO L 336, de 8.12.1997, p. 16, n.º 58).

[725] Orientações, n.os 37-38.

a que as empresas estavam sujeitas. Se, em resultado da concentração, esses constrangimentos desaparecem a nível da oferta, mas subsistem do lado da procura (os compradores dispõem de meios para desencadear processo de integração vertical ascendente ou para patrocinar a entrada de empresas no mercado a montante daquele em que eles próprios se situam), não é fácil para a entidade nascida da concentração afoitar-se a subida de preços[726].

Tão-pouco é de crer que a concentração ateie efeitos unilaterais nefastos desde que o acesso de novas empresas ao mercado seja provável, exequível em tempo útil e evidencie intensão e extensão bastantes. A este respeito, o n.º 68 das Orientações é emblemático: quando «(...) a entrada no mercado é suficientemente fácil, é pouco provável que uma concentração suscite um risco anticoncorrencial significativo (...)».

Quanto aos ganhos de eficiência, se se materializam em diminuição de custos, podem levar os intervenientes na concentração a descer preços e a tentar cativar maior círculo de clientes, em prejuízo dos antagonistas[727]. Nestas circunstâncias, o aperto concorrencial cresce – quando, para a produção de efeitos unilaterais malfazejos, o pressuposto é exactamente o inverso –, dando corpo a jogo de contrapeso de sentido oposto ao que originaria efeitos nocentes. A exemplo do que vimos em matéria de efeitos coordenados, também aqui as vantagens de eficiência podem ditar a decisão de autorizar a operação projectada[728].

É sabido que, por força do argumento da empresa insolvente, uma concentração que de outra forma não receberia luz verde pode ser declarada compatível com o mercado comum. No que tange à produção de efeitos unilaterais no oligopólio, parece-nos pouco crível que venha a ter lugar a invocação de tal argumento. O desencadear de efeitos não coordenados lesivos da concorrência é motivado pelo abate de *pressões concorrenciais* que, em momento anterior, as partes exerciam reciprocamente. Ora, a empresa insolvente tem problemas graves, caso não fosse adquirida

[726] Já no campo de aplicação do Regulamento n.º 139/2004, cfr. dec. de 3.3.2005, *ORKLA/CHIPS*, n.º 22 (trecho em que se dá conta, todavia, de apoucado poder dos adquirentes).

[727] Cfr. EUROPE ECONOMICS, *Assessment...*, p. 56. Em termos mais gerais, IVALDI/JULLIEN/REY/SEABRIGHT/TIROLE, *The Economics of Unilateral Effects*, pp. 63 ss..

[728] Desde que revertam a favor dos consumidores, sejam específicas da concentração e verificáveis – Orientações, n.º 78.

por outra, seria excluída do mercado num tempo próximo, mostrando--se, com boa dose de verosimilhança, incapaz de entrar em disputas e, muito menos, de exercer *pressões concorrenciais* sobre quem quer que seja.

Ao expor os efeitos unilaterais das concentrações, em boa medida nos guiámos pelo trecho das Orientações que lhes diz respeito. Ele mereceu-nos, porém, críticas a que dedicamos as próximas linhas.

O texto em causa inclui, no essencial, os elementos necessários para avaliar se a operação gizada provoca aquele tipo de efeitos. Todavia, no nosso modo de ver, apresenta falhas a nível de sistematização e dificulta a tarefa do intérprete, estando, a esse nível, pior estruturado do que o projecto de Orientações publicado em Dezembro de 2002.

Contrariamente ao que sucedia no projecto de 2002, a versão definitiva das Orientações agrupa, na perícope devotada aos efeitos unilaterais, as duas situações em que se materializa tal casta de efeitos (posição dominante individual e oligopólios não colusórios). Seguindo esse caminho, a Comissão andou mal. Gerou perda de clareza nos planos do texto e da análise. A separação, tal como existia no projecto de 2002, era de manter. No que toca à dominação individual, aí se encontravam bem marcados distintos factores que permitiam apurar se a entidade nascida da concentração ficaria a desfrutar de posição de supremacia: grandes quotas de mercado; economias de escala e de gama; acesso privilegiado a fornecimentos; rede de distribuição e de vendas assaz desenvolvida; acesso a instalações importantes ou a tecnologias de ponta passíveis de gerar vantagem estratégica face aos competidores; obtenção em termos privilegiados de capital físico ou financeiro; outras vantagens (marcas; boa reputação; conhecimento aprofundado das preferências do cliente)[729]. Agora, com a versão definitiva das Orientações, muitos desses factores desaparecem incompreensivelmente do mapa. Tal não significa que não possam ser levados em conta – Orientações não fazem mais do que sugerir, indicar –, mas, a benefício da clareza, era de manter o *status quo ante*.

Outrossim, no que aos oligopólios não colusórios diz respeito, o documento de 2002 era mais lúcido em termos de sistematização. É certo

---

[729] Ver o projecto de Comunicação da Comissão relativa à apreciação das concentrações horizontais, JO C 331, de 31.12.2002, p. 18, n.os 20-21.

que as possibilidades aí outorgadas também constam do texto de 2004. Todavia, o projecto de Orientações guiava o intérprete de forma mais adequada e curial. Como se disse, é comum estabelecer distinção entre dois grandes planos em que a concorrência se desenvolve: produção e capacidade, por uma banda, preços, pela outra. No primeiro, as empresas elegem a produção ou capacidade e, subsequentemente, atendendo ao volume da procura, fixam os preços. No segundo, as empresas estabelecem preços e ajustam o nível de oferta em função da procura[730]. Ora, em matéria de efeitos unilaterais no oligopólio, era aconselhável retirar consequências dos termos desta bipartição. O projecto de Orientações de 2002 fê-lo e, dessa maneira, forneceu o guia mais adequado para apreciar a situação dos oligopólios não colusivos, dirigindo imediatamente a atenção do intérprete para o ponto devido. Aí se encontra o discrime entre mercados em que as empresas concorrem principalmente a nível da produção e da capacidade e aqueloutros em que a disputa se faz sobretudo a nível de preços (n.os 30 ss.): no primeiro caso, é decisivo saber se o alento que as partes na concentração têm no sentido de reduzir a produção para volume inferior aos níveis agregados antes da mesma – visando, assim, subir o preço – pode ser cerceado pela possibilidade de os estranhos à concentração aumentarem a sua oferta; na segunda hipótese, torna-se decisivo, em termos que já conhecemos, o grau de substituibilidade entre os bens fabricados pelos intervenientes na concentração (quanto mais elevado, maiores as hipóteses de encarecerem os produtos) e também o grau de diferenciação entre os artigos produzidos por essas empresas e aqueloutros fabricados pelos estranhos à concentração (quanto menor, mais ténue é o perigo de os que nela tomam parte subirem os preços). Os dois pontos tanto estão plasmados no citado projecto de 2002 (n.os 30 ss. e 34 ss.) como na versão definitiva das Orientações, publicada em Fevereiro de 2004 (*vd.* n.os 32-35 e 28, respectivamente). Só que, enquanto no primeiro documento referido, sob o título "Oligopólios não colusórios", as epígrafes "Mercados em que as empresas concorrem principalmente a nível de produção/capacidade" e "Mercados em que as empresas concorrem principalmente a nível dos preços" tornam a bipartição clara e logo indicam ao intérprete o trilho a seguir, o texto definitivo das Orientações deixa um pouco a impressão de *melting pot*.

[730] Ver esta síntese no projecto de Comunicação da Comissão relativa à apreciação das concentrações horizontais, JO C 331, de 31.12.2002, p. 18, n.º 17.

A fechar este título, uma nota relativa às concentrações verticais, aquelas que envolvem empresas situadas em fases distintas do processo de fabrico e de distribuição dos bens. Pese embora serem susceptíveis de produzir efeitos não coordenados restritivos da concorrência, eles tendem a materializar-se na criação ou no reforço de posição dominante individual e não no aparecimento de oligopólio não colusivo[731], de sorte que não nos internamos no problema.

[731] O direito comunitário da concorrência robora a afirmação: nos casos do nosso conhecimento em que estava em causa a possibilidade de a operação proposta gerar efeitos unilaterais, estes assumiriam a forma de posição dominante individual – *inter alia*, decisões de 27.5.1998, IV/M.993 – *Bertelsmann/Kirch/Premiere*, JO L 53, de 27.2.1999, p. 1, de 27.1.1999, IV/M.1346 – *EDF/LONDON ELECTRICITY*, de 13.10.2000, COMP/ /M.2050 – *Vivendi/Canal+/Seagram*, de 17.12.2002, COMP/M.2822 – *EnBW/ENI/GVS*, JO L 248, de 30.9.2003, p. 51 e de 23.1.2003, COMP/M.3052 – *ENI/Fortum*.

Mutatis mutandis, o mesmo vale para as concentrações conglomerais – cfr. decisão de 1.9.1994, IV/M.493 – *TRACTEBEL/DISTRIGAZ II*.

B. OUTRAS POSSIBILIDADES

Além do controlo das concentrações, há outros instrumentos (normativos ou não) de que o direito comunitário da concorrência dispõe para levar a cabo um controlo prospectivo dos oligopólios. Não estão em causa meios sistematizados de fiscalização, tão-só ferramentas esparsas que, de maneira mediata, para tal concorrem. A perícope que agora se inicia deve ser entendida como resultado da preocupação em joeirar todos os utensílios que, ao menos de modo difuso, tenham préstimo para o fim referido. Caberá mencionar as possibilidades abertas pela aplicação do n.º 3 do art. 81.º CE, aqueloutras decorrentes da orientação informal que a Comissão pode prestar às empresas através de "cartas de orientação", as resultantes das declarações de não aplicabilidade dos artigos 81.º e 82.º CE emitidas *ex officio* pela Comissão e, por fim, as que derivam da realização de inquéritos sectoriais[732].

1. **Artigo 81.º, n.º 3 CE. Regulamentos de isenção**

O art. 81.º, n.º 1 CE proíbe todos os acordos entre empresas, decisões de associações de empresas e práticas concertadas que sejam passíveis de afectar o comércio entre os Estados-membros e que tenham por objectivo ou efeito impedir, restringir ou falsear a concorrência.

---

[732] A generalidade dos autores que versa o tratamento dos oligopólios pelo direito comunitário da concorrência não toca nestes pontos. Nós despertámos para a pertinência do art. 81.º, n.º 3 nesta matéria ao ler o capítulo V da obra de STEFAN ENCHELMAIER intitulada *Europäische Wettbewerbspolitik im Oligopol: Eine Untersuchung der Behandlung von Oligopolfällen durch die Kommission und den Gerichtshof der Europäischen Gemeinschaften* (Baden-Baden, 1997), a qual, embora desactualizada, ainda contém um ou outro ponto com interesse. Quanto à inclusão dos inquéritos sectoriais neste âmbito, obtivemos o mote ao vê-los tratados sob a sugestiva epígrafe «Alternative methods for dealing with oligopolistic markets under EC law» em JONES/SUFRIN, *EC Competition...*, pp. 842 ss..

Reconhece-se, todavia, que os acordos, decisões e práticas concertadas que limitam a concorrência podem proporcionar ganhos de eficiência e, nessa medida, ter efeitos benignos[733]. Quando estes sobrepujam aqueloutros que a cerceiam, o acordo, a decisão ou a prática em causa são globalmente pró-concorrenciais e acabam por dar execução à lógica do processo concorrencial, porquanto permitem ganhar clientes mercê da oferta de melhores artigos ou da cobrança de preços inferiores[734].

Desta sorte, não espanta que o n.º 3 do artigo 81.º CE estatua que a proibição do n.º 1 da mesma norma *possa ser declarada inaplicável* a acordos, decisões e práticas concertadas que preencham quatro condições cumulativas: contribuirem para melhorar a produção ou a distribuição dos bens ou para promover o progresso técnico ou económico; reservarem aos consumidores[735] uma parte equitativa do lucro daí advindo; serem as restrições indispensáveis para assegurar os ganhos de eficiência gerados pelo acordo, decisão ou prática concertada em apreço; estes não darem às empresas envolvidas a possibilidade de eliminar a concorrência relativamente a uma parte substancial dos produtos em causa.[736] No que toca à forma de conceder o benefício da isenção previsto no n.º 3 do art. 81.º, o direito comunitário conhece a isenção individual e a isenção por categoria (a última é concedida através de regulamento)[737]. Por força do

---

[733] Custos mais baixos, produtos novos ou melhorados.

[734] Comissão, Orientações relativas à aplicação do n.º 3 do artigo 81.º do Tratado, JO C 101, de 27.4.2004, p. 97, n.º 33.

[735] A noção de consumidores tanto abarca os clientes dos envolvidos nos acordos, decisões de associações e práticas concertadas como os compradores subsequentes. Por outras palavras, inclui grossistas, retalhistas e consumidores finais – Comissão, Orientações relativas à aplicação do n.º 3 do artigo 81.º do Tratado, JO C 101, de 27.4.2004, p. 97, n.º 84.

[736] Noutro ponto deste trabalho, dissemos que as economias de escala podem promover ganhos de eficiência. Por isso, é bem cabido frequentar aquilo que M. Lopes Porto – *Teoria...*, pp. 275-276; *Economia...*, pp. 182-183 – escreve acerca do art. 81.º, n.º 3 CE: o legislador não podia deixar de ser sensível à necessidade de manter e de promover a competitividade da economia comunitária, para o que pode ser preciso um aumento de escala na intervenção empresarial (face, designadamente, à necessidade de concorrer com empresas ou grupos de grande envergadura provenientes de espaços – como os Estados Unidos ou o Japão – tão ou mais desenvolvidos em certos domínios).

[737] A primeira tem por objecto acordos, decisões de associações e práticas concertadas que as empresas envolvidas notificaram previamente à Comissão. A segunda beneficia determinados *tipos* de acordos, de decisões de associações e de práticas concertadas. *Vd.* Sofia Oliveira Pais, *O controlo...*, p. 135, n. 353.

regime imposto pelo Regulamento n.º 1/2003, de 16.12.2002[738], as isenções individuais tendem a perder importância (só subsistem as que foram concedidas ao abrigo do Regulamento n.º 17/1962 cujo período de vigência se estenda para além de 1 de Maio de 2004, a data a partir da qual é aplicável o Regulamento n.º 1/2003). Apenas o sistema de isenções por categoria prosseguirá incólume o seu caminho[739]. Vejamos, pois, se de algum jeito os regulamentos que concedem isenções categoriais permitem controlar prospectivamente os oligopólios. Para isso, elegemos dois campos nos quais a conduta empresarial é passível de propiciar oligopolização do mercado: especialização, por um lado, investigação e desenvolvimento, por outro.

Os acordos[740] de especialização contribuem, em geral, para melhorar a produção ou a distribuição, visto que permitem às empresas envolvidas concentrar actividades e, como corolário, funcionar de maneira mais eficaz e oferecer os bens a preço mais baixo[741]. A especialização pode ser vista como uma subespécie da racionalização[742].

---

[738] JO L 1, de 4.1.2003, p. 1.

[739] Cfr. José Luís da Cruz Vilaça, «O ordenamento comunitário da concorrência e o novo papel do juiz numa União alargada», *RCEJ*, 2.º Semestre de 2004, n.º 1, p. 41, n. 7; Whish, *Competition Law*, p. 168 (também pp. 149-150 e 164); Achim Wagner, «Der Systemwechsel im EG-Kartellrecht – Gruppenfreistellungen und Übergangsproblematik», *WRP*, 2003, pp. 1374 e 1376; Alan Riley, «EC Antitrust Modernisation: The Commission Does Very Nicely –Thank You! Part One: Regulation 1 and the Notification Burden», *ECLR*, 2003, p. 605.

[740] Neste ponto e no próximo – atinente a acordos de investigação e de desenvolvimento –, a referência a acordos congloba acordos, decisões de associações de empresas e práticas concertadas.

[741] Comissão, Regulamento n.º 2658/2000, de 29.11.2000, relativo à aplicação do n.º 3 do artigo 81.º do Tratado a certas categorias de acordos de especialização, JO L 304, de 5.12.2000, p. 3, considerando 8. Os acordos de especialização podem ser divididos em "acordos de especialização unilateral" – um dos envolvidos renuncia a favor de outro ao fabrico de certos bens ou ao fornecimento de determinados serviços –, "acordos de especialização recíproca" – cada participante abdica, a favor de outro, do fabrico de determinados produtos ou do fornecimento de certos serviços – e "acordos de produção conjunta" – as empresas comprometem-se a fabricar em conjunto determinados produtos ou a fornecer, também em conjunto, certos serviços (Regulamento n.º 2658/2000, considerando 9 e art.º 1, n.º 1).

[742] Hermann-Josef Bunte/Herbert Sauter, *EG-Gruppenfreistellungsverordnungen. Kommentar*, München, 1988, p. 431.

Nos acordos de especialização recíproca e nos de especialização unilateral, torna-se evidente que (ao menos) um dos envolvidos abandona, *ex proprio motu*, um domínio do fabrico de bens ou da prestação de serviços. Na medida em que isto redunda em abate do número de concorrentes, se as empresas pudessem actuar a coberto de um regulamento de isenção e dar livre curso à vontade de celebrar o tipo de acordos em causa, *poderia rasgar-se caminho para o nascimento ou reforço de mercados de oligopólio*. E, quando já se estivesse na presença deste, sarjar-se-ia eventualmente o trilho para a monopolização[743].

Consultemos o regulamento de isenção que versa a matéria. Vejamos se por ele opera controlo prospectivo dos oligopólios. A resposta parece ser inequívoca: os acordos de especialização unilateral, de especialização recíproca e de produção conjunta estão isentos da proibição do n.º 1 do art. 81.º CE – art. 1.º, n.º 1 do Regulamento n.º 2658/2000 –, mas apenas sob condição «(...) de o limiar da quota de mercado cumulada das empresas participantes não exceder os 20 % do mercado relevante» – art. 4.º do mesmo Regulamento[744]. Significa isto que a isenção não se aplica, em princípio, a acordos celebrados por empresas que, concordando em cessar ou em reduzir o fabrico de certos bens ou o fornecimento de determinados serviços, poderiam, mercê da obrigação que assumem, contribuir para o aparecimento de oligopólios e de monopólios. Como se esta achega não fosse suficiente para se falar em defesa preventiva do oligopólio, o Regulamento estatui que, *independentemente da quota de mercado* das empresas em causa, a isenção não é aplicável a acordos que tenham por objecto a fixação dos preços aplicados a terceiros, a limitação da produção ou das vendas ou a repartição de mercados ou clientes (cfr. art. 5.º, n.º 1 e considerando 14)[745]. Com o que se esvaem alguns meios que podiam servir intentos de oligopolização ou de monopolização do mercado. Finalmente, mencione-se a possibilidade de retirar o benefício da isenção relativamente àqueles casos em que os acordos tenham efeitos incompatíveis com o n.º 3 do art. 81.º CE (art. 7.º do Regulamento)[746].

---

[743] ENCHELMAIER não se move muito longe quando nota que a especialização leva à diferenciação de produtos e, assim, ao alargamento do espaço em que a empresa pode actuar desdenhando as reacções das demais (*vd. Europäische...*, p. 224).

[744] Cfr., ainda, o art. 6.º.

[745] São as denominadas restrições *hard-core* – WHISH, *Competition Law*, p. 566.

[746] A possibilidade de retirar o benefício da isenção é de entender como um instrumento de correcção de efeitos atípicos e indesejáveis que possam surgir em resultado da

Todos os registos que viemos assinalando são de molde a evitar que, por virtude da outorga de isenção, se caminhe para a oligopolização ou para a monopolização dos mercados. Nessa medida, é correcto dizer que o Regulamento versando a aplicação do n.º 3 do art. 81.º CE a certas categorias de acordos de especialização contribui para controlar prospectivamente os oligopólios. Não é esse o seu intuito ou vocação, mas podem ser-lhe assacados tais efeitos[747].

Mutatis mutandis, os raciocínios acabados de desenvolver podem ser transpostos para o campo coberto pelo Regulamento relativo a certas categorias de acordos de investigação e de desenvolvimento (n.º 2659/ /2000). Em tese geral, a cooperação em matéria de investigação e de desenvolvimento – bem como da exploração dos seus resultados – concorre para fomentar o progresso técnico e económico, na medida em que intensifica o saber-fazer dos envolvidos (evitando a duplicação de actividades), encoraja novos progressos graças ao intercâmbio de *know-how* complementar e racionaliza o fabrico dos produtos. É de presumir que, graças à introdução de bens ou serviços novos (ou melhorados), os utilizadores sairão beneficiados[748]. Mais. A cooperação em matéria de investigação e desenvolvimento pode ser necessária em virtude de proporcionar a repartição dos riscos financeiros inerentes à investigação que requeira avultado capital intensivo[749]. Simplesmente, a balança tem outro prato. Laborar em conjunto também implica renunciar a disputas e abdicar de conseguir vantagens concorrenciais sobre os outros envolvidos no acordo: deixa de haver luta entre as empresas em matéria de desenvolvimento de produtos e de processos de fabrico, assim como em sede de exploração dos resultados da investigação e desenvolvimento. Em certa medida, às empresas é dado empecer ou retardar o aparecimento de sucedâneos próximos dos bens que fabricam e isso aumenta o seu poder de

---

aplicabilidade do(s) regulamento(s): Gerhard Wiedemann, *Kommentar zu den Gruppenfreistellungsverordnungen des EWG-Kartellrechts*, vol. I, Köln, 1989, p. 85.

[747] O regulamento mencionado neste parágrafo termina a sua vigência em 31.12.2010 (art. 9.º).

[748] Cfr. Regulamento n.º 2659/2000, de 29.11.2000, relativo à aplicação do n.º 3 do artigo 81.º do Tratado a certas categorias de acordos de investigação e de desenvolvimento, JO L 304, de 5.12.2000, p. 7, considerandos 10 e 12.

[749] Bunte/Sauter, *EG-Gruppenfreistellungsverordnungen...*, p. 447.

mercado[750]. No caso do oligopólio, o problema parece adquirir feição mais grave, porquanto, à falta de refrega a nível de preços, um dos capítulos em que há páreo entre as empresas é precisamente o da inovação técnica. Suprimir a disputa em tal domínio parece roubar àquele mercado um dos instrumentos mais importantes para a prossecução de equilíbrios concorrenciais. Posto isto, não será dislate afirmar que os acordos de investigação e desenvolvimento *podem azar a restrição da concorrência e, porventura, a oligopolização dos mercados.*

Sucede que a lógica infecta no regulamento dos acordos de especialização também se encontra no seu par atinente a acordos de investigação e de desenvolvimento, o Regulamento n.º 2659/2000, de 29.11.2000[751]. Depois de, no art. 1.º, n.º 1, isentar certos acordos de investigação e de desenvolvimento da proibição contida no n.º 1 do art. 81.º CE, o Regulamento exclui da isenção por categoria os acordos entre concorrentes cujas quotas de mercado cumuladas – em relação aos produtos ou serviços susceptíveis de serem melhorados ou substituídos em resultado da investigação e desenvolvimento em conjunto – ultrapassem 25 % (no momento da conclusão do acordo)[752]. Independentemente da parcela de mercado detida pelas empresas em causa, são excluídos do benefício da isenção os acordos que, *inter alia*, tenham por objecto a restrição da liberdade de as empresas realizarem actividades de investigação e desenvolvimento em área não ligada à coberta pelo acordo, a limitação da produção ou das vendas e a fixação de preços cobrados a terceiros (art. 5.º, n.º 1 do Regulamento n.º 2659/2000)[753]. Quando se vier a observar que certo acordo de investigação e desenvolvimento abrangido pela isenção tem efeitos incompatíveis com o disposto no n.º 3 do art. 81.º, o benefício da isenção pode ser retirado (art. 7.º do Regulamento)[754].

---

[750] Cfr. Enchelmaier, *Europäische...*, p. 228.

[751] JO L 304, de 5.12.2000, p. 7. O período de vigência do regulamento estende-se até 31.12.2010 (art. 9.º)

[752] Art. 4.º, n.º 2 do Regulamento. Cfr., também, o art. 6.º.

[753] Trata-se de *hard core restrictions* – Whish, *Competition Law*, p. 559.

A solução do Regulamento é avisada, porquanto nem os acordos limitativos da produção ou da distribuição nem aqueles que visam impor preços auguram ganhos de eficiência – cfr. Christian Bahr/Thomas Loest, «Die Beurteilung von Vereinbarungen über Forschung und Entwicklung nach europäischem Kartellrecht», *EWS*, 6/2002, p. 267.

[754] No fundo, é realmente decisivo saber se sobrevêm ou não os ganhos de eficiência prosseguidos pela isenção e pelo n.º 3 do art. 81.º CE – cfr. Bahr/Loest, «Die Beurteilung...», p. 268.

Todo este acervo de disposições mostra uma defesa global perante a possibilidade de, por via da outorga de isenção, se caminhar rumo à oligopolização dos mercados.

Com o exame a que procedemos, tentámos demonstrar que, por via das condições exigidas para outorgar o benefício da isenção, pode ser posto em prática certo controlo prospectivo dos oligopólios. Ele opera por via dos regulamentos de isenção em vigor – aqui o explicámos com recurso a dois exemplos – e pode estender-se por via de outros que a Comissão aprove na mesma linha.

2. **Cartas de orientação. Declarações de não aplicabilidade dos artigos 81.º e 82.º CE**

A possibilidade de emitir "cartas de orientação" integra o conjunto de medidas adoptadas em 2004 com o desiderato de modernizar as regras de aplicação da legislação de defesa da concorrência da União Europeia.

Por norma, as empresas usufruem de boas condições para avaliar a legalidade das suas condutas: estão próximas dos factos e têm ao dispor jurisprudência, decisões, regulamentos de isenção por categoria, orientações e comunicações da Comissão; graças à *Internet*, é fácil aceder a toda esta miríade de dados. Simplesmente, a vida é rica, multifacetada e há-de pôr sempre problemas novos. Naqueles casos que suscitam incertezas – por colocarem questões novas ou não resolvidas relativamente à aplicação dos artigos 81.º e 82.º CE –, as empresas podem querer orientações informais por parte da Comissão Europeia. Elas têm a possibilidade de lhe fazer tal pedido e esta, se o considerar apropriado, responderá por meio de declaração escrita, a "carta de orientação" (que inclui descrição sumária dos factos e o essencial da base jurídica em que assenta a interpretação da Comissão). A carta será colocada no sítio Web da Comissão, tendo em conta o legítimo interesse das empresas na protecção dos seus segredos comerciais (antes de emitir a carta, a Comissão acorda com os requerentes uma versão pública)[755].

[755] *Vd.* Comunicação da Comissão sobre a orientação informal relacionada com questões novas relativas aos artigos 81.º e 82.º do Tratado CE que surjam em casos individuais (cartas de orientação), JO C 101, de 27.4.2004, p. 78, n.ºs 3, 5, 12, 19 e 21.

O teor da carta e a motivação nela adoptada acabam por fornecer pistas importantes para a conduta futura das empresas que solicitaram o conselho e também das situadas fora desse círculo (lembremos que a carta é tornada pública). O exemplo tem um alcance que se propaga. Assim, mormente quando estiverem em causa problemas relacionados com a aplicação do art. 82.º CE, o uso pela Comissão de argumentos restritivos e impregnados por lógica contrária ao nascimento e ao reforço do poder económico é passível de consubstanciar tendências que, em última análise, redundam na prevenção de oligopólios indesejáveis.

É óbvio que as cartas de orientação não materializam qualquer controlo sistemático destes. Todavia, ainda que de jeito remoto, algum préstimo têm em ordem a prevenir o aparecimento de semelhante género de mercado. E por isso são referidas numa dissertação que cura de analisar ao pormenor o controlo dos oligopólios pelo direito comunitário da concorrência.

Nesta busca de elementos que, ao menos de forma mediata, tenham serventia, cumpre mencionar o art. 10.º do Regulamento n.º 1/2003, por virtude do qual a Comissão pode, sempre que o interesse público comunitário relacionado com a aplicação dos artigos 81.º e 82.º o exija, declarar oficiosamente (através de decisão) que qualquer dessas normas não se aplica a certo acto ou conduta das empresas – por exemplo, a Comissão declara que certo acordo é compatível com o art. 81.º CE, já porque não estão reunidos os pressupostos do n.º 1 dessa norma, já porque se verificam as condições previstas no n.º 3 do artigo[756]. A Comissão só se socorrerá deste instrumento em casos excepcionais, nomeadamente quando, a propósito de novas formas de acordo ou de práticas concertadas, não existir ainda jurisprudência nem decisão[757]. Se a Comissão se

[756] Nas Orientações relativas à aplicação do n.º 3 do artigo 81.º do Tratado – JO C 101, de 27.4.2004, p. 97, n.ºs 38 ss. –, a Comissão apresenta esclarecimentos pormenorizados acerca da forma como se há-de entender cada um dos quatro requisitos plasmados no n.º 3 do art. 81.º CE. Tendo em conta o carácter indeterminado das condições previstas nesse preceito, a clarificação em causa é de aplaudir. Àquele cariz indeterminado fizeram referência Meinrad Dreher/Stefan Thomas, «Rechts– und Tatsachenirrtümer unter der neuen VO 1/2003», *WuW*, 1/2004, pp. 15-16. No mesmo sentido, dizendo estarem em causa conceitos legais que, a mais de não estarem nitidamente definidos, carecem de avaliação económica complexa, Frank Montag/Andreas Rosenfeld, «A Solution to the Problems? Regulation 1/2003 and the modernization of competition procedure», *ZWeR*, 2/2003, p. 129 (outrossim, Quellmalz, «Die Justiziabilität...», pp. 462 e 467).

[757] *Vd.* considerando 14 do Regulamento n.º 1/2003, Silke Hossenfelder/Martin Lutz, «Die neue Durchführungsverordnung zu den Artikeln 81 und 82 EG-Vertrag»,

vier a revelar demasiado condescendente – não é verosímil que tal aconteça, designadamente em virtude da exigência de reunião das quatro condições cumulativas previstas no art. 81.º, n.º 3 CE –, podem, em alguns casos, ser criadas condições propícias à oligopolização.

Algum tempo depois da entrada em vigor do Regulamento n.º 1/ /2003, ainda é difícil fazer um juízo exacto acerca da importância que as "cartas de orientação" e as declarações de não aplicabilidade dos artigos 81.º e 82.º CE terão no quadro da política comunitária da concorrência[758].

3. **Possibilidade de realizar inquéritos sectoriais**

O art. 17.º, n.º 1 do Regulamento n.º 1/2003 concede à Comissão Europeia a possibilidade de realizar um inquérito a determinado sector da economia ou a certo tipo de acordos em vários sectores da economia sempre que a evolução das trocas comerciais entre os Estados-membros, a rigidez dos preços ou outras circunstâncias fizerem presumir que a concorrência no mercado comum pode ser restringida ou distorcida. Ainda segundo a mesma norma, a Comissão pode publicar relatório versando os resultados do seu inquérito.

O preceito em apreço encerra a virtualidade de a Comissão manter sob estreita mira e fiscalizar diversos ramos da economia, nomeadamente os que revistam configuração oligopolística. É de sublinhar aqui, em especial, a referência à *rigidez dos preços*: conforme dissemos acima, é comum esse fenómeno verificar-se no oligopólio[759].

WuW, 2/2003, p. 122 e Katarina Pijetlovic, «Reform of EC Antitrust Enforcement: Criticism of the New System is Highly Exaggerated», *ECLR*, 2004, p. 359.

[758] Cfr. Teresa Moreira, «Algumas considerações sobre o Regulamento (CE) n.º 1/ /2003, do Conselho, de 16.12.2002 – a descentralização da aplicação das regras de concorrência comunitárias», *Estudos Jurídicos e Económicos em Homenagem ao Prof. Doutor António de Sousa Franco*, vol. III, Lisboa, 2006, pp. 1050-1051.

[759] Escorando-se na circunstância de a regra não conferir poderes para adoptar medidas na sequência do mencionado relatório, Alison Jones e Brenda Sufrin (*EC Competition...*, p. 843) aparentam cepticismo no que toca ao seu emprego em matéria de coordenação tácita nos mercados oligopolísticos. Reconhecem, todavia, que, fruto da possibilidade que o art. 17.º confere, a Comissão pode alcançar visão mais ampla de um sector (em comparação com a que teria se se concentrasse nos acordos isolados que aí têm lugar). Assim sendo, pode decidir-se por dar passos posteriores (tendentes, por exemplo, à aplicação das regras de defesa da concorrência).

TERCEIRA PARTE
CONTROLO RETROSPECTIVO DOS OLIGOPÓLIOS

Viramos agora agulhas para o controle que opera *ex post.* Já não está em causa fazer juízo tendente a prognosticar o aparecimento de oligopólio nocivo para a concorrência, mas antes reprimir condutas que a prejudicam e foram – porventura, ainda estão a ser – levadas a cabo por empresas oligopolistas. O meio basilar de fiscalização retrospectiva é o art. 82.º CE, que proíbe a exploração abusiva da posição dominante de uma ou várias empresas em certo mercado.

Contudo, também cabe perguntar se o art. 81.º, n.º 1 CE tem préstimo no sentido de alcançar o sobredito desígnio. Justamente por ele começaremos viagem (sem prejuízo de deixarmos, já nas linhas que seguem, alguns esclarecimentos em matéria de compromissos propostos pelas empresas).

Esclarecimento prévio acerca dos compromissos

A exemplo daquilo que vimos suceder no âmbito do controlo prospectivo, existe a possibilidade de, aberto um processo por violação do artigo 81.º e/ou do artigo 82.º CE, as empresas oferecerem compromissos que visam obviar a supostas violações daquelas normas. A Comissão Europeia pode, mediante decisão adoptada nos termos do art. 9.º, n.º 1 do Regulamento n.º 1/2003, tornar tais compromissos obrigatórios para as empresas[760].

---

[760] Acima dissemos que pelo art. 81.º são proibidos acordos, práticas concertadas e decisões de associações de empresas que tenham por objectivo ou por efeito impedir, restringir ou falsear a concorrência. Quanto ao art. 82.º, ele declara incompatível com o mercado comum a exploração abusiva de uma posição dominante (incluindo a dominância colectiva). Embora juso lidemos com essas normas de uma forma mais aturada,

Já antes de se aplicar o Regulamento n.º 1/2003 as empresas tinham a possibilidade de propor compromissos para resolver problemas suscitados pela violação do art. 81.º e/ou do art. 82.º CE; o TJCE equiparou, inclusive, as declarações de compromissos às injunções de cessação de infracções previstas no art. 3.º do Regulamento n.º 17/1962[761]. Simplesmente, ao contrário do que agora sucede nos termos dos artigos 9.º e 23.º, n.º 2, alínea *c)* do Regulamento n.º 1/2003, os compromissos não podiam ser tornados obrigatórios para as empresas e o seu desrespeito não era passível de ser punido com coima[762]. Em caso de inobservância, à Comissão abria-se apenas a via de retomar o processo, só lhe sendo permitido aplicar coima no caso de vir a detectar infracção ao direito da concorrência (o controlo jurídico da declaração de compromisso era, portanto, indirecto)[763].

Ao contrário do que sucede no quadro das concentrações de empresas – preferência por compromissos estruturais –, nas decisões aprovadas ao abrigo do art. 9.º do Regulamento n.º 1/2003 estão sobretudo em causa soluções de conduta. Percebe-se que assim seja, já que agora não prevalece a actuação sobre a estrutura do mercado – de modo a garantir a concorrência de modo definitivo ou, ao menos, estável –, antes se exige das empresas um comportamento que seja conforme às normas de defesa da concorrência. A (ainda diminuta) prática da Comissão Europeia nesta matéria confirma-o. Por exemplo, depois da apreciação preliminar que levou a cabo, aquele órgão detectou problemas concorrenciais a nível da transferência dos direitos de transmissão da Bundesliga e da 2. Bundesliga dos clubes para a Liga dos Clubes e da sua subsequente venda conjunta. Os clubes estavam impedidos de negociar autonomamente com os operadores de televisão, de rádio e/ou com as agências de direitos desportivos. Não espanta por isso que, entre os compromissos assumidos, constasse a possibilidade de cada clube comercializar a transmissão dos seus jogos "em casa" 24 horas após o evento para uma única transmissão no Espaço Económico Europeu a favor de um operador de transmissão de acesso livre[764].

---

podemos deixar já algumas notas acerca do problema dos compromissos (até porque, lobrigando-se infracção ao art. 81.º, ao art. 82.º ou a ambos, o preceito relativo às decisões de compromisso é o mesmo: art. 9.º do Regulamento n.º 1/2003).

[761] Acórdão de 31.3.1993, *A. Ahlström Osakeyhtiö e o./Comissão*, C-89, 104, 114, 116, 117, 125-129/85, *Col.* 1993, I-1307, n.º 181.

[762] *Vd.* o nosso «Decisões da Comissão Europeia que tornam obrigatórios os compromissos assumidos pelas empresas», *TInt*, 2.º Semestre de 2005, n.º 20, pp. 212-213; MONIKA BUSSE/ANDERS LEOPOLD, «Entscheidungen über Verpflichtungszusagen nach Art. 9 VO (EG) Nr. 1/2003», *WuW*, 2/2005, p. 147.

[763] Ver o nosso «Decisões...», p. 213; HOLGER DIECKMANN, *in* GERHARD WIEDEMANN (Hrsg.), *Handbuch des Kartellrechts*, München, 1999, p. 1347; ANDREAS KLEES, *Europäisches Kartellverfahrensrecht (mit Fusionskontrollverfahren)*, Köln/Berlin/München, 2005, p. 166.

[764] Nos termos do art. 27.º, n.º 4 do Regulamento n.º 1/2003, sempre que a Comissão tencione aprovar uma decisão nos termos dos artigos 9.º ou 10.º, deve publicar um resumo conciso do processo e do conteúdo essencial dos compromissos ou da actuação que se propõe seguir. Reportando-nos ao processo referido em texto, *vd.* a "Comunicação

O número reduzido de decisões que tornam obrigatórios os compromissos assumidos pelas empresas leva a que qualquer balanço seja precário. Ainda assim, há um ponto positivo que merece ser salientado e tem particular interesse para o presente trabalho: quando a Comissão aprecia um problema em que suspeita existir violação do art. 81.º e/ou abuso de posição dominante colectiva (art. 82.º), depara com o envolvimento de *várias* empresas; importa então saber se ela pode fazer cessar o processo relativamente àquela empresa que assumiu compromissos e dirigir às outras uma decisão – decerto mais gravosa – tomada ao abrigo do art. 7.º do Regulamento n.º 1/2003. Pensando, por exemplo, numa prática concertada destinada a fixar preços, será legítimo endereçar a um dos participantes uma decisão de compromissos e aos outros uma decisão aprovada nos termos do art. 7.º? A resposta é afirmativa. Desde que a Comissão a todos tenha feito comunicação de reservas ou de objecções, todos têm idênticas possibilidades de contrair compromissos[765]. Assim se afasta o perigo de violar o princípio da igualdade de tratamento, o qual, segundo jurisprudência constante, só é posto em causa quando situações comparáveis são tratadas de modo diferente ou quando situações diversas são tratadas de maneira igual (salvo se o tratamento se justificar por razões objectivas)[766].

---

publicada nos termos do n.º 4 do artigo 27.º do Regulamento n.º 1/2003 do Conselho no processo COMP/C.2/37.214 – Venda conjunta dos direitos de transmissão respeitantes ao campeonato alemão de futebol (Deutsche Bundesliga)", JO C 229, de 14.9.2004, p. 13, n.os 3 e 9; outrossim, cfr. a "Comunicação publicada em conformidade com o n.º 4 do artigo 27.º do Regulamento (CE) n.º 1/2003 do Conselho relativamente ao processo COMP/B-1/38348 Repsol CPP SA", JO C 258, de 20.10.2004, p. 7. Na prática anterior à aplicação do Regulamento n.º 1/2003, veja-se a decisão de 22.12.1987, IV/30.787 e 31.488 – *Eurofix-Bauco/Hilti*, JO L 65, de 11.3.1988, p. 19 (anexo).

[765] Cfr. o nosso «Decisões...», p. 220, BUSSE/LEOPOLD, «Entscheidungen...», pp. 151--152 (parece, todavia, que os Autores ignoram a posição dominante colectiva) e GEORG--KLAUS DE BRONETT, *Kommentar zum europäischen Kartellverfahrensrecht (VO 1/2003)*, München, 2005, p. 64 (não dizendo se tem em mente o art. 81.º, o art. 82.º ou os dois).

[766] TJCE, acórdão de 28.6.1990, *Hoche GmbH/Bundesanstalt für Landwirtschaftliche Marktordnung*, C-174/89, *Col.* 1990, I-2681, n.º 25; TPI, aresto de 20.3.2002, *LR af 1998 A/S (anteriormente Løgstør Rør A/S)/Comissão*, T-23/99, *Col.* 2002, II-1705, n.º 293.

A. O ARTIGO 81.º, N.º 1 CE E O CONTROLO DOS OLIGOPÓLIOS

1. O problema

Nos termos do art. 81.º, n.º 1 CE (anteriormente, art. 85.º, n.º 1 do Tratado CE), «são incompatíveis com o mercado comum e proibidos todos os acordos entre empresas, todas as decisões de associações de empresas e todas as práticas concertadas que sejam susceptíveis de afectar o comércio entre os Estados-membros e que tenham por objectivo ou efeito impedir, restringir ou falsear a concorrência no mercado comum (...)»[767].

Pela leitura do preceito se verifica que a respectiva aplicação não supõe uma determinada forma de mercado nem a criação ou reforço de posição dominante (individual ou colectiva)[768]; está, portanto, desvinculada do oligopólio e da dominação conjunta. Teimamos, todavia, em apurar se de algum jeito o art. 81.º, n.º 1 CE serve para controlar oligopólios. Isso passaria, no essencial, pela inclusão do paralelismo "puro", "inteligente" ou "não-colusivo" – típico e frequente naquela forma de mercado – no âmbito de qualquer das formas de infracção previstas na norma em causa (acordo; decisão tomada por associação de empresa; prática concertada)[769]. Se ele se deixasse reconduzir a um desses tipos de

---

[767] Redacção que passa, quase na íntegra, para o art. III-161.º do Tratado que estabelece a Constituição europeia, assinado em 29.10.2004. A única alteração consiste em substituir «mercado comum» por «mercado interno».

[768] Cfr. o n.º 21 das conclusões do advogado-geral NIAL FENNELLY nos processos C-395/96 P e C-396/96 P (*Compagnie maritime belge*) – *Col.* 2000, I-1380 – e AIGNER, *Kollektive...*, p. 29.

[769] Recordemos que o paralelismo não-colusivo abarca as condutas simétricas (e, por sinédoque, convergentes) das empresas que resultam apenas da interdependência

infracção, o preceito referido teria lugar de proa na agenda de controlo dos oligopólios. O sentido geral, o lineamento da resposta ao problema já foi dado na *Primeira Parte* (capítulo II, n.º 2.4.2.) deste trabalho. É altura de o desenvolver e de lhe acrescentar alguns pontos[770].

2. **Acordos e paralelismo inteligente**

O "acordo" para efeitos de aplicação do art. 81.º, n.º 1 CE é um conceito próprio do direito comunitário da concorrência[771] e existe quando as empresas exprimiram «(...) a sua vontade comum de se comportarem no mercado de certa forma (...)»[772]. Está aqui represada qualquer forma de acordo de vontades entre as empresas que tenha por objecto a res-

---

oligopolística e do reconhecimento desta por parte das empresas. Na sua origem, não está qualquer forma de comunicação entre as empresas.

[770] A forma de pôr o problema usada no texto poderia ser qualificada como *corrente*, *clássica* ou, em termos mais rigorosos, como filha do respeito pela trilogia de infracções constante da letra do art. 81.º, n.º 1 CE.

Como teremos ocasião de referir, também se usa – em casos nos quais a violação do art. 81.º, n.º 1 CE se materializa em vários tipos de comportamento (todos com a mesma finalidade anticoncorrencial) e apresenta larga duração – o conceito de "infracção única". Mediante tal noção, a pergunta levaria a seguinte fórmula: a infracção única abarca o paralelismo inteligente ou não-colusivo?

[771] KLING/THOMAS, *Grundkurs...*, p. 508. Parece estarmos perante aceno de tendência que não passou despressentida a ANTÓNIO MENEZES CORDEIRO [«Concorrência e direitos e liberdades fundamentais na União Europeia», *in* RUY DE ALBUQUERQUE/ANTÓNIO MENEZES CORDEIRO (coordenação), *Regulação e Concorrência. Perspectivas e limites da defesa da concorrência*, Coimbra, 2005, p. 11]: o direito europeu tem vindo a desenvolver alguns conceitos próprios, utilizando, para tanto, o fundo comum dos diversos ordenamentos, particularmente nas áreas do direito civil e do direito constitucional (agora, interessa-nos a primeira).

[772] Decisão de 14.10.1998, IV/F-3/33.708 – *British Sugar Plc*, IV-F-3/33.709 – *Tate and Lyle plc*, IV/F-3/33.710 – *Napier Brown & Company Ltd*, IV/F-3/33.711 – *James Budgett Sugars Ltd*, JO L 76, de 22.3.1999, p. 1, n.º 66. Na jurisprudência, ver TPI, acórdãos de 24.10.1991, *Petrofina SA/Comissão*, T-2/89, *Col.* 1991, II-1087, n.º 211, de 10.3.1992, *Chemie Linz AG/Comissão*, T-15/89, *Col.* 1992, II-1275, n.º 301 e de 14.5.1998, *Gruber + Weber GmbH & Co. KG/Comissão*, T-310/94, *Col.* 1998, II-1043, n.º 85, *Moritz J. Weig GmbH & Co. KG/Comissão*, T-317/94, *Col.* 1998, II-1235, n.º 134. Citando estes excertos, actuamos em sintonia com o referido por OLIVER BLACK («What is an Agreement?», *ECLR*, 2003, p. 504): o art. 81.º CE não oferece noção de acordo, deixou-se que o conceito emergisse da «case law».

pectiva actuação no mercado[773]. Como o acordo supõe o concurso de vontades de várias partes, a mera expressão de uma política unilateral de uma das partes contratantes, que pode ser executada sem a assistência de outrem, não pode ser apodada de acordo[774].

Os acordos podem ser celebrados por escrito ou oralmente[775] e serem expressos ou procederem de maneira concludente do comportamento das partes[776]. O n.º 1 do art. 81.º CE contém lista exemplificativa de acordos

---

[773] VOLKER EMMERICH, *Kartellrecht*, 9ª ed., München, 2001, pp. 33 e 389; *id.*, *in* MANFRED A. DAUSES (Hrsg.), *Handbuch des EU-Wirtschaftsrechts*, vol. 2, München, última actualização em Abril de 2003, H. I § 1, p. 30; KLING/THOMAS, *Grundkurs...*, p. 508.

Entenda-se actuação "no mercado" *cum grano salis*. Como nota PETER STOCKENHUBER [*in* EBERHARD GRABITZ/MEINHARD HILF, *Das Recht der Europäischen Union*, vol. II, München, última actualização em Janeiro de 2004, Art. 81 EGV, p. 17], o convénio pode ter como objecto áreas que se situam muito longe do mercado (*sehr marktferne*), como sucede com as actividades de investigação e de desenvolvimento.

Embora a letra da lei refira somente acordos entre empresas, também as associações de empresas podem ser partes nas convenções em causa: decisões de 20.10.1972, IV/496--498-532-511-26.238-26.577– *Zentralheizung*, ABl. L 264, de 23.11.1972, p. 22 e de 30.11.1994, IV/33.126 e 33.322 – *Cimento*, JO L 343, de 30.12.1994, p. 1. Na doutrina, EMMERICH, *Kartellrecht*, pp. 33-34 e 389; *id.*, *in* DAUSES, *Handbuch...*, p. 30; STOCKENHUBER, *in* GRABITZ/HILF, *Das Recht...*, p. 17.

[774] TJCE, aresto de 6.1.2004, *Bundesverband der Arzneimittel-Importeure eV*, C-2/01 P e C-3/01 P, n.º 101). Esta sentença é assaz relevante para o vincar da diferença entre os campos de aplicação dos artigos 81.º e 82.º CE (outrora, artigos 85.º e 86.º do Tratado CE): ali, exige-se concurso de vontades, aqui, actuação de cariz unilateral. Para o perceber melhor, transcrevemos parte do excerto citado do acórdão: «(...) considerar que um acordo proibido pelo artigo 85, n.º 1, do Tratado pode ser demonstrado apenas com base na expressão de uma política unilateral com o objectivo de impedir as importações paralelas teria o efeito de confundir o âmbito de aplicação dessa disposição com o do artigo 86.º do Tratado». A propósito, *vide* as palavras cortantes de THOMAS EILMANSBERGER em «Die Adalat-Entscheidung des EuGH. Maßnahmen von Herstellern zur Steuerung des Verhaltens von Vertriebshändlern als Vereinbarung im Sinne von Art. 81. EG», *ZWeR*, 2/2004, pp. 290 e 303; outrossim, ANDREAS ROSENFELD, *in RIW*, 4/2004, p. 299.

[775] Decisões de 23.12.1971, IV/595 – *Nederlandse Cement-Handelmaatschappij N.V.*, ABl. L 22, de 26.1.1972, p. 16, n.º 7 a), de 21.12.1976, IV/28.812 – *Theal-Watts*, ABl. L 39, de 10.2.1977, p. 19, a p. 23, de 7.12.1988, IV/31.906 – *vidro plano*, JO L 33, de 4.2.1989, p. 44, n.º 62 e de 5.6.1991, IV/32.879 – *Viho/Toshiba*, JO L 287, de 17.10.1991, p. 39, n.º 22; STOCKENHUBER, *in* GRABITZ/HILF, *Das Recht...*, p. 17; EMMERICH, *in* DAUSES, *Handbuch...*, p. 30; EILMANSBERGER, «Die Adalat-Entscheidung...», p. 289; JORGE DE JESUS FERREIRA ALVES, *Direito da Concorrência nas Comunidades Europeias*, 2ª ed., Coimbra, 1992, p. 43.

[776] Decisões de 20.7.1978, IV/28.852 – *G.B. – INNO-B.M./FEDETAB*, IV/29.127 – *Mestdagh – Huyghebaert/FEDETAB* e IV/29.149 – *"FEDETAB-Empfehlung"*, ABl. L

que violam a proibição. De resto, não se faz qualquer exigência quanto ao seu conteúdo. Essencial é que sejam susceptíveis de afectar o comércio entre os Estados-membros e que tenham por objectivo ou por efeito impedir, restringir ou falsear a concorrência no mercado comum[777]. Os motivos que levaram as partes a celebrar o acordo, bem como o intuito que prosseguiram, são irrelevantes para determinar se existe ou não acordo. Designadamente, não se exige a prossecução de um "fim comum" nem de um "interesse comum"[778].

Embora a área coberta pela noção de acordo corresponda, em grande medida, à do conceito de contrato nos termos das ordens jurídicas dos Estados-membros, o preciso delimitar das suas fronteiras tem sido uma *vexata quaestio*.

Houve quem dissesse que só há acordo se as partes se quiseram vincular juridicamente. O arrimo argumentativo desta posição sustenta-se em dois pilares: o "acordo" para efeito do art. 81.º CE corresponde, em grande medida, ao "contrato" nos Estados-membros; o n.º 2 da norma sanciona com a nulidade os acordos e as decisões proibidos pelo n.º 1[779]. É opinião que rejeitamos. Conquanto o domínio correspondente aos acordos seja, em boa medida, preenchido por contratos, a noção de acordo para efeito do art. 81.º CE é específica do direito comunitário da concorrência. No tocante ao segundo ponto – o art. 81.º, n.º 2 CE estatui que são nulos os acordos e decisões proibidos pelo n.º 1 –, é certo que só os contratos podem ser declarados nulos, os acordos de cavalheiros não. Todavia, somos de parecer que, no respeitante a acordos, o n.º 2 do art. 81.º só se aplica aos contratos. Para outro tipo de convenção – mormente acordos de cavalheiros – que integre os acordos ele é irrelevante.

224, de 15.8.1978, p. 29, n.º 78; TJCE, ac. de 25.10.1983, *Allgemeine Elektricitäts-Gesellschaft AEG-Telefunken AG/Kommission*, 107/82, *Slg*. 1983, p. 3151, n.º 38; STOCKENHUBER, *in* GRABITZ/HILF, *Das Recht...*, p. 17; EMMERICH, *in* DAUSES, *Handbuch...*, p. 30; EILMANSBERGER, «Die Adalat-Entscheidung...», pp. 289 e 303.

[777] STOCKENHUBER, *in* GRABITZ/HILF, *Das Recht...*, p. 17.

[778] STOCKENHUBER, *in* GRABITZ/HILF, *Das Recht...*, p. 17; EMMERICH, *Kartellrecht*, pp. 34 e 389; *id.*, *in* DAUSES, *Handbuch...*, p. 30.

[779] HELMUTH SCHRÖTER, *in* HANS von der GROEBEN/JOCHEN THIESING/CLAUS-DIETER EHLERMANN, *Kommentar zum EWG*-Vertrag, vol. 2, 4ª ed., Baden-Baden, 1991, pp. 1427 e 1430; NORBERT KOCH, *in* EBERHARD GRABITZ/MEINHARD HILF, *Das Recht der Europäischen Union*, edição "prévia": *Altband II*, München, última actualização em Outubro de 1999, Art. 85, p. 8.

Outros autores exigem que o acordo possua, pelo menos, força obrigatória de facto: as partes – ao menos, uma delas – obriga(m)-se a respeitar o acordado por mor de algum tipo de sanção económica, social ou moral[780]; como que marcando a linha de fronteira entre os acordos e outra das infracções previstas no artigo 81.º CE – as práticas concertadas –, estariam os acordos de cavalheiros, que as instâncias comunitárias, designadamente a jurisprudência, amiúde incluem no campo dos acordos[781]; ora, os acordos de cavalheiros só têm efeito vinculativo moral ou de facto, mas não jurídico. Quando, além de faltar a força obrigatória de direito, também não existir a de facto e as partes conservarem a liberdade de seguir ou não o arranjo, estaremos perante uma prática concertada e não na presença de acordo[782]. Também não é esta a corrente que merece a nossa preferência. Como é reconhecido – inclusive, por um dos corifeus desta perspectiva[783] –, nem nas práticas concertadas há sempre liberdade ilimitada de seguir ou não o concertado. Quer dizer: não podemos contrapor acordos a práticas concertadas, dizendo que ali se comina sempre uma sanção (económica, social, moral) e aqui esta nunca existe. Por outro lado, a Comissão já sustentou que, para uma restrição constituir acordo no sentido do n.º 1 do art. 85.º (actualmente, n.º 1 do art. 81.º), não é necessária a intenção de vincular as partes. Aquele já tem lugar se estas

---

[780] Derrick Wyatt/Alan Dashwood, *The Substantive Law of the EEC*, 2ª ed., London, 1987, p. 355; José Manuel Caseiro Alves, *Lições de Direito Comunitário da Concorrência*, Coimbra, 1989, p. 36; Martin Hirsch/Thomas Burkert, *in* Alfred Gleiss/ /M. Hirsch, *Kommentar zum EG-Kartellrecht*, vol. 1, 4ª ed., Heidelberg, 1993, p. 65; Enchelmaier, *Europäische...*, p. 78; Christopher Bellamy/Graham Child, *European community law of competition,* 5ª ed., London, 2001, p. 52; Emmerich, *in* Ulrich Immenga/Ernst-Joachim Mestmäcker (Hrsg.), *EG-Wettbewerbsrecht: Kommentar*, vol. I, München, 1997, p. 143; *id.*, *Kartellrecht*, p. 389; *id.*, *in* Dauses, *Handbuch...*, p. 30; Helmuth Schröter, *in* Hans von der Groeben/Jürgen Schwarze (Hrsg.), *Kommentar zum Vertrag über die Europäische Union und zur Gründung der Europäischen Gemeinschaft*, vol. 2, 6ª ed., Baden-Baden, 2003, p. 137 (mau grado aquilo que escreve na p. 132). Na nota anterior, apresentámos o último A. citado como enfileirando noutra perspectiva. Não há desalinhavo da nossa parte, pois Schröter mudou de posição (da quarta para a quinta edição da obra).

[781] Como exemplo, TPI, acórdão de 6.4.1995, *Tréfileurope Sales SARL/Comissão*, T-141/89, *Col.* 1995, II-791, n.º 96.

[782] Emmerich, *in* Immenga/Mestmäcker, *EG-Wettbewerbsrecht...*, pp. 143 e 152; *id.*, *in* Dauses, *Handbuch...*, p. 30; Hirsch/Burkert, *in* Gleiss/Hirsch, *Kommentar...*, p. 65.

[783] Emmerich, *in* Immenga/Mestmäcker, *EG-Wettbewerbsrecht...*, p. 152.

chegam a consenso sobre um plano que limita ou é susceptível de cercear a sua liberdade comercial através da determinação de linhas de acção mútuas ou de simples abstenção. Não é preciso qualquer tipo de sanção contratual ou processo de coacção[784].

Numa terceira perspectiva – que parece vir de encontro ao remate do parágrafo anterior –, a de STOCKENHUBER[785], os acordos não carecem de força obrigatória de direito ou de facto, não representando mais do que exemplo de um tipo (legal) mais geral denominado "coordenação" (*Koordinierung*) ou "concertação" (*Abstimmung*). Atendendo ao que se escreveu no fim do último parágrafo e ao facto de vermos nas três formas de infracção previstas no n.º 1 do art. 81.º um *continuum*, é esta a posição com que melhor nos identificamos. As três formas de infracção consagradas na norma, com fronteiras entre si colocadas mais a um ponto ou a outro, abrangem toda e qualquer forma de colusão activa que ponha em causa o postulado segundo o qual as empresas devem determinar de maneira autónoma o seu *agere*.

Independentemente de toda a controvérsia desfiada, uma coisa é certa: o "paralelismo inteligente" não é um acordo e bem distante está deste. A conduta paralela em causa *não dimana de qualquer convénio que tenha por objecto a actuação das empresas*, antes resulta de coordenação tácita, de decisões que elas tomaram de maneira autónoma face a condições de mercado que se lhes deparam (de jeito mais preciso, advém da interdependência oligopolística e do seu reconhecimento pelas empresas). A longinquidade do paralelismo puro relativamente ao acordo mais transparente se torna para os defensores do efeito vinculativo deste último. Na verdade, em sede de paralelismo inteligente, não faz sentido falar de efeito vinculativo.

Problema bem distinto é o de saber se o art. 81.º, n.º 1 CE se aplica a acordos celebrados entre empresas oligopolistas. Não restam dúvidas de que a resposta é afirmativa. Por esta via, o preceito ajuda a controlar os oligopólios (na medida em que operadores neles situados celebrem tais convénios). Simplesmente, a mais de não estarmos perante um controlo específico de tal forma de mercado, fazer prova dos acordos é tarefa

---

[784] Decisão de 23.4.1986, IV/31.149 – *Polipropileno*, JO L 230, de 18.8.1986, p. 1, n.º 81.

[785] *In* GRABITZ/HILF, *Das Recht...*, p. 18.

eivada de dificuldades: o facto de existirem sanções pesadas para quem os celebre encoraja à eversão do material de prova. Além disso, as empresas sentem que, no oligopólio, é comum bastar o alinhamento com a actuação das competidoras (por via do paralelismo inteligente) para atingir os mesmos fins que os acordos permitem atingir. Não vão, por isso, celebrar acordos e expor-se à atenção das autoridades encarregadas de velar pela defesa da concorrência se conseguem atingir os seus fins por meio do paralelismo puro.

3. **Decisões de associações de empresas e paralelismo inteligente**

Com as devidas adaptações, o que se disse a propósito dos acordos e da sua (não-)relação com o paralelismo puro é passível de transporte para o problema de saber se este pode ser reconduzido a outra das formas de infracção plasmadas no art. 81.º, n.º 1 CE, a decisão de associação de empresas.

As associações de empresas proporcionam espaço privilegiado para lesar a concorrência. Sendo abrangentes, potenciam o respectivo prejuízo em grande extensão de mercado[786]. Elas agrupam operadores do mesmo ramo e encarregam-se de representar e de defender os seus interesses comuns face a outros agentes económicos, a organismos governamentais e ao público em geral[787]. As suas *decisões* são regras acerca do comportamento das empresas, adoptadas de acordo com certos preceitos – previstos nos estatutos ou nos regulamentos internos – pelo órgão competente da associação[788].

---

[786] Cfr. Carolina Cunha, «Profissões...», p. 456.

[787] Conclusões do advogado-geral Philippe Léger no processo *Wouters*, *Col.* 2002, n.º 61 (I-1596).

Visto que os profissionais liberais são tidos como empresas pelo direito comunitário da concorrência, a respectiva associação numa ordem profissional deve ser tratada como associação de empresas – *vd.* Carolina Cunha, «Profissões...», pp. 457 e 460.

[788] Stockmann, *in* Wiedemann, *Handbuch...*, pp. 110-111; ver, igualmente, decisão de 5.12.1984, IV/30.307 – *Feuerversicherung*, ABl. L 35, de 7.2.1985, p. 20, n.º 23, Kling/Thomas, *Grundkurs...*, p. 510, António Carlos dos Santos/Maria Eduarda Gonçalves/Maria Manuel Leitão Marques, *Direito económico*, p. 344 e João E. Pinto Ferreira/Azeem Remtula Bangy, *Guia Prático do Direito da Concorrência em Portugal e na União Europeia*, Lisboa, 1999, p. 108.

Os autores que exigem efeito vinculativo de direito para os acordos também o fazem para as decisões de associação, os que requerem força vinculativa de facto para os acordos bastam-se com ela para as decisões tomadas por associações de empresas[789]. Somos de opinião que basta elas serem acatadas pela maioria dos membros da associação[790]. Não se exige para elas determinada forma (podem ser verbais)[791]. Como exemplo de decisão de associação, podemos avançar a recomendação que esta dirige aos seus membros[792].

Sem necessidade de multiplicar explicações, estamos aptos a perceber que o paralelismo inteligente típico dos oligopólios não é nem pode ser equiparado a decisão do jaez agora em apreço. Ali, é de forma autónoma e individual que as empresas actuam de maneira simétrica. Ao invés, no que toca às decisões de associações de empresas, o processo de formação da vontade comum está regulado, obedece a regras no quadro de uma organização[793]. Por outro lado, para a maioria da doutrina, elas vinculam de direito ou, quando menos, de facto, o que não sucede no puro paralelismo de condutas.

4. **Práticas concertadas e paralelismo de conduta**

Atendendo ao que se escreveu até aqui, podemos afirmar que a extensão do auxílio do art. 81.º, n.º 1 CE no controlo da actuação

---

[789] Por todos, ver a indicação dada em STOCKENHUBER, *in* GRABITZ/HILF, *Das Recht...*, p. 20.

[790] Parece ser essa a posição de KLING/THOMAS, *Grundkurs...*, p. 510.

[791] KLING/THOMAS, *Grundkurs...*, p. 511.

[792] KLING/THOMAS, *Grundkurs...*, p. 511. Outros exemplos em JOÃO E. PINTO FERREIRA/AZEEM REMTULA BANGY, *Guia...*, p. 108, *in fine.*

Posto que a FIFA tem como membros associações nacionais que – tenhamo-lo impresso na lembrança – foram consideradas não apenas "associações de empresas" mas também "empresas", ela constitui uma associação de empresas na acepção do art. 81.º CE. Em consonância, entendeu-se que um regulamento adoptado pela FIFA – obrigatório tanto para as associações nacionais como para os clubes, jogadores e agentes de jogadores – exprimia a respectiva vontade de coordenar o comportamento dos seus membros no tocante à actividade dos agentes de jogadores; constituía, por isso, decisão de associação de empresas nos termos do art. 81.º, n.º 1 CE: TPI, sentença de 26.1.2005, *Laurent Piau*, n.ºs 72, 74 e 75.

[793] Cfr. ENCHELMAIER, *Europäische...*, p. 78.

oligopolística depende, em grande medida, de o paralelismo puro estar compreendido no âmbito da terceira forma de infracção prevista na norma, a "prática concertada". Cumpre averiguar se esta abrange somente comportamentos colusivos, que procedam de algum tipo de urdidura, ou também o paralelismo simples, puro, que advém da interdependência circular e do reconhecimento desta por parte das empresas. Apuremos, antes de mais, em que consiste a prática concertada.

4.1. **Noção de prática concertada**

Em 1972, o TJCE pronunciou-se sobre a noção de prática concertada: trata-se de forma de coordenação entre empresas, que, sem se ter desenvolvido até à celebração de uma convenção propriamente dita, substitui cientemente os riscos inerentes à concorrência por uma cooperação prática entre as empresas[794]. O conceito foi complementado, três anos depois, na sentença *Suiker Unie*: no quadro do Tratado de Roma, cada operador económico deve determinar de forma autónoma a política a seguir no mercado comum e o art. 85.º do Tratado CE (actual art. 81.º CE), embora não exclua o direito de adaptação "inteligente" ao comportamento conhecido ou previsto dos competidores, proíbe qualquer contacto directo ou indirecto entre as empresas cujo objectivo ou efeito seja influenciar a acção dos concorrentes ou que implique mostrar a um rival a conduta que a empresa vai prosseguir no mercado[795].

Assim, os elementos constituintes da prática concertada são: a coordenação ou cooperação prática entre as empresas, que substitui a sua actuação autónoma; a existência de contactos directos ou indirectos entre elas, desenvolvidos para levar a cabo a coordenação; o objectivo de eliminar antecipadamente a incerteza quanto ao comportamento

[794] Acórdão de 14.7.1972, *Imperial Chemical Industries (ICI) Ltd/Comissão*, 48/69, *Col.* 1972, p. 205, n.º 64 (*vd.* o reparo de Oliver Black em «Concerted Practices, Joint Action and Reliance», *ECLR*, 2003, p. 222); posteriormente, ac. de 31.3.1993, *Ahlström Osakeyhtiö*, *Col.* 1993, I-1307, n.º 63.

[795] TJCE, acórdão de 16.12.1975, *Coöperatieve Vereniging «Suiker Unie» UA e o./Comissão,* 40-48, 50, 54-56, 111, 113 e 114/73, *Col.* 1975, p. 563, n.os 173-174; depois, TPI, acórdãos de 17.12.1991, *Enichem Anic SpA/Comissão*, T-6/89, *Col.* 1991, II-1623, n.º 199 e de 10.3.1992, *Shell*, *Col.* 1992, II-757, n.º 300.

futuro dos rivais[796]. Com isto nos afastamos do "postulado de autonomia" (*Selbständigkeitspostulat*) do comportamento das empresas, segundo o qual elas devem determinar de forma independente e autónoma a sua linha de acção[797]. A prática concertada supõe que a informação obtida pela empresa acerca do comportamento das outras proceda de comunicação entre elas e não da mera observação independente do mercado; a linha de fronteira entre a coordenação legítima (*id est*, que não procede de colusão) e aqueloutra em que há conluio ilícito sob forma de prática concertada é dada pelo estabelecimento de contactos directos ou indirectos entre os interessados.

A prática concertada traduz-se, amiúde, em comportamentos paralelos. Mas não tem de ser assim[798]. Por exemplo, ao concertar quotas a produzir, bem mais correcto é falar de actuação convergente, não de conduta paralela. No correr do texto, falaremos *ad nauseam* de paralelismo de condutas. Embora seja exacto face aos problemas em vista, tenha o leitor presente que, em alguma medida, estaremos a proceder por sinédoque.

Questão controvertida no direito comunitário é saber se o tipo legal da prática concertada fica preenchido com a concertação entre as empresas ou só quando a esta se junta um acto que a materialize. Parte da doutrina, atendo-se designadamente à circunstância de o n.º 1 do art. 81.º CE proibir acordos, decisões de associações e práticas concertadas que tenham por *objectivo* ou por efeito limitar a concorrência no mercado comum, prescinde do segundo requisito[799]. Outra parte exige-o, brandindo argumento segundo o qual, ao contrário do que sucede com acordos e decisões de associações, não é legítimo punir concertação que, por não ter efeito vinculativo para quem nela participe,

---

[796] Raffaelli, «Oligopolio...», p. 35.

[797] Kurz, «Zum Nachweis...», pp. 186-187 e Emmerich, *Kartellrecht*, p. 35.

No fundo, o postulado de autonomia do comportamento das empresas é o que melhor se adequa à ideia de concorrência como sistema de tomada descentralizada de decisões – *vd.* a referência a semelhante concepção de concorrência em António Menezes Cordeiro, «Concorrência...», p. 9.

[798] Velasco San Pedro, «Acuerdos...», p. 67, n. 56.

[799] Por exemplo, Luís Miguel Pais Antunes, «Agreements and Concerted Practices under EEC Competition Law: Is The Distinction Relevant», *YEL*, 11 – 1991, Oxford, 1992, sobretudo pp. 64 ss.; Hans-Georg Koppensteiner, *Österreichisches und europäisches Wettbewerbsrecht: Wettbewerbsbeschränkungen, Unlauterer Wettbewerb, Marken*, 3ª ed., Wien, 1997, p. 335; Grill, *in* Lenz, *EG-Vertrag*: *Kommentar...*, p. 705; Koch, *in* Grabitz/Hilf, *Das Recht...*, edição "prévia": *Altband II*, Art. 85, p. 10.

não acarretará tão grande risco de ser levada a cabo e, portanto, ostenta reduzido potencial de perigo para a concorrência[800]. Uma terceira perspectiva advogou que, quando em face das circunstâncias gerais do problema, for razoável esperar a observância da concertação ou estiver, com certa probabilidade, excluída a incerteza acerca do comportamento futuro de um dos que nela estão envolvidos, a concertação já representa o início do comportamento coordenado. Não estando verificados estes pressupostos, a prática concertada só fica preenchida com uma conduta que de algum modo robore a concertação[801].

A primeira posição tem contra si a letra da lei – *prática* concertada, não apenas concerto ou concertação –, a segunda, baseada no distinto potencial de perigo que para a concorrência têm, por um lado, acordos vinculativos de direito ou de facto e, por outro, práticas que não vinculam, põe o problema de o critério da vinculatividade de facto ser pouco apropriado para destrinçar acordos e práticas concertadas: escrevemos atrás que, também em situações de prática concertada, falta por vezes a liberdade – que, supostamente, nelas existiria, mas faltava nos acordos e decisões de associações – de seguir ou não o arranjo[802]. Mais. Ela nunca poderia ser aceite por aqueles que, para qualificar os acordos, abdicam da força vinculativa de direito e de facto. No que toca à terceira perspectiva, põe problemas de certeza jurídica, radica excessivamente nas circunstâncias do processo decidendo.

Se bem vemos, o problema surge devido à dificuldade em lograr elaboração teórica que, por um lado, se atenha à exigência da lei segundo a qual, para a prática concertada ser proibida, basta o *objectivo* de limitar a concorrência – não é preciso materializar-se no *efeito concreto* de a cercear – e, por outro, obedeça à ideia de que se está perante uma *prática*, ou seja, de algo que aponta para algum tipo de materialização em conduta. A propósito da primeira vertente, rejeitamos que tenha na sua composição, além de um elemento subjectivo – esse, sem qualquer dúvida, tem de estar presente –, aquilo a que se chamou[803] elemento objectivo (consiste em levar à prática a concertação *por meio de comportamento paralelo ou convergente limitativo da concorrência*). Este elemento não se compagina com a ideia de que basta o *objectivo* de restringir a concorrência. A prática concertada requer apenas um elemento subjectivo (a que chamaremos concertação).

---

[800] HIRSCH/BURKERT, *in* GLEISS/HIRSCH, *Kommentar...*, pp. 65, *in fine*, e sobretudo 70; cfr., também, HERMANN-JOSEF BUNTE, *in* E. LANGEN/HERMANN-JOSEF BUNTE, *Kommentar zum deutschen und europäischen Kartellrecht*, vol. I, 9ª ed., Neuwied/Kriftel, 2001, p. 1810.

[801] PETER-CHRISTIAN MÜLLER-GRAFF, *in* KAY HAILBRONNER/ECKART KLEIN/SIEGFRIED MAGIERA/PETER-CHRISTIAN MÜLLER-GRAF, *Handkommentar zum Vertrag über die Europäische Union (EUV/EGV)*, Ordner 1, Köln/Berlin/Bonn/München, última actualização em 1998, Art. 85, p. 36.

[802] Em termos convergentes, ver a crítica às duas perspectivas em STOCKENHUBER, *in* GRABITZ/HILF, *Das Recht...*, pp. 22-23.

[803] Cfr. IOANNIS LIANOS, «"La confusion des infractions" de l'article 81 § 1: quelques interrogations sur l'utilité de la notion d'infraction unique», *RTDE*, 36 (2), avril-juin 2000, p. 245.

Ele engloba duas vertentes: intencional e material. O elemento intencional é a vontade de restringir a concorrência. O elemento material reporta-se à consideração da concertação na estratégia da empresa[804].

Esta solução é passível de alvoroçar alguns espíritos: como compatibilizá-la com a ideia de *prática* concertada?[805] Não será ela um artifício? O elemento material aqui julgado necessário não corresponderá ao elemento objectivo há pouco repudiado?

Aplacaremos tanto desassossego por meio de termos que provêm de onde menos se espera: os arestos do TJCE nos quais se diz que, além da concertação, a prática concertada supõe gesto consequente com ela. Só que, *ao contrário do que sucedia com o elemento objectivo referido*, não estão em causa os efeitos *concretos* sobre o mercado, nomeadamente comportamentos paralelos das empresas que restringem a concorrência. Segundo o TJCE, embora a noção de prática concertada pressuponha um comportamento no mercado, não implica necessariamente que ele produza o efeito concreto de restringir a concorrência. Tal como o acordo e a decisão tomada por associação de empresas, a prática concertada é proibida, independentemente dos seus efeitos, quando tiver intuito concorrencial[806]. E, para se ver que *objectivo* pode estar bem longe do *efeito concreto*, pense-se em casos nos quais as empresas cooperaram com intenção clara de cercear a concorrência, mas os efeitos restritivos não tiveram lugar em virtude de circunstâncias alheias à sua vontade (circunstâncias do mercado)[807].

---

[804] Neste sentido, LIANOS, «"La confusion...», p. 247, trecho no qual baseamos a nossa posição nesta querela (*vide*, também, pp. 248-250). O Autor chama colusão ao que nós apodamos de concertação.

Para haver prática concertada, A. J. S. ROBALO CORDEIRO («As coligações..., p. 106) exigia a reunião de um elemento material e de um elemento intelectual. Aquele conglobava os comportamentos económicos efectivos que se traduziam em práticas restritivas da concorrência, o último reconduzia-se à vontade de agir em comum. Na mesma esteira, PEDRO DE ALBUQUERQUE, «Direito...», pp. 632-633, imputando ao elemento material a verificação de comportamento convergente entre – pelo menos – duas empresas e ao elemento intelectual o citado almejo de actuar em comum. Verificamos que não há coincidência com o conteúdo dos elementos intencional e material a que aludimos no texto.

[805] Tanto mais que o TJCE, em acórdãos proferidos nos casos *polipropileno II*, sustentou que a prática concertada implica, para além da concertação entre as empresas, um comportamento no mercado que seja consequente com tal concertação e um nexo de causalidade entre esses dois elementos – acórdãos de 8.7.1999, *Comissão/Anic Partecipazioni Spa*, C-49/92 P, *Col.* 1999, I-4125, n.º 118 e *Hüls AG/Comissão*, C-199//92 P, *Col.* 1999, I-4287, n.º 161.

[806] Acórdãos de 8.7.1999, *Anic*, *Col.* 1999, I-4125, n.os 122-124, *Hüls*, *Col.* 1999, I-4287, n.os 163-165 e *Montecatini SpA/Comissão*, C-235/92 P, *Col.* 1999, I-4539, n.os 123-125; BLACK, «Concerted...», p. 224.

[807] Cfr. LIANOS, «"La confusion...», p. 245 ou o exemplo dado em THOMAS WESSELY, *in CMLR*, 2001, p. 755.

Da solução perfilhada resulta – não pode deixar de resultar – que, ao contrário do acordo, que se constitui quando tem lugar o concurso de vontades, a prática concertada constitui-se quando a empresa adopta um comportamento no mercado subsequente à concertação[808].

Todo este arrazoado supõe certa relativização da diferença entre acordo e prática concertada: ambos são compostos apenas pelo elemento subjectivo, ainda que no acordo ele só englobe uma vertente intencional e na prática concertada também uma vertente material. O TJCE reconheceu, inclusive, que, de um ponto de vista subjectivo, a noção de acordo e a de prática concertada abrangem formas de conluio que partilham a mesma natureza e só se distinguem pela sua intensidade e pelos modos como se manifestam[809].

A relativização tocada no início do parágrafo anterior melhor se compreende se atendermos a uma ideia bastante divulgada segundo a qual a inserção do tipo legal "práticas concertadas" obedece ao cuidado de abranger situações de cooperação intencional e consciente prosseguida para eliminar o risco próprio da concorrência, nas quais houve contactos entre os envolvidos, mas que não são abarcadas pelo âmbito dos acordos ou das decisões de associações[810] (ou em que estas não se consigam provar[811]). Dito isto, cresce de sentido sustentar que as três formas de concerto previstas no art. 81.º CE são expressões de um conceito geral de colusão e que existe um *continuum* entre elas.

4.2. **Práticas concertadas e paralelismo involuntário**

Antes de debater a aplicação das práticas concertadas ao paralelismo não-colusivo, fica uma nota acerca da sua eventual aplicação ao "paralelismo involuntário".

O problema é de solução fácil. Da noção de prática concertada que o TJCE adiantou em 1972 no acórdão *ICI* e da referência aí feita à palavra "cientemente" resulta logo a exclusão do "paralelismo incons-

---

[808] Cfr. LIANOS, «"La confusion...», p. 249, em particular a nota 61.

[809] Acórdão de 8.7.1999, *Anic*, *Col.* 1999, I-4125, n.º 131.

[810] É concepção assaz consensual na doutrina. Os autores alemães falam, a propósito, de *Auffangtatbestand* – *ex multis*, EMMERICH, *in* IMMENGA/MESTMÄCKER, *EG-Wettbewerbsrecht...*, p. 151; STOCKMANN, *in* WIEDEMANN, *Handbuch....*, p. 111; BUNTE, *in* LANGEN/BUNTE, *Kommentar...*, p. 1810; SCHRÖTER, *in* von der GROEBEN/SCHWARZE, *Kommentar...*, p. 144. Além dos germânicos, VELASCO SAN PEDRO, «Acuerdos...», pp. 66-67.

[811] HIRSCH/BURKERT, *in* GLEISS/HIRSCH, *Kommentar...*, p. 70; EMMERICH, *in* IMMENGA/MESTMÄCKER, *EG-Wettbewerbsrecht...*, p. 151. Veja-se, igualmente, JOÃO MOTA DE CAMPOS, *Manual de Direito Comunitário. O Sistema Institucional. A Ordem Jurídica. O Ordenamento Económico da União Europeia*, 3ª ed., Lisboa, 2002, p. 593.

ciente" (*unbewusstes Parallelverhalten, unconscious parallelism, unconscious parallel conduct*) – ou, em fórmula que expressa melhor aquilo que lhe subjaz, "paralelismo involuntário" – do âmbito de aplicação do art. 81.º CE e, em particular, do domínio das práticas concertadas[812]. Em causa está conduta paralela das empresas que não deriva de alguma forma de conluio e nem sequer da interdependência oligopolística ou do reconhecimento desta. Aqueles que cursam idêntico rumo de conduta não desenvolvem qualquer espécie de coordenação entre si e é de jeito totalmente autónomo que agem de forma similar ou paralela: por exemplo, várias empresas aumentam os preços na mesma medida em resposta a um encarecimento de matérias-primas. Esta atitude é equiparável à de várias pessoas que, saindo à rua, verificam que está a chover e abrem os guarda-chuvas. É razoável e sensato que tais casos não sejam tocados pelas proibições do art. 81.º CE. O paralelismo involuntário encontra justificação objectiva e vedá-lo ou puni-lo seria um disparate, seria insipiente[813].

4.3. Não-aplicação do art. 81.º, n.º 1 CE ao paralelismo inteligente

O supramencionado postulado de autonomia do comportamento das empresas não perime o direito que estas têm de se adaptar de modo racional e inteligente à actuação conhecida ou prevista dos competidores[814]. Não cabe dúvida de que a observação dos movimentos dos rivais, o cálculo relativo à sua conduta futura e o ajuste à mesma são imanentes à concorrência; nessa medida, a empresa permanece livre de actuar como entender, já optando por dar combate às outras, já esco-

---

[812] Aigner, *Kollektive...*, p. 31, *in fine* e Soames, «An Analysis...», p. 26 [este Autor reporta-se à definição de prática concertada contida no n.º 26 do aresto *Suiker Unie*, similar à apresentada na sentença *ICI* (a única alteração corresponde à substituição do advérbio "cientemente" por "conscientemente")].

[813] Aigner, *Kollektive...*, p. 32 e Flint, «Abuse...», pp. 50-51. Convergindo, Monti, «Oligopoly...», p. 77.

[814] TJCE, acórdãos de 16.12.1975, *Suiker Unie*, *Col.* 1975, p. 563, n.º 174, de 14.7.1981, *Gerhard Züchner/Bayerische Vereinsbank AG*, 172/80, *Slg.* 1981, p. 2021, n.º 14 e de 28.5.1998, *John Deere Ltd/Comissão,* C-7/95 P, *Col.* 1998, I-3111, n.º 87; TPI, acórdãos de 17.12.1991, *Enichem, Col.* 1991, II-1623, n.º 199 e de 10.3.1992, *Shell, Col.* 1992, II-757, n.º 300.

lhendo apenas *nadar na corrente*[815]. Assim, a simples circunstância de as empresas agirem de maneira uniforme, paralela ou convergente não cai no âmbito das práticas concertadas, mesmo que tenham consciência da similitude de acção[816] [817]. O art. 81.º CE só é chamado a intervir desde que tal sorte de conduta dimane de contacto entre elas e *cessante ratione legis cessat eius dispositio* (lá onde termina a razão de ser da lei termina o seu alcance).

Que reflexo tem tudo isto no oligopólio? O paralelismo inteligente típico de tal forma de mercado não é uma prática concertada, não viola o art. 81.º, n.º 1 CE. Tal género de paralelismo promana da interdependência circular e nele, bem como na coordenação tácita que expressa, não há contactos nem interlocução entre as empresas. Certo, estas reconhecem a situação de interdependência em que vivem enleadas, mas determinam de *forma totalmente autónoma* a sua conduta; a uniformidade de actuação que daí procede não pode ser equiparada a prática concertada, visto que esta implica comunicação, contactos directos ou indirectos entre as empresas[818].

---

[815] Hirsch/Burkert, *in* Gleiss/Hirsch, *Kommentar...*, p. 74. As normas do Tratado de Roma não impõem às empresas a *obrigação* de fazer concorrência – ver Bastianon, «Mercati...», c. 398 e Trimarchi, «Il problema...», p. 693.

[816] TJCE, acórdão de 14.7.1972, *ICI*, *Col.* 1972, p. 205, n.º 66, no início. Na doutrina, *ex plurimis*, Ernst-Joachim Mestmäcker, *Europäisches Wettbewerbsrecht*, München, 1974, p. 210 [nota: conquanto usemos neste trabalho a obra de Mestmäcker e de Schweitzer que funciona como segunda edição do livro acabado de citar, optamos por conservar as referências à monografia dada à estampa em 1974; procedemos assim, quer por razões ligadas ao conteúdo, quer porque a edição de 2004 tem uma co-autora], Peter Bülow, *Gleichförmiges Unternehmensverhalten ohne Kommunikation*, Berlin, 1983, p. 34, A. J. S. Robalo Cordeiro, «As coligações...», p. 106, J. M. Caseiro Alves, *Lições...*, p. 39, Perrot/Vogel, «Entente...», p. 541, João E. Pinto Ferreira/Azeem Remtula Bangy, *Guia...*, p. 112, Bunte, *in* Langen/Bunte, *Kommentar...*, p. 1812, Hahn, *Oligopolistische...*, pp. 36-37, Ana Maria Guerra Martins, *Curso de Direito Constitucional da União Europeia*, Coimbra, 2004, p. 569; ainda, Lambo, «Parallelismo...», colunas 387-388, *id.*, *in FI*, 2002, III, c. 486. A única perspectiva divergente que conhecemos é a de Daniel Zimmer, «Kartellrecht und neuere Erkenntnisse der Spieltheorie», *ZHR*, 154 (1990), pp. 484-486, com uma opinião que, como o próprio reconhece (p. 487), em termos práticos pouco diverge da seguida pela doutrina dominante.

[817] Bem nota Vogel – *Droit...*, p. 183 – que proibir o paralelismo *nu* atingiria a esfera de autonomia jurídica das empresas que é garantida pelos direitos da concorrência.

[818] *Ex multis*, Haupt, «Kollektive...», pp. 363-364, Whish, *Competition Law*, p. 514, Raffaelli, «Mercati...», p. 451 e Velasco San Pedro, «Acuerdos...», p. 68.

Por esta via, não pode o art. 81.º CE servir para controlar os oligopólios, *rectius*, a interdependência oligopolística[819].

4.4. O paralelismo enquanto elemento de prova da concertação no caso de falta de provas directas

Embora não seja uma prática concertada, o paralelismo pode, em determinadas circunstâncias, servir para fazer prova de que aquela ocorreu[820]. Antes de o explicar, façamos breve viagem pelo direito comunitário da concorrência em matéria de ónus da prova[821].

O princípio da presunção da inocência – tal como resulta, designadamente, do art. 6.º, n.º 2 da Convenção Europeia de Protecção dos Direitos do Homem, de 4.11.1950 – faz parte dos direitos fundamentais que, segundo jurisprudência constante do TJCE, reafirmada no preâmbulo do Acto Único Europeu e no art. F, n.º 2 do Tratado da União Europeia, são protegidos na ordem jurídica comunitária[822]. Tendo em

[819] Se o paralelismo inteligente pudesse ser equiparado a prática concertada, isso levaria a tratar os comportamentos unilaterais de empresas oligopolistas (*v. g.*, a decisão de alinhar preços pelos dos concorrentes) de forma mais gravosa do que a reservada à conduta do monopolista. Para punir este, é preciso provar que abusou do seu poder económico – *vd. infra*, estudo do art. 82.º CE –, mas o oligopolista já seria punido pelo simples facto de haver alinhado o seu preço por aqueloutro prevalecente no mercado – ROBERTO PARDOLESI, «Parallelismo e collusione oligopolistica: il lato oscuro dell'antitrust», *FI*, 1994, IV, c. 72.

[820] Neste n.º 4.4, não falaremos de paralelismo inteligente ou puro, mas tão-só de paralelismo. É que, na medida em que se diga que o *agere* uniforme e paralelo pode provar que houve prática concertada, isso significa que nos movemos no campo da colusão activa e não naqueloutro da mera adaptação a condições de mercado, que é aquele a que o paralelismo inteligente se aferra. Em defesa da nossa cautela, confortamo-nos com os trechos dos arestos *ICI* e *Ahlström Osakeyhtiö* nos quais se diz que o paralelismo pode constituir indício sério de concertação, dela fazendo prova quando esta for a única explicação plausível para a acção paralela (pontos 66 e 71, respectivamente). Aí se fala de paralelismo de comportamento, não de paralelismo inteligente. Erra, por isso, quem, como RAFFAELLI («Oligopolio...», p. 36), fala a este propósito de paralelismo inteligente.

[821] Sobre o ónus da prova em geral, pode consultar-se, por exemplo, LEO ROSENBERG, *Die Beweislast. Auf der Grundlage des Bürgerlichen Gesetzbuchs und der Zivilprozessordnung*, 5ª ed., München/Berlin, 1965, pp. 1-5.

[822] *Vide* acórdãos de 8.7.1999, *Hüls*, *Col.* 1999, I-4287, n.º 149 e *Montecatini*, *Col.* 1999, I-4539, n.º 175. O princípio está igualmente consagrado no art. II-108.º, n.º 1 do Tratado que estabelece uma Constituição para a Europa.

conta o género de infracções em causa, bem como a natureza e o grau de severidade das sanções cominadas, ele vale nos processos respeitantes a violações de regras de concorrência que sejam passíveis de conduzir à imposição de multas ou de sanções pecuniárias compulsórias[823] [824].

Em consonância com tal princípio, a jurisprudência e a doutrina vieram repetindo que, em caso de litígio relativo à existência de infracção às regras da concorrência, compete à Comissão apresentar a prova das infracções por si verificadas e produzir os elementos adequados à demonstração juridicamente satisfatória da existência dos factos constitutivos da infracção[825]. Por fim, o Regulamento n.º 1/2003 (relativo à execução das regras de concorrência estabelecidas nos artigos 81.º e 82.º CE) veio regular a questão do ónus da prova para efeitos destas duas normas[826], fazendo-o no sentido que encontrávamos na jurisprudência e na doutrina: nos termos do art. 2.º, cabe à parte ou à autoridade que alegue violação do n.º 1 do art. 81.º ou do art. 82.º CE provar tal violação (quanto ao benefício do disposto no n.º 3 do art. 81.º, incumbe à empresa ou à

---

[823] Acórdãos de 8.7.1999, *Hüls*, *Col.* 1999, I-4287, n.º 150 e *Montecatini*, *Col.* 1999, I-4539, n.º 176.

[824] Já se invocou que, em certas circunstâncias, a aplicação das regras de concorrência poderia ser contrária à Convenção Europeia de Protecção dos Direitos do Homem: alvitrou-se, nomeadamente, que a abolição do sistema de *resale price maintenance* no domínio dos livros se opunha à liberdade de expressão ali garantida. Ante o TJCE, a sugestão não vingou. Deve, de resto, assinalar-se que os tribunais comunitários vêm tendo o cuidado de compaginar as normas do direito europeu com os direitos fundamentais (KERSE, *E.C. Antitrust...*, p. 351), há muito que o TJCE os considerou como património jurídico das Comunidades (FAUSTO DE QUADROS, *Direito...*, p. 129). Cfr., ainda, RUI MOURA RAMOS, «L'adhésion de la Communauté à la Convention Européenne des Droits de L'Homme (Rapport National – Portugal»), *in Das Comunidades à União Europeia. Estudos de Direito Comunitário*, 2ª ed., Coimbra, 1999, p. 207 e LUÍS MIGUEL PAIS ANTUNES, *Direito da Concorrência. Os Poderes de Investigação da Comissão Europeia e a Protecção dos Direitos Fundamentais*, Coimbra, 1995, pp. 87 ss..

[825] TJCE, acórdãos de 17.12.1998, *Baustahlgewebe GmbH/Comissão*, C-185/95, *Col.* 1998, I-8417, n.º 58 e de 8.7.1999: *Anic*, *Col.* 1999, I-4125, n.º 86, *Hüls*, *Col.* 1999, I-4287, n.º 154 e *Montecatini*, *Col.* 1999, I-4539, n.º 179. Na doutrina, LUIS ORTIZ BLANCO, *European Community Competition Procedure*, Oxford, 1996, p. 44; especificamente em matéria de práticas concertadas, EMMERICH, *in* IMMENGA/MESTMÄCKER, *EG-Wettbewerbsrecht...*, vol. I, München, 1997, p. 157, SCHRÖTER, *in* von der GROEBEN/SCHWARZE, *Kommentar...*, p. 151 e LOIBNER, *Das Oligopol...*, p. 51.

[826] No Regulamento n.º 17 do Conselho, de 6.2.1962, que foi o primeiro regulamento de execução dos artigos 81.º e 82.º CE – originalmente, e como é óbvio, dos artigos 85.º e 86.º do Tratado CE –, a questão não era tratada. ORTIZ BLANCO, *European...*, p. 44.

associação de empresas que o invoca o ónus da prova do preenchimento das condições nele previstas)[827].

Um dos componentes da prática concertada, o comportamento das empresas, não é difícil de observar ou de identificar, é um dado exteriorizado; o mesmo não sucede com outro dos seus elementos, a concertação propriamente dita, que as empresas se esforçam por manter em doce penumbra[828].

Pode suceder que a Comissão disponha de provas directas da concertação: documentos (*v. g.*, lista de participantes, ordem de trabalhos e actas de reuniões; escritos pertencentes às empresas; correspondência; dados divulgados por intermédio dos meios de comunicação social acerca da política comercial a adoptar pela empresa), declarações de testemunhas e confissão de intervenientes[829]. A conformação do *onus probandi* no caso de haver provas directas será tratada no próximo número.

Acontece que, muitas vezes, os envolvidos destroem o material escrito de prova ou este nunca existiu, as testemunhas proferem declarações vagas e falsas, os participantes não confessam[830]. Nesses casos, a prova da concertação só pode ser feita por via indirecta, por meio de indícios[831].

---

[827] *Vd.* HOSSENFELDER/LUTZ, «Die neue Durchführungsverordnung...», p. 119; ANDREAS WEITBRECHT, «Das neue EG-Kartellverfahrensrecht», *EuZW*, 3/2003, p. 72; MONTAG/ROSENFELD, «A Solution...», pp. 117-118. É curioso notar que, embora a regra pareça conforme com o princípio adoptado na maior parte das legislações dos Estados-membros – de acordo com o qual cada parte num pleito deve provar os elementos que invoca em seu favor (assim se garantindo um justo equilíbrio entre as respectivas posições) –, ela não colheu unanimidade no Conselho durante os debates do projecto de regulamento: JOSÉ LUÍS DA CRUZ VILAÇA, «A modernização da aplicação das regras comunitárias de concorrência segundo a Comissão Europeia. Uma reforma fundamental», *BFD – Volume Comemorativo*, 2003, p. 763.

[828] SCHRÖTER, *in* von der GROEBEN/SCHWARZE, *Kommentar...*, p. 149.

[829] SCHRÖTER, *in* von der GROEBEN/SCHWARZE, *Kommentar...*, p. 149; EMMERICH, *in* IMMENGA/MESTMÄCKER, *EG-Wettbewerbsrecht...*, pp. 157-158. Os documentos referidos valem como prova directa se evidenciarem, de forma inequívoca, que houve concertação. Não o fazendo, valem, quando muito, como indícios (a seguir, no texto).

Labora em erro LIANOS («"La confusion...», p. 252), que cinge a prova directa à que é administrada por meio de um escrito.

[830] Se nos é permitido o toque de humor, com a concertação passa-se o oposto ao amor ou à tosse. Enquanto aquela se pode ocultar, *amor et tussis non celantur*.

[831] Sobre tal tipo de prova, ROSENBERG, *Die Beweislast...*, p. 184 e ARWED BLOMEYER, *Zivilprozeßrecht: Erkenntnisverfahren*, 2ª ed., Berlin, 1985, p. 384. A propó-

Ora, justamente entre esses indícios, encontra-se a conduta paralela das empresas[832]. O TJCE reconheceu isto mesmo. Em *obiter dictum* do acórdão *ICI*, de 1972, afirmou que, embora um paralelismo de comportamento não possa ser assimilado a uma prática concertada – nas palavras do aresto, «não possa, por si só, identificar uma prática concertada» –, é susceptível de constituir um *indício sério* da mesma, quando produz condições de concorrência que não correspondem às condições normais do mercado, tendo em conta a dimensão deste, a natureza dos produtos, a importância e o número de empresas[833].

Dado que a conduta paralela, por si só, não basta para levar à aplicação do art. 81.º CE, só em conjunto com outros indícios – *Plusfaktoren*, *plus factors*[834] – autoriza a concluir que houve concertação prévia[835]. Em primeira linha, são tidos em conta indícios relacionados com o comportamento das empresas e com a estrutura do mercado[836]. Esta classificação deve, porém, ser entendida com cautela, na medida em que há aspectos comportamentais que não podem ser dissociados dos estruturais.

---

sito da necessidade de recorrer a provas indirectas no caso de colusão, ver as alusões feitas em Roberto Pardolesi, *in FI*, 1992, IV, c. 122.

[832] Schröter, *in* von der Groeben/Schwarze, *Kommentar...*, p. 149; A. J. S. Robalo Cordeiro, «As coligações...», p. 106.

[833] Ac. de 14.7.1972, *ICI, Col.* 1972, p. 205, n.º 66. Conquanto no n.º 68 da sentença o TJCE reconhecesse que, a fim de estabelecer a concertação, teria de atender às características próprias do mercado, fê-lo de modo superficial e assumiu de forma assaz ligeira a cooperação entre as empresas, revelando deficiências na análise económica destinada a provar a prática concertada – Van Gerven/Navarro Verona, «The *Wood Pulp* Case...», p. 590; René Joliet, «La notion de pratique concertée et l'arrêt I.C.I. dans une perspective comparative», *CDE*, 1974, n.os 3-4, 1974, p. 278; Aigner, *Kollektive...*, pp. 33-34.

[834] Cfr., por exemplo, Rolf Belke, «Die vertikalen Wettbewerbsbeschränkungsverbote nach der Kartellgesetznovelle 1973», parte 5, *ZHR*, 139 (1975), p. 135; Zimmer, «Kartellrecht...», p. 471; Kurz, «Zum Nachweis...», p. 187, com a informação, na nota 7, segundo a qual o conceito remonta à jurisprudência americana; Emmerich, *in* Immenga//Mestmäcker, *EG-Wettbewerbsrecht...*, p. 159; Perrot/Vogel, «Entente...», p. 542; Lambo, «Parallelismo...», c. 389.

[835] Thomas Marx, «Zum Nachweis aufeinander abgestimmten Verhaltens», *BB*, caderno 7, de 10.3.1978, p. 332.

[836] Zimmer, «Kartellrecht...», p. 472. T. Marx – «Zum Nachweis...», pp. 332 e 334-335 – menciona ainda factores ligados à diminuição do risco (concorrencial) que as empresas têm de suportar.

Entre os factores ligados à conduta da empresa, assume subido relevo o tipo de actuação que, sob o ponto de vista económico, parece contrário às suas próprias conveniências e para o qual ela não consegue exibir motivação plausível[837] (disso se deu conta na decisão *indústria europeia do açúcar*: havia produtores que, num Estado-membro que não era o seu, abasteciam outros fabricantes, mas recusavam fornecer comerciantes e consumidores finais, ou que aí acompanhavam os preços cobrados, em vez de atear concorrência por meio da prática de preços mais baixos[838]). No quadro dos *plus factors* de comportamento, cabem ainda a troca de informações no seio de um sector de actividades, as políticas de preços e de produtos[839], a existência de relações negociais duradouras entre os envolvidos, os laços financeiros entre as empresas e os laços pessoais entre os seus directores[840].

Nos *Plusfaktoren* de estrutura, incluem-se o número de vendedores e de compradores, as quotas de mercado, o grau de semelhança do produto, a transparência, a presença de barreiras à entrada ou a fase em que o mercado se encontra[841].

Tanto nos factores ligados ao comportamento como naqueloutros ligados à estrutura, encontramos pontos que já conhecemos do controlo *ex ante* dos oligopólios. Não é de admirar. Os factores que desencadeiam a coordenação tácita são idênticos aos que geram a colusão activa. Se, no controlo prospectivo, o seu ocurso vaticina coordenação, o registo de que já tiveram lugar pode, numa fiscalização *ex post*, funcionar como indício de concertação.

---

[837] Cfr. EMMERICH, *in* IMMENGA/MESTMÄCKER, *EG-Wettbewerbsrecht...*, p. 159, LAMBO, «Parallelismo...», c. 389 e SCHRÖTER, *in* von der GROEBEN/SCHWARZE, *Kommentar...*, p. 150.

[838] Decisão de 2.1.1973, IV/26.91 – *Europäische Zuckerindustrie*, ABl. L 140, de 26.5.1973, p. 17, a pp. 30 ss..

[839] Cfr. T. MARX, «Zum Nachweis...», p. 333, ZIMMER, «Kartellrecht...», p. 472 e KURZ, «Zum Nachweis...», p. 187.

[840] Cfr. SCHRÖTER, *in* von der GROEBEN/SCHWARZE, *Kommentar...*, p. 150. As relações pessoais mantidas nos órgãos das sociedades podem fazer com que estas sincronizem as atitudes; mesmo sem fusões, pertença ao mesmo grupo ou acordos de cartel, a concorrência acaba ou esbate-se – ARNDT, *Wirtschaftliche Macht...*, p. 27. *Vd.*, ainda, as considerações feitas a propósito da *Section* 8 do *Clayton Act* por ERNST-JOACHIM MESTMÄCKER, *Verwaltung, Konzerngewalt und Rechte der Aktionäre. Eine rechtsvergleichende Untersuchung nach deutschem Aktienrecht und dem Recht der Corporations in den Vereinigten Staaten*, Karlsruhe, 1958, p. 77.

[841] Ver T. MARX, «Zum Nachweis...», p. 333.

Mas centremo-nos no valor do paralelismo de conduta, tão próprio dos oligopólios, como indício de colusão. É isso que nos interessa apurar.

No oligopólio restrito, o comportamento paralelo e uniforme dos vendedores não terá grande força como indício de prática concertada. Na verdade, a simetria de acção corresponde geralmente às "condições normais do mercado" (palavras retiradas do aresto *ICI*). A interdependência conjectural e seu reconhecimento por parte das empresas, a percepção de que as rivais têm capacidade para interferir nos ganhos próprios, a aprendizagem que a empresa vai fazendo acerca do comportamento das outras, todo este ror leva a que cada uma possa, mesmo sem contacto com as demais, prever as suas reacções, acabando todas a cursar idêntica conduta, designadamente em matéria de preços. Assim sendo, para o comportamento paralelo não escassearão justificações firmadas na interdependência e nas condições do oligopólio. Na medida em que semelhante arrimo argumentativo vingue, exil será o valimento do paralelismo como indício de colusão activa, de prática concertada. Ele terá sempre origem estranha ao conchavo.

O fenómeno é fácil de perceber em casos de *abatimentos de preços*: se uma empresa os desce, as outras têm de fazer o mesmo, sob pena de perder muita clientela (fenómeno mais acentuado no oligopólio perfeito). Os membros do oligopólio podem então sustentar que tal forma de mercado os obriga a seguir rumo idêntico de conduta e o paralelismo encontra motivo alheio a urdidura. A intensidade do fenómeno é tal que chega, inclusive, a falar-se de *pressão exercida pelo mercado oligopolista (oligopolistischer Marktzwang)*[842], este obriga as empresas a agir da maneira referida. Em casos de tal jaez, o paralelismo vale pouco como indício de colusão.

Já no caso da *subida de preços*, a atitude similar dá ares de constituir forte indício de concertação, esta parece despontar como única explicação plausível para a uniformidade de conduta[843]: quem não acompanhar a subida de preço logra captar clientela que antes se dirigia a quem a desencadeou[844]. Só que, por mais assombroso que pareça, tam-

---

[842] Cfr. KURZ, «Zum Nachweis...», p. 187 e ERNST HEUSS, «Ökonomische und logische Bemerkungen zur Teefarbenentscheidung des *BGH*», *NJW*, 11. Januar 1972, p. 11.

[843] Deixamos de lado o paralelismo involuntário, relativamente ao qual não é difícil avistar justificação objectiva para a simetria de acção.

[844] Cfr. HAHN, *Oligopolistische...*, p. 38.

bém aqui é verosímil vingar a tese segundo a qual a subida paralela de preços é apenas produto de "condições de mercado" e não de colusão ou urdume: *v. g.*, em caso de liderança de preços, os oligopolistas acompanham a subida levada a cabo pelo líder, já para obterem ganhos mais pingues, já porque temem provocar, pela recusa de o fazer, uma guerra de preços – porventura muito agressiva – por parte da empresa-líder[845]. Destarte, pretender punir comportamentos (como as subidas paralelas de preços) que se estribam no fenómeno da "liderança de preços" seria condenar os oligopolistas à irracionalidade e obrigá-los a ignorar as reacções previsíveis dos concorrentes[846]. Ora, tomando palavras de FELLNER[847], «(...) it is impossible to force rival firms to disregard the effects of their moves on one another. No one can be forced to behave as if he possessed less intelligence than he really does (...)».

Resumindo, no oligopólio restrito o paralelismo tem pouco préstimo como indício sério de colusão. Mesmo quando se traduz em encarecimento dos bens, ele encontra, na presença de "liderança de preços", justificação fundada nas condições de mercado e não assoma como resultado de colusão que viole o art. 81.º, n.º 1 CE[848].

---

[845] Cfr. WERNER BENISCH, *in* HANS MÜLLER-HENNEBERG/GUSTAV SCHWARTZ (Begr.), *Gesetz gegen Wettbewerbsbeschränkungen und Europäisches Kartellrecht. Gemeinschaftskommentar*, 4ª ed., Köln/Berlin/Bonn/München, 1981, § 25 Abs. 1, pp. 21-22; ROGER ZÄCH, *Wettbewerbsrecht der Europäischen Union. Praxis von Kommission und Gerichtshof*, München, 1994, p. 14; HAHN, *Oligopolistische...*, p. 38 (não entendemos por que refere este autor apenas a liderança de preços barométrica; o que se diz no texto tanto vale caso haja empresa dominante como empresa-barómetro).

A decisão de imitar o aumento de preços mais fácil se torna se a empresa souber que as demais não dispõem de capacidade para aumentar a produção, é dizer, para captar a clientela de quem o subiu. Ela terá então a certeza de que todas vão elevar o preço e, por isso, não deixará de o fazer – HAHN, *Oligopolistische...*, p. 39. No mesmo local, este A. diz que, ao contrário do que ocorria no caso de descidas de preços, não pode falar-se aqui de pressão do oligopólio (*Marktzwang*), tão-só de adaptação, consciente e baseada em interesses que convergem, a dados de mercado postos por outrem. Esta destrinça (*rectius*, gradação) entre casos de *Marktzwang* e de alinhamento sem conluio acaba por não ter interesse prático: em ambos os casos, estamos perante gestos que as empresas não devem deixar de pôr em prática (para não ver diminuir os ganhos ou para, de modo legítimo, os aumentar). *Importa reter é que, em ambos os casos, falece o valor de indício de concertação.*

[846] HAHN, *Oligopolistische...*, p. 39.

[847] «Collusion...», p. 58, *in fine*.

[848] Por veredas convergentes enfileirou a Comissão ao reconhecer que, havendo liderança barométrica, um comportamento paralelo em matéria de preços não fornece, por

Quando muito, é nos oligopólios largos – nos quais a interdependência conjectural se sente com menor intensidade – e na concorrência monopolista que um comportamento paralelo pode constituir indício forte de concertação prévia[849] [850].

No acórdão *Ahlström Osakeyhtiö*, de 1993, o TJCE debruçou-se sobre a questão que temos vindo a esquadrinhar.

A Comissão havia considerado que certo sistema de anúncios trimestrais de preços posto em prática por produtores de pasta de papel branqueada a sulfato e por três das suas associações profissionais constituía, em si mesmo, infracção ao disposto no art. 85.º do Tratado CE (actual art. 81.º CE)[851]. O TJCE, tribunal *ad quem*, rejeitou tal argumentação, sustentando que a comunicação entre as empresas resultante dos anúncios feitos aos utilizadores, por si só considerada, não reduzia a incerteza de cada competidor acerca da atitude futura dos outros. Na altura em que cada empresa seguia tal procedimento, não podia ter qualquer segurança a respeito da conduta vindoura das demais. Assim, o sistema de anúncios trimestrais de preços no mercado da pasta de papel não constituía em si mesmo uma infracção ao disposto no 85.º do Tratado CE[852].

No fundo, a Comissão considerou que o sistema em causa constituía prova de concertação realizada em momento anterior. Mais precisamente, o paralelismo de conduta – revelado por tal sistema, pela simultaneidade ou sucessão rápida no tempo dos anúncios e pelo facto de os preços serem idênticos – foi elemento em que a Comissão viu a prova de concertação anterior[853]. No recurso da decisão, o TJCE defendeu que, não tendo a

---

si mesmo, prova suficiente de concertação num oligopólio que produz bens homogéneos: decisão de 6.8.1984, IV/30.350 – *Zinc Producer Group*, JO L 220, de 17.8.1984, p. 27, n.º 75.

[849] Cfr. Bülow, *Gleichförmiges...*, p. 106 e Hahn, *Oligopolistische...*, p. 40. Divergindo, Benisch, *in* Müller-Henneberg/Schwartz, *Gesetz...*, p. 21, para quem falta – e faltará sempre – a evidência empírica de que, no oligopólio largo, não há pressão que obrigue a alinhamento de preços. Ou seja, também aqui o comportamento paralelo poderia ser justificado pela adaptação a preços cobrados por outrem (assim perdendo força como indício de conchavo).

[850] Naturalmente, também nos oligopólios largos e na concorrência monopolista devem ser tidos em conta outros factores para além do paralelismo (os sobreditos *Plusfaktoren*).

[851] Cfr. decisão de 19.12.1984, IV/29.725 – *Zellstoff*, ABl. L 85, de 26.3.1985, p. 1, n.º 108; ver, também, TJCE, ac. de 31.3.1993, *Ahlström Osakeyhtiö*, *Col.* 1993, I-1307, n.os 59-61.

[852] Sentença de 31.3.1993, *Ahlström Osakeyhtiö*, *Col.* 1993, I-1307, n.os 64-65.

[853] Decisão de 19.12.1984, IV/29.725 – *Zellstoff*, ABl. L 85, de 26.3.1985, p. 1, n.os 82 e seguintes; ver, também, TJCE, ac. de 31.3.1993, *Ahlström Osakeyhtiö*, *Col.* 1993, I-1307, n.os 66-67.

Comissão documentos que demonstrassem directamente a existência de concertação, era preciso verificar se o sistema de anúncios trimestrais de preços, a sua simultaneidade ou quase-simultaneidade e o seu paralelismo comprovado durante certo período forneciam um todo de provas *sérias*, *precisas* e *concordantes* de concertação anterior[854]. No sentido de determinar o valor probatório destes elementos, o tribunal acrescentou que um paralelismo de comportamentos não pode ser considerado como fazendo prova de concertação, *a menos que esta seja a única explicação plausível para esse comportamento*[855]. Sendo certo que os operadores económicos não podem ser privados do direito de se adaptarem de maneira racional e inteligente à conduta verificada ou prevista dos concorrentes, era necessário apurar se o paralelismo não podia – tendo em atenção a natureza dos produtos, dimensão, número de empresas e volume do mercado em causa – ser explicado de outro modo que não a concertação[856] [857].

À guisa do que ocorria no aresto *ICI*, conserva-se a possibilidade de a prova da prática concertada ser fundada no paralelismo. Simplesmente, o acórdão *Ahlström Osakeyhtiö* pode ser lido no sentido de alvitrar certo afrouxamento no plano das exi-

---

[854] Ac. de 31.3.1993, *Col.* 1993, I-1307, n.º 70. Nesta passagem, é bem patente a influência de JOLIET, que foi juiz-relator neste processo e havia desferido críticas severas ao acórdão *ICI*: as palavras que apresentámos em itálico tinham sido por ele usadas em «La notion...», p. 284 (mais exactamente, usou os termos «précises, graves, et concordantes»).

[855] Ac. de 31.3.1993, *Ahlström Osakeyhtiö*, *Col.* 1993, I-1307, n.º 71.

[856] Ac. de 31.3.1993, *Ahlström Osakeyhtiö*, *Col.* 1993, I-1307, n.os 71, *in fine* e 72.

[857] *In casu*, o TJCE incumbiu dois peritos de examinar as características do mercado em causa durante o período abrangido pela decisão da Comissão. Da sua análise resultou que o concerto não era a única explicação plausível para o paralelismo.

Note-se que o TJCE não legitima, *sic et simpliciter*, os anúncios prévios de preços. Simplesmente, quando a Comissão queira ver neles – como em quaisquer outros actos – prova de concertação anterior, ela tem de verificar se não existe justificação económica para tais comportamentos. No caso *sub iudice*, ela parece mesmo existir: foram os compradores a solicitar a instauração de tal sistema, porquanto, representando a pasta 50% a 75% do custo do papel, eles pretendiam conhecer o mais cedo possível os preços que lhes seriam cobrados, de molde a calcular custos e a fixar o preço dos seus próprios produtos (n.º 77 do acórdão). A semelhança de datas dos anúncios de preços era corolário do alto grau de transparência no mercado (e esta nem sequer era artificial). Visto que o mercado era muito transparente (n.os 81 e seguintes do acórdão), os produtores estavam sempre informados acerca dos preços dos concorrentes, não podendo ser repreendidos por a eles se adaptarem de forma racional e inteligente. Quer dizer: o paralelismo e a evolução dos preços podiam ser explicados pelo funcionamento do mercado. Ver acórdão de 31.3.1993, *Ahlström Osakeyhtiö*, *Col.* 1993, I-1307, n.os 75, 77, 81 ss. e 126; conclusões do advogado-geral MARCO DARMON, n.º 250, *in fine* (*Col.* 1993, I-1505); AIGNER, *Kollektive...*, p. 39, n. 148.

gências de prova: se a conduta paralela não tiver outra explicação plausível (para além do concerto), já não é necessário fazer prova de *plus factors*[858].

Sintetizando o que foi dito, o art. 81.º, n.º 1 CE – e, designadamente, a prática concertada – não cobre a actuação paralela dos membros do oligopólio que é ditada, única e exclusivamente, pelas condições do mercado (interdependência circular). Quando um conjunto de oligopolistas ajusta tratos, mas não há qualquer prova directa de conchavo, o paralelismo em si só prova colusão se esta for o único motivo razoável para ele.

O grande problema é que as empresas saberão arranjar peritos economistas ou juristas-economistas que, nos seus pareceres, lograrão amiúde explicações "não-colusivas" para o paralelismo, para a conduta uniforme. Se forem capazes de convencer as instâncias jurisdicionais, dificilmente a concertação será apresentada como *única* explicação plausível para o paralelismo[859] e o art. 81.º. CE terá, por esta via, pouco préstimo no combate à dominação oligopolística[860].

Afinal, como nota Benisch, a simetria de acção em oligopólio restrito pode ter, no essencial, quatro causas: interdependência conjectural, alinhamento espontâneo de gestos em virtude de interesses convergentes, liderança de preços e concertação[861]. Ora, a verdade é que só a última é ilícita e leva a aplicar o artigo 81.º CE.

---

[858] Aigner (*Kollektive...*, p. 37) observa que, no aresto *Ahlström Osakeyhtiö*, o TJCE corrigiu as exigências de prova formuladas na sentença *ICI* para aqueles casos em que, na falta de provas directas de contacto/concertação, o paralelismo devesse servir de prova do concerto. O A. vai pouco além da transcrição de excertos do acórdão, quase se limitando a acrescentar que, ao contrário do sucedido na sentença *ICI*, o TJCE veio, de maneira explícita, considerar decisiva a questão de saber se o comportamento paralelo também poderia ter justificação não colusória.

[859] Ver Aigner, *Kollektive...*, pp. 40 e 45-46; Furse, *Competition...*, p. 150.

[860] Em sentido que converge, partindo da sentença *Ahlström Osakeyhtiö* a fim de mostrar a apoucada serventia do art. 85.º do Tratado CE (actual art. 81.º CE) para controlar oligopólios, Alison Jones, «Woodpulp...», pp. 273 ss., designadamente 273 e 278-279.

[861] Benisch, *in* Müller-Henneberg/Schwartz, *Gesetz...*, p. 20. Em perspectiva que não anda muito distante, Heuss («Ökonomische...», p. 11), referindo-se a subidas paralelas de preço, aponta três causas: pressão derivada das condições do oligopólio (*Marktzwang*), alinhamento espontâneo de condutas e acordo de vontades entre os envolvidos.

4.5. A presunção desfavorável às empresas no caso de existência de provas directas

No ponto anterior, movimentámo-nos num quadro em que a Comissão não dispõe de provas directas da concertação, sendo obrigada a recorrer a indícios. Atendendo ao que ali se disse, parece módico o contributo do art. 81.º CE em matéria de controlo retrospectivo dos oligopólios. As perspectivas já são mais animadoras se a Comissão tiver as supramencionadas provas directas. Para o compreender, tenhamos em conta os casos *polipropileno I* e *II*, que, não dizendo propriamente respeito a oligopólios restritos, contêm orientações em matéria de prova decisivas para a questão que nos interessa.

Nos anos de 1991 e 1992, em sentenças proferidas no âmbito dos casos *polipropileno I*, o TPI entendeu que, tendo algumas empresas participado em reuniões visando limitar a concorrência, elas tomariam forçosamente em conta as informações aí obtidas para determinar a política a seguir no mercado[862]. Uma vez que as empresas levariam *necessariamente* em conta as informações referidas no gizar do seu agir futuro, todo e qualquer comportamento posterior àqueles encontros teria de ser visto como prática materializadora da concertação, descurando-se a existência de nexo causal entre o comportamento e a concertação prévia[863]. O TPI estabeleceu uma presunção em desfavor das empresas, cabendo a estas fazer a *contraprova* (mostrar que a sua presença nas reuniões era desprovida de espírito anticoncorrencial)[864]. A contraprova dirige-se contra o facto presumido, visando convencer o juiz de que, mau grado a realidade do facto que serve de base à presunção, o facto presumido não se verificou[865].

---

[862] Ver acórdãos de 24.10.1991, *Rhône-Poulenc SA/Comissão*, T-1/89, *Col.* 1991, II--867, n.º 123 e *Petrofina*, *Col.* 1991, II-1087, n.º 215, de 17.12.1991, *BASF AG/Comissão*, T-4/89, *Col.* 1991, II-1523, n.º 242, *Enichem*, *Col.* 1991, II-1623, n.º 201 e *Hercules Chemicals NV-SA/Comissão*, T-7/89, *Col.* 1991, II-1711, n.º 260, de 10.3.1992, *Hüls AG/Comissão*, T-9/89, *Col.* 1992, II-499, n.º 295, *Solvay et Compagnie SA/Comissão*, T-12/89, *Col.* 1992, II-907, n.º 256 e *Montedipe SpA/Comissão*, T-14/89, *Col.* 1992, II-1155, n.º 234.

[863] Cfr. Wessely, *in CMLR*, 2001, pp. 745 e 751-752.

[864] Cfr., de feição primordial, o acórdão de 10.3.1992, *Hüls*, *Col.* 1992, II-499, n.º 126.

[865] Antunes Varela/J. Miguel Bezerra/Sampaio e Nora, *Manual de Processo Civil – De acordo com o Dec.-Lei 242/85*, 2ª edição (reimpressão), Coimbra, 2004, p. 504.

Em Julho de 1999, nos processos *polipropileno II* – recursos que tinham por objecto a anulação de acórdãos do TPI proferidos nos casos *polipropileno I* –, o TJCE precisou que a noção de prática concertada implica, para além da concertação entre as empresas, um comportamento no mercado que seja resultado de tal concertação e um nexo de causalidade entre esses dois elementos[866]. Simplesmente, é de presumir que, sem prejuízo de contraprova que aos interessados cabe apresentar, as empresas participantes na concertação que continuam activas no mercado levam em linha de conta as informações trocadas com os concorrentes ao determinar o seu comportamento em tal mercado[867]. O TJCE estabelece a presunção de que qualquer acto desenvolvido no mercado por parte de quem participou na concertação representa a materialização da mesma – dito de outro jeito, representa a "prática". Nos processos sob análise, tendo a Comissão feito prova bastante da participação de alguns produtores em reuniões destinadas a cercear a concorrência, ela não tinha de provar que a concertação em causa se tinha manifestado através de actuações no mercado ou que provocara efeitos restritivos sobre a concorrência. As empresas tinham a possibilidade de fazer contraprova mostrando que a sua conduta posterior às reuniões não foi condicionada pela troca de informações com as concorrentes, mas sim por outros factores – se o conseguissem, a prova bastante cederia perante a contraprova[868].

Tanto nos acórdãos do tribunal *a quo* como nos do TJCE, é estabelecida presunção segundo a qual participar no concerto – *in casu*, nas reuniões – leva a actuar de maneira que não é enformada pelo princípio da autonomia do comportamento. No primeiro caso, a presunção só é ilidida se as empresas provarem que estiveram nos encontros despidas de intuitos anticoncorrenciais (quanto à conduta propriamente dita, nada poderiam fazer, porquanto, na perspectiva do TPI, ela representa necessariamente corporização do entendimento prévio que teve lugar nas reuniões); no segundo, as empresas podem ilidir a presunção dessa maneira

---

[866] Acórdãos de 8.7.1999, *Anic*, *Col.* 1999, I-4125, n.º 118 e *Hüls*, *Col.* 1999, I-4287, n.º 161.

[867] Ver os arestos de 8.7.1999, *Anic*, *Col.* 1999, I-4125, n.º 121 e *Hüls*, *Col.* 1999, I-4287, n.º 162. Lembrando o que já se disse, a noção de prática concertada pressupõe um comportamento no mercado, mas não implica que ele tenha forçosamente por efeito concreto restringir, impedir ou falsear a concorrência; ela é proibida, abstraindo dos seus efeitos, quando tenha intuito anticoncorrencial (de novo, acórdãos *Anic* e *Hüls*, n.os 122-124 e 163-165, respectivamente).

[868] Ver ANTUNES VARELA/J. MIGUEL BEZERRA/SAMPAIO E NORA, *Manual...*, p. 472.

ou então apresentando as razões – de índole respeitadora da concorrência – que as motivaram a adoptar certo procedimento. Embora o TJCE não seja tão estrito como o TPI, é muito difícil refutar a presunção que estabelece. Às empresas não basta mostrar que não puseram em prática a concertação. Dado que o art. 81.º CE é violado não apenas se a prática concertada teve o efeito, mas também se teve o fim de restringir a concorrência, as empresas têm de provar que determinaram a sua conduta ulterior independentemente da participação na concertação. A tarefa é espinhosa, porque requer prova de facto negativo. Afinal, têm de demonstrar que a sua conduta foi determinada por causas estranhas à troca de informações com os competidores e que teriam adoptado idêntica linha de comportamento mesmo na ausência de tal intercâmbio[869].

Atendendo ao teor do acórdão do tribunal *ad quem* – mormente à referência «que continuam activas no mercado» –, as empresas sempre poderiam defender-se alegando que *rigorosamente* nenhum comportamento se seguiu à concertação; todavia, como alguém[870] nota, esta hipótese é difícil de verificar na prática e só reverte a favor da empresa quando ela abandona efectivamente o mercado[871] [872].

---

[869] WESSELY, *in CMLR*, 2001, p. 753; ver, ainda, JEAN-BERNARD BLAISE, *in RTDE*, 36 (2), avril-juin 2000, p. 350. Já foi defendido que a prova de factos negativos era impossível e, em consequência, nunca seria de exigir – *vd.* a notícia que disso nos dão ANNETTE KUR, *Beweislast und Beweisführung im Wettbewerbsprozeß: rechtsvergleichende Untersuchung zum deutschen, amerikanischen und schwedischen Recht*, Köln/Berlin//Bonn/München, 1981, p. 55 e HANS-JOACHIM MUSIELAK, *Die Grundlagen der Beweislast im Zivilprozeß*, Berlin/New York, 1975, pp. 268-269. Entre nós, RUI MANUEL DE FREITAS RANGEL (*O Ónus da Prova no Processo Civil*, 2ª ed., Coimbra, 2002, p. 177) dá conta de jurisprudência segundo a qual, quando a prova do facto negativo não for possível ou se tornar de difícil demonstração para a parte normalmente onerada, é à parte contrária que cabe a prova. A propósito da dificuldade de prova de facto negativo, nota, todavia, ROSENBERG (*Die Beweislast...*, p. 331) que também a prova da existência de um facto só se faz, muitas vezes, por via indirecta, podendo revelar-se tão difícil de fazer como a de um *Nichtgeschehens*. Dando conta da possibilidade de fazer prova de facto negativo, DIETER LEIPOLD, *Beweislastregeln und gesetzliche Vermutungen (insbesondere bei Verweisungen zwischen verschiedenen Rechtsgebieten)*, Berlin, 1966, p. 47 (ver, ainda, KUR, *Beweislast...*, p. 55).

[870] AIGNER, *Kollektive...*, p. 43, n. 161.

[871] É certo, contudo, que, ao determinar a sua conduta, os outros participantes na concertação podem usar informações dadas por essa empresa – LUÍS MIGUEL PAIS ANTUNES, «Agreements...», p. 68.

[872] Baseando-se nas dificuldades em refutar a presunção estabelecida pelo TJCE, THOMAS WESSELY (*in CMLR*, 2001, p. 756) afirma que, em termos práticos, a análise

daquele tribunal pouco difere da do TPI, e isto apesar de o primeiro ter assacado ao segundo um erro de direito no que toca à interpretação do conceito de prática concertada (ao entender que a concertação tivera *necessariamente* consequências a nível da actuação das empresas que nela tomaram parte) – TJCE, acórdão de 8.7.1999, *Anic*, *Col.* 1999, I-4125, n.º 119.

WESSELY defende não existir prática concertada apenas porque a empresa leva em conta as informações trocadas com as competidoras; só o *agere* concretiza a colusão: a concertação precedente, sob forma de intercâmbio de informação, só ganha relevo se for seguida por conduta paralela resultante de tais contactos. A permuta de informações, em si vaga e sem limites determinados, não constitui violação do art. 81.º CE. No caso dos acordos entre empresas, a questão ganha outros contornos: o acordo entre empresas relativo aos gestos futuros é uma infracção ao art. 81.º CE mesmo antes de ser posto em execução, porque, ao celebrá-lo, as partes já materializaram o fim anticoncorrencial. Sempre seguindo WESSELY, o entendimento de que a violação ao art. 81.º CE se materializa na conduta posterior à troca de contactos é o único compaginável com a caracterização de prática concertada – procedente do acórdão *ICI* – como "cooperação prática" entre empresas.

Assim sendo, a interpretação correcta do art. 81.º CE e da noção de prática concertada teria algumas consequências: como a prática concertada é conduta paralela ou de algum modo inter-relacionada de várias empresas, não pode existir quando cada uma destas usa a informação trocada de maneira que lhe é própria e sem correlação com o actuar das outras; se a prática concertada só se concretiza por via do agir das empresas, a Comissão – órgão encarregado de provar infracções ao art. 81.º CE – tem de precisar que ponto específico de conduta é considerado prática concertada; se é o paralelismo de conduta que torna esta limitativa da concorrência, ele tem de ser provado pela Comissão.

Por tudo isto, à prática concertada não basta – como supostamente entende o TJCE – ter a empresa considerado a informação obtida em encontros com as outras. Admitindo que toda a conduta que haja levado em conta a informação proveniente da troca de contactos seja qualificada como prática concertada, transforma-se tal intercâmbio em alavanca geradora da aplicação do art. 81.º CE. Isto é difícil de harmonizar com a letra do art. 81.º, que fala de *prática* concertada. No fundo, o TJCE levaria a cabo uma eliminação *de facto* do elemento objectivo das práticas concertadas. A retórica argumentativa exposta consta de WESSELY, *in CMLR*, 2001, pp. 756-758; cfr., ainda, a p. 764.

A argumentação de WESSELY não colhe. Partindo da dificuldade que as empresas sentem em ilidir a presunção estabelecida pelo TJCE, o A. imputa a este tribunal a identificação da prática concertada com a troca de contactos havida entre as empresas. Em termos teóricos, não é legítimo proceder assim, como se a presunção nem existisse e a concertação significasse conduta. Por outro lado, WESSELY esquece que a presunção não parte de um qualquer contacto aleatoriamente escolhido pela Comissão. Em causa estão actos de comunicação assaz suspeitos: por exemplo, nos casos *polipropileno*, o género de reuniões em análise não se dirigia decerto a que os responsáveis das empresas *tomassem chá e bolos* (perdoe-se o português prosaico); o facto de se encontrarem de maneira

Perguntará o leitor: que sentido tem todo este cortejo de considerações num trabalho cujo objecto é o controle dos oligopólios? Por mor do que se vem dizendo, no oligopólio como noutra forma de mercado, quando a Comissão dispuser de provas directas de concertação, encontra-se em posição bastante favorável. Para provar a violação do art. 81.º, n.º 1 CE, deixa de estar dependente de análises económicas do mercado que economistas ou juristas-economistas solicitados pelas empresas podem contraditar. Ante a existência de provas directas da concertação, são os oligopolistas que adoptam comportamentos uniformes e paralelos a ter de provar que o seu *agere* não foi condicionado pelos contactos previamente desenvolvidos com os concorrentes[873]. Por este caminho – ao contrário do que sucede com as vias expostas em 4.3. e em 4.4. –, o art. 81.º, n.º 1 CE pode ostentar alguma eficácia na fiscalização dos oligopólios. As provas directas da concertação, levando a presunção em desfavor das empresas, oferecem base consistente para processos contra arranjos que firam o postulado de autonomia do comportamento das empresas[874].

Dissemos suso que o Regulamento n.º 1/2003 veio regular a questão do ónus da prova, estatuindo no art.º 2 que incumbe à parte ou à autoridade que alegue violação do n.º 1 do art. 81.º ou do art. 82.º CE provar a violação. O Regulamento nada altera no mosaico desenhado pelos acórdãos *polipropileno* em que nos viemos movendo, porquanto a sua

---

regular e periódica é, por si só, bastante suspeito. E não se olvide que incumbe à Comissão provar a concertação, os contactos, pelo que vai assegurada uma composição ática do ónus probatório. Demais a mais, a presunção diz respeito a condutas de empresas que estavam no mercado e nele continuam. Não parece desplante presumir que quem troca impressões com outros presentes no mercado leva em conta as informações obtidas para conformar a sua linha de acção. É, aliás, racional que assim seja. Finalmente, no que toca à eliminação do elemento objectivo, já vimos que ele não integra o conceito de prática concertada. *Vide*, ainda, pela solidez de argumentos que exibe, Luís M. Pais Antunes, «Agreements...», pp. 64 ss..

[873] *Vd.* Aigner, *Kollektive...*, pp. 42-43.

[874] A desfecho similar chega Aigner, *Kollektive...*, p. 46. Mas nessa página comete erro em que já antes havia incorrido (designadamente, na p. 42). A propósito da presunção desfavorável às empresas estabelecida nos casos *polipropileno*, o Autor diz que se opera uma inversão do ónus da prova. Isto não é correcto. A presunção não elimina o ónus da prova nem modifica o resultado da sua repartição entre as partes – Antunes Varela/J. Miguel Bezerra/Sampaio e Nora, *Manual...*, p. 503; Rui Manuel de Freitas Rangel, *O Ónus...*, p. 230.

norma apenas confirma aquilo que a jurisprudência – incluindo a dos casos *polipropileno* – vinha sustentando: compete à Comissão apresentar a prova das infracções por ela verificadas e produzir os elementos adequados à demonstração juridicamente satisfatória da existência dos factos constitutivos da infracção.

Há, contudo, um ponto em que o Regulamento traz novas esperanças no sentido de o art. 81.º, n.º 1 CE combater de modo eficaz a dominação oligopolística. A presunção desfavorável às empresas atrás mencionada – e que deixa a Comissão em posição vantajosa face às empresas – supõe que aquela instância comunitária disponha de provas directas da concertação. Simplesmente, as empresas apagam amiúde os vestígios da comunicação que entre si teve lugar, destroem e ocultam material de prova e adoptam medidas de dissimulação, para que o comportamento não tenha aspecto suspeito[875]. Espera-se que, graças à aplicação do Regulamento n.º 1/2003, a situação melhore e seja mais fácil obter provas directas. Aí se consagra um catálogo de medidas bem mais amplo do que aqueloutro consagrado no regulamento que o antecedeu, o Regulamento n.º 17/1962[876]. Entre outros meios que coloca à disposição da Comissão, o novo Regulamento estatui que, durante uma inspecção, os funcionários e outros acompanhantes por aquela mandatados podem selar instalações, livros ou registos atinentes à empresa durante o tempo necessário para efectuar a inspecção – o período máximo de afixação de um selo não deve ultrapassar 72 horas [art. 20.º, n.º 2, al. *d)* e considerando 25]; existindo suspeita razoável de que os livros ou outros registos relativos à empresa relacionados com o objecto da inspecção, porventura pertinentes para provar violação grave do art. 81.º CE, se encontram noutras instalações, terrenos ou meios de transporte que não os da em-

---

[875] Paradigmático a este propósito é o descrito na decisão da Comissão de 13.7.1994, IV/C/33.833 – *Cartão*, JO L 243, de 19.9.1994, p. 1, n.os 73, 165 e 167. Várias empresas criaram e geriram com êxito um sistema secreto e institucionalizado de encontros regulares destinados a fixar preços e a criar condições propícias à aplicação dos aumentos concertados dos mesmos. Deliberaram quem iria "liderar" o aumento e a data na qual os restantes produtores a/o imitariam. Além de orquestrar antecipadamente a data e a sequência dos anúncios das subidas de preços, as empresas suprimiram indícios documentais e deram respostas vagas ou evasivas quando interpeladas pela Comissão.

[876] Os poderes de investigação da Comissão Europeia no quadro deste Regulamento são objecto de análise pormenorizada na obra de Luís M. Pais Antunes, *Direito...* (já citada).

presa – incluindo o domicílio dos seus responsáveis e de outros colaboradores –, os funcionários e outros acompanhantes mandatados pela Comissão podem aceder a esses locais e meios, inspeccionar livros e outros registos atinentes à empresa e tirar ou obter cópias ou extractos dos documentos controlados (o exercício deste poder está sujeito a autorização prévia de autoridade judicial nacional do Estado-membro em causa) – art. 21.º, n.os 1, 3 e 4[877].

5. **Práticas facilitadoras no âmbito do artigo 81.º CE**

Dissemos[878] que as práticas facilitadoras aumentam a transparência do mercado e estabelecem pontos focais, aplainando o caminho tendente à concertação de condutas. No oligopólio, o emprego dessas práticas é tópico sensível, pois permite cercear ainda mais a concorrência num tipo de mercado em que esta já é amiúde limitada. Ora, as *facilitating practices* – mormente quando adoptadas por via de acordos ou práticas concertadas – podem constituir infracção ao disposto no artigo 81.º, n.º 1 CE; o direito comunitário mostra que o facto de as empresas actuarem em oligopólio é relevante no sentido de se punir a prática facilitadora. Quer dizer: certas atitudes são proibidas na medida em que sejam levadas a cabo num mercado oligopolístico, cabendo então falar delas no quadro do controlo retrospectivo de oligopólios. Começamos a exposição pelo escrutínio da troca de informações (5.1.), referindo depois outras *facilitating practices* (5.2.).

5.1. **Troca de informações**

A troca de informações entre empresas não é considerada ilícita em si mesma[879], antes é objecto de análise que leva em conta as circunstân-

---

[877] *Vd.* WEITBRECHT, «Das neue EG-Kartellverfahrensrecht», p. 71 e TERESA MOREIRA, «Algumas considerações...», pp. 1051-1052.

[878] *Segunda Parte*, **AB**, I, 4.1..

[879] Nem deve ser, visto que a permuta de informações pode ter efeitos benéficos para a concorrência – *e. g.*, as empresas trocam conhecimentos acerca de novas formas de tecnologia ou a propósito dos resultados de projectos de investigação e desenvolvimento; divulgando e disseminando o saber-fazer tecnológico, o intercâmbio de dados pode

cias do caso concreto e na qual tanto a *natureza da informação* como a *estrutura do mercado* desempenham papel primordial[880] (os dois pontos estão entrelaçados).

Desde logo, é necessário apreciar o tipo de dados que as empresas trocam. Segundo Stroux[881], a Comissão Europeia entende que a transmissão de informações "sensíveis" é proibida, independentemente da estrutura do mercado. Simplesmente, ao ler as decisões daquele órgão, temos alguma dificuldade em apurar o que sejam exactamente dados "sensíveis"[882] e apenas nos sentimos autorizados a apresentar a comunicação de preços como exemplo daquilo que é um elemento sensível[883]. Podemos é afiançar que, via de regra, a Comissão não se opõe à troca de informações agregadas ou de informações estatísticas através de associações profissionais ou de centrais de informação [mesmo que apresentem discriminação dos números (*v. g.*, por país ou por produto)], desde que esses dados não permitam a identificação de empresas determinadas[884]. Por norma, a troca de informações individuais só se admite se estas pertencerem ao passado e não tiverem repercussões efectivas no comportamento futuro de quem recebe os dados[885].

---

redundar no aumento do número de empresas capazes de operar num sector. Cfr. Whish, *Competition Law*, p. 486. Sobre os efeitos positivos da troca de informações, veja-se também Jones/Sufrin, *EC Competition...*, p. 811 e Van Bael/Bellis, *Competition...*, p. 421.

[880] Papel que se tornou evidente com a publicação do *Sétimo Relatório sobre a Política de Concorrência (1977)* – *vd.* Sigrid Stroux, *US and EC Oligopoly Control*, The Hague, 2004, pp. 146-147.

[881] *US and EC Oligopoly...*, pp. 148, 163 e 244.

[882] Stroux (*últ. ob. cit.*, p. 148) tão-pouco consegue ser muito precisa.

[883] *Vide* decisão de 2.12.1981, IV/25.757 – *Hasselblad*, JO L 161, de 12.6.1982, p. 18, n.º 50 e ainda dec. de 15.5.1974, IV/400 – *accords entre fabricants de verre d'emballage*, JO L 160, de 17.6.1974, p. 1, n.º 43.

[884] Cfr. dec. de 2.12.1986, IV/31.128 – *Ácidos gordos*, JO L 3, de 6.1.1987, p. 17, n.º 35. Nesta decisão, foi imposta coima aos três produtores de oleína e de estearina do espaço comunitário; eles tinham celebrado um acordo para troca de informações que permitiu a cada um *identificar os negócios individuais dos seus dois maiores concorrentes* e medir, numa base trimestral, o seu futuro rendimento no mercado (*vd.* n.º 36). A título complementar, decisões de 30.4.1999, IV/34.250 – *Europe Asia Trades Agreement*, JO L 193, de 26.7.1999, n.º 155, de 17.2.1992, IV/31.370 e 31.446 – *Intercâmbio de registo de tractores agrícolas no Reino Unido*, JO L 68, de 13.3.1992, p. 19, n.º 16, de 8.9.1977, IV/312-366 – *Cobelpa/VNP*, JO L 242, de 21.9.1977, p. 10, n.º 25 e de 23.12.1977, IV/29.176 – *Parchemin végétal*, JO L 70, de 13.3.1978, p. 54, n.º 63.

[885] Van Bael/Bellis, *Competition...*, p. 427 e dec. de 17.2.1992, *Intercâmbio de registo de tractores agrícolas no Reino Unido*, JO L 68, de 13.3.1992, p. 19, n.º 50.

É notório o cuidado de evitar que as empresas possam decompor a informação global e, desse jeito, obter pormenores acerca do comportamento das rivais. Assim se faz a ponte entre a natureza da informação trocada e a estrutura do mercado: nos oligopólios, por força da transparência, torna-se mais fácil decompor, desagregar os dados (a fim de apurar a conduta deste ou daquele vendedor), pelo que a abordagem do intercâmbio de informações é feita de forma mais estrita, vincando-se a tendência para o proibir[886].

As *facilitating practices* são apreciadas à luz do art. 81.º, n.º 1 CE na medida em que ferem o "postulado de autonomia" (*Selbständigkeitspostulat*) do comportamento das empresas. Surgirá então de forma natural a pergunta: quando se pode dizer com mais exactidão que as empresas deixam de respeitar tal postulado e não determinam de forma autónoma a sua conduta? Estando em apreço trocas de informações entre as empresas – já feitas de forma directa, já através de associação que as agrupe –, a independência de comportamentos parece ser posta em causa quando a permuta de dados *influencia* a conduta dos concorrentes[887]. É o que resulta de ideia segundo a qual o art. 81.º CE não exclui o direito de adaptação "inteligente" ao comportamento conhecido ou previsto dos competidores, mas proíbe qualquer contacto directo ou indirecto cujo objectivo ou efeito seja influenciar a acção dos concorrentes ou que implique mostrar a um rival a conduta que a empresa vai prosseguir no mercado[888].

Nos parágrafos precedentes, tivemos em conta a permuta de dados que ocorre directamente entre as empresas ou que se processa por meio

[886] Cfr. decisão de 17.2.1992, *Intercâmbio de registo de tractores agrícolas no Reino Unido*, JO L 68, de 13.3.1992, p. 19, mormente n.os 37-38. Patenteando o enlace entre a concentração do mercado e as trocas de informações, ver também dec. de 23.11.1984, IV/30.907 – *Peroxygènes*, JO L 35, de 7.2.1985, p. 1, n.º 30 e TPI, acórdãos de 27.10.1994, *Fiatagri UK Ltd e New Holland Ford Ltd/Comissão*, T-34/92, *Col.* 1994, II-905, n.º 91 e *John Deere Ltd/Comissão*, T-35/92, *Col.* 1994, II-957, n.os 51 e 78-81. *Vd.*, ainda, STROUX, *US and EC Oligopoly...*, p. 244, WHISH, *Competition Law*, p. 487 e VAN BAEL/BELLIS, *Competition...*, pp. 422 ss..

[887] Cfr. STROUX, *US and EC Oligopoly...*, pp. 156-157 e 163.

[888] TJCE, acórdão de 16.12.1975, *Suiker Unie*, *Col.* 1975, p. 563, n.º 174; TPI, sentença de 17.12.1991, *Enichem*, *Col.* 1991, II-1623, n.º 199.

de associação que as agrupe. Pensando agora na troca/transmissão de informações por via de anúncios (públicos) prévios de preços, tal género de anúncio não é, em si mesmo, interdito. Nem faria sentido que o fosse. Recorde-se que ele pode ser conveniente para empresas situadas em fase posterior do processo de produção e distribuição dos bens (interessadas em conhecer o mais cedo possível os preços que lhes são cobrados a nível de *inputs*, de modo a calcularem os seus custos e a fixarem os preços dos seus próprios produtos)[889]. Por outro lado, o anúncio pode ser expressão de simples unilateralidade, ele não reflecte sempre aquilo que o art. 81.º CE pretende punir (a colusão). Entendemos, inclusive, que pode ser invocado argumento fundado em maioria de razão: se a troca de informações assente em comunicação directa entre os concorrentes, por si só, não é punida, menos sentido teria a proibição automática de uma conduta – o anúncio – em que a nota da bilateralidade é mais esbatida.

Perguntar-se-á então: em que medida a troca de informações por meio de anúncios (públicos) prévios de preços constitui violação do art. 81.º CE? A resposta é dada, uma vez mais, atendendo ao "postulado de autonomia" do comportamento das empresas, conceito que as obriga a determinar o seu *agere* de maneira autónoma. Atendendo ao que se escreveu no parágrafo anterior, a troca de informações por via de anúncios prévios de preços não deve ser objecto de apreciação tão severa como aqueloutra que decorre da permuta de dados feita directamente entre empresas ou por via de associação comercial ou industrial; cumpre então buscar *parâmetro* que, para tornar o anúncio ilegal, seja mais exigente do que o aplicável ao intercâmbio de informações nesses dois casos (que era, lembremos, influenciar a conduta dos concorrentes). Seguimos a sugestão de Stroux[890] com base em distintos elementos da jurisprudência comunitária já citados neste trabalho (sentenças do TJCE nos casos *ICI* e *Züchner*; conclusões do advogado-geral Marco Darmon no processo *Ahlström Osakeyhtiö*): os anúncios (públicos) prévios de preços são ilícitos se *afastaram a incerteza* acerca da conduta futura de quem os levou a cabo.

---

[889] *Vide* acórdão de 31.3.1993, *Ahlström Osakeyhtiö*, *Col.* 1993, I-1307, n.º 77.

[890] *US and EC Oligopoly...*, pp. 161-163 e 245.

5.2. **Outras práticas**

Em cotejo com a troca de informações, as restantes práticas facilitadoras têm sido objecto de (apoucado) tratamento que não dá indicações relevantes em matéria de controlo específico dos mercados oligopolísticos.

Por exemplo, no que toca às fórmulas geográficas de preços, embora fossem expressamente permitidas pelo TCECA – o que demonstrava certo favor a tal tipo de medidas –, a Comissão mostrou reservas a esse género de *facilitating practice* no *Sexto Relatório sobre a Política da Concorrência (1976)*[891] e no diminuto número de decisões a propósito da matéria: no processo *accords entre fabricants de verre d'emballage*, a Comissão entendeu que o sistema de preços em causa falseava a concorrência entre fabricantes de vidro de embalagem (*v. g.*, vidro para garrafa e para conserva); designadamente, tal sistema visava anular a vantagem concorrencial que os produtores poderiam retirar da maior ou menor proximidade face aos utilizadores; e favorecia, outrossim, o cliente afastado em relação ao cliente que, do ponto de vista geográfico, estava próximo (na medida em que o preço era idêntico para um e para outro, o cliente próximo pagava despesas de entrega superiores àquelas que o vendedor suportou, ao passo que o cliente distante beneficiava de desconto sobre o custo real de transporte)[892].

A exemplo do que sucede com os *geographical pricing systems*, o escrutínio das cláusulas condicionais – cláusulas de acompanhamento da concorrência e cláusulas do cliente mais favorecido – e das medidas tendentes à estandardização de produtos não apresenta dados especialmente importantes em sede de oligopólio, pelo que não se oferecem aqui explicações mais aturadas[893] [894].

---

[891] Cfr. Stroux, *US and EC Oligopoly...*, p. 164.

[892] Decisão de 15.5.1974, JO L 160, de 17.6.1974, p. 1, n.º 48; Van Bael/Bellis, *Competition...*, p. 398.

Ver também dec. de 30.11.1994, *Cimento*, JO L 343, de 30.12.1994, p. 1, n.º 17 (o sistema de pontos de paridade possibilitava repartição de mercado entre os produtores).

[893] Ainda assim, veja-se, para as cláusulas condicionais, decisões de 14.12.1982, IV/29.629 – *Laminés et alliages de zinc*, JO L 362, de 23.12.1982, p. 40, IV, 2 e de 16.9.1998, IV/35.134 – *Acordo de Conferência Transatlântica*, JO L 95, de 9.4.1999, p. 1, n.os 489-490; quanto à estandardização, dec. de 20.12.1977, IV/29.151 – *Video-Cassetterecorders*, JO L 47, de 18.2.1978, p. 42, n.os 23 e 28, dec. de 10.7.1986,

5.3. **Conclusão**

No nosso modo de ver, o escrutínio das práticas facilitadoras à luz do art. 81.º, n.º 1 CE não acarreta ganho de monta em sede de controlo retrospectivo dos oligopólios. A *facilitating practice* é passível de sanção desde que tenha sido adoptada por via de um dos mecanismos previstos nessa norma (*v. g.*, prática concertada). Assim sendo, as respostas essenciais acerca da valia do art. 81.º, n.º 1 CE em matéria de controlo dos oligopólios já foram dadas nos números anteriores (**2-4**) do presente título **A**.

Aquilo que a consideração da prática facilitadora acrescenta é o maior desembaraço no sentido de punir a troca de informações entre oligopolistas: por uma banda, a estrutura do mercado aumenta a possibilidade de as empresas decomporem informações globais e, com isso, apurarem a conduta deste ou daquele concorrente; por outra parte, atendendo ao grau de transparência do oligopólio, é mais provável que nele a prática facilitadora tenha efeito competitivo simplesmente *potencial* (e um acordo já viola o art. 81.º, n.º 1 CE se produzir efeitos anticompetitivos potenciais, não é preciso gerar efeitos anticompetitivos reais).

6. **Nótula a propósito da "teoria da infracção única"**

No âmbito de formas de colusão complexas – em que a infracção se consubstancia em vários tipos de comportamento (todos com a mesma finalidade anticoncorrencial), se prolonga por muito tempo e, em regra, é cometida por número relativamente elevado de empresas[895] –, tem vindo a ganhar terreno no direito comunitário da concorrência a ideia de uma infracção única ao art. 81.º, n.º 1 CE.

IV/31.371 – *Revestimentos betumados*, JO L 232, de 19.8.1986, p. 15, n.º 73 e TJCE, sentença de 11.7.1989, *SC BELASCO e o./Comissão*, 246/86, *Col.* 1989, p. 2117, n.º 30.

[894] O discurso de Stroux é expressivo: conquanto refira várias práticas facilitadoras ao longo do texto, trabalha apenas com a troca de informações nas conclusões finais (pp. 244-245) de *US and EC Oligopoly Control* (práticas facilitadoras/art. 81.º CE).

[895] Lianos, «"La confusion...», p. 240.

Trata-se de análise iniciada pela Comissão em meados da década de oitenta do século XX[896] que tem encontrado aprovação na jurisprudência comunitária[897]. Encarados isoladamente, os comportamentos em que a infracção se materializa integram os conceitos de acordo, de prática concertada ou de decisão de associação, mas são vistos, em termos globais, como manifestações diversas de uma única infracção ao art. 81.º, n.º 1 CE[898]. A teoria em causa louva-se na ideia de que, quando o agir ilícito é complexo e duradouro, não é razoável obrigar a Comissão Europeia a qualificá-lo exclusivamente de acordo, prática concertada ou decisão de associação, nem sequer a dividi-lo em infracções distintas, já que pode não ser possível nem realista proceder a semelhante fractura (a infracção pode incluir simultaneamente elementos de mais do que um desses três tipos)[899].

Esta interpretação poderia suscitar dúvidas acerca da compatibilidade com a natureza restritiva da proibição constante do art. 81.º, n.º 1 CE, que não admite qualquer extensão da interdição nele estatuída[900]. As dúvidas desfazem-se quando consultamos a jurisprudência do TJCE. O tribunal nota que, longe de se criar nova forma de infracção, apenas se aceita a existência de uma que congloba formas de actuar díspares e sujeitas a definições diferentes[901].

Em conformidade com os princípios e normas vigentes no direito comunitário da concorrência, a Comissão tem de provar que qualquer das condutas em causa é abrangida pela proibição do art. 81.º, n.º 1

[896] Cfr. decisão de 23.4.1986, *Polipropileno*, JO L 230, de 18.8.1986, p. 1, n.ºs 86 e 87; posteriormente, e de forma bem mais marcada, decisão de 14.10.1998, *British Sugar Plc/Tate and Lyle plc/Napier Brown & Company Ltd/James Budgett Sugars Ltd*, JO L 76, de 22.3.1999, p. 1, n.ºs 70-71 e 89 (nos dois últimos a infracção única vem qualificada como "acordo e/ou prática concertada").

[897] A título de exemplo, TPI, acórdão de 24.10.1991, *Rhône-Poulenc*, *Col.* 1991, II-867, n.ºs 125-127; TJCE, acórdão de 8.7.1999, *Anic*, *Col.* 1999, I-4125, n.ºs 113-114 e 132.

[898] TJCE, acórdão de 8.7.1999, *Anic*, *Col.* 1999, I-4125, n.º 113.

[899] *Vd.* decisão de 14.10.1998, *British Sugar Plc/Tate and Lyle plc/Napier Brown & Company Ltd/James Budgett Sugars Ltd*, JO L 76, de 22.3.1999, p. 1, n.º 70.

[900] Cfr. TJCE, acórdão de 29.2.1968, *Firma Parke, Davis and Co./Firmen Probel, Reese, Beintema-Interpharm und Centrafarm*, 24/67, *Slg.* 1968, p. 85, a p. 112.

[901] TJCE, acórdão de 8.7.1999, *Anic*, *Col.* 1999, I-4125, n.º 133.

CE a título de acordo, prática concertada ou decisão de associação de empresa[902].

É verosímil que esteja envolvido na infracção única um número relativamente elevado de empresas[903], o que nos faria distanciar do oligopólio e, ainda mais, do oligopólio estreito. A realidade mostra que não tem de ser assim: a teoria da infracção única já encontrou uso quando eram poucos os relapsos[904].

De qualquer jeito, ainda que se aplique a comportamentos postos em prática por poucos produtores (oligopolistas), isso não altera o basilar do nosso escrutínio: o espaço coberto pela infracção única ao art. 81.º CE é (somente) o da colusão, o paralelismo inteligente não é abarcado. Assim como ficava fora das fronteiras de acordos, de decisões de associações e de práticas concertadas, também não cabe no âmbito da infracção única.

7. **Nota final**

Rematando, sustentaremos que, mau grado o susodito para a hipótese de a Comissão Europeia dispor de provas directas de concertação, não é de monta o auxílio do art. 81.º, n.º 1 CE em matéria de controlo dos oligopólios. No essencial, dois factores o explicam: o preceito não se aplica a condutas que derivam exclusivamente da interdependência e do seu reconhecimento pelos oligopolistas; podendo o paralelismo servir de meio de prova da concertação, a condição em que tem mais préstimo – o conluio ser a única explicação razoável para o paralelismo – é amiúde passível de ser contraditada por pareceres de economistas e de juristas-economistas solicitados pelas empresas.

---

[902] TJCE, acórdão de 8.7.1999, *Anic*, *Col.* 1999, I-4125, n.º 135. As empresas têm a possibilidade de contestar, relativamente a cada um dos comportamentos, «a qualificação ou as qualificações acolhidas pela Comissão, alegando que esta não fez prova dos elementos constitutivos das diferentes formas de *infracções* alegadas» (n.º 136) – na palavra que grifámos, há incorrecção no uso do plural, pois o que está em causa são diferentes formas de *uma* infracção, a infracção única ao art. 81.º, n.º 1 CE.

[903] *Vide* Lianos, «"La confusion...», p. 240, acerca da prática da Comissão.

[904] Comissão, dec. de 14.10.1998, *British Sugar Plc/Tate and Lyle plc/Napier Brown & Company Ltd/James Budgett Sugars Ltd*, JO L 76, de 22.3.1999, p. 1.

Assim sendo, não espanta que a Comissão privilegie outra via a fim de controlar os oligopólios e, mais precisamente, a dominação colectiva. Falamos do art. 82.º CE, ao qual vão dedicadas as próximas páginas[905] [906].

---

[905] Raciocinando com base no acórdão *Ahlström Osakeyhtiö*, McGregor («The Future...», p. 435) chega ao ponto de proclamar que o pesado ónus irrogado à Comissão torna o art. 81.º inaplicável a oligopólios. Partindo da mesma sentença, também Pardolesi («Parallelismo...», colunas 68 e 71) se refere à impossibilidade de usar a norma para lhes dar combate. *Vd.*, ainda, as considerações – datadas de 1972 e com algo de premonitório – expendidas por Trimarchi em «Il problema...», pp. 711 ss., nomeadamente a pp. 711 e 717.

[906] Com muito espanto e assumida discordância, vemos Raffaelli («European...», p. 131) apregoar que o uso do conceito de dominação colectiva no quadro de aplicação dos artigos 81.º e 82.º CE tem permitido à Comissão intervir em mercados oligopolísticos, mantendo sob controlo a criação de posições dominantes colectivas ou, ao menos, punindo os respectivos abusos. Semelhante proclama pode ser correcta relativamente ao art. 82.º CE. Face ao art. 81.º, não é.

B. A DOMINAÇÃO COLECTIVA NO QUADRO DO ARTIGO 82.º CE

CAPÍTULO I
ALCANCE DO ARTIGO 82.º CE

O art. 82.º CE estatui que é «incompatível com o mercado comum e proibido, na medida em que tal seja susceptível de afectar o comércio entre os Estados-membros, o facto de uma ou *mais empresas* explorarem de forma abusiva uma posição dominante no mercado comum ou numa parte substancial deste (...)»[907]. Na prática da Comissão e na jurisprudência, a possibilidade de aplicar esta regra (anteriormente, art. 86.º do Tratado CE) a várias empresas actuando numa base conjunta remonta aos anos setenta do século XX[908] e, ao menos no que aos tribunais diz respeito, tem vindo a obter particular concretização desde a sentença do TPI no processo *vidro plano*, de 1992[909]. A forma como se vem lidando com o preceito ensejou que se falasse de uma visão estreita e de uma visão ampla do art. 82.º CE[910].

---

[907] O grifo é da nossa autoria.

[908] Decisão de 2.1.1973 – *Europäische Zuckerindustrie*, ABl. L 140, de 26.5.1973, p. 17; TJCE, sentença de 8.6.1971, *Deutsche Grammophon Gesellschaft mbH/Metro-SB-Großmärkte GmbH & Co. KG*, 78/70, p. 487. GIORDANO, *in FI*, 2000, IV, c. 329; *id.*, «Abuso...», colunas 261-262.

[909] Acórdão de 10.3.1992, *Società Italiana Vetro SpA (SIV) e o./Comissão*, T-68/89, T-77/89 e T-78/89, *Col.* 1992, II-1403. DENIS WAELBROECK, «La notion de position dominante collective», *in* AAVV, *Cuestiones actuales de derecho comunitario europeo*, III, Córdoba, 1995, p. 305; GIORGIA MASINA, «Osservazioni a Trib. di primo Grado CEE, 10 marzo 1992, in tema di posizione dominante collettiva», *GComm*, 1993, parte II, p. 617.

[910] Na Itália, a proibição do abuso de posição dominante (por uma ou várias empresas) consta do art. 3.º da *legge* n. 287/90. Porém, o tema da dominância colectiva está

1. "Uma ou *mais empresas*": a perspectiva estreita do art. 82.º CE

De acordo com certa perspectiva, a menção a várias empresas contida no art. 82.º CE recobre apenas as situações nas quais as empresas dão corpo a uma unidade económica no seio da qual cada integrante não tem autonomia na determinação de comportamento (faltando-lhe, por isso, independência económica).

A tese foi defendida no processo *vidro plano* pelo Reino Unido, louvando-se na jurisprudência que, por um lado, declarava o art. 85.º do Tratado CE (actual art. 81.º CE) inaplicável a acordos e práticas concertadas entre sociedade-mãe e a sua filha, quando esta, dotada embora

---

ainda menos desenvolvido do que no ordenamento comunitário: quando tratam o problema, Vito Mangini e Gustavo Olivieri (*Diritto Antitrust*, 2ª ed., Torino, 2005, pp. 65-67) não mencionam qualquer decisão tomada ao abrigo da lei italiana; por seu turno, Fattori e Todino (*La disciplina...*, p. 181) escrevem que «(...) Nell'assenza di precedenti nazionali in tema di abuso di posizione dominante collettiva, i principi interpretativi vanno interamente tratti dall'esperienza comunitaria in materia (...)». Ainda assim, a afirmação que acabámos de transcrever deve entender-se *cum grano salis*. Depois de ver – em Giorgio Floridia/Vittorio G. Catelli, *Diritto antitrust. Le intese restrittive della concorrenza e gli abusi di posizione dominante*, sem local de edição, 2003 p. 334 – referências ao abuso de posição dominante colectiva no contexto do art. 3.º da *legge* n. 287/90, investigámos e concluímos que, ao menos numa decisão da Autorità Garante della Concorrenza e del Mercato [n.º 588 (A24), *APCA/COMPAG*, de 6.7.1992], faz sentido falar de abuso de dominação conjunta. Na França, a dominância colectiva tão-pouco encontrou grande afinação. De qualquer forma, cfr. Marie Malaurie-Vignal, *Droit...*, pp. 196-198 e, a título de exemplo, Conseil de la Concurrence, *Décision n.º 2000-D-83 du 13 février 2001 relative à des pratiques mises en oeuvre par la Fédération internationale de football association (FIFA) et le Comité français d'organisation France 98 (CFO) à l'occasion de la Coupe du monde de football 1998*, II (www.minefi.gouv.fr/DGCCRF/boccrf/01_03/a0030006.htm) e *Décision n.º 02-D-44 du 11 juillet 2002 relative à la situation de la concurrence dans les secteurs de l'eau potable et de l'assainissement, notamment en ce qui concerne la mise en commun des moyens pour répondre à des appels à concurrence*, II, B, 4 (www.minefi.gouv.fr/DGCCRF/boccrf/02_14/02d44.htm).

Em Portugal, a exploração abusiva de posição dominante por parte de uma ou mais empresas é proibida pelo n.º 1 do art. 6.º da Lei n.º 18/2003. Embora a referência à dominância conjunta já tenha alguns anos [cfr., do extinto Conselho da Concorrência, *Relatório de Actividade de 1986*, *in* DR – II Série –, n.º 168, de 24.7.1987, 9168-(13) e 9168-(23)], também no nosso país a figura está por desenvolver (*v. g.*, nota-se a sua ausência no *Relatório de Actividades* da Autoridade da Concorrência relativo ao ano de 2004 – texto obtido em 5.12.2005 no endereço www.autoridadedaconcorrencia.pt/vImages/Relatorio_Actividades_AdC-2004.pdf).

de personalidade jurídica distinta, não gozava de autonomia económica[911] e, por outro lado, referia que a conduta de quem pertence à mesma unidade económica deveria ser sindicada no âmbito do art. 86.º (actual art. 82.º)[912] [913].

Para perceber melhor que a fórmula "mais empresas" plasmada no art. 82.º CE represa apenas as situações descritas e não outras em que empresas *economicamente* independentes se alçapremassem a posição dominante em virtude de acordos, práticas concertadas ou do paralelismo oligopolístico, lembremos três trechos esgrimidos pelo Reino Unido na defesa do seu modo de ver[914]: o n.º 10 do acórdão *Züchner*, certo passo das conclusões do advogado-geral em tal processo e o n.º 39 do aresto *Hoffmann– La Roche*. De acordo com os dois primeiros, o art. 86.º do Tratado CE (actual art. 82.º CE) não cobre as práticas concertadas, às quais *só* seria aplicável o art. 85.º do Tratado CE (actual art. 81.º CE)[915]. Nos termos do ponto citado do acórdão *Hoffmann– La Roche*, a posição dominante deve ser distinguida dos paralelismos de comportamento próprios do oligopólio, visto que neste as condutas das empresas encontram-se em influência recíproca, enquanto o beneficiário de posição dominante determina o seu comportamento, em grande medida, de jeito unilateral[916].

---

[911] TJCE, acórdãos de 31.10.1974, *Centrafarm B. V. und Adriaan De Peijper/ /Sterling Drug Inc.*, 15/74, *Slg.* 1974, p. 1147, n.º 41, *Centrafarm B. V. und Adriaan De Peijper/Winthrop B. V.*, 16/74, *Slg.* 1974, p. 1183, n.º 32 e de 4.5.1988, *Corinne Bodson/ /SA Pompes funèbres des régions libérées*, 30/87, *Col.* 1988, p. 2479, n.º 19. *Vide*, também, Roberto Pardolesi, *in FI*, 1992, IV, c. 434, Cristoforo Osti, «Breve incursione nella teoria della posizione dominante oligopolistica», *DCI*, n.º 1, anno 7/1993, p. 209 e a alusão feita por Barry Rodger em «Oligopolistic Market Failure: Collective Dominance versus Complex Monopoly», *ECLR*, 1995, p. 22 e em «The oligopoly problem and the concept of collective dominance: EC developments in the light of U.S. trends in antitrust law and policy», *CJEL*, vol. 2, n.º 1, Fall/Winter 1995/1996, p. 39.

[912] TJCE, acórdão de 4.5.1988, *Bodson*, *Col.* 1988, p. 2479, n.º 21.

[913] A argumentação do Reino Unido está espraiada nos n.ºs 342 e 343 do acórdão *vidro plano*.

[914] Cfr. TPI, acórdão de 10.3.1992, *SIV*, *Col.* 1992, II-1403, n.º 342.

[915] TJCE, acórdão de 14.7.1981, *Züchner*, *Slg.* 1981, p. 2021, n.º 10 e conclusões do advogado-geral Sir Gordon Slynn, p. 2039.

[916] TJCE, acórdão de 13.2.1979, *Hoffmann-La Roche & Co. AG/Comissão*, 85/76, *Col.* 1979, p. 217, n.º 39.

Num outro caso, a empresa *Irish Sugar* perfilhou igualmente a visão restritiva sob análise. A Comissão imputou-lhe, em conjunto com a distribuidora *Sugar Distributors Limited*, uma posição dominante. Para o rebater, a *Irish Sugar* ancorou-se na premissa de que a independência económica das duas entidades obstava à detenção de posição dominante colectiva[917]. Parece, pois, admitir semelhante estatuto apenas naquelas situações em que falte autonomia económica aos envolvidos, mormente no caso dos grupos.

Considerando o que antecede, inferimos[918] que a concepção referida limita a área de emprego de "mais empresas" à posição dominante dos membros de um grupo de sociedades que, tendo autonomia jurídica, não têm independência económica, encontrando-se sujeitos às directivas da sociedade-mãe. Ora, para quem, como AIGNER[919], defenda que os integrantes dos grupos de sociedades podem deter apenas posição dominante individual, mas não conjunta, isso equivale a dizer que semelhante visão do art. 82.º CE é estreita e que a dominância em causa seria sempre individual, nunca colectiva. Do exposto, fluiria então, frio, o remate: nos termos da perspectiva estreita, o art. 82.º CE não abarca a posição dominante colectiva[920].

O modo de ver que o Reino Unido ou a *Irish Sugar* defenderam exibe, realmente, horizontes limitados. Contudo, a razão para tal não é a apresentada no parágrafo anterior. Como teremos ensejo de explicar, os membros do grupo de sociedades que, tendo autonomia jurídica, não têm independência económica – vendo-se submetidos a directrizes da sociedade-mãe – podem gozar de posição dominante colectiva. É, inclusive, verosímil que dela beneficiem (adiante perceberemos porquê). Só que a perspectiva estreita deixaria de fora do âmbito da dominação conjunta situações que, conforme se verá, nele devem caber. Pensamos, nomeadamente, nos casos em que acordos, práticas concertadas, interdependência

---

[917] *Vd.* TPI, acórdão de 7.10.1999, *Irish Sugar plc/Com.*, T-228/97, *Col.* 1999, II-29690, n.ºs 48 e 49, e também AIGNER, *Kollektive...*, p. 229.

[918] Aproximando-se da mesma conclusão, MASINA, «Osservazioni...», p. 616.

[919] *Kollektive...*, pp. 135 ss..

[920] AIGNER, *Kollektive...*, p. 53 (outrossim, ver o assaque da tese restritiva ao Reino Unido nas pp. 76, 77 e 81).

Em sentido convergente, a partir do supramencionado n.º 39 da sentença *Hoffmann- La Roche*, WINCKLER/HANSEN, «Collective...», p. 799 e ANTHONY ARNULL, «Collective dominance: trump card or joker?», *ELR*, 1998, pp. 199-200.

circular e pertença a grupos em que as empresas gozem de autonomia na determinação do comportamento levem as empresas a ocupar, *em conjunto*, uma posição de supremacia no mercado.

A interpretação certeira do art. 82.º CE coonesta a ideia de que não nos podemos restringir aos horizontes da tese limitativa. Propomo-nos mostrá-lo nas próximas páginas.

2. **Interpretação da norma. Perspectiva ampla do art. 82.º CE**

Para avaliar se o art. 82.º CE se aplica – e em que medida – à dominação colectiva, levamos a cabo esforço de interpretação do preceito. Segundo a opinião corrente, não há metodologia de interpretação específica do direito *antitrust*[921]. Apreciemos a norma considerando os elementos que, tradicionalmente, são postos à disposição do intérprete para desvendar o sentido e alcance dos textos legais[922] [923].

---

[921] *Vide* JÖRG WITTING, *Die Beweislastregeln des kartellrechtlichen Diskriminierungsverbots, § 20 II 2 GWB*, Regensburg, 2001, p. 125; GERD PFEIFFER, «Grundfragen der Rechtskontrolle im Kartellverfahren (Auslegungsmethodik – unbestimmte Rechtsbegriffe – Verfahrensrecht)», *in* AAVV, *Schwerpunkte des Kartellrechts 1978/79*, Köln/Berlin/Bonn/München, 1980, p. 8; BEATE MAASCH, «Auslegung von Normen – ein spezifisches Problem im Kartellrecht?», *ZHR*, 150 (1986), pp. 354-355; ainda, MÖSCHEL, *Recht der Wettbewerbsbeschränkungen*, Köln/Berlin/Bonn/München, 1983, p. 79.

[922] O elemento gramatical, o elemento histórico, o elemento sistemático e o elemento teleológico (ou racional) – *vd.* A. CASTANHEIRA NEVES, «Interpretação jurídica», *in Digesta. Escritos acerca do direito, do pensamento jurídico, da sua metodologia e outros*, volume 2.º, Coimbra, 1995, p. 363, J. BAPTISTA MACHADO, *Introdução ao direito e ao discurso legitimador*, 3ª reimpressão, Coimbra, 1989, p. 181 e REINHOLD ZIPPELIUS, *Juristische Methodenlehre*, 9ª ed., München, 2005, p. 42. Note-se que, para SAVIGNY, o elemento interpretativo referido ao lado dos factores gramatical, histórico e sistemático era o lógico ou racional. O elemento teleológico foi emergindo do seio do elemento lógico, não o substituindo, todavia, sem diferença, atenta a matriz inequivocamente formalista do primeiro e o carácter manifestamente finalista do segundo – FERNANDO JOSÉ BRONZE, *Lições de introdução ao direito*, Coimbra, 2002, p. 845, n. 110 (quase *verbo ad verbum*).

[923] Não desconhecemos que a teoria tradicional da interpretação jurídica se encontra em vias de superação [*vd.* CASTANHEIRA NEVES, «Interpretação jurídica», pp. 368 ss.; FERNANDO JOSÉ BRONZE, *Lições...*, mormente as pp. 855 e seguintes (acerca da revisão dos elementos interpretativos)], mas isso não invalida o recurso aos subsídios citados na nota anterior.

Elemento gramatical. Iniciamos o caminho pela análise da letra da lei, ponto de partida e elemento irremovível de toda a interpretação[924]. O art. 82.º CE menciona apenas a *exploração abusiva*, por uma ou mais empresas, de uma posição dominante, mas não refere a detenção conjunta, por várias empresas, de tal estatuto. Pensando no valor ou função negativa do texto, não é de excluir que a referência a "posição dominante" abarque tanto a dominação individual como a colectiva[925]. Considerando o valor ou função positiva daquele, conquanto pareça que o apresamento da preponderância colectiva é o sentido que mais naturalmente corresponde ao texto, de jeito algum podemos ser peremptórios e afirmar de maneira *irrefragável* que a posição dominante nele referida abarca a dominação colectiva[926].

É certo que o texto da lei menciona explicitamente o abuso levado a cabo por várias empresas e, de acordo com algumas vozes, isso suporia a existência de posição dominante colectiva[927]. Mas a ideia não é irrefutável: tenha-se em mente o abuso cometido por empresas que não gozam

[924] José de Oliveira Ascensão, *O direito. Introdução e teoria geral*, Coimbra, 2005, p. 396; ver também A. Santos Justo, *Introdução ao estudo do direito*, 2ª ed., Coimbra, 2003, p. 327 e Karl Larenz, *Methodenlehre der Rechtswissenschaft*, 6ª ed., Berlin/ /Heidelberg/New York, 1991, p. 320.

[925] Cfr. Aigner, *Kollektive...*, p. 83.

O valor negativo elimina os sentidos da lei que não sejam possíveis segundo o texto, *rectius*, que não tenham qualquer apoio, correspondência ou ressonância nas palavras da lei – Castanheira Neves, «Interpretação jurídica», p. 363; Santos Justo, *Introdução...*, p. 327; Fernando José Bronze, *Lições...*, p. 837; Baptista Machado, *Introdução...*, p. 182.

[926] Cfr. as palavras do advogado-geral Nial Fennelly nos processos C-395/96 P e C-396/96 P, *Compagnie maritime belge*, *Col.* 2000, I-1381, n.º 23 e Aigner, *Kollektive...*, p. 83. Opinião diversa exteriorizou o advogado-geral Carl Otto Lenz no processo 66/86 (*Ahmed Saeed Flugreisen e Silver Line Reisebüro GmbH/Zentrale zur Bekämpfung unlauteren Wettbewerbs e.V.*, *Col.* 1989, p. 824, n.º 27), afiançando que «(...) o texto do artigo 86.º do Tratado CEE permite concluir que uma posição dominante no mercado pode ser também ocupada por um conjunto de várias empresas (...)».

Sobre o valor positivo ou selectivo do texto, Castanheira Neves, «Interpretação jurídica», p. 363; Santos Justo, *Introdução...*, pp. 327-328; Fernando José Bronze, *Lições...*, p. 837; Baptista Machado, *Introdução...*, p. 182.

[927] Dirksen, *in* Langen/Bunte, *Kommentar...*, p. 2152; Schröter, *in* von der Groeben/Schwarze, *Kommentar...*, p. 586; Christian Jung, *in* Eberhard Grabitz/ /Meinhard Hilf, *Das Recht der Europäischen Union*, vol. II, München, última actualização em Janeiro de 2004, Art. 82 EGV, p. 30.

de autonomia económica e integram um grupo, amiúde tratado no direito comunitário como uma só empresa, beneficiando, por isso, de posição dominante singular. Preferimos dizer que o teor literal do art. 82.º CE não fornece resposta firme e esclarecedora à questão que nos preocupa.

Elemento sistemático. Procuremos auxílio junto do elemento sistemático, tomemos a regra em função do seu contexto, do domínio jurídico que integra[928]. O art. 82.º CE encontra-se na Parte III, Título VI, Capítulo I, Secção 1 do Tratado[929]. Além do preceito interpretando, esta secção contém disposição de carácter material, o art. 81.º CE, atinente à proibição de acordos, decisões de associações de empresas e práticas concertadas. No acórdão *vidro plano*, o TPI pronunciou-se pela identidade de significado do termo "empresa" constante dos artigos 85.º e 86.º do Tratado CE (hoje, artigos 81.º e 82.º CE)[930]. O art. 81.º supõe entidades com independência económica, centros de decisão capazes de concorrer entre si, não se aplica a acordos e práticas concertadas entre sociedade-mãe e filha, quando esta, dotada de personalidade jurídica, não goza de autonomia económica. Não as pressuporá também o art. 82.º CE? A resposta afirmativa faria com que a expressão "mais empresas" recobrisse situações de domínio colectivo e fosse para além do invocado pelo Reino Unido no mesmo processo.

Conquanto válido, o argumento não se apresenta incontestável. As duas normas são distintas. O art. 81.º CE veda acordos, decisões de associações e práticas concertadas que supõem o agir de empresas inde-

[928] O factor sistemático (também) reporta a norma à unidade de toda a ordem jurídica e leva em conta os "lugares paralelos" (preceitos legais que regulam problemas normativos paralelos ou institutos afins) – *vide* Castanheira Neves, «Interpretação jurídica», pp. 363-364; Santos Justo, *Introdução...*, pp. 330-331; Fernando José Bronze, *Lições...*, pp. 845 e 856; Baptista Machado, *Introdução...*, p. 183. *Mutatis mutandis*, cabem aqui as palavras de John Donne (citadas, a outro propósito, por Brian Sher, «The Last of the Steam-Powered Trains: Modernising Article 82», *ECLR*, 2004, p. 246): «No man is an island, entire of itself; every man is a piece of the continent, a part of the main».

[929] Parte, título, capítulo e secção com as denominações "As políticas da Comunidade", "As regras comuns relativas à concorrência, à fiscalidade e à aproximação das legislações", "As regras de concorrência" e "As regras aplicáveis às empresas", respectivamente.

[930] Sentença de 10.3.1992, *Col.* 1992, II-1403, n.º 358. Cfr. Zippelius, *Juristische Methodenlehre*, p. 53, a propósito da identidade de significado de certa palavra presente em várias normas.

pendentes no plano jurídico e económico. O art. 82.º CE proíbe simplesmente a actuação unilateral de uma ou de várias empresas, aqui se incluindo as que integram um grupo ao qual uma decisão da Comissão haja imputado posição dominante singular[931]. Visto que o conjunto de membros do grupo foi bastas vezes tratado como uma só empresa, falha o valor inconcusso do elemento sistemático no sentido de poder dizer-se que o art. 82.º CE é aplicável à dominação colectiva.

Elemento histórico. O elemento histórico da interpretação congloba a consideração dos trabalhos preparatórios da regra interpretanda, as "fontes da lei" (textos legais e doutrinais que inspiraram o legislador), a circunstância jurídico-social do aparecimento desta (*occasio legis*) e a história do direito[932]. Olhando o valor reforçado que, ao menos em face da lei alemã de defesa da concorrência, se adjudica ao surgimento do complexo normativo[933], as expectativas são altas. Só que, em boa parte, logo se goram: os documentos de trabalho da conferência governamental que preparou o Tratado de Roma em 1956 e 1957 não estão publicados[934].

Não desistamos dos nossos intentos. Parece assisado considerar a versão original da lei alemã de defesa da concorrência [*Gesetz gegen Wettbewerbsbeschränkungen (GWB)*], que data de 27.7.1957[935]. Embora tenha sido aprovada quatro meses depois do Tratado de Roma, os seus trabalhos preparatórios prolongaram-se por dez anos[936]. Atendendo ao

---

[931] Cfr. AIGNER, *Kollektive...*, p. 85.

[932] CASTANHEIRA NEVES, «Interpretação jurídica», p. 363; BAPTISTA MACHADO, *Introdução...*, p. 184. Cfr., ainda, SANTOS JUSTO, *Introdução...*, pp. 329-330; FERNANDO JOSÉ BRONZE, *Lições...*, pp. 845 e 855-856; OLIVEIRA ASCENSÃO, *O direito...*, p. 412; FRANZ BYDLINSKI, *Juristische Methodenlehre und Rechtsbegriff*, 2ª ed., Wien/New York, 1991, p. 449.

[933] *Vd.* PFEIFFER, «Grundfragen...», p. 10; MÖSCHEL, *Recht...*, p. 80; MAASCH, «Auslegung...», p. 358; WITTING, *Die Beweislastregeln...*, pp. 125 e 126, n. 409; dissentindo, SIEGFRIED KLAUE, «Die bisherige Rechtsprechung zum Gesetz gegen Wettbewerbsbeschränkungen», *in* AAVV, *Zehn Jahre Bundeskartellamt. Beiträge zu Fragen und Entwicklungen auf dem Gebiet des Kartellrechts*, Köln/Berlin/Bonn/München, 1968, pp. 258-259.

[934] Notícia veiculada pelo punho de AIGNER, *Kollektive...*, p. 86.

[935] *Bundesgesetzblatt* I, n.º 41, de 9.8.1957, p. 1081.

[936] COUTINHO DE ABREU, «L'européanisation...», pp. 13-14 e *Da empresarialidade...*, p. 291 (tratando a hipótese de o conceito de "empresa" prevalecente no direito comunitário da concorrência ser tributário do conceito homólogo alemão).

relevo da doutrina e da jurisprudência alemãs em matéria de direito da concorrência, algum tino terá perscrutar tal diploma legislativo[937]. Este contemplava expressamente a possibilidade de duas ou mais empresas se encontrarem em posição dominante (§ 22, *Abs.* 2 da versão original) – ou seja, não falava apenas do *abuso* de tal posição –, pelo que, *a contrario*, parece que o legislador do Tratado de Roma não quis consagrar a dominação colectiva[938].

Sempre poderia dizer-se que, ao tempo da feitura do Tratado de Roma, a teoria do oligopólio e da interdependência circular era ainda jovem e não se havia imposto junto daqueles que o elaboraram[939]. A ideia parece persuadir: conhecemos monografia[940], datada justamente de 1957, em que é evidente o exil manusear da interdependência paramétrica. Mas este argumento também não fornece a peanha para uma posição firme, antes concorre para concluir que o voltear do elemento histórico é incapaz de dar a segurança de que necessitamos para formar opinião sólida[941].

---

[937] Há quem o apresente, de maneira inequívoca, como fonte da norma que nos interessa interpretar – L. FOCSANEANU, «La notion d'abus dans le système de l'article 86 du Traité instituant la Communauté Économique Européenne», *in* J. A. VAN DAMME (ed.), *La réglementation du comportement des monopoles et entreprises dominantes en droit communautaire*, Semaine de Bruges 1977, Bruges, 1977, pp. 336-338. E MARIA MANUEL LEITÃO MARQUES (*Um Curso...*, pp. 30 e 33, respectivamente) informa que o «(...) direito comunitário da concorrência foi, na sua origem, muito influenciado pela posição da Alemanha e pelo direito alemão (...)» e que normas «(...) de direito da concorrência foram incluídas no Tratado de Roma (1957) por efeito da pressão dos alemães (...)».

[938] A idêntica conclusão se chegaria fitando os olhos noutro preceito apresentado por FOCSANEANU – «La notion...», p. 336-337 – como fonte do art. 86.º do Tratado CE, a saber, o art. 66.º, 7 do Tratado de Paris, de 18.4.1951, que instituiu a Comunidade Europeia do Carvão e do Aço: aí se faz referência a empresa*s* públicas ou privadas que, de direito ou de facto, têm ou adquirem uma posição dominante. Também aqui se consagra expressamente a detenção de posição dominante por várias empresas (note-se, entretanto, que as disposições de concorrência da Comunidade Europeia do Carvão e do Aço não proporcionaram, na sua aplicação, experiência particularmente relevante – DAVID J. GERBER, «The Transformation of European Community Competition Law?», *Harv Int LJ*, vol. 35, n.º 1, Winter 1994, p. 101).

[939] *Vd.* AIGNER, *Kollektive...*, p. 86.

[940] LABINI, *Oligopolio...* (já citada).

[941] Assim se torna mais compreensível que, em problema suscitado perante o TJCE, tendo a Bélgica invocado a intenção dos Estados-membros ao tempo da elaboração do Tratado de Roma, a Comissão viesse contrapor que a interpretação histórica pouco significado assumia no direito comunitário – acórdão de 17.12.1980, *Kommission/Königreich Belgien*, 149/79, *Slg.* 1980, p. 3881, a p. 3890.

Elemento teleológico. Dado que todo o direito é finalista e toda a fonte existe para atingir fins ou objectivos sociais[942], atentemos no elemento racional ou teleológico, que nos há-de esclarecer acerca da razão-de-ser da lei, do seu objectivo prático[943] [944]. A jurisprudência comunitária defere-lhe o papel principal em sede de interpretação[945] e ele mostra-se, na verdade, o subsídio decisivo para apurar se a refe-

[942] OLIVEIRA ASCENSÃO, *O direito...*, p. 414.

[943] *Vd.* CASTANHEIRA NEVES, «Interpretação jurídica», p. 364; SANTOS JUSTO, *Introdução...*, p. 331; FERNANDO JOSÉ BRONZE, *Lições...*, pp. 845 e 856-857; BAPTISTA MACHADO, *Introdução...*, p. 182.

[944] ERNST STEINDORFF alvitra que, ao lado do escopo da lei, a "política da lei" será um critério de interpretação, sobretudo no direito económico [ver «Politik des Gesetzes als Auslegungsmasstab im Wirtschaftsrecht», *in* GOTTHARD PAULUS/UWE DIEDRICHSEN/ /CLAUS-WILHELM CANARIS (Hrsg.), *Festschrift für Karl Larenz zum 70. Geburtstag*, München, 1973, designadamente pp. 237 e 243]. LARENZ (*Methodenlehre...*, p. 332, *in fine*) dissente, dizendo que "política da lei" não pode significar outra coisa senão os objectivos políticos da lei; se o fim desta se situa no campo político-económico, a "interpretação teleológica" da lei quer dizer que ela deve ser interpretada de molde a que este objectivo político-económico seja alcançado da melhor forma possível. Já ANTÓNIO MENEZES CORDEIRO observa que «(...) a menção expressa à política económica permite acentuar aspectos de conexão que, remetidos para os elementos clássicos da interpretação, ficariam diluídos, perdendo em eficácia (...)». Este Professor acrescenta que, ao concretizar as normas de Direito da economia, é preciso conhecer as políticas económicas que tenham presidido à sua elaboração (*Direito da Economia*, 1.° volume, reimpressão, Lisboa, 1990, pp. 134-135).

[945] GERBER, «The Transformation...», p. 109; *vd.*, igualmente, ANA MARIA GUERRA MARTINS, *Curso...*, p. 408. ALBERT BLECKMANN – «Zu den Auslegungsmethoden des Europäischen Gerichthofs», *NJW*, 2. Juni 1982, p. 1178 – observava que, a nível de direito primário, o TJCE recorria, sobretudo, aos fins prosseguidos pelo tratado em causa e também a elementos de ordem sistemática.

O direito primário ou originário é constituído pelos instrumentos internacionais, criados pelos Estados, que deram vida e erigiram as organizações comunitárias, lhes impuseram a prossecução de certos fins e regularam as relações entre os seus órgãos. Quer dizer: é composto pelos Tratados Comunitários. A expressão compreende não apenas os três tratados em que as Comunidades tiveram berço, como também todos os instrumentos internacionais por via dos quais, depois, os Estados modificaram os primeiros ou completaram o seu conteúdo. Veja-se RUI MOURA RAMOS, «As Comunidades Europeias. Enquadramento normativo-institucional», *in Das Comunidades à União Europeia. Estudos de Direito Comunitário*, 2ª ed., Coimbra, 1999, pp. 71-72, FAUSTO DE QUADROS, *Direito...*, pp. 343-344 e PAULO DE PITTA E CUNHA, *Direito Institucional da União Europeia*, Coimbra, 2004, p. 40.

rência a "mais empresas" contida no art. 82.º CE apresa a dominação colectiva.

Por que motivo(s) proíbe o art. 82.º CE a exploração abusiva de posição dominante? De acordo com o TJCE[946], a norma visa proibir as práticas susceptíveis de causar prejuízo directo aos consumidores e aqueloutras que lhes irrogam dano indirecto ao violarem uma estrutura de concorrência efectiva, tal como está prevista na alínea *g)* do n.º 1 do art. 3.º CE[947] [948].

Começando pela lesão directa de interesses dos consumidores, ela há-de resultar do "abuso de exploração" (*exploitative abuse*, *Ausbeutungsmissbrauch*), mercê do qual os beneficiários de posição dominante impõem condições desfavoráveis – *v. g.*, preços despropositadamente elevados – aos seus parceiros de trato (aqui incluído o consumidor final). Logram fazê-lo na medida em que fornecedores, clientes e consumidores não estão em condições de eludir o comportamento abusivo desviando a sua oferta ou procura para outro adquirente ou vendedor. Raciocinando em termos de oferta, mesmo existindo fornecedores a praticar condições mais favoráveis do que as exigidas por quem usufrui de posição dominante, eles dificilmente lograrão satisfazer a procura – pelo menos, *toda* a procura – que almeja abandonar a empresa dominante, porquanto dispõem de quinhão de mercado bem inferior a esta. O art. 82.º CE pretende

---

[946] Sentença de de 13.2.1979, *Hoffmann-La Roche*, *Col.* 1979, p. 217, n.º 125. Ver também a referência, em direcção convergente, feita pelo advogado-geral Jean-Pierre Warner no processo *Istituto Chemioterapico Italiano S.p.A. und Commercial Solvents Corporation/Kommission*, 6 e 7/73, *Slg.* 1974, p. 268.

[947] Anteriormente, al. *f)* do art. 3.º do Tratado CE.

[948] Em termos gerais, contudo, a opinião mais divulgada foi no sentido de acentuar que o regime jurídico da concorrência não tem na defesa dos consumidores o seu objectivo principal, encontrando-se antes voltado para a garantia de funcionamento do sistema – *vd.* a notícia que disso nos dá Carlos Ferreira de Almeida, *Os Direitos...*, p. 74.

Observando pelo ângulo do consumidor, verificamos que o declínio do mercado de concorrência e a primazia da "soberania do produtor" se contam entre o ror de motivos que levaram o Estado a intervir no sentido de proteger o elo mais fraco da cadeia produção/distribuição/consumo, a saber, o consumidor (cfr. João Calvão da Silva, *Responsabilidade Civil do Produtor*, reimpressão, Coimbra, 1999, pp. 33 ss.).

Certo é haver uma grande «zona cinzenta» entre a política de defesa da concorrência e a política de defesa do consumidor, assim como instrumentos que se podem inscrever em qualquer das duas – *vide* Maria do Rosário Rebordão Sobral/João Eduardo Pinto Ferreira, *Da Livre...*, p. 136.

contrariar tal género de tendências, obrigando as empresas a praticar condições "razoáveis", que teriam lugar se houvesse disputa[949].

Quanto aos prejuízos indirectos causados ao consumidor, advêm, por um lado, de actos que a empresa em posição dominante leva a cabo contra concorrentes actuais ou potenciais. São condutas que materializam o "abuso anticompetitivo" ou "abuso de exclusão" (*anti-competitive abuse*, *exclusionary abuse*, *Behinderungsmissbrauch*) e que têm por corolário impedir – através de meios estranhos à disputa de mérito, à competição normal de produtos ou serviços com base na prestação dos operadores económicos – a manutenção e o desenvolvimento do grau de concorrência existente no mercado (já enfraquecido por mor da presença do agente preponderante)[950]. Como exemplos, podem ser adiantados os descontos de fidelidade e os preços predatórios[951]. A comissão de abusos anticompetitivos resulta em prejuízo ou afastamento de rivais que estavam no mercado e diminui a possibilidade de novas entradas. Indirectamente, traduz-se em jactura para o consumidor. Significa isto que proibir tal espécie de abuso ajuda a manter e a avivar patamares de concorrência, beneficiando quem compra[952].

Na súmula de Luís M. Pais Antunes[953], a principal diferença entre o abuso de exploração e o abuso de exclusão reside no facto de, ali, a empresa dominante usar o seu estatuto de predomínio para lesar os fornecedores, os clientes e os consumidores, enquanto no segundo caso o utiliza em detrimento dos concorrentes.

---

[949] *Vd.* Aigner, *Kollektive...*, pp. 87-88. Acerca do abuso em geral, Focsaneanu, «La notion...», pp. 324 ss.. Sobre o abuso de exploração em particular, John Temple Lang, «Monopolisation and the definition of "abuse" of a dominant position under article 86 EEC Treaty», *CMLR*, 1979, pp. 345-348 e 363; Bellamy/Child, *European...*, p. 721; Emmerich, *in* Dauses, *Handbuch...*, p. 127; Kling/Thomas, *Grundkurs...*, p. 553.

[950] Acórdão de 13.2.1979, *Hoffmann-La Roche*, *Col.* 1979, p. 217, n.º 91.

[951] Num primeiro tempo, estas práticas podem redundar em preços mais baixos, mas, ante a diminuição do número de concorrentes que provocam, logo se vão revelar pesado logro para o consumidor.

[952] Cfr. Aigner, *Kollektive...*, p. 88. Ver ainda, sobre o abuso anticompetitivo, Bellamy/Child, *European...*, p. 721; Emmerich, *in* Dauses, *Handbuch...*, p. 127; Kling/Thomas, *Grundkurs...*, p. 553; Comissão, Orientações sobre o conceito de afectação do comércio entre os Estados-Membros previsto nos artigos 81.º e 82.º do Tratado, JO C 101, de 27.4.2004, p. 81, n.º 73 e *DG Competition discussion paper on the application of Article 82 of the Treaty to exclusionary abuses*, Brussels, 2005, n.º 1.

[953] *Lições...*, p. 90.

Os danos indirectos causados ao consumidor resultam igualmente do "abuso de estrutura" (*Strukturmissbrauch*), que agrupa situações em que a empresa em posição dominante actua sobre a estrutura do mercado – *v. g.*, por intermédio de operações de concentração – de uma maneira que conduz à elisão ou entibiamento de graus de concorrência já apoucados pela presença do agente dominante. Também aqui, o decréscimo de rivalidade acaba por lesar o consumidor, roubando-lhe possibilidades de escolha[954] [955].

A resposta à questão de saber se o art. 82.º CE, na referência que faz a "mais empresas", abarca a dominação colectiva, há-de orientar-se justamente pela necessidade de proteger os que estão sujeitos e não conseguem desviar-se das condições gravosas impostas por quem preponderа (parceiros de negócio, consumidores finais) e os que não logram resistir aos seus métodos anti-concorrência (competidores actuais e potenciais)[956].

Ora, consumidores, parceiros comerciais e concorrentes só têm resguardo sem lacunas se estiverem defendidos face à dominação individual e face à preponderância colectiva. Muitas vezes, o ascendente de um globo de empresas independentes sob o ponto de vista jurídico e económico resulta do cumular dos seus poderes isolados, elas desfrutam de margem de actuação autónoma porque actuam em conjunto[957]. Se a dominação colectiva ficasse fora do campo de aplicação do art. 82.º CE, a norma viria privada de boa parte do seu sentido, corolário tanto mais

---

[954] Sobre o abuso de estrutura, EMMERICH, *in* DAUSES, *Handbuch...*, p. 148 e KLING/ /THOMAS, *Grundkurs...*, p. 554.

[955] Há doutrina que, além das três modalidades de abuso expostas, refere os "abusos de retaliação" (*reprisal abuses*), guardando-se embora de afirmar que constituem categoria autónoma. No lugar próprio, não esqueceremos o fenómeno.

[956] Cfr. AIGNER, *Kollektive...*, p. 89 e BASTIAAN van der ESCH – «Der Stellenwert des unverfälschten Wettbewerbs in der Rechtsprechung des Europäischen Gerichtshofes und der Verwaltungspraxis der Kommission», *WuW*, 7 e 8/1988, p. 573 –, escrevendo que *captive customers*, compradores sem possibilidades de desvio relevantes sob o prisma económico, estão no centro das reflexões, tanto para determinar se há posição dominante como para aferir o que vale como abuso. *Vd.*, ainda, a alusão que consta de MARTIN SCHÖDERMEIER, «Collective Dominance Revisited: An Analysis of the EC Commission's New Concepts of Oligopoly Control», *ECLR*, 1990, p. 33.

[957] A força conjunta das empresas **A**, **B** e **C** é superior ao poder de **A+B+C**.

infeliz quanto não solicitado pelos elementos gramatical, sistemático e histórico. Chegar-se-ia, inclusive, ao ponto de um comportamento que produz os mesmos efeitos junto de consumidores, parceiros comerciais ou concorrentes ser avaliado de forma distinta: ilícito se proviesse de empresa em posição dominante singular, lícito se posto em prática por um conjunto de empresas independentes[958]. Tudo redundando em lesão do *ubi eadem est ratio, idem jus.*

O epílogo só pode ser um: a dominação conjunta é abarcada pelo campo de aplicação do art. 82.º CE, este contempla a posição dominante colectiva. Os interesses a preservar exigem um catálogo de defesas contra situações de poder de vários operadores que vá para além dos limites postos por tese tão estreita como a sustentada pelo Reino Unido na causa *vidro plano.*

---

[958] Cfr. AIGNER, *Kollektive...*, pp. 89-90.

CAPÍTULO II
APURAMENTO DA EXISTÊNCIA DE POSIÇÃO DOMINANTE COLECTIVA

A posição dominante conjunta define-se pela falta de concorrência substancial[959] entre as empresas e pela possibilidade deferida ao conjunto que elas formam de actuar com descaso das reacções de concorrentes, parceiros comerciais e consumidores. Tal como sucedia em matéria de concentrações de empresas, está em causa o que podemos apodar de falta de concorrência efectiva nas relações internas e nas relações externas. Deparamos com estes elementos no caminho que a Comissão e a jurisprudência seguem ao apreciar se duas ou mais empresas abusaram de posição dominante. Aquelas instituições operam, na ordem por que são expostas, por via das seguintes etapas[960]: 1ª) delimitação do mercado relevante, aquele em que se escrutina se há dominância colectiva; 2ª) exame tendente a determinar se, em tal mercado, a disputa entre essas empresas está de tal modo apoucada que se perfilam, em conjunto, como uma entidade colectiva face a concorrentes, parceiros comerciais e consumidores; este passo implica a análise dos laços ou vínculos existentes entre as empresas, correspondendo ao apuramento da posição *colectiva*[961]; 3ª) aquilatar do grau de ascendente usufruído pelo globo de empresas em causa, é dizer, esquadrinhamento da posição *dominante*; 4ª) escrutínio de eventual *abuso* de posição dominante conjunta.

---

[959] Também chamada "concorrência efectiva".

[960] Cfr. decisão de 1.4.1992, IV/32.450 – *Comités de armadores franco-oeste-africanos*, JO L 134, de 18.5.1992, p. 1, n.os 54-69; TJCE, sentença de 16.3.2000, *Compagnie maritime belge*, *Col.* 2000, I-1365, n.os 38-40.

[961] Não dizemos que as empresas *são* entidade colectiva, nem, tão-pouco, que a esta *dão corpo*. É a independência jurídica delas que nos leva à recusa. Usamos, isso sim, termos como *perfilam-se* ou *apresentam-se como* entidade colectiva.

É materialmente bem-fundado apurar primeiro se há posição colectiva e, depois, se ela é dominante. Está em consonância com a ideia de imputar a supremacia aos que só a detêm em virtude de fazerem parte de um conjunto. E permite estimar de forma cabal a situação da empresa que, ocupando pequena quota de mercado, irradia, por força de vínculos que a ligam a outras, pujança maior do que a entreluzida pela sua acanhada parcela da indústria. Atente-se que estamos a aceitar o que renegámos em matéria de concentrações de empresas: análise separada das relações internas e das relações externas. Agimos assim pelas razões ainda agora apontadas e também porque o exame *ex post* o permite[962] [963] [964].

A título principal, versaremos o traço "colectivo" da situação de domínio. Não cabem no objecto desta monografia o delimitar do "mercado pertinente" (será tocado ao de leve) nem o tratamento minuciado da posição "dominante" e do "abuso". Quando os organismos de defesa da concorrência manejam os três últimos tópicos no quadro da dominação colectiva, adoptam métodos usados no escrutínio da posição dominante singular, não há grandes especificidades.

[962] Na *praxis* da Comissão e na jurisprudência, é paradigmática a distinção dos dois planos nas decisões de 1.4.1992, *Comités de armadores franco-oeste-africanos*, JO L 134, de 18.5.1992, p. 1 (n.os 55-66), de 16.9.1998, *Acordo de Conferência Transatlântica*, JO L 95, de 9.4.1999, p. 1 (n.os 520-549), na sentença do TPI de 8.10.1996, *Compagnie maritime belge transports SA (CMB) e o./Comissão* T-24/93 a T-26/93 e T-28/93, *Col.* 1996, II-1201, n.os 59 ss. e na do Tribunal de Justiça de 16.3.2000, *Compagnie maritime belge*, *Col.* 2000, I-1365, n.os 40 e seguintes [para evitar confusões entre os dois arestos referidos em último lugar, identificaremos o acórdão do TPI através das iniciais *CMB*].

[963] Ao invés, no controlo *ex ante* não podia ser assim. O juízo de prognose que lhe era ínsito supunha tal imbricar de relações internas e externas que teimar numa departição prejudicaria o aprumo e a correcção da análise.

[964] A lei portuguesa, considerando que dispõem de posição dominante «duas ou mais empresas que actuam concertadamente num mercado, no qual não sofrem concorrência significativa ou assumem preponderância relativamente a terceiros» [art. 6.º, n.º 2, al. *b)*], contempla a falta de concorrência nas relações internas e nas relações externas. Todavia, parece-nos que a primeira parte do preceito (referência a conduta concertada) com vantagem seria substituída por redacção em que se aludisse à actuação das empresas enquanto entidade colectiva – *vd.* a nossa opinião *infra*, no n.º **2**. Nesse aspecto, pensamos que a lei alemã é mais clara, espelha melhor a dimensão *colectiva* e a de *domínio* – cfr. § 19, *Abs.* 2, *S.* 2 da *GWB*, incluindo a remissão para § 19, *Abs.* 2, *S.* 1.

1. Referência à determinação do mercado pertinente

No *iter* destinado a apreciar se houve abuso de posição dominante, o primeiro passo consiste em definir um mercado de referência, na sua dimensão material (ou funcional), geográfica e temporal.

A delimitação material permite agrupar os bens e os serviços que se destinam a satisfazer certa necessidade dos consumidores, enquanto a definição geográfica revela a área na qual se encontram a oferta e a procura desses bens e serviços, constituindo o globo dos dois mercados o *relevant market*. A definição temporal não opera de modo autónomo, antes representa um dos factores a ter em conta na demarcação geográfica e material[965].

A exemplo do que sucedia em matéria de concentrações, logo com este passo se condiciona a decisão que um processo há-de vir a ter: a demarcação excessivamente vasta do mercado relevante pode deixar por sancionar práticas abusivas que, de outro modo, seriam punidas[966].

Conforme dissemos noutros tempos[967], a circunscrição do *relevant market* como momento primeiro da aferição do abuso de posição dominante é tributária de concepção neoclássica da economia, de metodologia com origem em ALFRED MARSHALL, que fracciona a realidade económica em mercados e decompõe a economia em sectores mais ou menos isolados. Ao contrário da teoria do equilíbrio geral, de WALRAS, na qual cada empresa se confronta com o conjunto do sistema de produção e se procura averiguar como se formam os preços num aparelho produtivo com várias indústrias *e* vários produtos *e* vários preços, a tese de MARSHALL procede por "cortes" na actividade económica através da referência a

---

[965] Cfr. PETER HOET, «Domination du marché ou théorie du partenaire obligatoire», *RMC*, n.º 325, Mars 1989, p. 143. Explicações minudenciosas sobre a definição do mercado de referência encontram-se nesta obra de HOET – a pp. 143 ss. – e no nosso *A posição...*, pp. 26 ss.. Também pode consultar-se a Comunicação da Comissão relativa à definição de mercado relevante para efeitos do direito comunitário da concorrência, JO C 372, de 9.12.1997, p. 5, WYATT/DASHWOOD, *The Substantive...*, pp. 400-408, MÖSCHEL, *in* ULRICH IMMENGA/ERNST-JOACHIM MESTMÄCKER (Hrsg.), *EG-Wettbewerbsrecht: Kommentar*, vol. I, München, 1997, pp. 695-701, BELLAMY/CHILD, *European...*, pp. 686-707, EMMERICH, *in* DAUSES, *Handbuch...*, pp. 114-119, SCHRÖTER, *in* von der GROEBEN/SCHWARZE, *Kommentar...*, pp. 609-625 e KLING/THOMAS, *Grundkurs...*, pp. 545-547.

[966] Em sentido convergente, SÄCKER, «Abschied...», pp. 1 e 27.

[967] Ver o nosso *A posição...*, pp. 24-26.

mercados avulsos, compostos por produtos não diferenciados. É esta construção que oferece esteio para os organismos encarregados da defesa da concorrência delimitarem o mercado relevante como primeiro estádio do apuramento de posição dominante e do respectivo abuso.

Nós lidaremos com problemas em que o mercado circunscrito ostenta estrutura oligopolística.

2. **Posição *colectiva*: falta de concorrência substancial nas relações internas**

O carácter *colectivo* de uma posição (dominante) é dado pela falta ou pela forte limitação da concorrência entre os membros do oligopólio. Elas exprimem-se na circunstância de as empresas se apresentarem no mercado como uma entidade colectiva[968] ou – em redacção mais comum que pretende significar o mesmo – de nele adoptarem a mesma linha de conduta[969]. Preferimos a fórmula adiantada em primeiro lugar, pois é mais ampla: aparecer no mercado como uma entidade colectiva perante concorrentes, parceiros comerciais e consumidores abarca a prossecução da mesma linha de conduta, mas esta pode não abranger aquela: é plausível que duas ou mais empresas ajam do mesmo modo sem surgir como entidade colectiva única aos olhos de outrem (acontece, por exemplo, com o *paralelismo involuntário*)[970].

---

[968] TJCE, acórdão de 16.3.2000, *Compagnie maritime belge*, *Col.* 2000, I-1365, n.os 36, 39 e 44, *in fine*.

[969] TJCE, acórdãos de 27.4.1994, *Gemeente Almelo e o./Energiebedrijf IJsselmij NV*, C-393/92, *Col.* 1994, I-1477, n.º 42, de 5.10.1995, *Centro Servizi Spediporto Srl/ /Spedizione Marittima del Golfo Srl*, C-96/94, *Col.* 1995, I-2883, n.os 33-34, de 17.10.1995, *DIP SpA e o./Comune di Bassano del Grappa e Comune di Chioggia*, C-140/94, C-141/ /94 e C-142/94, *Col.* 1995, I-3257, n.os 26-27 e de 17.6.1997, *Sodemare SA e o./Regione Lombardia*, C-70/95, *Col.* 1997, I-3395, n.º 46; TPI, arestos de 7.10.1999, *Irish Sugar*, *Col.* 1999, II-2969, n.os 45-46 e de 30.9.2003, *Atlantic Container Line AB e o./Comissão*, T-191/98, T-212/98 a T-214/98, *Col.* 2003, II-3275, n.os 595 e 652.

[970] Chama-se a atenção para uma minudência: no n.º 631 da sentença *Atlantic Container Line*, de 30.9.2003 (*Col.* 2003, II-3275), o TPI sufragou ser suficiente a possibilidade de adoptar a mesma linha de conduta no mercado (não era preciso demonstrar que todas as empresas seguiram idêntico rumo de acção em todas as circunstâncias). Semelhante trecho suscita-nos alguns comentários. Ele arrima-se no n.º 221 da sentença do TJCE proferida em 31.3.1998 no processo *República Francesa* (*Col.* 1998, I-1375);

Para se adjudicar posição dominante *colectiva*, será de exigir a total ausência de competição entre aqueles a quem se pretende imputar tal estatuto? Ou será suficiente a falta de concorrência *efectiva*? A consulta dos textos produzidos pela Comissão e pelos tribunais não é esclarecedora. Aí se encontram passagens que sugerem retorquir afirmativo à primeira pergunta[971], a par de outras (vão ganhando cada vez mais terreno) que alvitram tal resposta à segunda questão[972]. Na doutrina, prevalece[973] a ideia de que a posição dominante conjunta supõe apenas falta de concorrência "substancial" ou "efectiva"[974]. A *communis opinio* circunscreve a noção de concorrência substancial pelo recurso à possibilidade de aquele que compra ou vende a empresa do conjunto cuja pre-

---

aí vem plasmada a fórmula «*possam* adoptar a mesma linha de acção» (grifo da nossa lavra). Simplesmente, essa sentença diz respeito a concentrações de empresas e aí está em causa uma lógica prospectiva: para os efeitos em vista, basta a *possibilidade* de as empresas actuarem de maneira idêntica no futuro. Ao contrário, o art. 82.º CE sanciona *ex post* abusos de dominância, requer exame de acções ou omissões pretéritas. Assim, parece espúrio perguntar pela "possibilidade", deve antes olhar-se ao comportamento prosseguido pelas empresas no mercado relevante e verificar se nele agiram como uma só.

[971] TJCE, acórdãos de 5.10.1995, *Spediporto*, *Col.* 1995, I-2883, n.º 34, *in fine*, de 17.10.1995, *DIP*, *Col.* 1995, I-3257, n.º 27, também no fim, e de 1.10.1998, *Autotrasporti Librandi Snc di Librandi F. & C./Cuttica spedizioni e servizi internationali Srl*, C-38/97, *Col.* 1998, I-5955, n.º 32.

[972] Comissão, decisões de 1.4.1992, *Comités de armadores franco-oeste-africanos*, JO L 134, de 18.5.1992, p. 1, n.os 56 e, também, 51, e de 16.9.1998, *Acordo de Conferência Transatlântica*, JO L 95, de 9.4.1999, p. 1, n.º 522, *in fine*; Comunicação sobre a aplicação das regras da concorrência aos acordos de acesso no sector das telecomunicações, JO C 265, de 22.8.1998, p. 2, n.º 79; TPI, sentença de 30.9.2003, *Atlantic Container Line*, *Col.* 2003, II-3275, n.os 654 e 714. Neste último ponto, os juízes do TPI sublinharam que, se entre as empresas subsistem formas de concorrência estranhas aos preços – tocando, por exemplo, a qualidade do serviço –, isso não basta, em princípio, para negar a existência de posição dominante colectiva fundada em laços deduzidos da sua estratégia comum em matéria de preços.

[973] KOCH, *in* GRABITZ/HILF, *Das Recht*..., edição „prévia": *Altband II*, Art. 86, p. 12; AIGNER, *Kollektive*..., sobretudo a pp. 153 ss.; HAUPT, «Kollektive...», pp. 364-365; JUNG, *in* GRABITZ/HILF, *Das Recht*..., p. 30; JOHN TEMPLE LANG, «Oligopolies and joint dominance in Community antitrust law», *in* AAVV, *Annual Proceedings of the Fordham Corporate Law Institute (2001). International Antitrust Law & Policy*, Huntington, 2002, p. 269.

[974] Neste contexto, os dois adjectivos são usados como sinónimos – *vd.* AIGNER, *Kollektive*..., p. 179.

dominância se indaga poder, em caso de agravamento das condições propostas por essa empresa, desviar a sua procura ou oferta para outro dos membros do colectivo que pratique condições mais vantajosas. Se isso for praticável, há concorrência substancial e é excluída a posição dominante colectiva[975] [976].

Partilhamos o modo de ver da doutrina dominante: basta a falta de concorrência efectiva. E avançamos algo mais. Se estiverem sob escrutínio práticas abusivas atinentes ao preço a cobrar, é verosímil falecer a concorrência substancial e existir posição colectiva, dada a aversão dos oligopolistas a brigas em tal campo. Semelhante grau de plausibilidade já decresce quando estão em apreço áreas em que mais regularmente se registam disputas, *v. g.*, condições de pagamento e garantias.

Cumpre agora perguntar que tipos de vínculos entre as empresas fazem decair a concorrência substancial entre elas, levando-as a agir como se de uma só se tratasse. Perguntando por outras palavras: como se alçapremam elas a uma posição *conjunta*, a uma categoria "colectiva"? A questão é da mais subida importância: enquanto no âmbito do controlo das concentrações a análise não se centra nos liames entre as empresas – essencial aí é o esquadrinhamento do mercado relevante com o fito de vaticinar se, levada a cabo a concentração, as condições são propícias ao alinho de gestos –, em sede de art. 82.º CE a ligação entre as empresas é o *quid* decisivo para actuarem em uníssono[977].

Há três vias precípuas que, fazendo as empresas cooperar, as levam a proceder como se apenas uma estivesse em causa: 1ª) acordos, decisões de associações e práticas concertadas; 2ª) pertença a grupos de sociedades; 3ª) interdependência paramétrica própria dos oligopólios.

---

[975] Ver Koch, *in* Grabitz/Hilf, *Das Recht...*, edição „prévia": *Altband II*, Art. 86, p. 12, Aigner, *Kollektive...*, p. 153 e Jung, *in* Grabitz/Hilf, *Das Recht...*, p. 31.

[976] A propósito da questão, Mestmäcker (*Europäisches Wettbewerbsrecht*, p. 387) recorre a formulação que vai pela negativa, escrevendo que a exploração de posição dominante conjunta não supõe a ausência de toda e qualquer concorrência entre as empresas.

[977] A propósito, Giordano, *in FI*, 2000, IV, colunas 327-328; *id.*, nota de abertura a «Abuso...», colunas 258-259.

2.1. **Acordos, decisões de associações e práticas concertadas**

Na origem da posição dominante colectiva pode estar qualquer das formas de coordenação de condutas referidas no art. 81.°, n.° 1 CE, a saber, acordos, decisões de associações e práticas concertadas[978]. O que cada uma significa, foi dito suso. O abeiramento que criam entre as empresas e o género de cooperação que supõem são capazes de fazer aquelas actuar como um bloco, deixando-as envergar a veste de uma entidade colectiva.

Para se dizer que um acordo, decisão de associação ou prática concertada coloca as empresas em posição dominante conjunta não é preciso que qualquer desses meios de cooperação entre as empresas produza efeitos anticoncorrenciais e viole o art. 81.°, n.° 1 CE[979]. O que está em causa é as empresas actuarem como se de uma só se tratasse e isso sucede, por exemplo, com um acordo, seja ou não contrário ao art. 81.° CE.

Todavia, na medida em que tais meios de sincronizar vontades violem o art. 81.°, n.° 1 CE, desponta o problema de os artigos 81.° e 82.° CE serem passíveis de aplicação paralela. *Primo conspectu*, o recurso às duas normas em simultâneo parece ser despiciendo, porquanto o emprego, em exclusivo, do art. 81.° CE já levaria à extinção do acordo, da decisão ou da prática concertada que são ilícitos, assim desaparecendo a causa, o fundamento da posição dominante colectiva.

Mas não é assim. Há todo um acervo de argumentos militando pela aplicação paralela das duas normas. Desde logo, no que toca aos seus

---

[978] MESTMÄCKER, *Europäisches Wettbewerbsrecht*, p. 386; SCHRÖTER, «Le concept de position dominante dans l'application des articles 66, paragraphe 7, du Traité CECA et 86 du Traité CEE», *in* J. A. VAN DAMME (ed.), *La réglementation du comportement des monopoles et entreprises dominantes en droit communautaire*, Semaine de Bruges 1977, Bruges, 1977, p. 456; *id.*, *in* von der GROEBEN/SCHWARZE, *Kommentar...*, p. 588. Referindo acordos e práticas concertadas, MAURIZIO ORLANDI/ANNA LEGRENZI, «La posizione dominante collettiva nel diritto della concorrenza italiana e delle Comunità Europee», *GM*, n.° 6, Parte Quarta, 1992, p. 1353; KOCH, *in* GRABITZ/HILF, *Das Recht...*, edição "prévia": *Altband II*, Art. 86, pp. 12-13. Falando, pura e simplesmente, de cartéis (*Kartelle*), MÖSCHEL, *in* IMMENGA/MESTMÄCKER, *EG-Wettbewerbsrecht...*, p. 717; GRILL, *in* LENZ, *EG--Vertrag: Kommentar...*, p. 774. Mencionando os acordos, J. A. VAN DAMME, *La politique de la concurrence dans la C.E.E.*, Kortrijk/Bruxelles/Namur, 1980, p. 303.

[979] Neste sentido, AIGNER, *Kollektive...*, p. 124, amparando-se em decisão da Comissão datada de 23.12.1992 (IV/32.448 e 32.450 – *Cewal, Cowac, Ukwal*, JO L 34, de 10.2.1993, p. 20).

efeitos, elas têm alcance distinto: por via do art. 81.º, cada um dos envolvidos em colusão pode ser obrigado a regressar a processo de tomada de decisão gizado exclusivamente por si próprio nos termos do "postulado de autonomia" do comportamento, a mais não pode ser forçado. Para além disso só se chega, porventura, *ex vi* art. 82.º, que verdadeiramente limita o espaço autónomo de conduta das unidades dominantes[980].

Em segundo lugar, o uso do art. 82.º CE pode ser apropriado relativamente às empresas entre as quais exista acordo ou prática concertada que beneficie de isenção concedida ao abrigo do n.º 3 do art. 81.º CE[981]. É certo que, por regra, as práticas concertadas, decisões e acordos isentos não geram posição dominante colectiva, porquanto a isenção não é concedida na medida em que seja dada às empresas a possibilidade de eliminar a concorrência relativamente a parte substancial dos bens em causa [art. 81.º, n.º 3, al. *b)*] e isso acontece quando estão em apreço empresas detentoras de posição dominante colectiva. Ainda assim, são críveis situações nas quais empresas em preponderância conjunta logrem obter benefício de isenção: pensamos nos acordos e práticas concertadas em que a isenção categorial *não pressupõe* que quem dela beneficie *não ultrapasse* certo limiar de quota de mercado[982]. Se tal acordo ou prática vier a

---

[980] Veja-se AIGNER, *Kollektive...*, p. 110; SCHRÖTER, *in* von der GROEBEN/SCHWARZE, *Kommentar...*, p. 589; outrossim, ERNST-JOACHIM MESTMÄCKER, «Zum Begriff des Mißbrauchs in Art. 86 des Vertrages über die Europäische Gemeinschaft», *in* KARSTEN SCHMIDT/EBERHARD SCHWARK (Hrsg.), *Unternehmen, Recht und Wirtschaftsordnung. Festschrift für Peter Raisch zum 70. Geburtstag*, Köln/Berlin/Bonn/München, 1995, p. 450.

[981] Já sabemos que o n.º 3 do art. 81.º é uma expressão da ideia segundo a qual, quando os resultados pró-concorrenciais do ajuste entre as empresas excedem os seus efeitos de cariz oposto, aquele é globalmente favorável e harmoniza-se com os objectivos do direito comunitário – *vide* Comissão, Orientações relativas à aplicação do n.º 3 do artigo 81.º do Tratado, JO C 101, de 27.4.2004, p. 97, n.º 33.

Também apurámos que, conquanto o direito comunitário conheça a isenção individual e a isenção por categoria (por todos, *vd.* SOFIA OLIVEIRA PAIS, *O controlo...*, p. 135, n. 353), a primeira tende, por força do regime imposto pelo Regulamento n.º 1/2003, a perder importância – cfr. CRUZ VILAÇA, «O ordenamento...», p. 41, n. 7; WHISH, *Competition Law*, p. 168 (também pp. 149-150 e 164); WAGNER, «Der Systemwechsel...», pp. 1374 e 1376; RILEY, «EC Antitrust...», p. 605.

[982] *Vd.* o Regulamento (CEE) n.º 4056/86 do Conselho, de 22.12.1986, que determina as regras de aplicação aos transportes marítimos dos artigos 85.º e 86.º do Tratado CE (actuais artigos 81.º e 82.º CE), JO L 378, de 31.12.1986, p. 4, alterado pelo art. 38.º do Regulamento n.º 1/2003, relativo às regras de concorrência estabelecidas nos artigos

produzir efeitos anticoncorrenciais, a Comissão ou a autoridade de um Estado-membro responsável em matéria de concorrência podem retirar o benefício da isenção (art. 29.º, n.os 1 e 2 do Regulamento n.º 1/2003); só que, tendo tal acto efeitos *ex nunc*, se a conduta das empresas só pudesse ser sancionada por meio do art. 81.º CE, então o correctivo só seria possível para comportamentos posteriores ao momento em que a privação do benefício tem efeito[983]. Faz, por isso, todo o sentido dizer que a outorga de isenção não coloca as empresas fora do campo de aplicação do art. 82.º CE.

Acrescente-se que, exigindo-se que fosse retirado o benefício da isenção para se poder aplicar o art. 82.º, isso poderia ser entendido – atendendo ao carácter não retroactivo de tal acto – no sentido de admitir que as isenções fundadas no art. 81.º, n.º 3 também funcionam como isenção à proibição de abuso de posição dominante. Tal solução, além de pouco avisada – a interdição prevista no art. 82.º CE é incondicional, não há possibilidade de, em relação a ela, se registar qualquer isenção[984] –, violaria princípios de hierarquia das normas, pois a concessão do benefício da isenção por meio de acto de direito derivado, e sem qualquer fundamento no Tratado, estaria a derrogar o disposto numa norma deste (o art. 82.º)[985].

81.º e 82.º CE, JO L 1, de 4.1.2003, p. 1. Em termos opostos – isenção aplicável na condição de a quota de mercado dos envolvidos não exceder certo limiar –, ver o Regulamento n.º 772/2004, de 27.4.2004, relativo à aplicação do n.º 3 do artigo 81.º do Tratado a categorias de acordos de transferência de tecnologia, JO L 123, de 27.4.2004, p. 11.

[983] Cfr. Aigner, *Kollektive...*, pp. 107-108 e Mestmäcker/Schweitzer, *Europäisches...*, p. 383.

[984] João Mota de Campos, *Manual...*, p. 604; J. Simões Patrício, *Direito...*, p. 103; J. J. Ferreira Alves, *Direito...*, p. 128; Manuel Afonso Vaz, *Direito...*, pp. 304 e 308; Miguel Gorjão-Henriques, «Sobre os comportamentos colectivos no direito comunitário da concorrência – o acórdão *Kali und Salz*: notas gerais (acórdão do Tribunal de Justiça República Francesa e Outros c. Comissão, de 31 de Março de 1998)», *TInt*, 4.º vol., 1.º Semestre de 1999, n.º 7, p. 244.

[985] Ver TPI, acórdãos de 10.7.1990, *Tetra Pak Rausing SA/Comissão*, T-51/89, *Col.* 1990, II-309, n.º 25 e de 8.10.1996, *CMB*, *Col.* 1996, II-1201, n.º 152.

Recorde-se que o Tratado integra o direito primário ou originário. Já os actos de direito derivado ou secundário são praticados em execução dos Tratados, servem para os concretizar, desenvolver e aplicar. *Vd.* Rui Moura Ramos, «As Comunidades...», p. 82, Fausto de Quadros, *Direito...*, p. 353 e Paulo de Pitta e Cunha, *Direito...*, p. 40.

Por fim, na maioria dos regulamentos que conferem isenções categoriais encontra-se consagrada em termos cristalinos a menção de que eles não prejudicam a aplicação do art. 82.º CE[986].

Em suma, graças à aplicação paralela dos artigos 81.º e 82.º CE, é possível sancionar aquelas formas de coordenação de comportamento que beneficiem de isenção prevista no n.º 3 do art. 81.º CE e dêem origem a abuso de posição dominante. Se apenas se lançasse mão do art. 81.º CE, elas só poderiam ser punidas a partir do ponto temporal em que o retirar do benefício da isenção produzisse efeitos[987].

A fim de robustecer todo o arrazoado precedente, vale a pena notar serem múltiplos os casos nos quais a Comissão e/ou os tribunais entendeu/entenderam que a dominação colectiva assentava em formas de coordenação mencionadas no art. 81.º CE[988].

A relação de hierarquia entre direito originário e direito derivado está bem patente nas páginas 71 e 82 da obra referida em primeiro lugar.

[986] Atente-se, por exemplo, no Regulamento n.º 2658/2000, de 29.11.2000, relativo à aplicação do n.º 3 do artigo 81.º do Tratado a certas categorias de acordos de especialização, JO L 304, de 5.12.2000, p. 3, considerando 18, no Regulamento n.º 2659/2000, de 29.11.2000, relativo à aplicação da mesma norma a certas categorias de acordos de investigação e de desenvolvimento, JO L 304, de 5.12.2000, p. 7, considerando 22, no Regulamento n.º 358/2003, de 27.2.2003, relativo à aplicação do n.º 3 do artigo 81.º do Tratado a certas categorias de acordos, decisões e práticas concertadas no sector dos seguros, JO L 53, de 28.2.2003, p. 8, considerando 28 e no Regulamento n.º 772/2004, de 27.4.2004, relativo à aplicação do n.º 3 do artigo 81.º a categorias de acordos de transferência de tecnologia, JO L 123, de 27.4.2004, p. 11, considerando 20.

[987] Cfr. Sally Wheeler, «The relationship between Article 85 (3) and Article 86», *ELR*, 1991, pp. 310-312. Com as orientações expendidas em texto enfileiram também Mestmäcker, «Zum Begriff...», p. 450 e Martina Köppen, *Gruppenfreistellungsverordnungen. Wirksamkeit und Rechtsschutz*, Frankfurt am Main/Berlin/Bern/Bruxelles/ /New York/Wien, 2000, pp. 155-156; delas dissente Gerhard Wiedemann, *Kommentar zu den Gruppenfreistellungsverordnungen des EWG-Kartellrechts*, vol. I, Köln, 1989, pp. 121-122.

[988] Comissão, decisões de 2.1.1973, *Europäische Zuckerindustrie*, ABl. L 140, de 26.5.1973, p. 17, II.E.2 e de 1.4.1992, *Comités de armadores franco-oeste-africanos*, JO L 134, de 18.5.1992, p. 1, n.ºs 40-42, 55-58 e 66; TPI, acórdãos de 10.3.1992, *SIV*, *Col.* 1992, II-1403, n.º 358 – em que o tribunal apresenta o acordo como exemplo de laço económico capaz de alçapremar duas ou mais empresas a posição dominante conjunta –, de 30.9.2003, *Atlantic Container Line*, *Col.* 2003, II-3275, n.ºs 602 e 629 (em conjugação com n.ºs 596-601 e 610) e, por fim, de 26.1.2005, *Laurent Piau*, n.ºs 113 ss.; TJCE, sentença de 16.3.2000, *Compagnie maritime belge*, *Col.* 2000, I-1365, n.ºs 44-45; ainda em sentido convergente, conclusões do advogado-geral Carl Otto Lenz no processo

Perguntar-se-á: o simples facto de as empresas participarem nas formas de coordenação de comportamentos referidas e de possuírem elevadas quotas de mercado basta para que estejam em posição dominante colectiva? A resposta é negativa. A pesquisa da jurisprudência revela que, para apurar infracção ao art. 82.º CE, não basta "reciclar" os factos constitutivos de infracção ao art. 81.º CE, daí concluindo, sem mais, que os envolvidos detêm posição dominante conjunta e que o seu comportamento ilícito é abuso de tal posição. Para esta ter lugar, é preciso um *plus*: actuar como uma entidade colectiva[989]. Significa isto que, em tese geral, qualquer acordo, decisão de associação ou prática concertada é passível de constituir aquele elo necessário à posição *colectiva*; mas, para determinar que houve realmente atentado ao art. 82.º CE, é preciso concluir que, por mor de qualquer dessas formas de coligação, as empresas agiram sob roupagem de entidade colectiva. Cremos que, na larga maioria dos casos, o simples envolvimento nesses três tipos de urdidura já levará as empresas a agir como se só uma estivesse em apreço.

Uma derradeira nota: o assaque de posição dominante conjunta baseada em acordo, decisão de associação ou prática concertada tem validade teórica nos oligopólios restritos e nos largos.

Ahmed Saeed, *Col.* 1989, p. 824, n.º 27. Ver, também, LENNART RITTER/W. DAVID BRAUN/ /FRANCIS RAWLINSON, *European Competition Law: a Practitioner's Guide*, 2ª ed., Student Edition, The Hague/London/Boston, 2000, pp. 401-402.

Registo de sinal contrário, excluindo a aplicação do art. 86.º do Tratado CE (actual art. 82.º CE) quando estiver em causa prática concertada, encontra-se no aresto do TJCE de 14.7.1981, *Züchner*, *Slg.* 1981, p. 2021, n.º 10, bem como nas conclusões do advogado-geral SIR GORDON SLYNN em tal processo (a p. 2039). Um e outras encontram-se, contudo, amarelecidos pelo decurso do tempo e pelos ulteriores achados do *acquis communautaire*.

[989] Acórdão de 16.3.2000, *Compagnie maritime belge*, *Col.* 2000, I-1365, n.º 44: «(...) um acordo, uma decisão de associação ou uma prática concertada [que beneficiem ou não da isenção ao abrigo do artigo 85.º, n.º 3, do Tratado (actual art. 81.º, n.º 3 CE)] pode incontestavelmente, quando lhe é dada aplicação, ter como consequência que as empresas em questão se juntaram no sentido de concertarem os respectivos comportamentos num mercado determinado, de modo que se apresentam nesse mercado como uma entidade colectiva em relação aos concorrentes, parceiros comerciais e consumidores». Ver, também, TPI, acórdãos de 10.03.1992, *SIV*, *Col.* 1992, II-1403, n.º 360 e de 8.10.1996, *CMB*, *Col.* 1996, II-1201, n.º 67; MÖSCHEL, *in* IMMENGA/MESTMÄCKER, *EG-Wettbewerbsrecht...*, p. 718.

Porém, no que ao seu emprego prático diz respeito, esses meios de urdume não constituirão fundamento exclusivo de tal imputação no caso dos *oligopólios estreitos*. Como veremos, a interdependência circular – particularmente intensa nesta espécie de oligopólios – funda a posição dominante colectiva. Por conseguinte, as empresas que laboram em tal mercado e se orientam pela interdependência aí imperante já se encontram, por esse motivo, em posição (dominante) colectiva. Destarte, a circunstância de celebrarem acordos, de se envolverem em práticas concertadas ou de gizarem os negócios com base em decisão de associação vem apenas acrescentar um fundamento adicional de dominação conjunta.

2.2. **Grupos de sociedades**

Os grupos de sociedades podem ser instrumento propício à concertação de tratos. Na doutrina[990], já se observou que, sendo os cartéis proibidos pelo poder público, logo aumenta a tendência de os produtores de um mercado se agruparem em grupo horizontal.

Esquadrinharemos agora o problema de saber se as sociedades que fazem parte de um grupo detêm posição dominante colectiva nos termos do art. 82.º CE[991].

Por norma, no direito comunitário da concorrência (mormente na praxis da Comissão), as sociedades pertencentes a um grupo e que, embora dotadas de autonomia jurídica, constituem unidade económica, são tidas como uma só empresa[992]. A unidade económica existe quando as

---

[990] Arndt, *Wirtschaftliche Macht...*, p. 41, *in fine.*

[991] Um grupo pode integrar entidades que não são societárias, a noção de grupo de empresas é mais lata do que a de grupo de sociedades. Todavia, posto que o grupo de sociedades é o mais importante e significativo, é a ele que faremos referência.

[992] Decisões de 14.12.1972, IV/26.911 - *ZOJA/CSC-ICI*, JO L 299, de 31.12.1972, p. 51, II.A., de 22.12.1987, *Eurofix-Bauco/Hilti*, JO L 65, de 11.3.1988, p. 19, n.º 54 e de 21.12.1988, IV/31.851 – *Magill TV Guide/ITP, BBC e RTE*, JO L 78, de 21.3.1989, p. 43, n.º 19. Ver, ainda, TJCE, acórdão de 11.4.1989, *Ahmed Saeed*, *Col.* 1989, p. 803, n.º 35. Dando conta do tratamento como empresa única pela Comissão e pela jurisprudência, Paul J. G. Kapteyn/P. Verloren Van Themaat, *Introduction to the Law of the European Communities. After the coming into force of the Single European Act*, 2ª ed. (editada por Laurence W. Gormley), Deventer, 1990, p. 566; Jung, *in* Grabitz/Hilf, *Das Recht...*, p. 32; Mestmäcker, *Europäisches Wettbewerbsrecht*, p. 373; *id.*, «Zum Begriff...», p. 449; Mach, *L'entreprise...*, pp. 107-109.

sociedades em causa estão de tal modo ligadas que algumas delas já não podem gizar o seu comportamento de forma autónoma, antes se encontram sujeitas às directivas de uma (ou várias) sociedade(s)-mãe(s)[993]; para se chegar a esse ponto, basta a participação maioritária da sociedade-mãe no capital da sociedade-filha[994].

Na decorrência de semelhante raciocínio, parte da doutrina advoga que os grupos de sociedades nos quais ocorra esse género de subordinação devem ser tratados como uma empresa, quanto a eles não se coloca problema de posição dominante colectiva; esta apenas poderia ter lugar na falta de tal subordinação ou relativamente a empresas cujo *agere* não seja controlado por uma mesma sociedade-mãe[995]. Para tal perspectiva, a

---

[993] MÖSCHEL, *in* IMMENGA/MESTMÄCKER, *EG-Wettbewerbsrecht...*, p. 717; EMMERICH, *in* DAUSES, *Handbuch...*, p. 28; JUNG, *in* GRABITZ/HILF, *Das Recht...*, p. 32; COUTINHO DE ABREU, *Da Empresarialidade...*, p. 265, n. 695; TJCE, acórdãos de 21.2.1973, *Europemballage Corporation und Continental Can Company Inc./Kommission*, 6/72, *Slg.* 1973, p. 215, n.º 15 e de 4.5.1988, *Corinne Bodson*, *Col.* 1988, p. 2479, n.os 19 e 21; Comissão, decisão de 14.12.1972, *ZOJA/CSC-ICI*, JO L 299, de 31.12.1972, p. 51, II.A.. Apontando ambiguidade a expressões como "unidade económica", COUTINHO DE ABREU, «Aspectos do direito económico da União Europeia (apontamentos a propósito do diálogo U. E. – MERCOSUL)», *BFD*, vol. LXXIV, 1998, p. 727.

[994] MÖSCHEL, *in* IMMENGA/MESTMÄCKER, *EG-Wettbewerbsrecht...*, p. 717, EMMERICH, *in* DAUSES, *Handbuch...*, p. 28 e JUNG, *in* GRABITZ/HILF, *Das Recht...*, p. 32.

[995] JUNG, *in* GRABITZ/HILF, *Das Recht...*, p. 32; KOCH, *in* GRABITZ/HILF, *Das Recht...*, edição "prévia": *Altband II*, Art. 86, p. 13; MESTMÄCKER, *Europäisches Wettbewerbsrecht*, p. 373; MESTMÄCKER/SCHWEITZER, *Europäisches...*, p. 406; em sentido próximo, BERTHOLD GOLDMAN/ANTOINE LYON-CAEN/LOUIS VOGEL, *Droit commercial européen*, 5ª ed., Paris, 1994, p. 409.

Mais radicais se mostram GEORG-KLAUS DE BRONETT [*in* GERHARD WIEDEMANN (Hrsg.), *Handbuch des Kartellrechts*, München, 1999, p. 761] e AIGNER – *Kollektive...*, pp. 135 ss. –, ambos sustentando que o grupo só pode deter posição dominante individual, não conjunta. No afã com que defende o seu modo de ver, o segundo dos Autores citados comete dois erros. Por um lado, dá por adquirido que nos grupos só há um centro autónomo a tomar decisões e que, em virtude da direcção unitária, os seus integrantes não podem entrar em disputa recíproca (pp. 136-137). Por outro, menciona a responsabilidade da mãe por actos praticados pela filha que consubstanciem violação ao art. 82.º CE, ponto que seria incompatível com a autonomia económica da sociedade-filha (p. 137). Contraditamos o primeiro argumento assinalando que a direcção unitária é perfeitamente compatível com a gestão descentralizada das sociedades-filhas e não requer a intervenção da mãe em todos os campos de decisão empresarial destas (ao ponto volveremos juso; por agora, ver COUTINHO DE ABREU, *Da Empresarialidade...*, p. 262, n. 688). Ao segundo argumento brandido por AIGNER, contrapomos que, procedendo o abuso de posição domi-

autonomia económica (e jurídica) das empresas é pressuposto necessário ao assaque de posição dominante conjunta.

Há, contudo, quem defenda tese diferente. Falamos da perspectiva que imputa posição dominante conjunta aos integrantes do grupo de sociedades, não ficando esta conclusão dependente da falta de sujeição a instruções da sociedade-mãe. Sigamos o raciocínio proposto por um corifeu deste modo de ver, SCHRÖTER: o conceito de empresa no direito comunitário da concorrência abarca qualquer entidade que exerça uma actividade económica, independentemente do seu estatuto jurídico e do seu modo de financiamento[996]; não figura aqui, não é exigida a autonomia económica da entidade em causa. Assim sendo, várias empresas dotadas de autonomia jurídica não podem ter posição dominante individual, só conjunta, e isto vale também para o caso em que diversas sociedades dão corpo a uma unidade económica[997]. Segundo SCHRÖTER, a sentença do TJCE no caso *Bodson*[998] (n.os 21 e 25) robora esta concepção, pois o tribunal admitiu que diversas sociedades – formando uma unidade económica e tendo a linha de conduta determinada por uma sociedade-

---

nante de uma das sociedades-filhas, não é apenas a mãe que pode ser responsabilizada, também o pode ser só a filha ou ambas – EMMERICH, *Kartellrecht*, p. 434; *id.*, *in* DAUSES, *Handbuch...*, p. 125; JUNG, *in* GRABITZ/HILF, *Das Recht...*, p. 33 [de resto, mesmo que só a mãe fosse chamada a responder e tivesse de cumprir sanção pecuniária, permaneceria intacto o património (autónomo) da filha, distinto sujeito jurídico – *vd.* COUTINHO DE ABREU, *Da Empresarialidade...*, p. 263, n. 690].

[996] TJCE, acórdãos de 23.4.1991, *Höfner e Elser*, *Col.* 1991, I-1979, n.º 21, de 17.2.1993, *Christian Poucet/Assurances générales de France (AGF) e Caisse mutuelle régionale du Languedoc-Roussillon (Camulrac), e Daniel Pistre/Caisse autonome nationale de compensation de l'assurance vieillesse des artisans (Cancava)*, *Col.* 1993, I-637, n.º 17, de 16.11.1995, *Fédération française des sociétés d'assurance*, *Col.* 1995, I-4013, n.º 14, de 11.12.1997, *Job Centre coop. arl*, *Col.* 1997, I-7119, n.º 21 e de 19.2.2002, *Wouters*, *Col.* 2002, I-1577, n.º 46 (já dissemos que a versão portuguesa das sentenças *Höfner e Elser* e *Fédération française des sociétés d'assurance* tem uma gralha: em vez de «modo de financiamento», escreve-se «modo de funcionamento»).

[997] A "unidade económica" não serviria para concretizar o conceito de empresa, apenas forneceria critério para responder à questão de saber se, tendo em mira certos fins legais, várias empresas devem ser tratadas como uma só. Em particular, no quadro do art. 82.º CE, a sua serventia circunscrever-se-ia a dois pontos: com base nela se decide se as quotas de mercado de vários membros do grupo podem ser adicionadas e se a conduta de uma das sociedades do grupo pode ser imputada a outras sociedades do mesmo. SCHRÖTER, *in* von der GROEBEN/SCHWARZE, *Kommentar...*, pp. 587-588.

[998] Acórdão de 4.5.1988, *Col.* 1988, p. 2479.

-mãe – que beneficiavam de monopólios regionais no sector dos serviços funerários detivessem uma posição dominante colectiva na França. Quanto a este ponto, é diverso o nosso entendimento. Ante as passagens referidas do acórdão *Bodson*, não podemos ser peremptórios. É certo que no n.º 21 se escreve que o «(...) eventual comportamento anticoncorrencial do grupo de empresas concessionárias que constituem uma unidade económica na acepção da jurisprudência do Tribunal deve ser examinado à luz do artigo 86.º do Tratado (...)». Só que este *obiter dictum* tanto é compaginável com a interpretação dada por Schröter como casa com uma outra que sustente estar aí em causa a posição dominante *individual* da unidade económica composta pelos membros do grupo. Apresentar este trecho jurisprudencial como exemplo da outorga de posição dominante conjunta aos membros de um grupo não é errado, mas, atendendo à pluralidade de interpretações que pode suscitar, tão-pouco ministra esclarecimento definitivo e inconcusso[999] [1000].

---

[999] Em abono da sua perspectiva, Schröter (*in* von der Groeben/Schwarze, *Kommentar...*, p. 588) invoca também os acórdãos proferidos pelo TJCE nos casos *Almelo* – sentença de 27.4.1994, *Col.* 1994, I-1477 – e *Compagnie maritime belge* – de 16.3.2000, *in Col.* 2000, I-1365. O segundo atribui à expressão "mais empresas" contida no art. 82.º CE um teor geral e não determinado por certo tipo de casos, orientando-se pela actuação das empresas como unidade colectiva. Esta indicação não é desvaliosa, pode ajudar a sustentar a concepção de Schröter, mas de maneira nenhuma se pode exibir o caso *Compagnie maritime belge* como exemplo de dominação colectiva aplicada a grupos de sociedades. Não era o que estava em causa. Outrossim, o aresto *Almelo* pouco adianta, já que o termo "grupo" não é aí usado no sentido técnico de grupo de sociedades, mas antes de agregado ou conjunto de empresas – Stefano Bastianon, «I nuovi lati oscuri dell'antitrust: posizione dominante collettiva verticale e sconti selettivi», *FI*, 2000, IV, c. 57.

[1000] As opiniões de Schröter não são novas. Já em 1977 – «Le concept...», p. 456 – o Autor escrevia que a referência a "mais empresas" plasmada no art.º 86 do Tratado CE (actual art. 82.º CE) visava, em linha primordial, a situação dos membros de um grupo [posição igualmente perfilhada por Coutinho de Abreu – «L'européanisation...», p. 25 e *Da Empresarialidade...*, p. 264 –, invocando os acórdãos do TJCE de 8.6.1971, *Deutsche Grammophon/Metro*, p. 487 (ver o n.º 17) e de 5.10.1988, *Société alsacienne et lorraine de télécommunications et d'électronique (Alsatel)/SA Novasam*, 247/86, *Col.* 1988, p. 5987 (*vd.* o n.º 20)]. No nosso juízo, o teor literal do ponto 17 do acórdão *Deutsche Grammophon/Metro* milita a favor da possibilidade de adjudicar posição dominante colectiva aos membros de um grupo de sociedades. Já em relação ao n.º 20 do aresto *Alsatel/ /Novasam*, sucede o mesmo que com a passagem da sentença *Bodson* citada no texto: tanto se compagina com a outorga de posição dominante colectiva aos integrantes do grupo, como com o assaque de posição dominante individual à unidade económica que eles formam.

A rematar a nota, observe-se que, na linha a que vimos aludindo, também J. M. Caseiro Alves – *Lições...*, p. 65 – aceitou a imputação de posição dominante colectiva

Que posição tomar? O nosso parecer há-de ser escorado no *quid* de que depende, no essencial, a existência de posição *colectiva*: falta de concorrência substancial entre os que dela beneficiam (relações internas), com a subsequente prossecução de idêntica linha de conduta no mercado (ou, em fórmula que acima preferimos, com a consequente actuação sob roupagem de uma só entidade colectiva).

No que toca aos *grupos em que a sociedade-mãe tem a possibilidade de determinar a conduta das filhas*, é correcto dizer que aquela e estas (ou apenas as filhas, tudo depende de quem estiver presente no mercado relevante) usufruem de posição *colectiva* e, verificados os requisitos atinentes à falta de concorrência substancial nas relações externas (*vd. infra*), ocupam posição dominante conjunta. Desde logo, porque, em virtude dos ditames da mãe, tendem a prosseguir a mesma linha de actuação, a agir como uma só.

Contra este modo de ver, pode arremessar-se argumento fundado na "unidade económica" que as empresas compõem, a qual induziria a aplicar posição dominante individual, não conjunta. Rebatemos esta ideia distinguindo, na esteira de SCHRÖTER, "unidade de empresa" e "unidade económica"[1001]. A última não dá respostas que afectem o conceito de empresa e não seria correcto fazer cair por terra, por sua mercê, a aplicação da posição dominante conjunta aos membros de um grupo. O préstimo da noção "unidade económica" no quadro do art. 82.º CE esgota-se em duas possibilidades que outorga e já foram referidas: somar as participações no mercado de vários membros do grupo e imputar a conduta de uma das sociedades do grupo a outras das que o integram.

Mais. Esta posição é que melhor se concilia com o que já advogámos na nossa dissertação de Mestrado: o grupo de sociedades não é, em geral, uma empresa única[1002] e o direito comunitário da concorrência

ao *grupo de empresas*. Para o efeito, o Autor louvou-se no supracitado aresto *Deutsche Grammophon/Metro*.

[1001] *Vd.*, igualmente, COUTINHO DE ABREU, *Da empresarialidade...*, p. 264: «"Unidade económica" não deve ser "traduzido" para "empresa"».

[1002] Neste sentido, COUTINHO DE ABREU – *Da Empresarialidade...*, pp. 262-271 e «L'européanisation...», pp. 23-25 –, para quem o grupo de sociedades é, em geral, não uma empresa, mas um conjunto de empresas. Entre os elementos a que o Professor lança mão para motivar o seu parecer, encontram-se os tópicos vindos do direito da concorrência referidos a seguir, no texto.

A tese oposta, segundo a qual o grupo é, em geral, uma empresa está assaz difundida entre juristas e economistas, mormente na Alemanha – *ex multis*, cfr. MESTMÄCKER,

coonesta tal juízo. Lembrando argumentos então aduzidos, o TJCE já reconheceu a existência de diversas empresas integrantes do mesmo grupo[1003]. Por outro lado, o art. 81.º CE é aplicável a acordos e práticas concertadas entre um membro do grupo e outra(s) empresa(s) a ele estranhas – ora, decerto ninguém negará a qualidade de empresa a qualquer sociedade do grupo quando esta se relaciona com terceiros[1004]. Acresce que a não aplicação do art. 81.º CE a acordos e práticas concertadas entre

---

Verwaltung..., pp. 303-304; *id.*, *Recht und ökonomisches Gesetz. Über die Grenzen von Staat, Gesellschaft und Privatautonomie*, 2ª ed., Baden-Baden, 1984, pp. 479 e 491; HERBERT W. KÖHLER, «Rechtsform und Unternehmensverfassung. Einige Bemerkungen zu einer rechtsstaatsorientierten Verfassung privatrechtlich gegliederter und ungegliederter Unternehmen», *ZgS*, 1959, p. 726; EHRENFRIED PAUSENBERGER, «Konzerne», *in* ERWIN GROCHLA/WALDEMAR WITTMANN (Hrsg.), *Handbuch der Betriebswirtschaft*, 4ª ed., Stuttgart, 1975, col. 2235; WIENAND SCHRUFF, «Konzern», *in* W. WITTMANN/WERNER KERN/ /RICHARD KÖHLER/HANS-ULRICH KÜPPER/KLAUS V. WYSOCKI (Hrsg.), *Handbuch der Betriebswirtschaft*, 5ª ed., Stuttgart, 1993, col. 2274, *in fine*; LUDWIG RAISER, para quem a divisão jurídica no seio do *Konzern* não preclude que ele seja visto como empresa de ordem superior; ECKARD REHBINDER – vendo no *Konzern* uma empresa, considera igualmente empresas, mas de grau inferior, os respectivos membros; GUNTHER TEUBNER, que reconhece haver várias empresas no grupo, mas sublinha a coordenação da pluralidade de empresas através de uma empresa de ordem superior, o *Konzern*. Enfileirando pela mesma perspectiva, no Brasil, LACERDA TEIXEIRA e TAVARES GUERREIRO, falando de empresa de grupo, «entendida como actividade negocial exercida através de mais de uma pessoa jurídica» e, em Portugal, J. A. ENGRÁCIA ANTUNES – *Os Grupos...* –, que usa expressões como "empresa plurissocietária", "empresa de grupo", "empresa complexa ou de segundo grau" (ver, a título de exemplo, o subtítulo da obra e as pp. 182-184, 190 e 192). Colhemos o teor das concepções de RAISER, REHBINDER, TEUBNER e dos dois Autores brasileiros em COUTINHO DE ABREU, *Da empresarialidade...*, p. 257.

[1003] Além dos acórdãos *Deutsche Grammophon/Metro* e *Alsatel/Novasam*, ver TJCE, em sentença de 22.10.1986, *Metro SB-Großmärkte GmbH & Co. KG/Comissão*, 75/84, *Col.* 1986, p. 3021, n.os 83 e 84. Cfr. o nosso *A posição...*, pp. 72-73.

[1004] No regime de responsabilidade pela participação em acordos e práticas concertadas de uma sociedade-filha com sociedades alheias ao grupo colhemos argumentos adicionais para firmar a nossa tese: pode ser responsabilizada apenas a filha, só a mãe – quando esta determina a conduta da filha –, ou solidariamente mãe e filha – se ambas deliberam o comportamento ilícito. Na primeira hipótese, não cabe margem para dúvidas de que a sociedade-filha é considerada empresa; no segundo caso, também deve ser qualificada como tal, porquanto, se só a mãe tem de cumprir sanção pecuniária, permanece intocado o património (autónomo) da filha, distinto sujeito jurídico; sendo a obrigação solidária, continua a ser reconhecida a separação subjectiva e patrimonial. Como havíamos feito em *A posição...* (p. 73), seguimos de perto COUTINHO DE ABREU, *Da empresarialidade...*, p. 263.

sociedades pertencentes ao mesmo grupo não arreiga na qualificação do grupo como empresa, mas antes na impossibilidade de as sociedades--filhas delinearem autonomamente os seus negócios, sujeitas que estão à vontade da mãe[1005]. Todo este acervo volve inultrapassável a individualidade própria dos membros do grupo, a unidade que ele supõe não apaga a identidade específica das empresas que o integram[1006]. Bem podemos dizer que *ante mare, undae.*

Façamos, todavia, uma ressalva. Se é correcto imputar posição dominante colectiva aos membros do grupo no seio do qual a sociedade--mãe pode determinar o comportamento das filhas, não basta as empresas pertencerem ao grupo para que, *sic et simpliciter*, se lhes possa adjudicar tal estatuto. Ainda no plano das relações internas, é necessário que, por virtude dos ditames da mãe, as empresas se tenham realmente apresentado no mercado como uma entidade colectiva, que nele hajam prosseguido linha de acção idêntica ou convergente.

Quanto aos *grupos em que as sociedades-filhas delineiam autonomamente a sua linha de conduta no mercado*, faltando a submissão a directivas de uma sociedade-mãe, não pode dizer-se que haja, em geral, posição dominante conjunta (nem singular).

A direcção unitária, geralmente aceite como elemento caracterizador do grupo, é bem compatível com uma gestão descentralizada das sociedades dependentes e não exige a intervenção da sociedade-mãe em todas as áreas de decisão empresarial das filhas; para que possa falar-se de direcção unitária, basta o planeamento centralizado da política financeira[1007] ou de qualquer outra política sectorial das filhas[1008]. Um dos

---

[1005] COUTINHO DE ABREU, «L'européanisation...», p. 25; *id.*, *Da empresarialidade...*, p. 263; o nosso *A posição...*, p. 73.

[1006] Reiteramos o dito em *A posição...*, p. 73.

[1007] Cfr. HANS-GEORG KOPPENSTEINER, *in Kölner Kommentar zum Aktiengesetz*, vol. 1, 2ª ed., Köln/Berlin/Bonn/München, 1988, p. 242.

[1008] COUTINHO DE ABREU, *Da Empresarialidade...*, p. 262, n. 688; *id.*, «L'européanisation...», p. 23. *Vd.*, ainda, ERNST GEßLER, *in Aktiengesetz. Kommentar von* E. GEßLER/ /WOLFGANG HEFERMEHL/ULRICH ECKARDT/BRUNO KROPFF (u. a.), München, 1973/1983/ /1984, p. 243; WALTER BAYER, *in* BRUNO KROPFF/JOHANNES SEMLER (Hrsg.), *Münchener Kommentar zum Aktiengesetz*, vol. 1, München, 2000, p. 406 – esta obra é a 2ª edição do *Kommentar* que citámos imediatamente antes; VOLKER EMMERICH/JÜRGEN SONNENSCHEIN/MATHIAS HABERSACK, *Konzernrecht: Das Recht der verbundenen Unternehmen bei Aktiengesellschaft, GmbH, Personengesellschaften, Genossenschaft, Verein*

casos em que este discurso encontra plena convalidação é o do grupo conglomeral: nele, a existência de uma única direcção económica não é incompatível com certa autonomia de gestão dos múltiplos *profit centers* que o integram[1009].

Como corolário, é plausível que, nas áreas de actuação em que não obedeçam a instruções da mãe, antes delineiem autonomamente a sua linha de conduta, sociedades pertencentes ao mesmo grupo adoptem políticas que choquem com as prosseguidas por outras das que o compõem[1010]. E isto pode levar a disputas agressivas, bem nos antípodas do *agere* uniforme e da apresentação como se de uma só entidade colectiva se tratasse, pontos essenciais à posição dominante *colectiva*. Pensando no oligopólio, ocorre por vezes combate aceso entre as empresas (sobretudo, em matérias estranhas a preços), não sendo de excluir que envolva membros do mesmo grupo[1011]. Por estes motivos, é incorrecto sustentar em afirmação generalista que os membros do grupo no qual falta o controlo do comportamento das filhas por parte de uma sociedade-mãe se encontram em posição dominante colectiva. Esta só terá lugar se, no caso concreto, se tiver observado que, apesar de não verem o seu comportamento decidido por uma mesma sociedade-mãe, os elementos do grupo se apresentaram no mercado como se só um operador estivesse em causa.

---

und Stiftung; ein Studienbuch, 7ª ed., München, 2001, pp. 63-64. Em sentido que converge, André Decocq e Georges Decocq (*Droit...*, p. 87) referem os grupos de natureza puramente financeira nos quais cada sociedade permanece senhora da sua estratégia industrial e comercial.

[1009] *Vd.* Avelãs Nunes, *Os Sistemas Económicos*, p. 192.

[1010] Em sentido que casa com o expendido, depreende-se do registo de Zäch (*Grundzüge des Europäischen Wirtschaftsrechts*, Zürich, 1996, p. 272 e *Wettbewerbsrecht...*, pp. 277-278) que uma ligação própria de grupo pode ter efeitos limitadores da concorrência entre os respectivos membros em certos domínios – *v. g.*, produção – e ser *irrelevante* noutros (por exemplo, na comercialização); em abono desta tese, TJCE, acórdão de 22.10.1986, *Metro SB*, *Col.* 1986, p. 3021, n.os 83 e 84.

Diferente parece ser a perspectiva sufragada pelos juízes do TPI no n.º 653 da sentença *Atlantic Container Line*, de 30.9.2003 (*Col.* 2003, II-3275), pois aí ressumam antinómicas a capacidade de as empresas concorrerem entre si e a pertença a grupos de sociedades.

[1011] Não por acaso, um dos exemplos que Coutinho de Abreu – *Da Empresarialidade...*, p. 262, n. 688 – aponta de sectores em que não se exige forçosamente intervenção da sociedade-mãe para que possa falar-se de "direcção unitária", a política de vendas, é justamente um daqueles em que ocorre concorrência exacerbada entre oligopolistas: publicidade, descontos, facilidades de pagamentos.

A tese aqui adoptada é a que melhor casa o sinal definidor da posição dominante *conjunta* – agir como uma entidade colectiva – com o tipo multifacetado de comportamentos do grupo, o qual, em expressão percuciente de ARNDT[1012], é uma espécie de camaleão, já actuando como uma unidade, já como uma pluralidade.

Rematamos com uma nota, semelhante à que apusemos em matéria de acordos, decisões de associações e práticas concertadas: a outorga de posição dominante conjunta às sociedades em relação de grupo tem validade teórica no oligopólio restrito e no largo.

Quanto à sua aplicação prática, a pertença ao grupo não será, no oligopólio restrito, causa exclusiva da dominação conjunta. Como veremos a seguir, a interdependência conjectural – sentida de maneira particularmente forte nessa casta de oligopólio – funda posição dominante conjunta. Destarte, os membros do grupo que estejam presentes em tal tipo de mercado e se deixem nortear pela interdependência encontram-se já, por este motivo e juntamente com todas as outras empresas cuja acção é condicionada pela interdependência, em posição dominante colectiva.

2.3. **Interdependência conjectural**

Pode hoje afiançar-se que, no direito comunitário, a interdependência registada nos oligopólios[1013] (interdependência "conjectural", "circular", "paramétrica" ou "oligopolística") é passível de dar o vínculo que coloca várias empresas em posição *colectiva*. A fim de perceber por que o dizemos de maneira categórica, cravemos os olhos na evolução da jurisprudência.

Nos termos do acórdão *vidro plano*, de 1992, não pode excluir-se «(...) que duas ou mais entidades económicas independentes estejam, num mercado específico, unidas por tais *laços económicos* que, de facto, detenham em conjunto uma posição dominante sobre os outros operadores no mesmo mercado (...)»[1014]. Com semelhante pronúncia, o TPI

[1012] *Wirtschaftliche Macht...*, p. 34.

[1013] Em particular, nos oligopólios estreitos.

[1014] TPI, ac. de 10.3.1992, *SIV*, *Col.* 1992, II-1403, n.º 358 (o grifo é da nossa lavra).

deixou em aberto o problema dos pressupostos que, do lado das relações internas, é necessário preencher de molde a existir posição dominante colectiva; e, quanto ao tópico que agora tratamos, não deu elementos que permitissem inferir se, entre os laços económicos, se contava a interdependência oligopolística[1015].

Em 1996, o TPI proferiu a sentença do caso *CMB*[1016], na qual JUNG lobrigou um passo mais em relação à exigência de coordenação activa de comportamentos para que pudesse haver posição dominante conjunta[1017]. Na leitura do A., aos juízes do TPI não bastaria a (objectiva) actuação uniforme no mercado, também era de exigir a vontade comum de actuar de tal feição. Não concordamos com a interpretação que JUNG faz, em nada forçada pelos excertos do aresto nos quais firma o seu parecer (n.os 65 e 66). Conquanto no n.º 65 se note que existiu a vontade de adoptar em comum a mesma linha de conduta no mercado, não é legítimo fazer extrapolação segundo a qual tem de existir sempre esse desejo comum, decisivo é que as empresas se apresentem como entidade única ou adoptem a mesma linha de actuação.

Continuando a perscrutar a evolução inscrita na jurisprudência, deparamos com o acórdão *República Francesa* (também denominado *Kali e Salz*), de 1998, nos termos do qual a posição dominante conjunta pode resultar de "factores de correlação" que existam entre as empresas e lhes defiram a possibilidade de adoptar a mesma linha de conduta no

---

[1015] HAUPT, «Kollektive...», p. 364 e AIGNER, *Kollektive...*, p. 111.

Aludindo à incerteza acerca do que sejam os vínculos económicos referidos, STROUX («Is EC Oligopoly...», pp. 19-20) sustentou que o facto de se exigirem parece inibir o emprego do art. 82.º CE para controlar «pure oligopolies» (leia-se "interdependência conjectural"); tese idêntica já havia sufragado WAELBROECK, «La notion...», p. 306: «(...) Un simple oligopole, même dominant, est donc insuffisant (...)».

Ver, ainda, SOAMES, «An Analysis...», p. 33; ANTONIO F. BAVASSO, «*Gencor*: A Judicial Review of the Commission's Policy and Practice», *WC*, 22(4), December 1999, p. 60; GIORGIO MONTI, «The scope of collective dominance under articles 82 EC», *CMLR*, 2001, p. 132; WITHERS/JEPHCOTT, «Where to...», p. 297; DAVID POPE, «Some Reflections on Italian Flat Glass», *ECLR*, 1993, p. 175; RODGER, «Oligopolistic...», p. 24 e «The oligopoly...», fim da p. 43.

[1016] Acórdão de 8.10.1996, *Col.* 1996, II-1201.

[1017] JUNG, *in* GRABITZ/HILF, *Das Recht...*, p. 34.

Cela va sans dire, isso significaria passo atrás rumo à aceitação da interdependência circular como fundamento da posição dominante colectiva.

mercado[1018]. No juízo de alguns, o TJCE parece admitir que os laços estruturais entre as empresas já não constituem pressuposto da posição dominante colectiva[1019], estando aberto o caminho para a consideração da interdependência oligopolística como elemento gerador de tal estatuto[1020] [1021]. Hoje é estéril e anódino discutir se a aceitação da interdependência paramétrica como base de imputação de dominância conjunta data da sentença *República Francesa* ou é ulterior, mas sempre diremos que, em nosso parecer, a formulação ampla usada pelo TJCE possibilitava sustentar que a interdependência podia originar posição dominante colectiva: ela fornece os "factores de correlação" requeridos pelo tribunal. Por um lado, isso em nada repugnaria à evolução do direito comunitário da concorrência – a própria Comissão defendeu, nesse mesmo ano de 1998, que a interdependência oligopolística, sem qualquer outro liame entre as empresas, podia estar na origem de posição dominante colectiva[1022]. Por

---

[1018] Ver TJCE, ac. de 31.3.1998, *Col.* 1998, I-1375, n.º 221.

[1019] SIMON BISHOP «Power and Responsability: The ECJ's Kali-Salz Judgement», *ECLR*, 1999, p. 39; F. E. GONZÁLEZ-DÍAZ, «Recent Developments in EC Merger Control Law. *The Gencor Judgement*», *WC*, 22(3), September 1999, p. 15; JEAN-YVES ART, «Developments in EC competition law in 1998: an overview», *CMLR*, 1999, pp. 995-996; BRIONES/PADILLA, «The Complex...», p. 315.

[1020] GONZÁLEZ-DÍAZ, «Commentaire sur l'Arrêt de la Cour du 31 mars 1998 dans l'affaire 'Kali und Salz'», *CPN*, n.º 2, June 1998, p. 40, n. 1; SCHRÖTER, *in* von der GROEBEN/SCHWARZE, *Kommentar...*, pp. 590-591.

[1021] Há observação que não queremos deixar de fazer. É comum ver difundida na doutrina a ideia de que, a partir do momento em que se aceita a interdependência oligopolística como *item* fundador da posição dominante colectiva, deixou de ser imprescindível a presença de "laços estruturais" entre as empresas. No fundo, isto significa que, anteriormente, esses laços eram *causa sine qua non* daquela posição. Há aí uma imprecisão. Como dissemos, vínculos estruturais entre as empresas são os que resultam de acordos que as ligam, por exemplo, contratos de consórcio, acordos de investigação e desenvolvimento (*vd.* EUROPE ECONOMICS, *Assessment...*, p. 38; GIORDANO, *in FI*, 2000, IV, col. 329). Ora, pensando nos laços que fundam o domínio conjunto, o espaço não coberto pela interdependência não se esgota em acordos: dele fazem parte, por exemplo, as práticas concertadas.

De qualquer forma, já *commoditatis causa*, já atendendo à designação teimada pela doutrina, quando referirmos laços estruturais entre as empresas, teremos no pensamento todos os vínculos que vão para além da interdependência, mormente acordos, decisões de associações e práticas concertadas.

[1022] Comunicação da Comissão sobre a aplicação das regras da concorrência aos acordos de acesso no sector das telecomunicações, JO C 265, de 22.8.1998, p. 2, n.º 79.

Esforçando-se por mostrar que semelhante postura da Comissão já vinha de trás,

outro lado, em acórdão datado de Setembro de 2003 – ano no qual, como veremos a seguir, já não subsistiam dúvidas de que a interdependência circular é fundamento de posição dominante conjunta –, a jurisprudência voltou a recorrer à fórmula "factores de correlação económica"[1023].

No caso *Gencor*, de 1999, os juízes do TPI referiram-se ao acórdão *vidro plano*, notando não poder deduzir-se dele que o conceito de laços económicos – ali exigidos para estabelecer posição dominante conjunta – só abarcava ligações estruturais entre as empresas; e acrescentaram que, nos planos jurídico e económico, não há motivo para dele excluir *a relação de interdependência entre os participantes de um oligopólio restrito* no interior do qual, num mercado com as características apropriadas, designadamente em termos de concentração e de transparência, bem como de homogeneidade do produto, as empresas estão em condições de antecipar o comportamento das rivais, sentindo-se, deste jeito, estimuladas a alinhar a respectiva conduta. Em sectores com estes traços, cada empresa sabe, designadamente, que as suas acções concorrenciais visando aumentar a quota de mercado (*e. g.*, descida dos preços) induzem atitude idêntica por parte das concorrentes, com o que nenhuma lograria ganhos[1024]. Com o aresto *Gencor* torna-se claro e indisputável que os chamados "laços estruturais" não são imprescindíveis[1025], podendo a simples

JUNG – *in* GRABITZ/HILF, *Das Recht...*, p. 33 – alude à decisão por ela tomada no processo *vidro plano* (datada de 7.12.1988 e publicada no JO L 33, de 4.2.1989, p. 44). Esta referência não tem o melhor cabimento: se é certo que os três fabricantes em causa integravam oligopólio estreito e as suas decisões revelavam grau elevado de interdependência – ver números 78 e 79 da decisão –, não é menos verdade que eles estabeleceram entre si, no que à produção respeitava, vínculos estruturais através de contratos prevendo cessões recíprocas de vidro (n.os 79, *in fine* e 53 ss.). Havia, portanto, algo que foi tido em conta para concluir que havia posição dominante colectiva e que estava para além das fronteiras da simples relação de interdependência (ver, de novo, n.º 79 da decisão).

[1023] TPI, acórdão de 30.9.2003, *Atlantic Container Line*, *Col.* 2003, II-3275, n.os 595 e 652.

[1024] Aresto de 25.3.1999, *Col.* 1999, II-753, n.os 275-276. Os membros do tribunal não deixaram de acrescentar que estruturas de mercado anticoncorrenciais tanto podem resultar de laços estruturais como de estruturas de mercado de tipo oligopolístico (nas quais cada operador pode tomar consciência dos interesses comuns e fazer subir os preços sem ter de celebrar acordo ou de recorrer a prática concertada): n.º 277 do acórdão.

[1025] Ver CAFFARRA/KÜHN, «Joint Dominance...», pp. 355-356; GONZÁLEZ-DÍAZ, «Recent...», p. 16; BAVASSO, «*Gencor*: A Judicial Review...», p. 62; PEDER CHRISTENSEN/

interdependência oligopolística, conjugada com determinadas características do mercado e do produto, constituir o vínculo que funda posição dominante colectiva.

A tendência para abdicar de laços estruturais entre as empresas foi confirmada pelo TJCE na sentença *Compagnie maritime belge*: reconhecendo que a dominância conjunta pode resultar de acordo entre as empresas, a existência deste ou de outros laços jurídicos não é necessária para concluir que há posição dominante colectiva, «verificação que poderia resultar de *outros factores de correlação* e que dependeria de uma *apreciação económica*, designadamente de uma *apreciação da estrutura do mercado em causa*»[1026]. Semelhante formulação, não resta margem para dúvida, abarca a interdependência paramétrica. Na medida em que leve as empresas a actuar como se só uma estivesse em causa, ela faz com que se lhes possa imputar posição dominante conjunta[1027] [1028].

/Philip Owen, «Comment on the Judgement of the Court of First Instance of 25 March 1999 in the merger case IV/M.619 – Gencor/Lonrho», *CPN*, n.º 2, June 1999, pp. 22-23; Aigner, *Kollektive...*, p. 207; Herrero Suárez, *El problema...*, pp. 136 e 140, n. 81. Cfr., ainda, Korah, «Gencor v. Commission: Collective Dominance», *ECLR*, 1999, p. 341, Russell Richardson/Clive Gordon, «Collective Dominance: The Third Way?», *ECLR*, 2001, p. 420 e Temple Lang, «Oligopolies...», p. 281.

[1026] Ac. de 16.3.2000, *Col.* 2000, I-1365, n.º 45 (sublinhado nosso).

[1027] Muito infeliz e desajustada no tempo se mostra a redacção adoptada pelos juízes do TJCE no n.º 114 do acórdão *Wouters*, de 19.2.2002 (*Col.* 2002, I-1577), dando a entender que, sem a presença de laços estruturais, não é possível assacar posição dominante colectiva.

Outrossim, é para nós incompreensível que, em obra publicada no ano de 2004, Mestmäcker e Schweitzer (*Europäisches...*, p. 408) ainda perfilhem entendimento segundo o qual, partindo da jurisprudência, não é manifesto que a interdependência de reacções própria do oligopólio basta para fundar posição dominante colectiva. É manifesto, sim, e tão transparente como a água (não poluída...).

[1028] Face ao teor do acórdão *Compagnie maritime belge*, Massimo Giordano debate a hipótese de se estar a abrir caminho para punir o paralelismo inteligente, pondo em causa um dos pilares aparentemente mais sólidos do direito da concorrência, a saber, a impossibilidade de reprimir comportamentos da empresa que sejam imputáveis não a concertação, mas antes à estrutura do mercado – *vd.* nota de abertura a «Abuso...», *FI*, 2001, IV, c. 259 (inquietação semelhante foi expressa por McGregor em «The Future...», p. 437).

No juízo de Giordano («Abuso...», *FI*, 2001, IV, colunas 271-273), o acórdão presta-se a duas leituras. Uma delas trasladaria para o domínio do art. 82.º CE a lógica própria da apreciação das concentrações e procederia da seguinte maneira: analisaria os factores que favorecem o paralelismo oligopolístico e aqueloutros que contra ele depõem; caso concluísse que o mercado era terreno propício para aquele vicejar, logo concluiria

Enquanto o acórdão *Gencor* procede da aplicação do controlo das concentrações, o *Compagnie maritime belge* diz respeito ao emprego do art. 86.º do Tratado CE (actual art. 82.º CE). Na medida em que selam convergência de pressupostos da posição dominante colectiva, significam essa aproximação em dois domínios diversos, controlo retrospectivo (art. 82.º CE) e controlo prospectivo (Regulamento das Concentrações) dos oligopólios. Atendendo aos distintos fins a proteger nesses dois campos, HAUPT[1029] exterioriza reservas a semelhante abeiramento, notando que, no

---

existir posição dominante colectiva. A segunda leitura, a mais de escrutinar se um mercado exibe ou não vocação para o paralelismo, verifica se efectivamente as empresas têm passado de coordenação e exibem uma tendência constante para a mesma – só então pode dizer-se que houve posição dominante colectiva. De acordo com GIORDANO, a leitura referida em primeiro lugar é passível de provocar uma espécie de *per se condemnation* dos oligopólios e qualquer mercado oligopolístico poderia ser qualificado de posição dominante colectiva. Já o outro modo de ver lançaria mão de uma *rule of reason*, distinguindo mercados oligopolistas daqueles caracterizados por um verdadeiro e próprio paralelismo de comportamento. O liame entre as empresas seria posto, não pela estrutura do mercado, mas pela tendência constante para coordenar comportamentos.

GIORDANO sufraga a interpretação referida em segundo lugar, brandindo o argumento de que o direito *antitrust* intervém não para regular o mercado, mas a fim de prevenir ou sancionar desvios graves à sua estrutura concorrencial. Uma «repressão indiscriminada» dos oligopólios correria o risco de se transformar numa «caça às bruxas» e contrariaria a linha orientadora da Comissão e do TJCE, receptivos à constituição de mercados com poucos vendedores desde que isso se mostre necessário para a maior eficiência da indústria e acarrete a transferência de vantagens de custos para os consumidores. Adoptando esta leitura, a sentença *Compagnie maritime belge* não representaria passo tão grande como parece e o paralelismo (oligopolístico) de condutas, por si só, continuaria a não ser punido.

As preocupações de GIORDANO são exageradas. Defender-se que a estrutura oligopolística do mercado – *rectius*, a interdependência nele imperante – fornece o vínculo entre as empresas está muito longe de significar que estas venham a ser automaticamente punidas. A sanção do art. 82.º CE só sobrevém se, a mais da dominação, tiver ocorrido *abuso*. Não vemos, por isso, que a sentença em apreço dê azo a falar de caça às bruxas ou de repressão indiscriminada dos oligopólios. Por outro lado, situar a conexão entre as empresas na tendência, constante e historicamente verificada, de elas coordenarem o comportamento terá como resultado que, em mercados com pouco tempo de vida, nunca se pode adjudicar posição dominante colectiva: aí não pode registar-se o vezo mencionado, porquanto o mercado é novo. Finalmente, não faz muito sentido distinguir mercados oligopolísticos daqueles caracterizados por um verdadeiro e próprio paralelismo de comportamento. Ao menos no oligopólio restrito, coabita-se sempre sob a égide da interdependência e esta leva a agir de modo paralelo ou convergente.

[1029] «Kollektive...», p. 365.

primeiro caso, cabe averiguar se as empresas actuaram de forma uniforme perante concorrentes, clientes e consumidores, enquanto no segundo se visa formular juízo de prognose dirigido a revelar se, na sequência da concentração, as condições de mercado propiciam incentivos para a coordenação tácita e esta se apresenta bastante provável no futuro. Não faz muito sentido formular tal reserva. A convergência em apreço diz apenas respeito à interdependência como elemento edificador da posição dominante conjunta, deixa intocados os restantes fundamentos que ela pode ter. Seria apoucado de razões materiais não aceitar que a interdependência oligopolística criasse a dominação colectiva prevista no art. 82.º CE. É iniludível que ela pode ensejar o corte da disputa concorrencial entre os operadores activos no mercado, levando-os a agir como se de uma única entidade se tratasse[1030]. O bem-fundado desta opinião mais se patenteia se olharmos o n.º 277 da sentença *Gencor*, do qual resulta evidente que a interdependência é susceptível de originar posição dominante colectiva tanto no quadro do art. 82.º CE como no do controlo das concentrações[1031].

Os registos expostos sobejam no sentido de advogar que a interdependência oligopolística como fundamento da posição dominante conjunta integra, de forma inelutável, o *acquis communautaire*.

Na doutrina, o tom não foi uníssono, conquanto nos pareça que, com o decorrer do tempo, a parcela mais significativa de opiniões convergirá no sentido que acabámos de apontar. Por tal diapasão alinha já Schröter. O Autor recorda que o oligopolista não reduz preços (sabe que açularia idêntica atitude dos competidores, acabando todos em pior situação e prestando um desserviço a si próprio) e desperta-nos para o facto de as respectivas subidas não deixarem de ter lugar desde que o seu iniciador esteja certo de que os rivais cursarão rumo idêntico. Numa situação como na outra, por virtude de mecanismos que, em última instância, resultam da interdependência, a procura que se dirige ao oligopólio confronta-se com uma oferta "única", com vendedores que agem como um só, assim

[1030] As empresas agem como um bloco e a sua oferta é "única" – nenhuma fica a praticar condições mais favoráveis.

[1031] Ver Jung, *in* Grabitz/Hilf, *Das Recht...*, p. 34, n. 393b, Aigner, *Kollektive...*, p. 209 e o desejo expresso por Korah em «Gencor...», p. 341.

se esvaecendo a possibilidade de escolha entre várias alternativas, própria de situação concorrencial[1032].

Diversamente, KOCH[1033] advogou que a interdependência e o paralelismo dela resultante não fundam posição dominante colectiva: a unicidade da oferta acabada de focar nada diz sobre as alternativas de escolha e de desvio ao alcance dos co-contratantes comerciais, elas não são eliminadas nem cerceadas pela míngua de concorrência exacerbada. Decisivo é saber se, ante uma subida de preços ou um agravamento das condições de oferta por parte de um oligopolista, os concorrentes o seguem (no que, apesar da interdependência, o oligopolista não poderia confiar)[1034]. Sufragando as mesmas conclusões, também WEIß defende que a simples existência de um oligopólio não funda a posição dominante conjunta – enquanto a conduta da empresa em oligopólio é influenciada pela das rivais, o comportamento das empresas em posição dominante é, em larga medida, determinado de modo unilateral[1035] (é curioso reparar que a abordagem de WEIß se faz pelo traço "posição *dominante*" e não pelo traço "posição *colectiva*")[1036].

Antes de tornar mais claras as razões que nos levam a aceitar a interdependência paramétrica como fundamento da dominação conjunta, explanamos as ideias de JUNG, porquanto elas dão o mote adequado à construção da nossa tese. De acordo com o A., o problema de saber se a interdependência cria posição dominante colectiva não se deixa responder em abstracto. O critério primordial é a falta de concorrência nas

---

[1032] Cfr. SCHRÖTER, *in* von der GROEBEN/SCHWARZE, *Kommentar...*, p. 590. Em sentido convergente, MÖSCHEL, *in* IMMENGA/MESTMÄCKER, *EG-Wettbewerbsrecht...*, pp. 718-719 e DIRKSEN, *in* LANGEN/BUNTE, *Kommentar...*, p. 2154. Ver, ainda, J. M. CASEIRO ALVES, *Lições...*, pp. 67-68 e VAN DAMME, *La politique...*, p. 303.

[1033] *In* GRABITZ/HILF, *Das Recht...*, edição „prévia": *Altband II*, Art. 86, p. 13.

[1034] Adicionalmente, ver ROBERT KNÖPFLE, «Ist die marktbeherrschende Gruppen betreffende Regelung des GWB sinnvoll und berechtigt?», *BB*, caderno 23, de 20.8.1983, pp. 1423-1424; *id.*, «Zur Notwendigkeit einer richtigen Bestimmung des Inhalts des Wettbewerbs für eine zutreffende Beurteilung marktübergreifender (konglomerater) Zusammenschlüsse», *in* CLEMENS-AUGUST ANDREAE/WERNER BENISCH (Hrsg.), *Wettbewerbsordnung und Wettbewerbsrealität. Festschrift für Arno Sölter zum 70. Geburtstag*, Köln//Berlin/Bonn/München, 1982, pp. 227-228.

[1035] WEIß, *in* CALLIESS/RUFFERT, *Kommentar...*, p. 1090.

[1036] Ver, outrossim, EMMERICH, *in* DAUSES, *Handbuch...*, p. 126 (mais abertura alardeia o Autor em *Kartellrecht*, p. 435, onde admite que o vínculo entre as empresas seja dado pela estrutura oligopolística do mercado).

relações internas: é preciso apurar se, nos oligopólios estreitos, é de tal modo certo a compita faltar que sanções de direito da concorrência se justificam apenas porque existe oligopólio. A teoria económica e as análises empíricas não dão respostas exactas. Algumas circunstâncias do oligopólio estreito favorecem o comportamento coordenado, mas não o forçam. Destarte, a interdependência no oligopólio restrito fornece indício forte de dominação colectiva, mas *não impõe* conclusão nesse sentido. É preciso haver outros elementos que se venham juntar à estrutura do mercado e evidenciem a falta de concorrência entre os oligopolistas[1037].

Consideramos ser correcto entender que a interdependência circular constitui, em abstracto, um factor de conexão entre as empresas susceptível de gerar falta de concorrência substancial nas relações internas. Nessa medida, ela pode criar posição dominante conjunta. Se basta ou não, se é de prescindir ou não de laços adicionais entre as empresas, isso depende muito do género de prática abusiva em causa: diga ela respeito a tópico em relação ao qual as empresas se degladiavam em activa disputa, então a estrutura oligopolística do mercado não cria, por si só, posição dominante conjunta, já que não se vê que as empresas estejam a actuar como uma só.

Assim sendo, a circunstância de a(s) conduta(s) cuja licitude se aprecia ocorrer(em) num daqueles terrenos mais férteis à refrega entre oligopolistas (condições de venda, acesso a fontes de matérias-primas, tomada de posições em mercados de produtos sucedâneos ou complementares, lançamento de novos artigos) torna pouco verosímil falar de dominância conjunta assente na interdependência.

Ao invés, se o abuso[1038] se consubstanciar numa prática relativamente à qual não havia competição entre as empresas, a interdependência

---

[1037] JUNG, *in* GRABITZ/HILF, *Das Recht...*, p. 35.

A talho de foice: a redacção empregue por JUNG dá a entender que as sanções cominadas pelo direito da concorrência teriam lugar na medida em que se admitisse ser a mera interdependência passível de criar posição de domínio colectivo. Não é assim. As empresas só são punidas *ex vi* art. 82.º CE caso *abusem* de posição dominante, não o são se apenas a detiverem.

[1038] Melhor, o *suposto* abuso, porque, como dissemos acima, as autoridades *antitrust* determinam primeiro se há posição dominante e só depois se dela se abusou.

é, com plausibilidade, vínculo suficiente para fundar a posição dominante conjunta; *por si só*, leva os oligopolistas a agir na veste de uma unidade[1039]. Por exemplo, materializando-se o alegado abuso em práticas relativas a preços, é de crer naquele mecanismo como base suficiente da dominação conjunta. É que, conforme repetimos *ad abundantiam*, em matéria de preços não é frequente haver lutas entre as empresas, antes ganha todo o cabimento a ideia de os oligopolistas agirem como se só um estivesse em causa.

A nossa opinião é, bem entendido, compatível com a *praxis* da Comissão e com os lineamentos jurisprudenciais que há pouco apresentámos.

Enquanto fundamentos de posição dominante colectiva, há um contraste de monta entre a interdependência, de um lado, e os acordos, decisões de associações, práticas concertadas e grupos de sociedades, de outro. Nada impede que a dominação conjunta gerada pelos meios referidos em último lugar ocorra em oligopólio amplo; ao contrário, aqueloutra baseada na interdependência conjectural dificilmente pode nascer para além das fronteiras dos oligopólios restritos, porquanto só nestes a interdependência se sente de forma muito intensa.

A forma como as empresas são afectadas por este fenómeno nos oligopólios restritos faz com que, pelo menos em matéria de preços, seja provável imputar posição dominante conjunta baseada na interdependência conjectural. Por conseguinte, se as empresas coordenarem a sua actuação por intermédio de acordo, decisão de associação, prática concertada ou por efeito da pertença a um grupo, esses pontos não aparecerão como fundamento exclusivo da posição conjunta, antes estarão sempre ladeados pelo mecanismo da interdependência. E semelhante posição tende a agregar não apenas as partes num acordo, os operadores tocados por decisão de associação, os partícipes em prática concertada ou os membros de grupo de sociedades, antes conglobará todos os que estiverem enleados nas teias da interdependência.

[1039] Em boa medida divergimos de JUNG, que parece exigir sempre elementos adicionais à mera interdependência.

2.4. **Dominação colectiva: outros fundamentos? Aplicabilidade em concorrência monopolista?**

Nos três pontos anteriores, foram expostos os fundamentos de posição dominante conjunta correntemente alinhados pela doutrina. Pode haver outros? Entendemos que sim. Essenciais à vertente *colectiva* da preponderância são a falta de concorrência substancial nas relações internas e a consequente actuação como entidade colectiva única. Ora, não vemos que, em abstracto, apenas acordos, práticas concertadas, decisões de associações, pertença a grupos e interdependência circular possam ter tais efeitos. É certo que quase todo o assaque de posição dominante conjunta será escorado numa dessas vias de a atingir, elas constituem os meios privilegiados de concerto. Mas não é de excluir que outras circunstâncias induzam o apoucamento da concorrência entre as empresas, levando-as a agir como uma só.

De resto, forrageamos no direito comunitário amparo para este ponto de vista. Para além de algum trecho doutrinal[1040], refiram-se as conclusões proferidas no quadro do celebradíssimo caso *Bosman*[1041] pelo advogado-geral LENZ, que opinou estarem os clubes de uma liga profissional de tal modo relacionados em termos económicos que devem ser tidos no seu conjunto como constituindo uma posição dominante no mercado. Para justificar tal modo de ver, LENZ argumentou que, em vista do sucesso, os clubes dependem uns dos outros, sendo tamanha comunhão natural de interesses difícil de encontrar noutros ramos[1042]. Ilustrando por miúdo o seu raciocínio, escreveu o advogado-geral: «(...) A própria UEFA referiu, com razão, que o futebol se caracteriza pela recíproca dependência económica dos clubes. Este desporto é praticado mediante encontros entre duas equipas que medem forças. Cada clube necessita portanto do outro para o seu sucesso. Por esta razão, cada clube tem interesse no sucesso do outro. Os clubes que jogam num campeonato profissional não têm por isso o objectivo de afastar os seus concorrentes do mercado. Existe, pois, (...) uma importante diferença relativamente às

[1040] AIGNER, *Kollektive...*, p. 95.

[1041] TJCE, ac. de 15.12.1995, *Union royale belge des sociétés de football association ASBL e o./Jean-Marc Bosman e o.*, C-415/93, *Col.* 1995, I-4921.

[1042] *Col.* 1995, I-5038, n.º 285.

relações de competição entre as empresas noutros mercados. É do mesmo modo certo que o sucesso económico de um campeonato não depende menos da existência de um certo equilíbrio entre os seus clubes. Se o campeonato for substancialmente dominado por um clube, está aberto o caminho, segundo toda a experiência, para o desinteresse (...)»[1043]. Admitir que os laços aqui desenhados servem para atribuir uma posição dominante colectiva significa aceitar o carácter não exaustivo dos vínculos referidos nos números anteriores.

Os interesses a proteger referidos quando empregámos o elemento teleológico da interpretação solicitam o apresar pelo conceito de posição dominante conjunta de todos aqueles vínculos que, gerando falta de concorrência substancial entre as empresas, as levam a agir como entidade única. Nem se objecte que isto provoca activação demasiado leviana dos mecanismos de sanção do art. 82.º CE. Logo retorquiremos que nenhuma empresa é punida apenas por deter posição dominante conjunta, é preciso ocorrer também abuso. A solução proposta nestas linhas é a que melhor assevera um equilíbrio ático entre a necessidade de dar guarida aos interesses a proteger com a inserção da dominância conjunta no âmbito do art. 82.º CE e aqueloutra de não castigar as empresas com excessiva ligeireza.

Em termos abstractos, o sinal definidor de *posição colectiva* (falta de concorrência substancial nas relações internas/agir como entidade única) pode verificar-se em relações desenvolvidas por empresas situadas em mercados de concorrência monopolista. Designadamente, estas celebram acordos, envolvem-se em práticas concertadas, actuam em termos provocados por decisão de associação, estão em relação de grupo[1044], e

---

[1043] *Col.* 1995, I-5017 e I-5018, n.º 227.

LENZ não aprofundou o problema da dominação colectiva, visto que, no seu entender, não estava em apreço o poder de mercado dos clubes face a concorrentes, fornecedores ou clientes – os jogadores não integravam qualquer destas categorias (n.º 286, *Col.* 1995, I-5038). Quanto ao TJCE, nem sequer teve de se pronunciar sobre as considerações citadas de LENZ, porquanto os dois tipos de normas em causa nas questões prejudiciais já violavam o art. 48.º do Tratado CE (art. 39.º CE). Foi, por isso, dispensável a interpretação dos artigos 85.º e 86.º do Tratado CE (artigos 81.º e 82.º CE) – acórdão de 15.12.1995, *Bosman*, *Col.* 1995, I-4921, n.º 138.

[1044] É evidente que não se põe a hipótese da interdependência circular.

tudo isso é passível de as pôr a actuar em bloco, como uma só. Desta sorte, não enjeitamos deferir posição dominante colectiva a integrantes desse género de mercado.

Simplesmente, a hipótese é mais teórica do que prática, já que, para os operadores da concorrência monopolista, é muito difícil verificarem-se, *ao mesmo tempo*, os dois pressupostos da posição dominante colectiva: falta de concorrência substancial nas relações internas e nas relações externas. No que às últimas diz respeito, tende a faltar a situação de poderio económico, em grande medida determinada pela posse de elevadas quotas de mercado, que permite actuar com quase descaso de concorrentes, parceiros comerciais e consumidores. Mas "difícil" não significa "impossível" e por isso o deixamos aqui aventado[1045].

3. Posição *dominante*: possibilidade de comportamento autónomo face a concorrentes, parceiros comerciais e consumidores

A posição dominante conjunta pressupõe a existência de um colectivo e, também, que este goze de supremacia no mercado, que seja *dominante*. Ao problema da dominância são dedicadas as próximas páginas. Não o trataremos de forma tão aturada como fizemos em relação ao estudo da posição *colectiva*, porque o modo de aferir se várias empresas gozam, em conjunto, de posição *dominante* não diverge, no essencial, daquele a usar quando se aprecia se uma só empresa desta usufrui[1046] (questão já escrutinada *ad nauseam* no direito europeu da concorrência).

A posição *dominante* é a situação de pujança económica que uma ou várias empresas têm e lhe(s) dá a capacidade de obstar a concorrência

[1045] Agora compreende o leitor por que motivo procurámos evitar, no transcorrido deste trabalho, a expressão "posição dominante oligopolística": ela faz radicar a categoria em exclusivo no mercado de oligopólio.

[1046] Assim, Giordano, «Abuso...», c. 264, Aigner, *Kollektive...*, pp. 240-241, Haupt, «Kollektive...», p. 365 e Temple Lang, «Oligopolies...», p. 269.

Monti – «The scope...», p. 137 – anota uma diferença: comparando com a dominação individual, o peso das quotas de mercado é menor nos casos em que a posição dominante colectiva assenta na estrutura oligopolística do mercado (não em laços estruturais). Não concordamos com o A.. A nossa opinião acerca do problema está exposta *infra*, sob 3.1..

efectiva no mercado, permitindo-lhe(s) actuação bastante autónoma face a concorrentes, parceiros comerciais e consumidores[1047] [1048]. O elemento-chave deste enunciado é a liberdade de conduta, a faculdade de gizar o curso de acção com menoscabo por acções e reacções de outrem.

No feliz dizer de VOGEL[1049], a dominância assim definida concebe-se como um «poder de agir» que se apresenta com duas faces: a activa (confere à empresa influência relativamente às demais) e a passiva (subtrai a empresa à interferência das outras).

Focando a possibilidade de actuar nestes termos, a doutrina fala de "ausência de concorrência substancial nas relações externas"[1050], mas a

---

[1047] A noção foi desenvolvida a propósito da preponderância de uma empresa – cfr., por exemplo, TJCE, acórdãos de 14.2.1978, *United Brands*, *Slg.* 1978, p. 207, n.º 65, de 13.2.1979, *Hoffmann-La Roche*, *Col.* 1979, p. 217, n.º 38, de 9.11.1983, *N. V. Nederlandsche Banden-Industrie Michelin/Kommission*, 322/81, *Slg.* 1983, p. 3461, n.º 30 – e, depois, transportada para a exercida por conjunto de empresas – TPI, acórdão de 10.3.1992, *SIV*, *Col.* 1992, II-1403, n.º 358, *in fine*, TJCE, acórdão de 16.3.2000, *Compagnie maritime belge*, *Col.* 2000, I-1365, n.os 39 e 42. Os excertos citados acerca da posição dominante de uma empresa não falam de "parceiros comerciais", mas de "clientes". É restrição que não pode ser seguida. O desembaraço de conduta em causa possibilita orientação de tratos assaz autónoma perante clientes, mas também face a *fornecedores*. Obedecendo à limitação inscrita nesses trechos, mal se compreenderia a posição dominante do lado da procura. Jurisprudência mais recente teima na imprecisão – TPI, acórdãos de 22.11.2001, *Amministrazione Autonoma dei Monopoli di Stato (AAMS)/Comissão*, T-139/98, *Col.* 2001, II-3413, n.º 51, de 30.9.2003, *Atlantic Container Line*, *Col.* 2003, II-3275, n.º 931 e de 23.10.2003, *Van den Bergh Foods Ltd/Comissão*, T-65/98, *Col.* 2003, II-4653, n.º 154.

[1048] A definição merece reparo a PEARCE AZEVEDO/WALKER («Dominance...», pp. 364-365): por um lado, nenhuma empresa pode actuar com medida apreciável de autonomia face a clientes e consumidores, sempre se lhe depara o inelutável constrangimento revelado pela curva da procura; por outro, é muito difícil medir se a empresa está a comportar-se com independência relativamente aos concorrentes. Dissentindo de semelhante arguição, pronunciando-se pelo propósito económico da definição que o TJCE deu e pela possibilidade de medir o ascendente de mercado nela contido, LISBETH F. LA COUR/ /H. PETER MØLLGAARD, «Meaningful and Measurable Market Domination», *ECLR*, 2003, pp. 132-135. A este artigo contravieram, logo no mesmo ano, PEARCE AZEVEDO e WALKER («Market Dominance: Measurement Problems and Mistakes», *ECLR*, 2003, pp. 640 ss.).

[1049] *Droit...*, p. 97.

[1050] *Ex plurimis*, HAUPT, «Kollektive...», pp. 364-365 e JUNG, *in* GRABITZ/HILF, *Das Recht...*, p. 30.

É curioso observar que, enquanto em matéria de relações internas e de jeito um tanto infeliz, alguma jurisprudência parecia sugerir a falta de *toda e qualquer* concor-

fórmula não é das mais certeiras, porquanto o globo de empresas em causa não desenvolve propriamente relação de concorrência directa com as compartes de negócio (fornecedores e clientes) nem com os consumidores finais. O mais correcto é falar de "possibilidade de comportamento autónomo face a concorrentes, parceiros comerciais e consumidores". Ainda assim, por facilidade de exposição, não deixaremos de usar a fórmula referida no início deste parágrafo[1051].

Tendo em mente o oligopólio, a desenvoltura de comportamento própria da posição dominante pode ser alardeada por um pequeno número de grandes empresas actuando em conjunto. É muito verosímil que logrem actuar com grande margem de independência face a concorrentes de mais pequena dimensão (*fringe firms*), parceiros de comércio e consumidores.

Os critérios a que se lança mão no direito comunitário da concorrência a fim de avaliar a preponderância das empresas – e que valem para a dominação singular e para a conjunta – dizem respeito à estrutura do mercado, à estrutura e características das empresas, aos comportamentos e aos resultados.

3.1. **Estrutura do mercado**

O principal instrumento para aquilatar se existe posição dominante é a quota de mercado da(s) empresas(s) cuja preponderância se aprecia.

O monopolista legal, natural ou de facto encontra-se em posição dominante[1052]. Nos restantes casos de predomínio por parte de uma só empresa, Comissão e jurisprudência apresentam alguns valores de refe-

---

rência entre as empresas como condição para que se lhes pudesse imputar posição dominante colectiva (TJCE, acórdãos de 5.10.1995, *Spediporto*, *Col.* 1995, I-2883, n.º 34, de 17.10.1995, *DIP*, *Col.* 1995, I-3257, n.º 27, e de 1.10.1998, *Librandi*, *Col.* 1998, I-5955, n.º 32), já no campo das relações externas se detecta convergência no sentido de bastar apenas a míngua de concorrência *substancial* – AIGNER, *Kollektive...*, p. 241.

[1051] Além disso, sempre se pode falar de concorrência *indirecta* com os parceiros de negócio.

[1052] MÖSCHEL, *in* IMMENGA/MESTMÄCKER, *EG-Wettbewerbsrecht...*, p. 708; SCHRÖTER, *in* von der GROEBEN/SCHWARZE, *Kommentar...*, p. 596; ZÄCH, *Grundzüge...*, p. 272; dec. de 21.12.1988 – *Magill TV Guide/ITP, BBC e RTE*, JO L 78, de 21.3.1989, p. 43, n.º 22 (em questão estava monopólio de facto reforçado por monopólio legal).

rência, aqui apresados de forma sumária: se a quota de mercado é inferior a 25%, exclui-se, via de regra, a posição dominante; situando-se entre 25 e 40%, só é adjudicada desde que outros factores militem no mesmo sentido; sendo superior a 40%, funda, por norma, posição dominante, tendência ainda mais acentuada se outros pontos – *e. g.*, grande afastamento relativamente às participações das rivais – coincidem na mesma direcção (quando vai para além de 50%, decide-se amiúde que existe posição dominante sem recorrer a outros subsídios)[1053] [1054]. Os valores constantes deste ou de outros bosquejos não dão corpo a um modelo de aplicação mecânica, não constituem mais do que pontos de referência, pelo que não podem ser utilizados de maneira rígida[1055].

O quinhão de mercado é, igualmente, factor de subido destaque quando está em análise a preponderância exercida por várias empresas[1056]. Embora o TPI tivesse notado ser «(...) certo que, no contexto de

---

[1053] Informações colhidas em EMMERICH, *Kartellrecht*, pp. 432-433 (também registadas no contributo do Autor em DAUSES, *Handbuch...*, p. 123); em termos que não andam longe, KLING/THOMAS, *Grundkurs...*, p. 549. Mais severa é a síntese que MÖSCHEL (*in* IMMENGA/MESTMÄCKER, *EG-Wettbewerbsrecht...*, pp. 708-710) dá a conhecer: habitualmente, delibera-se existir posição dominante quando a participação no mercado supera 75%; esteja esta entre 40 e 75%, a imputação tem lugar na condição de que, em simultâneo, outros factores para ela convirjam; postando-se entre 25 e 40%, não está excluído o assaque, mas é preciso que outros factores de peso por ele deponham; ante patamares inferiores a 25%, não há, por regra, posição dominante. Ver, ainda, os apanhados constantes de JUNG, *in* GRABITZ/HILF, *Das Recht...*, pp. 40-43 e de SCHRÖTER, *in* von der GROEBEN/SCHWARZE, *Kommentar...*, pp. 596-598.

[1054] Há duas ferramentas para fazer o cômputo da quota de mercado: quantidades e valores. O recurso à segunda possibilita a comparação mesmo no caso de os produtos não serem homogéneos, mas acarreta o perigo de distorcer a análise ali onde o preço seja demasiado alto ou excessivamente baixo (recordemos que o valor dos bens é aferido pelo preço). O cálculo obedecendo a quantidades é de preferir quando os bens forem bastante similares. Se as duas opções levarem a resultados diferentes, deve ser preferida a que melhor espelhar a força económica da empresa. Em caso de dúvida, ambos podem ser usados. Ver MÖSCHEL, *in* IMMENGA/MESTMÄCKER, *EG-Wettbewerbsrecht...*, p. 710; SCHRÖTER, *in* von der GROEBEN/SCHWARZE, *Kommentar...*, pp. 598-599; BELLAMY/CHILD, *European...*, pp. 703-704; Comunicação da Comissão relativa à definição de mercado relevante para efeitos do direito comunitário da concorrência, JO C 372, de 9.12.1997, p. 5, n.os 53-55.

[1055] Cfr. MÖSCHEL, *in* IMMENGA/MESTMÄCKER *EG-Wettbewerbsrecht...*, p. 708 e FRITZ RITTNER, *Wettbewerbs- und Kartellrecht...*, p. 306.

[1056] *Vide* decisões de 7.12.1988, *vidro plano*, JO L 33, de 4.2.1989, p. 44, n.º 79 e de 16.9.1998, *Acordo de Conferência Transatlântica*, JO L 95, de 9.4.1999, p. 1,

um oligopólio, a detenção de quotas de mercado elevadas pelos membros do oligopólio não tem necessariamente, em relação à análise de uma posição dominante individual, o mesmo significado do ponto de vista das possibilidades dos referidos membros de adoptar, enquanto grupo, comportamentos independentes, numa medida apreciável, em relação aos seus concorrentes, clientes e, finalmente, aos consumidores (...)», também não deixou de acrescentar «(...) que a detenção, nomeadamente no caso de um duopólio, de uma quota de mercado elevada é igualmente susceptível, salvo elementos em sentido contrário, de constituir um indício muito importante da existência de uma posição dominante colectiva»[1057]. No nosso aviso, quando a posição colectiva for fundada em acordos, decisões de associações, práticas concertadas ou pertença a grupo de sociedades, o peso indicial das quotas de mercado pode mais facilmente ser rebatido, já que é possível coabitar(em) no mercado outro(s) oligopolista(s) capaz(es) de contrabalançar o poder do conjunto; todavia, quando for baseada na interdependência conjectural – esta, lembre-se, enleia todos os colossos do mercado –, não haverá empresa estranha àquele globo habilitada a opor contrapeso forte. As quotas de mercado ganharão, por conseguinte, grande valor de indício de dominância.

A aferição do poder económico só é cabal se levar em linha de conta o factor tempo. A análise das quotas de mercado opera em perspectiva diacrónica destinada a verificar se são estáveis ou, ao invés, voltívolas. Como observa de forma certeira Denozza[1058], o que determina o poder da empresa não é o quinhão detido no mercado, mas a «solidità del possesso». Se um vendedor conquista terreno aos rivais ou, ao menos, mantém a sua quota, isso depõe a favor da presença de dominação; se perde,

n.º 533; TPI, acórdãos de 8.10.1996, *CMB*, *Col.* 1996, II-1201, n.º 77 e de 30.9.2003, *Atlantic Container Line*, *Col.* 2003, II-3275, n.º 908.

[1057] Acórdão de 25.3.1999, *Gencor*, *Col.* 1999, II-753, n.º 206. A distinção – ínsita às linhas citadas em primeiro lugar – entre oligopólio e posição dominante, aquele registando influência recíproca de comportamentos, a última marcada por gestos essencialmente unilaterais, encontrava-se já em TJCE, acórdão de 13.2.1979, *Hoffmann-La Roche*, *Col.* 1979, p. 217, n.º 39.

[1058] *Antitrust...*, p. 50. Em perspectiva convergente, C. W. Baden Fuller («Article 86 EEC: Economic Analysis of the Existence of a Dominant Position», *ELR*, 1979, p. 424) vinca que a dominação se reporta ao tempo, é posição de poder no transcurso do mesmo.

aí reside argumento para a existência de compita efectiva[1059]. Atribuir o estatuto de domínio apenas à empresa ou empresas cujo desfrute não é passível de erosão fácil é importante no sentido de não distender o âmbito de aplicação do art. 82.º CE para além de limites razoáveis[1060].

A concorrência potencial relaciona-se diametralmente com a perdurabilidade das quotas de mercado, já que relativiza o peso da participação da empresa num certo momento (sobretudo nos mercados jovens e de crescimento rápido). Ela é susceptível de consideração logo no momento em que se demarca o mercado pertinente ou na altura em que se aprecia se há posição "dominante"; a Comissão sugere a segunda alternativa[1061]. A propósito das concentrações, olhámos à lupa as barreiras de acesso ao mercado. Vimos que, onde faltassem, era improvável o advento de coordenação. Agora, em sede de art. 82.º CE, têm igualmente destaque na aferição do poder das empresas[1062].

No oligopólio, não é muito provável que a concorrência potencial relativize o valor das indicações fornecidas pelas quotas de mercado. Estas são grandes e a entrada é difícil, significando que, quando estiver em causa posição dominante colectiva, um e outro factor jogam em uníssono no sentido de decidir pela sua imputação às empresas.

Perseverando no estudo de elementos atinentes ao relevo das quotas de mercado, deparamos com tese segundo a qual o estado da concorrência não se exprime por parcelas

---

[1059] *Vd.* SCHRÖTER, *in* von der GROEBEN/SCHWARZE, *Kommentar...*, p. 595 e BELLAMY/ /CHILD, *European...*, pp. 705-706.

[1060] *Vd.* MARCOS SACRISTÁN REPRESA, «Abuso de posición dominante», *in* LUIS ANTONIO VELASCO SAN PEDRO (Coordinador), *Derecho Europeo de la Competencia (Antitrust e Intervenciones Públicas)*, Valladolid, 2005, p. 346.

[1061] Cfr. Comunicação da Comissão relativa à definição de mercado relevante para efeitos do direito comunitário da concorrência, JO C 372, de 9.12.1997, p. 5, n.º 24.

Em processos submetidos à apreciação das instâncias comunitárias, veja-se a consideração da concorrência potencial nas decisões de 7.12.1988, *vidro plano*, JO L 33, de 4.2.1989, p. 44, n.º 79 e de 16.9.1998, *Acordo de Conferência Transatlântica*, JO L 95, de 9.4.1999, p. 1, n.º 546; na jurisprudência, TPI, acórdão de 30.9.2003, *Atlantic Container Line*, *Col.* 2003, II-3275, n.os 999 ss..

[1062] JUNG, *in* GRABITZ/HILF, *Das Recht...*, p. 43, sustentando que, como indicadores de posição dominante, os obstáculos à entrada têm relevo quase igual ao das quotas de mercado; cfr., outrossim, SCHRÖTER, *in* von der GROEBEN/SCHWARZE, *Kommentar...*, pp. 599--600 e DIRKSEN, *in* LANGEN/BUNTE, *Kommentar...*, p. 2149. Dizendo que a dominância só é possível quando houver barreiras à entrada na indústria, BADEN FULLER, «Article 86 EEC: Economic...», pp. 440-441.

de mercado, mas antes por via da alteração que estas registam em caso de agravamento das condições praticadas. De jeito mais preciso: a supremacia de um vendedor ou de um conjunto de vendedores mede-se pelas possibilidades que a procura tem de se dirigir a outrem no caso de subida do preço dos respectivos produtos ou de embaratecimento de artigos feitos pelos rivais. Posto faltar relação fixa entre a extensão da quota de mercado e a mobilidade da procura, não poderia dizer-se que, quanto maior a primeira, mais baixa é a hipótese de distrair acto de compra dirigindo-o a outro ofertante. Este acto depende de pontos tão distintos como: transparência do mercado, hábitos dos compradores, grau de substituibilidade dos bens, nível de preços praticado pelos concorrentes, meios que estes tenham de satisfazer procura adicional e facilidade de acesso aos bens por eles produzidos. Em suma, imperioso seria ter em conta a mobilidade da procura, usando como instrumento analítico a elasticidade-cruzada[1063].

Vemos as coisas de maneira diferente e reiteramos o defendido na dissertação de Mestrado: tanto mais avultada a quota de mercado, tanto menores as opções de desvio[1064]. Raciocinando em termos de oligopólio, a circunstância de um conjunto de empresas ao qual foi atribuída posição colectiva beneficiar de larga participação no mercado acarreta possibilidades diminutas de passar a adquirir artigos junto de outrem. E, ainda que se aderisse ao discurso constante do parágrafo anterior – retirando peso às quotas de mercado e transferindo-o para os factores ali indicados –, os resultados no campo do oligopólio continuariam a apontar, em grande número, para a posição dominante do conjunto de empresas a quem foi outorgada posição colectiva. Partindo de alguns desses factores, chegaremos a este epílogo: em virtude do alinhamento de preços registado nos oligopólios, é improvável haver quem cobre preços inferiores aos exigidos pelo conjunto dominante; abarcando este os colossos do mercado, só ficam de fora as *fringe firms*, porventura incapazes de suprir procura adicional que se lhes dirija.

Sintetizando, apesar de atentos às cautelas exteriorizadas pelo TPI na sentença *Gencor* e a teses como a que acabámos de arguir, pensamos que o assinalável porte das quotas de mercado dos oligopolistas depõe no sentido de se lhes imputar posição dominante (colectiva). Esta tendência não é refutada pela possibilidade de acesso de novas empresas, pois, muitas páginas atrás o dissemos, ingressar no mercado de oligopólio é empreendimento eivado de espinhos[1065].

[1063] Cfr., em primeira linha, ROBERT KNÖPFLE, «Indiziert der Marktanteil den Wettbewerbsgrad?», *BB*, caderno 30, de 30.10.1982, pp. 1806-1809 e 1814; depois, KOCH, *in* GRABITZ/HILF, *Das Recht...*, edição "prévia": *Altband II*, Art. 86, p. 17 e JUNG, *in* GRABITZ/ /HILF, *Das Recht...*, p. 43.

[1064] Ver o nosso *A posição...*, p. 129; TPI, acórdãos de 22.11.2001, *AAMS*, *Col.* 2001, II-3413, n.º 51 e de 23.10.2003, *Van den Bergh Foods*, *Col.* 2003, II-4653, n.º 154.

[1065] Na Alemanha, embora a quota de mercado seja apenas um dos vários factores a considerar no sentido de apreciar se há dominância, existe presunção de cariz estrutural,

3.2. **Estrutura e características das empresas**

Para aferir se existe posição dominante, recorre-se igualmente à estrutura da empresa. Ao contrário do que sucedia no ponto anterior, não estão agora em causa condições gerais de mercado, mas antes características e meios da empresa ou conjunto de empresas capazes de lhe(s) garantir ascendente face a rivais. É uma análise que complementa e se relaciona com a da estrutura do mercado, pois é vulgar a quota das empresas depender das capacidades e dos meios de que elas dispõem. Assim, combinam-se frequentemente os dois tipos de escrutínio, ganhando as características da empresa particular realce quando a análise das quotas de mercado não oferece conclusão inequívoca[1066].

O leque de factores a considerar nesta sede engloba aspectos de ordem diversa. Desde logo, o avanço tecnológico da empresa ou conjunto de empresas em relação aos competidores[1067]; por si só, pode mesmo ser suficiente para originar posição dominante[1068]. Em segundo lugar, contam-se as vantagens da(s) empresa(s) no plano comercial, derivem elas de políticas eficazes de vendas e de *marketing*, da titularidade de marca notória ou de algum tipo de direitos de exclusividade[1069], da oferta de sortimento com vários produtos[1070], do apurado controlo que exerce(m) sobre a rede de comercialização e vendas ou, finalmente, da elevada

---

nela assente (§ 19, *Abs.* 3 da *GWB*): entende-se que um colectivo de empresas é dominante se detiver, em conjunto, 50 % do mercado (quando o colectivo integra número de empresas igual ou inferior a três) ou se possuir, também em conjunto, parcela correspondente a dois terços do mercado (quando o globo integra número de empresas igual ou inferior a cinco). Segundo Emmerich – *Kartellrecht*, pp. 183-184 –, a presunção não liberta as autoridades de, num quadro de exame global, apreciar a quota de mercado em ligação com os outros factores relevantes; ela só intervém se, depois da referida análise global, as autoridades de defesa da concorrência e os tribunais não estiverem em condições de excluir ou de afirmar que a posição dominante existe.

[1066] Cfr. Jung, *in* Grabitz/Hilf, *Das Recht...*, pp. 43-44 e Schröter, *in* von der Groeben/Schwarze, *Kommentar...*, pp. 602-603.

[1067] TJCE, acórdão de 13.2.1979, *Hoffmann-La Roche*, *Col.* 1979, p. 217, n.º 48; Comissão, dec. de 22.12.1987 – *Eurofix-Bauco/Hilti*, JO L 65, de 11.3.1988, p. 19, n.º 69.

[1068] Decisão de 14.12.1972 – *ZOJA/CSC-ICI*, JO L 299, de 31.12.1972, p. 51, II.B. e I.A..

[1069] Cfr., respectivamente, TPI, acórdãos de 23.10.2003, *Van den Bergh Foods*, *Col.* 2003, II-4653, n.os 90 e 156 e de 8.10.1996, *CMB*, *Col.* 1996, II-1201, n.º 80.

[1070] TPI, sentença de 23.10.2003, *Van den Bergh Foods*, *Col.* 2003, II-4653, n.º 156.

capacidade de produção e de fornecimento (ensejando responder a aumentos da procura que excedam as possibilidades dos competidores). *Tertio*, merece chamada o poderio económico e financeiro da(s) empresa(s) cuja preponderância é objecto de escrutínio. Ele relaciona-se de feição estreita com os pontos referidos nas linhas anteriores, já que múltiplos tópicos aí referidos dependem dos meios económicos e financeiros que a empresa tem à disposição. Como quarto *item*, arrola-se a integração da(s) empresa(s) num grupo. Na medida em que acedem aos recursos deste, mais fácil se lhes torna angariar as vantagens tecnológicas e comerciais acima indicadas, fenómeno tanto mais saliente quando o grupo opera à escala mundial[1071]. *Last but not least*, para que uma ou várias empresas se guindem a posição dominante concorre a integração vertical, que rasga vias de acesso aos *inputs* necessários à produção e aos mercados de escoamento, facilitando a criação de espaço de manobra livre de freios postos por parceiros comerciais, concorrentes e consumidores[1072].

Qual será o assento destes factores em matéria de oligopólio e de dominação colectiva? É grande e aponta para a existência de posição dominante, dado que muitos deles proliferam nos mercados oligopolísticos. A título de exemplo, é frequente terem aqui lugar processos intensos de inovação tecnológica e fazerem sentir-se os efeitos da presença dos grupos: recordamos ser habitual os grandes bancos estarem integrados em grupos, não tendo, por isso, interesse em financiar aqueles que possam vir a competir com membros do grupo a que o banco pertence (nos Estados Unidos, um dos motivos pelos quais nenhuma empresa nova se estabeleceu no oligopólio da indústria automóvel durante longo lapso de tempo foi o liame existente entre as instituições financeiras e as empresas estabelecidas[1073]).

[1071] Cfr. TJCE, acórdão de 4.5.1988, *Corinne Bodson*, *Col.* 1988, p. 2479, n.º 29. Ver também as observações, nada desplantadas quando se mira o poder das multinacionais no nosso tempo, feitas por ARNDT em *Wirtschaftliche Macht...*, p. 50.

[1072] Ao catalogar os critérios atinentes à estrutura e às características da empresa, partimos de JUNG, *in* GRABITZ/HILF, *Das Recht...*, pp. 44-45 e de SCHRÖTER, *in* von der GROEBEN/SCHWARZE, *Kommentar...*, pp. 603-605. Também é proveitosa a consulta de MÖSCHEL, *in* IMMENGA/MESTMÄCKER, *EG-Wettbewerbsrecht...*, pp. 711-713 e de DIRKSEN, *in* LANGEN/BUNTE, *Kommentar...*, pp. 2150-2151.

[1073] AVELÃS NUNES, *Economia Política...*, p. 420.

3.3. Critérios de comportamento

A análise da conduta das empresas desdobra-se por vectores tão distintos como as políticas de preços, de investimentos, de produção e de vendas. Ela não permite, contudo, afirmar se têm posição dominante: por exemplo, uma descida de preço tanto exprime o exercício de ascendente por parte de quem, não estando sujeito a concorrência de monta, se dá ao luxo de recorrer a tal mecanismo para expulsar rivais, como pode ser reacção a atitude de competidor em mercado caracterizado por disputa vivaz. De sorte que o préstimo de semelhante critério se circunscreve a fortalecer ou a operar revisão crítica dos resultados obtidos no exame das estruturas do mercado e da empresa[1074].

No tocante às políticas de preços, a possibilidade de, durante largo período de tempo, impor e fazer valer encarecimento de bens, sem, com isso, arcar com perdas de vendas significativas é vista como sinal da autonomia de condutas típica da posição dominante[1075], sentido para que também apontam as estruturas de preços discriminatórias[1076].

Quanto às políticas de investimentos, produção e vendas, merecem destaque como indicadores de predomínio o exercício de influência regular e sistemática sobre a actuação dos distribuidores e a manutenção de capacidade disponível para, a qualquer momento, responder a aumentos da procura[1077].

Causa polémica a questão de saber se os comportamentos *abusivos* podem ser usados como indício de existência de posição dominante[1078].

[1074] Cfr. TJCE, acórdão de 13.2.1979, *Hoffmann-La Roche*, *Col.* 1979, p. 217, n.º 69; JUNG, *in* GRABITZ/HILF, *Das Recht...*, p. 46; SCHRÖTER, *in* von der GROEBEN/ /SCHWARZE, *Kommentar...*, pp. 606.

[1075] Decisão de 22.12.1987 – *Eurofix-Bauco/Hilti*, JO L 65, de 11.3.1988, p. 19, n.os 51 e 71.

[1076] Decisão de 16.9.1998 – *Acordo de Conferência Transatlântica*, JO L 95, de 9.4.1999, p. 1, n.os 534-537: no n.º 535, escreve-se que o sistema de preços diferenciados em questão «(...) normalmente só se encontra nas situações de mercado em que uma ou mais empresas dispõem de um grau substancial de poder (...)»; TPI, aresto de 30.9.2003, *Atlantic Container Line*, *Col.* 2003, II-3275, n.º 904.

[1077] Decisão de 7.12.1988, *vidro plano*, JO L 33, de 4.2.1989, p. 44, n.os 35-42. SCHRÖTER, *in* von der GROEBEN/SCHWARZE, *Kommentar...*, p. 607.

[1078] Pronunciando-se contra, KOCH, *in* GRABITZ/HILF, *Das Recht...*, edição "prévia": *Altband II*, Art. 86, p. 18.

As dúvidas prendem-se com a possibilidade de identificar actos passíveis de ser levados a cabo *apenas* por quem goze de posição dominante, ou seja, situados fora do alcance dos que a não têm. Considerando os exemplos de exploração abusiva plasmados no art. 82.º CE, a imposição de preços de compra ou de venda ou de condições de transacção não equitativas [alínea *a*)] e a limitação da produção, da distribuição ou do desenvolvimento técnico em prejuízo dos consumidores [alínea *b*)] pressupõem falta de concorrência efectiva e a existência de preponderância[1079]. O que já não sucede, forçosamente, com as práticas previstas nas alíneas *c*) e *d*): aplicação, relativamente a parceiros comerciais, de condições desiguais no caso de prestações equivalentes, colocando-os, por essa razão, em desvantagem na concorrência; subordinação da celebração de contratos à aceitação, por parte de outros contraentes, de prestações suplementares que, pela sua natureza ou de acordo com os usos comerciais, não têm ligação com o objecto desses contratos. Os actos referidos nas duas últimas alíneas podem ser perpetrados por empresas destituídas de ascendente económico (mas não por muito tempo, pois os mecanismos concorrenciais obrigariam a corrigir os excessos); com SCHRÖTER[1080], diremos que só valem como pistas de dominância se ostentam grande intensidade ou se prolongam por vasto curso de tempo. Somos de opinião que, para aquilatar se existe posição dominante, é aprumado recorrer à conduta em que, alegadamente, se materializa o abuso. Estamos cientes dos riscos que esse passo comporta, mormente do *círculo vicioso*[1081]: de uma conduta, inferir o predomínio e, depois, qualificá-la de abusiva, porque, com base nela, se estabeleceu que havia dominação. Porém, tais riscos não devem ser empecilho ao escrutínio cabal da existência de preponderância e este só é realizável atendendo a *todos* os elementos que revelem se a empresa ou conjunto de empresas fruem do espaço de manobra

---

[1079] Os actos previstos na alínea *a)* supõem relação de dependência económica, motivada pela falta de possibilidades insuficientes de escolha e de desvio para fornecedores e clientes; aqueloutros constantes da alínea *b)* afectam os consumidores, que não têm possibilidade de diversão para ofertantes alternativos (ou, pelo menos, só dela beneficiam em medida limitada). LOIBNER, *Das Oligopol...*, p. 87.

[1080] *In* von der GROEBEN/SCHWARZE, *Kommentar...*, p. 608 (sobre o que foi dito neste parágrafo, ver também a p. 607).

[1081] Perigo para o qual alertam MÖSCHEL, *in* IMMENGA/MESTMÄCKER, *EG-Wettbewerbsrecht...*, p. 713 e RITTER/BRAUN/RAWLINSON, *European...*, p. 344. Ver, outrossim, VAN BAEL/ /BELLIS, *Competition...*, p. 132 e WEIß, *in* CALLIESS/RUFFERT, *Kommentar...*, p. 1089.

próprio da dominação. Ora, uma das formas que o expressa é o *modus agendi* em que, supostamente, se concretiza o abuso. O apuramento da verdade material não deve ser coarctado pelos cânones de uma visão formalista.

3.4. **Critérios de resultado**

Para aquilatar se ocorre dominação, podem ainda ser empregues os resultados da actuação das empresas (*v. g.*, lucros e prejuízos)[1082]. Tal como sucede com os comportamentos, a análise dos resultados serve para complementar a indagação baseada, principalmente, em factores estruturais.

O nível de lucros dá respostas pouco elucidativas ao problema que nos ocupa: assim como margens reduzidas de lucro ou, inclusive, perdas temporárias são compatíveis com a posição dominante, ganhos fartos podem ter lugar em época de concorrência efectiva[1083], designadamente quando recompensam a inovação tecnológica, espelham patamares superiores de eficiência ou advêm de desequilíbrios temporários do mercado[1084].

O oligopólio, na medida em que se contemple a política do preço-limite que nele tem lugar, mostra igualmente as limitações do critério dos resultados na apreciação do estatuto de domínio: a cobrança de preços que não proporcionam o máximo lucro no curto prazo decorre do intento de afastar, a longo prazo, eventuais competidores. Mas as empresas só podem recorrer a semelhante expediente porque são fortes e poderosas.

Um indício de posição dominante é dado pelo êxito do líder de mercado em assegurar a preferência duradoura dos consumidores pelas mercadorias que produz e em, por essa via, tornar os comerciantes que lhas adquirem dependentes dos fornecimentos que lhes faz. Em causa está um conceito de alcance mais amplo, *o estado de dependência económica*, que, já o afirmámos[1085], é critério de existência de posição domi-

---

[1082] J. J. Ferreira Alves, *Direito...*, p. 137.

[1083] Cfr. TJCE, acórdãos de 14.2.1978, *United Brands*, *Slg.* 1978, p. 207, n.os 125-126 e de 9.11.1983, *Michelin*, *Slg.* 1983, p. 3461, n.º 59; decisão de 14.5.1997, IV/ /34.621 e 35.059/F-3 – *Irish Sugar plc*, JO L 258, de 22.9.1997, p. 1, n.º 103, parte final; Eduardo R. Lopes Rodrigues, *O Essencial...*, pp. 255-256.

[1084] Luc Gyselen/Nicholas Kyriazis, «Article 86 EEC: The Monopoly Power Measurement Issue Revisited», *ELR*, 1986, p. 136 e Phillip Areeda, «Market definition and horizontal restraints», *ALJ*, vol. 52 (1983), p. 554, *in fine.*

[1085] *A posição...*, p. 80.

nante. Ele refere-se à situação em que uma empresa (ou conjunto de empresas) se torna parceira comercial obrigatória dos que com ela mantêm relações de negócios (fornecedores e clientes)[1086].

4. A posição dominante colectiva vertical

No direito comunitário da concorrência, a Comissão e o TPI admitiram a possibilidade de empresas que mantêm relação comercial vertical ocuparem em conjunto posição dominante. Fizeram-no no caso *Irish Sugar*: à empresa com o mesmo nome – única produtora de açúcar de beterraba na Irlanda e na Irlanda do Norte – e à *Sugar Distributors Limited* (doravante, *SDL*) – distribuidora de açúcar da *Irish Sugar* na Irlanda – foi outorgada posição dominante conjunta no mercado do açúcar granulado (tanto para vendas a retalho como para fins industriais) da Irlanda no período decorrido entre 1985 e Fevereiro de 1990[1087]. Pela primeira vez – e, pelo que sabemos, única – imputa-se aquele estatuto a empresas situadas em estádios diversos do processo de fabrico e de comercialização dos bens.

A decisão e a sentença em causa foram alvo de sérios reparos. Conheçamo-los pelo punho de Bastianon. O Autor assaca à Comissão e ao Tribunal a subversão dos princípios-chave em que se baseia a aplicação do art. 82.º CE. Detectado um comportamento ilícito, as duas instâncias procuraram integrá-lo na exploração abusiva de posição dominante, reconstruindo as noções de posição dominante e de *relevant market*. Ao A. parece óbvio estarmos perante dois mercados distintos, um a montante, o outro a jusante. Centrando a crítica na sentença do TPI[1088],

[1086] Cfr. Comissão, decisões de 21.12.1988, *Magill TV Guide/ITP, BBC e RTE*, JO L 78, de 21.3.1989, p. 43, n.º 22 e de 16.9.1998, *Acordo de Conferência Transatlântica*, JO L 95, de 9.4.1999, p. 1, n.º 538: «O elemento final na demonstração da posição dominante do TACA é a reduzida capacidade dos seus clientes para mudarem para fornecedores alternativos, o que torna o TACA um parceiro de negócios inevitável, mesmo para os seus clientes descontentes (...)». Ver, ainda, TPI, acórdãos de 23.10.2003, *Van den Bergh Foods*, *Col.* 2003, II-4653, n.os 154 e 156 e de 30.9.2003, *Atlantic Container Line*, *Col.* 2003, II-3275, n.os 904 e 1124.

[1087] Decisão de 14.5.1997, *Irish Sugar*, JO L 258, de 22.9.1997, p. 1, n.os 17, 29 e 86-113; TPI, sentença de 7.10.1999, *Irish Sugar*, *Col.* 1999, II-2969, n.º 63.

[1088] Mas a objurgatória vale, nos mesmos termos, para a decisão da Comissão.

BASTIANON escreve que o tribunal – verificada a existência de posição dominante da *Irish Sugar* no mercado irlandês da produção de açúcar e a concessão, por parte de outro sujeito económico, de descontos selectivos no mercado (distinto) da distribuição – elegeu, em primeiro momento, aplicar o art. 82.º CE, e depois tentou justificar, em termos jurídicos, a escolha que fez. Com base no acórdão, poderia dizer-se que a existência de laços estruturais e/ou económicos entre duas ou mais empresas laborando em mercados diferentes basta para atribuir às empresas em causa uma posição dominante colectiva no conjunto dos mercados em que operam. Percuciente, o A. italiano escreve mesmo que, a ser esta a posição oficial dos órgãos comunitários, a noção de "mercado relevante" está morta[1089].

Não acompanhamos a visão exprobradora acabada de referir. A posição dominante colectiva vertical é de admitir e o TPI andou bem. A índole e a duração dos vínculos existentes entre empresas estabelecidas em fases diversas do curso de fabrico e distribuição de um bem pode apontar para uma tal ideia de *intensidade* e de *estreiteza de colaboração* que não seria correcto, sob o prisma material, cindir a posição de força das empresas ou apreciá-la de maneira separada[1090]. A conexão criada por

---

[1089] O razoamento de BASTIANON que viemos expondo consta de «I nuovi...», colunas 62 e 64.

[1090] No caso que deu origem a toda esta discussão, eram apertados os liames entre os envolvidos (apresentamo-los em pormenor, atendendo ao carácter único do caso): a *Irish Sugar* participava no capital da *Sugar Distributors (Holdings) Ltd* – que era a empresa-mãe da *SDL* – e estava representada nos conselhos de administração da *SDH* e da *SDL*; a *Irish Sugar* e a *SDL* desenvolveram política de partilha de responsabilidades que incluía o aconselhamento e a revisão das políticas de preços e de promoções e a comunicação de informações versando tópicos financeiros e todos os aspectos da comercialização do açúcar (vendas, publicidade e promoções); a *SDL* comprometeu-se a adquirir todo o seu açúcar à *Irish Sugar*; esta financiava todas as promoções aos consumidores, bem como os descontos oferecidos pela *SDL* a clientes específicos (decisão de 14.5.1997, *Irish Sugar*, JO L 258, de 22.9.1997, p. 1, n.os 29, 30, 111 e 112; ver, outrossim, o acolhimento dos argumentos da Comissão em TPI, sentença de 7.10.1999, *Irish Sugar*, *Col.* 1999, II-2969, n.os 51-59). É caso para perguntar: se isto – envolvendo, designadamente, uma teia significativa de acordos – não basta, que mais é preciso?

tais vínculos permite concretizar esse *quid* decisivo da posição dominante colectiva que é a possibilidade de adoptar idêntica linha de conduta no mercado[1091].

No n.º 63 do aresto *Irish Sugar*, os juízes observaram que, a não ser admitindo que o art. 86 do Tratado CE (art. 82.º CE) padece de lacuna, tem de aceitar-se que empresas ordenadas em relação comercial vertical – não estando, contudo, integradas ao ponto de constituírem uma só e única empresa – podem explorar abusivamente uma posição dominante colectiva. Nada mais se avançou a este respeito, mas o teor do *obiter dictum* basta para suscitar algumas considerações de índole teleológica. Opinámos suso que a questão de saber se o art. 82.º CE apresa a dominância colectiva merece resposta em boa medida iluminada pela necessidade de defender aqueles que não são capazes de se furtar a condições gravosas exigidas pelo agente preponderante (parceiros de negócio, consumidores), bem como aqueloutros que não logram resistir aos métodos, estranhos à concorrência de mérito a que ele recorre (concorrentes actuais e potenciais). Na altura, afirmou-se que consumidores, parceiros de trato e concorrentes só ganham protecção sem lacunas se estiverem protegidos da dominação individual e da colectiva. Ora, *mercê dos vínculos* que tornam estreita a colaboração entre empresas situadas em fases diferentes do processo de produção e de distribuição dos bens, pode bem sair reforçada a capacidade que as empresas têm de, por meios estranhos à concorrência baseada no mérito das prestações, excluírem concorrentes actuais e dificultarem a entrada a concorrentes potenciais, tanto num como no outro estádio daquele processo (tudo redundando em prejuízo para o consumidor, o qual dispõe de cada vez menos alternativas procedentes de estranhos ao conjunto preponderante)[1092]. É o *cumular de forças* das empresas que fortalece a possibilidade de comportamento independente própria da detenção de posição dominante.

[1091] *In casu*, em boa hora o TPI o reconheceu (cfr. n.os 46, 47, 50 e 59 da sentença), já que a recorrente invocara em sua defesa o ponto 112 da decisão, no qual a Comissão falara apenas de «clara comunhão de interesses das duas empresas relativamente a terceiros» e não da faculdade de agir da mesma forma no mercado. Atente-se também no n.º 60 da sentença.

[1092] Ponto também tocado por Aigner, *Kollektive...*, pp. 235-236. Cfr., ainda, Korah, *An Introductory Guide to EC Competition Law and Practice*, 7ª ed., Oxford/ /Portland, 2000, p. 101, notando que a relação vertical torna mais fácil levar a cabo discriminações.

Em defesa da impossibilidade de reconhecer a posição dominante vertical, podemos ser confrontados com o argumento baseado na falta de uma relação de concorrência entre os operadores situados em etapas diversas do caminho de produção e venda. Faltando semelhante relação de concorrência, seria uma falácia dizer que as empresas ocupam posição dominante colectiva, pois esta supõe restrição da concorrência substancial entre os membros do conjunto dominante (relações internas). Ora, não poderia restringir-se o que nunca existiu, estaríamos ante impossibilidade lógica. A refutação desta tese poderia passar por dizer que, no âmbito das *relações verticais*, a eliminação da concorrência substancial nas relações internas não é pressuposto da posição dominante colectiva[1093]. É outra a nossa opção. Preferimos dizer que, estando em causa tal tipo de relações, não é de exigir o apagamento da concorrência substancial nas relações entre competidores *directos*. Permanecemos, porém, fiéis à fórmula e defendemos ser de exigir a elisão da concorrência efectiva nas relações entre competidores *indirectos*[1094].

Está ainda por desmontar o reparo que se prende com a eventual adulteração do conceito de mercado relevante (ponto em que BASTIANON insistiu). Embora tal noção seja um elemento proficiente e válido, ela não é, no emprego que o direito *antitrust* lhe dá, um operador que assegure conclusões absolutamente irrefragáveis e inconcussas (agravando-se as dificuldades quando estiverem em causa relações verticais)[1095]. Na doutrina, não falta quem aponte à demarcação do mercado um carácter subjectivo e aleatório[1096], quem escreva ser ela, frequentemente, arbitrária[1097], havendo, inclusive, autores para os quais o escrutínio da jurisprudência europeia dá azo a pensar que o conceito em causa não é tanto um ele-

---

[1093] É o que faz AIGNER, *Kollektive...*, p. 238.

[1094] Veja-se o uso desta terminologia – "concorrentes directos" na relação entre comerciantes ou naqueloutra entre industriais, "concorrentes indirectos" na ligação entre industriais e comerciantes – em NOGUEIRA SERENS, *A Tutela...*, vol. I, pp. 43, 52 e 153. Este Autor é peremptório: «A existência de (uma relação de) concorrência entre empresários situados em diferentes estádios da produção é hoje coisa pacífica na doutrina e na jurisprudência estrangeiras (...)» – *ob. cit.*, p. 28, n. 142.

[1095] Atente-se no nosso *A posição...*, pp. 29-31 e 38-40.

[1096] ALDO FRIGNANI, «Abuso di posizione dominante», *in* AAVV, *Diritto antitrust italiano*, volume I (a cura di A. FRIGNANI/R. PARDOLESI/A. PATRONI GRIFFI/L. C. UBERTAZZI), Bologna, 1993, p. 336; também VOGEL – *Droit...*, p. 202 – menciona o cariz aleatório.

[1097] KORAH, *An Introductory...*, p. 83.

mento objectivo de referência como uma variável passível de ser manipulada[1098]. Com este aranzel, pretendemos chamar a atenção não apenas para o carácter falível da definição do mercado de referência mas, sobretudo, para a circunstância de serem muitas vezes disputáveis as demarcações feitas pelas autoridades de defesa da concorrência[1099]. Poucas matérias do direito *antitrust* oferecem tanto campo para polémica como esta. Assim sendo, é de relativizar as críticas de BASTIANON ou dos que pensam como ele. Não podemos, de maneira nenhuma, considerar intocável o conceito de mercado pertinente. Tendo em vista o caso *Irish Sugar*, não nos repugna considerar como mercado relevante o "açúcar granulado na Irlanda" (bem mais chocam as definições mencionadas na já citada p. 39 da nossa dissertação de Mestrado). E, replicando à alusão à morte do conceito em apreço, diremos que morto não está, mas a sua vida faz-se de caminhos que não agradam a todos[1100].

Note-se que deferir posição dominante conjunta a empresas que mantêm entre si uma relação comercial vertical não pode ter como fundamento a interdependência paramétrica própria dos oligopólios[1101]. É no plano da concorrência *directa* (competidores situados em idêntica fase do curso de fabrico e distribuição) que se fala em interdependência dos preços e dos volumes de vendas, assim como do respectivo reconhecimento pelos oligopolistas. O jogo no qual os efeitos da actuação própria condicionam *o agere* dos rivais deriva de premissas que assentam em tal tipo de concorrência: pequeno número de empresas oferecendo artigos que são homogéneos ou, quando menos, sucedâneos próximos. Esse é, pois, um plano distinto daquele em que nos movemos a propósito da dominação colectiva vertical (aqui está em causa a concorrência *indirecta*).

[1098] GLAIS/LAURENT, *Traité...*, p. 287. Cfr., ainda, VOGEL, *Droit...*, p. 105.

[1099] Veja-se o par de exemplos que damos na p. 39 de *A posição...*, bem como a crítica de FRIGNANI («Abuso...», p. 328).

[1100] Acabámos de perfilhar entendimento segundo o qual é correcto outorgar posição dominante colectiva a empresas situadas em fases distintas do processo de produção e comercialização dos bens, ou seja, que desenvolvem relação *exclusivamente* vertical.

Não queremos, contudo, deixar de acrescentar que, no caso examinado, se apurou que a relação comercial entre a *Irish Sugar* e a *SDL* não assumia apenas essa índole, também foi uma relação horizontal: TPI, aresto de 7.10.1999, *Irish Sugar*, *Col.* 1999, II--2969, n.º 62.

[1101] Convergindo, AIGNER, *Kollektive...*, p. 238.

CAPÍTULO III
ABUSO DE POSIÇÃO DOMINANTE COLECTIVA

1. Aspectos gerais

A posição dominante, singular ou conjunta, não implica, em si, qualquer juízo de censura relativamente à(s) empresa(s), significa apenas que lhe(s) é deferida, independentemente dos motivos da supremacia, uma responsabilidade especial de não lesar a concorrência efectiva no mercado[1102], é dizer, de não *explorar abusivamente* a sua condição de força[1103]. Está em causa a necessidade – inexistente, em se tratando de operadores não dominantes – de limitar o vasto espaço de manobra das unidades que gozam de preponderância[1104]. O art. 82.º CE veda-lhes condutas permitidas a quem não tem semelhante estatuto. São actos que, quando praticados por aqueles que não usufruem de ascendente, levam ao desvio da clientela para outros vendedores[1105].

A noção de abuso não consta do Tratado. As quatro alíneas do art. 82.º CE contêm catálogo não exaustivo de práticas susceptíveis de o materializar. A jurisprudência adianta tratar-se de uma noção objectiva abrangendo todo o comportamento da(s) empresa(s) em posição dominante que seja susceptível de influenciar a estrutura do mercado – no qual, justamente por mor da presença do(s) operador(es) em questão, o

---

[1102] TJCE, acórdãos de 9.11.1983, *Michelin*, *Slg*. 1983, p. 3461, n.º 57 e de 16.3.2000, *Compagnie maritime belge*, *Col*. 2000, I-1365, n.os 37-38; TPI, acórdãos de 10.3.1992, *SIV*, *Col*. 1992, II-1403, n.º 360 e de 30.9.2003, *Atlantic Container Line*, *Col*. 2003, II-3275, n.º 1109. *Vd*., ainda, PERA, *Concorrenza*..., p. 99.

[1103] AIGNER, *Kollektive*..., p. 245.

[1104] *Vd*. as conclusões do advogado-geral HEINRICH KIRSCHNER no processo *Tetra Pak Rausing*, *Col*. 1990, II-318, n.º 22.

[1105] Cfr. TJCE, sentença de 21.2.1973, *Continental Can*, *Slg*. 1973, a p. 229.

grau de concorrência já está enfraquecido – e que tenha como efeito impedir – através de meios diversos daqueles que regem uma competição normal de produtos ou serviços com base em prestações de mérito – a manutenção ou o desenvolvimento do grau de concorrência ainda subsistente[1106]. Não está em causa qualquer género de censura moral, trata-se antes de gestos que, sem justificação material, importam vantagens de monta para as empresas dominantes e prejuízos duradouros para os seus parceiros comerciais[1107].

O art.º 82.º CE tem de ser interpretado à luz da al. *g)* do art. 3.º CE, nos termos da qual a acção da Comunidade implica um regime capaz de garantir que a concorrência não seja falseada no mercado interno[1108]. Tal regime há-de ser caracterizado por uma "pressão concorrencial anónima" que, no interesse de todos, limite a margem de manobra das empresas. No fundo, a definição dada pelo TJCE fornece uma moldura no seio da qual se aprecia se o comportamento da empresa ou empresas dominantes se afasta tanto da concorrência não falseada que não mais pode ser admitido (escrevendo-o de outra maneira, que deva ser visto como abusivo)[1109].

Já dissemos o que se entende por "abuso de exploração", por "abuso anticompetitivo" e por "abuso de estrutura". O primeiro compreende actos lesivos dos interesses de parceiros comerciais e dos consumidores; tais actos são possibilitados pelo estatuto de força das empresas e encontram a mais evidente forma na "exploração" do comprador através de preços injustificados e sobremodo elevados. O segundo concretiza-se em

---

[1106] Consultar, por exemplo, TJCE, acórdão de 13.2.1979, *Hoffmann-La Roche*, *Col.* 1979, p. 217, n.º 91; mencionando a concepção objectiva do abuso, Manuel Afonso Vaz, *Direito...*, p. 307, João Mota de Campos, *Manual...*, p. 609, António Carlos dos Santos/ /Maria Eduarda Gonçalves/Maria Manuel Leitão Marques, *Direito económico*, pp. 361--362 e Miguel Gorjão-Henriques, *Direito...*, p. 536.

[1107] Thomas Oppermann, *Europarecht: ein Studienbuch*, 2ª ed., München, 1999 p. 398; Kling/Thomas, *Grundkurs...*, p. 552. Também nesta esteira, Carlos Alberto Caboz Santana, *O abuso da posição dominante no direito da concorrência*, Lisboa, 1993, p. 206, Schröter, *in* von der Groeben/Schwarze, *Kommentar...*, p. 629 e Loibner, *Das Oligopol...*, p. 133.

[1108] Emmerich, *Kartellrecht*, p. 437; Kling/Thomas, *Grundkurs...*, p. 552. Em sentido convergente, Mestmäcker, «Zum Begriff...», p. 443. Modo de ver distinto alardeia Rittner, *Wettbewerbs– und Kartellrecht...*, p. 307.

[1109] Cfr. Emmerich, *in* Dauses, *Handbuch...*, p. 120 e Kling/Thomas, *Grundkurs...*, p. 552.

medidas que, levadas a cabo pelo preponderante contra concorrentes actuais e potenciais, se situam para além dos muros da competição normal e baseada na prestação dos agentes económicos. O terceiro apresa situações em que a(s) empresa(s) dominante(s) actua(m) sobre a estrutura do mercado, daí resultando elisão ou sério afrouxamento da concorrência[1110]. Além destas três modalidades, deparamos com doutrina que fala de "abusos de retaliação" (*reprisal abuses*), abarcando os comportamentos retaliatórios – e de medida desproporcionada face à salvaguarda de interesses de quem os leva a cabo – adereçados a prejudicar os negócios feitos por outrem[1111]. Na prática, serve de ilustração o caso em que a *United Brands* cortou os fornecimentos a certo distribuidor como represália por este ter participado na campanha de vendas de um competidor seu[1112]. Pode ainda apresentar-se o exemplo da empresa em posição dominante que desfere golpe contra rival, apenas porque esta apresentou queixa a autoridade de defesa da concorrência. TEMPLE LANG, Autor que refere semelhante tipo de abuso, guardou-se, porém, de sustentar que ele constitui categoria autónoma de exploração abusiva de posição dominante[1113].

Segundo a corrente mais perfilhada, não é preciso haver nexo causal entre a posição dominante e o abuso[1114], pelo que o art. 82.º CE é aplicável a casos de "divergência de mercados" (*Marktdivergenz*), significando que a empresa comete o abuso em mercado distinto daquele onde goza de ascendente[1115]. Semelhante asserção comporta, todavia, alguns limites: a aplicação do art. 82.º supõe *um nexo* entre a posição dominante

---

[1110] Para refrescar os conceitos, ver EMMERICH, *in* DAUSES, *Handbuch...*, pp. 127-128 e KLING/THOMAS, *Grundkurs...*, pp. 553-554.

[1111] TEMPLE LANG, «Monopolisation...», p. 358; *id.*, «Commitment Decisions Under Regulation 1/2003: Legal Aspects of a New Kind of Competition Decision», *ECLR*, 2003, p. 354.

[1112] TJCE, acórdão de 14.2.1978, *United Brands*, *Slg.* 1978, p. 207, n.os 184-191.

[1113] TEMPLE LANG, «Monopolisation...», pp. 358 e 364.

[1114] *Ex plurimis*, de BRONETT, *in* WIEDEMANN, *Handbuch...*, p. 802; RITTER/BRAUN/ /RAWLINSON, *European...*, p. 354; BELLAMY/CHILD, *European...*, p. 719; SCHRÖTER, *in* von der GROEBEN/SCHWARZE, *Kommentar...*, p. 631; TJCE, acórdão de 21.2.1973, *Continental Can*, *Slg.* 1973, p. 215, n.º 27. Em sentido contrário, respigamos KOCH, *in* GRABITZ/HILF, *Das Recht...*, edição "prévia": *Altband II*, Art. 86, p. 24.

[1115] MÖSCHEL, *Der Oligopolmissbrauch...*, p. 113 e KLING/THOMAS, *Grundkurs...*, p. 553.

e a conduta supostamente abusiva; por norma, ele falta quando um acto produz efeitos em mercado distinto daquele que se domina. Destarte, estando em causa mercados diferentes, só particulares circunstâncias podem justificar que o art. 82.º CE reprima comportamentos observados em mercado no qual a(s) empresa(s) não goza(m) de estatuto de predomínio[1116]. Em termos mais dirigidos à posição dominante colectiva, o abuso tem apenas de ser identificado como uma das manifestações do gozo dessa posição[1117].

Questão diversa é a de saber se tem de existir relação causal entre a prática abusiva e os efeitos no mercado; aí, de modo peremptório, responde-se afirmativamente[1118].

No essencial, o problema do abuso coloca-se da mesma forma na dominação individual e na exercida por várias empresas[1119]. Alinhavaremos as suas linhas essenciais e, aproveitando o passo, iremos aflorando alguns aspectos da dominância colectiva. Por fim, curaremos de dois pontos particulares relacionados com o controle dos oligopólios e com a posição dominante colectiva: indagar se o paralelismo que amiúde se regista nesse género de mercado pode ser tido como abuso; averiguar se a exploração abusiva tem de provir de todos os membros do conjunto ou, ao invés, pode ser obra de apenas um ou alguns dos seus membros.

2. **Catálogo de exemplos constante do art. 82.º CE**

As quatro alíneas do art. 82.º CE contêm lista exemplificativa de práticas passíveis de consubstanciar abuso de posição dominante[1120].

[1116] TJCE, acórdão de 14.11.1996, *Tetra Pak International SA/Comissão*, C-333/94, *Col.* 1996, I-5951, n.º 27; KLING/THOMAS, *Grundkurs...*, p. 553.

[1117] TPI, sentenças de de 7.10.1999, *Irish Sugar*, *Col.* 1999, II-2969, n.º 66 e de 30.9.2003, *Atlantic Container Line*, *Col.* 2003, II-3275, n.º 633.

[1118] MÖSCHEL, *in* IMMENGA/MESTMÄCKER, *EG-Wettbewerbsrecht...*, p. 722; KLING/ /THOMAS, *Grundkurs...*, p. 553.

[1119] ENCHELMAIER, *Europäische...*, p. 186; AIGNER, *Kollektive...*, p. 246.

[1120] Nos direitos nacionais, deparamos igualmente com listas que não são exaustivas: art. 6.º, n.º 3 da Lei n.º 18/2003; art. 3.º, n.º 1 da *legge* n. 287/90; art. L. 420-2 do *Code de Commerce*; § 19 (4) da *GWB*.

Elas serão agora enucleadas e o apresto obtido será usado para referir em que medida ganham particular destaque no oligopólio e na dominância colectiva.

Alínea *a)* do art. 82.º: *impor, de forma directa ou indirecta, preços de compra ou de venda ou outras condições de transacção não equitativas*. É o caso típico de abuso de exploração. Por intermédio da norma em causa, a Comissão e as autoridades dos Estados-membros responsáveis em matéria de concorrência logram controlar a política de preços das empresas dominantes[1121].

O conceito de "imposição de preços" é lato: preenche-se com qualquer atitude que seja reflexo do poderio avultado da(s) empresa(s) dominante(s). Não se exige pressão particular exercida sobre a contraparte num negócio[1122].

Quanto à circunstância de os preços "não serem equitativos", é preciso averiguar se a quantia exigida é desproporcionada face ao valor económico da mercadoria[1123]. Para o aferir, a Comissão e os tribunais socorrem-se, no essencial, de dois métodos. Por uma banda, estimam o preço "razoável" com base no confronto do custo com o preço. Dado que, amiúde, é difícil apurar o custo exacto de certos produtos[1124], adoptam também uma segunda via: comparação com mercados nos quais reine concorrência efectiva e que possam, de algum modo, servir de termo de cotejo. Ou seja, verifica-se se os preços e condições do mercado relevante são muito distintos dos praticados no mercado "comparável"[1125] [1126].

[1121] KLING/THOMAS, *Grundkurs...*, p. 554.

[1122] EMMERICH, *in* DAUSES, *Handbuch...*, p. 131.

[1123] Como exemplo, TJCE, acórdão de 5.10.1994, *Société civile agricole du Centre d'insémination de la Crespelle/Coopérative d'élevage et d'insémination artificielle du département de la Mayenne*, C-323/93, *Col.* 1994, I-5077, n.º 25.

[1124] Sucede, por exemplo, relativamente às empresas que fabricam vários produtos: aí, os custos fixos distribuem-se por diversos bens – RITTER/BRAUN/RAWLINSON, *European...*, p. 357. Consultar também HANS-WERNER MORITZ, «Kartellrechtliche Grenzen des Preiswettbewerbs in der Europäischen Gemeinschaft, den USA und der Bundesrepublik Deutschland – eine Standortbestimmung nach EuGH – AKZO – und Kommission – Tetra Pak II», *in* MARTIN HENSSLER/THOMAS M. KOLBECK/HANS-WERNER MORITZ/HANNES REHM (Hrsg.), *Europäische Integration und globaler Wettbewerb*, Heidelberg, 1993, pp. 572-573.

[1125] Sobre a matéria deste parágrafo, KLING/THOMAS, *Grundkurs...*, pp. 554-555 [e p. 441, a propósito da comparação de mercados (*Vergleichsmarktkonzept*)]; EMMERICH, *in* DAUSES, *Handbuch...*, pp. 131-132; JUNG, *in* GRABITZ/HILF, *Das Recht...*, pp. 62-64;

Podem surgir sérios escolhos quando se pretende aquilatar se empresas em posição dominante colectiva exploraram abusivamente o seu estatuto por via de imposição de preços. Sabemos que a posição dominante colectiva é, por excelência, problema dos oligopólios. Ora, há quem lembre que, no oligopólio, não há um único *ponto* de equilíbrio entre preços e quantidades produzidas que seja o mais favorável para as empresas. Antes existe *área* alargada de equilíbrio dentro da qual cada ponto é ponto estável de equilíbrio[1127]. Destarte, alegam alguns, o oligopólio não induz um preciso e particularizado comportamento das empresas, a solução para o problema do equilíbrio oligopolista permanece em aberto[1128]. Sendo plausíveis vários tipos de conduta, são também possíveis equilíbrios diversos na formação dos preços. Desta sorte, seria auxílio de pouca monta recorrer ao confronto com outro mercado, porquanto apurar se nele existe concorrência substancial supõe uma bitola, um padrão, e estes faltam[1129]. Percuciente, KNÖPFLE[1130] diz, inclusive, que não há no oligopó-

---

SCHRÖTER, *in* von der GROEBEN/SCHWARZE, *Kommentar...*, pp. 640 ss.; SACRISTÁN REPRESA, «Abuso...», p. 353; entre nós, CARLOS A. CABOZ SANTANA, *O abuso...*, p. 163. Ainda a propósito da comparação de mercados, é interessante consultar WERNHARD MÖSCHEL, «Preiskontrollen über marktbeherrschende Unternehmen. Geltendes Recht und Alternativkonzeptionen», *JZ*, n.º 13, 4. Juli 1975, pp. 395-396.

[1126] No que toca ao carácter "não equitativo" de outras condições de transacção, é apurado recorrendo, em primeira linha, aos critérios empregues a propósito dos preços (são, de resto, fluídas as fronteiras entre preços de compra e de venda e outras condições de transacção). SCHRÖTER, *in* von der GROEBEN/SCHWARZE, *Kommentar...*, p. 645; MÖSCHEL, *in* IMMENGA/MESTMÄCKER, *EG-Wettbewerbsrecht...*, p. 728; DIRKSEN, *in* LANGEN/BUNTE, *Kommentar...*, p. 2166; JUNG, *in* GRABITZ/HILF, *Das Recht...*, p. 64.

[1127] Atingido um ponto de equilíbrio dentro desta área, não é racional, sob o prisma económico, que um oligopolista altere o preço dos bens que vende. É que, se o sobe, corre o risco de os outros não o seguirem e de perder toda ou parte da clientela; se o desce, os rivais adoptam idêntica atitude e todos ficam a perder. Em decorrência, surge sem qualquer combinação entre as empresas uma área (estável) composta por pontos de equilíbrio. RAISCH, «Methodische...», pp. 629-630.

[1128] No ponto insistem WEISER, *Preismißbrauch...*, p. 107, KNÖPFLE, «Zur Mißbrauchsaufsicht...», p. 863 – que, vimo-lo suso, opera a seguinte gradação: a forma de mercado oligopolista não *determina* o comportamento das empresas, apenas o *influencia* – e RAISCH, «Zum Begriff des Mißbrauchs im Sinne des § 22 GWB», *in* AAVV, *Wettbewerb als Aufgabe – Nach zehn Jahren Gesetz gegen Wettbewerbsbeschränkungen*, Bad Homburg v. d. H./Berlin/Zürich, 1968, p. 382.

[1129] WEISER, *Preismißbrauch...*, pp. 107 e 116.

[1130] «Zur Mißbrauchsaufsicht...», p. 863.

lio "*o*" preço de concorrência (leia-se: o preço cobrado caso nele haja concorrência efectiva).

Os adversários da comparação de mercados esgrimem ainda os perigos inerentes ao facto de serem as autoridades *antitrust* a fixar o preço (com base no mercado de cotejo). Tal obrigaria as empresas a estabelecer um preço em ordem a estado fictício de concorrência substancial e não atendendo à situação concreta do mercado e dos custos que realmente têm de suportar, com o corolário de forçar descidas de preços quando, de outro jeito, eles se teriam fixado dentro de certa área de equilíbrios possíveis. A quebra de preços imposta poderia acarretar redução do crescimento económico e dos ganhos das empresas[1131].

Só em parte nos inclinamos face a tanta pletora de argumentos. Depois de fixado o preço, a empresa inteira-se da procura que se lhe dirige e acreditamos que, com o transcorrer do tempo, com o sedimentar do mercado, algum preço se há-de registar que sirva de bitola para o cotejo de mercados. Por outra parte, ainda que não se atinja solução perfeita, há sempre um tópico de referência (traduzido naquela área que comporta vários equilíbrios possíveis). E ela, se não dá ponto exacto, proporciona ao menos factor de cotejo (perdoe-se o prosaísmo, mas é caso para dizer que *quem não tem cão, caça com gato*). Em síntese, estando sob análise a exploração abusiva de posição dominante detida por oligopolistas, o recurso ao confronto de mercados não é de rejeitar *in limine*, ele pode dar indicações úteis.

Alínea *b)* do art. 82.º: *limitar a produção, a distribuição ou o desenvolvimento técnico em prejuízo dos consumidores*. Este preceito abarca a "limitação da produção ou da distribuição" *próprias* (da empresa ou conjunto de empresas em posição dominante), mas também das atinentes a *outras* empresas. A primeira hipótese encontra especial concretização quando a(s) empresa(s) dominante(s), de molde a elevar preços ou, quando menos, a mantê-los ao nível corrente, criam escassez artificial de oferta ante uma procura que justificava maiores quantidades. Punir as empresas por esta via não será comum, já que, mesmo ocupando posição dominante, elas guardam liberdade para conformar os seus planos de produção. Deste jeito, o terreno fértil à aplicação do art. 82.º, al. *b)* tende a limitar-se, no

---

[1131] Ver Weiser, *Preismißbrauch...*, pp. 128-129, Raisch, «Methodische...», p. 630 e «Zum Begriff...», p. 385.

domínio da produção ou distribuição próprias, a recusas injustificadas de fornecimento[1132]: respigamos o exemplo do fabricante de automóveis que suspende o fabrico de peças de substituição para certo modelo que ainda é muito comum encontrar em circulação[1133].

Bem mais frequentes se apresentam as situações de "limitação artificial da produção ou comercialização" *alheias* (por exemplo, através de cláusulas de proibição da concorrência e de muito restritivos sistemas de distribuição selectiva). Para que o preceituado na disposição legal represe o cercear da produção ou comercialização alheias, contribuiu o facto de a noção de "consumidores" nela plasmada ser entendida de forma muito ampla, incluindo não apenas consumidores finais, mas todos os que adquirem o bem em causa, designadamente retalhistas comprando para revenda e industriais que os usam como *inputs* na produção[1134].

O direito comunitário conhece casos em que um colectivo de empresas, explorando abusivamente posição dominante, infringiu o art. 86.º, al. *b)* do Tratado CE [actual art.º 82.º, al. *b)* CE]. Na decisão relativa aos *comités de armadores franco-oeste-africanos*, a Comissão entendeu que as práticas mediante as quais os membros dos comités de armadores procuraram, com base em acordos de armadores, eliminar qualquer concorrência das companhias extracomité constituíam abuso de posição dominante: tais atitudes redundavam na limitação da oferta de serviços de linha propostos aos carregadores[1135].

Quanto à "limitação do desenvolvimento técnico", visa os comportamentos da empresa ou empresas dominantes mercê dos quais esta(s) priva(m) o mercado de inovação técnica, em prejuízo do consumidor. Semelhante efeito tanto pode decorrer da renúncia a aperfeiçoamentos possíveis e razoáveis dos meios e capacidades próprios, como de limi-

---

[1132] Emmerich, *in* Dauses, *Handbuch...*, p. 134. Ver também Kling/Thomas, *Grundkurs...*, p. 555 e Ritter/Braun/Rawlinson, *European...*, pp. 362-363.

[1133] TJCE, acórdãos de 5.10.1988, *Consorzio italiano della componentistica di ricambio per autoveicoli e Maxicar/Régie nationale des usines Renault*, 53/87, *Col.* 1988, p. 6039, n.º 16 e *AB Volvo/Erik Veng (UK) Ltd*, 238/87, *Col.* 1988, p. 6211, n.º 9.

[1134] Ver Emmerich, *in* Dauses, *Handbuch...*, p. 134 e Kling/Thomas, *Grundkurs...*, pp. 555-556.

[1135] Decisão de 1.4.1992, JO L 134, de 18.5.1992, p. 1, n.º 67.

tações do progresso técnico das outras empresas, na medida em que a estas sejam negados ou artificialmente dificultados o acesso e a utilização dos resultados da investigação[1136].

Alínea *c)* do art. 82.º: *aplicar, relativamente a parceiros comerciais, condições desiguais no caso de prestações equivalentes, colocando-os, por esse motivo, em desvantagem na concorrência.* O disposto nesta alínea visa a discriminação levada a cabo pela empresa ou empresas dominantes nos seus contactos com parceiros de negócio situados a montante ou a jusante. A menos que haja justificação material, não é lícito aos operadores em causa praticar condições diferenciadas no caso de prestações equivalentes[1137]. A fim de determinar se há ou não a equivalência de que se fala, é preciso comparar os negócios e as prestações em causa, perscrutando elementos que possam justificar diferenças: *e. g.*, custos de transporte e de vendas, volume da encomenda feita pelo comprador, algum tipo de esforços que ele se comprometa a fazer (promoções, serviços pós-venda)[1138] [1139].

Alínea *d)* do art. 82.º: *subordinar a celebração de contratos à aceitação, por parte dos outros contraentes, de prestações suplementares que, pela sua natureza ou de acordo com os usos comerciais, não têm ligação com o objecto desses contratos.* Esta alínea compreende a imposição de prestações suplementares que, tanto pelo prisma material como pelo dos usos do comércio, não têm ligação com o objecto do contrato (é o campo dos *tying agreements*). A norma dá resposta à necessidade de

---

[1136] JUNG, *in* GRABITZ/HILF, *Das Recht...*, pp. 107-108 e M. SIRAGUSA, «Application of article 86: tying arrangements, refusals to deal, discrimination and other cases of abuse», *in* J. A. VAN DAMME (ed.), *La réglementation du comportement des monopoles et entreprises dominantes en droit communautaire*, Semaine de Bruges 1977, Bruges, 1977, pp. 430-431.

[1137] Cfr. EMMERICH, *in* DAUSES, *Handbuch...*, p. 140, KLING/THOMAS, *Grundkurs...*, p. 556 e JUNG, *in* GRABITZ/HILF, *Das Recht...*, p. 108.

[1138] Cfr. RITTER/BRAUN/RAWLINSON, *European...*, p. 371, SIRAGUSA, «Application...», pp. 426-427 e TPI, acórdão de 21.10.1997, *Deutsche Bahn AG/Comissão*, T-229/94, *Col.* 1997, II-1689, n.º 86. Outrossim, ver MORITZ, «Kartellrechtliche...», pp. 580-581.

[1139] Na *praxis* comunitária, atente-se na violação do art. 86.º al. *c)* do Tratado CE [actual art.º 82.º, al. *c)* CE] cometida pela *Irish Sugar* e exposta nos n.os 136 ss. da decisão com o mesmo nome (datada de 14.5.1997 e publicada no JO L 258, de 22.9.1997, p. 1).

defender aqueles que, mantendo negócio com a(s) empresa(s) dominante(s), são sujeitos a condições que não correspondem à sua vontade própria[1140].

A aplicação do art. 82, alínea *d)* pressupõe a reunião de cinco pressupostos: dominância do vendedor no mercado do produto ou do serviço "principal"; distinção entre este e aqueloutro que é objecto da prestação suplementar; existência de alguma forma de coerção; efeitos cerceadores da concorrência no mercado do bem "ligado"; falta de justificação atendível para o comportamento da empresa ou empresas dominantes[1141] [1142].

3. **Outros exemplos**

Além das práticas constantes do rol apresentado no art. 82.º CE, há outras passíveis de materializar exploração abusiva de posição dominante. Adiantemos alguns exemplos.

Preços dirigidos a eliminar competidores. O oligopólio conta-se entre aqueles terrenos em que – ditada pelo vislumbre de afastar, a longo prazo, eventuais concorrentes – viceja a fixação de preços inferiores àqueles que proporcionariam, no curto prazo, lucro mais pingue (política do "preço-limite" ou "preço de exclusão")[1143]. Sendo o oligopólio a zona por excelência da dominação conjunta, é verosímil que semelhante política seja posta em prática por empresas a quem se atribuiu posição dominante colectiva[1144].

[1140] *Vd.* EMMERICH, *in* DAUSES, *Handbuch...*, pp. 141-142 e KLING/THOMAS, *Grundkurs...*, p. 557.

[1141] A explicação aturada destes pressupostos extravasa os limites desta monografia. Ela encontra-se em MAURITS DOLMANS/THOMAS GRAF, «Analysis of Tying Under Article 82 EC: The European Commission's Microsoft Decision in Perspective», *WC*, 27(2), June 2004, pp. 226 ss..

[1142] Da prática comunitária, assinalamos o caso *Hilti*, particularmente emblemático nesta matéria: decisão de 22.12.1987, *Eurofix-Bauco/Hilti*, JO L 65, de 11.3.1988, p. 19, n.os 30-32, 75 e 87-96. O teor da decisão foi confirmado pelo TPI em aresto de 12.12.1991 (*Hilti AG/Comissão*, T-30/89, *Col.* 1991, II-1439) e pelo TJCE em sentença de 2.3.1994 (*Hilti AG/Comissão*, C-53/92 P, *Col.* 1994, I-667).

[1143] Cfr. AVELÃS NUNES, *Economia Política...*, p. 419.

[1144] *Vide*, no direito comunitário, decisão de 23.12.1992, *Cewal, Cowac, Ukwal*, JO L 34, de 10.2.1993, p. 20, n.os 73 ss. e TPI, sentença de 8.10.1996, *CMB*, *Col.* 1996, II-1201, n.os 139 ss..

No campo abrangido pela política do preço-limite, têm assento os preços predatórios: a empresa vale-se do seu subido poderio financeiro para cobrar durante algum tempo preços desproporcionadamente baixos, não justificáveis à luz da disputa baseada em prestações dos agentes económicos, mas apenas motivados pelo intuito de eliciar os concorrentes do sector. É um caso emblemático de abuso de exclusão[1145]. A quebra de preços só é vantajosa na medida em que, por virtude do afastamento de outrem, a(s) empresa(s) dominante(s) reforçam o seu poder de mercado[1146]. No entender da jurisprudência comunitária, preços inferiores ao custos variáveis médios são sempre tidos como abusivos, dado que, na sua cobrança, não se lobriga outro fim senão o de afastar concorrentes. Preços superiores aos custos variáveis médios, mas inferiores aos custos totais médios, configuram exploração abusiva de posição dominante desde que inseridos num plano mais vasto visando afastar concorrentes[1147] [1148].

Recusa de entabular ou de continuar relações comerciais. Pode ocorrer violação do art. 82.º CE quando as empresas em posição dominante, sem razões materiais que o justifiquem, quebram relações comerciais (ou nem sequer chegam a iniciá-las)[1149].

À semelhança do que sucede com a generalidade das empresas, os operadores que dispõem de posição dominante podem livremente conformar as suas políticas de distribuição e de vendas, tomando para tal os

---

[1145] DIRKSEN, *in* LANGEN/BUNTE, *Kommentar...*, pp. 2190-2191.

[1146] Ver o trecho citado por CHRISTIAN EWALD em «Predatory Pricing als Problem der Missbrauchsaufsicht. Eine Bewertung der aktuellen Entscheidungspraxis in den USA und in Deutschland im Luftverkehrssektor», *WuW*, 11/2003, p. 1166.

[1147] TJCE, acórdãos de 3.7.1991, *AKZO Chemie BV/Comissão*, C-82/86, *Col.* 1991, I-3359, n.os 71-72 e de 14.11.1996, *Tetra Pak*, *Col.* 1996, I-5951, n.º 41; ver, também, MORITZ, «Kartellrechtliche...», pp. 569-570 e o exemplo de sentido convergente respigado da prática do Bundeskartellamt por BÖGE, «Der "more economic approach"...», p. 729.

O custo variável médio calcula-se dividindo o custo variável global pela produção correspondente. O custo total médio pode ser apurado de duas maneiras: adicionando o custo fixo médio ao custo variável médio para uma dada produção; dividindo o custo total pela produção correspondente. Por todos, AVELÃS NUNES, *Economia Política...*, p. 333.

[1148] Um apanhado de outras propostas dirigidas a provar a ilicitude das estratégias de preços das empresas encontra-se em EWALD, «Predatory...», pp. 1167-1168.

[1149] DIRKSEN, *in* LANGEN/BUNTE, *Kommentar...*, p. 2184; SCHRÖTER, *in* von der GROEBEN/SCHWARZE, *Kommentar...*, p. 669; SIRAGUSA, «Application...», p. 414.

parceiros que lhes convier e adoptando as medidas que entendem corresponder melhor à defesa dos seus interesses[1150]. E não é menos certo que, por razões de ordem pública, não pode haver vínculos perpétuos: nos contratos celebrados por tempo indeterminado, admite-se a denúncia *ad nutum*, a qualquer das partes é lícito pôr termo à relação contratual quando lhe aprouver, desde que respeite prazo côngruo de pré-aviso[1151].

[1150] MÖSCHEL, *in* IMMENGA/MESTMÄCKER, *EG-Wettbewerbsrecht...*, p. 750; DIRKSEN, *in* LANGEN/BUNTE, *Kommentar...*, p. 2185; MESTMÄCKER, «Zum Begriff...», pp. 460-461; TJCE, acórdãos de 14.2.1978, *United Brands*, *Slg.* 1978, p. 207, n.º 189 e de 6.4.1995, *BPB Industries plc e British Gypsum Ltd/Comissão*, C-310/93 P, *Col.* 1995, I-865, n.º 11 (em conjugação com o n.º 49 das conclusões proferidas pelo advogado-geral PHILIPPE LÉGER no mesmo processo – *Col.* 1995, a p. I-876).

[1151] Entre nós, BAPTISTA MACHADO, «Anotação ao Acórdão do Supremo Tribunal de Justiça de 7 de Dezembro de 1983», *RLJ*, n.º 3755, ano 120, pp. 57 ss.; *id.*, «"Denúncia-modificação" de um contrato de agência», *RLJ*, n.º 3759, ano 120, pp. 184 ss.; *id.*, «Contrato de Locação de Estabelecimento Comercial. Denúncia e resolução», *CJ*, ano XIV, 1989, tomo II, pp. 22-23; A. VAZ SERRA, «Anotação ao Acórdão do Supremo Tribunal de Justiça de 7 de Março de 1969», *RLJ*, n.º 3420, ano 103, pp. 232-235; CARLOS ALBERTO DA MOTA PINTO, *Teoria Geral...*, 4ª ed. por ANTÓNIO PINTO MONTEIRO e PAULO MOTA PINTO, pp. 631-632; ANTÓNIO PINTO MONTEIRO, *Contrato de agência (Anteprojecto)*, Lisboa, 1987 (separata do *Boletim do Ministério da Justiça*, n.º 360), pp. 71-72; *id.*, *Contrato de agência. Anotação ao Decreto-Lei n.º 178/86, de 3 de Julho*, 5ª ed., Coimbra, 2004, p. 120; o nosso *A posição...*, p. 110. Na Itália, TOMASO TABELLINI – *Il recesso*, Milano, 1962, pp. 46 ss. – liga a faculdade de denúncia *ad libitum* à própria vontade das partes expressa no contrato, não à inadmissibilidade de vínculos obrigacionais perpétuos.

Distinto é o regime dos contratos de arrendamento, dos contratos de trabalho e de alguns contratos de sociedade: nestes três grupos de casos, prevalecem interesses, nomeadamente de ordem social, que impõem severas limitações ao direito de denúncia. Em matéria de contrato de arrendamento, o art. 68.º, n.º 2 do Regime do Arrendamento Urbano – aprovado pelo DL n.º 321-B/90, de 15 de Outubro – dispunha que a denúncia do contrato pelo senhorio só era possível nos casos previstos na lei e pela forma nela estabelecida. Com a publicação da Lei n.º 6/2006, de 27 de Fevereiro – que recolocou disciplina substantiva do arrendamento urbano no Código Civil –, o regime da denúncia do arrendamento por iniciativa do senhorio sofreu alterações. Nos termos do art. 1101.º, al. *c)* do Código Civil, pode haver denúncia *ad nutum*: o senhorio pode denunciar o contrato de duração indeterminada mediante comunicação ao arrendatário com antecedência não inferior a cinco anos sobre a data em que pretenda a cessação [a denúncia deve ser confirmada por comunicação com a antecedência máxima de 15 meses e mínima de um ano relativamente à data da sua efectivação (art. 1104.º do Código Civil)]. Já a denúncia em prazo inferior a cinco anos só é permitida nas hipóteses previstas pelas alíneas *a)* e *b)* do art. 1101.º (a denúncia é motivada). A possibilidade de livre denúncia nos termos do art. 1101.º, al. *c)* foi introduzida pela Lei n.º 6/2006 (*vide* MARIA OLINDA

GARCIA, *A Nova Disciplina do Arrendamento Urbano. NRAU anotado de acordo com a Lei n.º 6/2006, de 27 de Fevereiro*, Coimbra, 2006, p. 33). A limitação do poder de denúncia do contrato por parte do senhorio no domínio do arrendamento para habitação surgiu com cariz declaradamente transitório em quase todos os Estados europeus que sofreram a grave crise de habitação subsequente à Guerra Mundial. Todavia, a breve trecho se consolidou e passou a ser considerada normal – PIRES DE LIMA/ANTUNES VARELA, *Código Civil (Anotado)*, vol. II, 4ª ed., Coimbra, 1997, p. 619.

No que toca ao contrato de trabalho, já dissemos na nossa dissertação de Mestrado que se admitiram, durante muito tempo, duas modalidades de actos unilaterais de ruptura do vínculo laboral (quer se tratasse de um acto do empregador ou do trabalhador), consoante os mesmos fossem ou não determinados por uma causa justificativa. Assim, a não ser nos contratos de duração determinada (contratos a prazo ou com termo resolutivo), nos quais a ruptura *ante tempus* só era permitida se ocorresse fundamento bastante, o contrato de trabalho tanto podia cessar por livre denúncia (o que constituía um corolário da proibição dos *engagements a vie*), como por resolução, se alguma circunstância superveniente frustrasse a realização do programa contratual ou perturbasse, de forma significativa, o equilíbrio contratual.

Por razões de ordem social e humana ligadas à perda do emprego, sobretudo em contextos de altas taxas de desemprego, o despedimento foi objecto de sucessivas restrições naqueles países em que, principalmente depois da Segunda Guerra, foram adoptados modelos sociais de protecção, como é o caso do chamado modelo social europeu.

Na primeira linha da restrição da liberdade de desvinculação do empregador, encontramos a exigência de motivação do despedimento, a progressiva eliminação da possibilidade de extinção *ad nutum* do contrato de trabalho de duração indeterminada por iniciativa do empregador. A necessidade de *motivação atendível* constitui um elemento estruturante do princípio, reclamado pela segurança no emprego (cfr. art. 53.º da Constituição), segundo o qual a relação de trabalho se destina a ser duradoura, a perdurar no tempo. *Vide A posição...*, pp. 111-112 (n. 219). Entre os cultores do direito do trabalho, cfr. ANTÓNIO MONTEIRO FERNANDES, *Direito do* Trabalho, 12ª ed., Coimbra, 2004, pp. 533 ss., designadamente pp. 537 ss. e JORGE LEITE, *Direito do Trabalho*, vol. II, Coimbra, 2004, pp. 206 ss.. Entre os constitucionalistas, J. J. GOMES CANOTILHO e VITAL MOREIRA – *Constituição da República Portuguesa (Anotada)*, 3ª ed., Coimbra, 1993, p. 287 – observam que a primeira e mais importante dimensão do direito à segurança no emprego é justamente a proibição dos despedimentos sem justa causa.

Quanto ao contrato de sociedade, nos casos em que estiver em causa a constituição de sociedade por quotas, ele não pode ser livremente denunciado pelas partes: *vide* art. 240.º do Código das Sociedades Comerciais, sobretudo a parte final do seu n.º 6, em que expressamente se proíbe que o pacto social funde o direito à exoneração na vontade arbitrária do sócio (é dizer, em que, de forma explícita, se proíbe a denúncia *ad nutum* do contrato). São interesses do tráfico em geral, mas também dos credores e dos restantes sócios, que justificam o desvio, no regime da cessão de quota, à regra geral do direito dos

Só que, por um outro lado, sobre a empresa em posição dominante impende especial responsabilidade de evitar que, por força do seu comportamento, a concorrência efectiva no mercado saia lesada[1152]. Posto que é dominante, a sua recusa em comprar ou em vender é passível de deixar a contraparte sem alternativas viáveis de escoamento ou de provisão; o vendedor ou o comprador afectado pela sua atitude pode, em decorrência, ser compelido a abandonar o mercado, tudo redundando num sério prejuízo da estrutura concorrencial[1153]. A linha divisória entre condutas lícitas e aquelas que violam o art. 82.º CE é apurada em cada caso concreto e guia-se pela necessidade de assegurar um regime que garanta a concorrência não ser falseada no espaço da União Europeia [fim proclamado no art 3.º, al. *g)* CE e esparso pelos artigos 81.º e 82.º][1154]. Este arrazoado basta no sentido de perceber que, na falta de razões materiais[1155] para o procedimento da empresa dominante, a ruptura de relações já entabuladas pode ser qualificada de abusiva[1156]. Com o que haverá roturas das relações

---

contratos. Note-se, porém, que, admitindo a lei a dissolução da sociedade por deliberação dos sócios [art. 141.º, al. *b)* do mesmo código], a desvinculação acaba por ser livre, na prática, para os sócios titulares de ¾ dos votos correspondentes ao capital social – é essa a maioria exigida para a deliberação de dissolução (art. 270.º, n.º 1). Na referência ao contrato de sociedade por quotas, viemos acompanhando de perto Pedro Maia, «Cessão de quotas», *in Os Quinze Anos de Vigência do Código das Sociedades Comerciais*, Coimbra, 2003, p. 127. O Código das Sociedades Comerciais foi objecto de alteração recente por via do DL n.º 76-A/2006, de 29 de Março; por força deste diploma, é no n.º 8 do art. 240.º que se prescreve não poder o contrato de sociedade admitir a exoneração pela vontade arbitrária do sócio.

[1152] Cfr. TJCE, acórdão de 9.11.1983, *Michelin*, *Slg*. 1983, p. 3461, n.º 57, *in fine* e Pera, *Concorrenza...*, p. 99.

[1153] *Vd*. Möschel, *in* Immenga/Mestmäcker, *EG-Wettbewerbsrecht...*, p. 750 e Dirksen, *in* Langen/Bunte, *Kommentar...*, p. 2185.

[1154] Schröter, *in* von der Groeben/Schwarze, *Kommentar...*, pp. 669-670 e Möschel, *in* Immenga/Mestmäcker, *EG-Wettbewerbsrecht...*, p. 750.

[1155] Imperativos de ordem económica ou técnica podem justificar a decisão tomada pela empresa em posição dominante de romper relações: por exemplo, falta de idoneidade do parceiro comercial a nível financeiro, baixa qualidade das mercadorias que este entrega, apoucada capacidade do revendedor para assegurar bom serviço pós-venda – cfr. Schröter, *in* von der Groeben/Schwarze, *Kommentar...*, p. 671 e Möschel, *in* Immenga/ /Mestmäcker, *EG-Wettbewerbsrecht...*, p. 751.

[1156] O TJCE já sustentou ser a empresa em posição dominante obrigada a prosseguir as entregas a cliente a quem há muito tempo fornecia, desde que a conduta negocial deste corresponda aos usos do comércio e as suas encomendas não tenham carácter anormal ou excessivo – acórdão de 14.2.1978, *United Brands*, *Slg*. 1978, p. 207, n.º 182.

comerciais que, aparentemente lícitas se olhadas pelo prisma do direito civil, são inaceitáveis na perspectiva das regras da concorrência[1157].

Quanto à recusa de dar início a relações comerciais, a empresa em posição dominante comete abuso desde que, atendendo ao seu especial estatuto, tenha o dever de contratar e não há qualquer razão material que justifique a sua nega (o que se há-de avaliar mediante as condições do problema decidendo)[1158]. Tal dever impende, em especial, sobre o monopolista – sobretudo, quando é monopolista legal –, que, na qualidade de único ofertante, pode fechar o acesso ao mercado pertinente[1159].

Concentrações de empresas. Tocamos, por fim, o abuso de estrutura. Foi dito atrás que recobre casos nos quais uma ou várias empresas actuam sobre a estrutura do mercado, daí resultando lesão da concorrência que nele tem – *rectius*, tinha – lugar. Em termos primordiais, são aqui abarcadas as operações de concentração de empresas que tenham por fim ou por efeito eliminar ou restringir de forma sensível mecanismos concorrenciais já enfraquecidos pela presença da(s) empresa(s) preponderante(s). O abuso consubstancia-se na circunstância de o(s) agente(s) que já dominava(m) o mercado reforçar(em) o seu estatuto de império e desferir(em) golpe fatal na apoucada competição que subsistia[1160]. Trata-se de uma sindicância do comportamento das empresas que opera *ex post*,

---

[1157] O que foi, de resto, afirmado pelo extinto Conselho da Concorrência português no *Relatório de actividade de 1992* [publicado no *Diário da República – II Série*, n.º 192, de 17.8.1993, p. 8712-(54); para o que nos interessa, ver a p. 8712-(56), na qual também se observa que, conquanto o ordenamento jurídico de defesa da concorrência e o direito dos contratos sejam autónomos, aquele institui limites importantes ao princípio da autonomia contratual, no qual assenta, em boa medida, o regime jurídico dos contratos].

E o mesmo órgão notou que, *fora* dos casos em que uma das partes detém uma posição dominante no mercado ou abusa da dependência económica da outra, a questão das razões e das condições de cessação de certo tipo de relações contratuais (duradouras e tendentes à promoção e à distribuição de produtos) não tem relevância para o direito de defesa da concorrência – *Relatório de actividade de 1994*, *Diário da República – II Série*, n.º 298, de 28.12.1995, p. 15558-(23).

[1158] DIRKSEN, *in* LANGEN/BUNTE, *Kommentar...*, pp. 2186-2187.

[1159] Cfr. TJCE, acórdão de 30.4.1974, *Giuseppe Sacchi*, 155/73, *Slg.* 1974, p. 409, n.º 17.

[1160] DIRKSEN, *in* LANGEN/BUNTE, *Kommentar...*, pp. 2194 e 2196; EMMERICH, *in* DAUSES, *Handbuch...*, p. 148.

nos seus moldes distinta do controlo prospectivo levado a cabo por meio do Regulamento das Concentrações.

A aplicabilidade do artigo 86.º do Tratado CE (actual art. 82.º CE) às concentrações de empresas era reconhecida antes de haver na Comunidade um regulamento das concentrações[1161]. Apesar dos augúrios de alguns[1162], não deixou de ser assim a partir de 21.9.1990, data em que entrou em vigor o Regulamento n.º 4064/89 do Conselho. Nem podia ser de outra maneira, posto que, enquanto direito secundário, o Regulamento não podia modificar conteúdo ou alcance do direito primário, mormente do art. 82.º CE[1163]. Além do mais, esta norma não prevê qualquer excepção à interdição que faz do abuso[1164]. A conclusão é a de que o art. 82.º CE se continuava a aplicar a operações de concentrações de empresas. E, após a entrada em vigor do novo Regulamento das Concentrações, a ilação permanece a mesma: assim o deixa entrever a parte inicial do seu considerando 7.

Este discurso tem toda a validade teórica. Contudo, em termos práticos, a aplicação do art. 82.º CE a concentrações de empresas não ganhará

[1161] TJCE, acórdão de 21.2.1973, *Continental Can*, *Slg.* 1973, p. 215, n.os 25 ss.; ELKE van ARNHEIM, *Der räumlich relevante Markt im Rahmen der Fusionskontrolle. Staatsgrenzen als Marktgrenzen*, Köln/Berlin/Bonn/München, 1991, p. 52; STEFAN LANDZETTEL, *Unterschiede und Gemeinsamkeiten des deutschen und europäischen Fusionskontrollrechts – ein problemorientierter Vergleich –*, Frankfurt am Main, 1995, p. 17; MEINRAD DREHER, «Deutsche Ministererlaubnis in der Zusammenschlusskontrolle und europäisches Kartellrecht – Zugleich ein Beitrag zur Abgrenzung von Art. 81, 82 EG und FKVO», *WuW*, 9/2002, p. 829; MIGUEL MOURA E SILVA, *Controlo...*, pp. 153 e seguintes; ANTÓNIO CARLOS DOS SANTOS/MARIA EDUARDA GONÇALVES/MARIA MANUEL LEITÃO MARQUES, *Direito económico*, p. 370.

[1162] KARSTEN SCHMIDT, «Europäische Fusionskontrolle im System des Rechts gegen Wettbewerbsbeschränkungen», *BB*, caderno 11, de 20.4.1990, p. 725. Também DREHER («Deutsche...», pp. 831, 832 e 835-836) duvidou que, com a entrada em vigor do primeiro Regulamento das Concentrações, a linha jurisprudencial inaugurada com o acórdão *Continental Can* – recurso à norma que proíbe o abuso de posição dominante para controlar concentrações – pudesse permanecer intocada.

[1163] DIRKSEN, *in* LANGEN/BUNTE, *Kommentar...*, p. 2195, JUNG, *in* GRABITZ/HILF, *Das Recht...*, p. 103, van ARNHEIM, *Der räumlich...*, pp. 68-69 e DIRK STAUDENMAYER, «Das Verhältnis der Art. 85, 86 EWGV zur EG-Fusionskontrollverordnung», *WuW*, 6/1992, p. 475, *in fine*. *Vide*, ainda, a referência à relação de hierarquia entre direito primário e direito secundário em RUI MOURA RAMOS, «As Comunidades...», pp. 71 e 82.

[1164] Já o escrevemos atrás. Agora, ver TJCE, acórdão de 11.4.1989, *Ahmed Saeed*, *Col.* 1989, p. 803, n.º 32 e STAUDENMAYER, «Das Verhältnis...», p. 478.

grande relevo. Na verdade, boa parte das operações de concentração que viriam ao caso – empresa em posição dominante reforça de tal maneira a sua preponderância que a disputa no mercado é suprimida ou severamente limitada – nem chegam a ter lugar, pois foram declaradas incompatíveis com o mercado comum e proibidas pela Comissão em momento anterior com base no Regulamento das Concentrações. Quer dizer: os termos do controlo prospectivo reduzem a possibilidade de as empresas levarem a cabo operações de concentração que, depois, seriam qualificadas de abusivas e violadoras do art. 82.º CE. Claro que sempre se poderia observar que, fora do campo de aplicação do Regulamento, ficam as concentrações que não atinjam dimensão comunitária (art.º 1, n.º 1 do Regulamento). Mas logo redarguiremos que, não atingindo a concentração os patamares que a elevam à dimensão comunitária, é verosímil que não seja levada a cabo por empresas em posição dominante, o que é *conditio sine qua non* de aplicação do art. 82.º CE[1165].

Assim sendo, interessando-nos particularmente o campo do oligopólio e das empresas de grande envergadura, o mais certo é o problema nem se pôr, pois a operação já foi proibida a instâncias de controlo *ex ante*.

4. O paralelismo constitui *abuso* de posição dominante colectiva?

Em lugar próprio, tivemos oportunidade de esclarecer que o paralelismo inteligente típico do oligopólio não se inclui no âmbito do art. 81.º CE, já que não traduz forma de colusão activa. Cumpre agora perguntar: as empresas a quem foi atribuída posição dominante conjunta com base na interdependência paramétrica estarão, pelo simples facto de daí retirar consequências (agindo de maneira uniforme), a explorar abusivamente tal posição?

Em prol de resposta afirmativa poderia depor a solução do controlo prospectivo: a Comissão Europeia pode vetar concentração que crie posi-

[1165] Os termos da concepção que perfilhámos neste parágrafo – minguada aplicação do art. 82.º CE às operações de concentração – foram-nos sugeridos verbalmente pelo Dr. Jens Thomas Füller, Assistente da Faculdade de Direito da Universidade Livre de Berlim. Aqui lhe agradecemos. Chega a idêntico remate, mas sem a fundamentação por nós usada, Dirksen, *in* Langen/Bunte, *Kommentar...*, p. 2195.

ção dominante colectiva baseada na interdependência conjectural[1166]; fá-lo quando lobriga que a estrutura oligopolística do mercado criada ou reforçada pela concentração torna bastante provável a coordenação e o paralelismo futuro. Não será de aventar raciocínio de base simétrica e defender que, se o paralelismo vaticinado se impede por via da proibição da concentração, aquele que já teve lugar também deve ser punido? O expediente seria tê-lo como comportamento abusivo à luz do art. 82.º CE.[1167] Ora, raciocínios de base simétrica face ao que se passa no controlo das concentrações parecem ser de afastar *in limine*, ao menos por um motivo: enquanto em matéria de Regulamento das concentrações se há-de olhar para a situação do mercado como um todo, na área do art. 82.º CE e do abuso parece assisado considerar (apenas) as suas características relacionadas com a prática alegadamente abusiva (cabe perguntar: existe concorrência efectiva entre as empresas no campo específico da conduta que se supõe ser abuso?)[1168].

4.1. **Abuso de exploração?**

Para apurar se o paralelismo fundado na interdependência é comportamento abusivo em face do art. 82.º CE, centremos a análise no abuso de exploração e, mais concretamente, na hipótese que põe problemas mais instantes: imposição de preços de compra ou de venda não equitativos. Na medida em que do puro paralelismo oligopolístico resultam preços mais altos do que sucederia se houvesse concorrência efectiva, não consubstanciará ele um abuso?

[1166] Ao menos desde o aresto *Gencor*, esta asserção é irrefutável.

[1167] A forma como pusemos o problema não anda longe da seguida por AIGNER em *Kollektive...*, pp. 246-247.

[1168] Cfr. TEMPLE LANG, «Oligopolies...», p. 312 (e também SOPHIE CUENDET, *Positions dominantes collectives: Contre une application simultanée des art. 81 et 82 CE*, Berne, 2003, p. 56).

Referindo-se ao direito português, também VICTOR CALVETE – «Da relevância...», p. 308, n. 8, *in fine* – adverte que um controlo tipicamente exercido *ex ante* (como o das operações de concentração) difere de tal maneira do controlo tipicamente *ex post* das práticas proibidas (aí se incluindo os abusos de dominância) que qualquer generalização de um para outro deve ser bem ponderada.

Em abono de resposta negativa, pode militar o uso do mesmo elemento (a conduta uniforme), já para determinar se há posição dominante, já para apurar que ela é abusiva[1169]. Haverá decerto quem lembre o risco do *círculo vicioso*: partindo da conduta, infere-se o predomínio; depois, qualifica-se aquela como abusiva, porque, com assento nela, se estabeleceu que havia dominação. Acima demos a nossa opinião: o perigo de que se fala não deve empecer o escrutínio cabal da dominância, deve lançar-se mão de todos os factores que para esta concorram, aí incluído o comportamento das empresas. Por esta via, não é de impedir que o paralelismo possa consubstanciar abuso.

Um segundo argumento contra a consideração do paralelismo inteligente como prática abusiva reside na circunstância de ele dimanar da simples adaptação a condições de mercado, de se tratar de reacção não colusória a condições próprias do oligopólio. Punir o paralelismo parece equivaler ao castigo por comportamento legítimo e racional das empresas, o que dá todo o ar de injustiça, pois, seguindo termos usados por FLINT[1170], não pode coagir-se alguém a actuar como se tivesse menos inteligência do que aquela que realmente tem. No fundo, volta aqui à tona o discurso desenvolvido a propósito do art. 81.º, n.º 1 CE: posto que o paralelismo resulta da adaptação racional e inteligente ao comportamento dos rivais, ele não vale como colusão e não cai na alçada dessa norma[1171]. Considerar o paralelismo como um abuso dá ares de corresponder à aceitação, pela janela, de algo que antes se tinha posto fora pela porta.

Também este argumento pode ser rebatido. Há comportamentos de empresas detentoras de posição dominante individual reprimidos *ex vi* art.º 82.º CE que são postos em prática com o mesmo intuito de maximização de lucros que se pode imputar aos oligopolistas quando adaptam a sua conduta à dos outros membros do mercado. Pensando em casos relacionados com imposição de preços, esses comportamentos podem ser declarados abusivos quando houver *flagrante* disparidade entre custo e preço[1172]. Ora, não há justificação para tratar de forma diversa o colectivo

---

[1169] *Vide* AIGNER, *Kollektive...*, pp. 247-248.

[1170] FLINT, «Abuse...», p. 55.

[1171] Cfr., agora, AIGNER, *Kollektive...*, p. 248.

[1172] Exemplo emblemático fornece o caso *BL*. Por força das normas em vigor, só a *British Leyland* podia emitir certificados de conformidade necessários para importar e comercializar determinado modelo automóvel para o Reino Unido. A partir de certa

dominante que exige preço em flagrante desproporção com os custos. A motivação do operador em posição dominante individual e a dos oligopolistas actuando com base na interdependência é a mesma: auferir lucro tão farto quanto possível. Acresce que, sob o ângulo de vista dos consumidores afectados pelas práticas em causa, é indiferente serem postas em execução por uma empresa em posição dominante individual ou por um conjunto de oligopolistas agindo motivado pela interdependência paramétrica. Se se concedesse tratamento diferente ao conjunto de oligopolistas, tratar-se-ia de forma distinta duas situações idênticas e susceptíveis de gerar os mesmos efeitos[1173].

Em terceiro lugar, poder-se-ia arguir que, enquanto os oligopolistas têm de se orientar pela conduta dos outros, a empresa em posição dominante individual decide sozinha o preço a exigir. Cabidas seriam palavras de HEUSS[1174], segundo as quais não pode imputar-se abuso se o visado não dispõe de possibilidades de comportamento alternativas. Também este argumento pode ser refutado. Cada oligopolista que age com base na interdependência toma decisões com autonomia e tendo em vista o seu interesse[1175]. Além disso, *o conceito de abuso é objectivo*: a aplicação do art. 82.º CE é provocada pelo *modus agendi* da empresa ou empresas dominantes, não pelas razões que as levam a actuar desta ou daquela maneira, nem pelos fins prosseguidos[1176]. Assim, posto que a norma não

---

altura, aquele construtor passou a cobrar, pela entrega aos revendedores do certificado respeitante a veículos de condução à esquerda, seis vezes mais do que exigia por aqueloutro atinente a modelos de condução à direita (os certificados referidos em primeiro lugar eram os que tinham mais importância: por um lado, os estoques de veículos – de condução à esquerda e à direita – fabricados fora do Reino Unido estavam em franca redução na sequência do encerramento de uma fábrica que a *British Leyland* tinha na Bélgica; por outro, o número de automóveis de condução à direita produzidos no Reino Unido e inicialmente vendidos no estrangeiro era muito limitado). O preço pedido pelo construtor era excessivo e discriminatório em relação ao exigido pelos certificados de conformidade respeitantes a automóveis de condução à direita, tanto mais que a quantidade de trabalho administrativo requerida era a mesma nos dois casos (duas horas) – decisão de 2.7.1984, IV/30.615 – *BL*, JO L 207, de 2.8.1984, p. 11, n.ºs 20-22 e 26. Em termos similares, *vd.* dec. *General Motors Continental* (de 19.12.1974, JO L 29, de 3.2.1975, p. 14).

[1173] Cfr. AIGNER, *Kollektive...*, pp. 249-250.

[1174] «Ökonomische...», p. 12.

[1175] AIGNER, *Kollektive...*, p. 250.

[1176] *Vd.* MÖSCHEL, *in* IMMENGA/MESTMÄCKER, *EG-Wettbewerbsrecht...*, pp. 722-723; DIRKSEN, *in* LANGEN/BUNTE, *Kommentar...*, p. 2160; AIGNER, *Kollektive...*, pp. 250-251; SCHRÖTER, *in* von der GROEBEN/SCHWARZE, *Kommentar...*, p. 629.

supõe juízo de censura moral, a circunstância de os operadores "apenas" serem racionais e inteligentes quando adoptam conduta paralela não se opõe a que semelhante paralelismo seja considerado abuso e, como tal, sancionado por via do art. 82.º CE[1177].

E isto vale mesmo que as empresas se tenham conseguido furtar à aplicação do art. 81.º CE mostrando que a sua conduta paralela resulta exclusivamente da interdependência própria dos oligopólios. Os artigos 81.º e 82.º CE são dois instrumentos jurídicos independentes e autónomos[1178], prosseguem o mesmo fim – manutenção de concorrência efectiva na União Europeia – em planos *diversos*[1179], pelo que a conduta que escapa à sanção do art. 81.º pode ser considerada abuso de posição dominante colectiva a punir pelo art. 82.º CE[1180].

Note-se, porém, que o paralelismo inteligente, em si, não constitui abuso de exploração que consubstancie atentado ao art. 82.º CE. Se assim fosse, naqueles casos em que a posição dominante colectiva resulta da interdependência paramétrica, existiria, no fundo, sanção pelo simples facto de as empresas deterem posição dominante conjunta. O paralelismo só deve ser tido como abusivo quando redunde em preços *excessivamente altos* (como sucedia no caso *British Leyland*), só aí é de falar em abuso[1181]. Saber o que são preços demasiado elevados supõe algum termo de aferição, algum ponto que sirva para comparar. Dissemos *supra* que há dois métodos para o fazer: diferença entre o custo e o preço e cotejo com mercados nos quais haja concorrência efectiva. São esses os métodos a que a Comissão há-de recorrer para decidir se os preços são sobremodo altos. Conquanto nenhum deles ofereça solução absolutamente fiável, devem ser empregues, pois não se vislumbram outros que garantam melhor resultado.

A solução que se obtém – considerar abusivos os preços *demasiado* altos a que os oligopolistas chegam de forma não colusiva, em resultado

[1177] Aigner, *Kollektive...*, p. 251.

[1178] Ver TPI, acórdão de 10.7.1990, *Tetra Pak Rausing*, *Col.* 1990, II-309, n.ºs 22 e 25.

[1179] *Vd.* TJCE, acórdão de 21.2.1973, *Continental Can*, *Slg.* 1973, p. 215, n.º 25.

[1180] Aigner, *Kollektive...*, p. 251.

[1181] Cfr. Aigner, *Kollektive...*, pp. 252-254, Richard Whish/Brenda Sufrin, «Oligopolistic Markets and EC competition Law», *YEL*, 12 – 1992, Oxford, 1993, p. 75 e Whish, *Competition Law*, pp. 527-528.

apenas da interdependência – acaba por ser a que oferece equilíbrio mais ático entre o reconhecimento dos efeitos que a interdependência conjectural tem sobre a actuação dos oligopolistas e a necessidade de evitar que, a coberto da mesma interdependência, fiquem por sancionar condutas que, além de causar dano às estruturas concorrenciais e de penalizar o consumidor, seriam punidas se praticadas por operador em posição dominante individual (não se vendo que o não devam ser quando levadas a cabo por um colectivo dominante).[1182] E é também a proposta que oferece melhor compromisso entre o direito – já reconhecido no acórdão *Suiker Unie* – de os operadores se adaptarem de forma inteligente ao comportamento conhecido ou previsto dos rivais e a especial responsabilidade – vincada desde o acórdão *Michelin* – que as empresas em posição dominante têm de, *independentemente dos motivos da sua supremacia*, não causar dano à concorrência efectiva. O nosso grau de convencimento torna-se ainda maior se lembrarmos que, ao contrário do art. 81.º CE, o art. 82.º CE não comporta qualquer excepção à interdição que faz do abuso de posição dominante.

4.2. **Abuso anticompetitivo?**

Cumpre agora indagar se os oligopolistas a quem foi assacada posição dominante colectiva com base na interdependência conjectural cometem, ao retirar as consequências da interdependência actuando de feição uniforme, um abuso anticompetitivo. Este congloba aqueles comportamentos do agente dominante que, sendo estranhos a disputa de mérito, levam ao prejuízo ou à exclusão dos concorrentes actuais ou redundam no decréscimo dos estímulos à entrada no mercado.

Em certas circunstâncias, a actuação resultante da interdependência paramétrica pode ser qualificada de abusiva. Tomemos um caso[1183]. O oligopolista **A** reage por meio de preços predatórios à tentativa de **C** entrar no mercado; **B**, já presente no mesmo mercado que **A**, toma a

[1182] A convicção de que esta proposta é a mais equilibrada reforça-se quando pensamos que, ao decidir sanção a aplicar às empresas, pode ser tido como *circunstância atenuante* o facto de o respectivo comportamento não ser colusório – Aigner, *Kollektive...*, p. 254.

[1183] Inspirámo-nos em Aigner, *Kollektive...*, p. 255.

mesma atitude que este; **A** estava certo de que **B** o seguiria e este, por sua vez, sabe que, quando **C** desistir dos seus intentos, poderá, juntamente com **A**, encarecer de novo a mercadoria. As condutas em causa, procedendo embora de mecanismos de interdependência, configuram abuso anticompetitivo e violação do art. 82.º CE.

Poderia opor-se que a solução defendida leva a punir o paralelismo inteligente. A réplica a semelhante observação desdobra-se por vários pontos. Desde logo, se é certo que também as empresas em posição dominante têm o direito de se adaptar de maneira racional e inteligente à conduta das rivais, não é menos exacto que sobre elas impende a especial responsabilidade de não lesar a concorrência efectiva (neste ponto vem a jurisprudência insistindo desde a sentença *Michelin*). Ora, gestos do jaez que assinalámos a **A** e a **B** estão nos antípodas do que se espera daqueles que estão sujeitos a tal responsabilidade. **A** e **B**, ainda que não entrem em conchavo, causam forte mossa à concorrência. Não é admissível que, a coberto da interdependência, se furtem à aplicação do art. 82.º CE.

Estão em apreço condutas que, se fossem praticadas por empresa em posição dominante individual, seriam punidas; não faz sentido que o não sejam se postas em prática por um colectivo[1184].

Por outra parte, a solução perfilhada é a que melhor se harmoniza com o *carácter objectivo da noção de abuso*, que atende às atitudes exteriorizadas pelas empresas e não às suas motivações.

Finalmente, cabe lembrar que o art. 82.º CE não admite qualquer excepção à interdição que faz do abuso de posição dominante.

Em suma, a circunstância de as empresas adaptarem a sua conduta à das demais não as iliba de responder por abusos de exclusão. Quando o seu *agere* se traduz em actos que o direito da concorrência tem por abusivos já não se está dentro das fronteiras da luta por méritos, mas num campo que não pode ficar imune às sanções do direito *antitrust*.

4.3. **Abuso de estrutura?**

Não tem expressão o problema de saber se, ao agir de maneira paralela na sequência da interdependência circular, os oligopolistas cometem

[1184] Este argumento também ressuma de AIGNER, *Kollektive...*, p. 256.

abuso estrutural. No precípuo, esta forma de exploração abusiva reconduz-se aos efeitos obnóxios que uma concentração de empresas produz em estrutura já enfraquecida pela presença da empresa ou empresas dominantes. Ora, como é claro, estamos ante situações muito distantes, que nada têm a ver entre si: num caso, a concentração de empresas, no outro, a interdependência oligopolística.

5. Abuso por parte de um, de alguns ou de todos os membros do colectivo

A *ultima Thule* da viagem pelos problemas relacionados com o abuso visa apurar se a posição dominante conjunta é passível de exploração abusiva por parte de *uma* ou *algumas* das empresas que a detêm ou se o há-de ser necessariamente por *todos* os integrantes do colectivo ao qual foi assacada.

Na maior parte dos problemas de domínio conjunto submetidos ao exame da Comissão, todos os membros do colectivo adoptaram a conduta na qual se materializou o abuso[1185]. Não tem, todavia, de ser assim. O abuso pode proceder de apenas um ou alguns dos membros do conjunto dominante. Na decisão *Irish Sugar*, algumas das condutas abusivas foram postas em prática apenas pela *Irish Sugar* ou só pela *SDL*[1186] (às duas empresas havia sido adjudicada posição dominante colectiva). Outrossim, na Comunicação sobre a aplicação das regras da concorrência aos acordos de acesso no sector das telecomunicações, a Comissão reiterou-o, dizendo que «(...) o comportamento adoptado por uma das empresas que detêm conjuntamente (...) posição dominante pode constituir uma prática abusiva, ainda que as outras empresas não adoptem o mesmo comportamento»[1187] [1188].

[1185] Cfr. decisões de 7.12.1988, *vidro plano*, JO L 33, de 4.2.1989, p. 44, n.os 80-81, de 1.4.1992, *Comités de armadores franco-oeste-africanos*, JO L 134, de 18.5.1992, p. 1, n.os 67-68 e de 16.9.1998, *Acordo de Conferência Transatlântica*, JO L 95, de 9.4.1999, p. 1, n.os 550 ss..

[1186] Comissão, dec. de 14.5.1997, JO L 258, de 22.9.1997, p. 1, n.os 118 ss..

[1187] JO C 265, de 22.8.1998, p. 2, n.º 129. Da Comissão Europeia, ver ainda *DG Competition discussion paper on the application of Article 82 of the Treaty to exclusionary abuses*, Brussels, 2005, n.º 74.

Os tribunais não ficaram imunes a esta tendência: tanto no n.º 66 do acórdão *Irish Sugar*, de 7.10.1999 (*Col.* 1999, II-2969), como no n.º 633 da sentença *Atlantic*

Embora o abuso possa ser perpetrado apenas por um ou alguns dos membros do colectivo dominante, é pouco crível que isso suceda quando estiverem em causa abusos de exploração. Na verdade, está aí em causa o irrogar de preços e de condições de transacção desfavoráveis aos parceiros de negócio e ao consumidor. Ora, se um membro do colectivo praticasse piores condições do que os outros, os que com ele negoceiam passariam a dirigir as suas disposições de venda ou de compra para outros integrantes do agregado que praticassem melhores condições. O abuso já será, contudo, pensável nos casos em que o fornecedor ou o cliente estão assaz vinculados a certo membro do citado colectivo, pelo que uma mudança acarretaria custos elevados e grande dispêndio de tempo[1189].

Quanto aos abusos anticompetitivos, muitas das formas que assumem fazem pleno sentido quando obradas por apenas um ou alguns dos membros do conjunto dominante (visto reverterem a favor de todos). Por exemplo, descontos de fidelidade praticados por alguns membros do colectivo dominante podem ser suficientes para eliminar concorrentes actuais e para fechar o mercado ao acesso de novos competidores[1190] [1191].

Container Line, de 30.9.2003 (*Col.* 2003, II-3275), o TPI reconheceu que o abuso não tem de provir de todas as empresas a quem se deferiu posição dominante colectiva. Na mesma esteira, cfr. MONTI, «The scope...», pp. 141 ss. e 156; MARIE MALAURIE-VIGNAL, *Droit...*, p. 198.

[1188] Esta concepção parece ser negada, ao menos no tocante a abusos de posição dominante colectiva assente na interdependência conjectural, por JEREMY LEVER e por PAUL LASOK («Mergers and Joint Ventures in the EEC», *YEL*, 6 – 1986, Oxford, 1987, p. 139, n. 94). Os AA. sustentam que, embora atitudes paralelas possam ser abuso conjunto de posição dominante colectiva, a actuação unilateral por parte de um membro do oligopólio estreito parece não infringir o art. 86.º do Tratado CE (actual art. 82.º CE), dado que, nessa forma de mercado, nenhuma empresa, singularmente vista, ocupa posição dominante. Já o (extinto) Conselho da Concorrência português afirmara que «(...) a posição dominante colectiva (...) só releva no terreno dos abusos colectivos (...)» – *Relatório de Actividade de 1986*, DR – II Série –, n.º 168, de 24.7.1987, 9168-(13) e 9168-(23).

[1189] Cfr. AIGNER, *Kollektive...*, pp. 259-260 e STROUX, *US and EC Oligopoly...*, p. 171.

[1190] Os descontos de fidelidade praticados por um ou alguns dos membros do conjunto podem, é certo, ser sintoma de disputa de preços nas relações internas. Todavia, se não forem elemento bastante para evitar que se continue a falar do colectivo como centro de imputação de posição dominante e na medida em que contribuam para o entibiamento da concorrência no mercado (fechando-o à entrada de novos competidores ou eliciando concorrentes actuais), devem ser tidos como puníveis pelo art. 82.º CE. Em sentido convergente, AIGNER, *Kollektive...*, p. 261.

[1191] Na linha do que foi dito nos dois últimos parágrafos, também TEMPLE LANG, referindo-se aos transportes aéreos, afirma que os abusos de posição dominante conjunta podem ser lavra de todos aqueles a quem foi outorgado semelhante estatuto – na prática, serão casos de abuso de exploração – ou só de um ou alguns entre eles – serão abusos anticompetitivos [«Air Transport in the EEC – Community Antitrust Law Aspects», *in* AAVV, *Annual Proceedings of the Fordham Corporate Law Institute (1991). EC and U.S. Competition Law and Policy*, Irvington-on-Hudson, 1992, p. 364]. O mesmo A. voltou ao tema, agora desligando-o de um particular sector de actividade, reiterando o que acaba de ser dito e acrescentando que os abusos de retaliação podem ser cometidos (apenas) por uma das várias empresas em situação dominante («Oligopolies...», pp. 335-337).

QUARTA PARTE

CONTROLO DOS OLIGOPÓLIOS NO DIREITO NORTE-AMERICANO. SEMELHANÇAS E DIFERENÇAS RELATIVAMENTE AO DIREITO COMUNITÁRIO

Na parte que agora iniciamos, são dados esclarecimentos acerca da forma como se estrutura o controlo dos oligopólios no direito de defesa da concorrência dos Estados Unidos da América. O discurso tocará os pontos de semelhança e de divergência face ao direito comunitário. Um trecho com tal conteúdo justifica-se pelo relevo da cultura *antitrust* norte-americana, valendo lembrar que, no Livro verde relativo à revisão do Regulamento n.º 4064/89, quando contrapôs o teste da dominação ao da *substantial lessening of competition*, a Comissão teve sobretudo em vista, no que ao segundo diz respeito, a forma como era posto em prática nos Estados Unidos[1192].

No direito norte-americano, o controlo dos oligopólios por via dos dispositivos relativos às concentrações de empresas assume particular importância (a isso dedicamos o título **A**), já que outros mecanismos legais – mormente a Section 1 do *Sherman Act* – não se têm revelado eficazes para esse efeito[1193] (ao ponto se devota o título **B**). Nesse quadro, centramos a atenção nas concentrações horizontais, aquelas que se entende suscitarem maiores riscos de criação ou de reforço de poder de mercado[1194] [1195].

[1192] Cfr. DRAUZ, «Reform...», p. 447.

[1193] HOVENKAMP, *Federal...*, pp. 37-38; ver, também, ERNEST GELLHORN/WILLIAM E. KOVACIC/STEPHEN CALKINS, *Antitrust Law and Economics (in a nutshell)*, 5ª ed., St. Paul, 2004, pp. 329-330.

[1194] Cfr. SULLIVAN/GRIMES, *The Law...*, p. 575, noticiando que o *federal enforcement* se tem centrado em tal tipo de operação [de qualquer forma, já referimos outros tipos de concentração na *Segunda Parte*, (**AB**, V)]. Dá-se uma *merger* quando «(...) two firms that had been separate come under common ownership or control (...)» – HOVENKAMP, *Federal...*, p. 497.

[1195] O leitor não deverá estranhar o recurso aturado à jurisprudência, que é exigido pelas *leges artis*: quando manuseamos fontes de direito norte-americano, logo percebemos o subido papel das decisões judiciais.

A. CONTROLO DAS CONCENTRAÇÕES DE EMPRESAS

1. Teste que preside ao exame das concentrações

No direito norte-americano, o critério que preside à avaliação das concentrações é o da redução substancial da concorrência [*substantial lessening of competition* (SLC)]. A opção por esse teste está feita na *Section* 7 do *Clayton Act* e é concretizada nas *Horizontal Merger Guidelines*, de 2.4.1992 (revistas em 8.4.1997 no que toca à matéria das eficiências), que mostram a forma de o usar[1196] [1197]. Uma concentração

[1196] Acedemos ao seu texto em www.ftc.gov/bc/docs/horizmer.htm – como o nome indica, aplicam-se a concentrações horizontais. Tal como as Orientações no espaço comunitário, as *Guidelines* não são vinculativas. Ainda assim, têm importante papel de orientação: cfr. United States District Court, W.D. Arkansas, Fayetteville Division (30.6.1995), *COMMUNITY PUBLISHERS, INC. and Shearin Inc. d/b/a Shearin & Company Realtors v. DONREY CORP. d/b/a Donrey Media Group; NAT, L.C.; Thomson Newspapers, Inc. and the Northwest Arkansas Times* e *UNITED STATES of America v. NAT, L.C. and D.R. Partners d/b/a Donrey Media Group*, 892 F.Supp. 1146, 1153, n. 6 – «(...) It is well--recognized that the Merger Guidelines do not have the force of law (...), but many courts still cite them, and the expert testimony in this case shows that they represent mainstream economic thinking (...)»; AREEDA/KAPLOW/EDLIN, *Antitrust...*, p. 717; HOVENKAMP, *Federal...*, p. 499.

A Antitrust Division do Department of Justice e a Federal Trade Commission são competentes para aplicar a *Section* 7 do Clayton Act, existindo entendimento entre ambas no sentido de evitar exames duplos e repetidos dos problemas – SCHMIDT, *Wettbewerbspolitik...*, p. 263; LINDER, *Kollektive...*, p. 118; GELLHORN/KOVACIC/CALKINS, *Antitrust...*, p. 531.

[1197] As *Horizontal Merger Guidelines* de 1992 foram emitidas pelo Department of Justice e pela Federal Trade Commission. Anteriormente, o Department of Justice publicara *Merger Guidelines* em 1968, 1982 e 1984.

As *Merger Guidelines* de 1968 (que consultámos em www.usdoj.gov/atr/hmerger/11247.htm) reflectiram ensinamentos da escola estruturalista, nelas se afirmando que o papel principal da *Section* 7 do *Clayton Act* era preservar e promover estruturas de mercado que levassem à concorrência; a estrutura do mercado era o centro de atenção, pois influenciava a conduta das empresas (cfr. n.º 2). As *Guidelines* quase excluíram a consideração dos ganhos de eficiência – só em circunstâncias excepcionais poderiam ser levados em conta (cfr., nomeadamente, o n.º 10) – e não continham indicações específicas destinadas a evitar a coordenação de condutas em mercados oligopolísticos.

As *Merger Guidelines* de 1982 (que obtivemos em www.usdoj.gov/atr/hmerger/11248.htm) denotaram recuo face ao estruturalismo e revelaram a influência crescente da Escola de Chicago, apontando uma série de factores (para além da concentração e das quotas de mercado) que deviam ser considerados ao decidir a sorte da operação projectada. Foi nelas que se começou a dar preferência ao índice Herfindahl-Hirschman como instrumento de medida do grau de concentração da oferta (III, A). Quanto às *Merger Guidelines* de 1984 (consultadas em www.usdoj.gov/atr/hmerger/11249.htm), deram continuidade, no essencial, às linhas propostas nas *Guidelines* de 1982, servindo para resolver problemas que estas suscitaram (*v. g.*, a impressão de que o controlo das concentrações assente nas *Merger Guidelines* era, em grande medida, um processo matemático que operava com base em números e fórmulas).

Sobre as *Guidelines* de 1968, 1982 e 1984, Sigrid Stroux, *US and EC Oligopoly...*, pp. 178-179 e 180-181; Linder, *Kollektive...*, pp. 140-141.

Quanto ao *Clayton Act*, foi aprovado em 1914. Embora o *Sherman Act*, de 1890, proibisse as concentrações tendentes ao monopólio, a consagração da *rule of reason* em dois acórdãos do Supreme Court (*Standard Oil Co. of New Jersey v. U.S.* e *U.S. v. American Tobacco Co.*) levou o Congresso a aprovar o *Clayton Act* e o *Federal Trade Commission Act*. É que a *rule of reason* dava aos tribunais uma margem excessiva de manobra e era passível de distorcer os objectivos da lei por via da interpretação, assim impedindo que os homens de negócios tivessem guia fiável para as respectivas actividades. O Presidente Woodrow Wilson propôs então legislação destinada a complementar o *Sherman Act* e a indicar de forma precisa os actos que eram ilícitos. Cfr. Miguel Moura e Silva, *Inovação, transferência de tecnologia e concorrência: estudo comparado do direito da concorrência dos Estados Unidos e da União Europeia*, Coimbra, 2003, p. 119; Gellhorn/Kovacic/Calkins, *Antitrust...*, p. 34; Rudolph J. R. Peritz, *Competition Policy in America. History, Rhetoric, Law*, edição revista, Oxford/New York (e outras), 2000, pp. 64-65; François Souty, *La politique de la concurrence aux États-Unis*, Paris, 1995, p. 32. Acresce que o *Clayton Act* mostrou um cuidado com a concorrência predatória que, provavelmente, expressa oposição à empresa de grande dimensão – cfr. George J. Stigler, «The Origin of the Sherman Act», *in* E. Thomas Sullivan (ed.), *The Political Economy of the Sherman Act. The First One Hundred Years*, New York/Oxford, 1991, p. 35.

No quadro das proibições estabelecidas pelo *Clayton Act*, figurava a aquisição de acções que reduzisse substancialmente a concorrência. Todavia, uma lacuna daquele diploma permitia que parte das concentrações escapasse ao controlo das autoridades sob a roupagem de aquisição de activos; a lacuna viria a ser suprida com o *Celler-Kefauver Act* de 1950 (Miguel Moura e Silva, *Inovação...*, p. 119; Gellhorn/Kovacic/Calkins, *Antitrust...*, p. 36), mas era indiciadora de pouco esmero a nível do anteprojecto do *Clayton Act*, igualmente criticado por ser pouco claro (*vd.* Donald Dewey, *The Antitrust Experiment In America*, New York/Oxford, 1990, pp. 5 e 40-41, em nota).

deixa antever redução substancial da concorrência se criar ou reforçar poder de mercado ou, quando menos, se facilitar o seu exercício. Do lado da oferta, semelhante poder é definido como a capacidade de, com proveito, manter os preços acima do nível concorrencial durante lapso significativo de tempo. Da parte da procura, dele usufrui quem forçar a descida do preço até nível inferior ao que se verificaria se houvesse concorrência[1198].

Por força do Regulamento n.º 4064/89, aplicou-se no espaço comunitário o critério da dominação de mercado. Por norma, ele conduz aos mesmos resultados que o teste SLC. Todavia, há diferenças entre os dois[1199]. Para proibir uma concentração, o critério SLC não requer que as empresas atinjam certo grau de poderio, concretizado na posição dominante (basta a diminuição substancial de concorrência); assim, ele permite impedir a criação de oligopólios não colusórios nocivos para a concorrência[1200]. Além disso, pelo critério SLC, o facto de a operação projectada criar ou reforçar posição dominante não implica necessariamente a sua proibição.

Desde Maio de 2004, é aplicável o Regulamento n.º 139/2004 e, com ele, o critério do entrave significativo à concorrência efectiva [*significant impediment to effective competition* (SIEC)]. Com a alteração, o direito comunitário abeirou-se do direito norte-americano, na medida em que, para proibir uma concentração, já não se exige criação ou reforço de dominância, basta o entrave significativo à concorrência efectiva. As decisões aprovadas pela Comissão Europeia ao abrigo do Regulamento n.º 139/2004 tornam precário qualquer balanço e ainda não permitem afirmar a exacta medida em que a aproximação dos dois sistemas se dá. Num ponto, porém, é possível asseverar que ela se produz: o teste europeu, a exemplo do que já sucedia com o seu par americano, permite

---

[1198] *Horizontal Merger Guidelines, Section* 0.1. Na nota 6, acrescenta-se que os vendedores podem igualmente restringir a concorrência quanto a parâmetros que não o preço. Também a doutrina aponta a criação ou o reforço do poder de mercado como questão nuclear da análise das concentrações: SULLIVAN/GRIMES, *The Law...*, p. 575, *in fine.*

[1199] Ver *Segunda Parte*, **AA**, 4.2..

[1200] No direito comunitário, houve dúvidas no sentido de saber se o teste da dominância poderia abarcar esses casos (falou-se, a propósito, de *oligopoly blindspot*, *oligopoly blind spot* e de *enforcement gap*).

abarcar os citados oligopólios não colusivos. Só por isso, já é de saudar a mudança trazida pelo novo Regulamento das concentrações comunitárias[1201] [1202].

2. Efeitos coordenados das concentrações

2.1. Demarcação do mercado relevante

À semelhança do que sucede no direito comunitário, o primeiro passo tendente a avaliar se uma concentração pode reduzir substancialmente a concorrência é a delimitação do mercado sob o ponto de vista material e geográfico. A necessidade de definir o mercado pertinente já resulta da própria letra da *Section* 7 do *Clayton Act*: «line of commerce» e «activity affecting commerce» dizem respeito à dimensão material do mercado, «section of the country» reporta-se à dimensão geográfica[1203]. Ao executar tal tarefa, a elasticidade-cruzada da procura assume, tal como no direito europeu, um papel primordial[1204].

[1201] Outrossim, a fórmula ampla do critério SIEC possibilita a consideração das vantagens de eficiência (o que estava longe de suceder quando se aplicava o critério da dominação – *vd. Segunda Parte*, **AB**, II, 2).

[1202] Embora sem preocupações de comparação com o direito americano, já aplaudimos o critério do entrave significativo à concorrência efectiva em «Direito...».

[1203] Cfr. Linder, *Kollektive...*, p. 142, n. 530 (que não menciona, todavia, a «activity affecting commerce»). Veja-se também as *Horizontal Merger Guidelines*, §§ 1.1 e 1.2 e, em exemplos respigados da prática, United States District Court, S.D. New York (22.2.1995), *STATE of New York v. KRAFT GENERAL FOODS, INC., Nabisco Cereals, Inc., Nabisco, Inc., Philip Morris Companies Inc., RJR Nabisco Holdings Corp., and RJR Nabisco Inc.*, 926 F.Supp. 321, 359 [«(...) To determine the effect of a merger on competition, a court must begin by defining the relevant geographic and product markets (...)»] e United States District Court, District of Columbia (31.7.1998), *FEDERAL TRADE COMMISSION v. CARDINAL HEALTH, INC. and Bergen Brunswig Corp.* e *FEDERAL TRADE COMMISSION v. McKESSON CORP. and Amerisource Health Corp.*, 12 F.Supp.2d 34, 45 [«(...) For this Court to consider the likely competitive effects of the transactions, it must first define the relevant product and geographic boundaries of the markets in question (...)»].

[1204] United States District Court, District of Columbia (19.10.2000), *FEDERAL TRADE COMMISSION v. H.J. HEINZ, COMPANY, et al.*, 116 F.Supp.2d 190, 195.

2.2. Estrutura da oferta. O relevo da "*prima facie* evidence rule"

2.2.1. *Estrutura da oferta*

Definido o mercado relevante, é preciso avaliar a estrutura que a oferta ostenta (grau de concentração existente após a operação, acréscimo que esta naquele provocou, quotas de mercado das partes). É um ponto importante, visto que, em regra, só as *mergers* que redundam em oferta concentrada ou aumentam de forma significativa o nível de concentração despertam particulares cautelas. Pensando nos efeitos coordenados, quanto maior for o número de vendedores, mais difícil é atingir uma composição de interesses que a todos agrade e maior é a probabilidade de *cheating* (cuja detecção e castigo se tornam mais difíceis)[1205]. No direito americano, tempos houve em que a concentração da oferta e as quotas de mercado eram encaradas como factores de exame absolutamente decisivos[1206]. Hoje em dia, pese embora continuem a ser aspectos de muito relevo, são inseridos numa análise global, que leva em conta e defere importância a outros parâmetros[1207]. Nessa medida, o direito americano

[1205] *Vd.* Deborah Platt Majoras, *Ensuring Sound Antitrust Analysis: Two Examples*, 3 July 2003, p. 3 (www.usdoj.gov/atr/public/speeches/201167.htm; texto obtido em Janeiro de 2006).

[1206] Pensamos num período que se prolongou até 1974, ano em que o Supreme Court proferiu a sentença *U.S. v. General Dynamics Corp.* [415 U.S. 486 (1974)]. Até aí, o Supremo prendia-se de modo excessivo a factores como a concentração da oferta, as tendências que ela registava e as quotas de mercado: veja-se U.S. Supreme Court, *U.S. v. Philadelphia Nat. Bank*, de 17.6.1963, 374 U.S. 321 (1963), III e *U.S. v. Continental Can*, de 22.6.1964, 378 U.S. 441 (1964), III. A propósito, cfr. William Blumenthal, *Merger analysis under the U.S. antitrust laws*, Washington, D.C., p. 20 (www.kslaw.com/library/pdf/WB_Merger_Outline.pdf; texto obtido em Janeiro de 2006) e Sullivan/ /Grimes, *The Law...*, p. 594, *in fine*.

[1207] United States Court of Appeals, Seventh Circuit (18.12.1986), *HOSPITAL CORPORATION OF AMERICA v. FEDERAL TRADE COMMISSION*, 807 F.2d 1381, 1389: «(...) Considering the concentration of the market, the absence of competitive alternatives, the regulatory barrier to entry (...), the low elasticity of demand, the exceptionally severe cost pressures under which American hospitals labor today, the history of collusion in the industry, and the sharp reduction in the number of substantial competitors in this market brought about by the acquisition of four hospitals in a city with only eleven (...), we cannot say that the Commission's prediction is not supported by substantial evidence (...)».

aproxima-se do direito europeu, no qual altos patamares de concentração e grandes quotas de mercado não levam a decidir, por si só, que a operação gera posição dominante colectiva[1208].

Para determinar o nível de concentração do mercado pertinente, as *Horizontal Merger Guidelines* sugerem o emprego do índice Herfindahl--Hirschman (IHH). O direito norte-americano antecipou-se ao direito comunitário: ali, já as *Guidelines* de 1982 anunciavam a intenção de por ele se deixarem guiar; na Europa, foram as Orientações para a apreciação das concentrações horizontais, de 2004, que vincaram a intenção de o usar. Quando estudámos o direito comunitário, vimos como se trabalha com o índice Herfindahl-Hirschman[1209].

Se, após a operação, o IHH for inferior a 1000, entende-se que o mercado não é concentrado. Porquanto é improvável que essas operações sejam nefastas para a concorrência, não se justifica, em princípio, aprofundar o exame do *thema decidendi*[1210].

Quando o índice Herfindahl-Hirschman é igual ou superior a 1000, as *Merger Guidelines* são mais rigorosas do que as Orientações europeias. Situando-se o IHH pós-concentração entre 1000 e 1800, o mercado é tido como moderadamente concentrado; se a concentração produz aumento do IHH inferior a 100 pontos, reputa-se improvável que gere efeitos concorrenciais negativos, pelo que o problema decidendo não merece escrutínio suplementar; se ocasiona acréscimo do IHH superior a 100 pontos, já é passível de despertar cuidados. Neste último caso, a decisão implica passos adicionais[1211]. É preciso apurar se, por mor de efeitos unilaterais ou coordenados, a concentração cerceará a concorrência (§ 2 das *Guidelines*); caso as possibilidades de entrada no mercado sejam de molde a expungir o peso negativo de tais efeitos, a operação não acarreta apreensões e não é, em princípio, objecto de análise suplementar (§ 3). São ainda tomados em conta os ganhos de eficiência advindos da concentração que não possam ser alcançados por um outro meio. Eles podem

---

[1208] Cfr. Comissão, decisões de 7.8.1998, *Glaverbel/PPG*, n.os 19-23 e 26, e de 20.6.2001, *MAN/Auwärter*, JO L 116, de 3.5.2002, p. 35, n.os 26 ss.; TJCE, sentença de 31.3.1998, *República Francesa*, *Col.* 1998, I-1375, n.º 226.

[1209] *Segunda Parte*, **AB**, I, 2.1..

[1210] *Horizontal Merger Guidelines*, § 1.51, alínea *a)*.

[1211] *Horizontal Merger Guidelines*, § 1.51, alínea *b)*.

fazer com que a operação planeada não seja vista como limitando a concorrência e receba luz verde (§ 4). Finalmente, há outro factor que condiciona a opção a tomar perante a operação projectada, a saber, o "argumento da empresa insolvente"; entende-se não ser provável que uma concentração crie ou reforce poder de mercado nem que facilite o exercício deste se estiverem preenchidas quatro condições: uma das empresas envolvidas – a empresa insolvente (*failing firm*) – estará impossibilitada de cumprir as suas obrigações financeiras num futuro próximo; a sua reestruturação nos termos do capítulo 11 do *Bankruptcy Act* não é possível; não existe qualquer aquisição alternativa menos danosa para a concorrência do que a operação em causa; na ausência desta, os activos da empresa insolvente sairiam inevitavelmente do mercado (§ 5.1 das *Guidelines*)[1212].

No caso de o índice Herfindahl-Hirschman ser superior a 1800, encara-se o mercado como muito concentrado. Se a concentração importar acréscimo do IHH inferior a 50 pontos, considera-se improvável que redunde em consequências nefastas e o processo não exige, em regra, análise suplementar. Aumentando o IHH em valor situado entre 50 e 100 pontos, a concentração desperta cautela e pede a investigação dos tópicos há pouco mencionados: efeitos redutores da concorrência, possibilidades de os eliminar por virtude da entrada no mercado, consideração dos ganhos de eficiência, argumento da empresa insolvente. Por fim, presume-se ser provável que concentrações geradoras de subida do IHH superior a 100 pontos criam ou reforçam poder de mercado ou, quando menos, facilitam o seu exercício[1213].

2.2.2. *O relevo da "prima facie* **evidence rule"**

Para se compreender bem a importância da estrutura da oferta no direito americano, importa fazer uma referência ao problema da prova e ao conceito de "*prima facie* evidence rule".

[1212] A inclusão do "argumento da empresa insolvente" no texto das *Guidelines* parece corresponder à vontade de levar a cabo um escrutínio ainda mais restritivo de tal argumento (em confronto com o posto em prática no passado) – cfr. HOVENKAMP, *Federal...*, p. 554.

[1213] Cfr. *Horizontal Merger Guidelines*, § 1.51, alínea *c)*. A *praxis* tem sido mais tolerante do que aquilo que as Guidelines indiciam – HOVENKAMP, *Federal...*, p. 523.

Cabe ao demandante – àquele que solicita a proibição da concentração – mostrar como se deve delimitar o mercado relevante e provar que a operação acarreta probabilidade razoável de nele se produzirem efeitos anticoncorrenciais[1214] [1215]. A tarefa de prova é facilitada pela existência da "*prima facie* evidence rule", estabelecida em 1963 pelo Supreme Court na sentença *U.S. v. Philadelphia Nat. Bank*[1216]: se o demandante (na maioria dos casos, o Department of Justice ou a Federal Trade Commission) prova que a operação gera *merging firm* com quota de mercado excessiva e acarreta significativo aumento da concentração no mercado relevante, logo se presume que ela implica redução substancial da concorrência e deve, por isso, ser proibida.

[1214] Cfr. United States District Court, S.D. Mississipi, Western Division (14.3.1997), *HTI HEALTH SERVICES, INC. v. QUORUM HEALTH GROUP, INC., River Region Medical Corporation (Formerly known as ParkView Medical Corporation) and Vicksburg Clinic, P.A.*, 960 F.Supp. 1104, 1114 (parte final); United States District Court, District of Columbia (31.7.1998), *CARDINAL HEALTH*, 12 F.Supp.2d 34, 63; BLUMENTHAL, *Merger...*, p. 26; LINDER, *Kollektive...*, p. 190.

[1215] Atente-se que basta provar a *reasonable probability* de produção dos efeitos anticoncorrenciais [cfr. United States Court of Appeals, Eleventh Circuit (26.7.1991), *FEDERAL TRADE COMMISSION v. UNIVERSITY HEALTH, INC., University Health Services, Inc., University Health Resources, Inc.*, 938 F.2d 1206, 1218, United States Court of Appeals, District of Columbia Circuit (27.4.2001), *FEDERAL TRADE COMMISSION v. H.J. HEINZ CO. and Milnot Holding Corporation*, 246 F.3d 708, 713, United States District Court, District of Columbia (14.11.2001), *UNITED STATES of America v. SUNGARD DATA SYSTEMS, INC., et al.*, 172 F.Supp.2d 172, 180]; não é suficiente demonstrar a simples possibilidade de eles ocorrerem, mas tão-pouco é necessário provar a certeza de que se registarão [United States Court of Appeals, Seventh Circuit (18.12.1986), *HOSPITAL CORPORATION OF AMERICA*, 807 F.2d 1381, 1389 (referindo-se a subida de preços)]. Ver, ainda, LINDER, *Kollektive...*, pp. 138-139.

[1216] «(...) Specifically, we think that a merger which produces a firm controlling an undue percentage share of the relevant market, and results in a significant increase in the concentration of firms in that market, is so inherently likely to lessen competition substantially that it must be enjoined in the absence of evidence clearly showing that the merger is not likely to have such anticompetitive effects (...). Without attempting to specify the smallest market share which would still be considered to threaten undue concentration, we are clear that 30 % presents that threat (...)» – *U.S. v. Philadelphia Nat. Bank*, de 17.6.1963, 374 U.S. 321, 363-364 (1963). *Vd.* também HOVENKAMP, *Federal...*, p. 526.

SULLIVAN e GRIMES (*The Law...*, p. 519) falam a este propósito de *rule of presumptive illegality*. ANDREW I. GAVIL, WILLIAM E. KOVACIC e JONATHAN B. BAKER [*Antitrust law in perspective: cases, concepts and problems in competition policy*, St. Paul, 2002, p. 429] dizem que se criou «(...) *structural presumption* that has since framed horizontal merger analysis in the courts (...)» – o grifo é nosso.

Em concreto, qual é a quota de mercado excessiva e qual é o nível de concentração do mercado que fundam a *presumption of illegality*? Não há resposta única. Vemos processos em que a jurisprudência se atém a quota de mercado de 30 % (valor previsto no acórdão *U.S. v. Philadelphia Nat. Bank – vd.* nota anterior), combinando-a com valores de índice Herfindahl-Hirschman previstos nas *Horizontal Merger Guidelines*[1217]. Mas também registamos casos em que, ao fundar a *presumption of illegality* a partir de dados relativos à estrutura da oferta, a jurisprudência se socorre apenas de valores de IHH previstos nas *Guidelines*[1218].

Para ilidirem a presunção que resulta da "*prima facie* evidence rule", os demandados (empresas envolvidas na operação) não precisam de provar que, no período após a *merger*, haveria concorrência efectiva no mercado, basta demonstrar que os dados estatísticos usados pelo demandante (para calcular, por exemplo, as quotas de mercado) fornecem impressão incorrecta acerca dos efeitos prováveis da concentração. Compreende-se que assim seja. Se se exigisse mais, os dados estatísticos teriam um peso excessivo e acabaria por ser o demandado a ter de provar aquilo que, realmente, está em causa: efeitos anticoncorrenciais da operação no mercado relevante[1219] [1220]. Ilidida a *presumption of illegality*, e

[1217] United States District Court, District of Columbia (31.7.1998), *CARDINAL HEALTH*, 12 F.Supp.2d 34, 52-54.

[1218] United States Court of Appeals, District of Columbia Circuit (27.4.2001), *HEINZ*, 246 F.3d 708, 716, com trecho exemplar: «(...) Sufficiently large HHI figures establish the FTC's prima facie case that a merger is anti-competitive (...)».

[1219] Porquanto os consideramos elucidativos, transcrevemos alguns trechos da sentença *Baker Hughes*: «(...) a defendant seeking to rebut a presumption of anticompetitive effect must show that the prima facie case inaccurately predicts the relevant transaction's probable effect on future competition. (...) Imposing a heavy burden of production on a defendant would be particularly anomalous where, as here, it is easy to establish a prima facie case. The government, after all, can carry its initial burden of production simply by presenting market concentration statistics. To allow the government virtually to rest its case at that point, leaving the defendant to prove the core of the dispute, would grossly inflate the role of statistics in actions brought under section 7. The Herfindahl-Hirschman Index cannot guarantee litigation victories (...)» [United States Court of Appeals, District of Columbia Circuit (6.7.1990), *UNITED STATES of America v. BAKER HUGHES INC., Eimco Secoma, S.A. and Oy Tampella AB*, 908 F.2d 981, 991-992]. Ver também Linder, *Kollektive...*, pp. 190-191.

[1220] A possibilidade de atacar os pressupostos – dados estatísticos – em que assenta a *presumption of illegality* não é a única via que se abre ao demandado no sentido de a ilidir. Ele também pode mostrar que a operação projectada não acarreta redução substancial

para que a concentração projectada venha mesmo a ser proibida, cabe ao demandante o ónus de provar que a operação reduz substancialmente a concorrência, a ele incumbe o *ultimate burden of persuasion*[1221] (para isso, recorre a factores mencionados *infra*, nos números seguintes[1222]).

No direito comunitário, a estrutura da oferta é importante, mas não existe uma *presumption of illegality* como aquela que viemos referindo[1223]; para vetar concentração que supõe criar dominação colectiva, a Comissão tem de apresentar provas sólidas que mostrem a falta de concorrência efectiva entre as empresas e a diminuta pressão concorrencial que os outros operadores podem exercer[1224]. Comparando o direito comunitário com o direito americano, neste é mais fácil proibir uma concentração. Os mercados oligopolísticos são muito concentrados e a "*prima facie* evidence rule", em conjugação com o alto valor de IHH, facilita a tarefa de prova.

---

da concorrência (*v.g.*, porque não há barreiras de acesso ao mercado e, por isso, não poderia subsistir concerto que fixasse preços acima de nível concorrencial). Veja-se United States District Court, District of Columbia (30.6.1997), *FEDERAL TRADE COMMISSION v. STAPLES, INC., and Office Depot, Inc.*, 970 F.Supp. 1066, 1086 ss.; *id.*, de 31.7.1998, *CARDINAL HEALTH*, 12 F.Supp.2d 34, 54 ss.; LINDER, *Kollektive...*, p. 138; STROUX, *US and EC Oligopoly...*, p. 182.

No que respeita à possibilidade de ilidir a *presumption of illegality*, os tribunais dão guarida a certa ideia de *sliding-scale* (*vd.* BLUMENTHAL, *Merger...*, p. 26; LINDER, *Kollektive...*, p. 192): quanto mais consistentes são os dados (relativos à estrutura da oferta) em que a presunção assenta, mais convincentes têm de ser os elementos de que o demandado se serve para a ilidir – United States Court of Appeals, District of Columbia Circuit (6.7.1990), *BAKER HUGHES*, 908 F.2d 981, 991 [«(...) The more compelling the prima facie case, the more evidence the defendant must present to rebut it successfully (...)», trecho que vemos repetido em sentença do mesmo tribunal datada de 27.4.2001 (*HEINZ*, 246 F.3d 708, 725)].

[1221] United States Court of Appeals, District of Columbia Circuit (6.7.1990), *BAKER HUGHES*, 908 F.2d 981, 983; United States District Court, District of Columbia (31.7.1998), *CARDINAL HEALTH*, 12 F.Supp.2d 34, 63; United States Court of Appeals, District of Columbia Circuit (27.4.2001), *HEINZ*, 246 F.3d 708, 715; outrossim, United States Court of Appeals, Seventh Circuit (7.7.1981), *KAISER ALUMINIUM & CHEMICAL CORPORATION v. FEDERAL TRADE COMMISSION*, 652 F.2d 1324, 1340. *Vd.* ainda LINDER, *Kollektive...*, p. 191 e p. 138.

[1222] O demandante pode invocar factores que o demandado chama à liça a fim de ilidir a *presumption of illegality* (*e. g.*, entrada no mercado). Só que, enquanto aquele os emprega em sentido tendente à proibição da concentração, este usa-os no sentido oposto.

[1223] Cfr. Orientações, n.º 21.

[1224] *Vd. Segunda Parte*, **AB**, I, 7.2..

No nosso entendimento, em termos de equilíbrio geral do sistema americano, é positiva a existência da "*prima facie* evidence rule". Pensando no controlo do oligopólio, verificaremos que ele não é muito eficaz quando opera *ex post*. Por isso, enquanto mecanismo de reforço da fiscalização *ex ante*, olhamos com favor para a *presumption of illegality*.

Conquanto sejam tópicos de peso, a estrutura da oferta e o respectivo grau de concentração não são os únicos elementos a ter em conta quando se elabora juízo de prognose tendente a avaliar se uma concentração deve ser autorizada. Tal como no direito comunitário, cada vez mais se vai fazendo apelo a apreciação global que chama outros factores. A estes vão dedicadas as próximas páginas.

2.3. **Possibilidade de alcançar coordenação**

Além-Atlântico, reconhece-se a importância dos elementos que permitem às empresas lograr um arranjo de interesses com o qual todas se possam dar por satisfeitas. Não espanta que assim seja: recordemos que a teoria dos pontos focais teve o seu berço nos Estados Unidos (os pontos focais dão indicações valiosas acerca da actuação e das motivações das *rival firms*).

As *Horizontal Merger Guidelines* acolhem os factores que possibilitam alcançar a coordenação em termos semelhantes aos das Orientações europeias. As *conditions conducive to reaching terms of coordination* são tratadas na § 2.11 das *Guidelines*. Em catálogo que não é exaustivo (nem o poderia ser, já considerando a matéria em causa, já atendendo ao carácter não vinculativo das *Guidelines*), aí se admite que a tarefa de chegar a composição de interesses é aplainada quando há homogeneidade do produto, semelhanças entre as empresas, práticas facilitadoras e informação-chave acerca das empresas rivais e do mercado. As *Merger Guidelines* denotam, outrossim, a vontade de olhar sob ângulo inverso, referindo, como obstáculos à coordenação, a heterogencidade dos bens, a informação incompleta acerca das competidoras e as diferenças entre as empresas[1225].

[1225] Na doutrina, cfr. MAJORAS, *Ensuring...*, pp. 3-4, tratando as diferenças a nível de bens e da estrutura de custos das empresas. Na prática, United States District Court, S.D. Iowa, Central Division (10.12.1991), *UNITED STATES of America v. ARCHER-*

Atente-se que, embora as *Guidelines* não nomeiem a transparência do mercado, isso não significa que lhe seja atribuído menos peso que no direito comunitário, porquanto os tópicos apontados – mormente, a posse de informação respeitante às contendoras – logo indicam o seu papel de vulto[1226]. De resto, não podemos esquecer que a transparência é uma espécie de supracaracterística do mercado, ela procede de factores diversos.

A circunstância de as empresas já terem agido de modo uniforme antes da concentração – quer em resultado de colusão activa, quer devido a coordenação tácita – é vista como sinal importante de que voltarão a alinhar tratos no futuro (desde que os traços essenciais da concorrência no mercado não tenham sofrido alteração)[1227]. Mais. O concerto que se tenha verificado noutro mercado geográfico também é visto como indicador de coordenação futura no *relevant market* se as condições de concorrência dos dois mercados forem semelhantes[1228]. A convergência com o direito comunitário é de monta: também aqui os contactos em vários mercados ensejam a aproximação de vontades e a concertação no passado é ponto vaticinador de coordenação[1229].

-DANIELS-MIDLAND COMPANY and Nabisco Brands, Inc., 781, F.Supp. 1400, 1420: «(...) There are significant differences in costs and product mix among firms (...), a factor that makes coordination among those firms in an industry more difficult (...)»; Federal Trade Commission (10.6.1998), Docket No. C-3813 (Complaint), *Degussa*, n.º 19 (texto consultado em www.ftc.gov/os/1998/06/9710118.cmp.htm).

[1226] Bem nota MAJORAS (*Ensuring...*, p. 4) que o segredo é inimigo da coordenação. Igualmente, United States District Court, S.D. Iowa, Central Division (10.12.1991), *ARCHER-DANIELS-MIDLAND*, 781, F.Supp. 1400, 1423, com elucidativa citação de SCHERER [«(...) "(S)ecrecy is the antithesis of successful collusion." (...)»]; Statement of the Federal Trade Commission Concerning *Royal Caribbean Cruises, Ltd./P&O Princess Cruises plc and Carnival Corporation/P&O Princess Cruises plc*, FTC File No. 021 0041, II, C, 2, *b)*: no sector das viagens de cruzeiro, havia preços muitos distintos e a dificuldade de apurar os preços praticados pelos concorrentes foi tida como obstáculo ao concerto [texto obtido em www.ftc.gov/os/2002/10/cruisestatement.htm]; United States District Court, District of Columbia (16.8.2004), *ARCH COAL, INC.*, 329 F.Supp.2d 109, 138.

[1227] LINDER, *Kollektive...*, p. 167 e Federal Trade Commission (10.6.1998), Docket No. C-3813 (Complaint), *Degussa*, n.º 19-d. As *Horizontal Merger Guidelines* tratam o tema na § 2.1 e não na *Section* específica das *conditions conducive to reaching terms of coordination* (§ 2.11); todavia, aludem apenas à *express collusion*, não ao concerto tácito.

[1228] Cfr. LINDER, *Kollektive...*, p. 167 e *Horizontal Merger Guidelines*, § 2.1.

[1229] Decisão de 14.12.1993, *Kali + Salz/MdK/Treuhand*, JO L 186, de 21.7.1994, n.º 57.

Do carácter não taxativo das *Horizontal Merger Guidelines* resulta poderem ser levados em conta elementos nelas não mencionados. Por exemplo, a § 2.11 não alude à elasticidade da procura, mas, à imagem do que sucede no direito comunitário, ela é usada. No caso *Royal Caribbean Cruises Ltd.*, a significativa elasticidade da procura de um grande número de passageiros punha escolhos ao concerto: o aumento coordenado de preços exigiria, decerto, que se praticasse a respectiva discriminação; era pois necessário identificar um grupo de consumidores cuja procura fosse inelástica e, a esse grupo, dirigir o encarecimento das viagens[1230].

A fechar esta perícope, diremos que, no respeitante à possibilidade de as empresas alcançarem a coordenação, são evidentes as semelhanças entre as *Horizontal Merger Guidelines* e as suas congéneres europeias[1231]. Parece-nos, contudo, que as Orientações andaram melhor, pois indicam catálogo mais vasto de parâmetros que facilitam o ajuste de vontades. A explicação pode residir na circunstância de as Orientações terem sido adoptadas doze anos depois das *Guidelines*, tempo que permite certo refinar de instrumentos. De qualquer forma, atendendo ao carácter indicativo das *Guidelines* e a certas pronúncias dos tribunais[1232], o reparo não implica consequências graves, já que subsiste sempre a possibilidade de utilizar parâmetros que elas não contemplam expressamente.

2.4. **Detecção e punição do *cheating***

A teoria dos jogos foi inventada nos Estados Unidos e é, desde os anos 80 do século XX, instrumento basilar de estudo dos problemas da

[1230] No caso, apurou-se que, devido à informação limitada acerca das disposições dos clientes, isso não era possível. Statement of the Federal Trade Commission Concerning *Royal Caribbean Cruises, Ltd./P&O Princess Cruises plc and Carnival Corporation/P&O Princess Cruises plc*, FTC File No. 021 0041, II, C, 2, *b)*. Ver, também, United States Court of Appeals, Seventh Circuit (18.12.1986), *HOSPITAL CORPORATION OF AMERICA*, 807 F.2d 1381, 1389: a reduzida elasticidade da procura favorece a coordenação.

[1231] Cfr. *Segunda Parte*, **AB**, I, 2.4..

[1232] «(...) It is important to note that the Guidelines are not binding on the courts or the agencies (...)» [United States District Court, S.D. Mississipi, Western Division (14.3.1997), *HTI HEALTH SERVICES v. QUORUM HEALTH GROUP*, 960 F.Supp. 1104, 1133, n. 27].

economia industrial[1233]. No direito comunitário da concorrência, a sua influência – patente, sobretudo, na alusão aos meios de represália – tardou em sentir-se. Nos Estados Unidos, a *game theory* cedo conquistou importância e as *Horizontal Merger Guidelines* de 1992 já dedicavam um trecho (§ 2.12) à forma como os mecanismos de detecção e de punição da *batota* condicionam o ajuste entre as empresas. É um ponto decisivo. A possibilidade de rapidamente descobrir e punir actos de *cheating* é essencial para que a coordenação subsista.

Nesta matéria, são muitos os pontos de convergência com o direito europeu. Desde logo, a ameaça credível de retaliação não se entende de modo estrito (como algo que pune de modo individual quem distrai do comportamento colectivo); o simples facto de, por terem descoberto a *batota*, as empresas abandonarem a coordenação durante certo período já pode funcionar como expediente bastante para dissuadir desvios. Em segundo lugar, a transparência do mercado é importante: se as empresas dispuserem de informação-chave acerca das transacções, preços e níveis de oferta das rivais, o *cheating* é mais difícil. Por outra parte, à imagem do que sucede do lado de cá do Atlântico, se as transacções forem frequentes, regulares e de pequena dimensão, é mais difícil as empresas distraírem da conduta coordenada[1234]. Outrossim, convém apurar se a concentração envolve empresa com hábitos de dissídio (*maverick firm*), posto que a aquisição de tal unidade facilita o desenvolvimento dos efeitos coordenados[1235] (é um aspecto que vem ganhando cada vez mais importância na prática[1236]).

[1233] *Vd. supra, Primeira Parte*, I, 2.2.2.1..

[1234] Cfr. *Horizontal Merger Guidelines*, § 2.12, United States District Court, S.D. Iowa, Central Division (10.12.1991), *ARCHER-DANIELS-MIDLAND*, 781, F.Supp. 1400, 1422 e o que dissemos suso (*Segunda Parte*, **AB**, I, 2.6., 3.4. e 3.8.).

Atente-se que, ao mencionar a importância que transacções frequentes e regulares assumem para a coordenação, o direito norte-americano reconhece que o alinho supõe a interacção reiterada entre empresas "pacientes", entre unidades que, para receber no futuro os ganhos da concertação, estão dispostas a abdicar dos ganhos procedentes de *chiselling* no curto prazo (cfr. *Segunda Parte*, **AB**, I, 2.2.).

[1235] Cfr. *Horizontal Merger Guidelines*, § 2.12; Statement of the Federal Trade Commission Concerning *Royal Caribbean Cruises, Ltd./P&O Princess Cruises plc and Carnival Corporation/P&O Princess Cruises plc*, FTC File No. 021 0041, II, C, 2, *a)*; United States District Court, District of Columbia (16.8.2004), *FEDERAL TRADE COMMISSION v. ARCH COAL, INC., et al. e State of Missouri, et al. v. Arch Coal Inc., et al.*, 329 F.Supp.2d 109, 146-147, em que se examina o papel da *Triton* como *market maverick*.

[1236] WILLIAM J. KOLASKY, *Coordinated effects in merger review: from dead frenchmen to beautiful minds and mavericks*, 24 April 2002, p. 6 (www.usdoj.gov/atr/

É sabido que a coordenação de condutas não tem êxito se a procura funcionar como um *countervailing power* efectivo, como um contrapeso capaz de impedir o jogo de concerto entre os que integram a oferta no mercado pertinente[1237]. À semelhança do que sucede com as Orientações, o poder da procura não depende apenas da dimensão dos compradores. Conquanto esse ponto seja fundamental, também é de atender ao tipo de relação que o comprador mantém com quem vende: «(...) Where large buyers likely would engage in long-term contracting, so that the sales covered by such contracts can be large relative to the total output of a firm in the market, firms may have the incentive to deviate. However, this only can be accomplished where the *duration*, *volume* and *profitability* of the business covered by such contracts are sufficiently large as to make deviation more profitable in the long term than honoring the terms of coordination, and buyers likely would switch suppliers (...)»[1238]. Há jurisprudência que salienta sobretudo a dimensão dos compradores[1239], mas isso não autoriza a dizer que só esse factor é tomado em conta, tão-pouco permite afirmar que a envergadura dos clientes tem um peso absoluto[1240].

---

public/speeches/11050.htm; consulta efectuada em Janeiro de 2006). *Vd.*, também, Charles A. James, *Rediscovering coordinated effects*, 13.8.2002, p. 9 (www.usdoj.gov/atr/public/speeches/200124.htm; texto obtido em Janeiro de 2006).

[1237] Veja-se *Segunda Parte*, **AB**, I, 3.8. e, de um jeito peremptório no direito norte-americano, United States Court of Appeals, Seventh Circuit (18.12.1986), *HOSPITAL CORPORATION OF AMERICA*, 807 F.2d 1381, 1391: «(...) The concentration of the buying side of a market does inhibit collusion (...)».

[1238] *Horizontal Merger Guidelines*, § 2.12 (o grifo é nosso).

[1239] United States District Court, D. Minnesota, Third Division (1.6.1990), *UNITED STATES of America v. COUNTRY LAKE FOODS, INC., Superior-Dairy Fresh Milk Co., Penny C. Van Beek, individually and as co-personal representative of the Estate of Philip E. Peteler, Deceased, First Bank National Association, co-personal representative of the Estate of Philip E. Peteler, Deceased, Georgene H. Peteler, Lynn Rudersdorf, Thomas D. Campbell, Sr., and Diane Campbell*, 754, F.Supp. 669 e United States District Court, S.D. Iowa, Central Division (10.12.1991), *ARCHER-DANIELS-MIDLAND*, 781, F.Supp. 1400; cfr., também, Linder, *Kollektive...*, p. 170.

[1240] Em *UNITED STATES of America v. UNITED TOTE, INC.*, de 10.5.1991, o United States District Court (D. Delaware) foi de opinião que «(...) the presence of some large sophisticated customers in the North American totalisator market would not be sufficient to offset the anti-competitive effects of the merger (...)» – 768 F.Supp. 1064, 1085.

As decisões dos tribunais concedem ao *countervailing power* da procura um peso superior àquele que as *Guidelines* deixam transparecer[1241]: a força de compensação dos clientes é um parâmetro que, em conjunto com outros, pode ser suficiente para ilidir a *presumption of illegality* que radica na estrutura concentrada da oferta[1242]. Ainda assim, o peso do poder da procura é menor no direito americano do que no direito comunitário. Aqui, a Comissão Europeia mostra-se disposta a autorizar concentrações baseando-se *apenas* na existência de poder da procura (mesmo na presença de oferta concentrada e de obstáculos no acesso ao mercado)[1243].

No que toca ao excesso de capacidade, o problema no direito americano[1244] reproduz, em boa medida, o que já sabemos do direito europeu[1245]. Em princípio, o excesso de capacidade prejudica o ajuste de tratos: o incentivo a concertar é menor se há concorrentes dispondo de excesso de capacidade de fabrico [estes podem embaratecer os produtos para vender mais unidades (assim aproveitando os equipamentos que estão por usar)]. Mas, por outro lado, os excessos de capacidade favorecem a estabilidade da coordenação, pois outorgam às empresas que pretendem retaliar o *cheating* um meio eficaz de o fazer: tendo equipamentos disponíveis, podem lançar maiores quantidades no mercado. Conforme assinalámos a propósito do direito comunitário, saber se os excessos de capacidade jogam a favor da concertação depende das estruturas de custos, mormente da presença de investimentos irreversíveis. Embora a capacidade de fabrico disponível estimule o *chiselling* (descida do preço a fim de vender mais), ele só ocorre se os ganhos que proporciona no curto prazo forem maiores do que os resultantes, no longo prazo, da concertação. E isso depende da irreversibilidade dos investimentos – que prende a empresa ao mercado – e do lapso de tempo durante o qual certo factor de produção está adstrito a determinada aplicação económica:

[1241] Nas *Guidelines*, o problema é tratado, de modo algo *diluído*, no trecho atinente às condições que possibilitam a detecção e castigo do *cheating*.

[1242] Cfr. United States District Court, District of Columbia (31.7.1998), *CARDINAL HEALTH*, 12 F.Supp.2d 34, 58, *in fine*.

[1243] Cfr. decisão de 25.11.1998, *Enso/Stora*, JO L 254, de 29.9.1999, p. 9, n.º 100 e LINDER, *Kollektive...*, p. 299.

[1244] Cfr. HOVENKAMP, *Federal...*, p. 546.

[1245] *Segunda Parte*, **AB**, I, 3.6..

quanto maiores forem, menos atractivo é o *chiselling*, cujos frutos no curto prazo não compensam as perdas impostas, a longo prazo, pela retaliação dos concorrentes.

Em todo o caso, se o excesso de capacidade provém de uma *maverick firm*, ele tende a limitar a coordenação, pelo que é importante apurar se a operação proposta a envolve; em caso afirmativo, aumenta a plausibilidade de concerto[1246].

2.5. **Acesso ao mercado**

A coordenação entre as empresas só pode ter sucesso e perdurar no tempo se houver um ou mais obstáculos significativos a barrar o acesso ao mercado[1247].

As *Horizontal Merger Guidelines* fazem distinção entre *commited entrants* e *uncommited entrants*. Esta última categoria abrange as empresas que não produzem o bem vendido no mercado relevante, mas respondem, no prazo de um ano, a um «small but significant and nontransitory» aumento de preços que aí ocorra, sem terem de suportar com isso custos irreversíveis de entrada e de saída. A concorrência que tais agentes podem exercer é tomada em conta logo no momento da delimitação do mercado pertinente. O problema da entrada no mercado diz respeito apenas aos *commited entrants*, é dizer, àquelas empresas cuja reacção demora mais tempo ou implica custos irreversíveis de entrada e de saída[1248]. Os *commited entrants* entram no mercado e esperam nele permanecer, já que um eventual abandono supõe custos irrecuperáveis. Ao decidir se compensa ingressar no mercado, o *uncommited entrant* considera o preço corrente; já o *commited entrant* tem de ver mais longe, ele há-de ponderar o impacto da sua entrada na concorrência e nos preços[1249].

[1246] *Vd.* HOVENKAMP, *Federal...*, pp. 546-547.

[1247] Já estudámos com detença os factores que podem erguer obstáculos à entrada (*vd. Segunda Parte*, **AB**, I, 2.3.3). Ilustrando agora com exemplo respigado da prática norte-americana, em *HOSPITAL CORPORATION OF AMERICA*, o tribunal detectou a existência de *barreiras institucionais* – United States Court of Appeals, Seventh Circuit (18.12.1986), 807 F.2d 1381, 1387.

[1248] *Horizontal Merger Guidelines*, §§ 1.32 e 3.0.

[1249] Cfr. GAVIL/KOVACIC/BAKER, *Antitrust...*, p. 537; a título complementar, HOVENKAMP, *Federal...*, p. 542.

Para a entrada no mercado obstar à produção de efeitos anticoncorrenciais, deve ser *provável*, *realizada em tempo útil* e ter impacto *suficiente*[1250]. A semelhança com as Orientações comunitárias é notória[1251], chegando ao ponto de, tanto nestas como nas *Guidelines*, se entender que o "prazo útil" de ingresso é de dois anos[1252]. LINDER critica semelhante fixação de prazo, observando que ela não distingue os vários tipos de mercados, carece de fundamento na teoria económica e é posta em prática de maneira rígida pelas autoridades de defesa da concorrência[1253]. Na nossa opinião, o último ponto é que açula o maior reparo: o problema não está em assinalar um prazo (as *Guidelines* não são vinculativas), reside antes no seu uso estrito e inflexível. De qualquer jeito, entendemos que as Orientações (n.º 74) seguem melhor caminho, já que, além de referirem o prazo de dois anos, indicam que o período de tempo próprio depende das características e da dinâmica do mercado. A entrada considera-se "provável" desde que se revele proveitosa a preços cobrados antes da concentração e eles se mantenham depois de a operação ter lugar. Quer dizer: o ingresso de *newcomers* é improvável se o mercado não puder absorver a injecção de oferta sem registar descida de preços[1254]. Estamos perante critério passível de críticas, mormente porque exige a determinação matemática de factores difíceis de quantificar[1255]. Por fim, a entrada é "suficiente" desde que feita em tal escala que leve os preços a voltar ao nível que tinham antes da concentração[1256].

Os três requisitos que acabámos de apontar espelham certa evolução que se verificou no direito norte-americano e que a jurisprudência bem

---

[1250] Cfr. *Horizontal Merger Guidelines*, §§ 3.2 a 3.4; Federal Trade Commission (21.4.1998), Docket No. C-3803 (Complaint), *Shell/Texaco*, n.º 23 (www.ftc.gov/os/1998/04/9710026.cmp.htm); *id.*, de 10.6.1998, Docket No. C-3813 (Complaint), *Degussa*, n.º 16.

[1251] Veja-se o que dissemos na *Segunda Parte*, em **AB**, I, 2.3.5..

[1252] As *Horizontal Merges Guidelines* contemplam, porém, o aumento do prazo no caso de o produto relevante ser um bem duradouro: o prazo de dois anos é prolongado se os consumidores reagirem ao aumento de preços adiando a compra de nova unidade de tal bem (*vd.* § 3.2).

[1253] LINDER, *Kollektive...*, p. 174; ver também as objecções de BLUMENTHAL em *Merger...*, p. 29.

[1254] *Horizontal Merger Guidelines*, § 3.3.

[1255] Cfr. LINDER, *Kollektive...*, pp. 174-175.

[1256] Por norma, a entrada "provável" também satisfaz o último requisito, ou seja, é "suficiente". HOVENKAMP, *Federal...*, p. 543.

patenteia. Outrora, bastava a simples possibilidade de acesso para se entender que os efeitos anticompetitivos não se produziriam: em *BAKER HUGHES*, o Court of Appeals entendeu que, conquanto a quota de mercado dos envolvidos fosse grande e a oferta estivesse concentrada, a operação não implicava perigo em virtude de ser *possível* entrar no mercado (não vingou argumentação do demandante segundo a qual, a fim de ilidir a *presumption of illegality*, o acesso ao mercado tinha de se processar de maneira rápida e eficaz)[1257]. Com o passar do tempo, a simples possibilidade deixou de bastar, interessando antes saber se o acesso de *newcomers* é *provável*, se é verosímil que venha a ter lugar: na sentença *CARDINAL HEALTH*, discutiu-se com pormenor a questão da *ease of entry* e, nomeadamente, da *likeliness of entry*, para se concluir que «(...) the likely and timely expansion or entry into the market by new or existing competitors would not be sufficient to offset any post-merger pricing practices that would result from the lack of competition (...)»[1258] [1259].

2.6. **Ganhos de eficiência**

Quando os ganhos de eficiência produzidos pelas concentrações sobrelevam os seus efeitos nefastos, elas devem ser autorizadas. Por causa dos benefícios que os consumidores obtêm – preços mais baixos, bens ou serviços novos ou de melhor qualidade –, é razoável que assim seja. A ponderação das vantagens de eficiência parecia ser mais fácil no direito americano do que no direito comunitário: enquanto além-Atlântico o critério da *substantial lessening of competition* descerrava a via à sua consideração, o teste da dominância que prevalecia na vigência do Regulamento n.º 4064/89 suscitava dúvidas acerca da hipótese de as tomar em

[1257] United States Court of Appeals, District of Columbia Circuit (6.7.1990), *BAKER HUGHES*, 908 F.2d 981, 987.

[1258] United States District Court, District of Columbia (31.7.1998), *CARDINAL HEALTH*, 12 F.Supp.2d 34, 58 [*vd.*, ainda, do mesmo tribunal (16.8.2004), *ARCH COAL, INC.*, 329 F.Supp.2d 109, 138: «(...) Barriers to entry into the SPRB coal market increase the likelihood of coordinated interaction (...)»].

[1259] *Vd.*, outrossim, BLUMENTHAL, *Merger...*, p. 27; LINDER, *Kollektive...*, p. 172; SULLIVAN/GRIMES, *The Law...*, p. 607. Não foi só a jurisprudência que evoluiu – da "possibilidade" à "verosimilhança" da entrada –, também as *Guidelines* mudaram (cfr. DREHER, «Die US-amerikanischen...», p. 380).

conta. O problema foi entretanto ultrapassado graças à introdução do critério SIEC no Regulamento n.º 139/2004 e às Orientações destinadas à apreciação de concentrações horizontais (que contemplam expressamente a possibilidade de atender a ganhos de eficiência – n.os 76 ss.).

As *Horizontal Merger Guidelines* dedicam toda uma *Section* – § 4 – às justificações de eficiência. A exemplo do que sucede no direito europeu, para poderem ser computados, os ganhos de eficiência devem ser específicos da concentração e verificáveis[1260]. Cremos que, em relação às suas congéneres europeias, as *Guidelines* são menos exigentes no que tange à transferência das vantagens para os consumidores: embora o ponto seja mencionado e tido em conta na prática, não tem cariz tão impositivo como o que as Orientações lhe deferem. Pensamos que isso pode ficar a dever-se à vontade de, mais facilmente, contemplar justificações de eficiência (em consonância, de resto, com as possibilidades abertas pelo critério da *substantial lessening of competition*)[1261].

Mau grado a adopção desse critério, houve uma fase de controvérsia. Nos anos 60 do século XX, o Supreme Court declarou que «(...) We are clear, however, that a merger the effect of which "may be substantially to lessen competition" is not saved because, on some ultimate reckoning of social or economic debits and credits, it may be deemed beneficial (...)»[1262] e que «(...) Possible economies cannot be used as a defense to illegality (...)»[1263]. Os acórdãos semearam discussão[1264] acerca do papel das eficiências, mas as dúvidas dissiparam-se e, a exemplo das *Horizontal Merger Guidelines*, a prática reconheceu que as eficiências são benignas[1265] e devem ser computadas a fim de decidir a sorte da

---

[1260] Cfr. *Horizontal Merger Guidelines*, § 4.

[1261] De qualquer forma, existe tendência no sentido de atender apenas a eficiências que são transferidas para os consumidores. *Vd.* Blumenthal, *Merger...*, p. 34; United States Court of Appeals, Eleventh Circuit (26.7.1991), *UNIVERSITY HEALTH*, 938 F.2d 1206, 1223.

[1262] U.S. Supreme Court, *U.S. v. Philadelphia Nat. Bank* (17.6.1963), 374 U.S. 321, 371 (1963).

[1263] U.S. Supreme Court, *Federal Trade Commission v. Procter & Gamble Co.* (11.4.1967), 386 U.S. 568, 580 (1967).

[1264] Veja-se o respectivo bosquejo em United States Court of Appeals, Eleventh Circuit (26.7.1991), *UNIVERSITY HEALTH*, 938 F.2d 1206, 1222.

[1265] Cfr. Gellhorn/Kovacic/Calkins, *Antitrust...*, p. 463.

concentração[1266]. É curioso verificar que, embora seja mais fácil atender a vantagens de eficiência quando se adopta o teste SLC, houve semelhanças com o que se passou na Europa comunitária: de uma época em que as empresas temeram ver as eficiências usadas em registo de sinal contrário aos seus interesses – ou seja, como factor que contribuía para decidir pela existência de posição dominante[1267] – passou-se para um ponto no qual os ganhos de eficiência permitem que uma concentração seja declarada compatível com o mercado comum.

2.7. A *failing firm defense*

O direito norte-americano dá guarida à *failing firm defense*, é dizer, ao "argumento da empresa insolvente". Aliás, este teve o seu incunábulo na jurisprudência americana, mais concretamente na sentença que o Supreme Court proferiu em 1930 no caso *International Shoe Co. v. Federal Trade Commission*.

Ao abrigo da *failing firm defense*, pode ser autorizada uma concentração que tenha por objecto empresa cujos activos deixariam o mercado relevante (em virtude de insolvência iminente). No fundo, a operação recebe luz verde por se entender que o definhamento da estrutura concorrencial ocorrido após a concentração não é imputável a esta, a empresa em causa seria sempre incapaz de garantir concorrência no mercado relevante[1268].

[1266] Veja-se United States Court of Appeals, Eleventh Circuit (26.7.1991), *UNIVERSITY HEALTH*, 938 F.2d 1206, 1222 (embora o tribunal reconhecesse a possibilidade de *efficiency defense*, ela não vingou *in casu*); United State Court of Appeals, Eighth Circuit (21.7.1999), *FEDERAL TRADE COMMISSION; State of Missouri v. TENET HEALTH CARE CORPORATION* (atendendo ao muito elevado número, não indicamos todas as partes), 186 F.3d 1045, 1054 (a existência de um só hospital levaria a prestar melhores cuidados médicos); United States District Court, District of Columbia (16.8.2004), *ARCH COAL, INC.*, 329 F.Supp.2d 109, 150-153; WILLIAM J. KOLASKY, *United States and european competition policy: are there more differences than we care to admit?*, 10.4.2002, p. 3 (www.usdoj.gov/atr/public/speeches/10999.htm; consulta feita em Janeiro de 2006); BLUMENTHAL, *Merger...*, p. 29; SULLIVAN/GRIMES, *The Law...*, p. 610.

[1267] Veja-se a decisão da Comissão de 18.1.1991 (*AT&T/NCR*), na qual se parece admitir que as poupanças de custos alcançadas mercê da concentração podiam concorrer para a criação ou reforço de posição dominante (n.º 30).

[1268] *Segunda Parte*, **AB**, III e *Horizontal Merger Guidelines*, § 5.0.

Tal como no direito comunitário, há condições estritas (cumulativas) para que uma concentração possa ser autorizada com base no argumento da empresa insolvente: a *failing firm* estará incapaz de cumprir as suas obrigações financeiras num futuro próximo; a sua reestruturação nos termos do capítulo 11 do *Bankruptcy Act* não é possível; houve esforços – não coroados de êxito – no sentido de conseguir aquisição alternativa menos danosa para a concorrência do que a operação em causa; na ausência desta, os activos da empresa insolvente sairiam do mercado relevante[1269].

O argumento da empresa insolvente não encontra muita aplicação[1270] já que, por norma, é realmente da concentração que deriva a *substantial lessening of competition*[1271].

Uma empresa que tenha dificuldades financeiras – mas não esteja próxima da *bankruptcy* – não preenche os requisitos de aplicação da *failing firm defense*. Todavia, as partes numa concentração podem invocar que a operação envolvendo tal empresa não prejudicará a concorrência, porquanto a *firm* em causa, em virtude das dificuldades que sente, nunca poderia vir a exercer pressão concorrencial significativa (mesmo na ausência de *merger*). Está aqui em causa a chamada *flailing firm defense*, que, embora não prevista nas *Guidelines*, parece ter sido reconhecida na prática[1272].

[1269] Cfr. *Horizontal Merger Guidelines*, § 5.1.

[1270] Cfr. United States District Court, District of Columbia (19.10.2000), *FEDERAL TRADE COMMISSION v. HEINZ*, 116 F.Supp.2d 190, 201, n. 9 – rejeição da *failing firm defense*, em virtude de se estar perante uma «(...) profitable and ongoing enterprise (...)».

[1271] Acresce que se faz interpretação bastante restritiva das quatro condições citadas – AMMASSARI, «La "failing firm defense"...», p. 262.

[1272] United States Court of Appeals, Seventh Circuit (4.11.1977), *UNITED STATES of America v. INTERNATIONAL HARVESTER COMPANY and Steiger Tractor, Inc.*, 564 F.2d 769, 774 [«(...) Thus even though the defendants do not rely on the failing-company doctrine, which is a valid defense to a Section 7 suit, (...) they have shown that even if Steiger remained in the market, *it did not have sufficient resources to compete effectively*, and this supports the district court's conclusion that the acquisition (...) would not substantially lessen competition (...)»] – o grifo é nosso e vinca a ideia de se acolher o argumento na medida em que, se a concentração fosse proibida, a *flailing firm* não estaria em condições de competir de maneira eficaz. SULLIVAN/GRIMES, *The Law...*, p. 615; GAVIL/ /KOVACIC/BAKER, *Antitrust...*, p. 551.

3. Efeitos unilaterais das concentrações

3.1. Preliminares

No presente n.º **3**, tratamos problemas que dizem respeito especificamente aos efeitos unilaterais das concentrações. Estas podem ser nocivas para a concorrência na medida em que esbatem pressões competitivas que existiam em momento anterior: são sequelas que não requerem concerto, antes derivam da adaptação (unilateral) das empresas a novas condições de mercado (verificadas após a concentração).

No que toca a oligopólios, é de sublinhar que, adoptando o teste da redução substancial da concorrência (*substantial lessening of competition*) como critério material de exame das concentrações, o direito norte-americano permite controlar *mergers* que geram oligopólios não colusórios em que há prejuízo para a concorrência. No direito comunitário, durante o período em que se aplicou o Regulamento n.º 4064/89 (teste da dominação), houve muitas dúvidas acerca da possibilidade de dar resposta eficaz a essas situações, porquanto nelas não havia uma posição dominante.

Para ilustrar o que está em causa, respigamos um processo que teve lugar nos Estados Unidos. O mercado da alimentação para bebés era dominado por três empresas, a *Gerber Products Company* (*Gerber*), a *H. J. Heinz Company* (*Heinz*) e a *Milnot Holding Corporation* (*Beech-Nut*). A quota de mercado da *Gerber* ascendia a 65 %, a da *Heinz* era de 17,4 % e a da *Beech-Nut* atingia 15,4 %. Em 2000, nos termos da concentração projectada, a *Heinz* adquiriria a *Beech-Nut*, pelo que o quinhão de mercado da entidade resultante da concentração se elevaria a 32,8 % (bastante aquém daqueloutro detido pelo líder, a *Gerber*)[1273]. A *Federal Trade Commission* considerou a operação nefasta para a concorrência: em regra, os supermercados norte-americanos tinham para venda produtos de apenas dois dos fabricantes de alimentação para bebé, sendo que os artigos da *Gerber* estavam quase sempre presentes; havia disputa considerável entre a *Heinz* e a *Beech-Nut* tendo em vista o segundo lugar nas prateleiras, pelo que a concentração em causa eliminaria a forte pressão

---

[1273] Assim, não poderia falar-se de "posição dominante" dos intervenientes na concentração (a quota de mercado é o factor primordial para aquilatar da existência de tal posição).

concorrencial que reciprocamente exerciam tendo em vista esse segundo lugar. Quer dizer: mesmo sem haver posição dominante (recordemos que a quota de mercado conjunta da *Heinz* e da *Beech-Nut* era inferior à da *Gerber*), a compita no mercado seria afectada e os consumidores seriam prejudicados. Logo se vê que o teste da dominação, ao menos entendido de maneira estrita e focado nos quinhões de mercado, dificilmente abarca situações como esta, em que há dano para a concorrência sem existir posição dominante[1274] [1275].

3.2. Exame dos efeitos não coordenados

No que tange aos efeitos unilaterais, as *Horizontal Merger Guidelines* apresentam sistematização que consideramos mais conveniente do que a das Orientações, na medida em que distinguem de modo claro mercados em que as empresas produzem bens distintos (e a concorrência se faz sobretudo a nível de preço) e mercados em que as empresas fabricam produtos homogéneos ou que se substituem de modo perfeito (e a concorrência se processa sobretudo a nível de capacidades)[1276]. Deste jeito, as *Guidelines* dissipam a impressão de *melting pot* que apontámos e criticámos nas Orientações[1277].

Nos mercados em que se produzem bens distintos, a concentração pode lesar a concorrência na medida em que permita à *merged firm* subir

---

[1274] Na exposição do caso *Heinz*, seguimos o nosso «Direito...», pp. 672-673. A concentração veio a ser autorizada pelo District Court [United States District Court, District of Columbia (19.10.2000), *FEDERAL TRADE COMMISSION v. HEINZ*, 116 F.Supp.2d 190] e, por fim, proibida pelo Court of Appeals [United States Court of Appeals, District of Columbia Circuit (27.4.2001), *HEINZ*, 246 F.3d 708].

[1275] Já aludimos ao caso *Heinz*, que foi analisado principalmente à luz de efeitos coordenados. Mas, para aquilo que pretendemos evidenciar agora, é a parte relativa aos efeitos unilaterais que cativa a nossa atenção. Cfr. STROUX, *US and EC Oligopoly...*, p. 193, notando o papel do escrutínio baseado em efeitos unilaterais no que diz respeito à luta pelo segundo lugar nas prateleiras.

[1276] Cfr. *Horizontal Merger Guidelines*, § § 2.21 e 2.22.

[1277] Isto não significa, todavia, que consideremos estar o problema melhor tratado nas *Guidelines*. Pelo contrário: naquilo que é, decerto, reflexo dos doze anos que separam os textos, as Orientações são mais completas, abordam a questão com mais minudência.

o preço dos bens fabricados por um ou pelos dois envolvidos[1278]. O aumento substancial de preço supõe que parte significativa das vendas no mercado seja feita a compradores que encaram os produtos das partes na concentração como primeira e como segunda escolha (esta constituía, antes da operação, factor de constrangimento concorrencial) e que seja improvável o reposicionamento por parte de empresas estranhas à concentração (já sabemos que o reposicionamento consiste em oferecer artigos que os consumidores encarem como alternativa adequada àqueloutros fabricados pelos envolvidos na operação). O aumento de preço pode ser tanto maior quanto mais próximos forem os bens produzidos por quem se concentra[1279]. Encontramos aqui ponto de convergência com o que se passa no direito comunitário[1280]. O grau de disputa que os intervenientes na concentração reciprocamente exercem e a proximidade dos bens que vendem são elementos decisivos, ainda que a estrutura da oferta e as quotas de mercado sejam importantes[1281].

[1278] Antes da operação – pela qual, figuremos, **A** adquire o controlo do concorrente **B** –, o aumento de preço dos bens produzidos por **A** não compensava, já que boa parte dos clientes dirigir-se-ia a **B**. Após a operação, os responsáveis pela entidade procedente da concentração sentiriam estímulo para encarecer o artigo produzido por **A**, já que as vendas perdidas para **B** revertem, afinal, para a *merged firm*.

[1279] Cfr. *Horizontal Merger Guidelines*, § 2.21. A possibilidade de empresas que não tomam parte na concentração reposicionarem a sua oferta é condicionada pelos custos (irreversíveis) que o reposicionamento acarreta (n. 23 das *Guidelines*). Cfr., ainda, Hovenkamp, *Federal...*, p. 514 e United States District Court, N.D. Califórnia (9.9.2004), *UNITED STATES of America v. ORACLE CORPORATION*, 331 F.Supp.2d 1098, 1117: «(...) Finally, repositioning by the non-merging firms must be unlikely. In other words, a plaintiff must demonstrate that the non-merging firms are unlikely to introduce products sufficiently similar to the products controlled by the merging firms to eliminate any significant market power created by the merger (...)».

[1280] Veja-se *Segunda Parte*, **AC**, n.º **2**.

[1281] A operação desperta cuidados se o grau de concentração no mercado ultrapassar os valores de IHH que estabelecem uma *safeharbor region* – *vd. supra*, 2.2.1. – e as empresas envolvidas tiverem quota de mercado conjunta não inferior a 35 %: *Horizontal Merger Guidelines*, § 2.211.

Tal como sucede em matéria de efeitos coordenados, vale a "*prima facie* evidence rule": a partir dos dados atinentes à estrutura da oferta, estabelece-se uma *presumption of illegality* – United States District Court, District of Columbia (14.12.2000), *FEDERAL TRADE COMMISSION v. SWEDISH MATCH, et al.*, 131 F.Supp.2d 151, 166-167. Ao fixar a *presumption of illegality*, a jurisprudência nem sempre respeita o valor de 35 % referido no parágrafo anterior: no caso *HEINZ*, socorreu-se do índice Herfindahl-

Se o mercado relevante compreender bens homogéneos ou que se substituem de modo perfeito (a concorrência processa-se sobretudo no plano das capacidades), a concentração pode ter efeitos nocentes na medida em que leve a *merged firm* a aumentar os preços e/ou a diminuir a oferta (além do ganho obtido com a venda de produtos a preço mais elevado, a operação elimina competidor para quem os clientes poderiam voltar as disposições de compra). Nos termos das *Horizontal Merger Guidelines*, a operação suscita perigo para a concorrência desde que a quota de mercado combinada das partes não seja inferior a 35 % e os clientes destas não encontrem fontes alternativas de abastecimento, é dizer, outras empresas que, por via do aumento da oferta, respondam ao acto da *merged firm*. A expansão da oferta é improvável se essas empresas deparam com limitações de capacidade que não podem ser mitigadas no prazo de dois anos ou se o emprego do excesso de capacidade é bastante mais oneroso do que o da capacidade em uso[1282].

Além dos parâmetros referidos, quando se avalia se uma concentração produz efeitos unilaterais nocivos para a concorrência, podem ser considerados factores que, não estando previstos no trecho das *Guidelines* especificamente dedicado aos efeitos unilaterais, permitem fazer juízo cabal acerca das sequelas da concentração: poder de compensação dos adquirentes, probabilidade de entrada de *newcomers*, ganhos de eficiência e argumento da empresa insolvente[1283]. Sucede o mesmo que no direito comunitário: são factores cujo tratamento não se represa na apreciação dos efeitos coordenados *ou* dos efeitos unilaterais; podem ser tidos em conta, independentemente dos efeitos em causa.

-Hirschman, mas não da quota de mercado conjunta – United States Court of Appeals, District of Columbia Circuit (27.4.2001), *HEINZ*, 246 F.3d 708, 716.

Note-se, contudo, que, quando o mercado relevante integra bens heterogéneos, o facto de se partir da concentração da oferta (mormente do IHH) suscita problemas, já que o IHH diz menos enquanto indicador de potenciais efeitos nefastos – neste sentido, LINDER, *Kollektive...*, pp. 186, 189 e 191; United States District Court, N.D. Califórnia (9.9.2004), *ORACLE*, 331 F.Supp.2d 1098, 1122: «(...) a strong presumption of anticompetitive effects based on market concentration is especially problematic in a differentiated products unilateral effects context (...)».

[1282] *Horizontal Merger Guidelines*, § 2.22.

[1283] Cfr. LINDER, *Kollektive...*, p. 187 (que não menciona, todavia, o argumento da empresa insolvente).

Já tratámos esses pontos a propósito dos efeitos coordenados. Queremos, mesmo assim, deixar exemplo (*a*), nota (*b*) e lembrar uma ressalva feita a propósito do argumento da *failing firm* (*c*). *a)* No caso *STAPLES*, o District Court entendeu que economias de escala, em combinação com a irreversibilidade dos investimentos, erguiam barreiras à entrada e esses factores eram importantes no sentido de vetar a concentração[1284]. *b)* Na medida em que se examine um ou vários parâmetros referidos no parágrafo anterior a fim de contestar resultados da "*prima facie* evidence rule", pode não ser claro se o escrutínio do caso é feito com base em efeitos coordenados ou em efeitos unilaterais (o que se faz é apreciar os efeitos da operação projectada de uma maneira global)[1285]. Foi isso que sucedeu no processo *UNITED STATES v. GILETTE*[1286]. *c)* Parece-nos pouco crível que o argumento da *failing firm* proceda em sede de efeitos unilaterais. O desencadear destes efeitos é motivado pelo enfraquecimento de pressões concorrenciais a que, em momento anterior, as partes reciprocamente se sujeitavam. Ora, como se já não bastasse o exame rigoroso a que o direito americano submete a *defense* em causa, é de vincar que a empresa insolvente tem problemas graves – caso não fosse adquirida por outra, os seus activos deixariam o mercado relevante –, mostrando-se decerto incapaz de exercer *pressões concorrenciais* sobre outrem.

Em confronto com a apreciação dos efeitos coordenados, o exame dos efeitos unilaterais tem vindo a ganhar relevo. Percebe-se que assim seja. Muitos economistas pensam que as alterações de preços que resultam das concentrações e são feitas de modo unilateral podem ser previstas e demonstradas empiricamente – o que já não sucede quanto aos

---

[1284] United States District Court, District of Columbia (30.6.1997), *STAPLES*, 970 F.Supp. 1066, 1087: «(...) The failed office superstore entrants include very large, well-known retail establishments such as Kmart, Montgomery Ward, Ames, and Zayres. A new office superstore would need to open a large number of stores nationally in order to achieve the purchasing and distribution *economies of scale* enjoyed by the three existing firms. *Sunk costs* would be extremely high. *Economies of scale* at the local level, such as in the costs of advertizing and distribution, would also be difficult for a new superstore entrant to achieve since the three existing firms have saturated many important local markets (...)» – os sublinhados são nossos.

[1285] Cfr. LINDER, *Kollektive...*, p. 189.

[1286] United States District Court, District of Columbia (5.5.1993), *UNITED STATES of America v. The GILETTE COMPANY, et al.*, 828 F.Supp. 78.

efeitos coordenados. A análise destes, na medida em que se baseia em factores passíveis de apontar em sentido diverso (no que respeita à plausibilidade de concerto), pode, porventura, ser vista como menos exacta e precisa do que a respeitante a efeitos unilaterais. Não há grau *exacto* de concentração da oferta nem número *certo* de competidores que tornem a coordenação provável[1287].

Quanto à jurisprudência, embora tenha prosseguido análise muito voltada para os efeitos coordenados, vem dando cada vez mais relevo aos efeitos unilaterais. Na sentença do caso *KRAFT GENERAL FOODS*, o District Court tratou, em separado, a possibilidade de a concentração produzir efeitos coordenados e efeitos unilaterais, acabando por concluir que nem uns nem outros viriam a ter lugar[1288]. Seguindo de maneira fiel os critérios das *Guidelines*, o District Court verificou que, no mercado norte-americano de cereais prontos-a-comer (*ready-to-eat cereals*), as marcas *Grape Nuts* e *Shredded Wheat* não eram vistas como primeira e segunda escolhas por um número significativo de consumidores e que a soma das respectivas quotas de mercado estava abaixo de 35 %; em decorrência, para a *KRAFT* não compensaria aumentar o preço dos cereais *Grape Nuts* na esperança de que parte substancial das vendas perdidas passasse para a *Shredded Wheat* (na verdade, só uma pequena porção reverteria a favor desta)[1289].

[1287] *Vide* James, *Rediscovering...*, p. 7.

[1288] Terá sido a primeira vez que um tribunal americano examinou de modo autónomo os efeitos unilaterais. Porém, Linder (*Kollektive...*, p. 185) comete imprecisão quando afirma que as decisões judiciais dos casos *KRAFT GENERAL FOODS* e *MOORE CORPORATION LIMITED v. WALLACE COMPUTER SERVICES* (ambas de 1995) são as primeiras a referir o conceito de efeitos unilaterais. Já lhe vemos menção em jurisprudência anterior: United States District Court, District of Columbia (5.5.1993), *UNITED STATES v. GILETTE*, 828 F.Supp. 78, 84 (o tribunal não esquadrinhou em separado os dois tipos de efeitos, antes fez apreciação global, depreendendo que havia factores – *v. g.*, falta de barreiras à entrada – que militavam contra o enfraquecimento da concorrência no *relevant market*).

[1289] United States District Court, S.D. New York (22.2.1995), *KRAFT GENERAL FOODS*, 926 F.Supp. 321, 365-366. Igualmente seguindo as *Guidelines* e negando a existência de efeitos unilaterais *in casu*, Statement of the Federal Trade Commission Concerning *Royal Caribbean Cruises, Ltd./P&O Princess Cruises plc and Carnival Corporation/P&O Princess Cruises plc*, FTC File No. 021 0041, II, C, 1.

Nos processos *LONG ISLAND JEWISH MEDICAL CENTER* e *Oracle*, tão-pouco vingou argumentação escorada em efeitos unilaterais lesivos da concorrência. No primeiro,

Já em *SWEDISH MATCH*, a produção de efeitos unilaterais foi decisiva para o tribunal considerar que a aquisição em causa reduziria substancialmente a concorrência. O líder do mercado de tabaco de mascar (folhas soltas) – *Swedish Match* – pretendia adquirir o terceiro maior fabricante – *National Tobacco*. O District Court entendeu que, eliminando um concorrente directo por via da operação, a *Swedish Match* poderia aumentar os preços de maneira unilateral. A empresa lograria manter preços a nível superior enquanto os ganhos obtidos por vender mais caro e aqueloutros resultantes da diversão de vendas para a *National Tobacco* fossem maiores do que os prejuízos causados pela diversão de vendas a favor de outros competidores[1290]. A entrada no mercado era difícil – a procura apresentava tendência para descer –, registava-se excesso de capacidade – os fabricantes estabelecidos podiam aumentar facilmente a produção a fim de responder à entrada de *newcomers* –, os consumidores eram fiéis às marcas e havia cada vez mais restrições à publicidade[1291]. Demais, os ganhos de eficiência invocados não procediam[1292] [1293].

---

o District Court considerou que a operação projectada assentava em motivos como a prestação de melhores cuidados médicos e o avanço da tecnologia [United States District Court, E.D. New York (23.10.1997), *UNITED STATES of America v. LONG ISLAND JEWISH MEDICAL CENTER and North Shore Health System, Inc.*, 983 F.Supp. 121, 142]. Em *Oracle*, o tribunal assinalou que, para se gerarem efeitos nocivos da concorrência em mercados que integram artigos distintos, os bens fabricados por estranhos à concentração devem ser diferentes dos produzidos por aqueles que nela intervêm [e de tal modo diferentes que a *merger* tornaria «(...) a small but significant and non-transitory price increase (...)» proveitosa para as empresas participantes na concentração] – United States District Court, N.D. Califórnia (9.9.2004), *ORACLE*, 331 F.Supp.2d 1098, 1117, *in fine*.

[1290] United States District Court, District of Columbia (14.12.2000), *FEDERAL TRADE COMMISSION v. SWEDISH MATCH, et al.*, 131 F.Supp.2d 151, 169.

[1291] United States District Court, District of Columbia (14.12.2000), *SWEDISH MATCH, et al.*, 131 F.Supp.2d 151, 170.

[1292] United States District Court, District of Columbia (14.12.2000), *SWEDISH MATCH, et al.*, 131 F.Supp.2d 151, 172 [«(...) The savings that will be passed on to the consumers in the form of lower prices in this case is at best speculative (...)»].

[1293] *Vd.*, também, United States District Court, District of Columbia (30.6.1997), *STAPLES*, 970 F.Supp. 1066, 1082, *in fine*: «(...) by eliminating Staples' most significant, and in many markets only, rival, this merger would allow Staples to increase prices or otherwise maintain prices at an anti-competitive level (...)». Conquanto o District Court não tenha referido expressamente teorias de efeitos unilaterais, estes estiveram presentes e isso nota-se no trecho da sentença que acabámos de citar. Veja-se Stroux, *US and EC*

4. Compromissos

Na Europa, as partes numa concentração podem propor compromissos que levem a Comissão Europeia a declarar a operação compatível com o mercado comum[1294]. Nos Estados Unidos, há mecanismos equivalentes: a fim de evitar a proibição de operação que, se aprovada, prejudicaria a concorrência, as partes podem acordar com as autoridades medidas propícias a afastar preocupações de cariz competitivo.

À imagem do que sucede do lado de cá do Atlântico, outorga-se preferência a soluções de carácter estrutural, mormente às que possibilitam o aparecimento de novos concorrentes[1295]. Por exemplo, no caso *ALCOA*[1296], a *Alcoa* comprometeu-se a vender fábricas que pertenciam à *Reynolds* em zonas nas quais a primeira já tinha influência no mercado (mormente Texas e Austrália), assim se garantindo que os níveis de concorrência registados antes da operação permaneceriam estáveis; os adquirentes dessas unidades fabris tirariam grande proveito de investimentos feitos pela *Reynolds* antes da concentração e poderiam competir de maneira eficaz com a *Alcoa*, aspecto importante num sector em que era difícil entrar[1297]. Em *GEORGIA-PACIFIC*, as soluções propostas incluíam, além da alienação de activos, a concessão de licenças e a celebração de contratos de fornecimento[1298].

Por razões mencionadas a propósito do direito comunitário, a possibilidade de oferecer compromissos não serve, em regra, para resolver preocupações ligadas a efeitos coordenados nefastos para a concorrência.

Oligopoly..., p. 196 e n. 99; SERDAR DALKIR/FREDERICK R. WARREN-BOULTON, «Prices, Market Definition, and the Effects of Merger: Staples-Office Depot (1997)», *in* JOHN E. KWOKA, JR./LAWRENCE J. WHITE (ed.), *The Antitrust Revolution. Economics, Competition, and Policy*, 4ª ed., New York/Oxford, 2004, p. 52, *in fine*.

[1294] *Vd. Segunda Parte*, **AB**, IV.

[1295] Cfr. LINDER, *Kollektive...*, pp. 192-193.

[1296] Estava em causa a concentração das duas maiores empresas dos Estados Unidos no sector do alumínio, a *Alcoa* e a *Reynolds Metal*.

[1297] United States District Court, District of Columbia (10.7.2001), *UNITED STATES of America v. ALCOA, INC., et al*, 152 F.Supp.2d 37, 40-41. *Vd.* também United States District Court, N.D. Illinois, Eastern Division (3.7.2000), *UNITED STATES v. EARTHGRAINS CO., Specialty Foods Corp., and Metz Holdings, Inc.*, 2000 WL 33115903 (N.D.Ill.).

[1298] United States District Court, D. Delaware (29.7.1996), *UNITED STATES v. GEORGIA-PACIFIC CORP.*, 1996 WL 634212 (D.Del.).

Por um lado, são distintos os factores que conduzem à coordenação de condutas, não sendo verosímil que, agindo sobre um ou alguns deles por meio de compromissos, as partes na concentração logrem eliminar os receios atinentes a sequelas anticompetitivas. Por outra banda, as soluções que propiciam o surgimento de novo concorrente não garantem resultados certos, visto ser impossível antecipar com exactidão a forma como ele vai actuar *in futuro*.

5. **Nota final**

O critério de exame das concentrações no direito norte-americano – redução substancial da concorrência (*substantial lessening of competition*) – permite impedir a criação de oligopólios não colusórios prejudiciais para a concorrência e possibilita a consideração dos ganhos de eficiência[1299]. Com a aprovação do Regulamento n.º 139/2004 e o emprego do teste SIEC (entrave significativo à concorrência efectiva), o direito comunitário aproximou-se do direito americano. No nosso modo de ver, a aproximação foi até onde devia ter ido: ficando pelo teste SIEC e considerando a criação ou o reforço de posição dominante como exemplo principal de entrave significativo à concorrência efectiva, o Regulamento n.º 139/2004 abre novas potencialidades (em termos de controlo de oligopólios não colusivos e de consideração dos ganhos de eficiência) e permite que se continue a lançar mão da experiência obtida enquanto se aplicou o Regulamento n.º 4064/89.

Nos Estados Unidos, quando se aprecia se a *merger* produz efeitos coordenados, recorre-se a factores usados no direito comunitário (e o ponto de partida é, igualmente, a estrutura da oferta). Quer nos Estados Unidos, quer na Europa, há diplomas que indicam esses factores, mas isso não significa que eles sejam utilizados de maneira mecânica; nos dois lados do Atlântico, existe abertura para os inserir em apreciação global. Na América, o peso do *countervailing power* da procura é menor do que na Europa, onde a Comissão já se revelou disposta a autorizar

[1299] Sem prejuízo de, nos anos 60, alguns acórdãos do Supreme Court terem despertado dúvidas no que tange à consideração das eficiências.

concentrações baseando-se *apenas* na existência de poder da procura (mesmo com oferta concentrada e obstáculos de acesso ao mercado)[1300].

Em matéria de concentrações, o Department of Justice e a Federal Trade Commission têm facilitada a tarefa probatória, designadamente quando estão em causa oligopólios: por virtude da "*prima facie* evidence rule", se provam que a operação gera *merging firm* com quota de mercado excessiva e implica aumento significativo da concentração, presume-se que ela ocasiona redução substancial da concorrência e deve, portanto, ser proibida. Já a Comissão Europeia, para impedir operação que supõe criar dominância conjunta, tem de apresentar provas consistentes que patenteiem a falta de concorrência efectiva entre as empresas e a diminuta pressão concorrencial que outras unidades podem exercer[1301].

Obrigada a explicar ao pormenor em que medida as condições pós-concentração propiciam a falta de concorrência nas relações internas e nas relações externas, a Comissão há-de descer à explicação minuciosa dos elementos que favorecem a coordenação, nomeadamente daqueles que a teoria dos jogos destacou. Nos Estados Unidos, tal não sucede e, por mor do funcionamento da "*prima facie* evidence rule", não é frequente ver nas sentenças considerações acerca desses tópicos[1302].

Raciocinando em termos de controlo de oligopólios, entendemos que a existência da "*prima facie* evidence rule" é positiva no quadro do direito americano. O controlo *ex post* é pouco eficaz (*vd. infra*, título **B**) e, por isso, aplaudimos esse meio de reforço da fiscalização *ex ante*. No direito comunitário, consideramos que não se justifica uma "*prima facie* evidence rule", já que os actuais mecanismos de controlo prospectivo e retrospectivo asseguram tratamento conveniente e cabal dos mercados oligopolísticos.

Nos últimos tempos, o escrutínio dos efeitos unilaterais das concentrações tem ganho alguma importância nos E.U.A.[1303], merecendo desta-

---

[1300] Decisão de 25.11.1998, *Enso/Stora*, JO L 254, de 29.9.1999, p. 9, n.º 100. LINDER, *Kollektive*..., p. 330 (e também p. 299).

[1301] Cfr. *Segunda Parte*, **AB**, I, 7.2..

[1302] *Vd.* LINDER, *Kollektive*..., p. 194.

[1303] Já se disse que o Department of Justice e a Federal Trade Commission se voltaram para análises baseadas em efeitos unilaterais por, recorrendo aos efeitos coordenados, não conseguirem obter ganho de causa em número suficiente de litígios – veja-se a notícia que disso nos dá STROUX, *US and EC Oligopoly*..., p. 198.

que o caso *SWEDISH MATCH*, no qual a produção de efeitos unilaterais nocivos em mercado de bens heterogéneos levou o District Court a entender que a operação em causa deveria ser proibida.

A exemplo do que sucede em matéria de efeitos coordenados, a jurisprudência emprega a "*prima facie* evidence rule". Simplesmente, a *presumption of illegality* que esta implica assenta no grau de concentração da oferta e nas quotas de mercado dos intervenientes na operação, o que pode suscitar problemas nos mercados de produtos heterogéneos, porquanto aí as ditas quotas e o IHH não dizem muito acerca da possibilidade de a operação ser nefasta para a concorrência[1304].

[1304] *Vd.* LINDER, *Kollektive...*, p. 189.

B. OUTROS MECANISMOS

No título **A**, estudámos o controlo prospectivo dos oligopólios, *rectius*, o modo como ele se estrutura através do direito das concentrações de empresas. Avaliaremos agora em que medida outros mecanismos, mais dirigidos à fiscalização *ex post*, podem ter serventia para o controlo de mercados oligopolísticos. A análise inicia-se com a abordagem da *Section* 1 do *Sherman Act* [1305] [1306].

[1305] Há opiniões diversas sobre os motivos que estiveram na origem do *Sherman Act* (1890). George Stigler refere o interesse egoístico do *small business*, das empresas de pequena dimensão (*the self-interest hypotheses*) – «The Origin...», pp. 34-35. Em sentido convergente, Miguel Moura e Silva fala do *Sherman Act* como resposta a um descontentamento popular causado pela concentração de poder económico (assistira-se a certa generalização do *trust*, forma de organização empresarial caracterizada pela concentração do controlo económico das actividades produtivas num grupo diminuto de pessoas); a concentração incomodava especialmente os pequenos e médios empresários – forçados a competir com colossos que nem sempre respeitavam os usos honestos do comércio – e os agricultores – obrigados a pagar preços altos pelo transporte ferroviário dos seus bens, sendo discriminados face aos grandes criadores de gado (M. Moura e Silva, *Inovação...*, pp. 117-118). Robert Bork afirma que a história legislativa do *Sherman Act* revela o objectivo de promover o bem-estar do consumidor – *The Antitrust Paradox...*, p. 61 [ver também «Legislative Intent and the Policy of the Sherman Act», *in* E. Thomas Sullivan (ed.), *The Political Economy of the Sherman Act. The First One Hundred Years*, New York/Oxford, 1991, pp. 39 ss.]. Robert H. Lande sustenta que o *Sherman Act* expressa cuidado de prevenir transferências injustas de riqueza do consumidor para o produtor, nomeadamente para o monopolista. O A. acrescenta que, segundo o Congresso, os *trusts* e os monopólios detinham um poder social e político excessivo, diminuindo a liberdade de empresa (era pois desejável limitar o poder político e social do *large business* e auxiliar o negócio de pequena dimensão) – Lande, «Wealth Transfers as the Original and Primary Concern of Antitrust: The Efficiency Interpretation Challenged», *in* E. Thomas Sullivan (ed.), *The Political Economy of the Sherman Act. The First One Hundred Years*, New York/Oxford, 1991, pp. 71 ss., designadamente 75 ss.. Por seu turno, David Millon escreve que o *Sherman Act* se destinava a controlar o poder político através da descentralização do poder económico; o reforço da concorrência que se obteria combatendo os

1. A *Section* 1 do *Sherman Act* e o paralelismo interdependente

A § 1 do *Sherman Act* prescreve que «Every contract, combination in the form of trust or otherwise, or conspiracy, in restraint of trade or commerce among the several States, or with foreign nations, is declared to be illegal (...)». O "agreement" é ingrediente essencial do "contract, combination or conspiracy"[1307] e a *Section* 1 poderia desempenhar papel de monta na fiscalização *ex post* dos oligopólios se fosse aplicável ao paralelismo interdependente ou inteligente. É certo que a norma proíbe a colusão activa entre oligopolistas, só que, justamente por esta ser ilegal, deixar material de prova ou ostentar altos custos de transacção, os oligopolistas socorrem-se cada vez mais da coordenação tácita (daí advém o paralelismo interdependente)[1308]. Por conseguinte, a § 1 seria muito útil se o conceito de "agreement" que lhe subjaz abarcasse a conduta interdependente que acabámos de mencionar. O problema é equiparável a um

---

nascent monopolistic giants of the day augurava uma sociedade livre de monopólio e, em última instância, prometia a liberdade individual (a ameaça à liberdade individual era inerente ao poder público e ao poder privado) – cfr. MILLON, «The Sherman Act and the Balance of Power», *in* E. THOMAS SULLIVAN (ed.), *The Political Economy of the Sherman Act. The First One Hundred Years*, New York/Oxford, 1991, pp. 85 ss..

Partindo desta recolha, sentimo-nos autorizados a escrever que fins de diversa ordem presidiram à adopção do *Sherman Act*. Todavia, ao pensar nas razões que se prendem com o temor da grandeza, é curioso notar que o diploma teve consequência oposta à que se desejava: entre 1895 e 1905, ocorreu a maior vaga de concentrações (medida em percentagem da economia) da história americana – as empresas foram obrigadas a fazer por via de concentração aquilo que lhes estava vedado fazer por meio de contrato. Cfr. HOVENKAMP, *Federal...*, p. 52.

[1306] Tanto a Antitrust Division do Department of Justice como a Federal Trade Commission são competentes para aplicar o *Sherman Act*. No que toca à FTC, conquanto não disponha de uma *direct enforcement authority*, entende-se que a competência que tem em matéria de actos desleais de concorrência (§ 5 do *Federal Trade Commission Act*) abarca as práticas punidas ao abrigo do *Sherman Act*. HOVENKAMP, *Federal...*, pp. 592 e 596.

[1307] DONALD F. TURNER, «The definition of agreement under the Sherman Act: conscious parallelism and refusals to deal», *HLR*, vol. 75, n.º 4, February 1962, p. 656; United States Court of Appeals, Third Circuit (29.9.2004), *In re FLAT GLASS ANTITRUST LITIGATION*, 385 F.3d 350, 356, *in fine*.

É curiosa a nota de GAVIL/KOVACIC/BAKER (*Antitrust...*, p. 306): «(...) An agreement under antitrust law is better defined by what the courts actually do in parallel pricing cases than by the words of the common legal definitions (...)».

[1308] É questão que conhecemos bem: *vide Primeira Parte*, II, 2.4.1. e 2.4.2..

outro que referimos a propósito do direito comunitário, a saber, a aplicação do artigo 81.º, n.º 1 CE ao paralelismo não-colusivo[1309]. Nos Estados Unidos, o tema foi/é marcado por um debate interessante entre DONALD TURNER e RICHARD POSNER (*infra*, n.º 1.1.) e pela abordagem que os tribunais dão ao assunto (n.º 1.2.). Avancemos no seu estudo, para daí retirarmos algumas conclusões (n.º 1.3).

1.1. **O debate entre TURNER e POSNER**

DONALD TURNER esquadrinhou o problema de saber se o conceito de "agreement" – subjacente a "contract, combination or conspiracy" – era de tal modo vasto que permitisse abarcar no seu seio a *consciously parallel action*, é dizer, o paralelismo que resulta da coordenação tácita, da interdependência oligopolística.

Segundo TURNER, na medida em que implique apenas respostas autónomas de um grupo de concorrentes ao mesmo conjunto de factos económicos, o *conscious parallelism* não pode ser considerado "agreement". A atitude do oligopolista racional ao fixar os preços é idêntica à de um vendedor racional numa indústria com número muito elevado de ofertantes; simplesmente, o oligopolista considera um factor suplementar, a saber, as reacções dos concorrentes a qualquer alteração do preço que cobre. Assim, suscitaria perplexidade qualificar de ilegal esse comportamento, pois, na essência, ele é idêntico ao das empresas em indústria competitiva[1310]. Por tudo isto, não espanta TURNER escrever que «(...) interdependent consciously parallel decisions as to basic price, as found in an industry dominated by a few sellers, should not be held to constitute an "agreement", or, even though we call it an "agreement", should not be deemed unlawful (...)»[1311] [1312].

Mais. Ainda que a fixação paralela de preços resultante da concertação tácita fosse considerada ilícita, a sentença que o declarasse difi-

---

[1309] *Terceira Parte*, **A**.

[1310] Cfr. TURNER, «The definition...», pp. 663 e 665-666, *passim*.

[1311] «The definition...», p. 663.

[1312] Embora com outra fundamentação, também MARKOVITS – *apud* STROUX, *US and EC Oligopoly...*, p. 42 – sugere que a § 1 do *Sherman Act* não se aplica ao *mere conscious parallel behaviour*.

cilmente seria eficaz. Com efeito, se o tribunal proibisse as empresas de ter em conta as decisões das rivais, estaria a impor conduta com um grau de irracionalidade tão alto que, na prática, tornaria impossível o respeito integral da sentença. A solução alternativa seria forçar as empresas a baixar o preço até ao ponto em que este igualasse o custo marginal[1313]. Só que isso obrigaria os tribunais a funcionar como *public utility operators*[1314], significaria implicá-los numa regulação permanente para a qual estão mal preparados[1315].

Quanto ao valor do paralelismo de condutas como prova de existência de um acordo, TURNER parte da ideia expressa nos parágrafos anteriores (a simples interdependência de decisões atinentes ao preço não é *conspiracy*). É preciso mostrar "something more" que aponte para a existência de acordo. Ora, o paralelismo pode revelar que esse "something more" existe se os restantes elementos de prova indicarem que a mera interdependência não justifica de maneira cabal a fixação do preço no mercado. Quer dizer: o paralelismo contribui para provar o "agreement" se os outros meios de prova alvitrarem que, à formação do preço, subjaz algo mais do que a mera interdependência oligopolística[1316].

No bosquejo do pensamento de TURNER, adrede evitámos traduzir *conscious parallelism* por "paralelismo consciente". É que a última expressão é passível de sugerir conduta paralela que dimana de colusão activa, de modos conscientes de coordenação resultantes de contactos entre as empresas; ora, não é isso que TURNER tem em mente, pois o que está em apreço é a conduta paralela oriunda apenas da interdependência oligopolística e do seu reconhecimento pelas empresas.

Para TURNER, a solução do *oligopoly problem* teria carácter estrutural: a fraca performance económica que se prolongasse nos mercados muito concentrados justificava decisão judicial que permitisse transformar as empresas em unidades de menor dimensão (esta proposta requeria que se aprovasse nova legislação)[1317] [1318].

[1313] TURNER, «The definition...», pp. 669-670.

[1314] STROUX, *US and EC Oligopoly...*, p. 39.

[1315] Cfr. GELLHORN/KOVACIC/CALKINS, *Antitrust...*, p. 320.

[1316] *Vide* TURNER, «The definition...», p. 672.

[1317] Cfr. STROUX, *US and EC Oligopoly...*, p. 39 e HOVENKAMP, *Federal...*, p. 167.

[1318] A resposta de TURNER ao *oligopoly problem* não surpreende. Ele integrou, juntamente com KAYSEN, uma das tendências mais vincadas do estruturalismo. Os AA.

Ao contrário de TURNER, RICHARD POSNER mostra reservas acerca da possibilidade de a teoria da interdependência fornecer explicação correcta sobre o modo como os preços em oligopólio atingem níveis anticoncorrenciais. Para POSNER, a relação entre o grau de concentração da oferta e a probabilidade de o preço ser anticompetitivo explica-se melhor e de maneira mais simples empregando a teoria dos cartéis[1319]. Em particular, POSNER questiona as bases da teoria da interdependência, afirmando que, para transformar o oligopólio num mercado em que se cobram preços

---

advogaram a desconcentração económica, a dissolução de empresas com poder de mercado não razoável, presumido a partir de quotas de mercado e de outros factores estruturais. As suas propostas acabariam por dar origem a sistemas de controlo directo do grau de concentração dos mercados. Ver LUÍS DOMINGOS SILVA MORAIS, *Empresas...*, p. 109, n. 140 e, dos dois Autores americanos referidos, *Antitrust...*, nomeadamente pp. 113-114 (lembremos que a monografia data de 1959).

As orientações estruturalistas desenvolveram e aprofundaram – durante a década de sessenta do século XX – o paradigma "estrutura-conduta-resultado": a estrutura da indústria (*v. g.*, número de vendedores e grau de concentração) determina a forma como as empresas competem (é dizer, o seu comportamento) e esta, por seu turno, determina os resultados obtidos (mormente os lucros). LUÍS DOMINGOS SILVA MORAIS, *ob. e loc. cits.*; BISHOP/WALKER, *The Economics...*, p. 54. Nos termos do modelo em causa, quanto mais concentrada for a estrutura do mercado, menos competitivo é o jeito de agir das espresas, o que leva a preços e a lucros mais altos do que sucederia em condições de concorrência. Por conseguinte, as leis *antitrust* devem atender particularmente à estrutura dos mercados (quanto mais concentrados forem, mais provável é existir dano para a concorrência) – cfr. BISHOP/WALKER, *ob e loc. cits.*.

Embora o *structure-conduct-performance-paradigm*, ao menos na formulação determinista que teve nos anos 60 do século XX, se possa considerar ultrapassado, o estruturalismo deixou semente: conquanto a *market structure*, por si só, não permita entender todos os elementos atinentes à conduta e ao resultado, ela é um factor importante de análise – ver LUÍS DOMINGOS SILVA MORAIS (*ob. cit.*, p. 110, n. 141 e AA. aí cits.).

O estruturalismo é muitas vezes identificado com a Escola de Harvard (*ex multis*, cfr. STROUX, *US and EC Oligopoly...*, p. 11); POSNER – «The Chicago School of Antitrust Analysis», *in* E. THOMAS SULLIVAN (ed.), *The Political Economy of the Sherman Act. The First One Hundred Years*, New York/Oxford, 1991, p. 198 – afirma, inclusive, que a obra há pouco referida de KAYSEN e de TURNER é o «(...) classic statement of the Harvard School (...)». Nas suas fileiras, a Escola de Harvard integrou nomes como BAIN, MASON e SCHERER. Além de defender política disciplinadora da concentração de mercados, a corrente em causa sufragou a prossecução de fins económicos (*e. g.*, justiça distributiva, soberania do consumidor e progresso técnico) e de objectivos meta-económicos, empregando como método primordial de trabalho a análise empírica. *Vd.* SCHMIDT, *Wettbewerbspolitik...*, pp. 20 e 25.

[1319] «Oligopoly...», p. 1569.

anticoncorrenciais, é necessário haver acções voluntárias por parte das empresas. Enquanto a teoria da interdependência aceita a distinção entre *explicit collusion* e *tacit collusion*, POSNER sustenta que não há diferença essencial entre *formal cartels* e *tacit collusive arrangements* (o A. assinala apenas que os últimos são mais fáceis de ocultar)[1320].

Porquanto a *Section* 1 do *Sherman Act* abrange apenas actividades concertadas (*contract*, *combination* ou *conspiracy*), é preciso apurar se, na falta de prova de comunicação directa entre os oligopolistas, a respectiva actuação cabe em tal âmbito. POSNER aprecia a questão atendendo à semântica, aos precedentes judiciais e ao fim da lei, acabando por concluir que a § 1 abarca a *tacit collusion* e é meio apropriado para combater preços anti-concorrência em indústrias oligopolísticas[1321]. Mais do que actuação unilateral, a *tacit collusion* é uma forma de actividade concertada: «(...) If seller *A* restricts his output in the expectation that *B* will do likewise, and *B* restricts his output in a like expectation, there is quite literally a *meeting of the minds* or *mutual understanding* even if there is no overt communication (...). A seller communicates his "offer" by restricting output, and the offer is "accepted" by the actions of his rivals in restricting their outputs as well (...)»[1322].

POSNER apercebe-se de que a aplicação da § 1 à *tacit collusion* suscita problemas no plano probatório[1323]. No intuito de saber se é possível imputar concertação às empresas, o A. sugere esquema assente em duas fases – na primeira, averigua-se se o mercado é propício à coordenação, se nele *pode* haver *collusion* (observa-se gama de factores que vai desde a concentração da oferta e da procura até ao lapso de tempo que a entrada no mercado exige); na segunda fase, verifica-se se a concertação *realmente existiu* (os elementos que o demonstram são, *inter alia*: discriminação sistemática de preços, quotas de mercado idênticas ou quase idênticas ao longo do tempo e troca de informação acerca dos preços)[1324].

[1320] «Oligopoly...», p. 1575. Cfr., também, STROUX, *US and EC Oligopoly...*, p. 40.

[1321] «Oligopoly...», pp. 1576-1578 e 1563, respectivamente.

[1322] «Oligopoly...», p. 1576 (sublinhados nossos).

[1323] «(...) How can the existence of noncompetitive pricing be established without any proof of acts of agreement, implementation, or enforcement? (...)» – «Oligopoly...», p. 1578.

[1324] POSNER, «Oligopoly...», pp. 1578 ss.; *id.*, *Antitrust Law*, pp. 69 ss..

Ao contrário de TURNER – que não confiava em soluções de comportamento para o *oligopoly problem* –, POSNER entendeu que, por força das sanções previstas na norma, a aplicação da § 1 à *tacit collusion* era passível de levar as empresas a actuar de jeito conforme com as regras da concorrência[1325].

Estas teses de POSNER não tiveram grande acolhimento na prática e, por vezes, foram mesmo rejeitadas de forma explícita pelos tribunais (*vd.* n.º 1.2.)[1326].

[1325] Cfr. «Oligopoly...», p. 1588.

[1326] POSNER – tal como DIRECTOR, STIGLER, DEMSETZ e BORK – representa a Escola de Chicago. Outrora identificada com o monetarismo (de Autores como MILTON FRIEDMAN), essa Escola foi ganhando importância no domínio *antitrust* durante a década de 70 do século passado e logrou muita influência sobre a política norte-americana de defesa da concorrência nos anos 80 da mesma centúria. A *Chicago School* assenta em diversos pressupostos político-económicos, *v. g.*: entendimento do mercado como um jogo livre de forças, no qual os melhores e mais saudáveis sobreviveriam (ideia de *survival of the fittest*, que foi apodada de "darwinismo social"); reduzida intervenção do Estado, que apenas deveria fixar alguns quadros gerais de conduta e só em casos excepcionais deveria interferir na estrutura do mercado. O distanciamento do Estado perante a economia conduziria, de forma quase automática, a uma posição de óptimo de Pareto, na qual não se pode melhorar a situação de alguém sem piorar a de outrem. Cfr. SCHMIDT, *Wettbewerbspolitik...*, pp. 19, 21 e 25; sobre o óptimo de Pareto, DONALD RUTHERFORD, *Dictionary of Economics*, London/New York, 1992, p. 343.

Segundo os *Chicago Schoolers*, o objectivo da política de concorrência é a maximização do bem-estar do consumidor. Tendo em vista esse fim, haveria dois critérios de eficiência decisivos para a apreciação de práticas concorrenciais: eficiência alocativa e eficiência produtiva (*vd.* SCHMIDT, *Wettbewerbspolitik...*, pp. 19-20). Estes dois tipos compõem a eficiência global (aquela que determina o nível de bem-estar do consumidor) e podem apontar sentidos opostos – por exemplo, a construção de unidade fabril de grandes dimensões e a conquista de quota de mercado significativa podem aumentar a eficiência produtiva da empresa na medida em que lhe permitam obter economias de escala, mas são passíveis de reduzir a eficiência alocativa na medida em que facilitem o *monopoly pricing*; ora, a política *antitrust* procurará maximizar os ganhos de eficiência *líquidos*. HOVENKAMP, *Federal...*, p. 62 e BORK, *The Antitrust Paradox...*, p. 91, onde se lê que «(...) The whole task of antitrust can be summed up as the effort to improve allocative efficiency without impairing productive efficiency so greatly as to produce either no gain or a net loss in consumer welfare (...)». A propósito das economias de escala, deu-se o reconhecimento de que estão mais disseminadas do que se pensava, não se cingindo à produção e ocorrendo igualmente na distribuição (HOVENKAMP, *ob. e loc. cits.*).

Para a Escola de Chicago, a maioria dos mercados é competitiva (isto vale mesmo para aqueles em que coabitam poucos vendedores). À uma, ainda que as empresas em mercados concentrados logrem coordenar preços, elas lutarão noutros planos (*e. g.*, serviços prestados ao consumidor); à outra parte, a diferenciação de bens não enfraquece a concorrência tanto como anteriormente se acreditava e, em termos que já conhecemos, dificulta a tarefa de manter processos de concertação. Assim, nem o elevado grau de concentração nem a diferenciação dos produtos originavam o dano à concorrência que lhes era assacado por outros teorizadores do oligopólio. Quanto ao monopólio, ele acaba por se corrigir a si próprio, porquanto os lucros do monopolista tornam a indústria atractiva e a entrada de novas empresas leva à erosão da sua preponderância. HOVENKAMP, *ob. e loc. cits.*.

Ao contrário dos estruturalistas – que advogaram medidas tendentes à desconcentração dos mercados –, os AA. de Chicago receavam mais a concertação do que a concentração, pelo que a sua abordagem aos problemas da concorrência era comportamental e não estrutural (*vd.* SCHMIDT, *Wettbewerbspolitik...*, pp 22 e 25). A propósito, cabe recordar observação de STIGLER («A Theory...», p. 44): os ganhos dos ofertantes de uma indústria eram mais elevados se eles agissem conjuntamente, como se estivesse em causa um monopolista; o mecanismo de actuação unitária é a coordenação de comportamentos, pelo que era importante averiguar os factores que influenciam a exequibilidade da concertação.

Em matéria de barreiras à entrada, os *Chicago Schoolers* reconhecem a existência de obstáculos criados artificialmente pelo Estado; já tópicos como a publicidade, a diferenciação de produtos ou a integração vertical não são vistos como barreiras à entrada, mas antes como expressão de condutas concorrenciais e de eficiência económica (favoráveis em termos de bem-estar). Cfr. SCHMIDT, *Wettbewerbspolitik...*, p. 20.

Em parte por razões de ordem táctica – não dar a ideia de se rejeitar a política *antitrust* no seu todo –, a Escola de Chicago condena os entendimentos que as empresas fazem a nível horizontal (cfr. POSNER, «The Chicago...», p. 198; SCHMIDT, *Wettbewerbspolitik...*, p. 22). No que tange às restrições verticais, considerou que a aceitação livre dos acordos indiciava, por si só, que as partes acreditavam haver mais vantagens do que inconvenientes nessas limitações negociais consentidas – decerto não seriam praticadas nem generalizadamente aceites se implicassem, de maneira sistemática, prejuízos para uma das partes; tais acordos deixavam de ser invariavelmente tomados como «grandes conspirações» contra a concorrência, o mercado ou o bem-estar colectivo (FERNANDO ARAÚJO, *Introdução...*, p. 361). Por norma, a empresa maximizará os seus lucros se as empresas situadas em fases anteriores ou posteriores do processo de produção e distribuição dos bens agirem de modo concorrencial; por isso, ela não se sente estimulada a facilitar o monopólio em mercados verticalmente adjacentes e as formas de integração vertical acarretam eficiência. *Vd.* HOVENKAMP, *ob. cit.*, p. 63.

Os AA. de Chicago partem da teoria dos preços (de inspiração neo-clássica) e entendem que a conduta racional da maioria das empresas as leva a agir tendo em vista obter lucro tão elevado quanto possível; a coerência do modelo não é posta em causa pela circunstância de haver empresas que não são *profit maximizers*, actuando antes com outros objectivos (*e. g.*, o *satisficing*: a empresa *satisfices* se os seus directores fixam certas metas em termos de lucros, vendas ou quotas de mercado e as procuram atingir, não se preocupando, porém, em superá-las). Quando só algumas empresas são *profit*

1.2. **A jurisprudência**

Na primeira metade do século XX, alguma jurisprudência deu a entender que o simples paralelismo inteligente podia ser punido ao abrigo da § 1 do *Sherman Act*. No fundo, o paralelismo era equiparado a *conspiracy*, ou, numa outra formulação, esta deduzia-se a partir daquele[1327].

---

maximizers, o respectivo lucro cresce à custa daqueloutras que o não são. Atente-se que a ideia de *satisficing* integra uma teoria de alcance mais vasto que vinca a separação entre a propriedade e o controlo das empresas, notando que a motivação dos *managers* pode ser distinta da dos detentores de acções. *Vd.* HOVENKAMP, *ob. cit.*, p. 63 (n. 27, a propósito do *satisficing*), LUÍS DOMINGOS SILVA MORAIS, *Empresas...*, p. 1599 e, acerca do "poder sem propriedade" dos *managers*, AVELÃS NUNES, *Os Sistemas Económicos*, pp. 220 ss..

No conceito de Chicago, a aplicação do direito *antitrust* deve ser feita de modo a penalizar actos na medida em que eles redundem em ineficiência (já a conduta eficiente deve ser permitida e estimulada); via de regra, os competidores no mercado são beneficiados por práticas concertadas, mas são lesados por condutas eficientes. Ora, isso significa que, ao intentar uma acção em tribunal, a motivação desses rivais é *indevida* e a maioria das suas demadas em matéria *antitrust* há-de ser rejeitada. Cfr. HOVENKAMP, *ob. cit.*, p. 63.

A opção por certo modelo de eficiência enquanto guia da política *antitrust* pretende-se desligada de considerações de ordem política, não é condicionada pela forma como se queira ver distribuída a riqueza, mas apenas pelo intuito de a maximizar em termos globais – *vd.* HOVENKAMP, *ob. cit.*, p. 63. A propósito, são elucidativas algumas palavras de ROBERT BORK em *The Antitrust Paradox...*, p. 90: «(...) Consumer welfare (...) is merely another term for the wealth of the nation. Antitrust thus has a built-in preference for material prosperity, *but it has nothing to say about the ways prosperity is distributed or used.* Those are matters for other laws. Consumer welfare, as the term is used in antitrust, *has no sumptuary or ethical component* (...). *Antitrust litigation is not a process for deciding who should be rich or poor* (...)» – os grifos são da nossa lavra.

Entre as críticas a dirigir aos *Chicago Schoolers*, destacamos a redução do fim da política de concorrência à maximização do bem-estar do consumidor (com desprezo pela necessidade de controlar o poder económico através da concorrência eficaz) e um problema metodológico relacionado com a selecção (somente) daqueles estudos empíricos que sustentam as posições perfilhadas pelos AA. de Chicago, votando a algum menoscabo aqueloutros que apresentam resultados contrários (fala-se aqui de "empirismo selectivo") – cfr. SCHMIDT, *Wettbewerbspolitik...*, p. 23.

Rematando o excurso pela Escola de Chicago, notamos que, embora haja pontos nucleares de dissenso relativamente à Escola de Harvard – mormente quanto ao significado da *market concentration* e à bondade de políticas tendentes à desconcentração –, registou-se certa convergência do pensamento das Escolas, levando POSNER a escrever que as diferenças que persistem são cada vez mais de ordem técnica do que de cariz ideológico (POSNER, «The Chicago...», p. 209; ver também pp. 109 ss.).

[1327] *Vide* STROUX, *US and EC Oligopoly...*, pp. 43 e 45.

Temos, na lembrança, em primeira linha, os casos *Interstate Circuit v. United States*, de 1939, e *American Tobacco v. United States*, decidido em 1946. No primeiro, o Supreme Court considerou que o District Court tinha andado bem ao decidir que havia um acordo entre distribuidores de filmes; todavia, acrescentou que a existência do acordo não era condição necessária para ocorrer violação da lei: «(...) While the District Court's finding of an agreement of the distributors among themselves is supported by evidence, we think that in the circumstances of this case such agreement (...) was not a prerequisite to an unlawful conspiracy. It was enough that, knowing that concerted action was contemplated and invited, the distributors gave their adherence to the scheme and participated in it (...). Acceptance by competitors, without previous agreement, of an invitation to participate in a plan, the necessary consequence of which, if carried out, is restraint of interstate commerce, is sufficient to establish an unlawful conspiracy under the Sherman Act (...)»[1328]. *Obiter dictum* com este teor parece sugerir que, para haver ilícito, não é preciso prova de comunicação entre as empresas; a adesão a um plano e a aceitação do comportamento proposto – uma e outra patenteadas *apenas* pela conduta das empresas – bastariam para infringir a § 1[1329]. Na esteira de *Interstate Circuit v. United States*, o Supreme Court considerou, em *American Tobacco v. United States*, que «(...) No formal agreement is necessary to constitute an unlawful conspiracy (...). Where the circumstances are such as to warrant a jury in finding that the conspirators had a unity of purpose or a common design and understanding, or a meeting of minds in an unlawful arrangement, the conclusion that a conspiracy is established is justified (...)»[1330]. Uma vez mais, parece ficar descerrada a via para, partindo do paralelismo, se inferir que há *conspiracy* e violação da Section 1 do *Sherman Act*. No fundo, era como se existisse grande margem de coincidência entre a *conspiracy doctrine* e a *oligopoly theory*[1331]. Em 1948, na decisão do processo *United States v. Paramount Pictures*, o Supremo não se afastou do rumo que vinha seguindo, declarando que

---

[1328] U.S. Supreme Court (13.2.1939), *INTERSTATE CIRCUIT v. UNITED STATES*, 306 U.S. 208, 226-227 (1939).

[1329] *Vd.* STROUX, *US and EC Oligopoly...*, p. 44; a título suplementar, JOLIET, «La notion...», p. 260.

[1330] U.S. Supreme Court (10.6.1946), *AMERICAN TOBACCO CO. v. UNITED STATES*, 328 U.S. 781, 809-810 (1946).

[1331] Cfr. PERITZ, *Competition...*, pp. 175-176.

«(...) It is not necessary to find an express agreement in order to find a conspiracy. It is enough that a concert of action is contemplated and that the defendants conformed to the arrangement (...)»[1332].

Em 1954, o Supreme Court proferiu sentença que marcou importante virar de agulhas no escrutínio judicial do comportamento oligopolístico (*Theatre Enterprises v. Paramount*)[1333]. De modo claro e peremptório, escreveu-se que «(...) this Court has never held that proof of parallel business behavior conclusively establishes agreement or, phrased differently, that such behavior itself constitutes a Sherman Act offense. Circumstantial evidence of consciously parallel behavior may have made heavy inroads into the traditional judicial attitude toward conspiracy; (...) but "conscious parallelism" has not yet read conspiracy out of the Sherman Act entirely (...)»[1334]. O tribunal tornou claro que a *conspiracy* necessária ao preenchimento do tipo da § 1 não pode inferir-se, *sic et simpliciter*, do puro paralelismo[1335].

Autores como KAYSEN e TURNER receberam bem o acórdão, dizendo que a conduta paralela pode ser apenas o resultado de respostas autónomas dadas pelas empresas a condições de mercado similares[1336]. Sempre à luz dessa ideia, TURNER aprofundaria o tema no sentido que acima apresentámos (n.º 1.1.). Quanto a POSNER, negou que a sentença *Theatre Enterprises v. Paramount* excluísse a aplicação da § 1 à *tacit collusion*, notando que «(...) the refusal of any distributor to sell first runs to the plaintiff in *Theatre Enterprises* is difficult to understand other than in a context of collusive behavior (...)»[1337].

Mau grado as divergências referidas, tornou-se claro que, para afirmar a existência de *conspiracy* ou *agreement*, não basta verificar que há

[1332] U.S. Supreme Court (3.5.1948), *U.S. v. PARAMOUNT PICTURES, INC.*, 334 U.S. 131, 142 (1948). De um jeito que significa muito, logo depois de fazer esta afirmação, o Supremo citou o acórdão *Interstate Circuit v. United States*.

[1333] GELLHORN/KOVACIC/CALKINS, *Antitrust...*, p. 319.

[1334] U.S. Supreme Court (4.1.1954), *THEATRE ENTERPRISES v. PARAMOUNT*, 346 U.S. 537, 541 (1954).

[1335] *Vide* STROUX, *US and EC Oligopoly...*, pp. 45-46.

[1336] KAYSEN/TURNER, *Antitrust...*, pp. 108-109.

[1337] POSNER, «Oligopoly...», p. 1584. Cfr., outrossim, STROUX, *US and EC Oligopoly...*, p. 46.

paralelismo de condutas[1338]. Perguntar-se-á então: que factores adicionais são necessários para dizer que a conduta paralela provém de colusão e viola a *Section* 1?

É necessário distinguir dois grupos de casos. No primeiro, a jurisprudência infere colusão a partir do paralelismo quando, para este, não pode haver outra explicação convincente e satisfatória que não a própria colusão (ou seja: só o conluio é passível de levar as empresas a actuar de maneira semelhante e uniforme). As sentenças dos litígios *Ambook Enterprises* e *Independent Iron Works* parecem cursar esta linha[1339]. Aqui, regista-se aproximação face à jurisprudência comunitária, mais concretamente à que conhecemos em *Ahlström Osakeyhtiö* (o TJCE entendeu que o paralelismo de comportamentos não pode ser considerado como fazendo prova de concertação, a menos que esta seja a única explicação plausível para ele)[1340].

O grupo de casos que assinalámos no parágrafo anterior representa, todavia, uma linha minoritária. Por norma, os tribunais americanos são (ainda) mais exigentes e obrigam o demandante a apresentar provas suplementares (*additional evidence*) que levem a concluir ser a atitude paralela resultado de colusão, de *conspiracy*; essas provas suplementares são os *plus factors*[1341]. Quer dizer: não basta verificar que há paralelismo, tão-pouco é suficiente dizer que só a colusão activa o pode explicar; o

[1338] Cfr., *ad exemplum*, U.S. Supreme Court (21.6.1993), *BROOKE GROUP LTD. v. BROWN & WILLIAMSON TOBACCO CORP.*, 509 U.S. 209, 227 (1993), em que se refere a *tacit collusion*, o *conscious parallelism* como um processo que, em si mesmo, não é ilícito. *Vd.*, também, GELLHORN/KOVACIC/CALKINS, *Antitrust...*, p. 274.

[1339] United States Court of Appeals, Second Circuit (29.10.1979), *AMBOOK ENTERPRISES, a/k/a American Book Club v. TIME INCORPORATED, New York Times Company, J. Walter Thompson Co., Young & Rubicam International, Inc., Batten, Barton, Durstine & Osborn, Inc., American Association of Advertising Agencies, Inc.*, 612 F.2d 604 e United States Court of Appeals, Ninth Circuit (16.7.1963), *INDEPENDENT IRON WORKS, INC. v. UNITED STATES STEEL CORPORATION, Bethlehem Pacific Coast Steel Corporation, Bethlehem Steel Company, and Kaiser Steel Corporation*, 322 F.2d 656.

[1340] TJCE, ac. de 31.3.1993, *Col.* 1993, I-1307, n.º 71.

[1341] United States Court of Appeals, Third Circuit (13.7.1993), *PETRUZZI'S IGA SUPERMARKETS, INC. v. DARLING-DELAWARE COMPANY, INC.*, 998 F.2d 1224, 1242 e 1244; *id.*, de 27.8.1975, *The VENZIE CORPORATION, and F. M. Venzie & Company, Inc. v. UNITED STATES MINERAL PRODUCTS COMPANY, INC. and William Armstrong & Sons, Inc.*, 521 F.2d, 1309, 1314; GELLHORN/KOVACIC/CALKINS, *Antitrust...*, p. 275.

demandante tem de provar algo mais, e é este *plus*, em conjunto com a conduta paralela, que leva a afirmar a existência de *conspiracy*. Com isto, o direito norte-americano impõe ao demandante um ónus probatório mais exigente do que o do direito comunitário[1342].

E quais são, afinal, os *plus factors* que o demandante tem de apresentar? Não há lista que permita enumerá-los de maneira fechada e exaustiva[1343], pelo que desfiaremos aqueles que é corrente ver na prática judicial norte-americana.

Há dois *plus factors* com que se depara frequentemente e cuja prova se considera, em regra, decisiva no sentido de afirmar que o agir paralelo provém de colusão: o primeiro é o acto ou conjunto de actos que parece contrário ao próprio interesse de quem o leva a cabo (*behaviour against self-interest*), o segundo é o *motive to conspire*, a existência de razões que fazem as empresas actuar em conchavo[1344].

Quanto ao primeiro, não há uniformidade na avaliação do *agere* supostamente contrário ao próprio interesse das empresas: em *Baby Food Antitrust Litigation*, o Court of Appeals foi muito rigoroso, declarando que «(...) Parallel pricefixing must be *so unusual* that in the absence of an advance agreement, no reasonable firm would have engaged in it (...)»[1345]; no processo *ZOSLAW*, a fasquia não está tão alta e já se admite

---

[1342] Cfr. Stroux, *US and EC Oligopoly...*, p. 47, *in fine*.

[1343] United States Court of Appeals, Third Circuit (29.9.2004), *In re FLAT GLASS ANTITRUST LITIGATION*, 385 F.3d 350, 360; United States Court of Appeals, Eleventh Circuit (22.9.2003), *WILLIAMSON OIL COMPANY, INC., Holiday Wholesale Grocery Co., et al. v. PHILIP MORRIS USA, R.J. Reynolds Tobacco Co., et al.*, 346 F.3d 1287, 1301 [«(...) any showing by appellants that "tend[s] to exclude the possibility of independent action" can qualify as a "plus factor." (...)»]. Areeda, Kaplow e Edlin – *Antitrust...*, p. 227 – escrevem mesmo que os tribunais não definiram de maneira muito clara o conceito de *plus factors*.

[1344] United States District Court, District of Columbia (23.6.1978), *FEDERAL TRADE COMMISSION v. LUKENS STEEL COMPANY and United States Steel Corporation*, 454 F.Supp. 1182, 1197; United States Court of Appeals, Third Circuit (27.8.1975), *VENZIE*, 1309, 1314; *id.*, de 21.7.1977, *Paul J. BOGOSIAN v. GULF OIL CORPORATION (e outros), Louis J. PARISI v. GULF OIL CORPORATION (e outros)*, 561, F. 2d 434, 446; *id.*, de 13.7.1993, *PETRUZZI'S IGA SUPERMARKETS*, 998 F.2d 1224, 1242; Gellhorn/Kovacic/Calkins, *Antitrust...*, p. 275.

[1345] United States Court of Appeals, Third Circuit (12.1.1999), *In re BABY FOOD ANTITRUST LITIGATION*, 166 F.3d 112, 135 (o grifo é da nossa lavra). Com dizeres aproximados, United States District Court, M.D. Alabama, Southern Division (19.11.1993), *T.R. COLEMAN, et al. v. CANNON OIL COMPANY, et al.*, 849 F.Supp. 1458, 1467.

que as condutas paralelas possam provar *conspiracy* se tiverem sido praticadas «(...) against each conspirator's self interest, that is, that the decision to act was not based on a good faith business judgment (...)»[1346]; e, em *Modern Home Inst. Inc. v. Hartfort Accident & Indemn. Co.*, o grau de exigência parece ser ainda mais baixo, sendo possível inferir o *agreement* «(...) when the observed parallel behaviour is inconsistent with the behaviour to be expected from each actor individually pursuing its own economic interest (...)»[1347]. A dissemelhança destas pronúncias entreluz ambiguidade que se torna ainda mais acentuada se pensarmos que a actuação contrária ou, quando menos, não consentânea com o interesse próprio pode ser vista como uma expressão da interdependência oligopolística; perspicaz, a jurisprudência admitiu que a recusa de subir ou descer os preços a não ser que os rivais façam o mesmo pode ser prejudicial ao interesse próprio da empresa, mas será, contudo, um resultado da interdependência, uma outra forma de a expressar[1348] (quer dizer: encarado individualmente, o acto não é consentâneo com o interesse próprio, mas ele é legal, porquanto resulta da interdependência que enleia as empresas[1349]).

O segundo *plus factor* é o *motive to conspire*: a existência de motivos para agir em comum contribui para deduzir *conspiracy* a partir do comportamento paralelo[1350]. No processo *Matsuhita Elec. Industrial Co. v. Zenith Radio*, fabricantes americanos de televisores alegaram que os seus concorrentes japoneses (e americanos controlados por japoneses) se

---

[1346] United States Court of Appeals, Ninth Circuit (1.12.1982), *Charles ZOSLAW and Jane Zoslaw, husband and wife, dba Marin Music Centre v. MCA DISTRIBUTING CORPORATION, Doug Robertson Advertising, Inc., MTS, Inc., Tower Enterprises, Inc., Warner/Elektra/Attlantic Corporation, ABC Records, Inc., Polygram Distribution, Inc., Capitol Records, Inc. and Capitol Industries-EMI*, 693 F.2d 870, 884. Na mesma linha, United States Court of Appeals, Fifth Circuit (10.12.1980), *PAN-ISLAMIC TRADE CORPORATION v. EXXON CORPORATION et al.*, 632 F.2d 539, 559.

[1347] Colhemos o trecho da sentença *Modern Home* em Stroux, *US and EC Oligopoly...*, p. 50.

[1348] United States District Court, M.D. Alabama, Southern Division (19.11.1993), *COLEMAN v. CANNON OIL*, 849 F.Supp. 1458, 1467; United States Court of Appeals, Third Circuit (29.9.2004), *In re FLAT GLASS ANTITRUST LITIGATION*, 385 F.3d 350, 360-361.

[1349] Cfr. Stroux, *US and EC Oligopoly...*, p. 50.

[1350] *Vd.* Stroux, *US and EC Oligopoly...*, p. 48. O argumento tem mais sentido pela negativa: dizer que não há motivo para actuação comum é dizer que as empresas nada têm a ganhar com ela – Areeda/Kaplow/Edlin, *Antitrust...*, p. 228.

conluiaram no sentido de cobrar preços predatórios nos Estados Unidos. O recurso não procedeu, pois a maioria dos juízes do Supremo opinou que faltava o *motive to conspire*: o suposto esquema de predação não era plausível. Mais. O Supremo notou que, ao contrário da maioria das condutas que violam leis *antitrust*, a prática de preços predatórios que redunde em malogro tem custos para os *conspirators*[1351]. Em matéria de *conspiratorial motivation*, repete-se certa ambiguidade detectada no parágrafo anterior: também aqui não é descabido falar de "resultado" da interdependência, de outra forma de a expressar[1352].

No rol dos *plus factors*, conta-se também a *evidence implying traditional conspiracy*[1353] (*v. g.*, sob forma de testemunhos ou de gravações de conversas)[1354] e a constância de lucros extraordinariamente elevados[1355]. Sucede que, também agora, há incertezas. Por uma parte, está por determinar o que seja um nível de proveitos extraordinário ou excessivo. Por outra banda, ao estudar o direito comunitário, apurámos que, tal como lucros reduzidos ou perdas temporárias são compatíveis com posições dominantes, ganhos pingues podem ter lugar em época de concorrência efectiva[1356].

[1351] U.S. Supreme Court (26.3.1986), *MATSUHITA ELEC. INDUSTRIAL CO. v. ZENITH RADIO*, 475 U.S. 574, 595 (1986). A forma como o Supremo tratou a predação foi aplaudida na doutrina, nomeadamente por aquilo que representava em termos de rigor económico no domínio do *antitrust* (BORK, *The Antitrust Paradox...*, p. 433).

[1352] United States Court of Appeals, Third Circuit (29.9.2004), *In re FLAT GLASS ANTITRUST LITIGATION*, 385 F.3d 350, 360: «(...) Evidence that the defendant had a motive to enter into a price fixing conspiracy means evidence that the industry is conducive to oligopolistic price fixing, either interdependently or through a more express form of collusion. In other words, it is "evidence that the structure of the market was such as to make secret price fixing feasible." (...)».

[1353] United States Court of Appeals, Third Circuit (29.9.2004), *In re FLAT GLASS ANTITRUST LITIGATION*, 385 F.3d 350, 360; *id.*, de 13.7.1993, *PETRUZZI'S IGA SUPERMARKETS*, 998 F.2d 1224, 1244.

[1354] United States Court of Appeals, Third Circuit (13.7.1993), *PETRUZZI'S IGA SUPERMARKETS*, 998 F.2d 1224, 1233 ss..

[1355] Cfr. STROUX, *US and EC Oligopoly...*, p. 52. Em *Estate Le Baron*, o Court of Appeals considerou que, em geral, «(...) "high profit margins" (...) would be especially probative of the existence of a conspiracy (...)» [United States Court of Appeals, Ninth Circuit (1.11.1974), *ESTATE of William LE BARON, Sr., et al. v. ROHM AND HAAS COMPANY, and Monsanto Company*, 506 F.2d 1261, 1263].

[1356] TJCE, acórdãos de 14.2.1978, *United Brands*, *Slg.* 1978, p. 207, n.os 125-126 e de 9.11.1983, *Michelin*, *Slg.* 1983, p. 3461, n.º 59; decisão de 14.5.1997, *Irish Sugar plc*, JO L 258, de 22.9.1997, p. 1, n.º 103.

A adopção de práticas facilitadoras (*v. g.*, estandardização de produtos[1357] e trocas de informação, mormente sob forma de anúncios de preços[1358]) pode igualmente funcionar como *plus factor*, permitindo que se venha a deduzir a existência de colusão. No que tange às trocas de informação, só servem para inferir *conspiracy* desde que influenciem realmente a formação do preço[1359] [1360].

Importa agora indicar o parâmetro de prova a que é necessário obedecer para concluir que as empresas desrespeitaram o preceituado na *Section* 1 do *Sherman Act*. Para convencer o juiz de que ocorreu violação da § 1, o que precisa o demandante de provar? Em *Matsuhita Elec. Industrial Co. v. Zenith Radio*, o Supreme Court focou a questão, mas, na medida em que apontou dois parâmetros, não foi claro. À uma, afirmou que tem de haver prova «(…) "that *tends to exclude* the possibility" that the alleged conspirators acted independently (…)». À outra parte, entendeu ser necessário mostrar que a «(…) inference of conspiracy is *reasonable* in light of the competing inferences of independent action or collusive action that could not have harmed respondents (…)»[1361]. A exigência de provar que a *inference of conspiracy* é razoável parece ser mais fácil de cumprir do que aqueloutra tendente a excluir que os concorrentes actuaram de jeito autónomo e não concertado[1362].

[1357] Cfr. United States Court of Appeals, Seventh Circuit (13.4.1965), *NATIONAL MACARONI MANUFACTURERS ASSOCIATION, et al. v. FEDERAL TRADE COMMISSION*, 345 F.2d 421, 424.

[1358] Cfr. United States Court of Appeals, Ninth Circuit (22.6.1990), *In re COORDINATED PRETRIAL PROCEEDINGS IN PETROLEUM PRODUCTS ANTITRUST*, 906 F.2d 432, 445 ss..

[1359] Stroux, *US and EC Oligopoly…*, p. 54 e United States Court of Appeals, Eighth Circuit (17.2.2000), *BLOMKEST FERTILIZER, INC. e outros v. POTASH CORPORATION OF SASKATCHEWAN, Inc. e outros*, 203 F.3d 1028, 1034 [«(…) there must be evidence that the exchanges of information had an impact on pricing decisions (…)»], retomando United States Court of Appeals, Third Circuit (12.1.1999), *In re BABY FOOD ANTITRUST LITIGATION*, 166 F.3d 112, 125.

[1360] No n.º **4**, voltaremos a lidar com práticas facilitadoras.

[1361] U.S. Supreme Court (26.3.1986), *MATSUHITA ELEC. INDUSTRIAL CO. v. ZENITH RADIO*, 475 U.S. 574, 588 (1986) – sublinhados nossos –, que vai na esteira de acórdão do mesmo tribunal datado de 20.3.1984, a saber, *MONSANTO CO. v. SPRAY-RITE SERVICE CORP.*, 465 U.S. 752, 768.

[1362] Stroux, *US and EC Oligopoly…*, p. 54.

A jurisprudência posterior vai no sentido da última hipótese, ou seja, recorrendo aos *plus factors* (e ao paralelismo), o demandante tem de apresentar prova tendente a excluir a possibilidade de os demandados terem agido de forma autónoma[1363].

1.3. **Notas finais**

A *Section* 1 do *Sherman Act*, a exemplo do que sucede com o art. 81.º, n.º 1 CE, não cobre o paralelismo que, nos mercados de oligopólio, promana da interdependência conjectural. Via de regra, para dizer que ocorre violação da § 1, não basta verificar que há paralelismo de condutas; o demandante tem ainda de fazer prova de *plus factors* (*v.g.*, motivos que levam as empresas a aderir a processos colusivos; actos que não parecem convenientes à prossecução do interesse de quem os pratica). Isto torna a tarefa probatória mais exigente do que a do direito comunitário, no qual não é necessário provar *plus factors*.

Na nossa opinião, em cotejo com o art. 81.º, n.º 1 CE, a *Section* 1 do *Sherman Act* encerra menos virtualidades de controlar oligopólios: em termos materiais, a diferença não é grande – nem uma nem outra norma abarcam o paralelismo interdependente –, mas, em termos probatórios, no direito norte-americano pede-se mais do que no direito europeu, pois o demandante tem de provar *plus factors* que, em conjugação com o paralelismo, permitem firmar a existência de *conspiracy*.

Não cobrindo o paralelismo interdependente, a § 1 não possibilita controlo muito eficaz dos oligopólios. É verdade que reprime *contract*, *combination* ou *conspiracy* entre oligopolistas, mas não é menos certo que estes usam cada vez mais a coordenação tácita e não esses meios de colusão activa (que os deixam mais expostos à atenção das autoridades).

Registado o papel da *Section* 1 em matéria de controlo de oligopólios, vejamos o contributo que a § 2 do *Sherman Act* pode dar[1364].

[1363] United States Court of Appeals, Third Circuit (12.1.1999), *In re BABY FOOD ANTITRUST LITIGATION*, 166 F.3d 112, 126; United States Court of Appeals, Eighth Circuit (17.2.2000), *BLOMKEST FERTILIZER, INC.*, 203 F.3d 1028, 1034; United States Court of Appeals, Eleventh Circuit (22.9.2003), *WILLIAMSON OIL*, 346 F.3d 1287, 1303.

[1364] No n.º **4**, a propósito das práticas facilitadoras, aludiremos de novo à *Section* 1 do *Sherman Act*.

2. Recurso à *Section* 2 do *Sherman Act*

2.1. Preliminares

A *Section* 2 do Sherman Act estatui que «(...) Every person who shall monopolize, or attempt to monopolize, or combine or conspire with any other person or persons, to monopolize any part of the trade or commerce among the several States, or foreign nations, shall be deemed guilty of a felony (...)». O delito de monopolização supõe o preenchimento de dois requisitos: «(...) possession of monopoly power (...)», por um lado, «(...) the willful acquisition or maintenance of that power as distinguished from growth or development as a consequence of a superior product, business acumen, or historic accident (...)», por outro[1365].

No que toca ao primeiro requisito, ele significa um *large amount of market power*[1366]. De modo mais concreto, está em causa o poder de controlar os preços ou de excluir a concorrência; em termos quantitativos, uma quota correspondente a 90 % do mercado concede, sem margem para dúvida, o poder de monopólio em questão[1367].

Quanto à segunda condição, houve jurisprudência que sufragou responsabilidade objectiva: o monopolista cometeria delito de monopolização sempre que desenvolvesse a sua actividade (sujeito a defesa por

---

[1365] United States Court of Appeals, Second Circuit (7.8.1987), *Rosemary BELFIORE (e outros) v. The NEW YORK TIMES COMPANY*, 826 F.2d 177, 180; United States Court of Appeals, Fifth Circuit (15.10.1984), *UNITED STATES of America v. AMERICAN AIRLINES, INC. and Robert L. Crandall*, 743 F.2d 1114, 1117; United States Court of Appeals, Second Circuit (25.6.1979), *BERKEY PHOTO, INC. v. EASTMAN KODAK COMPANY*, 603 F.2d 263, 274, retomando *obiter dictum* da sentença proferida em 1966 pelo Supreme Court em *United States v. Grinnell Corp.*. GAVIL, KOVACIC e BAKER (*Antitrust...*, p. 562) noticiam que as decisões judiciais continuam a utilizar este quadro de dois requisitos; na mesma esteira, AREEDA/KAPLOW/EDLIN, *Antitrust...*, p. 393.

[1366] HOVENKAMP, *Federal...*, p. 272.

[1367] *Vd.* a informação que nos dá MIGUEL MOURA E SILVA, *Inovação...*, pp. 202-203. Cfr., também, United States District Court, D. Maryland (21.5.1962), *AMERICAN FOOTBALL LEAGUE et al. v. NATIONAL FOOTBALL LEAGUE et al.*, 205 F.Supp. 60, 63 e United States District Court, N.D. Texas, Dallas Division (12.9.1983), *UNITED STATES of America v. AMERICAN AIRLINES, INC. and Robert L. Crandall*, 570 F.Supp. 654, 659.

excepção quando o poder de monopólio lhe fosse imposto pelo próprio mercado, já por mor da superioridade dos seus produtos, já em virtude de gestão eficaz ou de acidente histórico)[1368]. Com o rodar do tempo, a jurisprudência dominante cursou outro rumo, exigindo conduta tendente à exclusão dos concorrentes[1369]. Como observa MIGUEL MOURA E SILVA, o monopolista pode livremente praticar preços de monopólio, não havendo meio de o obrigar a praticar preços razoáveis (ponto em que o direito americano difere do direito europeu). Esta solução pode ser explicada tendo em conta a filosofia que subjaz à § 2 do *Sherman Act*; praticando preços de monopólio, a empresa torna mais atractiva a entrada de novos concorrentes ou o aumento do volume de produção por parte das outras empresas. É como se o lucro de monopólio atraísse a concorrência, sendo necessário impedir que o monopolista coloque obstáculos injustificados a tal concorrência – daí o segundo requisito, daí a exigência de actos tendentes a excluir competidores[1370].

Depois de, com KAYSEN, ter escrito que o principal defeito a apontar à *antitrust law* era a incapacidade de lidar com o poder de mercado resultante da actuação conjunta de oligopolistas[1371], TURNER admitiu o recurso à § 2 no sentido de controlar oligopólios, sufragando a desconcentração das indústrias oligopolísticas (mormente por alienação de partes das grandes empresas)[1372].

Na sequência das concepções de KAYSEN e de TURNER, houve, em 1968 e 1973, projectos legislativos visando o desmembramento dos mercados oligopolísticos. Porém, nenhum deles vingou, já que tiveram forte oposição por parte de académicos (nomedamente da Escola de Chicago), das agências governamentais e da comunidade de negócios.

[1368] MIGUEL MOURA E SILVA, *Inovação...*, p. 203.

[1369] MIGUEL MOURA E SILVA, *Inovação...*, p. 203; STROUX, *US and EC Oligopoly...*, p. 58.

[1370] MIGUEL MOURA E SILVA, *Inovação...*, pp. 203-204. Ainda assim, nem todas as práticas de exclusão são proibidas, porquanto há comportamentos que, não obstante afastarem competidores, contribuem para a eficiência económica – *vd. últ. a. e ob. cits.*, p. 204.

[1371] KAYSEN/TURNER, *Antitrust...*, p. 110.

[1372] DONALD F. TURNER, «The scope of antitrust and other economic regulatory policies», *HLR*, vol. 82, n.º 6, April 1969, pp. 1230-1231. Outrossim, *vd.* já KAYSEN/ /TURNER, *Antitrust...*, p. 114.

Em particular, destaca-se evento que se realizou em 1974, a "Airlie House Conference", vista como marco importante da crítica ao pensamento estruturalista em matéria de oligopólio[1373].

POSNER criticou a "no fault monopoly interpretation" que se fez do caso *ALCOA*[1374], invocando que, se ela já deixava dúvidas em sede de monopólio, mais perplexidades suscitava perante o oligopólio: «(...) The basis for inferring undesirable performance is much stronger in the monopoly than in the oligopoly context (...)»[1375]. POSNER apõe reservas a soluções estruturais (como as que foram propostas por TURNER e implicavam a desconcentração do mercado), visto que, ressalvando algumas (poucas) excepções, o monopolista (ou o grupo de oligopolistas actuando em comum) só logra manter a sua prevalência de modo duradouro desde que se verifiquem condições – *e. g.*, técnica avançada ou práticas predatórias dirigidas contra eventuais *newcomers* – que, manifestamente, não pedem os citados remédios estruturais. Na falta de tais condições, os monopólios (e oligopólios) terão, por norma, vida curta – estão em causa meras imperfeições transitórias de mercado –, não se justificando soluções tão fortes como as propugnadas pelos estruturalistas. Para POSNER, o ideal seria prevenir práticas pelas quais o poder de mercado se consegue e é explorado[1376].

2.2. **A jurisprudência**

Num processo a que aludimos a propósito da § 1 do *Sherman Act* e em que estava em causa a manipulação de preços por parte de três

[1373] Cfr. STROUX, *US and EC Oligopoly...*, p. 61; GELLHORN/KOVACIC/CALKINS, *Antitrust...*, p. 332. Ao que se diz no texto não foi alheia a influência de um artigo escrito por STIGLER («A Theory...») que já citámos e no qual o Autor demonstrou que a concentração, por si só, não tem de implicar resultados colusórios (ver, de novo, STROUX, *US and EC Oligopoly...*, p. 59).

[1374] Circuit Court of Appeals, Second Circuit (12.3.1945), *UNITED STATES v. ALUMINIUM CO. OF AMERICA et al.*, 148 F.2d 416. Na concepção da "no fault monopoly interpretation", o comportamento da empresa seria condenado pela simples circunstância de ela deter poder de monopólio (ou seja, vai-se para além da punição de conduta intencional contrária à concorrência) – *vide* STROUX, *US and EC Oligopoly...*, p. 57.

[1375] POSNER, «Oligopoly...», p. 1597.

[1376] POSNER, «Oligopoly...», p. 1597.

fabricantes norte-americanos de cigarros, o Supreme Court entendeu que existia violação das *Sections* 1 e 2 do *Sherman Act*[1377]. Esta sentença e aqueloutra proferida no caso *United States v. Paramount Pictures*[1378] foram vistas por alguns como representando a aceitação, ao menos implícita, de certo conceito de monopolização conjunta (*joint monopolization*): embora uma empresa não conseguisse poder para controlar preços ou para excluir a concorrência, os oligopolistas em conjunto teriam tal possibilidade[1379]. Simplesmente, isto não significou mais do que um assomo, pois a jurisprudência rejeita expressamente a ideia segundo a qual um globo de empresas que detém *market power* pode ser condenado, ao abrigo da *Section* 2, por delito de monopolização conjunta[1380].

Se a *joint monopolization* não pode ser assacada aos oligopolistas, cumpre perguntar se eles podem cometer o delito de *conspiracy to monopolize*, igualmente previsto na § 2. No acórdão *American Tobacco v. United States*, o Supreme Court declarou que a «(...) correct interpretation of the statute and of the authorities makes it the crime of monopolizing, under 2 of the Sherman Act, for parties, as in these cases, to combine or conspire to acquire or maintain the power to exclude competitors from any part of the trade or commerce among the several states or with foreign nations, provided they also have such a power that they are able, as a group, to exclude actual or potential competition from the

---

[1377] Cfr. U.S. Supreme Court (10.6.1946), *AMERICAN TOBACCO CO. v. UNITED STATES*, 328 U.S. 781, 788 e 814-815 (1946).

[1378] U.S. Supreme Court (3.5.1948), *U.S. v. PARAMOUNT PICTURES, INC.*, 334 U.S. 131 (1948).

[1379] *Vide* STROUX, *US and EC Oligopoly...*, p. 63.

[1380] «(...) This theory of *shared* monopoly power was then, and still is, beyond the reach of § 2 of the Sherman Act (...)» – United States District Court, C.D. California (13.12.1991), *In re COORDINATED PRETRIAL PROCEEDINGS IN PETROLEUM PRODUCTS ANTITRUST LITIGATION*, 782 F.Supp. 481, 485, com indicação de jurisprudência suplementar; United States District Court, S.D. New York (12.6.1995), *David KRAMER v. The POLLOCK-KRASNER FOUNDATION, The Pollock-Krasner Authentication Board, Inc., Sotheby's, Inc., and Christie, Manson & Woods International, Inc.*, 890 F.Supp. 250, 256 [«(...) While allegations of a shared monopoly, i.e., that the defendants' combined market power constitutes monopolization or attempted monopolization of the relevant market on first blush may seem persuasive, they do not constitute a violation of section 2 (...)»]. Ver, igualmente, *Sun Dun, Inc. v. Coca-Cola Co.*, Supp. 381, 390 (D.Md. 1990) – citado em STROUX, *US and EC Oligopoly...*, p. 63, n. 43.

field and provided that they have the intent and purpose to exercise that power (...)»[1381]. Sucede que a questão de saber se existe *conspiracy to monopolize* há-de ser resolvida no quadro dos princípios que governam a *conspiracy in restraint of trade* (*Section* 1 do *Sherman Act*)[1382], pelo que, no plano probatório, os demandantes têm de respeitar as exigências referidas a propósito da § 1[1383] – logo se vê que o paralelismo interdependente não pode ser equiparado à *conspiracy to monopolize*[1384].

No que toca à possibilidade de recorrer à tentativa de monopolização (*attempt to monopolize*) – igualmente prevista na § 2 – como forma de controlar condutas de oligopolistas, as autoridades norte-americanas lançaram mão de tal via no processo *United States of America v. American Airlines e Robert Crandall.* Numa conversa telefónica que teve lugar em 1 de Fevereiro de 1982, Robert Crandall – director da companhia de aviação *American Airlines* – convidou Howard Putnam – responsável pela *Braniff Airlines* – a subir os seus preços no valor de 20 %, dizendo que, se Putnam acedesse, ele próprio (Crandall) faria o mesmo na manhã seguinte, ficando ambos a ganhar. Putnam gravou a conversa e, em lugar de aumentar os preços, apresentou a gravação às autoridades, que acusaram Crandall e a *American Airlines* de tentativa de monopolização con-

---

[1381] U.S. Supreme Court (10.6.1946), *AMERICAN TOBACCO CO. v. UNITED STATES*, 328 U.S. 781, 809 (1946).

[1382] STROUX, *US and EC Oligopoly...*, p. 64 e AA. aí citados; GELLHORN/KOVACIC/ /CALKINS, *Antitrust...*, pp. 323-324.

[1383] Veja-se, agora, United States District Court, S.D. New York (12.6.1995), *KRAMER v. POLLOCK-KRASNER FOUNDATION,* 890 F.Supp. 250, 255 [«(...) when a plaintiff seeks to prove a conspiracy from inferences drawn from market facts, those facts must tend to show that the allegedly conspiratorial actions resulted from some sort of an agreement, and not merely from independent, parallel conduct by firms acting in their own self-interests (...)»].

Em confronto com a *Section* 1, pode mesmo dizer-se que provar *conspiracy* é mais difícil quando está em causa violação da *Section* 2, designadamente porque é preciso mostrar a intenção de monopolizar – *vd.* SULLIVAN/GRIMES, *The Law...*, p. 137 e HOVENKAMP, *Federal...*, p. 288.

[1384] Cfr. STROUX, *US and EC Oligopoly...*, p. 64. *Vd.*, ainda, United States Court of Appeals, Second Circuit (24.2.1987), *INTERNATIONAL DISTRIBUTION CENTERS, INC. v. WALSH TRUCKING CO., INC., Coastal Freight Lines, Inc., Hempstead Delivery Co., Inc., National Retail Transportation Inc., Francis J. Walsh, Jr., Kenneth B. Henning, Mark S. Tice, Raymond Weiss, Carmine Sabatini and Chuck Hannon*, 812 F.2d 786, 795-796; *id.*, sentença de 7.8.1987, *BELFIORE*, 826 F.2d 177, 183.

junta (*attempt to jointly monopolize*)[1385]. No District Court, a acusação não procedeu: por um lado, o tribunal entendeu que, antes de existir *agreement*, nenhuma das partes detinha poder de mercado suficiente para se envolver em condutas proibidas pela *Section* 2; por outro lado, considerou que a atitude de Crandall constituía uma simples solicitação para aumentar preços e a § 2 não podia ser entendida de forma a abarcar *solicitations*[1386]. Já o Court of Appeals decidiu em sentido oposto, dando guarida à pretensão do Governo norte-americano segundo a qual o acto de Robert Crandall configurava tentativa de monopolização conjunta; no momento em que Putnam aceitasse a proposta, as duas companhias aéreas em causa deteriam poder de monopólio (e, nesse mesmo momento, existiria delito de monopolização conjunta)[1387]. Os juízes do Fifth Circuit assinalaram que a leitura correcta dos casos *American Tobacco* e *Zenith Radio* não suporta o argumento de que o *agreement* é factor essencial da tentativa de monopolização (conjunta)[1388]; o convite feito por Crandall já satisfaz as duas condições requeridas para haver *attempt to monopolize*: específica intenção de lograr o resultado ilícito e probabilidade *perigosa* (*dangerous probability*) de sucesso da tentativa[1389].

[1385] United States District Court, N.D. Texas, Dallas Division (12.9.1983), *UNITED STATES v. AMERICAN AIRLINES*, 570 F.Supp. 654, 656; United States Court of Appeals, Fifth Circuit (15.10.1984), *UNITED STATES v. AMERICAN AIRLINES*, 743 F.2d 1114, 1116.

[1386] United States District Court, N.D. Texas, Dallas Division (12.9.1983), *UNITED STATES v. AMERICAN AIRLINES*, 570 F.Supp. 654, mormente 657 ss., 659 ss. e 663.

[1387] United States Court of Appeals, Fifth Circuit (15.10.1984), *UNITED STATES v. AMERICAN AIRLINES*, 743 F.2d 1114, 1118.

[1388] United States Court of Appeals, Fifth Circuit (15.10.1984), *UNITED STATES v. AMERICAN AIRLINES*, 743 F.2d 1114, 1120 (e 1119, *in fine*).

[1389] Cfr. United States Court of Appeals, Fifth Circuit (15.10.1984), *UNITED STATES v. AMERICAN AIRLINES*, 743 F.2d 1114, 1118-1119.

No que tange ao primeiro requisito, cfr. United States District Court, D. Maryland (21.5.1962), *AMERICAN FOOTBALL LEAGUE v. NATIONAL FOOTBALL LEAGUE*, 205 F.Supp. 60, 65: [«(...) Neither rough competition nor unethical business conduct is sufficient. The requisite intent to monopolize must be present and predominant (...)»]. Quanto ao segundo, a plausibilidade de a tentativa ser bem sucedida no caso *sub iudice* resultava da elevada quota de mercado das duas companhias aéreas, da existência de barreiras à entrada no mercado e do poder que Crandall e Putnam detinham no sentido de influenciar a actuação das companhias que dirigiam (*vd.* trechos da sentença citados no início desta nota).

A jurisprudência também já disse que a tentativa de monopolização requer prova de: intenção específica de monopolizar; conduta anticompetitiva ou predatória; probabi-

A sentença do Court of Appeals merece reparo, pois admitir a tentativa de monopolização conjunta não é passo coerente com o que há pouco se disse sobre o assaque de *joint monopolization* aos oligopolistas. A decisão judicial em causa só se compreende quando pensamos que data de 1984 e se reporta, no que diz respeito à possibilidade de *joint monopolization*, ao acórdão *American Tobacco v. United States*. Ora, não podemos esquecer que, em momento posterior, a jurisprudência rejeitou concepção em cujos termos um conjunto de empresas que detém poder de mercado pode ser condenado, ao abrigo da § 2, por delito de monopolização conjunta[1390]. Por conseguinte, parece-nos que não é de admitir a tentativa de monopolização conjunta.

Ainda que se defendesse opinião contrária, não nos deveríamos deixar iludir pelas potencialidades que o caso *American Airlines* parece criar no sentido do controlo dos oligopólios. É que nele sucede algo que não é comum: há material probatório, consubstanciado na existência da gravação do telefonema. Ora, bem sabemos que, para dar a conhecer aos concorrentes as suas intenções e propósitos, os oligopolistas empregam meios bem mais subtis, evitando deixar vestígios que possam constituir material de prova a usar pelas autoridades *antitrust*[1391].

2.3. **Nota final**

Considerando o que se disse nas páginas anteriores, entendemos que a *Section* 2 do *Sherman Act* não é instrumento que, nos Estados Unidos da América, assuma papel de monta no controlo dos oligopólios[1392]. Aliás, pensando na § 2 em termos mais gerais e comparando a sua aplicação com a do artigo 82.º CE, verificamos que esta norma impõe maiores

---

lidade perigosa de sucesso – cfr. SULLIVAN/GRIMES, *The Law...*, pp. 73 e 132; GAVIL/ /KOVACIC/BAKER, *Antitrust...*, p. 676.

[1390] United States District Court, C.D. California (13.12.1991), *In re COORDINATED PRETRIAL PROCEEDINGS IN PETROLEUM PRODUCTS ANTITRUST LITIGATION*, 782 F.Supp. 481, 485; United States District Court, S.D. New York (12.6.1995), *KRAMER v. POLLOCK-KRASNER FOUNDATION*, 890 F.Supp. 250, 256.

[1391] Cfr. STROUX, *US and EC Oligopoly...*, p. 66.

[1392] Em sentido convergente, GELLHORN/KOVACIC/CALKINS, *Antitrust...*, p. 323 e STROUX, *US and EC Oligopoly...*, p. 66.

restrições à actuação das empresas dominantes – desde logo, é mais fácil considerar "dominante" uma empresa no quadro do art. 82.º CE do que tê-la por "monopolista" para efeitos da *Section* 2: no espaço comunitário bastam muitas vezes quotas de mercado superiores a 40 % para a empresa ser qualificada de dominante; nos Estados Unidos, o *monopoly power* é habitualmente associado a parcelas de mercado que ascendem a valores próximos de 70 %[1393].

3. **Emprego da *Section* 5 do *Federal Trade Commission Act*. Remissão parcial para o problema das práticas facilitadoras**

O *Federal Trade Commission Act* foi aprovado em 1914 e, tal como o *Clayton Act*, destinou-se a acalmar receios de ver a aplicação do *Sherman Act* posta em causa pela consagração da *rule of reason* nas sentenças *Standard Oil Co. of New Jersey v. U.S.* e *U.S. v. American Tobacco Co.*. O *Federal Trade Commission Act* instituiu a Federal Trade Commission e possibilitou uma base de imputação alargada, nomeadamente através da sua *Section* 5 (que declarava ilícitos os métodos desleais de concorrência)[1394]. Mercê de tal alargamento, a FTC poderia vir a escrutinar práticas que considerasse anticompetitivas, mas não violassem outras leis *antitrust* (designadamente o *Sherman Act*)[1395]. Entre essas práticas, figurariam os comportamentos dos oligopolistas[1396].

[1393] Cfr. GAVIL/KOVACIC/BAKER, *Antitrust...*, p. 676 e também HOVENKAMP, *Federal...*, p. 272, *in fine*.

[1394] HOVENKAMP, *Federal...*, p. 57, PERITZ, *Competition...*, pp. 64-65 e MIGUEL MOURA E SILVA, *Inovação...*, p. 119.

[1395] HOVENKAMP, *Federal...*, p. 57; é paradigmática a resposta *afirmativa* que o Supreme Court deu à questão de saber se a *Section* 5 dá à FTC poder «(...) to define and proscribe an unfair competitive practice, even though the practice does not infringe either the letter or the spirit of the antitrust laws (...)» – sentença de 1.3.1972, *FTC v. SPERRY & HUTCHINSON CO.*, 405 U.S. 233, 239 (1972).

De resto, já anteriormente o Supreme Court entendera que «(...) individual conduct, or concerted conduct, which *falls short of* being a Sherman Act violation may as a matter of law constitute an 'unfair method of competition' prohibited by the Trade Comission Act (...). The Commission and the courts were to determine what conduct, even though it might then be short of a Sherman Act violation, was an 'unfair method of competition' (...)» [ac. de 26.4.1948, *FEDERAL TRADE COMMISSION v. CEMENT INSTITUTE*, 333 U.S. 683, 708 (1948) – o grifo é nosso] e assinalara que o *Federal*

Visto que o Congresso norte-americano não se mostrou disposto a aprovar as medidas de desconcentração dos oligopólios propostas pelos estruturalistas (*vd. supra*) e atendendo à dificuldade em preencher os requisitos de aplicação da § 2 do *Sherman Act*, a FTC tentou aplicar a teoria do monopólio partilhado (*shared monopoly theory*) lançando mão da § 5 do *Federal Trade Commission Act*. Em 1972, a FTC imputou às empresas *Kellogg*, *General Mills*, *General Foods* e *Quaker Oats*[1397] a prática de toda uma série de actos que redundariam no desenvolvimento de um poder de monopólio partilhado, constituindo métodos desleais de concorrência no sentido da *Section* 5(a) do *Federal Trade Commission Act*. Graças a meios como a diferenciação excessiva de produtos, a aquisição de concorrentes ou o emprego de métodos desleais na promoção dos bens, as empresas ergueram barreiras intransponíveis à entrada, logrando preços artificialmente elevados e lucros bastante maiores do que aqueles que perceberiam em mercado competitivo. A tentativa de aplicar a teoria do monopólio partilhado não foi bem sucedida e a FTC acabou por retirar a acusação[1398] [1399].

Por outra parte, a *Section* 5 do *Federal Trade Commission Act* serviu para apreciar convites à colusão (*invitations to collude*) em problemas

---

Trade Commission Act fora concebido para complementar e reforçar o *Sherman Act* e o *Clayton Act*, «(...) to stop in their incipiency acts and practices which, when full blown, would violate those Acts (...)» [ac. de 2.2.1953, *F.T.C. v. MOTION PICTURE ADV. CO.*, 344 U.S. 392, 394-395 (1953)].

[1396] Quando tratam o *oligopoly problem*, GELLHORN, KOVACIC e CALKINS aludem justamente às "propriedades elásticas" da Section 5, notando que permitiram abordar a coordenação entre empresas situada fora do âmbito do *Sherman Act* (*Antitrust...*, p. 324, *in fine*).

[1397] Em conjunto, detinham 91 % do mercado de cereais prontos-a-comer (*ready-to-eat cereals*).

[1398] Após observar que não se havia demonstrado a existência de *conspiracy to monopolize*, o Comissário CLANTON declarou que, na falta de um *clear predatory behaviour*, a teoria do monopólio partilhado não podia servir de base à conclusão de que a *Section* 5 do *Federal Trade Commission Act* fora violada.

[1399] Idêntico destino teve a acusação – dirigida a oito companhias refinadoras de petróleo – do caso *Exxon*. Obtivemos os dados referidos neste parágrafo em STROUX, *US and EC Oligopoly...*, pp. 68-69, GELLHORN/KOVACIC/CALKINS, *Antitrust...*, p. 326 e HOVENKAMP, *Federal...*, pp. 187-188. Sobre o sentido do oximoro *shared monopoly*, *vd.* GEORGE HAY, «Oligopoly...», p. 472, n. 125.

nos quais a conduta avaliada estava para além do âmbito de aplicação da § 1 do *Sherman Act* (não existia *agreement*). A título de exemplo, a FTC considerou que a proposta de concertação feita pela *Quality Trailer Products Corporation* a uma concorrente (a *American Marine Industries*)[1400] constituiria, caso fosse aceite, um *unlawful agreement in restraint of trade*. De qualquer forma, para a FTC, a simples proposta da *Quality Trailer* já era ilícita, consubstanciava método desleal de concorrência e infringia o *Federal Trade Commission Act*. Quando o *consent agreement* foi aprovado, a Comissária OWEN declarou que, ao menos no contexto dos mercados oligopolísticos, a *invitation to collude* pode, independentemente de aceitação, facilitar a coordenação de preços entre as empresas[1401] [1402]. Sucede que, em oligopólio, os convites à concertação assumem amiúde formas mais subtis, passando, nomeadamente, por práticas facilitadoras como os anúncios prévios de preços[1403]. Assim, dedicamos as próximas linhas ao estudo das *facilitating practices*; ele permite ter ideia mais cabal acerca do emprego da § 5 do *Federal Trade Commission Act* em matéria de controlo de oligopólios[1404].

[1400] Representantes da *Quality Trailer* visitaram as instalações da rival, argumentaram que os preços por esta cobrados em alguns bens eram demasiado baixos, alegaram que na indústria havia muito espaço para ambas as empresas e notaram que não era necessário elas concorrerem em matéria de preços.

[1401] Recolhemos as informações acerca do caso *Quality Trailer Products Corporation* em STROUX, *US and EC Oligopoly...*, p. 68, GELLHORN/KOVACIC/CALKINS, *Antitrust...*, pp. 328-329 (segundo os Autores, o processo não diz respeito especificamente ao oligopólio) e ainda no endereço www.ftc.gov/opa/predawn/F93/qualitytr7.htm.

[1402] Também no caso *AE Clevite, Inc.*, a FTC entendeu que a proposta feita a um rival (incitando-o a não competir no domínio dos preços) constituía concorrência desleal – *vd.* www.ftc.gov/opa/predawn/F93/ae-clevit3.htm e www.ftc.gov/opa/predawn/F93/clevite-34.htm.

[1403] Cfr. STROUX, *US and EC Oligopoly...*, p. 68.

[1404] E possibilita igualmente avaliação mais completa do emprego da *Section* 1 do *Sherman Act*, instrumento essencial de apreciação de uma das *facilitating practices*, a troca/transmissão de informações. No que toca a tal prática, o recurso da FTC à § 5 do *Federal Trade Commission Act* não teve grande sucesso – *vide* STROUX, *US and EC Oligopoly...*, p. 130, n. 58 e United States District Court, District of Columbia (27.5.1994), *FEDERAL TRADE COMMISSION v. ABBOTT LABORATORIES*, 853 F.Supp. 526.

4. **Práticas facilitadoras**

4.1. **Troca de informações**

A exemplo do que sucede na União Europeia[1405], a troca de informações, em si mesma, não é proibida, antes é objecto de *rule of reason approach* no qual a estrutura do mercado (*v.g.*, forma oligopolística) e o género de informação em causa são tópicos essenciais. No fundo, reconhece-se que o intercâmbio de dados tanto pode ter efeitos favoráveis para a concorrência como sequelas que lhe são adversas[1406].

Todavia, nem sempre foi assim: pensando na consideração de factores estruturais, o seu peso variou ao longo do tempo. Quando começou a lidar com a permuta de informações (posta em prática por associação que reunia diversas empresas), no processo *AMERICAN COLUMN & LUMBER CO. v. U.S*, o Supreme Court não decidiu com base na arquitectura do mercado, mas sim louvando-se no objectivo prosseguido pelas empresas[1407], acabando por considerar que as trocas *sub iudice* violavam a *Section* 1 do *Sherman Act*[1408]. Embora a sentença *AMERICAN COLUMN & LUMBER CO. v. U.S.* mereça crítica na medida em que não se ateve à estrutura do sector em causa, o ponto não passou despressentido a todos os membros do colectivo: votando vencido, o juiz Brandeis focou a dispersão de concorrentes, assinalando que a divulgação de dados promoveria a concorrência e, tornando-os acessíveis ao pequeno negócio,

---

[1405] *Vide Terceira Parte*, **A**, 5.1..

[1406] Cfr. Stroux, *US and EC Oligopoly...*, designadamente pp. 125, 155 e 163; Sullivan/Grimes, *The Law...*, pp. 233-234.

[1407] U.S. Supreme Court (19.12.1921), *AMERICAN COLUMN & LUMBER CO. v. U.S.*, 257 U.S. 377 (1921), 407 [«(...) But not only does the record thus show a persistent purpose to encourage members to unite in pressing for higher and higher prices, without regard to cost, but there are many admissions by members, not only that this was the purpose of the Plan, but that it was fully realized (...)»] e 409 [«(...) These quotations are sufficient to show beyond discussion that the purpose of the organization (...) was to bring about a concerted effort to raise prices regardless of cost or merit, and *so was unlawful*, and that the members were soon entirely satisfied that the Plan was 'carrying out the purpose for which it was intended' (...) – sublinhado nosso].

[1408] U.S. Supreme Court (19.12.1921), *AMERICAN COLUMN & LUMBER CO. v. U.S.*, 257 U.S. 377, 412 (1921). Na mesma linha, *vd.* U.S. Supreme Court (4.6.1923), *U.S. v. AMERICAN LINSEED OIL CO*, 262 U.S. 371, 388 (1923).

criaria igualdade de oportunidades entre os produtores[1409]. Noutros acórdãos que se seguiram (envolvendo troca de elementos através de *trade associations*), o Supreme Court voltou a menoscabar a estrutura do mercado; só que agora, baseando-se em circunstâncias como o carácter agregado das informações ou a existência de justificação comercial legítima, não declarou ilícito o intercâmbio de dados[1410].

Apenas em 1936, na sentença *SUGAR INSTITUTE v. UNITED STATES*[1411], o Supreme Court teve em conta a arquitectura do mercado num caso implicando troca de informações[1412]. Mesmo assim, apesar da referência, podemos dizer que o acórdão ainda integra, fechando-a, uma fase na qual o acento tónico se põe no nível de agregação dos dados e não na estrutura do mercado[1413]. Numa altura em que o direito comunitário da concorrência ainda vinha longe e naquilo que, em nossa opinião, é sintoma de rápido desenvolvimento do direito americano, deparamos já com tópicos que mais tarde viemos a encontrar na Europa, também ela mais complacente quando a informação é estatística ou agregada e não permite identificar empresas determinadas.

A jurisprudência viria a atribuir papel de monta a elementos estruturais em sentença do fim dos anos 60 do século XX, época em que o pensamento estruturalista marcava o direito *antitrust* americano. Com efeito, em *UNITED STATES v. CONTAINER CORP.*, acórdão no qual o Supreme Court declarou ilícito o intercâmbio de dados *sub iudice* (feito de modo directo entre as empresas)[1414], a concentração do mercado

---

[1409] U.S. Supreme Court (19.12.1921), *AMERICAN COLUMN & LUMBER CO. v. U.S.*, 257 U.S. 377, 415 e 418 (1921).

[1410] Cfr. U.S. Supreme Court (1.6.1925), *MAPLE FLOORING MANUFACTURERS ASSOCIATION v. U.S.*, 268 U.S. 563 (1925) e U.S. Supreme Court (1.6.1925), *CEMENT MANUFACTURERS PROTECTIVE ASSOCIATION v. U.S.*, 268 U.S. 588 (1925). Não é despiciendo notar que estas duas sentenças tiveram como relator o juiz HARLAN FISKE STONE, adepto da concepção de HERBERT HOOVER segundo a qual as *trade associations* deviam ser estimuladas (*corporate associationalism*) – PERITZ, *Competition...*, pp. 86-87 e STROUX, *US and EC Oligopoly...*, p. 127.

[1411] 297 U.S. 553 (1936).

[1412] STROUX, *US and EC Oligopoly...*, p. 127; SULLIVAN/GRIMES, *The Law...*, p. 238.

[1413] *Vd.* STROUX, *US and EC Oligopoly...*, p. 127, *in fine*.

[1414] U.S. Supreme Court (14.1.1969), *UNITED STATES v. CONTAINER CORP.*, 393 U.S. 333, 335 (1969): «(...) Here all that was present was a request by each defendant of its competitor for information as to the most recent price charged or quoted, whenever it needed such information and whenever it was not available from another source. Each

desempenhou papel fundamental: «(...) Price information exchanged in some markets may have no effect on a truly competitive price. *But the corrugated container industry is dominated by relatively few sellers* (...). Stabilizing prices as well as raising them is within the ban of 1 of the Sherman Act (...). The inferences are irresistible that the exchange of price information has had an anticompetitive effect in the industry, chilling the vigor of price competition (...)»[1415]. Lido o acórdão, não espanta ver STROUX a assinalar o bom acolhimento que teve junto de autores que pendem para o estruturalismo[1416]; aliás, embora GELLHORN, KOVACIC e CALKINS[1417] lobriguem um controlo mais severo da verificação de preços (entenda-se: da troca de informações) feita directamente pelas empresas, parece-nos que, em boa medida, o rigor da análise por parte do Supreme Court deriva da estrutura concentrada do mercado e não tanto dessa circunstância (permuta directa)[1418].

Nos anos 70 do século XX, quando a Escola de Chicago ganhou relevo no domínio *antitrust*, o Supreme Court esclareceu que o intercâmbio de informações atinentes ao preços não constitui *per se violation* do

---

defendant on receiving that request usually furnished the data with the expectation that it would be furnished reciprocal information when it wanted it (...)». O tribunal entendeu que «(...) That concerted action is of course sufficient to establish the combination or conspiracy, the initial ingredient of a violation of 1 of the Sherman Act (...)».

[1415] U.S. Supreme Court (14.1.1969), *UNITED STATES v. CONTAINER CORP.*, 393 U.S. 333, 337 (1969) – o grifo é da nossa autoria.

[1416] *Vide* STROUX, *US and EC Oligopoly...*, p. 129, o texto para o qual a A. remete (SULLIVAN/GRIMES, *The Law...*, p. 240) e ainda PERITZ, *Competition...*, p. 234.

[1417] *Antitrust...*, p. 291.

[1418] Embora votando no sentido que fez vencimento, o juiz FORTAS vincou que não entendia «(...) the Court's opinion to hold that the exchange of specific information among sellers as to prices charged to individual customers, pursuant to mutual arrangement, is a per se violation of the Sherman Act. Absent per se violation, proof is essential that the practice resulted in an unreasonable restraint of trade (...)». Já o juiz MARSHALL – que, tal como outros dois juízes, votou vencido – escreveu que não se podia concluir que «(...) this particular market is sufficiently oligopolistic, especially in light of the ease of entry, to justify the inference that price information will necessarily be used to stabilize prices (...)». U.S. Supreme Court (14.1.1969), *UNITED STATES v. CONTAINER CORP.*, 393 U.S. 333, respectivamente 338-339 e 343 (1969).

A opinião de FORTAS pareceu sugerir um *modified per se approach*, mediante o qual o acordo de troca de informações é ilícito *per se* na presença de certas condições estruturais – GEORGE HAY, «Oligopoly...», pp. 464-465.

Sherman Act[1419]: de jeito mais preciso, em *UNITED STATES v. UNITED STATES GYPSUM CO.*, o tribunal indicou que a troca de dados – já respeitantes ao preço, já a outros elementos – nem sempre tem efeitos anticoncorrenciais, podendo, mediante as circunstâncias, trazer ganhos de eficiência e tornar os mercados mais competitivos; seria necessário considerar factores de variada ordem, entre os quais a estrutura da indústria e a natureza da informação trocada[1420]. Daqui ressuma que não se condena a troca de informações com base apenas numa análise estrutural. Contudo, os juízes mostraram estar cientes de que as trocas de informação entre oligopolistas põem perigos particulares para a concorrência[1421], merecendo, por isso, escrutínio cuidadoso. Ora, parece ser a junção destas duas ideias – por um lado, recusa de *per se violation* e adopção de *rule of reason approach*; por outro lado, certo desfavor relativamente a trocas de informação entre oligopolistas – que levou alguns AA. a falar de "modified rule of reason" e de "market structure-related rule of reason"[1422].

Nos Estados Unidos, os ensinamentos do processo *UNITED STATES v. UNITED STATES GYPSUM CO.* permaneceram válidos[1423]. Em

[1419] Cfr. U.S. Supreme Court (17.6.1975), *U.S. v. CITIZENS & SOUTHERN NATIONAL BANK*, 422 U.S. 86, 113 (1975); *id.*, ac. de 29.6.1978, *UNITED STATES v. UNITED STATES GYPSUM CO.*, 438 U.S. 422, n. 16 (1978). É curioso notar que ambos os acórdãos citam, *inter alia*, a passagem do voto do juiz FORTAS a que há pouco fizemos referência.

Conquanto o trecho citado de *U.S. v. CITIZENS & SOUTHERN NATIONAL BANK* aluda à "divulgação" de elementos referentes ao preço (*dissemination of price information*), é patente pela n. 16 de *UNITED STATES v. UNITED STATES GYPSUM CO.* que, em tal trecho, estava em causa a troca de informações.

[1420] U.S. Supreme Court (29.6.1978), *UNITED STATES v. UNITED STATES GYPSUM CO.*, 438 U.S. 422, n. 16 (1978).

[1421] «(...) Especially in oligopolistic industries such as the gypsum board industry, the exchange of price information among competitors carries with it the added potential for the development of concerted price-fixing arrangements which lie at the core of the Sherman Act's prohibitions (...)» – U.S. Supreme Court (29.6.1978), *UNITED STATES v. UNITED STATES GYPSUM CO.*, 438 U.S. 422, 457 (1978).

[1422] GELLHORN/KOVACIC/CALKINS, *Antitrust...*, p. 294; STROUX, *US and EC Oligopoly...*, p. 130.

[1423] *Vide* STROUX, *US and EC Oligopoly...*, p. 130 e *Antitrust Guidelines for Collaborations Among Competitors*, publicadas pela FTC e pelo U.S. Department of Justice em Abril de 2000, 3.31(b) – Relevant Agreements that May Facilitate Collusion – e 3.33 – Market Shares and Market Concentration. Obtivemos o texto das *Guidelines* em www.ftc.gov/os/2000/04/ftcdojguidelines.pdf.

jeito de síntese, pode afirmar-se que, mediante prova de objectivo anticoncorrencial, os acordos de troca de informações são ilícitos. Na falta de tal prova, verifica-se se têm por efeito reduzir a concorrência; nesta análise, assumem grande importância o tipo de informação em causa e a estrutura do mercado (a permuta de elementos em oligopólio é vista com particular cautela) – *modified rule of reason approach.*

Regista-se que o direito americano se aproxima do direito comunitário[1424]. Na União Europeia, consideram-se incompatíveis com o mercado comum e proibidos os acordos e as práticas concertadas que tenham por *objectivo* ou *efeito* impedir ou distorcer a concorrência (art. 81.º, n.º 1 CE); e, quando se analisa o intercâmbio de informação, a natureza desta e a estrutura do mercado são factores essenciais: no que toca ao primeiro ponto, há maior tolerância quando estão em causa informações estatísticas ou agregadas; quanto ao segundo *item*, o tratamento da permuta de dados em oligopólio é bastante rigoroso[1425].

No nosso modo de ver, os sistemas americano e europeu acarretam resultados positivos e equilibrados: pese embora levem longe os limites da proibição – não se quedam pelo objecto, permitem considerar o efeito da permuta de dados –, permitem contemplar os casos em que a troca de informações tem efeitos benignos e reconhecem que ela pode ter resultados distintos (conforme o grau de concentração da oferta).

Como dissemos a propósito do direito comunitário, a fim de transmitir informação para as rivais, as empresas recorrem a anúncios prévios dos preços a praticar; escrevemos na altura que esses anúncios, por si só, não são interditos. É certo que podem ter efeitos nocivos, mas, por outra parte, também representam elemento importante para quem compra, designadamente para empresas situadas em fases posteriores do processo de produção e venda dos bens (necessitadas de saber tão cedo quanto possível os preços que pagam pelos *inputs*, de modo a calcular custos e a estabelecer os preços dos seus próprios artigos). Nos Estados Unidos, a percepção é idêntica e os anúncios prévios de preços, em si mesmos, não são ilegais; para serem punidos, é preciso existir *fim* anticoncor-

---

[1424] Por ser mais recente, terá sido este a receber influência daquele.

[1425] Cfr. *Terceira Parte* (**A**, 5.1.) e Stroux, *US and EC Oligopoly...*, pp. 130, 155--156 e 163.

rencial (subsistindo a possibilidade de as empresas se defenderem mostrando que tinham justificação comercial legítima para os fazer)[1426].

Já na parte final de *United States v. General Motors Corp. and Ford Motor Co.* se havia reconhecido que «(...) The public announcement of a pricing decision cannot be twisted into an invitation or signal to conspire; it is instead an economic reality to which all other competitors must react (...)»[1427]. Na mesma linha, em *United States v. General Electric Co.* declarou-se que «(...) Nothing contained herein shall be construed to prohibit the defendant (...) from conveying information to any person retained by the defendant for a *legitimate purpose*, provided that, with regard to any such information that refers or relates to price, terms and conditions of sale, exhaust end load limits, and performance guarantees, the defendant shall secure from such person a legally binding commitment not to publish or re-use said information (...)»[1428]. Finalmente, no (esclarecedor) processo *E.I. DU PONT DE NEMOURS & COMPANY v. FEDERAL TRADE COMMISSION*, em escrutínio levado a cabo à luz da § 5 do *Federal Trade Commission Act*, o Court of Appeals entendeu que «(...) before business conduct in an oligopolistic industry may be labelled "unfair" within the meaning of § 5 a minimum standard demands that, absent a tacit agreement, at least some indicia of oppressiveness must exist such as (1) evidence of anticompetitive intent or purpose on the part of the producer charged, or (2) the absence of an independent legitimate reason for its conduct (...). In short, in the absence of proof of a violation of the antitrust laws or evidence of collusive, coercive, predatory, or exclusionary conduct, business practices are not "unfair" in violation of § 5 unless those practices either have an anticompetitive purpose or cannot be supported by an independent legitimate reason (...)»[1429]; *in casu*, existia mesmo justificação comercial legítima e autónoma para a

[1426] STROUX, *US and EC Oligopoly...*, p. 134.

[1427] United States District Court, E.D. Michigan, Southern Division (26.9.1974), *United States v. General Motors Corp. and Ford Motor Co.*, 1974 WL 926 (E.D. Mich.), 21.

[1428] United States District Court, E.D. Pennsylvania (*entered* 19.9.1977), *United States v. General Electric Co.*, 1977 WL 1475 (E.D. Pa.), 3 – o sublinhado é nosso.

[1429] United States Court of Appeals, Second Circuit (23.2.1984), *E.I. DU PONT DE NEMOURS & COMPANY v. FEDERAL TRADE COMMISSION*, 729 F.2d 128, 139-140.

O litígio em apreço é amiúde conhecido como "caso *Ethyl*" e a ele voltaremos, pois, além de marcar decisivamente o direito norte-americano, estavam em causa várias práticas facilitadoras.

atitude das empresas, já que os anúncios de aumentos de preços eram vistos como meios de auxiliar os clientes em termos de planeamento financeiro e de compras[1430].

4.2. **Outras práticas**

Ao passo que a troca de informações, de forma primordial, se apreciou à luz da *Section* 1 do *Sherman Act*, as outras *facilitating practices* foram analisadas recorrendo, sobretudo, à *Section* 5 do *Federal Trade Commission Act*. No que toca a fórmulas geográficas de preços, em *FEDERAL TRADE COMMISSION v. CEMENT INSTITUTE*, o tribunal confirmou decisão da FTC nos termos da qual certo *basing point delivered price system* constituía prática de concorrência desleal[1431]. Neste caso, havia concertação entre as empresas no sentido de pôr em prática esse sistema[1432], ficando por saber se a pretensão da FTC procederia caso as *facilitating practices* fossem levadas a cabo de maneira unilateral[1433]. Em *TRIANGLE CONDUIT v. FEDERAL TRADE COMMISSION*, a jurisprudência voltou a confirmar a condenação da FTC em matéria de fórmulas geográficas de preços: por um lado, o Seventh Circuit reconheceu

---

[1430] United States Court of Appeals, Second Circuit (23.2.1984), *E.I. DU PONT DE NEMOURS & COMPANY v. FEDERAL TRADE COMMISSION*, 729 F.2d 128, 134.

[1431] U.S. Supreme Court (26.4.1948), *FEDERAL TRADE COMMISSION v. CEMENT INSTITUTE*, 333 U.S. 683, 721 (1948): «(...) We uphold the Commission's conclusion that the basing point delivered price system employed by respondents is an unfair trade practice which the Trade Commission may suppress (...)».

[1432] U.S. Supreme Court (26.4.1948), *FEDERAL TRADE COMMISSION v. CEMENT INSTITUTE*, 333 U.S. 683, 708 (1948): «(...) the Commission does here specifically charge a *combination* to utilize the basing point system as a means to bring about uniform prices and terms of sale (...). Furthermore (...), the Commission has specifically found the existence of a *combination* among respondents to employ the basing point system for the purpose of selling at identical prices (...)» – sublinhados nossos. Noutro passo da sentença (713), nota-se que o emprego da fórmula geográfica de preços por parte dos fabricantes de cimento coincidira com situação em que, durante muitos anos e com raras excepções, todos os produtores tinham posto o cimento à venda em diversas localidades a preços idênticos; cabe aqui a pergunta de KEITH N. HYLTON (*Antitrust Law. Economic Theory and Common Law Evolution*, Cambridge, 2003, p. 157): «(...) How could such uniformity occur in the absence of an agreement to fix prices? (...)».

[1433] Cfr. GEORGE HAY, «Oligopoly...», p. 470; STROUX, *US and EC Oligopoly...*, p. 136.

a existência da *conspiracy* invocada pela FTC[1434]; por outra banda, depois de registar que «(...) each conduit seller knows that each of the other sellers is using the basing point formula; each knows that by using it he will be able to quote identical delivered prices and thus present a condition of matched prices under which purchasers are isolated and deprived of choice among sellers so far as price advantage is concerned (...)», os juízes acrescentaram que «(...) we cannot say that the Commission was wrong in concluding that the *individual* use of the basing point method as here used does constitute an unfair method of competition (...)»[1435]. O acórdão *TRIANGLE CONDUIT* suscitou crítica, aventando--se, inclusive, a hipótese de o tribunal ter considerado que as *basing point pricing practices* constituíam, *per se*, métodos desleais de concorrência[1436].

Porventura por se ter entendido que em *TRIANGLE CONDUIT* o tribunal fora longe demais, a § 5 do *Federal Trade Commission Act* não se aplicou, durante anos, a fórmulas geográficas de preços adoptadas de forma unilateral[1437]; e, quando chamada de novo ao tema, a jurisprudência afastou-se de qualquer proibição *per se* do sistema de pontos-base[1438],

[1434] Circuit Court of Appeals, Seventh Circuit (12.5.1948), *TRIANGLE CONDUIT & CABLE CO., Inc., et al. v. FEDERAL TRADE COMMISSION*, 168 F.2d 175, 180: «(...) Our study of this record and of the applicable law has convinced us that the Commission was justified in drawing the inference that the petitioners acted in concert in a price-fixing conspiracy (...)».

[1435] Circuit Court of Appeals, Seventh Circuit (12.5.1948), *TRIANGLE CONDUIT & CABLE CO., Inc., et al. v. FEDERAL TRADE COMMISSION*, 168 F.2d 175, 181 – o grifo é da nossa lavra.

[1436] Veja-se a notícia que disso nos dá STROUX, *US and EC Oligopoly...*, p. 137.

[1437] A título de exemplo, no caso *CHAIN* invocou-se *conspiracy* subjacente à fórmula geográfica de preços – United States Court of Appeals, Eighth Circuit (3.7.1957), *CHAIN INSTITUTE, Inc (e outros) v. FEDERAL TRADE COMMISSION*, 246 F.2d 231, 233: «(...) The first count charged the petitioners with conspiring, in violation of § 5 of the Federal Trade Commission Act, to fix identical delivered prices for their respective products by the use of the same delivered pricing methods (...) and thereby preventing the forces of competition from making and determining price quotations (...)». *Vd.*, ainda, GEORGE HAY, «Oligopoly...», p. 471.

[1438] United States Court of Appeals, Ninth Circuit (9.5.1980), *BOISE CASCADE CORPORATION, Champion International Corp., Georgia-Pacific Corp., Weyerhaeuser Co., and Willamette Industries, Inc. v. FEDERAL TRADE COMMISSION*, 637 F.2d 573, 581: «(...) The Commission asks us to find that the industry-wide use of West Coast freight constitutes a form of private control over the pricing process equivalent to conspiracy for purposes of per se analysis under section 5. *We believe, however, that parallel*

afirmando que «(...) the Commission must find either collusion or actual effect on competition to make out a section 5 violation for use of delivered pricing (...)»[1439] [1440]. Em *Ethyl*, processo que acabaria por marcar decisivamente o direito americano, a FTC sustentou que a adopção paralela de várias práticas facilitadoras – incluindo fórmulas geográficas de preços – constituía forma de concorrência desleal e infringia a *Section* 5 do *Federal Trade Commission Act*, ao menos quando reduzisse substancialmente a concorrência; as práticas em causa resultavam de actuação independente das empresas, os gestos destas não advinham de colusão[1441]. O Second Circuit rejeitou a pretensão da FTC e, consoante apontámos ao tratar anúncios prévios de preços, deu a entender que, faltando prova de colusão, uma conduta só pode ser qualificada de desleal ao abrigo da § 5 provando-se que as empresas prosseguiam objectivo anticompetitivo ou não tinham justificação comercial legítima e independente para tal conduta[1442]. No caso decidendo, essa explicação existia, pois os compradores solicitavam o *delivered price*[1443].

No que tange à cláusula do cliente mais favorecido, esteve em apreço no caso *United States v. General Electric Co. and Westinghouse Electric*

---

behavior, without more, does not trigger the per se treatment which is given to overt agreement (...)» – sublinhado nosso.

[1439] United States Court of Appeals, Ninth Circuit (9.5.1980), *BOISE CASCADE*, 637 F.2d 573, 582 (cfr., igualmente, 577). No fundo, é relevante apurar a demonstração de efeito anticompetitivo que tem de se fazer na ausência de prova de acordo horizontal. Cfr. HOVENKAMP, *Federal...*, p. 185; a título complementar, GEORGE HAY, «Oligopoly...», p. 472.

[1440] Porquanto se considerou que havia *conspiracy* punível nos termos da *Section* 1 do *Sherman Act*, as práticas das empresas acabariam por ser condenadas noutro processo; o Fifth Circuit chegou a esta conclusão tendo em conta a conduta paralela dos envolvidos e a prova de existência de contactos entre eles – United States Court of Appeals, Fifth Circuit (8.9.1981), *In re PLYWOOD ANTITRUST LITIGATION*, 655 F.2d 627, 634. *Vd.*, ainda, GELLHORN/KOVACIC/CALKINS, *Antitrust...*, p. 327.

[1441] Cfr. United States Court of Appeals, Second Circuit (23.2.1984), *E.I. DU PONT DE NEMOURS & COMPANY v. FEDERAL TRADE COMMISSION*, 729 F.2d 128, 130 e 137.

[1442] United States Court of Appeals, Second Circuit (23.2.1984), *E.I. DU PONT DE NEMOURS & COMPANY v. FEDERAL TRADE COMMISSION*, 729 F.2d 128, 139. STROUX, *US and EC Oligopoly...*, pp. 140-141.

[1443] Acresce que a *Ethyl* já punha em prática tal sistema quando era a única empresa produtora da indústria. United States Court of Appeals, Second Circuit (23.2.1984), *E.I. DU PONT DE NEMOURS & COMPANY v. FEDERAL TRADE COMMISSION*, 729 F.2d 128, 133.

Corp.[1444]. Cientes do perigo que ela comporta para a concorrência – lembremos que reduz o incentivo a baixar preços *in futuro* e limita os ganhos provindos do *cheating*, porquanto o desconto outorgado a certo comprador também favorecerá os que beneficiam da cláusula; isto fornece um ponto focal, dá aos concorrentes uma indicação de que o vendedor não assumirá posturas agressivas[1445] –, as autoridades acabaram por conseguir a respectiva proibição em determinados contratos[1446].

No processo *Ethyl*, as cláusulas do cliente mais favorecido integravam o rol de práticas facilitadoras que a FTC considerava ilícitas ao abrigo da § 5 do *Federal Trade Commission Act*[1447]. Ainda há pouco afirmámos que o Court of Appeals não considerou a pretensão procedente. Na ausência de elementos que demonstrem conluio, a cláusula só pode ser condenada *ex vi Section* 5 provando-se que as empresas visavam fim anticoncorrencial ou não tinham justificação comercial legítima e autónoma para dela lançar mão[1448]. Ora, no caso ela existia: a *"most favored nation" contractual clause* assegurava que os pequenos refinadores não ficavam, por via dos descontos de preços, em desvantagem competitiva face a grandes empresas como a *Standard Oil*, *Texaco* ou *Gulf*[1449] [1450].

[1444] United States District Court, E.D. Pennsylvania (*filed* 16.9.1977), *United States v. General Electric Co. and Westinghouse Electric Corp.*, 1977 WL 1474 (E.D. Pa.), 1: «(...) Both companies also adopted a price protection plan which provided that if the price was lowered by a manufacturer for a particular customer, any buyer within the previous six month period would be given an identical discount retroactively. Thus, each manufacturer was assured that the other would not engage in discounting because of the substantial self-imposed penalty involved (...). These practices resulted in a pattern of equal pricing in the sale of large turbine generators (...)».

[1445] Embora os compradores acreditem que a cláusula os defende face a reduções de preços concedidas ulteriormente a outras empresas, ela é amiúde produto de concerto e não um sinal de capacidade de barganha por parte de quem adquire. *Vd.* HOVENKAMP, *Federal...*, p. 186 e também GAVIL/KOVACIC/BAKER, *Antitrust...*, p. 325.

[1446] United States District Court, E.D. Pennsylvania (*entered* 19.9.1977), *United States v. General Electric Co.*, 1977 WL 1475 (E.D. Pa.), 1.

[1447] *Vide* United States Court of Appeals, Second Circuit (23.2.1984), *E.I. DU PONT DE NEMOURS & COMPANY v. FEDERAL TRADE COMMISSION*, 729 F.2d 128, 133, em que as cláusulas são denominadas *"most favored nation" clauses*.

[1448] Cfr. United States Court of Appeals, Second Circuit (23.2.1984), *E.I. DU PONT DE NEMOURS & COMPANY v. FEDERAL TRADE COMMISSION*, 729 F.2d 128, 139.

[1449] Demais, a *Ethyl* já recorria à cláusula quando era o único produtor do mercado. United States Court of Appeals, Second Circuit (23.2.1984), *E.I. DU PONT DE NEMOURS & COMPANY v. FEDERAL TRADE COMMISSION*, 729 F.2d 128, 134.

[1450] Depois de *Ethyl*, houve *private litigants* que contestaram cláusulas do cliente mais favorecido; porém, tão-pouco foram bem sucedidos – *vd.* United States District

4.3. **Nota final**

Em matéria de combate à adopção unilateral de práticas facilitadoras por parte de oligopolistas, a circunstância de a FTC não ter sido bem sucedida em *Ethyl* e os requisitos aí postos pelo Second Circuit funcionaram como factor de desencorajamento para as autoridades federais; é certo que, posteriormente, estas contestaram tais práticas, mas dentro de contextos em que não eram adoptadas de modo unilateral[1451].

Assim sendo, entendemos que, em sede de controlo de oligopólios, os resultados se aproximam daqueles que apontámos no direito comunitário. Na União Europeia, as práticas facilitadoras são puníveis desde que adoptadas por via de concertação; quando provêm de conduta unilateral, ficam fora do âmbito do art. 81.º, n.º 1 CE. Nos Estados Unidos, sucede fenómeno paralelo: mau grado as "propriedades elásticas" da § 5 do *Federal Trade Commission Act* e não obstante a zona de proibição que certas sentenças (*v.g.*, *FTC v. SPERRY & HUTCHINSON CO.*) parecem abrir, os critérios rigorosos aplicados em *Ethyl* e o revés aí sofrido pela FTC acabam por levar a que o controlo efectivo das *facilitating practices* seja muito condicionado à existência de *agreement*.

Por tudo isto, pensamos que o problema de saber se o controlo das práticas facilitadoras pode servir a fiscalização de oligopólios encontra resposta determinada pelo alcance da *Section* 1 do *Sherman Act* (e, na União Europeia, pelo âmbito do art. 81.º, n.º 1 CE).

Court, W.D. Washington (8.10.1987), *KITSAP PHYSICIANS SERVICE v. WASHINGTON DENTAL SERVICE, et al.*, 671 F.Supp. 1267, 1269; United States Court of Appeals, Seventh Circuit (18.9.1995/13.10.1995), *BLUE CROSS & BLUE SHIELD UNITED OF WISCONSIN and Compcare Health Services Insurance Corporation v. MARSHFIELD CLINIC and Security Health Plan of Wisconsin, Inc.*, 65 F.3d 1406, 1415 e a nota crítica de SULLIVAN/GRIMES, *The Law...*, p. 448.

[1451] Cfr. STROUX, *US and EC Oligopoly...*, p. 142; United States District Court, N.D. California (14.7.1995), *UNITED STATES v. OREGON DENTAL SERVICE*, 1995 WL 481363 (N.D.Cal.), 1; United States District Court, D. Rhode Island (2.10.1996), *UNITED STATES of America v. DELTA DENTAL OF RHODE ISLAND*, 943 F.Supp. 172, 174-176.

5. **Síntese conclusiva**

Ao estudar o direito norte-americano, pontuámos o discurso com comparações relativas ao direito comunitário e com o nosso modo de ver os distintos elementos de controlo dos oligopólios. Agora, deixamos ao leitor a conclusão geral a que nos levou a *Quarta Parte* do presente trabalho.

Ao contrário do que sucede na União Europeia – onde, já por mor do art. 82.º CE, já por virtude do controlo das concentrações, tanto a fiscalização retrospectiva como o exame prospectivo dos oligopólios funcionam bem –, nos Estados Unidos só o controlo que opera *ex ante* – por via do regime das concentrações de empresas – é eficaz.

Por conseguinte, olhamos com todo o favor para a existência da "*prima facie* evidence rule" no direito americano das concentrações. Facilitando a tarefa probatória das autoridades, ela reforça os mecanismos de controlo prospectivo e dá contributo decisivo para impedir o aparecimento de oligopólios nocivos para a concorrência (que, por causa das debilidades da fiscalização *ex post*, dificilmente estariam sujeitos a outro exame adequado e próprio).

SÍNTESE E CONCLUSÕES

1. No início deste trabalho, dissemos que o controlo dos oligopólios era um dos problemas mais complexos da agenda do direito da concorrência, mormente a nível europeu. Atendendo à crescente oligopolização de múltiplos sectores da vida económica, o assunto ganha foros de importância cada vez maiores.

Ainda nas primeiras páginas, vimos que, ao lado de vaticínios optimistas, houve maus presságios relativamente às possibilidades de o direito *antitrust* fiscalizar de jeito efectivo tal casta de mercado.

2. Os prognósticos pessimistas não se confirmaram. Desde logo, entendemos que *a ciência económica* e a recepção que nela tiveram os ensinamentos da teoria dos jogos permitiram, por um lado, compreender os mecanismos de funcionamento do oligopólio e a forma de actuar das empresas; por outra banda, possibilitaram a afinação de instrumentos convenientes para lidar com tais mecanismos e com tal *agere*. Passamos a concretizar estas afirmações.

É verdade que o oligopólio suscita perplexidades e nele pode ter lugar toda uma série de comportamentos que vai desde a luta intensa até à ausência de competição. Mas também é certo que os tempos de FELLNER já vão longe, hoje são conhecidas as razões que podem dar causa a um oligopólio e esta forma de mercado está escrutinada de maneira profunda e em extensão (atente-se no que escrevemos acerca de estrutura da oferta, interdependência conjectural, indeterminação da procura e formação dos preços).

As bases de raciocínio são tantas que, recorrendo à interdependência e ao modo como as empresas a sentem, pudemos clarificar a distinção entre oligopólio restrito e oligopólio amplo e apontar o ponto de discrime entre o oligopólio amplo e a concorrência monopolista. Na nossa maneira de ver, o oligopólio estreito distingue-se pela forma intensa de as empresas viverem o fenómeno da interdependência; quanto ao oligopólio amplo, a fronteira de separação face à concorrência monopolística é posta pelo facto de nele (ainda) existir interdependência.

3. É desnecessário dizer que o pensamento de STIGLER e a teoria dos jogos são importantes, nomeadamente em matéria de oligopólio. Mas não é despiciendo especificar que, no nosso juízo, o *apport* fundamental de ambos reside nos elementos que permitiram afinar formas adequadas de lidar com a *conduta* das empresas (e, em consequência, de a fiscalizar).

O A. de Chicago sublinhou a importância de as empresas zelarem pelo cumprimento daquilo que concertaram. A *game theory*, estudando o comportamento na medida em que ele é influenciado pela conduta alheia, serve bem para perceber os gestos dos oligopolistas, também eles condicionados por atitudes e reacções dos rivais. Postulando a consideração de interacções que se repetem, adequa-se à vida empresarial e ao oligopólio, nos quais a regra é o encontro em vários lances[1452].

Na nossa opinião, a melhor maneira de vincar a importância da teoria dos jogos é lembrar que, para não deixar vestígios de prova e evitar altos custos de transacção, as empresas recorrem cada vez mais à coordenação tácita em detrimento da colusão activa; ora, aquela só pode perdurar no tempo contanto que depressa se possa detectar o *cheating* e activar mecanismos de represália, tópicos que a teoria dos jogos trabalhou – lembre-se a importância de os jogadores beneficiarem de informação a propósito dos antagonistas (GREEN e PORTER mostraram em que medida a imperfeição na informação favorece guerras de preços) e pense-se nos meios de retaliação da "estratégia do gatilho" e da "estratégia do pau e da cenoura", de DILIP ABREU.

4. Não é apenas no campo da ciência económica que estes contributos são importantes. Também tiveram subido papel no direito da concorrência, mormente no direito comunitário (consagração plena no acórdão *Airtours*) e no direito norte-americano (influência já sentida nas *Horizontal Merger Guidelines* de 1992).

[1452] Distantes estão os modelos de COURNOT, BERTRAND, EDGEWORTH e STACKELBERG, nos quais as empresas se encontravam apenas uma vez.

5. Para perceber a forma de actuar dos oligopolistas e, mais concretamente, o processar da concertação, foram igualmente relevantes os auxílios de diversas "Escolas"[1453] que trataram a concertação empresarial. No nosso aviso, todas deram bom contributo, valendo a pena destacar alguns pontos. A "escola da concentração" viu no grau de concentração da oferta o elemento essencial e o seu préstimo vinca-se bem se recordarmos que, em matéria de controlo de concentrações, tanto o direito comunitário como o direito norte-americano arrancam desse tópico (o direito americano incorpora, inclusive, uma *presumption of illegality* que arranca da estrutura da oferta[1454]). A "escola da coordenação" tem o enorme mérito de despertar a atenção para outros factores – além da concentração – que possibilitam o concerto, mas aquilo que lemos a seu respeito só vem confirmar a nossa percepção de não estarmos perante corrente estruturada de pensamento; embora se tenha dito que a origem da "escola" remontava a *Competition Among the Few. Oligopoly and Similar Market Structures*, de FELLNER, entendemos que a imputação é vaga. A "escola da contestabilidade" – no nosso juízo, a única Escola em sentido próprio – tem o mérito de chamar a atenção para a concorrência potencial e para o problema das barreiras à entrada, embora a própria ideia de contestabilidade mereça reparo (por assentar em pressupostos pouco realistas: acesso livre, sem custos irreversíveis, reacção à entrada rápida por parte dos compradores, mais lenta por parte das *incumbent firms*). Por fim, a "escola das ameaças cruzadas" é importante por pôr em destaque a presença das empresas em vários mercados (mercê da qual as empresas têm mais oportunidades de observar as rivais, de lhes enviar indicações acerca do comportamento futuro e de descobrir actos de *batota*). O relevo de tudo isto é tanto maior quanto hoje em dia se multiplica a empresa que actua em vários mercados.

6. No controlo dos oligopólios, o direito comunitário da concorrência, tal como diversos ordenamentos jurídicos europeus, emprega a figura

[1453] Já dissemos que, na nossa opinião, é preciso forçar a nota para falar de "Escolas", porquanto, exceptuando a *contestability school*, não estamos perante correntes estruturadas de pensamento, mas face a autores que estudaram a coordenação e acentuaram um ou outro ponto.

[1454] Também o direito alemão contém presunção de cariz estrutural – cfr. § 19, *Abs.* 3 da *GWB*.

da posição dominante colectiva. Nós rejeitámos algumas das definições de posição dominante colectiva que vimos na doutrina e entendemos que tal conceito designa o estatuto do conjunto de empresas – entre as quais não há concorrência substancial – que é capaz de actuar com autonomia face às atitudes de concorrentes (actuais e potenciais), de parceiros comerciais (fornecedores e clientes) e de consumidores. A ausência de disputa substancial entre as empresas define a posição "colectiva", a liberdade de actuação face a terceiros demarca a posição "dominante".

7. No nosso entendimento, quando a posição dominante conjunta assentar em coordenação tácita, será fenómeno quase exclusivo do oligopólio estreito. Aí, graças a factores como o (muito) diminuto número de ofertantes ou a transparência do mercado, as empresas podem, sem qualquer contacto, agir como se só uma estivesse em causa e, do mesmo passo, actuar com descaso pelas atitudes de concorrentes, parceiros comerciais e consumidores. No oligopólio amplo, o ajuste tácito é mais difícil – há maior número de produtores – e a interdependência não é tão forte, assim diminuindo o impulso para alinhar condutas. Na concorrência monopolística, as dificuldades são ainda maiores: há muitos vendedores, os bens são heterogéneos e o aumento concertado de preços levaria à entrada de novos agentes.

8. Nesta monografia, elegemos critério de sistematização assente no momento em que o controlo intervém, pois esse critério proporciona análise clara, permite apreender o controlo dos oligopólios de maneira cabal e é apropriado para perceber as opções do legislador, da jurisprudência e da praxis da Comissão Europeia.

9. A *Segunda Parte* deste trabalho foi dedicada ao controlo prospectivo dos oligopólios no espaço comunitário. Ainda assim, começámos por fazer excurso a propósito da "empresa" no direito comunitário da concorrência. Concluímos que nele prevalece o sentido subjectivo de empresa, a percepção desta como sujeito jurídico que exerce actividade económica. Mais dissemos que, em tal ramo de direito, não há noção unitária de empresa (abarcando a empresa-sujeito e a empresa-objecto), já que, se a primeira implica geralmente a segunda e a organização de factores que esta supõe, tal já não sucede quando a actividade económica radica exclusivamente na pessoa do sujeito; ora, no direito comunitário, a organização de factores produtivos não é elemento indispensável à noção de empresa.

10. Centrámo-nos depois no controle *ex ante* dos oligopólios e no meio fundamental de o pôr em prática, o regime das concentrações de empresas. Verificámos que as concentrações são passíveis de produzir dois tipos de efeitos lesivos da concorrência: unilaterais (oligopólios não colusórios) e coordenados (criação ou reforço de posição dominante colectiva). O modo de impedir a formação de tais efeitos depende, no essencial, do critério substantivo de exame das concentrações. O legislador comunitário substituiu o teste da dominação – que valia na vigência do Regulamento n.º 4064/89 – pelo teste do entrave significativo à concorrência efectiva (Regulamento n.º 139/2004). Com isso, aproximou-se do direito norte-americano, no qual uma operação deve ser proibida se reduzir substancialmente a concorrência (teste da *substantial lessening of competition*). No nosso ponto de vista, o abeiramento foi até onde devia ter ido: ficando pelo critério SIEC e vendo na criação ou no reforço de posição dominante o exemplo principal de entrave significativo à concorrência efectiva, o Regulamento n.º 139/2004 abre novas potencialidades (em termos de controlo de oligopólios não colusórios e de consideração de ganhos de eficiência), mas permite que se continue a lançar mão da experiência acumulada enquanto se aplicou o Regulamento n.º 4064/89. Além de aplaudirmos a introdução do teste SIEC, repudiámos argumento segundo o qual ele acarretaria perdas em termos de segurança jurídica (as Orientações para a apreciação das concentrações horizontais, que concretizam a aplicação do critério substantivo contido no Regulamento, têm em conta, de forma cabal, a prática anterior da Comissão e dos tribunais comunitários)[1455].

11. No que toca à posição dominante colectiva, verificámos que tem história recente, só na decisão *Nestlé/Perrier*, de 1992, é que a Comissão confirmou de maneira inequívoca a aplicabilidade do Regulamento n.º 4064/89 a casos de oligopólio resultantes de operação de concentração.

[1455] Mais nos sentimos confortados ao verificar que há quem advogue a introdução do teste SIEC no direito germânico, em que ainda vigora o teste da dominância.

No esquadrinhamento da dominância conjunta, recusámos sistematização que corre por alguma doutrina e se baseia na destrinça entre relações internas e relações externas. Entendemos que a separação dos dois planos, além de não ter assento no Regulamento das concentrações e de contrariar ensinamentos da ciência económica, divide artificialmente um fenómeno que só pode ser apreciado de forma unitária. Demais, há elementos de prognose (*v. g.*, as barreiras à entrada) que casam mal com a separação, visto serem relevantes tanto para a matriz interna como para a matriz externa da dominação colectiva.

12. A propósito dos requisitos da posição dominante colectiva, a ciência económica[1456] ensina que há seis condições necessárias para a coordenação (mormente na forma tácita) surgir e se prolongar no tempo: estrutura da oferta com poucos vendedores de grande envergadura; interacção repetida entre eles; barreiras à entrada no mercado; capacidade de obter composição de interesses aceitável para todos os intervenientes; meios de descobrir o *cheating*; existência de mecanismos que obriguem a respeitar a concertação. Há toda uma série de factores [semelhanças entre as empresas, diminutas elasticidade-preço e elasticidade-cruzada da procura global, homogeneidade dos bens, transparência, estabilidade das condições de mercado, excesso de capacidade (se associado a grau alto de irreversibilidades), presença em vários mercados, falta de poder da procura, transacções frequentes, regulares, de pequena ou média dimensão] e de gestos das empresas (práticas facilitadoras e laços estruturais) que possibilitam o preenchimento de tais condições[1457].

Na nossa opinião, a *praxis* comunitária acolheu bem os ensinamentos da ciência económica, posto que não só empregou os tópicos referidos[1458], como afinou a forma de com eles lidar[1459]. Tal *praxis* merece,

[1456] Pensamos na ciência económica que já incorpora a *Nova Economia Industrial* e, portanto, acolhe as reflexões da teoria dos jogos.

[1457] Assinale-se, porém, que, uma vez alcançada a concertação, a homogeneidade dos produtos pode induzir actos de *batota*: quem baixar o preço conquista imediatamente grande parte da procura que se destinava aos rivais.

[1458] Também nos direitos nacionais – mormente no norte-americano, no italiano e no alemão – se vem recorrendo a tais tópicos.

[1459] Em matéria de concentração da oferta, saudámos o recurso cada vez mais frequente ao índice Herfindahl-Hirschman. Ele tem a vantagem de considerar todos os

todavia, a nossa crítica na medida em que muitas vezes os usou numa abordagem típica de "lista de verificação" – em detrimento de perspectiva global e dinâmica – e também porque demorou a receber influências da teoria dos jogos (expressas, designadamente, na alusão a meios de represália)[1460].

Além de ter andado bem ao acolher as referências da ciência económica, o direito comunitário merece aplauso por, depois de hesitações e dúvidas, ter acolhido a consideração dos ganhos de eficiência. É importante serem considerados, já que podem levar as partes na concentração a actuar de modo pró-concorrencial. A possibilidade de mais facilmente poderem ser tidos em conta é, aliás, um dos aspectos que nos leva a aplaudir a introdução do teste SIEC no Regulamento n.º 139/2004.

Com bons olhos vemos a abertura das instâncias comunitárias à consideração de defesa baseada no argumento da *failing firm*, pois isso denota a preocupação de só proibir a concentração se a piora de condições de concorrência derivar realmente dela e não de outros factores.

Na medida em que considera os requisitos essenciais à coordenação e os factores que possibilitam o seu preenchimento, e porquanto está aberto a tomar em conta os ganhos de eficiência e o argumento da empresa insolvente, o direito comunitário faz juízo completo das operações de concentração. Falta limar uma aresta, qual seja, abandonar o método da "lista de verificação".

13. Repudiámos o escrutínio feito na base de *checklist*, mas não quisemos criticar sem fornecer alternativa. Assim, indicámos o caminho para, de um jeito dinâmico, avaliar se uma operação de concentração cria ou reforça posição dominante conjunta.

---

membros do mercado e de, outorgando maior peso relativo às quotas que aí dispõem as maiores empresas, espelhar bem a realidade.

[1460] Os ventos provenientes da *game theory* estão patentes no acórdão *Airtours*, de 6 de Junho de 2002. A sentença deixou marca forte no direito comunitário em virtude de impor à Comissão Europeia a obrigação de, sempre que quiser proibir concentração com fundamento em dominância colectiva, explicar com toda a minúcia em que medida as características do mercado tornam provável que a operação crie ou reforce tal posição.

Outrossim, vemos influência do acórdão Airtours e da teoria dos jogos no direito dos Estados-membros: veja-se a decisão da Autorità Garante della Concorrenza e del Mercato no processo *BRITISH AMERICAN TOBACCO/ENTE TABACHI ITALIANI*.

Em primeiro lugar, deve verificar-se se há poucas empresas – dispostas a renunciar a ganhos imediatos para obter lucros mais altos no futuro – em mercado concentrado[1461] e defendido por barreiras à entrada[1462].

Na presença de tais condições, importa avaliar o valor da elasticidade-preço e da elasticidade-cruzada da procura global, conferir a fase em que o mercado se encontra (experimentação, expansão, maturação, estagnação) e observar se as condições nele prevalecentes são estáveis (designadamente no que toca à procura e ao grau de inovação). Se o valor das duas elasticidades é elevado, a procura flutua, o mercado regista período de crescimento ou de expansão e vive tempos de inovação tecnológica, não pode haver, em princípio, concertação duradoura. Só se justifica continuar a análise de um problema concreto se tópicos como as práticas facilitadoras ou um passado de coordenação derem fortes sinais de amanho comum de interesses.

Quando o valor das duas elasticidades mencionadas é baixo, as condições predominantes no mercado são estáveis, há práticas facilitadoras ou comportamentos pretéritos que alvitram concertação, deve escrutinar-se o grau de transparência do mercado[1463], as semelhanças entre as empresas e a homogeneidade/diferenciação do produto. Se o mercado for transparente, os bens idênticos e se registarem simetrias entre as empresas, é provável que a coordenação tácita venha a ter lugar. Só vale a pena prosseguir a análise se houver factores capazes de contrariar tal tendência – *v. g.*, forte poder da procura, cadência irregular das transacções e presença de empresas "dissidentes" (*maverick firms*).

Se o mercado não é transparente, as empresas apresentam grandes diferenças (*e. g.*, a nível de custos) e os bens são heterógeneos, a coordenação tácita de preços é improvável, mas pode haver alinho versando partição de mercados. Se os três tópicos jogam em sentido contrário (*v. g.*, o mercado é transparente, mas há diferenças assinaláveis entre as empresas), só a análise do caso decidendo clarifica se o concerto é provável.

[1461] Ao apreciar o grau de concentração da oferta, advogamos o recurso ao índice Herfindahl-Hirschman.

[1462] Abdicamos de qualquer quantificação precisa das barreiras, pois entendemos que pressupõem a perda de bem-estar para a sociedade e é muito difícil fazer medição empírica de tal dano.

[1463] Para aferir da sua importância, basta recordar a teoria dos superjogos com informação imperfeita.

Chamam-se então à colação pontos como o excesso de capacidade, as irreversibilidades, a actuação em vários mercados e os vínculos estruturais entre as empresas.

Na análise de um problema, deve igualmente ser tomada em conta a alegação fundamentada de ganhos de eficiência e, quando justificado, é preciso apurar se estão preenchidos os requisitos de defesa baseada no argumento da empresa insolvente.

O caminho proposto compagina-se com as Orientações destinadas à apreciação das concentrações horizontais[1464], é um mero guia – estando em apreço juízos de prognose, não podemos propor caminhos rígidos ou definitivos – e, embora tenha recolhido inspiração no que lemos em determinada obra[1465], contém diversos elementos cuja introdução é da nossa lavra.

14. Assinale-se que, embora as partes numa concentração possam adoptar compromissos a fim de evitar que ela seja proibida com base na criação ou no reforço de posição dominante colectiva, tal remédio não tem, por norma, efeitos positivos. É que são muitos e de índole variada os factores que originam dominação conjunta, não sendo de esperar que, actuando sobre um ou alguns deles por meio de compromissos, as partes consigam eliminar todos os receios atinentes a efeitos anticompetitivos. Por outro lado, a dominação colectiva tanto diz respeito às empresas envolvidas na concentração como a outras que lhe são estranhas; assim, compromissos eficazes requereriam, na generalidade dos casos, a imposição de medidas a quem não participa na concentração; ora, isso não é permitido, a Comissão não tem poderes para o fazer. Finalmente, a preferência dada a soluções que visam o aparecimento de um novo concorrente não garante resultados certos, visto não ser possível antecipar com toda a exactidão a forma como esse competidor actuará no futuro.

[1464] As Orientações são um bom texto, relativamente completo e que reflecte os ensinamentos da ciência económica e da teoria dos jogos. Ainda assim, lamentamos a falta de um esquema gráfico como o que propusemos *supra* (*Segunda Parte*, **AB**, IV), o qual facilitaria a abordagem dinâmica que perfilhamos.

Acima apontámos outras falhas às Orientações, quer a nível de sistematização (*v. g.*, em matéria de barreiras à entrada), quer de lacunas (*e. g.*, não aludirem ao valor das baixas elasticidade-preço e elasticidade-cruzada da procura global como tópico que propicia o ajuste de condutas).

[1465] EUROPE ECONOMICS, *Assessment...*, pp. 45-47.

15. Nesta monografia, explicámos em que medida as concentrações verticais e as concentrações conglomerais podem dar azo ao aparecimento de posição dominante colectiva. Acolhemos com favor a emissão de Orientações destinadas a apreciar as concentrações verticais e as concentrações conglomerais; tal acarretará ganho em termos de segurança jurídica e libertará a Comissão de algum trabalho, pois as empresas obtêm meio importante para preparar as suas operações em conformidade com o direito comunitário.

16. No direito comunitário, os efeitos unilaterais na forma de oligopólios não colusórios tiveram, até ao presente, pouco relevo[1466].

O critério SIEC permite lidar em termos próprios e adequados com tal género de efeitos. Esse é, de resto, um dos motivos que nos levam a aplaudir a introdução do teste no Regulamento n.º 139/2004. É certo que só a prática futura confirmará a nossa afirmação, mas, a avaliar pelos elementos gerais (poder da procura, barreiras à entrada, ganhos de eficiência e argumento da empresa insolvente[1467]) e pelos factores específicos que as Orientações contemplam [quotas de mercado dos participantes na concentração e a circunstância de estes serem competidores próximos; possibilidade de os clientes mudarem de fornecedor e probabilidade de os rivais das partes na concentração aumentarem a oferta em caso de encarecimento dos bens; meios de a entidade resultante da concentração impedir a expansão dos que a ela são alheios; o facto de a operação absorver empresas que poderiam vir a funcionar como força concorrencial importante], parece-nos possível fazer um juízo de prognose muito fundado acerca da possibilidade de uma concentração dar causa a oligopólio não colusório lesivo da concorrência. As Orientações pecam, contudo, por falhas a nível de sistematização: deveriam retirar consequências da bipartição relativa aos dois planos em que a concorrência se processa: produção e capacidade, por um lado, preços, pelo outro.

[1466] O mesmo se passa na Alemanha. Nos Estados Unidos, só nos últimos tempos vêm ganhando foros de importância.

[1467] Na nossa opinião, é pouco plausível invocar o argumento da empresa insolvente neste contexto. O desencadear de efeitos nefastos é motivado pelo abate de *pressões concorrenciais* que, em momento anterior, as partes exerciam reciprocamente. Ora, a empresa insolvente tem problemas graves, caso não fosse adquirida por outra, seria afastada do mercado num tempo próximo, mostrando-se decerto incapaz de entrar em disputas e, muito menos, de exercer *pressões concorrenciais* sobre outrem.

17. Embora o controlo das concentrações de empresas seja o instrumento precípuo da fiscalização *ex ante* dos oligopólios, conseguimos detectar outros meios que, no nosso aviso, servem para a pôr em prática. Falamos dos regulamentos de isenção adoptados ao abrigo do art. 81.º, n.º 3 CE, das "cartas de orientação" emitidas pela Comissão Europeia em questões relacionadas com os artigos 81.º e 82.º CE, das declarações oficiosas de não aplicabilidade dessas normas e, por fim, da realização de inquéritos a determinados sectores da economia.

Estamos perante meios que, embora não dirigidos especificamente para o controle dos oligopólios, permitem levá-lo a cabo. A título de exemplo, isso percebe-se pela leitura do art. 17.º, n.º 1 do Regulamento n.º 1/2003, que outorga à Comissão Europeia a possibilidade de realizar um inquérito a determinado sector da economia ou a certo tipo de acordos em vários sectores da economia sempre que a evolução das trocas comerciais entre os Estados-membros, a rigidez dos preços ou outras circunstâncias fizerem presumir que a concorrência no mercado comum pode ser restringida ou distorcida. Cremos que esta norma permite que a Comissão mantenha sob mira aqueles sectores estruturados de modo oligopolístico, pois neles é comum a rigidez de preços a que a norma alude.

18. Dedicámos a *Terceira Parte* deste trabalho ao controlo retrospectivo dos oligopólios no direito comunitário. Depois de termos dito que, existindo um processo por violação do art. 81.º e/ou do art. 82.º CE, as empresas podem propor compromissos que visam obviar a pretensas violações daqueles preceitos[1468], averiguámos em que medida o art. 81.º, n.º 1 CE ajuda a controlar oligopólios. Logo nos primeiros passos, apurámos que a norma traria contributo de monta contanto que se pudesse incluir o paralelismo inteligente – tão próprio dos oligopólios – no âmbito de qualquer das formas de infracção nela previstas (acordos, decisões de associações de empresas, práticas concertadas).

À medida que estudávamos, as ilusões foram-se perdendo: o paralelismo puro não resulta de acordo – não promana de convénio que tenha por objecto a actuação das empresas, antes deriva de coordenação tácita –, está longe da decisão de associação de empresas – ele não

[1468] Ao contrário do que sucede em matéria de concentrações – compromissos de ordem estrutural –, agora estão mais em causa soluções de conduta.

obedece a regras estabelecidas no quadro de uma organização – e não se deixa reconduzir à prática concertada – o paralelismo procede da interdependência, não provém de contacto ou interlocução.

Certos de que não se deixava reconduzir aos tipos de infracção previstos no art. 81.º, n.º 1 CE, avançámos para a hipótese de, ao menos, servir para provar que houve prática concertada. Os resultados continuaram a ser pouco animadores, já que a condição em que pode ser mais útil – o conchavo ser a única explicação razoável para o paralelismo – é muitas vezes passível de ser contraditada por pareceres de economistas e de juristas-economistas que sustentem a posição das empresas. Por mais espantoso que pareça, mesmo no caso da subida paralela de preços – em que a semelhança de conduta dá todo o ar de conluio – é verosímil vingar a tese segundo a qual o encarecimento dos bens é simples resultado das convenientemente invocadas "condições de mercado" e não de colusão activa – pense-se no fenómeno da liderança de preços: os oligopolistas acompanham a subida levada a cabo pelo líder, já para legitimamente obter mais lucros, já porque temem provocar, pela recusa de o fazer, uma guerra de preços. Em síntese, o paralelismo acaba por ter pouca serventia como indício de colusão. Este ponto, juntamente com a circunstância de o art. 81.º, n.º 1 CE não se aplicar a condutas que dimanam exclusivamente da interdependência (*vd.* parágrafo anterior), fundamenta o nosso juízo: é acanhado o papel do art. 81.º, n.º 1 CE no combate retrospectivo ao oligopólio.

E nem se diga, para chegar a conclusão oposta, que há presunção desfavorável às empresas no caso de a Comissão dispor de provas directas da concertação, pois as empresas frequentemente eliminam os vestígios da comunicação que entre elas teve lugar. Tão-pouco se invoque – ainda no sentido de chegar a conclusão diversa da que apresentámos – o controlo das práticas facilitadoras. É que estas são passíveis de sanção desde que tenham sido adoptadas por via de mecanismo previsto no art. 81.º, n.º 1 CE.

19. O instrumento privilegiado de controlo *ex post* dos oligopólios é o art. 82.º CE, que proíbe uma ou mais empresas de explorar abusivamente uma posição dominante no mercado comum ou numa parte substancial deste.

Confrontados com a existência de uma perspectiva estreita e de uma visão ampla a propósito do alcance do art. 82.º CE, levámos a cabo esforço de interpretação da lei e concluímos, com base no elemento teleológico[1469], que a referência feita pela norma a "mais empresas" abarca a dominação colectiva. Com efeito, só se protege de maneira adequada o interesse de consumidores, parceiros comerciais e concorrentes se eles estiverem defendidos perante a dominação singular e face à preponderância colectiva. Muitas vezes, a preponderância de um globo de empresas independentes sob o ponto de vista jurídico e económico resulta do cumular dos seus poderes isolados, elas só gozam de grande liberdade de acção por agirem em conjunto. Se a dominação colectiva ficasse fora do campo de aplicação do art. 82.º CE, o preceito estaria privado de parte do seu sentido, corolário tanto mais infeliz quanto não é reclamado por argumentos de ordem gramatical, sistemática e histórica. Chegar-se-ia ao ponto de um comportamento que produz os mesmos efeitos junto de consumidores, parceiros comerciais ou concorrentes ser avaliado de forma distinta: ilícito se proviesse de empresa em posição dominante singular, lícito se posto em prática por um conjunto de empresas independentes.

Não cabendo dúvida de que o art. 82.º abarca a dominação colectiva, é preciso indicar que estamos perante figura recente – basta dizer que, no que toca à jurisprudência, a possibilidade de aplicar a norma (anteriormente, art. 86.º do Tratado CE) a várias empresas actuando numa base conjunta só tem vindo a ganhar particular concretização desde 1992, ano em que o TPI proferiu a sentença *vidro plano*[1470].

20. Sabido que a posição dominante colectiva se define pela falta de concorrência substancial entre as empresas e pela possibilidade deferida ao conjunto que elas formam de actuar com autonomia perante concorrentes, parceiros comerciais e consumidores, nós defendemos que, em sede de controlo *ex post*, deve apurar-se primeiro se existe posição *colectiva* e, depois, se ela é *dominante*. Pensamos que, ao contrário do que sucede no controle prospectivo – em que o juízo de prognose liga de tal maneira as relações internas e as relações externas que separá-las prejudicaria o acerto do escrutínio –, o controle retrospectivo consente e pede a separação da análise: em causa está imputar a preponderância aos que

[1469] No nosso modo de ver, os elementos gramatical, sistemático e histórico não deram respostas incontestáveis.

[1470] Noutros ordenamentos jurídicos – *v. g.*, o português, o italiano ou o francês –, o desenvolvimento da figura ainda é menor.

só a detêm em virtude de fazerem parte de um conjunto. Na nossa posição, mais confortados nos sentimos ao frequentar decisões – *v. g.*, *Comités de armadores franco-oeste-africanos* e *Acordo de Conferência Transatlântica* – e jurisprudência – *e. g.*, acórdão *Compagnie maritime belge* – que distinguem os dois planos.

21. No que respeita à posição *colectiva*, exprime-se pelo facto de as empresas se apresentarem no mercado como uma entidade colectiva. Preferimos essa fórmula em detrimento de uma outra que refere a adopção de linha de conduta idêntica. No nosso modo de ver, a primeira redacção tem alcance mais vasto e congloba a prossecução da mesma linha de acção. O contrário já não é verdade: duas ou mais empresas podem actuar do mesmo jeito sem aparecer como entidade colectiva única aos olhos de outrem (é o que sucede no *paralelismo involuntário*).

No que toca ao problema de saber se a posição dominante *colectiva* requer total ausência de concorrência entre as empresas a quem se pretende imputar, parece-nos que as decisões da Comissão e as sentenças dos tribunais não são clarificadoras. Aderimos à doutrina mais comum: a nível de relações internas, basta a falta de concorrência efectiva ou substancial. Avançámos, inclusive, com a seguinte ideia: quando a Comissão Europeia tiver de analisar práticas abusivas em matéria de preços, é verosímil que não haja concorrência substancial no plano das relações internas e que exista posição colectiva (conforme sabemos, os oligopolistas evitam disputas a nível de preços). Ao invés, quando o pretenso abuso toca campos em que há competição entre oligopolistas, é mais difícil ter lugar dominação conjunta.

22. Os principais fundamentos da posição dominante colectiva são: acordos, decisões de associações e práticas concertadas; pertença a grupos de sociedades; interdependência circular própria dos oligopólios[1471].

[1471] Conquanto em termos práticos nos pareça que quase todo o assaque de posição dominante conjunta repouse num dos pontos referidos em texto, não excluímos vias adicionais de imputação. Há outras circunstâncias passíveis de levar as empresas a agir na veste de ente colectivo e os interesses a proteger pedem que a posição dominante conjunta englobe todo e qualquer elo que, implicando falta de concorrência efectiva nas relações internas, induza as empresas a actuar como uma só.

23. Em relação a acordos, decisões de associações de empresas e práticas concertadas, está bem de ver que podem implicar um tal grau de cooperação e de sincronização de atitudes que leva as empresas a funcionar em bloco, a surgir no tráfico como se só uma estivesse em causa. A jurisprudência afirmou que, para existir infracção ao art. 82.º CE, não basta "reciclar" os factos constitutivos de infracção ao art. 81.º CE, daí concluindo, *sic et simpliciter*, que os envolvidos detêm posição dominante conjunta e que o seu comportamento ilícito é abuso de tal posição. Para esta ter lugar, é preciso um *plus*: actuar como uma entidade colectiva. No nosso modo de ver, é provável que, na maioria dos casos, o envolvimento das empresas numa daquelas três formas de colusão já faça as empresas actuar nas vestes de uma só. Em relação à aplicação dos artigos 81.º e 82.º CE, indicámos os motivos que nos levam a defender que as duas normas são passíveis de aplicação paralela.

No nosso juízo, a imputação de posição dominante conjunta baseada em acordo, decisão de associação ou prática concertada tem validade teórica nos oligopólios restritos e nos largos. Todavia, em termos práticos, essas formas de concerto nunca constituirão fundamento exclusivo de dominância conjunta no caso dos oligopólios estreitos. Na verdade, a interdependência circular – particularmente intensa nesses mercados – funda a posição dominante colectiva, pelo que as empresas já se encontram, por esse motivo (interdependência), em posição (dominante) colectiva. Os acordos, práticas concertadas ou decisões de associações apenas acrescentam mais um fundamento de dominação conjunta.

24. No que toca a saber se o grupo de sociedades funda posição dominante colectiva, no direito comunitário tem prevalecido a ideia de que as sociedades pertencentes a um grupo e que, embora dotadas de autonomia jurídica, constituem unidade económica, são uma só empresa.

A nossa opinião acerca do problema parte do tópico essencial à existência de uma posição *colectiva*: a falta de concorrência substancial nas relações internas, com a subsequente actuação sob roupagem de uma entidade colectiva.

Naqueles grupos em que a sociedade-mãe tem a possibilidade de determinar a conduta das filhas, pode dizer-se que aquela e estas (ou apenas as filhas, dependendo de quem actuar no mercado relevante) usufruem de posição *colectiva* e, verificados os requisitos atinentes à falta de concorrência substancial nas relações externas, ocupam posição dominante conjunta. Para nós, é determinante que, por mor dos ditames da mãe, as empresas tendam a prosseguir idêntica linha de conduta, a actuar como se um só ente estivesse em causa (atente-se que não basta pertencer ao grupo, é necessário que, realmente, as empresas se tenham apresentado como uma entidade colectiva).

Quanto aos grupos em que as sociedades-filhas delineiam autonomamente a sua linha de conduta no mercado, faltando a submissão a directivas de uma sociedade-mãe, não pode dizer-se que haja, em geral, posição dominante conjunta (nem singular).

A direcção unitária, geralmente aceite como elemento caracterizador do grupo, compagina-se com a gestão descentralizada das sociedades dependentes e não requer a intervenção da sociedade-mãe em todas as áreas de decisão empresarial das filhas. Assim, pode acontecer que, nas áreas em que não obedecem a instruções da mãe e decidem autonomamente a sua linha de conduta, sociedades pertencentes a um grupo adoptem políticas que choquem com as prosseguidas por outras que o integram. Daí podem resultar disputas que estão bem longe da sincronização de atitudes provinda de um ente colectivo.

Na nossa opinião, o assaque de posição dominante conjunta às sociedades em relação de grupo tem validade teórica no oligopólio restrito e no oligopólio amplo. Quanto à aplicação prática, a pertença ao grupo não será, no oligopólio estreito, causa única da dominação conjunta. *Mutatis mutandis*, valem aqui as razões apontadas *supra*, em matéria de acordos, decisões de associações e práticas concertadas.

25. A evolução registada na jurisprudência comunitária – mais concretamente, a tendência no sentido de prescindir de vínculos estruturais entre as empresas – permite dizer que a interdependência conjectural pode criar posição *colectiva*. Todavia, a questão ainda está por precisar, quer a nível de decisões da Comissão, quer de sentenças dos tribunais.

Enquanto aguardamos desenvolvimentos, avançamos algumas ideias. Se temos como certo que, em tese geral, a interdependência pode criar posição dominante conjunta, também entendemos que, por si só, pode não ser suficiente. Depende muito da prática (supostamente) abusiva em causa: se disser respeito a área na qual os oligopolistas se entregam a disputa (condições de venda, acesso a fontes de matérias-primas, tomada de posições em mercados de produtos sucedâneos ou complementares, lançamento de novos artigos), não é plausível imputar às empresas dominância colectiva estribada na interdependência. Mas, se o alegado abuso se concretiza num campo em que não há compita entre os oligopolistas – é o caso típico dos preços –, é muito provável que a interdependência, em si mesma, induza as empresas a actuar como se só uma estivesse em causa e, em consonância, funde posição dominante colectiva.

No nosso juízo, enquanto fundamentos de posição dominante colectiva, há uma grande diferença entre a interdependência, por um lado, e os acordos, decisões de associações, práticas concertadas e grupos de sociedades, por outro. A dominação conjunta provocada pelos meios referidos em último lugar pode ocorrer em oligopólio amplo; já aqueloutra baseada na interdependência conjectural dificilmente pode existir fora do oligopólio restrito, pois só neste as empresas sentem a interdependência de uma maneira muito intensa.

26. Aventámos nesta monografia a hipótese de a dominância conjunta ter lugar no mercado de concorrência monopolista. Cremos que o traço distintivo da posição colectiva – falta de concorrência substancial nas relações internas/agir como entidade única – pode verificar-se nas relações entre empresas estabelecidas em tal mercado. Elas celebram acordos, envolvem-se em práticas concertadas, actuam em termos provocados por decisão de associação, estão em relação de grupo, e tudo isso as pode levar a agir em bloco, como uma só. Por isso, admitimos deferir posição dominante colectiva a integrantes desse género de mercado.

Porém, pensamos que a hipótese é mais teórica do que prática, já que, relativamente aos operadores da concorrência monopolista, é muito difícil verificarem-se, ao mesmo tempo, os dois pressupostos da posição dominante colectiva: falta de concorrência substancial nas relações internas e nas relações externas. Quanto às últimas, tende a faltar a situação de poderio económico – determinada sobretudo pela posse de elevadas quotas de mercado – que permite actuar com autonomia face a concorrentes, parceiros comerciais e consumidores.

27. Ao contrário do que sucede com a posição *colectiva*, a posição *dominante* não abre tanta margem de pesquisa inovadora, pois já está muito estudada no direito comunitário. Além disso, a maneira de avaliar se várias empresas beneficiam, em conjunto, de posição dominante não é diversa, no essencial, da usada quando se aprecia se só uma empresa prepondera.

Na apreciação da dominância colectiva, a exemplo do que sucede na singular, as quotas de mercado desempenham papel fundamental. No nosso aviso, se a posição colectiva assenta em acordos, decisões de associações, práticas concertadas ou pertença a grupo de sociedades, o peso indicial das quotas de mercado pode, com mais plausibilidade, ser rebatido, já que pode haver no mercado relevante outro(s) oligopolista(s) capaz(es) de contrabalançar o poder do conjunto; todavia, quando for baseada na interdependência paramétrica – que envolve todas as grandes unidades presentes no mercado –, parece-nos que não haverá empresa estranha àquele globo habilitada a opor contrapeso forte. Mais pensamos que, no oligopólio, não será comum a concorrência potencial relativizar o (alto) valor das indicações fornecidas pelas (avultadas) quotas de mercado, já que a entrada é difícil.

Entre os factores que nos levam a dizer que os oligopólios podem dar azo ao aparecimento de posições dominantes (colectivas), destacamos a aliança cada vez mais comum entre o capital bancário e o capital industrial (aquilo a que HILFERDING chamou "capital financeiro"): os grandes bancos integram grupos e não têm interesse em financiar aqueles que possam vir a competir com membros do grupo a que pertencem.

Ainda no que respeita especificamente ao oligopólio, olhando a política do preço-limite, mostrámos as limitações dos critérios de resultado enquanto indícios de posição dominante: a cobrança de preços que não proporcionam o máximo lucro no curto prazo decorre do intento de afastar, no longo prazo, eventuais concorrentes. Mas a verdade é que as empresas só podem recorrer a tal meio justamente porque são fortes e poderosas.

28. Concordamos com a Comissão e com o TPI quando admitem a posição dominante colectiva vertical (agrupando empresas que mantêm relação comercial e se situam em fases distintas do processo de produção e venda dos bens). Entendemos que o tipo de cooperação em causa pode ser tão forte e intenso que não seria correcto partir a posição de força das empresas ou apreciá-la de maneira separada. É plausível que a ligação entre as empresas as faça actuar como um ente colectivo no mercado e esse é, afinal, ponto decisivo de caracterização da posição dominante colectiva. Nem se objecte que falta aqui um único mercado relevante. Já repetimos que a definição do mercado relevante é falível e depende muito de quem a leva a cabo.

Assinale-se ainda que a posição dominante colectiva vertical não pode ter como fundamento a interdependência paramétrica própria dos oligopólios, pois a interdependência dos preços e dos volumes de vendas – assim como o respectivo reconhecimento pelos oligopolistas – verifica-se ao nível da concorrência directa, dos competidores situados na mesma fase do processo de fabrico e venda dos bens.

29. A posição dominante, singular ou conjunta, não implica, em si mesma, qualquer juízo de censura, antes impõe às empresas uma responsabilidade especial de não lesar a concorrência efectiva no mercado, de não *explorar abusivamente* a sua condição. A noção de abuso é objectiva e compreende toda a conduta da empresa ou empresas em posição dominante que seja susceptível de influenciar a estrutura do mercado e que tenha como efeito impedir – por meios diversos daqueles que regem a disputa de mérito – a manutenção ou o desenvolvimento do grau de concorrência ainda subsistente.

No precípuo, o problema do abuso coloca-se da mesma forma na dominação individual e na colectiva. Nas próximas linhas, referimos pontos específicos da (exploração abusiva de) posição dominante conjunta.

Entendemos que podem ser considerados abusivos à luz do art. 82.º CE os preços excessivamente altos que os oligopolistas praticam de modo não colusivo, é dizer, em resultado apenas da interdependência conjectural. É a solução que garante melhor equilíbrio entre o reconhecimento dos efeitos que a interdependência tem sobre a actuação dos oligopolistas e a necessidade de evitar que, a coberto da mesma interdependência, fiquem por sancionar actos que, além de causar dano às estruturas concorrenciais e de penalizar o consumidor, seriam punidos se praticados por operador em posição dominante singular. E é, outrossim, a proposta que oferece melhor compromisso entre o direito de as empresas se adaptarem de forma racional ao comportamento conhecido ou previsto das rivais e a especial responsabilidade que as empresas em posição dominante têm de, independentemente dos motivos da sua preponderância, não causar dano à concorrência. Por fim, é a solução que melhor se coaduna com a circunstância de, ao contrário do art. 81.º CE, o art. 82.º CE não prever qualquer excepção à interdição do abuso de posição dominante[1472].

[1472] No texto, tivemos em mente um abuso de exploração. Algumas das razões mencionadas, assim como o cariz objectivo da noção de abuso, levam-nos a concluir que a conduta resultante da interdependência circular pode configurar, igualmente, abuso anticompetitivo.

A terminar a análise do direito comunitário da concorrência, registámos que o abuso pode proceder de apenas um ou alguns dos membros do conjunto dominante[1473] e concluímos haver abusos anticompetitivos que fazem todo o sentido quando postos em prática por apenas um ou alguns dos membros do conjunto dominante (*e. g.*, descontos de fidelidade). Já é menos plausível que isso suceda quanto a abusos de exploração. Com efeito, aqui está em causa impor preços ou condições desfavoráveis a parceiros de negócio e a consumidores. Ora, se um membro do colectivo pratica piores condições do que os outros, quem com ele negoceia passa a dirigir as suas disposições de venda ou de compra para outros integrantes do colectivo que pratiquem melhores condições.

30. Percorridos os cânones do direito comunitário, concluimos que a panóplia de meios que este tem ao seu dispor é suficiente para dar azo a controlo eficaz. E o seu emprego na prática só o robora.

Em termos de fiscalização *ex ante*, é usada toda uma miríade de factores que possibilita, de forma cabal, futurar se uma concentração cria ou reforça posição dominante colectiva. Para o sucesso, vem ajudando muito o largo acolhimento que se dispensa à teoria dos jogos. Por outro lado, o Regulamento das concentrações vigente, substituindo o critério material da dominação por aqueloutro do "entrave significativo à concorrência efectiva" encerra plena virtualidade de controlar os "oligopólios não colusórios", nos quais o perigo para a concorrência não advém de qualquer forma de coordenação e independe da presença de dominância.

No que toca ao controlo *ex post*, os resultados também são animadores. Embora o auxílio prestado pelo art. 81.º, n.º 1 CE não seja de monta, o recurso ao art. 82.º CE satisfaz: não cabe dúvida de que abarca a posição dominante colectiva (mesmo a que envolve empresas situadas em fases distintas do processo de fabrico e venda dos bens); os factores em que se baseia o assaque desse estatuto abrangem os mais diversos fundamentos de exercício do poder económico por parte de um conjunto de empresas; o paralelismo que dimana da interdependência oligopolística pode, em certas circunstâncias, ser considerado *abusivo*.

Tudo posto, não tanto pela via do art. 81.º CE, mas principalmente por força do art. 82.º CE e do regime do controle das concentrações, o

[1473] No nosso país, o Conselho da Concorrência andou mal ao afirmar que a posição dominante colectiva só relevava no campo dos abusos colectivos.

direito comunitário mostra-se apto a controlar oligopólios malfazejos para a concorrência. Ele adere bem à realidade da economia a que se aplica e não corre o risco de se transformar num mero elemento de "folclore do capitalismo"[1474] (neste caso, do capitalismo europeu).

31. No que respeita aos Estados Unidos, entendemos que, em matéria de oligopólios, não é possível levar a cabo um controlo retrospectivo eficaz.

Por um lado, a *Section* 1 do *Sherman Act* – a exemplo do que sucede com o art. 81.º, n.º 1 CE – não se aplica ao puro paralelismo que dimana da interdependência paramétrica. É certo que sempre restaria a hipótese de atacar *contract*, *combination* ou *conspiracy* entre oligopolistas, mas, conforme escrevemos, as empresas recorrem cada vez mais à coordenação tácita e não a esses meios de colusão, que chamam muito a atenção das autoridades *antitrust*. Mais. Na medida em que as autoridades americanas se queiram servir do paralelismo como indício de conchavo, deparam com tarefa probatória mais árdua do que a Comissão Europeia, pois têm de provar os *plus factors* que, em conjugação com o paralelismo, permitem estabelecer a existência de *conspiracy*.

Por outro lado, a *Section* 2 do *Sherman Act* mostra-se pouco útil. Recordemos que a jurisprudência rejeitou expressamente concepção segundo a qual um conjunto de empresas que possui *market power* pode ser condenado, ao abrigo da *Section* 2, por monopolização conjunta. E lembremos que a possibilidade de os oligopolistas incorreram em *conspiracy to monopolize* depara sempre com a dificuldade resultante de a questão de saber se existe *conspiracy to monopolize* ser resolvida no quadro dos princípios que governam a *conspiracy in restraint of trade*, prevista na § 1. Como se o que vai dito não bastasse, por virtude do valor da quota de mercado associada à preponderância, é mais fácil ter por "dominante" uma empresa à luz do art. 82.º CE do que tê-la por "monopolista" para efeitos da § 2.

Acresce que, apesar das "propriedades elásticas" da § 5 do *Federal Trade Commission Act*, os critérios rigorosos aplicados pelo Second Circuit no caso *Ethyl* e o desaire aí sofrido pela FTC acabam por levar

[1474] Mordaz e sarcástica expressão de THURMAN W. ARNOLD que colhemos em ALBERTO P. XAVIER, «Subsídios...», *CTF*, n.º 139, Julho de 1970, p. 89.

a que o controlo efectivo das *facilitating practices* esteja muito condicionado à existência de *agreement*, punível nos termos da *Section* 1 do *Sherman Act*.

32. Nos Estados Unidos, por mor do sistema de controlo de concentrações de empresas, a fiscalização *ex ante* dos oligopólios é eficaz. No nosso modo de ver, é muito positiva a consagração da "*prima facie* evidence rule", porquanto, facilitando a tarefa probatória das autoridades, reforça os mecanismos de controlo prospectivo e dá contributo decisivo para impedir o aparecimento de oligopólios nocivos para a concorrência (que, por causa das debilidades da fiscalização *ex post* há pouco referidas, mal estariam sujeitos a outro exame conveniente). Entendemos que, no direito comunitário, não se justifica a introdução de uma qualquer *presumption of illegality*, uma "*prima facie* evidence rule", já que os actuais mecanismos de controlo prospectivo e retrospectivo asseguram tratamento adequado aos mercados oligopolísticos.

BIBLIOGRAFIA

Critérios seguidos: a) citamos apenas os autores a cujas obras tivemos acesso directo; b) os autores são referenciados pelo último apelido, excepto os autores espanhóis, que, por norma, o são pelos dois últimos; c) para cada a., as respectivas obras seguem a ordem cronológica correspondente à data de publicação; d) os títulos de monografias e os de revistas são dados em itálico e, no caso dos segundos, por meio das siglas assinaladas no início deste trabalho; e) quando existam, os títulos de partes de monografias e os de artigos de revistas são dados entre aspas; na ausência de título específico de parte de monografia, ao nome do autor segue-se a indicação do organizador da obra, precedido por *in*; nas revistas, faltando título específico a um contributo, ao nome do autor segue-se imediatamente a indicação da revista, precedida por *in*; f) no que toca aos elementos colhidos na *Internet*, usamos duas variantes – o endereço electrónico pormenorizado (por exemplo, www.europa.eu.int/comm/competition/mergers/review/the_economics_of_unilateral_effects_en.pdf) ou apenas o do portal em que é possível encontrar o documento (*v. g.*, www.oft.gov.uk); no essencial, a primeira opção reporta-se a textos relativamente aos quais, encontrando-nos na posse do endereço electrónico completo, o digitámos e o texto pretendido surgiu imediatamente no monitor; g) no final de cada referência bibliográfica indicamos a forma abreviada que usámos no decorrer do texto [na primeira vez que citámos a obra, escrevemos o título completo; a partir da segunda vez, mencionámos apenas a forma abreviada, que corresponde, por norma, à(s) palavra(s) inicial(is) do título; quando uma obra só foi citada uma vez, não indicamos na bibliografia o modo abreviado].

AAVV, *Dicionário da língua portuguesa*, 8ª ed. rev. e act., Porto, Porto Editora, 1999.

ABRAHAM-FROIS, Gilbert, *Économie Politique*, 5ª ed., Paris, Economica, 1992 (citado: *Économie Politique*).

ABREU, Jorge Coutinho de, «L'européanisation du concept d'entreprise», *RIDE*, n.º 1, 1995, p. 9 (citado: «L'européanisation...»).

– *Da Empresarialidade (As empresas no direito)*, Coimbra, Almedina, 1996 (citado: *Da Empresarialidade...*).

– «Aspectos do direito económico da União Europeia (apontamentos a propósito do diálogo U. E. – MERCOSUL)», *BFD*, vol. LXXIV, 1998, p. 705.

– *Curso de Direito Comercial*, vol. II (Das Sociedades), Coimbra, Almedina, 2002 (citado: *Curso de Direito Comercial*, vol. II).

– «Empresas virtuais (esboços)», *in* AAVV, *Estudos em Homenagem ao Professor Doutor Inocêncio Galvão Telles*, separata do vol. IV (*Novos estudos de direito privado*), Coimbra, 2003, p. 599.

– *Direito das Empresas – Sumários*, policopiado, IDET, sem local, 2003/ /2004.

– *Curso de Direito Comercial*, vol. I (Introdução, Actos de comércio, Comerciantes, Empresas, Sinais distintivos), 5ª ed., Coimbra, Almedina, 2004 (citado: *Curso...*).

ADT, Florian, *in* von der GROEBEN, Hans/SCHWARZE, Jürgen (Hrsg.), *Kommentar zum Vertrag über die Europäische Union und zur Gründung der Europäischen Gemeinschaft*, vol. 2, 6ª ed., Baden-Baden, Nomos, 2003, p. 799 (citado: *in* von der GROEBEN/SCHWARZE, *Kommentar...*).

AIGNER, Andreas, *Kollektive Marktbeherrschung im EG-Vertrag: Zugleich eine Untersuchung der Behandlung von Oligopolfällen durch die Kommission und den Gerichtshof der Europäischen Gemeinschaften*, Wien, Manz, 2001 (citado: *Kollektive...*).

ALBERS, Michael/HACKER, Nicole, *in* SCHRÖTER, Helmuth/JAKOB, Thinam/MEDERER, Wolfgang (Hrsg.), *Kommentar zum Europäischen Wettbewerbsrecht*, Baden-Baden, Nomos Verlagsgesellschaft, 2003.

ALBUQUERQUE, Pedro de, «Direito português da concorrência», *ROA*, ano 50, Dezembro 1990, p. 577 (citado: «Direito...»).

ALESE, Femi, «The Economic Theory of Non-Collusive Oligopoly and the Concept of Concerted Practice Under Article 81», *ECLR*, 1999, p. 379 (citado: «The Economic...»).

ALFTER, Mette, «Untersagungskriterien in der Fusionskontrolle. SLC-Test versus Marktbeherrschende Stellung – Eine Frage der Semantik?», *WuW*, 1/2003, p. 20 (citado: «Untersagungskriterien...»).

ALMEIDA, Carlos Ferreira de, *Direito Económico*, I Parte e II Parte, Lisboa, Associação Académica da Faculdade de Direito de Lisboa, 1979 (citado: *Direito Económico*).

– *Os Direitos dos Consumidores*, Coimbra, Almedina, 1982 (citado: *Os Direitos...*).

ALVES, Jorge de Jesus Ferreira, *Direito da Concorrência nas Comunidades Europeias*, 2ª ed., Coimbra, Coimbra Editora, 1992 (citado: *Direito...*).

ALVES, José Manuel Caseiro, *Lições de Direito Comunitário da Concorrência*, Coimbra, Coimbra Editora (depositária e distribuidora), 1989 (citado: *Lições...*).

AMMASSARI, Francesca, «La "failing firm defense" nella valutazione delle operazioni di concentrazione», *CM*, 7/1999, p. 257 (citado: «La "failing firm defense"...»).

AMSTUTZ, Marc, *Kollektive Marktbeherrschung im europäischen Wettbewerbsrecht. Eine evolutorische Perspektive*, Tübingen, Mohr Siebeck, 1999 (citado: *Kollektive...*).

– «Oligopole, Fusionskontrolle und evolutorische Ökonomik. Eine wirtschaftsrechtliche Kritik der Lehre von der kollektiven Marktbeherrschung», *in* FORSTMOSER, Peter/VON DER KRONE, Hans Caspar/WEBER, Rolf H./ZOBL, Dieter (Hrsg.), *Der Einfluss des europäischen Rechts auf die Schweiz. Festschrift für Professor ROGER ZÄCH zum 60. Geburtstag*, Zürich, Schulthess Polygraphischer Verlag, 1999, p. 193 (citado: «Oligopole...»).

ANDERSSON, Monica, *Collective Dominance Under the EC Merger Regulation – An Analysis of Commission Decisions*, Stockholm, Institut for European Law at Stockholm University, 2000 (citado: *Collective...*).

ANDRADE, João Sousa, *Introdução à Economia*, Coimbra, Minerva, 1998 (citado: *Introdução...*).

ANDRADE, Manuel de, *Teoria Geral da Relação Jurídica*, vol. II, 6ª reimpressão, Coimbra, Almedina, 1983.

ANTUNES, José Augusto Q. L. Engrácia, *Os Grupos de Sociedades. Estrutura e Organização Jurídica da Empresa Plurissocietária*, 2ª ed., Coimbra, Almedina, 2002 (citado: *Os Grupos...*).

ANTUNES, Luís Miguel Pais, «Agreements and Concerted Practices under EEC Competition Law: Is The Distinction Relevant», *YEL*, 11 – 1991, Oxford, Clarendon Press, 1992 (citado: «Agreements...»).

– *Lições de Direito Comunitário da Concorrência (versão provisória)*, Universidade Lusíada/Instituto de Estudos Europeus, Curso de Pós-Graduação em Estudos Europeus 1994-1995 (citado: *Lições...*).

– *Direito da Concorrência. Os Poderes de Investigação da Comissão Europeia e a Protecção dos Direitos Fundamentais*, Coimbra, Almedina, 1995 (citado: *Direito...*).

ARAÚJO, Fernando, *Introdução à Economia*, 3ª ed., Coimbra, Almedina, 2005 (citado: *Introdução...*).

AREEDA, Phillip, «Market definition and horizontal restraints», *ALJ*, vol. 52 (1983), p. 553.

AREEDA, Phillip/KAPLOW, Louis/EDLIN, Aaron, *Antitrust Analysis. Problems, Text, and Cases*, 6ª ed., New York, Aspen Publishers, 2004 (citado: *Antitrust...*).

ARHOLD, Christoph, «Grünbuch der Kommission über die Revision der europäischen Fusionskontrolle oder: das Bundeskartellamt schlägt zurück», *EWS*, 10/2002, p. 449 (citado: «Grünbuch...»).

ARNDT, Helmut, *Wirtschaftliche Macht: Tatsachen und Theorien*, 3ª ed., München, Beck, 1980 (citado: *Wirtschaftliche Macht...*).

ARNULL, Anthony, «Collective dominance: trump card or joker?», *ELR*, 1998, p. 199.

ART, Jean-Yves, «Developments in EC competition law in 1998: an overview», *CMLR*, 1999, p. 971.

ASCENSÃO, José de Oliveira, *O direito. Introdução e teoria geral*, Coimbra, Almedina, 2005 (citado: *O direito...*).

AUTENRIETH, Karlheinz, «Fusionsentwicklung und wettbewerbliche Einheit», *BB*, caderno 13, de 10.5.1982, p. 753.

– «Die Erfassung von Oligopoltatbeständen in der Fusionskontrolle», *WRP*, 1983, p. 256 (citado: «Die Erfassung...»).

AUTORIDADE DA CONCORRÊNCIA, *Relatório de Actividades (2004)*, Lisboa, AUTORIDADE DA CONCORRÊNCIA, 2005 – obtivemos o texto, no dia 5.12.2005, em www.autoridadedaconcorrencia.pt/vImages/Relatorio_Actividades_AdC-2004.pdf.

AZEVEDO, João Pearce/WALKER, Mike, «Dominance: Meaning and Measurement», *ECLR*, 2002, p. 363 (citado: «Dominance...»).

– «Market Dominance: Measurement Problems and Mistakes», *ECLR*, 2003, p. 640.

BAHR, Christian/LOEST, Thomas, «Die Beurteilung von Vereinbarungen über Forschung und Entwicklung nach europäischem Kartellrecht», *EWS*, 6/2002, p. 263 (citado: «Die Beurteilung...»).

BAIN, Joe Staten, *Industrial Organization*, 2ª ed., New York/London/Sydney, John Wiley & Sons, 1968 (citado: *Industrial...*).

– *Barriers to new competition: their character and consequences in manufacturing industries*, reimpressão, Fairfield, Augustus M. Kelley, 1993 (citado: *Barriers...*).

BAKER, Simon/COSCELLI, Andrea, «The Role of Market Shares in Differentiated Product Markets», *ECLR*, 1999, p. 412 (citado: «The Role...»).

BARFUß, Walter, «Primat der Fusionskontrolle gegenüber der Kartell– und Missbrauchskontrolle?», *WuW*, 12/2003, p. 1251.

BARTOSCH, Andreas, «Welche Dimension hat das "Neue" im Airtours-Urteil des EuG?», *EuZW*, 21/2002, p. 645 (citado: «Welche Dimension...»).

– «Gehorsam oder Widerstand. Reformvorschlag der Kommission zur FKVO und die Rechtsprechung des EuG im Fall Airtours ./. Kommission», *WuW*, 6/2003, p. 574 (citado: «Gehorsam...»).

– «Das Urteil des EuG in der Rechtssache Impala/Kommission», *RIW*, 10/ /2006, p. 729.

BARTOSCH, Andreas/NOLLAU, Anne-Kathrin, «Die zweite Generalüberholung der europäischen Fusionskontrolle – das Grünbuch der Kommission vom 11.12.2001», *EuZW*, 7/2002, p. 197 (citado: «Die zweite...»).

BASTIANON, Stefano, «I nuovi lati oscuri dell'antitrust: posizione dominante collettiva verticale e sconti selettivi», *FI*, 2000, IV, c. 54 (citado: «I nuovi...»).

– «Mercati oligopolistici, "conscious parallelism" e pratiche concordate: quale intesa tra Tim e Omnitel?», *FI*, 2001, III, c. 394 (citado: «Mercati...»).

– «Il caso dei petrolieri e l'istruttoria antitrust: la "lezione" del Consiglio di Stato», *FI*, 2001, III, c. 449 (citado: «Il caso...»).

BASU, Kaushik, «Collusion in finitely-repeated oligopolies», *IJIO*, vol. 10 (1992), p. 595.

BAUMOL, William, «Contestable Markets: an Uprising in the Theory of Industry Structure», *AER*, vol. 72, n.º 1, March 1982, p. 1 (citado: «Contestable Markets: an Uprising...»).

BAUMOL, William/PANZAR, John/WILLIG, Robert, *Contestable Markets and the Theory of Industry Structure*, New York/San Diego/Chicago/San Francisco/ /Atlanta/London/Sydney/Toronto, Harcourt Brace Jovanovich, 1982 (citado: *Contestable...*).

BAUMOL, William/WILLIG, Robert, «Contestability: developments since the book», *Oxford Economic Papers*, 38 (supplement), 1986, p. 9 (citado: «Contestability: developments...»).

BAVASSO, Antonio F., «*Gencor*: A Judicial Review of the Commission's Policy and Practice», *WC*, 22(4), December 1999, p. 45 (citado: «*Gencor*: A Judicial Review...»).

BAYER, Walter, *in* KROPFF, Bruno/SEMLER, Johannes (Hrsg.), *Münchener Kommentar zum Aktiengesetz*, vol. 1, Beck e Franz Vahlen, München, 2000, p. 349 – esta obra é a 2ª edição do *Kommentar* de Geßler/Hefermehl//Eckhardt/ /Kropff (entre outros).

BEGG, David/FISCHER, Stanley/DORNBUSCH, Rudiger, *Economics*, 5ª ed., Maidenhead – Berkshire, McGRAW-HILL Book Company Europe, 1997 (citado: *Economics*).

BELKE, Rolf, «Die vertikalen Wettbewerbsbeschränkungsverbote nach der Kartellgesetznovelle 1973», parte 5, *ZHR*, 139 (1975), p. 129.

BELLAMY, Christopher/CHILD, Graham, *European community law of competition*, 5ª ed., London, Sweet & Maxwell, 2001 (citado: *European...*).

BENISCH (sem indicação de primeiro nome), *in* GRUR, 5/1977, p. 275.

BENISCH, Werner, *in* MÜLLER-HENNEBERG, Hans/SCHWARTZ, Gustav (Begr.), *Gesetz gegen Wettbewerbsbeschränkungen und Europäisches Kartellrecht. Gemeinschaftskommentar*, 4ª ed., Köln/Berlin/Bonn/München, Carl

Heymanns, 1981, § 25 Abs. 1, p. 1 (citado: *in* MÜLLER-HENNEBERG/SCHWARTZ, *Gesetz...*).

BERGMANN, Helmut/BURHOLT, Christian, «Nicht Fisch und nicht Fleisch – Zur Änderung des materiellen Prüfkriteriums in der Europäischen Fusionskontrollverordnung», *EuZW*, 6/2004, p. 161 (citado: «Nicht Fisch...»).

BERNHEIM, B. Douglas/WHINSTON, Michael D., «Multimarket contact and collusive behaviour», *RJE*, vol. 21, n.º 1, Spring 1990, p. 1.

BERTRAND, Joseph, «Théorie mathématique de la richesse sociale», apêndice à obra de A. Augustin COURNOT, *Recherches sur les Principes Mathématiques de la Théorie des Richesses*, (Nouvelle Édition), Paris, Marcel Rivière, 1938, p. 233.

BICHO, Maria José, *in* MARTINS, Maria Belmira/BICHO, Maria José/BANGY, Azeem Remtula, *O Direito da Concorrência em Portugal. O Decreto-Lei n.º 422/ /83 comentado e comparado com o direito comunitário e de vários países*, Lisboa, Papelaria Fernandes, 1986.

BIRO, Zoltan/PARKER, David/ETTEN, Melanie/RIECHMANN, Christoph, «Die Berücksichtigung von Asymmetrien bei der Analyse kollektiver Marktbeherrschung. Ein ökonomischer Ansatz», *WuW*, 12/2004, p. 1267 (citado: «Die Berücksichtigung...»).

BISCHKE, Alf-Henrik/MÄGER, Thorsten, «Der Kommissionsentwurf einer geänderten EU-Fusionskontrollverordnung. Zur Reform der Europäischen Fusionskontrolle», *EWS*, 3/2003, p. 97 (citado: «Der Kommissionsentwurf...»).

BISHOP, Simon, «Power and Responsability: The ECJ's Kali-Salz Judgement», *ECLR*, 1999, p. 37.

BISHOP, Simon/LOFARO, Andrea, «A legal and economic consensus? The theory and practice of coordinated effects in EC merger control», *AB*, vol. XLIX, Spring-Summer 2004, p. 195 (citado: «A legal...»).

BISHOP, Simon/RIDYARD, Derek, «Prometheus Unbound: Increasing the Scope for Intervention in EC Merger Control», *ECLR*, 2003, p. 357 (citado: «Prometheus...»).

BISHOP, Simon/WALKER, Mike, *The Economics of EC Competition Law: Concepts, Application and Measurement*, 2ª ed., London, Sweet & Maxwell, 2002 (citado: *The Economics...*).

BISHOP, William, «Oligopoly pricing: a proposal», *AB*, Summer 1983, p. 311.

BLACK, Oliver, «Concerted Practices, Joint Action and Reliance», *ECLR*, 2003, p. 219 (citado: «Concerted...»).

– «Collusion and Co-ordination in EC Merger Control», *ECLR*, 2003, p. 408.

– «What is an Agreement?», *ECLR*, 2003, p. 504.

BLAISE, Jean-Bernard, *in RTDE*, 36 (2), avril-juin 2000, p. 335.

BLAUG, Mark, *A Metodologia da Economia. Ou como os Economistas Explicam*, tradução da 2ª ed. por parte de Victor CALVETE/revisão científica de M. Lopes PORTO, Lisboa, Gradiva, 1994 (citado: *A Metodologia...*).

BLECKMANN, Albert, «Zu den Auslegungsmethoden des Europäischen Gerichthofs», *NJW*, 2. Juni 1982, p. 1177.

BLOMEYER, Arwed, *Zivilprozeßrecht: Erkenntnisverfahren*, 2ª ed., Berlin, Duncker & Humblot, 1985.

BLUMENTHAL, William, *Merger analysis under the U.S. antitrust laws*, Washington, D.C., King & Spalding (www.kslaw.com/library/pdf/WB_Merger_Outline.pdf; texto obtido em Janeiro de 2006) – citado: *Merger*....

BÖGE, Ulf, «Muss die EU zum SLC-Test wechseln?», *WuW*, 9/2002, p. 825.

– «Reform der Europäischen Fusionskontrolle», *WuW*, 2/2004, p. 138 (citado: «Reform...»).

– «Der "more economic approach" und die deutsche Wettbewerbspolitik», *WuW*, 7 u. 8/2004, p. 726 (citado: «Der "more economic approach"...»).

BÖGE, Ulf/MÜLLER, Edith, «From the Market Dominance Test to the SLC Test: Are There Any Reasons for a Change?», *ECLR*, 2002, p. 495 (citado: «From...»).

BÖHM, Franz, «Wirtschaftsordnung und Staatsverfassung», *in* BÖHM, Franz, *Freiheit und Ordnung in der Marktwirtschaft*, Baden-Baden, Nomos, 1980, p. 53.

BÖHNKE, Rolf, *Diversifizierte Unternehmen: Eine Untersuchung über wettbewerbliche Wirkungen, Ursachen und Ausmaß der Diversifizierung*, Berlin, Duncker & Humblot, 1976 (citado: *Diversifizierte...*).

BORK, Robert H., «Legislative Intent and the Policy of the Sherman Act», *in* SULLIVAN, E. Thomas (ed.), *The Political Economy of the Sherman Act. The First One Hundred Years*, New York/Oxford, Oxford University Press, 1991, p. 39.

– *The Antitrust Paradox. A Policy at War with Itself*, New York, THE FREE PRESS, 1993 (citado: *The Antitrust Paradox...*).

BRIONES, Juan, «Oligopolistic Dominance: Is there a Common Approach in Different Jurisdictions? A Review of Decisions Adopted by the Commission under the Merger Regulation», *ECLR*, 1995, p. 334 (citado: «Oligopolistic...»).

BRIONES, Juan/FOLGUERA, Jaime/FONT, Andrés/NAVARRO, Edurne, *El Control de Concentraciones en la Unión Europea. La práctica de la Comisión Europea y las novedades introducidas en el Reglamento (CEE) 4064/89 por el Reglamento (CE) 1310/97*, Madrid/Barcelona, Marcial Pons, 1999 (citado: *El Control...*).

BRIONES, Juan/JORGE PADILLA, Atilano, «The Complex Landscape of Oligopolies under EU Competition Policy. Is Collective Dominance Ripe for

Guidelines?», *WC*, 24(3), September 2001, p. 307 (citado: «The Complex…»).

BRIONES ALONSO, Juan, «Economic Assessment of Oligopolies under the Community Merger Control Regulation», *ECLR*, 1993, p. 118 (citado: «Economic…»).

– *Test de Dominancia VS. Test de Reducción de la Competencia: Aspectos Económicos*, Madrid, Centro de Política de la Competencia del Instituto de Estudios Europeos de la Universidad San Pablo-CEU, 2002 (citado: *Test...*).

BRONZE, Fernando José, *Lições de introdução ao direito*, Coimbra, Coimbra Editora, 2002 (citado: *Lições...*).

BROSIUS, Gerhard, *Oligopolistische Preispolitik und Inflation*, Göttingen, Vandenhoeck & Ruprecht, 1979 (citado: *Oligopolistische...*).

BÜLOW, Peter, *Gleichförmiges Unternehmensverhalten ohne Kommunikation*, Berlin, Duncker & Humblot, 1983 (citado: *Gleichförmiges...*).

BUNTE, Hermann-Josef, *in* LANGEN, Eugen/BUNTE, Hermann-Josef, *Kommentar zum deutschen und europäischen Kartellrecht*, vol. 1, 9ª ed., Neuwied/ /Kriftel, Luchterhand, 2001, p. 1790 (citado: *in* LANGEN/BUNTE, *Kommentar...*).

BUNTE, Hermann-Josef/SAUTER, Herbert, *EG-Gruppenfreistellungsverordnungen. Kommentar*, München, Beck'sche Verlagsbuchhandlung, 1988 (citado: *EG-Gruppenfreistellungsverordnungen...*).

BURGSTALLER, Markus, «Marktbeherrschung oder "Substantial Lessening of Competition"? Zugleich ein Beitrag zur Reform des materiellen Europäischen Fusionskontrollrechts», *WuW*, 7 u. 8/2003, p. 726 (citado: «Marktbeherrschung...»).

BÜSCHER, Rolf, *Antitrust und konglomerate Konzentration*, Köln, Institut für Wirtschaftspolitik an der Universität zu Köln, 1982 (citado: *Antitrust...*).

– *Diagonale Unternehmenszusammenschlüsse im amerikanischen und deutschen Recht*, Baden-Baden, Nomos, 1983 (citado: *Diagonale...*).

BUSSE, Monika/LEOPOLD, Anders, «Entscheidungen über Verpflichtungszusagen nach Art. 9 VO (EG) Nr. 1/2003», *WuW*, 2/2005, p. 146 (citado: «Entscheidungen...»).

BYDLINSKI, Franz, *Juristische Methodenlehre und Rechtsbegriff*, 2ª ed., Wien/New York, Springer-Verlag, 1991.

CABRAL, Luís, *Economia Industrial*, Lisboa e (muitas) outras, MCGRAW-HILL, 1994 (citado: *Economia Industrial*).

CAFFARRA, Cristina/KÜHN, Kai-Uwe, «Joint Dominance: The CFI Judgement on Gencor/Lonrho», *ECLR*, 1999, p. 355 (citado: «Joint Dominance...»).

CALVETE, Victor João de Vasconcelos Raposo Ribeiro, «Da relevância de considerações de eficiência no controlo de concentrações em Portugal», *in* VARELA, Antunes/AMARAL, Diogo Freitas do/MIRANDA, Jorge/CANOTILHO. J.

J. Gomes (organização), *Ab Uno Ad Omnes. 75 anos da Coimbra Editora (1920-1995)*, Coimbra, Coimbra Editora, 1998, p. 305 (citado: «Da relevância...»).

– «Da relevância de considerações de eficiência no controlo de concentrações», *in* AAVV, *Colectânea de Estudos de Homenagem a Francisco Lucas Pires*, Universidade Autónoma de Lisboa, Lisboa, 1999, p. 281.

– «De que falamos quando falamos de política de defesa da concorrência», *in* Gomes, Júlio (coordenação editorial), *Estudos dedicados ao Prof. Doutor Mário Júlio Brito de Almeida Costa*, Lisboa, Universidade Católica Editora, 2002, p. 1481 (citado: «De que falamos...»).

Camesasca, Peter D., «The Explicit Efficiency Defence in Merger Control: Does it Make the Difference?», *ECLR*, 1999, p. 14 (citado: «The Explicit...»).

Campos, João Mota de, *Manual de Direito Comunitário. O Sistema Institucional. A Ordem Jurídica. O Ordenamento Económico da União Europeia*, 3ª ed., Lisboa, Fundação Calouste Gulbenkian – Serviço de Educação e Bolsas, 2002 (citado: *Manual...*).

Cangemi, Daniele, «Contrôle des concentrations et position dominante collective», *RMUE*, 1/1995, p. 113 (citado: «Contrôle...»).

Canotilho, J. J. Gomes/Moreira, Vital, *Constituição da República Portuguesa (Anotada)*, 3ª ed., Coimbra, Coimbra Editora, 1993.

Carvalho, Orlando de, *Nótulas de direito das empresas (Introdução)*, ed. policop., Coimbra, s.d. (1983?).

Chamberlin, Edward H., *The Theory of Monopolistic Competition. A Re-orientation of the Theory of Value*, 6ª ed. (reimpressão), London, Geoffrey Cumberlege – Oxford University Press, 1948.

Chang, Myong-Hun, «The effects of product differentiation on collusive pricing», *IJIO*, vol. 9 (1991), p. 453.

Christensen, Peder/Owen, Philip, «Comment on the Judgement of the Court of First Instance of 25 March 1999 in the merger case IV/M.619 – Gencor/ /Lonrho», *CPN*, n.º 2, June 1999, p. 19.

Cícero, *Catón el Mayor: de la Vejez* (edição bilingue), México, Universidad Nacional Autónoma de México, 1997, p. 1.

COMISSÃO EUROPEIA, *Dritter Bericht über die Wettbewerbspolitik (1973)*, Luxemburg, Amt für amtliche Veröffentlichungen der Europäischen Gemeinschaften, 1974.

– *Neunter Bericht über die Wettbewerbspolitik (1979)*, Luxemburg, Amt für amtliche Veröffentlichungen der Europäischen Gemeinschaften, 1980.

– *Elfter Bericht über die Wettbewerbspolitik (1981)*, Luxemburg, Amt für amtliche Veröffentlichungen der Europäischen Gemeinschaften, 1982.

– *Décimo Sexto Relatório sobre a Política de Concorrência (1986)*, Luxemburgo, Serviço das Publicações Oficiais das Comunidades Europeias, 1987.

– *XXIV Relatório sobre a Política de Concorrência (1994)*, Luxemburgo, Serviço das Publicações Oficiais das Comunidades Europeias, 1995.

COPPI, Lorenzo/WALKER, Mike, «Substantial convergence or parallel paths? Similarities and differences in the economic analysis of horizontal mergers in U.S. and EU competition law», *AB*, vol. XLIX, Spring-Summer 2004, p. 101 (citado: «Substantial...»).

CORDEIRO, António José da Silva Robalo, «As coligações de empresas e os direitos português e comunitário da concorrência», *RDES*, ano XIX, II, 2ª série, n.º 1, 1987, p. 81 (citado: «As coligações...»).

CORDEIRO, António Menezes, *Direito da Economia*, 1.º volume, reimpressão, Lisboa, Associação Académica da Faculdade de Direito de Lisboa, 1990.

– *Manual de Direito das Sociedades*, I Volume (Das Sociedades em Geral), Coimbra, Almedina, 2004 (citado: *Manual...*).

– *Direito Europeu das Sociedades*, Coimbra, Almedina, 2005.

– «Concorrência e direitos e liberdades fundamentais na União Europeia», *in* ALBUQUERQUE, Ruy de/CORDEIRO, António Menezes (coordenação), *Regulação e Concorrência. Perspectivas e limites da defesa da concorrência*, Coimbra, Almedina, 2005, p. 9 (citado: «Concorrência...»).

– «Defesa da concorrência e direitos fundamentais das empresas: da responsabilização da Autoridade da Concorrência por danos ocasionados em actuações de inspecção», *in* ALBUQUERQUE, Ruy de/CORDEIRO, António Menezes (coordenação), *Regulação e Concorrência. Perspectivas e limites da defesa da concorrência*, Coimbra, Almedina, 2005, p. 121 (citado: «Defesa...»).

CORREIA, Miguel J. A. Pupo, *Direito Comercial*, 8ª ed., Lisboa, Ediforum, 2003.

COT, Jean-Mathieu/LA LAURENCIE, Jean-Patrice de, *Le contrôle français des concentrations*, 2ª ed., Paris, L.G.D.J., 2003.

COURNOT, A. Augustin, *Recherches sur les Principes Mathématiques de la Théorie des Richesses*, (Nouvelle Édition), Paris, Marcel Rivière, 1938 (citado: *Recherches...*).

CUENDET, Sophie, *Positions dominantes collectives: Contre une application simultanée des art. 81 et 82 CE*, Berne, Staempfli, 2003.

CUNHA, Carolina, «Profissões liberais e restrições da concorrência», *in Estudos de Regulação Pública – I* (Organização de MOREIRA, Vital), Coimbra, Coimbra Editora, 2004, p. 445 (citado: «Profissões...»).

– *Controlo das Concentrações de Empresas (Direito Comunitário e Direito Português)*, Coimbra, Almedina, 2005 (citado: *Controlo...*).

CUNHA, Paulo de Pitta e, *Direito Institucional da União Europeia*, Coimbra, Almedina, 2004 (citado: *Direito...*).

DALKIR, Serdar/WARREN-BOULTON, Frederick R., «Prices, Market Definition, and the Effects of Merger: Staples-Office Depot (1997)», *in* KWOKA, Jr., John

E./WHITE, Lawrence J. (ed.), *The Antitrust Revolution. Economics, Competition, and Policy*, 4ª ed., New York/Oxford, Oxford University Press, 2004, p. 52.

DE BRONETT, Georg-Klaus, *in* WIEDEMANN, Gerhard (Hrsg.), *Handbuch des Kartellrechts*, München, Beck, 1999, p. 747 (citado: *in* WIEDEMANN, *Handbuch...*).

– *Kommentar zum europäischen Kartellverfahrensrecht (VO 1/2003)*, München, Luchterhand, 2005.

DECOCQ, André/DECOCQ, Georges, *Droit de la concurrence interne et communautaire*, 2ª ed., Paris, L.G.D.J, 2004 (citado: *Droit...*).

DENOZZA, Francesco, *Antitrust. Leggi antimonopolistiche e tutela dei consumatori nella CEE e negli USA*, Bologna, il Mulino, 1988 (citado: *Antitrust...*).

DEWEY, Donald, *The Antitrust Experiment In America*, New York/Oxford, Columbia University Press, 1990.

DIECKMANN, Holger, *in* WIEDEMANN, Gerhard (Hrsg.), *Handbuch des Kartellrechts*, München, Beck, 1999, p. 1263.

DIRKSEN, Dirk, *in* LANGEN, Eugen/BUNTE, Hermann-Josef, *Kommentar zum deutschen und europäischen Kartellrecht*, vol. 1, 9ª ed., Neuwied/Kriftel, Luchterhand, 2001, p. 2123 (citado: *in* LANGEN/BUNTE, *Kommentar...*).

DOLMANS, Maurits/GRAF, Thomas, «Analysis of Tying Under Article 82 EC: The European Commission's Microsoft Decision in Perspective», *WC*, 27(2), June 2004, p. 225.

DONATIVI, Vincenzo, *Impresa e gruppo nella legge antitrust*, Milano, Giuffrè, 1996.

DRAUZ, Götz, «Reform der Fusionskontrollverordnung – Die Kernpunkte des Grünbuchs der Europäischen Kommission», *WuW*, 5/2002, p. 444 (citado: «Reform...»).

– «Unbundling *GE/Honeywell*: the assessment of conglomerate mergers under EC competition law», *in* AAVV, *Annual Proceedings of the Fordham Corporate Law Institute (2001). International Antitrust Law & Policy*, Huntington, 2002, p. 183 (citado: «Unbundling...»).

DREHER, Meinrad, «Die US-amerikanischen Horizontal Merger Guidelines 1992 – Kartellrecht jenseits von Reaganomics?», *RIW*, 5/1995, p. 376 (citado: «Die US-amerikanischen...»).

– «Deutsche Ministererlaubnis in der Zusammenschlusskontrolle und europäisches Kartellrecht – Zugleich ein Beitrag zur Abgrenzung von Art. 81, 82 EG und FKVO», *WuW*, 9/2002, p. 828 (citado: «Deutsche...»).

DREHER, Meinrad/THOMAS, Stefan, «Rechts– und Tatsachenirrtümer unter der neuen VO 1/2003», *WuW*, 1/2004, p. 8.

DUBOW, Ben/ELLIOTT, David/MORRISON, Eric, «Unilateral Effects and Merger Simulation Models», *ECLR*, 2004, p. 114 (citado: «Unilateral...»).

DUMEZ, Hervé/JEUNEMAÎTRE, Alain, *A Concorrência na Europa. Novas regras para as empresas*, tradução de PEREIRA, Maria do Céu S./MARTINS, João P. Nogueira, Porto, EDIÇÕES ASA, 1993 (citado: *A Concorrência...*).

EDGEWORTH, Francis Y., «La teoria pura del monopolio», *GE*, reimpressão feita em 1966 do vol. XV da série II (1897), pp. 13-31, 307-320 e 405-414 (citado: «La teoria...»).

EILMANSBERGER, Thomas, «Die Adalat-Entscheidung des EuGH. Maßnahmen von Herstellern zur Steuerung des Verhaltens von Vertriebshändlern als Vereinbarung im Sinne von Art. 81. EG», *ZWeR*, 2/2004, p. 285 (citado: «Die Adalat-Entscheidung...»).

EMMERICH, Volker, *in* ULRICH IMMENGA/ERNST-JOACHIM MESTMÄCKER (Hrsg.), *EG-Wettbewerbsrecht: Kommentar*, vol. I, München, Beck, 1997, p. 123 (citado: *in* IMMENGA/MESTMÄCKER, *EG-Wettbewerbsrecht...*).

– *Kartellrecht*, 9ª ed., München, Beck, 2001 (citado: *Kartellrecht*).

– *in* DAUSES, Manfred A. (Hrsg.), *Handbuch des EU-Wirtschaftsrechts*, vol. 2, München, Beck, última actualização em Abril de 2003, H. I § 1 (citado: *in* DAUSES, *Handbuch...*).

– «Fusionskontrolle 2003/2004», *AG*, 12/2004, p. 629 (citado: «Fusionskontrolle...»).

EMMERICH, Volker/SONNENSCHEIN, Jürgen/HABERSACK, Mathias, *Konzernrecht: Das Recht der verbundenen Unternehmen bei Aktiengesellschaft, GmbH, Personengesellschaften, Genossenschaft, Verein und Stiftung; ein Studienbuch*, 7ª ed., München, Beck, 2001.

ENCHELMAIER, Stefan, *Europäische Wettbewerbspolitik im Oligopol: Eine Untersuchung der Behandlung von Oligopolfällen durch die Kommission und den Gerichtshof der Europäischen Gemeinschaften*, Baden-Baden, Nomos, 1997 (citado: *Europäische...*).

ETTER, Boris, «The Assessment of Mergers in the EC under the Concept of Collective Dominance: An Analysis of the Recent Decisions and Judgements – an Economic Approach», *WC*, 23(3), September 2000, p. 103 (citado: «The Assessment...»).

EUROPE ECONOMICS, *Assessment criteria for distinguishing between competitive and dominant oligopolies in merger control*, Luxembourg, Office for Official Publications of the European Communities, 2001 [documento obtido na Internet (www.europa.eu.int) em consulta efectuada a 12.10.2002] – citado: *Assessment...*.

EWALD, Christian, «Predatory Pricing als Problem der Missbrauchsaufsicht. Eine Bewertung der aktuellen Entscheidungspraxis in den USA und in Deutschland im Luftverkehrssektor», *WuW*, 11/2003, p. 1165 (citado: «Predatory...»).

FAIRBURN, James/GEROSKI, Paul, «The Empirical Analysis of Market Structure and Performance», *in* FAIRBURN, J./KAY, John, *Mergers and Merger Policy*, Oxford, Oxford University Press, 1989, p. 175.

FATTORI, Piero/TODINO, Mario, *La disciplina della concorrenza in Italia*, Bologna, il Mulino, 2004 (citado: *La disciplina*...).

FEDDERSEN, Christoph/O'DONOGHUE, Robert, «Anmerkung zu EuG, Rs. T-342/99 *Airtours plc/Kommission*, Urteil vom 6.6.2002», *EuR*, caderno 5, 2002, p. 740 (citado: «Anmerkung...»).

FELLNER, William, *Competition Among the Few. Oligopoly and Similar Market Structures*, New York, Alfred A. Knopf, 1949 (citado: *Competition*...).

– «Collusion and its limits under oligopoly», *AER*, vol. XL (1950), p. 54 (citado: «Collusion...»).

FERNANDES, António Monteiro, *Direito do Trabalho*, 12ª ed., Coimbra, Almedina, 2004.

FERREIRA, Eduardo Paz, *Lições de Direito da Economia*, Lisboa, Associação Académica da Faculdade de Direito de Lisboa, 2001 (citado: *Lições*...).

FERREIRA, João E. Pinto/BANGY, Azeem Remtula, *Guia Prático do Direito da Concorrência em Portugal e na União Europeia*, Lisboa, AJE – Sociedade Editorial, 1999 (citado: *Guia*...).

FISCHER, Robert, «Der Mißbrauch einer marktbeherrschenden Stellung (§ 22 GWB) in der Rechtsprechung des Bundesgerichtshofes», *ZGR*, 2/1978, p. 235.

FLINT, David, «Abuse of a collective dominant position», *LIEI*, 1978/2, p. 21 (citado: «Abuse...»).

FLORIDIA, Giorgio/CATELLI, Vittorio G., *Diritto antitrust. Le intese restrittive della concorrenza e gli abusi di posizione dominante*, sem local de edição, IPSOA Editore, 2003.

FOCSANEANU, L., «La notion d'abus dans le système de l'article 86 du Traité instituant la Communauté Économique Européenne», *in* VAN DAMME, J. A. (ed.), *La réglementation du comportement des monopoles et entreprises dominantes en droit communautaire*, Semaine de Bruges 1977, Bruges, DE TEMPEL, 1977, p. 324 (citado: «La notion...»).

FRANCO, A. L. Sousa, *Concorrência*, *in* Enciclopédia Luso-Brasileira de Cultura, vol. V, col. 1240.

FRANCO, A. L. Sousa/MARTINS, Guilherme d'Oliveira, *A Constituição Económica Portuguesa. Ensaio Interpretativo*, Coimbra, Almedina, 1993.

FRANZOSI, Mario, «L'oligopolio e il dilemma del prigioniero (pratiche concordate e comportamento *as if*)», *RDI*, 1988 – Parte Prima, p. 56 (citado: «L'oligopolio...»).

– *Monopolio – Oligopolio, Concentrazioni (Opinioni dissenzienti)*, Milano, Giuffrè, 1989 (citado: *Monopolio*...).

FRIGNANI, Aldo, «Abuso di posizione dominante», *in* AAVV, *Diritto antitrust italiano*, volume I (a cura di FRIGNANI, A./PARDOLESI, R./GRIFFI, A. Patroni/ /UBERTAZZI, L. C.), Bologna, Zanichelli, 1993, p. 309 (citado: «Abuso...»).

FULLER, C. W. Baden, «Article 86 EEC: Economic Analysis of the Existence of a Dominant Position», *ELR*, 1979, p. 423 (citado: «Article 86 EEC: Economic...»).

FURSE, Mark, *Competition Law of the EC und UK*, 4ª ed., Oxford, Oxford University Press, 2004 (citado: *Competition...*).

Gabler Wirtschafts-Lexicon (AAVV), 14ª ed., Wiesbaden, Gabler, 1997, vol. 10 da edição em 10 volumes, p. 4467 («Wohlfahrt»).

GALBRAITH, John Kenneth, *The New Industrial State*, London, Hamish Hamilton, 1967.

GARCIA, Maria Olinda, *A Nova Disciplina do Arrendamento Urbano. NRAU anotado de acordo com a Lei n.º 6/2006, de 27 de Fevereiro*, Coimbra, Coimbra Editora, 2006.

GARCÍA PÉREZ, Mercedes, *Dominancia VS. Disminución Sustancial de la Competencia ¿Cuál es el criterio más apropiado?: Aspectos Jurídicos*, Madrid, Centro de Política de la Competencia del Instituto de Estudios Europeos de la Universidad San Pablo-CEU, 2002 (citado: *Dominancia...*).

GAVIL, Andrew I./KOVACIC, William E./BAKER, Jonathan B., *Antitrust law in perspective: cases, concepts and problems in competition policy*, St. Paul, Thomson/West, 2002 (citado: *Antitrust...*).

GEITHMAN, Frederick/MARVEL, Howard/WEISS, Leonard, «Concentration, price and critical concentration ratios», *RES*, vol. LXIII (1981), p. 346.

GELLHORN, Ernest/KOVACIC, William E./CALKINS, Stephen, *Antitrust Law and Economics (in a nutshell)*, 5ª ed., St. Paul, Thomson/West, 2004 (citado: *Antitrust...*).

GERARD, Damien, «Merger control policy: how to give meaningful consideration to efficiency claims?», *CMLR*, 2003, p. 1367 (citado: «Merger...»).

GERBER, David J., «The Transformation of European Community Competition Law?», *Harv Int LJ*, vol. 35, n.º 1, Winter 1994, p. 97 (citado: «The Transformation...»).

GEẞLER, Ernst, *in Aktiengesetz. Kommentar von* GEẞLER, E./HEFERMEHL, Wolfgang/ECKARDT, Ulrich/KROPFF, Bruno (u. a.), München, Franz Vahlen, 1973/1983/1984, p. 178.

GHEZZI, Federico, *Le imprese comuni nel diritto della concorrenza*, Milano, Giuffrè, 1996 (citado: *Le imprese...*).

GILCHRIST, Joseph, «Anwendbarkeit der Oligopolvermutungen in der deutschen und europäischen Zusammenschlußkontrolle», *in* AAVV, *Schwerpunkte des Kartellrechts 1991/92*, Köln/Berlin/Bonn/München, Carl Heymanns, 1993, p. 85.

GINSBURG, Douglas H., «Nonprice competition», *AB*, vol. XXXVIII, Spring 1993, p. 83.

GIORDANO, Massimo, *in FI*, 2000, IV, c. 327 (citado: *in FI*, 2000, IV).
– «Abuso di posizione dominante collettiva e parallelismo oligopolistico: la Corte di giustizia tenta la quadratura del cerchio?», *FI*, 2001, IV, c. 260 (citado: «Abuso...»).

GIRSCH, Bernhard, *Fusionskontrolle in konzentrierten Märkten: das theoretische Konzept der oligopolistischen Marktbeherrschung und dessen Anwendung in der Praxis*, Wien/Graz, NWV Neuer Wissenschaftlicher Verlag, 2002 (citado: *Fusionskontrolle...*).

GLAIS, Michel/LAURENT, Philippe, *Traité d'économie et de droit de la concurrence*, Paris, PUF, 1983 (citado: *Traité...*).

GOLDMAN, Berthold/LYON-CAEN, Antoine/VOGEL, Louis, *Droit commercial européen*, 5ª ed., Paris, Dalloz, 1994.

GONZÁLEZ DÍAZ, F. Enrique, «Commentaire sur l'Arrêt de la Cour du 31 mars 1998 dans l'affaire 'Kali und Salz'», *CPN*, n.º 2, June 1998, p. 38.
– «Recent Developments in EC Merger Control Law. *The Gencor Judgement*», *WC*, 22(3), September 1999, p. 3 («Recent...»).
– «The Reform of European Merger Control: *Quid Novi Sub Sole?*», *WC*, 27(2), June 2004, p. 177 (citado: «The Reform...»).

GORJÃO-HENRIQUES, Miguel, *Da Restrição da Concorrência na Comunidade Europeia: a Franquia de Distribuição*, Coimbra, Almedina, 1998.
– «Sobre os comportamentos colectivos no direito comunitário da concorrência – o acórdão *Kali und Salz*: notas gerais (acórdão do Tribunal de Justiça República Francesa e Outros c. Comissão, de 31 de Março de 1998)», *TInt*, 4.º vol., 1.º Semestre de 1999, n.º 7, p. 243.
– *Direito Comunitário*, 3ª ed., Coimbra, Almedina, 2005 (citado: *Direito...*).

GREEN, Edward J./PORTER, Robert H., «Noncooperative collusion under imperfect price information», *Econometrica*, vol. 52, n.º 1, January 1984, p. 87.

GRILL, Gerhard, *in* LENZ, Carl Otto (Hrsg.), *EG-Vertrag*: *Kommentar zu dem Vertrag zur Gründung der Europäischen Gemeinschaften*, 2ª ed., Köln, Bundesanzeiger, 1999, p. 671 (citado: *in* LENZ, *EG-Vertrag: Kommentar...*).

GUGLER, Philippe, «Principaux indicateurs de dominance collective dans le cadre du contrôle préventif des concentrations», *RDAI/IBLJ*, n.º 8, 1998, p. 919 (citado: «Principaux...»).

GYSELEN, Luc/KYRIAZIS, Nicholas, «Article 86 EEC: The Monopoly Power Measurement Issue Revisited», *ELR*, 1986, p. 134.

HABERSAAT, Marc, *Gemeinsame Marktbeherrschung und Europäisches Kartellrecht: Das Oligopol in der Europäischen Rechtsprechung*, Göttingen, Cuvillier, 2002 (citado: *Gemeinsame...*).

HAHN, Andreas, *Oligopolistische Marktbeherrschung in der Europäischen Fusionskontrolle*, Berlin, Duncker & Humblot, 2003 (citado: *Oligopolistische...*).
– *in* SÄCKER, Franz Jürgen (Hrsg.), *Berliner Kommentar zum Energierecht. Energiewettbewerbsrecht, Energieregulierungsrecht und Energieumweltschutzrecht*, München, Franz Vahlen, 2004, p. 445 (citado: *in* SÄCKER, *Berliner Kommentar...*).

HANSEN, Knud, «Zur Unterscheidung von bewußten Parallelverhalten und abgestimmten Verhaltensweisen in der kartellbehördlichen Praxis», *ZHR*, vol. 136, 1972, p. 52 (citado: «Zur Unterscheidung...»).

HAUPT, Heiko, «Kollektive Marktbeherrschung in der europäischen Missbrauchs– und Fusionskontrolle nach dem Airtours-Urteil des Gerichts Erster Instanz», *EWS*, 8/2002, p. 361 (citado: «Kollektive...»).

HAY, Donald A./MORRIS, Derek J., *Industrial economics and organization. Theory and evidence*, Oxford, Oxford University Press, 1991.

HAY, George A., «Oligopoly, Shared Monopoly, and Antitrust Law», *Cornell L. Rev.*, 1982, p. 439 (citado: «Oligopoly...»).
– «Practices That Facilitate Cooperation: The *Ethyl* Case», *in* KWOKA, Jr., John E./WHITE, Lawrence J. (ed.), *The Antitrust Revolution*, Glenview/ /Boston/London, Scott, Foresman and Company, 1989, p. 183 (citado: «Practices...»).

HERRERO SUÁREZ, Carmen, *El problema del oligopolio en el derecho de la competencia comunitario*, Actas de Derecho Industrial y Derecho de Autor (Separata) – Instituto de Derecho Industrial/Universidad de Santiago (España) –, sem local, Marcial Pons, sem data (citado: *El problema...*).
– «Control de las concentraciones de empresas», *in* VELASCO SAN PEDRO, Luis Antonio (Coordinador), *Derecho Europeo de la Competencia (Antitrust e Intervenciones Públicas)*, Valladolid, Editorial LEX NOVA, 2005, p. 435 (citado: «Control...»).

HEUSS, Ernst «Ökonomische und logische Bemerkungen zur Teefarbenentscheidung des *BGH*», *NJW*, 11. Januar 1972, p. 11 (citado: « Ökonomische...»).
– «Aufeinander abgestimmtes Verhalten – Sackgasse und Ausweg», *WuW*, 6/1974, p. 369.

HEWITT, Gary, «Oligopoly. Background Note», *OECD Journal of Competition Law and Policy*, vol. 3/n.º 3, 2001, p. 143 (citado: «Oligopoly...»).

HILDEBRAND, Doris, *The Role of Economic Analysis in the EC Competition Rules*, 2ª ed., The Hague, Kluwer Law International, 2002 (citado: *The Role...*).

HIRSCH, Martin/BURKERT, Thomas, *in* GLEISS, Alfred/HIRSCH, M., *Kommentar zum EG-Kartellrecht*, vol. 1, 4ª ed., Heidelberg, Verlag Recht und Wirtschaft, 1993 (não indicamos página, porque HIRSCH e BURKERT são responsáveis por todo o volume) – citado: *in* GLEISS/HIRSCH, *Kommentar...*.

HOET, Peter, «Domination du marché ou théorie du partenaire obligatoire», *RMC*, n.º 325, mars 1989, p. 135.

HÖFER, Heinrich, «Abgestimmtes Verhalten – Wettbewerbspolitik am Ende oder am Ende Wettbewerbspolitik?», *ORDO*, vol. 29, 1978, p. 201.

HOFFMANN, Jochen/TERHECHTE, Jörg Philipp, «Der Vorschlag der Europäischen Kommission für eine neue Fusionskontrollverordnung», *AG*, 8/2003, p. 415 (citado: «Der Vorschlag...»).

HÖHN, Christine, «Kollektive Marktbeherrschung vor und nach der Airtours--Entscheidung des EuG», *RIW*, 1/2003, p. 63 (citado: «Kollektive...»).

HOLLER, Manfred J./ILLING, Gerhard, *Einführung in die Spieltheorie*, 2ª ed., Berlin/Heidelberg/New York/London/Paris/Tokyo/Hong Kong/Barcelona//Budapest, Springer, 1993 (citado: *Einführung...*).

HOPPMANN, Erich, «Preismeldestellen und Wettbewerb. Einige Bemerkungen zu den wettbewerbstheoretischen Grundlagen der neueren Diskussion über Preismeldestellen», *WuW*, 2/1966, p. 97.

HOSSENFELDER, Silke/LUTZ, Martin, «Die neue Durchführungsverordnung zu den Artikeln 81 und 82 EG-Vertrag», *WuW*, 2/2003, p. 118 (citado: «Die neue Durchführungsverordnung...»).

HOVENKAMP, Herbert, *Federal antitrust policy: the law of competition and its practice*, 3ª ed., St. Paul, Thomson/West, 2005 (citado: *Federal...*).

HYLTON, Keith N., *Antitrust Law. Economic Theory and Common Law Evolution*, Cambridge, Cambridge University Press, 2003.

IMMENGA, Ulrich, *in* IMMENGA, Ulrich/MESTMÄCKER, Ernst-Joachim (Hrsg.), *EG-Wettbewerbsrecht: Kommentar*, vol. I, München, Beck, 1997, p. 775 (citado: *in* IMMENGA/MESTMÄCKER, *EG-Wettbewerbsrecht...*).

IVALDI, Marc/JULLIEN, Bruno/REY, Patrick/SEABRIGHT, Paul/TIROLE, Jean, *The Economics of Tacit Collusion*, March 2003 [retirado da Internet em 29.9.2004 (www.europa.eu.int/comm/competition/mergers/review/the_economics_of_tacit_collusion_en.pdf)] – citado: *The Economics of Tacit Collusion*.

– *The Economics of Unilateral Effects*, November 2003 (retirado da Internet em 28.9.2004 – www.europa.eu.int/comm/competition/mergers/review/the_economics_of_unilateral_effects_en.pdf) – citado: *The Economics of Unilateral Effects*.

JACOB, Herbert, «Das Problem des marktbeherrschenden Unternehmen aus wirtschaftswissenschaftlicher Sicht», *in* AAVV, *Schwerpunkte des Kartellrechts 1980/81*, Köln/Berlin/Bonn/München, Carl Heymanns, 1982, p. 17 (citado: «Das Problem...»).

JAMES, Charles A., *Rediscovering coordinated effects*, 13.8.2002 (texto obtido em www.usdoj.gov/atr/public/speeches/200124.htm numa consulta efectuada em Janeiro de 2006) – citado: *Rediscovering...*.

JARA RONDA, Carolina, *Begründung oder Verstärkung einer marktbeherrschenden Stellung in der leitungsgebundenen Energiewirtschaft nach dem deutschen und dem europäischen Fusionskontrollrecht*, edição de autor, policopiado, Köln, 2003 (citado: *Begründung...*).

JENNY, Frederic, «Collective Dominance and the EC Merger Regulation», *in* AAVV, *Annual Proceedings of the Fordham Corporate Law Institute (2001). International Antitrust Law & Policy*, Huntington, Juris Publishing, 2002, p. 361 (citado: «Collective...»).

JIMENEZ DE LAIGLESIA, José Maria, «Derecho de la competencia y oligopolio», *GJ*, serie D, D-23, Abril 1995, p. 119 (citado: «Derecho...»).

JOLIET, René, «La notion de pratique concertée et l'arrêt I.C.I. dans une perspective comparative», *CDE*, 1974, n.os 3-4, 1974, p. 251 (citado: «La notion...»).

JONES, Alison, «Woodpulp: Concerted Practice and/or Conscious Parallelism?», *ECLR*, 1993, p. 273 (citado: «Woodpulp...»).

JONES, Alison/SUFRIN, Brenda, *EC Competition Law. Text, Cases, and Materials*, 2ª ed., Oxford, Oxford University Press, 2004 (citado: *EC Competition...*).

JONES, Christopher/GONZÁLEZ-DÍAZ, F. Enrique, *The EEC Merger Regulation*, London, Sweet & Maxwell, 1992 (citado: *The EEC...*).

JUNG, Christian, *in* GRABITZ, Eberhard/HILF, Meinhard, *Das Recht der Europäischen Union*, vol. II, München, Beck, última actualização em Janeiro de 2004, Art. 82 EGV (citado: *in* GRABITZ/HILF, *Das Recht...*).

JUSTO, A. Santos, *Introdução ao estudo do direito*, 2ª ed., Coimbra, Coimbra Editora, 2003 (citado: *Introdução...*).

KANTZENBACH, Erhard, *Die Funktionsfähigkeit des Wettbewerbs*, 2ª ed., Göttingen, Vandenhoeck u. Ruprecht, 1967.

KANTZENBACH, Erhard/KOTTMANN, Elke/KRÜGER, Reinald, *New Industrial Economics and Experiences from European Merger Control – New Lessons about Collective Dominance?*, Luxembourg, Office for Official Publications of the European Communities, 1995 (citado: *New Industrial...*).

KANTZENBACH, Erhard/KRÜGER, Reinald, «Zur Frage der richtigen Abgrenzung des sachlich relevanten Marktes bei der wettbewerbspolitischen Beurteilung von Unternehmenszusammenschlüssen», *WuW*, 6/1990, p. 472.

KANTZENBACH, Erhard/KRUSE, Jörn, *Kollektive Marktbeherrschung*, Göttingen, Vandenhoeck u. Ruprecht, 1989 (citado: *Kollektive...*).

KAPTEYN, Paul J. G./VAN THEMAAT, P. VERLOREN, *Introduction to the Law of the European Communities. After the coming into force of the Single European Act*, 2ª edição (editada por GORMLEY, Laurence W.), Deventer, Kluwer Law and Taxation Publishers, 1990.

KASERMAN, David, «Theories of vertical integration: implications for antitrust policy», *AB*, vol. XXIII, Fall 1978, p. 483 (citado: «Theories...»).

KAYSEN, Carl/TURNER, Donald F., *Antitrust Policy. An Economic and Legal Analysis*, Cambridge, Harvard University Press, 1959 (citado: *Antitrust...*).

KERSE, C. S., *E.C. Antitrust Procedure*, 4ª ed., London, Sweet & Maxwell, 1998 (citado: *E.C. Antitrust...*).

KESSIDES, Ioannis N., «Advertising, sunk costs, and barriers to entry», *RES*, vol. LXVIII (1986), p. 84.

– «Market concentration, contestability, and sunk costs», *RES*, vol. LXXII (1990), p. 614.

KLAUE, Siegfried, «Die bisherige Rechtsprechung zum Gesetz gegen Wettbewerbsbeschränkungen», *in* AAVV, *Zehn Jahre Bundeskartellamt. Beiträge zu Fragen und Entwicklungen auf dem Gebiet des Kartellrechts*, Köln/Berlin/Bonn/München, Carl Heymanns, 1968, p. 249.

KLEES, Andreas, *Europäisches Kartellverfahrensrecht (mit Fusionskontrollverfahren)*, Köln/Berlin/München, Carl Heymanns, 2005.

KLING, Michael/THOMAS, Stefan, *Grundkurs Wettbewerbs– und Kartellrecht*, München, Beck, 2004 (citado: *Grundkurs...*).

KLOOSTERHUIS, Erik, «Joint Dominance and the Interaction Between Firms», *ECLR*, 2001, p. 79 (citado: «Joint...»).

KNÖPFLE, Robert, «Zur Mißbrauchsaufsicht über marktbeherrschende Unternehmen auf dem Preissektor», *BB*, caderno 19, de 10.7.1974, p. 862 (citado: «Zur Mißbrauchsaufsicht...»).

– «Zur Notwendigkeit einer richtigen Bestimmung des Inhalts des Wettbewerbs für eine zutreffende Beurteilung marktübergreifender (konglomerater) Zusammenschlüsse», *in* ANDREAE, Clemens-August/ /BENISCH, Werner (Hrsg.), *Wettbewerbsordnung und Wettbewerbsrealität. Festschrift für Arno Sölter zum 70. Geburtstag*, Köln/Berlin/Bonn/München, Carl Heymanns, 1982, p. 217.

– «Indiziert der Marktanteil den Wettbewerbsgrad?», *BB*, caderno 30, de 30.10.1982, p. 1805.

– «Ist die marktbeherrschende Gruppen betreffende Regelung des GWB sinnvoll und berechtigt?», *BB*, caderno 23, de 20.8.1983, p. 1421.

KOCH, Norbert, *in* GRABITZ, Eberhard/HILF, Meinhard, *Das Recht der Europäischen Union*, edição "prévia": *Altband II*, München, Beck, última actualização em Outubro de 1999, Art. 85 e Art. 86 (citado: *in* GRABITZ/ /HILF, *Das Recht...*, edição "prévia": *Altband II*).

KÖHLER, Herbert W., «Rechtsform und Unternehmensverfassung. Einige Bemerkungen zu einer rechtsstaatsorientierten Verfassung privatrechtlich gegliederter und ungegliederter Unternehmen», *ZgS*, 1959, p. 716.

KOLASKY, William J., *United States and european competition policy: are there more differences than we care to admit?*, 10.4.2002 (texto colhido em Janeiro de 2006 numa visita a www.usdoj.gov/atr/public/speeches/10999.htm).

– *Coordinated effects in merger review: from dead frenchmen to beautiful minds and mavericks*, 24 April 2002 (texto obtido em Janeiro de 2006 numa consulta efectuada a www.usdoj.gov/atr/public/speeches/11050.htm).

KÖPPEN, Martina, *Gruppenfreistellungsverordnungen. Wirksamkeit und Rechtsschutz*, Frankfurt am Main/Berlin/Bern/Bruxelles/New York/Wien, Peter Lang, 2000.

KOPPENSTEINER, Hans-Georg, *in Kölner Kommentar zum Aktiengesetz*, vol. 1, 2ª ed., Köln/Berlin/Bonn/München, Carl Heymanns, 1988, p. 141.

– *Österreichisches und europäisches Wettbewerbsrecht: Wettbewerbsbeschränkungen, Unlauterer Wettbewerb, Marken*, 3ª ed., Wien, Orac, 1997.

KORAH, Valentine, «Gencor v. Commission: Collective Dominance», *ECLR*, 1999, p. 337 (citado: «Gencor...»).

– *An Introductory Guide to EC Competition Law and Practice*, 7ª ed., Oxford/Portland, Hart Publishing, 2000 (citado: *An Introductory...*).

KÜHN, Klaus-Dieter, *Abgestimmtes und sogenanntes bewußtes Parallelverhalten auf Oligopolmärkten. Bedeutung, Unterscheidungsproblematik und Konsequenzen für die Wettbewerbspolitik*, Frankfurt am Main/Zürich, Harri Deutsch, 1978 (citado: *Abgestimmtes...*).

KUR, Annette, *Beweislast und Beweisführung im Wettbewerbsprozeß: rechtsvergleichende Untersuchung zum deutschen, amerikanischen und schwedischen Recht*, Köln/Berlin/Bonn/München, Carl Heymanns, 1981 (citado: *Beweislast...*).

KURZ, Stefan, «Zum Nachweis aufeinander abgestimmter Verhaltensweisen im Oligopol», *RIW*, 3/1995, p. 186 (citado: «Zum Nachweis...»).

KWOKA, JR., John E./WARREN-BOULTON, Frederick, «Efficiencies, failing firms, and alternatives to merger: a policy synthesis», *AB*, vol. XXXI, Summer 1986, p. 431.

LABINI, Paolo Sylos, *Oligopolio e progresso tecnico*, Milano, Giuffrè, 1957 (citado: *Oligopolio...*).

LA COUR, Lisbeth F./MØLLGAARD, H. Peter, «Meaningful and Measurable Market Domination», *ECLR*, 2003, p. 132.

LAMBO, Luigi, «Parallelismo consapevole e collusione nei mercati oligopolistici», *FI*, 2001, III, c. 386 (citado: «Parallelismo...»).

– *in FI*, 2002, III, c. 483.

LANDE, Robert H., «Wealth Transfers as the Original and Primary Concern of Antitrust: The Efficiency Interpretation Challenged», *in* SULLIVAN, E. Thomas (ed.), *The Political Economy of the Sherman Act. The First One Hundred Years*, New York/Oxford, Oxford University Press, 1991, p. 71.

LANDZETTEL, Stefan, *Unterschiede und Gemeinsamkeiten des deutschen und europäischen Fusionskontrollrechts – ein problemorientierter Vergleich –*, Frankfurt am Main, Peter Lang, 1995.

LANG, John Temple, «Monopolisation and the definition of "abuse" of a dominant position under article 86 EEC Treaty», *CMLR*, 1979, p. 345 (citado: «Monopolisation...»).
– «Air Transport in the EEC – Community Antitrust Law Aspects», *in* AAVV, *Annual Proceedings of the Fordham Corporate Law Institute (1991). EC and U.S. Competition Law and Policy*, Irvington-on-Hudson, Transnational Juris Publications, 1992, p. 287.
– «Oligopolies and joint dominance in Community antitrust law», *in* AAVV, *Annual Proceedings of the Fordham Corporate Law Institute (2001). International Antitrust Law & Policy*, Huntington, Juris Publishing, 2002, p. 269 (citado: «Oligopolies...»).
– «Commitment Decisions Under Regulation 1/2003: Legal Aspects of a New Kind of Competition Decision», *ECLR*, 2003, p. 347.

LANGE, Knut Werner, *Räumliche Marktabgrenzung in der europäischen Fusionskontrolle*, Frankfurt am Main, Peter Lang, 1994 (citado: *Räumliche...*).

LARENZ, Karl, *Methodenlehre der Rechtswissenschaft*, 6ª ed., Berlin/Heidelberg//New York, Springer-Verlag, 1991 (citado: *Methodenlehre...*).

LEIBENATH, Christoph, *Die Rechtsprobleme der Zusagenpraxis in der europäischen Fusionskontrolle,* Baden-Baden, Nomos, 2000 (citado: *Die Rechtsprobleme...*).

LEIPOLD, Dieter, *Beweislastregeln und gesetzliche Vermutungen (insbesondere bei Verweisungen zwischen verschiedenen Rechtsgebieten)*, Berlin, Duncker & Humblot, 1966.

LEITE, Jorge, *Direito do Trabalho*, vol. II, Coimbra, Serviços de Acção Social da Universidade de Coimbra – Serviço de Textos, 2004.

LEVER, Jeremy/LASOK, Paul, «Mergers and Joint Ventures in the EEC», *YEL*, 6 – 1986, Oxford, Clarendon Press, 1987, p. 121.

LEVY, Nicholas, «EU Merger Control: From Birth to Adolescence», *WC*, 26(2), June 2003, p. 195 (citado: «EU Merger Control...»).

LIANOS, Ioannis, «"La confusion des infractions" de l'article 81 § 1: quelques interrogations sur l'utilité de la notion d'infraction unique», *RTDE*, 36 (2), avril-juin 2000, p. 239 (citado: «"La confusion...»).

LIMA, Pires de/VARELA, Antunes, *Código Civil (Anotado)*, vol. II, 4ª ed., Coimbra, Coimbra Editora, 1997.

LINDER, Birgit, *Kollektive Marktbeherrschung in der Fusionskontrolle. Eine Untersuchung zum US-amerikanischen, deutschen und europäischen Recht*, Baden-Baden, Nomos, 2005 (citado: *Kollektive...*).

LINK, Franz Josef, «Transaktionskosten», *in* DICHTL, Erwin/ISSING, Otmar (Hrsg.), *Vahlens Großes Wirtschaftslexicon*, München, Franz Vahlen, 1987, vol. 4, p. 1843.

LOBO, Carlos Baptista, *Concorrência bancária?*, Coimbra, Almedina, 2001 (citado: *Concorrência...*).

LOIBNER, Günther, *Das Oligopol im Kartellrecht der EG*, policopiado, Wien, 1995 (citado: *Das Oligopol...*).

LOWE, Philip, «Un contrôle des positions dominantes oligopolistiques. Pourquoi? Comment?», *RCC*, n.º 84, mars-avril 1995, p. 41.

MAASCH, Beate, «Auslegung von Normen – ein spezifisches Problem im Kartellrecht?», *ZHR*, 150 (1986), p. 354 (citado: «Auslegung...»).

MACH, Olivier, *L'entreprise et les groupes de sociétés en droit européen de la concurrence*, Genève, GEORG, 1974 (citado: *L'entreprise...*).

MACHADO, J. Baptista, «Anotação ao Acórdão do Supremo Tribunal de Justiça de 7 de Dezembro de 1983», *RLJ*, n.º 3755, ano 120, p. 57.

– «"Denúncia-modificação" de um contrato de agência», *RLJ*, n.º 3759, ano 120, p. 183.

– «Contrato de Locação de Estabelecimento Comercial. Denúncia e resolução», *CJ*, ano XIV, 1989, tomo II, p. 21.

– *Introdução ao direito e ao discurso legitimador*, 3ª reimpressão, Coimbra, Almedina, 1989 (citado: *Introdução...*).

MAIA, Pedro, «Cessão de quotas», *in Os Quinze Anos de Vigência do Código das Sociedades Comerciais*, Coimbra, Fundação Bissaya-Barreto, 2003, p. 125.

MAJORAS, Deborah Platt, *Ensuring Sound Antitrust Analysis: Two Examples*, 3 July 2003 (www.usdoj.gov/atr/public/speeches/201167.htm; consulta efectuada em Janeiro de 2006) – citado: *Ensuring....*

MALAURIE-VIGNAL, Marie, *Droit de la concurrence interne et communautaire*, 3ª ed., Paris, ARMAND COLIN/DALLOZ, 2005 (citado: *Droit...*).

MANGINI, Vito/OLIVIERI, Gustavo, *Diritto Antitrust*, 2ª ed., Torino, G. GIAPPICHELLI EDITORE, 2005.

MANO, Miguel de la, *For the customer's sake: The competitive effects of efficiencies in European merger control*, Luxembourg, Office for Official Publications of the European Communities, 2002 (obtido em 24.8.2004 por via da Internet: www.europa.eu.int) – citado: *For the customer's sake....*

MARKHAM, Jesse W., «The nature and significance of price leadership», *AER*, vol. XLI (1951), p. 891 (citado: «The nature...»).

MARQUES, Alfredo, «Concentrações de Empresas – Forças motrizes e consequências económicas», *TInt*, 5.º vol., 1.º Semestre de 2000, n.º 9, p. 17 (citado: «Concentrações...»).

MARQUES, Maria Manuel Leitão, *Um Curso de Direito da Concorrência*, Coimbra, Coimbra Editora, 2002 (citado: *Um Curso...*).

MARTINS, Ana Maria Guerra, *Curso de Direito Constitucional da União Europeia*, Coimbra, Almedina, 2004 (citado: *Curso...*).

MARTINS, J. Teixeira, *Capitalismo e Concorrência – Sobre a Lei de defesa da concorrência* –, Coimbra, Centelha, 1973.

MARX, Thomas, «Zum Nachweis aufeinander abgestimmten Verhaltens», *BB*, caderno 7, de 10.3.1978, p. 331 (citado: «Zum Nachweis...»).

MASINA, Giorgia, «Osservazioni a Trib. di primo Grado CEE, 10 marzo 1992, in tema di posizione dominante collettiva», *GComm*, 1993, parte II, p. 615 (citado: «Osservazioni...»).

MATEUS, Abel M., «Da Aplicação do Controle de Concentrações em Portugal», *TInt*, 1.º Semestre de 2006, n.º 21, p. 99 (citado: «Da Aplicação...»).

MATHIJSEN, Pierre, «Oligopolistic Dominance under the EC Merger Regulation», *in* LENZ, Carl Otto/THIEME, Werner/von WESTPHALEN, Friedrich Graf (hrsg.), *Beiträge zum deutschen und europäischen Recht. Freundesgabe für Jürgen Gündisch*, Köln/Berlin/Bonn/München, Carl Heymanns, 1999, p. 161 (citado: «Oligopolistic...»).

MATOS, Pedro Verga/RODRIGUES, Vasco, *Fusões e Aquisições – Motivações, Efeitos e Política*, S. João do Estoril, Principia, 2000 (citado: *Fusões*...).

McGREGOR, Lorna, «The Future for the Control of Oligopolies Following *Compagnie Maritime Belge*», *ECLR*, 2001, p. 434 (citado: «The Future...»).

MEINHOLD, Wilko, *Diversifikation, konglomerate Unternehmen und Gesetz gegen Wettbewerbsbeschränkungen*, Köln/Berlin/Bonn/München, Carl Heymanns, 1977.

MENDES, Mário Marques, *Antitrust in a World of Interrelated Economies. The Interplay between Antitrust and Trade Policies in the US and the EEC*, Bruxelles, Éditions de l'Université de Bruxelles, 1991.

MESTMÄCKER, Ernst-Joachim, *Verwaltung, Konzerngewalt und Rechte der Aktionäre. Eine rechtsvergleichende Untersuchung nach deutschem Aktienrecht und dem Recht der Corporations in den Vereinigten Staaten*, Karlsruhe, C. F. Müller, 1958 (citado: *Verwaltung*...).

– *Europäisches Wettbewerbsrecht*, Beck, München, 1974 (citado: *Europäisches Wettbewerbsrecht*). Nota: como se disse a dado passo deste trabalho, recorremos à obra de MESTMÄCKER e de SCHWEITZER que funciona como segunda edição do livro acabado de citar; todavia, optámos por conservar as referências à monografia dada à estampa em 1974, já por razões ligadas ao conteúdo, já porque a edição de 2004 tem uma co-autora.

– *Recht und ökonomisches Gesetz. Über die Grenzen von Staat, Gesellschaft und Privatautonomie*, 2ª ed., Baden-Baden, Nomos, 1984.

– «Zum Begriff des Mißbrauchs in Art. 86 des Vertrages über die Europäische Gemeinschaft», *in* SCHMIDT, Karsten/SCHWARK, Eberhard (Hrsg.), *Unternehmen, Recht und Wirtschaftsordnung. Festschrift für Peter Raisch zum 70. Geburtstag*, Köln/Berlin/Bonn/München, Carl Heymanns, 1995, p. 441 (citado: «Zum Begriff...»).

– «Entgeltregulierung, Marktbeherrschung und Wettbewerb im Mobilfunk», *MMR*, 1998, Beilage zu Heft 8 (citado: «Entgeltregulierung...»).

MESTMÄCKER, Ernst-Joachim/SCHWEITZER, Heike, *Europäisches Wettbewerbsrecht*, 2ª edição (da obra de MESTMÄCKER com o mesmo nome), München, Beck, 2004 (citado: *Europäisches...*).

MEYER-CORDING, Ulrich, *Monopol und Marktbeherrschung als Rechtsprobleme*, Tübingen, J. C. B. Mohr (Paul Siebeck), 1954 (citado: *Monopol...*).

MILLON, David, «The Sherman Act and the Balance of Power», *in* SULLIVAN, E. Thomas (ed.), *The Political Economy of the Sherman Act. The First One Hundred Years*, New York/Oxford, Oxford University Press, 1991, p. 85.

MONTAG, Frank/ROSENFELD, Andreas, «A Solution to the Problems? Regulation 1/2003 and the modernization of competition procedure», *ZWeR*, 2/2003, p. 107 (citado: «A Solution...»).

MONTEIRO, António Pinto, *Contrato de agência (Anteprojecto)*, Lisboa, 1987 (separata do *Boletim do Ministério da Justiça*, n.º 360).

– *Contrato de agência. Anotação ao Decreto-Lei n.º 178/86, de 3 de Julho*, 5ª ed., Coimbra, Almedina, 2004.

MONTI, Giorgio, «Oligopoly: Conspiracy? Joint Monopoly? Or Enforceable Competition?», *WC*, 19(3), March 1996, p. 59 (citado: «Oligopoly...»).

– «The scope of collective dominance under articles 82 EC», *CMLR*, 2001, p. 131 (citado: «The scope...»).

MORAIS, Luís, «La politique communautaire de contrôle des concentrations et la dominance oligopolistique. Le cas Nestlé-Perrier», *DDC*, n.ºs 75/76, 1998, p. 11 (citado: «La politique...»).

MORAIS, Luís Domingos Silva, *Empresas Comuns (Joint Ventures) no Direito Comunitário da Concorrência*, Coimbra, Almedina, 2006 (citado: *Empresas...*).

MOREIRA, Teresa, «Algumas considerações sobre o Regulamento (CE) n.º 1/ /2003, do Conselho, de 16.12.2002 – a descentralização da aplicação das regras de concorrência comunitárias», *Estudos Jurídicos e Económicos em Homenagem ao Prof. Doutor António de Sousa Franco*, vol. III, Lisboa, Edição da Faculdade de Direito da Universidade de Lisboa, 2006, p. 1045 (citado: «Algumas considerações...»).

MOREIRA, Vital, *A ordem jurídica do capitalismo*, 4ª ed., Lisboa, Caminho, 1987 (citado: *A ordem...*).

MORITZ, Hans-Werner, «Kartellrechtliche Grenzen des Preiswettbewerbs in der Europäischen Gemeinschaft, den USA und der Bundesrepublik Deutschland – eine Standortbestimmung nach EuGH – AKZO – und Kommission – Tetra Pak II», *in* HENSSLER, Martin/KOLBECK, Thomas M./ /MORITZ, Hans-Werner/REHM, Hannes (Hrsg.), *Europäische Integration und globaler Wettbewerb*, Heidelberg, Verlag Recht und Wirtschaft, 1993, p. 563 (citado: «Kartellrechtliche...»).

MÖSCHEL, Wernhard, *Der Oligopolmissbrauch im Recht der Wettbewerbsbeschränkungen. Eine vergleichende Untersuchung zum Recht der USA,*

Großbritanniens, der EWG und der Bundesrepublik Deutschland, Tübingen, J. C. B. Mohr (Paul Siebeck), 1974 (citado: *Der Oligopolmissbrauch...*).

– «Preiskontrollen über marktbeherrschende Unternehmen. Geltendes Recht und Alternativkonzeptionen», *JZ*, n.º 13, 4. Juli 1975, p. 393.

– «Marktmacht und Preiskontrolle. Nach der Merck-Entscheidung des Kammergerichts», *BB*, caderno 2, de 20.1.1976, p. 49.

– *Recht der Wettbewerbsbeschränkungen*, Köln/Berlin/Bonn/München, Carl Heymanns, 1983 (citado: *Recht...*).

– *in* IMMENGA, Ulrich/MESTMÄCKER, Ernst-Joachim (Hrsg.), *EG-Wettbewerbsrecht: Kommentar*, vol. I, München, Beck, 1997, p. 681 (citado: *in* IMMENGA/MESTMÄCKER, *EG-Wettbewerbsrecht...*).

– *in* IMMENGA, Ulrich/MESTMÄCKER, Ernst-Joachim (Hrsg.), *GWB: Gesetz gegen Wettbewerbsbeschränkungen. Kommentar*, 3ª ed., München, Beck, 2001 (citado: *in* IMMENGA/MESTMÄCKER, *GWB...*).

MÜLLER-GRAFF, Peter-Christian, *in* HAILBRONNER, Kay/KLEIN, Eckart/MAGIERA, Siegfried/MÜLLER-GRAF, Peter-Christian, *Handkommentar zum Vertrag über die Europäische Union (EUV/EGV)*, Ordner 1, Köln/Berlin/Bonn/ /München, Carl Heymanns, última actualização em 1998, Art. 85.

MUSIELAK, Hans-Joachim, *Die Grundlagen der Beweislast im Zivilprozeß*, Berlin/ /New York, Walter de Gruyter, 1975.

NEVELING, Kirsten, *Die sachliche Marktabgrenzung bei der Fusionskontrolle im deutschen und europäischen Recht*, Tübingen, Medien Verlag Köhler, 2003 (citado: *Die sachliche...*).

NEVES, A. Castanheira, «Interpretação jurídica», *in Digesta. Escritos acerca do direito, do pensamento jurídico, da sua metodologia e outros*, volume 2.º, Coimbra, Coimbra Editora, 1995 (citado: «Interpretação jurídica»).

NEVES, João Luís César das, *Introdução à Economia*, Lisboa/São Paulo, Editorial Verbo, 1992 (citado: *Introdução...*).

NGUYEN, Godefroy Dang, *Économie industrielle appliquée*, Paris, Vuibert, 1995 (citado: *Économie...*).

NIEDERLEITHINGER, Ernst, «Praxis der Fusionskontrolle 1979/80. Auslegungsfragen zu § 23 ff. der vierten GWB-Novelle», *in* AAVV, *Schwerpunkte des Kartellrechts 1979/80*, Köln/Berlin/Bonn/München, Carl Heymanns, 1981, p. 33.

– «Fusionskontrolle und Mißbrauchsaufsicht. Die Praxis zu §§ 22 bis 24a GWB», *in* AAVV, *Schwerpunkte des Kartellrechts 1981/82*, Köln/Berlin/ Bonn/München, Carl Heymanns, 1983, p. 31.

NIELS, Gunnar, «Collective Dominance: More Than Just Oligopolistic Interdependence», *ECLR*, 2001, p. 168 (citado: «Collective...»).

NIKPAY, Ali/HOUWEN, Fred, «Tour de Force or a Little Local Turbulence? A Heretical View on the *Airtours* Judgement», *ECLR*, 2003, p. 193 (citado: «Tour de Force…»).

NITSCHE, Rainer/THIELERT, Julia, «Die ökonomische Analyse auf dem Vormarsch – Europäische Reform und deutsche Wettbewerbspolitik», *WuW*, 3/2004, p. 250 (citado: «Die ökonomische...»).

NOËL, Pierre-Emmanuel, «Efficiency Considerations in the Assessment of Horizontal Mergers under European and U.S. Antitrust Law», *ECLR*, 1997, p. 498 (citado: «Efficiency...»).

– «La théorie de l'entreprise en difficulté et la notion de position dominante collective en matière de contrôle communautaire des concentrations», *RDAI/IBLJ*, n.º 8, 1998, p. 893 (citado: «La théorie...»).

NUNES, A. J. Avelãs, *Os Sistemas Económicos*, reimpressão, Coimbra, 1988 (separata do *BCE*, vol. XVI) – citado: *Os Sistemas Económicos.*

– *Economia Política. A Produção. Mercados e Preços*, Coimbra, SASUC – Serviço de Textos, 1998 (citado: *Economia Política...*).

OBERENDER, Peter, *Industrielle Forschung und Entwicklung. Eine theoretische und empirische Analyse bei oligopolistischen Marktprozessen*, Bern, Paul Haupt, 1973 (citado: *Industrielle...*).

– «Oligopoltheorie», *in* DICHTL, Erwin/ISSING, Otmar (Hrsg.), *Vahlens Großes Wirtschaftslexicon*, München, Franz Vahlen, 1987, vol. 3, p. 1379.

OLIVEIRA, Gesner/RODAS, João Grandino, *Direito e Economia da Concorrência*, Rio de Janeiro/São Paulo/Recife, Renovar, 2004 (citado: *Direito e Economia...*).

OPPERMANN, Thomas, *Europarecht: ein Studienbuch*, 2ª ed., München, Beck, 1999.

ORLANDI, Maurizio/LEGRENZI, Anna, «La posizione dominante collettiva nel diritto della concorrenza italiana e delle Comunità Europee», *GM*, n.º 6, Parte Quarta, 1992, p. 1344.

ORTIZ BLANCO, Luis, *European Community Competition Procedure*, Oxford, Clarendon Press, 1996 (citado: *European…*).

OSTI, Cristoforo, «Breve incursione nella teoria della posizione dominante oligopolistica», *DCI*, n.º 1, anno 7/1993, p. 207.

– «Il controllo giuridico dell'oligopolio», *GComm*, 1993, parte I, p. 580 (citado: «Il controllo…»).

– «Il lato oscuro dell'antitrust: qualche dubbio in più», *FI*, 1994, IV, c. 76.

– *Antitrust e oligopolio. Concorrenza, cooperazione e concentrazione*, Bologna, il Mulino, 1995 (citado: *Antitrust...*).

– «Brevi puntualizzazioni in tema di collusione oligopolistica», *FI*, 2002, III, c. 509 (citado: «Brevi...»).

OVERD, Alan, «After the Airtours Appeal», *ECLR*, 2002, p. 375.

PAIS, Sofia Oliveira, *O controlo das concentrações de empresas no direito comunitário da concorrência*, Coimbra, Almedina, 1996 (citado: *O controlo...*).
– «Failing firm defence in merger cases: a first look», *in* VAZ, Manuel Afonso/LOPES, J. A. Azeredo (coordenação), *Juris et de Jure. Nos vinte anos da Faculdade de Direito da Universidade Católica Portuguesa – Porto*, Universidade Católica Portuguesa (Porto), Porto, 1998, p. 1249 (citado: «Failing firm...»).

PARDOLESI, Roberto, *in FI*, 1992, IV, c. 121.
– *In FI*, 1992, IV, c. 433.
– «Parallelismo e collusione oligopolistica: il lato oscuro dell'antitrust.», *FI*, 1994, IV, c. 65 (citado: «Parallelismo...»).
– «Sul 'nuovo che avanza' in antitrust: l'illiceità oggettiva dello scambio d'informazioni», *FI*, 2002, III, c. 500 (citado: «Sul 'nuovo che avanza'...»).

PATRÍCIO, J. Simões, *Direito da Concorrência (Aspectos Gerais)*, Lisboa, Gradiva, 1982 (citado: *Direito...*).

PAUSENBERGER, Ehrenfried, «Konzerne», *in* GROCHLA, Erwin/WITTMANN, Waldemar (Hrsg.), *Handbuch der Betriebswirtschaft*, 4ª ed., Stuttgart, J. B. Metzlersche Verlagsbuchhandlung e Carl Ernst Poeschel Verlag, 1975, col. 2234.

PEGO, José Paulo Fernandes Mariano, *A posição dominante relativa no direito da concorrência*, Coimbra, Almedina, 2001 (citado: *A posição...*).
– «Direito comunitário das concentrações de empresas: uma defesa do teste "entrave significativo à concorrência efectiva"», *BFD*, vol. LXXX, 2004, p. 665 (citado: «Direito...»).
– «Controlo de concentrações de empresas: *quid novi* na sentença do Tribunal de Justiça *Tetra Laval BV*?», *TInt*, 1.º Semestre de 2005, n.º 19, p. 143 (citado: «Controlo...»).
– «Decisões da Comissão Europeia que tornam obrigatórios os compromissos assumidos pelas empresas», *TInt*, 2.º Semestre de 2005, n.º 20, p. 211 (citado: «Decisões...»).

PERA, Alberto, *Concorrenza e Antitrust*, Bologna, il Mulino, 1998 (citado: *Concorrenza...*).

PERITZ, Rudolph J. R., *Competition Policy in America. History, Rhetoric, Law*, edição revista, Oxford/New York (e outras), Oxford University Press, 2000 (citado: *Competition...*).

PERROT, Anne/VOGEL, Louis, «Entente tacite, oligopole et parallélisme de comportement», La Semaine Juridique [JCP], Éd. E, n.º 48, 1993, I, p. 539 (citado: «Entente...»).

PFEIFFER, Gerd, «Grundfragen der Rechtskontrolle im Kartellverfahren (Auslegungsmethodik – unbestimmte Rechtsbegriffe – Verfahrensrecht)», *in* AAVV, *Schwerpunkte des Kartellrechts 1978/79*, Köln/Berlin/Bonn//München, Carl Heymanns, 1980, p. 1 (citado: «Grundfragen...»).

PIGASSOU, Paul, *Les oligopoles et le droit*, Paris, Éditions techniques et économiques, 1984 (citado: *Les oligopoles...*).

PIJETLOVIC, Katarina, «Reform of EC Antitrust Enforcement: Criticism of the New System is Highly Exaggerated», *ECLR*, 2004, p. 356.

PINTO, Carlos Alberto da Mota, *Teoria Geral do Direito Civil*, 4ª ed. por MONTEIRO, António Pinto e PINTO, Paulo Mota, Coimbra, Coimbra Editora, 2005 (citado: *Teoria Geral...*).

POENICKE, Astrid, «Die geplante Fusion von Arthur Andersen Deutschland und Ernst & Young Deutschland – Oligopole und die „Failing Firm Defense"», *WRP*, 8/2002, p. 910 (citado: «Die geplante...»).

POPE, David, «Some Reflections on Italian Flat Glass», *ECLR*, 1993, p. 172.

PORTO, Manuel C. Lopes, *Teoria da Integração e Políticas Comunitárias*, 3ª ed., Coimbra, Almedina, 2001 (citado: *Teoria...*).

– *Economia: um texto introdutório*, 2ª ed., Coimbra, Almedina, 2004 (citado: *Economia...*).

POSNER, Richard, «Oligopoly and the Antitrust Laws: A Suggested Approach», *SLR*, vol. 21, June 1969, p. 1562 (citado: «Oligopoly...»).

– «The Chicago School of Antitrust Analysis», *in* SULLIVAN, E. Thomas (ed.), *The Political Economy of the Sherman Act. The First One Hundred Years*, New York/Oxford, Oxford University Press, 1991, p. 193 (citado: «The Chicago...»).

– *Antitrust Law*, 2ª ed., Chicago/London, The University of Chicago Press, 2001 (citado: *Antitrust Law*).

QUADROS, Fausto de, *Direito da União Europeia. Direito Constitucional e Administrativo da União Europeia*, Coimbra, Almedina, 2004 (citado: *Direito...*).

QUELLMALZ, Jens Holger, «Die Justiziabilität des Art. 81 Abs. 3 EG und die nichtwettbewerblichen Ziele des EG-Vertrages», *WRP*, 2004, p. 461 (citado: «Die Justiziabilität...»).

RABASSA, Valérie, «Joint Ventures as a Mechanism that May Favour Co-ordination: An Analysis of the Aluminium and Music Mergers», *ECLR*, 2004, p. 771 (citado: «Joint...»).

RAFFAELLI, Enrico Adriano, «Mercati oligopolistici: primi orientamenti», *CM*, 4/1996, p. 451 (citado: «Mercati...»).

– «Oligopolio e normativa antitrust», *in* AAVV, *Antitrust fra diritto nazionale e diritto comunitario*, Milano, Dott. A. Giuffrè Editore, 1996, p. 29 (citado: «Oligopolio...»).

– «European Union competition policy subsequent to the *Airtours* case», *in* AAVV, *Annual Proceedings of the Fordham Corporate Law Institute (2002). International Antitrust Law & Policy*, Huntington, Juris Publishing, 2003, p. 129 (citado: «European...»).

RAISCH, Peter, «Methodische Bedenken gegen Generalklauseln im Kartellrecht am Beispiel der Mißbrauchsaufsicht über marktbeherrschende Unternehmen», *JZ*, n.° 20, 15. Oktober 1965, p. 625 (citado: «Methodische...»).
– «Zum Begriff des Mißbrauchs im Sinne des § 22 GWB», *in* AAVV, *Wettbewerb als Aufgabe – Nach zehn Jahren Gesetz gegen Wettbewerbsbeschränkungen*, Bad Homburg v. d. H./Berlin/Zürich, Verlag Dr. Max Gehlen, 1968, p. 357 (citado: «Zum Begriff...»).

RAMOS, Rui Moura, «As Comunidades Europeias. Enquadramento normativo-institucional», *in Das Comunidades à União Europeia. Estudos de Direito Comunitário*, 2ª ed., Coimbra, Coimbra Editora, 1999, p. 7 (citado: «As Comunidades...»).
– «L'adhésion de la Communauté à la Convention Européenne des Droits de L'Homme (Rapport National – Portugal)», *in Das Comunidades à União Europeia. Estudos de Direito Comunitário*, 2ª ed., Coimbra, Coimbra Editora, 1999, p. 197.

RANGEL, Rui Manuel de Freitas, *O Ónus da Prova no Processo Civil*, 2ª ed., Coimbra, Almedina, 2002 (citado: *O Ónus...*).

REES, Ray, «Tacit Collusion», *OREP*, vol. 9, n.° 2, 1993, p. 27 (citado: «Tacit...»).

RIBEIRO, J. J. Teixeira, *Economia Política* (De harmonia com as prelecções ao 2.° ano jurídico de 1958-1959), edição policopiada, Coimbra, 1959 (citado: *Economia Política*).
– *Lições de Finanças Públicas*, 2ª ed., refundida e actualizada, Coimbra, Coimbra Editora, 1984.

RICHARDSON, Russell/GORDON, Clive, «Collective Dominance: The Third Way?», *ECLR*, 2001, p. 416.

RICHTER, Burkhard, *in* WIEDEMANN, Gerhard (Hrsg.), *Handbuch des Kartellrechts*, München, Beck, 1999, p. 631.

RIDYARD, Derek, «Joint Dominance and the Oligopoly Blind Spot Under the EC Merger Regulation», *ECLR*, 1992, p. 161.
– «Economic Analysis of Single Firm and Oligopolistic Dominance under the European Merger Regulation», *ECLR*, 1994, p. 255 (citado: «Economic...»).

RILEY, Alan, «EC Antitrust Modernisation: The Commission Does Very Nicely – Thank You! Part One: Regulation 1 and the Notification Burden», *ECLR*, 2003, p. 604 (citado: «EC Antitrust...»).

RIORDAN, Michael H./SALOP, Steven C., «Evaluating Vertical Mergers: a Post-Chicago Approach», *ALJ*, vol. 63 (1995), p. 513 (citado: «Evaluating...»).

RITTER, Lennart/BRAUN, W. David/RAWLINSON, Francis, *European Competition Law: a Practitioner's Guide*, 2ª ed., Student Edition, The Hague/London/Boston, Kluwer Law International, 2000 (citado: *European...*).

RITTNER, Fritz, *Wettbewerbs– und Kartellrecht: eine systematische Darstellung des deutschen und europäischen Rechts für Studium und Praxis*, 6ª ed., Heidelberg, C. F. Müller, 1999 (citado: *Wettbewerbs– und Kartellrecht...*).

ROBERT, Gavin/HUDSON, Charles, «Past Co-ordination and the Commission Notice on the Appraisal of Horizontal Mergers», *ECLR*, 2004, p. 163 (citado: «Past...»).

RODGER, Barry, «Market integration and the development of european competition policy to meet new demands: a study of the control of oligopolistic markets and the concept of a collective dominant position under article 86 of the EC Treaty», *LIEI,* 1994/2, p. 1 (citado: «Market...»).

– «Oligopolistic Market Failure: Collective Dominance versus Complex Monopoly», *ECLR*, 1995, p. 21 (citado: «Oligopolistic...»).

– «The oligopoly problem and the concept of collective dominance: EC developments in the light of U.S. trends in antitrust law and policy», *CJEL*, vol. 2, n.º 1, Fall/Winter 1995/1996, p. 25 (citado: «The oligopoly...»).

RODRIGUES, Eduardo R. Lopes, *O Essencial da Política de Concorrência*, Oeiras, Instituto Nacional de Administração, 2005 (citado: *O Essencial…*).

ROSENBERG, Leo, *Die Beweislast. Auf der Grundlage des Bürgerlichen Gesetzbuchs und der Zivilprozessordnung*, 5ª ed., München/Berlin, Beck'sche Verlagsbuchhandlung, 1965 (citado: *Die Beweislast...*).

ROSENFELD, Andreas, *in RIW*, 4/2004, p. 298.

ROSS, Thomas W., «Cartel stability and product differentiation», *IJIO*, vol. 10 (1992), p. 1.

RUGE, Dietrich, *Begriff und Rechtsfolgen des gleichförmigen Unternehmerverhaltens in Europa und den Vereinigten Staaten von Nordamerika*, Köln/ /Berlin/München/Bonn, Carl Heymanns, 1968 (citado: *Begriff…*).

RUTHERFORD, Donald, *Dictionary of Economics*, London/New York, Routledge, 1992.

SÄCKER, Franz Jürgen, *Zielkonflikte und Koordinationsprobleme im deutschen und europäischen Kartellrecht*, Düsseldorf, Handelsblatt, sem indicação de data (citado: *Zielkonflikte...*).

– «Abschied vom Bedarfsmarktkonzept. Zur Erfassung wettbewerbsrelevanter Produktmärkte mit Hilfe des Wirtschaftsplankonzepts», *ZWeR*, 1/2004, p. 1 (citado: «Abschied...»).

– «Angleichung der deutschen Fusionskontrolle an Art. 2 Abs. 3 FKVO?», *WuW*, 10/2004, p. 1038 (citado: «Angleichung…»).

SÄCKER, Franz Jürgen/FÜLLER, Jens Thomas, *in* SÄCKER, F. J. (Hrsg.), *Berliner Kommentar zum Energierecht. Energiewettbewerbsrecht, Energieregulierungsrecht und Energieumweltschutzrecht*, München, Franz Vahlen, 2004, p. 156.

SACRISTÁN REPRESA, Marcos, «Abuso de posición dominante», *in* VELASCO SAN PEDRO, Luis Antonio (Coordinador), *Derecho Europeo de la Competencia (Antitrust e Intervenciones Públicas)*, Valladolid, Editorial LEX NOVA, 2005, p. 307 (citado: «Abuso...»).

SALOP, Steven C., «Practices that (Credibly) Facilitate Oligopoly Co-ordination», *in* STIGLITZ, Joseph/MATHEWSON, G. Frank, *New Developments in the Analysis of Market Structure*, reimpressão, Basingstoke, Hampshire/London, Macmillan, 1989, p. 265 (citado: «Practices...»).

SALQUE, Christine, «La situation oligopolistique des industries aéronautique et spatiale au regard du règlement communautaire sur les concentrations», *RMUE*, 4/1996, p. 107 (citado: «La situation oligopolistique...»).

SANDROCK, Otto, *Grundbegriffe des Gesetzes gegen Wettbewerbsbeschränkungen*, München, Beck, 1968 (citado: *Grundbegriffe...*).

SANTANA, Carlos Alberto Caboz, *O abuso da posição dominante no direito da concorrência*, Lisboa, EDIÇÕES COSMOS/LIVRARIA ARCO-ÍRIS, 1993 (citado: *O abuso...*).

SANTOS, António Carlos dos/GONÇALVES, Maria Eduarda/MARQUES, Maria Manuel Leitão, *Direito económico*, 5.ª ed., Coimbra, Almedina, 2004 (citado: *Direito económico*).

SCHELLING, Thomas, *The strategy of conflict*, 2ª impressão, Cambridge (Massachusetts), Harvard University Press, 1963 (citado: *The strategy...*).

SCHERER, F. M., «Focal point pricing and conscious parallelism», *AB*, vol. XII, Summer 1967, p. 495 (citado: «Focal...»).

SCHERER, F. M./ROSS, David, *Industrial Market Structure and Economic Performance*, 3ª ed., Boston, Houghton Mifflin Company, 1990 (citado: *Industrial...*).

SCHMIDT, Ingo, «SLC– oder Marktbeherrschungstest als Eingreifkriterium in der Fusionskontrolle?», *WuW*, 2/2003, p. 115 (citado: «SLC– oder Marktbeherrschungstest...»).

– «Fusionskontrolle – Effizienz durch Wettbewerb oder Konzentration?», *WuW*, 4/2004, p. 359.

– *Wettbewerbspolitik und Kartellrecht: eine interdisziplinäre Einführung*, 8ª ed., Stuttgart, Lucius & Lucius, 2005 (citado: *Wettbewerbspolitik...*).

SCHMIDT, Karsten, «Europäische Fusionskontrolle im System des Rechts gegen Wettbewerbsbeschränkungen», *BB*, caderno 11, de 20.4.1990, p. 719.

SCHÖDERMEIER, Martin, «Collective Dominance Revisited: An Analysis of the EC Commission's New Concepts of Oligopoly Control», *ECLR*, 1990, p. 28.

SCHRÖTER, Helmuth, «Le concept de position dominante dans l'application des articles 66, paragraphe 7, du Traité CECA et 86 du Traité CEE», *in* VAN DAMME, J. A. (ed.), *La réglementation du comportement des monopoles et entreprises dominantes en droit communautaire*, Semaine de Bruges 1977, Bruges, DE TEMPEL, 1977, p. 434 (citado: «Le concept...»).

– *in* von der GROEBEN, Hans/THIESING, Jochen/EHLERMANN, Claus-Dieter, *Kommentar zum EWG*-Vertrag, vol. 2, 4ª ed., Baden-Baden, Nomos, 1991, p. 1380.

– *in* von der GROEBEN, Hans/SCHWARZE, Jürgen (Hrsg.), *Kommentar zum Vertrag über die Europäische Union und zur Gründung der Europäischen Gemeinschaft*, vol. 2, 6ª ed., Baden-Baden, Nomos, 2003, p. 45 e p. 544 (citado: *in* von der GROEBEN/SCHWARZE, *Kommentar...*).

SCHRUFF, Wienand, «Konzern», *in* WITTMANN, Waldemar/KERN, Werner/KÖHLER, Richard/KÜPPER, Hans-Ulrich/WYSOCKI, Klaus v. (Hrsg.), *Handbuch der Betriebswirtschaft*, 5ª ed., Stuttgart, 1993, Schäffer-Poeschel, col. 2274.

SCHUMPETER, Joseph A., *Kapitalismus, Sozialismus und Demokratie*, 3ª ed., München, Francke Verlag, 1972.

SCHWARZ, D., «Imposition de prix non équitables par des entreprises en position dominante», *in* VAN DAMME, J. A. (ed.), *La réglementation du comportement des monopoles et entreprises dominantes en droit communautaire*, Semaine de Bruges 1977, Bruges, DE TEMPEL, 1977, p. 381.

SCOTT, John T., «Purposive diversification as a motive for merger», *IJIO*, vol. 7 (1989), p. 35.

– «Multimarket contact among diversified oligopolists», *IJIO*, vol. 9 (1991), p. 225 (citado: «Multimarket...»).

SELTEN, Reinhard, «The chain store paradox», *TD*, vol. 9, 1978, p. 127.

SELVAM, Vijay, «The EC Merger Control Impasse: is there a Solution to this Predicament?», *ECLR*, 2004, p. 52 (citado: «The EC Merger Control...»).

SERENS, M. Nogueira, *A Tutela das Marcas e a (Liberdade de) Concorrência (Alguns Aspectos)*, Coimbra, 1990, não foi publicado, 2 volumes [o segundo é composto pelas notas] – citado: *A Tutela...*.

– *Direito da Concorrência e Acordos de Compra Exclusiva (Práticas Nacionais e Práticas Comunitárias)*, Coimbra, Coimbra Editora, 1993.

– *A Proibição da Publicidade Enganosa: Defesa dos Consumidores ou Protecção (de alguns) dos Concorrentes?*, Coimbra, 1994 (separata do *BCE*, vol. XXXVII).

SERRA, A. Vaz, «Anotação ao Acórdão do Supremo Tribunal de Justiça de 7 de Março de 1969», *RLJ*, n.º 3419, ano 103, p. 222.

SHAPIRO, Carl, «Theories of oligopoly behavior», *in* SCHMALENSEE, Richard/ /WILLIG, Robert D., *Handbook of Industrial Organisation*, reimpressão, vol. I, Amsterdam/New York/Oxford/Tokyo, North-Holland/Elsevier Science Publishers B.V., 1990, p. 329 (citado: «Theories...»).

SHER, Brian, «The Last of the Steam-Powered Trains: Modernising Article 82», *ECLR*, 2004, p. 243.

SILVA, João Calvão da, *Responsabilidade Civil do Produtor*, reimpressão, Coimbra, Almedina, 1999.

SILVA, Miguel Moura e, *Controlo de concentrações na Comunidade Europeia*, Direito e Justiça (separata), vol. VIII, tomo 1, 1994 (citado: *Controlo...*).

– «Prometeu agrilhoado: breves reflexões sobre a justificação de concentrações no direito português da concorrência», *Revista Jurídica da Associação Académica da Faculdade de Direito de Lisboa*, n.º 23, Novembro de 1999, p. 181.

– *Inovação, transferência de tecnologia e concorrência: estudo comparado do direito da concorrência dos Estados Unidos e da União Europeia*, Coimbra, Almedina, 2003 (citado: *Inovação...*).

SIMONIS, Bernd, *Die Aussagen der neueren Oligopolpreistheorie und ihre Bedeutung für die Wettbewerbspolitik*, Meisenheim am Glan, Verlag Anton Hain, 1971 (citado: *Die Aussagen...*).

SIRAGUSA, M., «Application of article 86: tying arrangements, refusals to deal, discrimination and other cases of abuse», *in* VAN DAMME, J. A. (ed.), *La réglementation du comportement des monopoles et entreprises dominantes en droit communautaire*, Semaine de Bruges 1977, Bruges, DE TEMPEL, 1977, p. 398 (citado: «Application...»).

SLADE, Margaret/JACQUEMIN, Alexis, «Strategic Behaviour and Collusion», *in* NORMAN, George/La MANNA, Manfredi, *The New Industrial Economics. Recent Developments in Industrial Organization, Oligopoly and Game Theory*, Aldershot, Edward Elgar, 1992, p. 47 (citado: «Strategic...»).

SLEUWAEGEN, Leo, «On the nature and significance of collusive price leadership», *IJIO*, vol. 4 (1986), p. 177.

SLOMAN, John (com a colaboração de SUTCLIFFE, Mark), *Economics*, 2ª ed., New York e outras, Harvester Wheatsheaf, 1994 (citado: *Economics*).

SMITH, Adam, *An inquiry into the nature and causes of the wealth of nations*, Homewood (Illinois), Richard D. Irwin, 1963 (a edição original data de 1776).

SOAMES, Trevor, «An Analysis of the Principles of Concerted Practice and Collective Dominance: A Distinction without a Difference?», *ECLR*, 1996, p. 24 (citado: «An Analysis...»).

SOBRAL, Maria do Rosário Rebordão/FERREIRA, João Eduardo Pinto, *Da Livre Concorrência à Defesa da Concorrência. História e Conceitos Base da Legislação de Defesa da Concorrência*, Porto, Porto Editora, 1985 (citado: *Da Livre...*).

SÖLTER, Arno, «Unternehmensgröße und Wettbewerbspolitik. Anmerkungen zur Konzeption und Praxis des deutschen Fusionskontrollrechts aus der Sicht des Marktwirts», *in* KOLVENBACH, Walter/MINET, Gert-Walter/SÖLTER, Arno, *Großunternehmen und Wettbewerbsordnung*, Köln/Berlin/Bonn/München, Carl Heymanns, 1981, p. 51 (citado: «Unternehmensgröße...»).

SOUTY, François, *La politique de la concurrence aux États-Unis*, Paris, Presses Universitaires de France, 1995.

SPADAFORA, Antonio, «La nozione di impresa nel diritto comunitario», *GC*, 1990, Tomo II, p. 283.

STACKELBERG, Heinrich von, *Marktform und Gleichgewicht*, Wien/Berlin, Julius Springer, 1934 (citado: *Marktform...*).

STAEBE, Erik/DENZEL, Ulrich, «Die neue Europäische Fusionskontrollverordnung (VO 139/2004)», *EWS*, 5/2004, p. 194 (citado: «Die neue...»).

STANLAKE, George Frederik, *Introdução à Economia*, tradução da 5ª ed. por parte de SEIXAS, Paula Maria Ribeiro de/revisão técnica de NUNES, A. AVELÃS, Lisboa, Fundação Calouste Gulbenkian – Serviço de Educação, 1993 (citado: *Introdução...*).

STAUDENMAYER, Dirk, «Das Verhältnis der Art. 85, 86 EWGV zur EG-Fusionskontrollverordnung», *WuW*, 6/1992, p. 475 (citado: «Das Verhältnis...»).

STEINDORFF, Ernst, «Politik des Gesetzes als Auslegungsmasstab im Wirtschaftsrecht», *in* PAULUS, Gotthard/DIEDRICHSEN, Uwe/CANARIS, Claus-Wilhelm (Hrsg.), *Festschrift für Karl Larenz zum 70. Geburtstag*, München, Beck'sche Verlagsbuchhandlung, 1973, p. 217.

STIGLER, George J., «A Theory of Oligopoly», *JPE*, vol. LXXII (1964), p. 44 (citado: «A Theory…»).
– «The Origin of the Sherman Act», *in* SULLIVAN, E. Thomas (ed.), *The Political Economy of the Sherman Act. The First One Hundred Years*, New York/Oxford, Oxford University Press, 1991, p. 32 (citado: «The Origin…»).

STOCKENHUBER, Peter, *in* GRABITZ, Eberhard/HILF, Meinhard, *Das Recht der Europäischen Union*, vol. II, München, Beck, última actualização em Janeiro de 2004, Art. 81 EGV (citado: *in* GRABITZ/HILF, *Das Recht...*).

STOCKMANN, Kurt, *in* WIEDEMANN, Gerhard (Hrsg.), *Handbuch des Kartellrechts*, München, Beck, 1999, p. 103 (citado: *in* WIEDEMANN, *Handbuch...*).

STROUX, Sigrid, «Is EC Oligopoly Control Outgrowing Its Infancy?», *WC*, 23(1), March 2000, p. 3 (citado: «Is EC Oligopoly…»).
– *US and EC Oligopoly Control*, The Hague, Kluwer Law International, 2004 (citado: *US and EC Oligopoly…*).

SULLIVAN, Lawrence A., *Handbook of the law of antitrust*, 3ª reimpressão, St. Paul, West Publishing Co., 1987.

SULLIVAN, Lawrence A./GRIMES, Warren S., *The Law of Antitrust: An Integrated Handbook*, St. Paul, WEST GROUP, 2000 (citado: *The Law…*).

TABELLINI, Tomaso, *Il recesso*, Milano, Giuffrè, 1962.

TELSER, Lester G., *Theories of Competition*, New York/Amsterdam/London, North-Holland/Elsevier Science Publishing, 1988 (citado: *Theories…*).

TESAURO, Claudio, «Crisi dell'impresa e posizione dominante collettiva nella disciplina delle concentrazioni», *FI*, 1999, IV, c. 184 (citado: «Crisi…»).

THOUVENIN, Jean-Marc,«L'arrêt *Airtours* du 6 Juin 2002: l'irruption du juge dans le contrôle des concentrations entre entreprises», *Revue du Marché commun et de l'Union européenne*, n.º 460, juillet-août 2002, p. 482.

TIROLE, Jean, *The Theory of Industrial Organization*, Cambridge (EUA)/London, The MIT Press, 1989 (citado: *The Theory...*).

TRIMARCHI, Pietro, «Il problema giuridico delle pratiche concordate fra oligopolisti», *in Studi in onore di Francesco Santoro-Passarelli*, vol. IV (Diritto e Processo Civile), Napoli, Dott. Eugenio Jovene, 1972, p. 691 (citado: «Il problema...»).

TURNER, Donald F., «The definition of agreement under the Sherman Act: conscious parallelism and refusals to deal», *HLR*, vol. 75, n.º 4, February 1962, p. 655 (citado: «The definition...»).

– «The scope of antitrust and other economic regulatory policies», *HLR*, vol. 82, n.º 6, April 1969, p. 1207.

ULMER, Peter, «Bemerkungen zum Valium-Beschluß des Bundesgerichtshofs», *BB*, caderno 8, de 20.3.1977, p. 357.

ULSHÖFER, Matthias, «Der Einzug des Herfindahl-Hirschman Index (HHI) in die europäische Fusionskontrolle», *ZWeR*, 1/2004, p. 50 (citado: «Der Einzug...»).

VAN ARNHEIM, Elke, *Der räumlich relevante Markt im Rahmen der Fusionskontrolle. Staatsgrenzen als Marktgrenzen*, Köln/Berlin/Bonn/München, Carl Heymanns, 1991 (citado: *Der räumlich...*).

VAN BAEL, Ivo/BELLIS, Jean-François, *Competition Law of the European Community*, 4ª ed., The Hague, Kluwer Law International, 2005 (citado: *Competition...*).

VAN DAMME, J. A., *La politique de la concurrence dans la C.E.E.*, Kortrijk/ /Bruxelles/Namur, UGA, 1980 (citado: *La politique...*).

VAN DER ESCH, Bastiaan, «Der Stellenwert des unverfälschten Wettbewerbs in der Rechtsprechung des Europäischen Gerichtshofes und der Verwaltungspraxis der Kommission», *WuW*, 7 e 8/1988, p. 563.

VAN GERVEN, Gerwin/NAVARRO VERONA, Edurne, «The *Wood Pulp* Case and the Future of Concerted Practices», *CMLR*, 1994, p. 575 (citado: «The *Wood Pulp* Case...»).

VARELA, Antunes/BEZERRA, J. Miguel/NORA, Sampaio e, *Manual de Processo Civil – De acordo com o Dec.-Lei 242/85*, 2ª edição (reimpressão), Coimbra, Coimbra Editora, 2004 (citado: *Manual...*).

VAZ, Manuel Afonso, *Direito Económico. A ordem económica portuguesa*, 4ª ed., Coimbra, Coimbra Editora, 1998 (citado: *Direito...*).

VEDOVE, Giampaolo Dalle, *Concentrazioni e Gruppi nel Diritto Antitrust*, Padova, CEDAM, 1999 (citado: *Concentrazioni...*).

VELASCO SAN PEDRO, Luis Antonio, «Acuerdos, decisiones colectivas y prácticas concertadas», *in* VELASCO SAN PEDRO, Luis Antonio (Coordinador), *Derecho*

Europeo de la Competencia (Antitrust e Intervenciones Públicas), Valladolid, Editorial LEX NOVA, 2005, p. 53 (citado: «Acuerdos...»).

VELJANOVSKI, Cento, «EC merger policy after *GE/Honeywell* and *Airtours*», *AB*, vol. XLIX, Spring-Summer 2004, p. 153 (citado: «EC merger policy...»).

VENIT, James, «The Evaluation of Concentrations under Regulation 4064/89: The Nature of the Beast», *in* AAVV, *Annual Proceedings of the Fordham Corporate Law Institute (1990). International Mergers and Joint Ventures*, Ardsley-on-Hudson, Transnational Juris Publications, 1991, p. 519 (citado: «The Evaluation...»).

– «Two steps forward and no steps back: economic analysis and oligopolistic dominance after *Kali&Salz*», *CMLR*, 1998, p. 1101 (citado: «Two steps...»).

VENTURA, Raúl, *Fusão, Cisão, Transformação de Sociedades*, Coimbra, Almedina, 1990.

VEROUDEN, Vincent/BENGTSSON, Claes/ALBAEK, Sven, «The Draft EU Notice on horizontal mergers: a further step toward convergence», *AB*, vol. XLIX, Spring-Summer 2004, p. 243 (citado: «The Draft...»).

VICKERS, John, *Competition economics and policy*, 3 October 2002 (texto obtido em consulta efectuada a 22.8.2004 no sítio do *Office of Fair Trading* – www.oft.gov.uk) — citado: *Competition...*.

VILAÇA, José Luís da Cruz, «A modernização da aplicação das regras comunitárias de concorrência segundo a Comissão Europeia. Uma reforma fundamental», *BFD – Volume Comemorativo*, 2003, p. 717.

– «O ordenamento comunitário da concorrência e o novo papel do juiz numa União alargada», *RCEJ*, 2.º Semestre de 2004, n.º 1, p. 37 (citado: «O ordenamento...»).

VILMART, Christine, «La remise en cause par le TPICE de la notion de position dominante collective. L'affaire *Air Tours – First Choice c/ Commission* (TPICE, 6 Juin 2002)», *JCP– La Semaine Juridique Entreprise et Affaires*, n.º 29, 18 juillet 2002, p. 1209 (citado: «La remise...»).

VIRGÍLIO, *Énéide* (edição bilingue), Deuxième Tirage Revu et Corrigé, Paris, Société d'Édition «Les Belles Lettres», 1981, Livro II.

VOGEL, Louis, *Droit de la concurrence et concentration économique*, Paris, Economica, 1988 (citado: *Droit...*).

VOIGT, Stefan/SCHMIDT, André, «Switching to Substantial Impediments of Competition (SIC) can have Substantial Costs–SIC!», *ECLR*, 2004, p. 584 (citado: «Switching...»).

VÖLCKER, Sven B., «Mind the Gap: Unilateral Effects Analysis Arrives in EC Merger Control», *ECLR*, 2004, p. 395 (citado: «Mind...»).

VON HINTEN-REED, Nils/CAMESASCA, Peter D./SCHEDL, Michael, «Reform der Europäischen Fusionskontrolle», *RIW*, 5/2003, p. 321 (citado: «Reform...»).

VON WEIZSÄCKER, C. C., *Barriers to Entry. A Theoretical Treatment*, Berlin/ /Heidelberg, Springer-Verlag, 1980 (citado: *Barriers*...).
– «A welfare analysis of barriers to entry», *BJE*, vol. 11, n.º 2, Autumn 1980, p. 399 (citado: «A welfare...»).

WAELBROECK, Denis, «La notion de position dominante collective», *in* AAVV, *Cuestiones actuales de derecho comunitario europeo*, III, Córdoba, Servicio de Publicaciones de la Universidad de Córdoba, 1995, p. 301 (citado: «La notion...»).

WAGEMANN, Markus, *in* WIEDEMANN, Gerhard (Hrsg.), *Handbuch des Kartellrechts*, München, Beck, 1999, p. 503.

WAGNER, Achim, «Der Systemwechsel im EG-Kartellrecht – Gruppenfreistellungen und Übergangsproblematik», *WRP*, 2003, p. 1369 (citado: «Der Systemwechsel...»).

WALLRAFF, Arnold, «Enges Oligopol und Mißbrauch. Zum Verhältnis von § 22 Abs. 2 zu Abs. 4 des GWB», *WuW*, 4/1974, p. 211.

WEIDENBACH, Georg/LEUPOLD, Henning, «Das Impala-Urteil des EuG – Gemeinsame Marktbeherrschung "letzter Akt"?», *EWS*, 10/2006, p. 433 (citado: «Das Impala-Urteil...»).

WEISER, Christian, *Preismißbrauch nach Artikel 86 EWG-Vertrag: eine Untersuchung zum Ausbeutungsmißbrauch im europäischen Recht*, Köln/Berlin/ /Bonn/München, Carl Heymanns, 1987 (citado: *Preismißbrauch*...).

WEIß, Wolfgang, *in* CALLIESS, Christian/RUFFERT, Matthias (Hrsg.), *Kommentar des Vertrages über die Europäische Union und des Vertrages zur Gründung der Europäischen Gemeinschaft – EUV/EGV*, 2ª ed., Neuwied/Kriftel, Luchterhand, 2002, p. 1002 (citado: *in* CALLIESS/RUFFERT, *Kommentar*...).

WEITBRECHT, Andreas, «Das neue EG-Kartellverfahrensrecht», *EuZW*, 3/2003, p. 69 (citado: «Das neue EG-Kartellverfahrensrecht»).

WESSELS, Theodor, «Bemerkungen zum Begriff des Monopolmissbrauchs», *ZgS*, 1959, p. 526 (citado: «Bemerkungen...»).

WESSELY, Thomas, *in CMLR*, 2001, p. 739 (citado: *in CMLR*, 2001).

WHEELER, Sally, «The relationship between Article 85 (3) and Article 86», *ELR*, 1991, p. 308.

WHISH, Richard, *Competition Law*, 5ª ed., London/Edinburgh, LexisNexis UK, 2003 (citado: *Competition Law*).

WHISH, Richard/SUFRIN, Brenda, «Oligopolistic Markets and EC competition Law», *YEL*, 12 – 1992, Oxford, Clarendon Press, 1993, p. 59.

WIEDEMANN, Gerhard, *Kommentar zu den Gruppenfreistellungsverordnungen des EWG-Kartellrechts*, vol. I, Köln, Verlag Dr. Otto Schmidt, 1989 (citado: *Kommentar*...).

WILLIAMSON, Oliver, *Antitrust Economics: Mergers, Contracting, and Strategic Behavior*, Oxford/New York, Basil Blackwell, 1987.

WILLIAMSON, Peter J., «Oligopolistic dominance and EC merger policy», *EE*, n.º 57, 1994, p. 131 (citado: «Oligopolistic...»).

WINCKLER, Antoine/HANSEN, Marc, «Collective dominance under the EC Merger Control Regulation», *CMLR*, 1993, p. 787 (citado: «Collective...).

WIRTZ, Markus M., «Der Mitteilungsentwurf der Kommission zur Beurteilung horizontaler Zusammenschlüsse. Zur Reform der Europäischen Fusionskontrolle», *EWS*, 4/2003, p. 146 (citado: «Der Mitteilungsentwurf...»).

WITHERS, Chris/JEPHCOTT, Mark, «Where to now for E.C. oligopoly control?», *ECLR*, 2001, p. 295 (citado: «Where to...»).

WITTING, Jörg, *Die Beweislastregeln des kartellrechtlichen Diskriminierungsverbots, § 20 II 2 GWB*, Regensburg, S. Roderer Verlag, 2001 (citado: *Die Beweislastregeln...*).

WOLF, Dieter, «L'appréciation concurrentielle d'oligopoles dans l'optique de l'Office Fédéral des Ententes», *RCC*, n.º 84, mars-avril 1995, p. 45 (citado: «L'appréciation...»).

WYATT, Derrick/DASHWOOD, Alan, *The Substantive Law of the EEC*, 2ª ed., London, Sweet & Maxwell, 1987 (citado: *The Substantive...*).

XAVIER, Alberto P., «Subsídios para uma lei de defesa da concorrência», *CTF*, n.º 136, Abril de 1970, p. 87 e n.º 139, Julho de 1970, p. 89 (citado: «Subsídios...»).

YAO, Dennis A./DE SANTI, Susan S., «Game theory and the legal analysis of tacit collusion», *AB*, vol. XXXVIII, Spring 1993, p. 113 (citado: «Game...»).

YSEWYN, Johan/CAFFARRA, Cristina, «Two's Company, Three's a Crowd: The Future of Collective Dominance after the Kali & Salz Judgement», *ECLR*, 1998, p. 468.

ZÄCH, Roger, *Wettbewerbsrecht der Europäischen Union. Praxis von Kommission und Gerichtshof*, München, Beck, 1994 (citado: *Wettbewerbsrecht...*).

– *Grundzüge des Europäischen Wirtschaftsrechts*, Zürich, Schulthess Polygraphischer Verlag, 1996 (citado: *Grundzüge...*).

ZAMPA, Gian Luca, «The Role of Efficiency under the EU Merger Regulation», *EBOR*, 4 (2003), p. 573 [artigo obtido na Internet em visita efectuada a 20.9.2004 (www.journals.cambridge.org)] – citado: «The Role...».

ZIMMER, Daniel, «Kartellrecht und neuere Erkenntnisse der Spieltheorie», *ZHR*, 154 (1990), p. 470 (citado: «Kartellrecht...»).

– «Significant Impediment to Effective Competition. Das neue Untersagungskriterium der EU-Fusionskontrollverordnung», *ZWeR*, 2/2004, p. 250 (citado: «Significant...»).

ZIPPELIUS, Reinhold, *Juristische Methodenlehre*, 9ª ed., München, Beck, 2005 (citado: *Juristische Methodenlehre*).

ZOHLNHÖFER, Werner, *Wettbewerbspolitik im Oligopol. Erfahrungen der amerikanischen Antitrustpolitik*, Tübingen, J. C. B. Mohr (Paul Siebeck), 1968 (citado: *Wettbewerbspolitik...*).

ÍNDICE

SIGLAS E ABREVIATURAS 9

APRESENTAÇÃO 13

Breve indicação da sequência. Dois esclarecimentos 17

PRIMEIRA PARTE
O OLIGOPÓLIO E A COORDENAÇÃO DE COMPORTAMENTOS 21

CAPÍTULO I
FORMAS DE MERCADO. O OLIGOPÓLIO 21

1. Referência às distintas formas de mercado 21
   1.1. Concorrência pura e perfeita 22
   1.2. Monopólio 24
   1.3. Concorrência monopolista 26
2. Oligopólio 28
   2.1. Escrutínio do mercado oligopolístico 28
      2.1.1. Preliminares 28
      2.1.2. Caracterização 30
      2.1.3. Origem. Exemplos 36
      2.1.4. Oligopólio restrito e oligopólio amplo 37
   2.2. Modelos de análise 40
      2.2.1. Anteriores à teoria dos jogos 40
         2.2.1.1. Modelo de COURNOT 40
         2.2.1.2. Modelos de BERTRAND e de EDGEWORTH 42
         2.2.1.3. Modelo de STACKELBERG 45
         2.2.1.4. Crítica 46
         2.2.1.5. Teoria de STIGLER 47

2.2.2. Teoria dos jogos 48
2.2.2.1. Aspectos gerais 48
2.2.2.2. O "dilema do prisioneiro" 50
2.2.2.3. Jogos repetidos de forma finita 53
2.2.2.4. Superjogos 54
2.2.2.4.1. Jogos repetidos de forma infinita com informação perfeita 54
2.2.2.4.2. Jogos repetidos de forma infinita com informação imperfeita 56
2.2.2.5. Síntese 57

CAPÍTULO II
COORDENAÇÃO DE COMPORTAMENTOS EM OLIGOPÓLIO . 61

1. "Escolas" que versam a coordenação 61
1.1. Escola da concentração 62
1.2. Escola da coordenação 63
1.3. Escola da contestabilidade 65
1.4. Escola das ameaças cruzadas 66
2. Coordenação entre as empresas 68
2.1. Causas em geral 68
2.2. Objecto 70
2.3. Factores condicionantes: remissão 73
2.4. Formas 73
2.4.1. Colusão 73
2.4.2. Coordenação tácita 77
3. Posição dominante colectiva: generalidades 82

CAPÍTULO III
MODOS DE CONTROLO 85

1. Comportamentos, resultados, estrutura 85
2. Outras possibilidades 88

SEGUNDA PARTE
CONTROLO PROSPECTIVO DOS OLIGOPÓLIOS 91

PRELÚDIO: A "EMPRESA" NO DIREITO COMUNITÁRIO DA CONCORRÊNCIA 91

A. CONTROLO DAS CONCENTRAÇÕES DE EMPRESAS 97

AA. *PONTOS GERAIS* 97

1. Noção de concentração (direito comunitário) 97
   1.1. Fusão 98
   1.2. Aquisição de controlo 99
   1.3. Criação de empresa comum 103
2. Motivação das concentrações 105
3. Tipos de efeitos anticoncorrenciais das concentrações 109
4. Critério material de autorização das concentrações (direito comunitário). Perspectiva diacrónica 112
   4.1. Regulamento n.º 4064/89 113
   4.2. Livro verde relativo à revisão do Regulamento n.º 4064/89 114
   4.3. Proposta de Regulamento das Concentrações apresentada no final de 2002. Projecto de comunicação da Comissão versando a apreciação das concentrações horizontais 117
   4.4. Regulamento n.º 139/2004. Orientações destinadas à apreciação das concentrações horizontais 120

AB. *EFEITOS COORDENADOS DAS CONCENTRAÇÕES: A POSIÇÃO DOMINANTE COLECTIVA* 125

Referência à delimitação do mercado pertinente 129

CAPÍTULO I
REQUISITOS E DETERMINANTES DA COORDENAÇÃO (É DIZER, DA POSIÇÃO DOMINANTE COLECTIVA) 133

1. Enumeração 133
2. Desenvolvimento 134
   2.1. Estrutura da oferta: poucos vendedores de grande dimensão 134
   2.2. Interacção reiterada entre empresas "pacientes" 140
   2.3. Barreiras à entrada no mercado 142
      2.3.1. Generalidades 142
      2.3.2. Efeitos sobre a concertação 145
      2.3.3. Tipos 146
         2.3.3.1. Barreiras estruturais 146
         2.3.3.2. Barreiras estratégicas 150
         2.3.3.3. Barreiras institucionais 151

2.3.4. Diferenciação da possibilidade de acesso 152
2.3.5. Síntese. Direito comunitário 153
2.4. Capacidade de alcançar composição de interesses aceitável para todos os intervenientes 157
2.5. Aptidão para detectar desvios 160
2.6. Mecanismos que obriguem a respeitar a concertação 162
3. Elementos de concretização 164
3.1. Semelhanças entre as empresas 164
3.2. Reduzidas elasticidade-preço e elasticidade-cruzada da procura global 167
3.3. O problema da homogeneidade dos bens e da elasticidade da procura individual 170
3.4. Transparência 172
3.5. Estabilidade das condições de mercado 174
3.6. A questão do excesso de capacidade 178
3.7. Actuação em diversos mercados 180
3.8. Ausência de poder da procura. Transacções frequentes, regulares, de pequeno/médio calibre 181
4. Práticas facilitadoras e laços estruturais 184
4.1. Práticas facilitadoras 184
4.2. Laços estruturais 188
5. Existência de concertação no passado 189
6. Síntese 190
7. Referência ao acórdão *Airtours* 192
7.1. Pressupostos da posição dominante colectiva 193
7.2. A obrigação de apresentar "provas sólidas" 195
8. Justificação da sequência 200

CAPÍTULO II
GANHOS DE EFICIÊNCIA 203

1. Tipos 203
1.1. Eficiências em termos de custos 204
1.2. Eficiências de ordem qualitativa 206
2. Ponderação dos ganhos de eficiência no direito comunitário 207

CAPÍTULO III
ARGUMENTO DA EMPRESA INSOLVENTE 213

CAPÍTULO IV
SÍNTESE. MODO DE DETERMINAR SE A CONCENTRAÇÃO CRIA OU REFORÇA POSIÇÃO DOMINANTE COLECTIVA. COMPROMISSOS 217

CAPÍTULO V
CONCENTRAÇÕES VERTICAIS, CONCENTRAÇÕES CONGLOMERAIS E POSIÇÃO DOMINANTE COLECTIVA ... 223

1. As concentrações verticais 223
2. As concentrações conglomerais 227

AC. *EFEITOS UNILATERAIS DAS CONCENTRAÇÕES: OLIGOPÓLIOS NÃO COORDENADOS* 231

1. Efeitos unilaterais 231
2. Consideração dos efeitos unilaterais no direito comunitário da concorrência 234

B. OUTRAS POSSIBILIDADES 247

1. Artigo 81.º, n.º 3 CE. Regulamentos de isenção 247
2. Cartas de orientação. Declarações de não aplicabilidade dos artigos 81.º e 82.º CE 253
3. Possibilidade de realizar inquéritos sectoriais 255

TERCEIRA PARTE
CONTROLO RETROSPECTIVO DOS OLIGOPÓLIOS 257

Esclarecimento prévio acerca dos compromissos 257

A. O ARTIGO 81.º, n.º 1 CE E O CONTROLO DOS OLIGOPÓLIOS 261

1. O problema 261

2. Acordos e paralelismo inteligente 262
3. Decisões de associações de empresas e paralelismo inteligente 267
4. Práticas concertadas e paralelismo de conduta 268
4.1. Noção de prática concertada 269
4.2. Práticas concertadas e paralelismo involuntário 273
4.3. Não-aplicação do art. 81.º, n.º 1 CE ao paralelismo inteligente ... 274
4.4. O paralelismo enquanto elemento de prova da concertação no caso de falta de provas directas 276
4.5. A presunção desfavorável às empresas no caso de existência de provas directas 286
5. Práticas facilitadoras no âmbito do artigo 81.º CE 292
5.1. Troca de informações 292
5.2. Outras práticas 296
5.3. Conclusão 297
6. Nótula a propósito da "teoria da infracção única" 297
7. Nota final 299

B. A DOMINAÇÃO COLECTIVA NO QUADRO DO ARTIGO 82.º CE 301

CAPÍTULO I
ALCANCE DO ARTIGO 82.º CE 301

1. "Uma ou *mais empresas*": a perspectiva estreita do art. 82.º CE 302
2. Interpretação da norma. Perspectiva ampla do art. 82.º CE 305

CAPÍTULO II
APURAMENTO DA EXISTÊNCIA DE POSIÇÃO DOMINANTE COLECTIVA 315

1. Referência à determinação do mercado pertinente 317
2. Posição *colectiva*: falta de concorrência substancial nas relações internas ... 318
2.1. Acordos, decisões de associações e práticas concertadas 321
2.2. Grupos de sociedades 326
2.3. Interdependência conjectural 334
2.4. Dominação colectiva: outros fundamentos? Aplicabilidade em concorrência monopolista? 344
3. Posição *dominante*: possibilidade de comportamento autónomo face a concorrentes, parceiros comerciais e consumidores 346

3.1. Estrutura do mercado ... 348
3.2. Estrutura e características das empresas ... 353
3.3. Critérios de comportamento ... 355
3.4. Critérios de resultado ... 357
4. A posição dominante colectiva vertical ... 358

CAPÍTULO III

ABUSO DE POSIÇÃO DOMINANTE COLECTIVA ... 363

1. Aspectos gerais ... 363
2. Catálogo de exemplos constante do art. 82.º CE ... 366
3. Outros exemplos ... 372
4. O paralelismo constitui *abuso* de posição dominante colectiva? ... 379
4.1. Abuso de exploração? ... 380
4.2. Abuso anticompetitivo? ... 384
4.3. Abuso de estrutura? ... 385
5. Abuso por parte de um, de alguns ou de todos os membros do colectivo 386

QUARTA PARTE

CONTROLO DOS OLIGOPÓLIOS NO DIREITO NORTE-AMERICANO. SEMELHANÇAS E DIFERENÇAS RELATIVAMENTE AO DIREITO COMUNITÁRIO 389

A. CONTROLO DAS CONCENTRAÇÕES DE EMPRESAS ... 391

1. Teste que preside ao exame das concentrações ... 391
2. Efeitos coordenados das concentrações ... 394
2.1. Demarcação do mercado relevante ... 394
2.2. Estrutura da oferta. O relevo da "*prima facie* evidence rule" ... 395
2.2.1. Estrutura da oferta ... 395
2.2.2. O relevo da "*prima facie* evidence rule" ... 397
2.3. Possibilidade de alcançar coordenação ... 401
2.4. Detecção e punição do *cheating* ... 403
2.5. Acesso ao mercado ... 407
2.6. Ganhos de eficiência ... 409
2.7. A *failing firm defense* ... 411
3. Efeitos unilaterais das concentrações ... 413
3.1. Preliminares ... 413
3.2. Exame dos efeitos não coordenados ... 414

4. Compromissos ... 420
5. Nota final ... 421

B. OUTROS MECANISMOS ... 425

1. A *Section* 1 do *Sherman Act* e o paralelismo interdependente ... 426
   1.1. O debate entre TURNER e POSNER ... 427
   1.2. A jurisprudência ... 433
   1.3. Notas finais ... 441
2. Recurso à *Section* 2 do *Sherman Act* ... 442
   2.1. Preliminares ... 442
   2.2. A jurisprudência ... 444
   2.3. Nota final ... 448
3. Emprego da *Section* 5 do *Federal Trade Commission Act*. Remissão parcial para o problema das práticas facilitadoras ... 449
4. Práticas facilitadoras ... 452
   4.1. Troca de informações ... 452
   4.2. Outras práticas ... 458
   4.3. Nota final ... 462
5. Síntese conclusiva ... 463

SÍNTESE E CONCLUSÕES ... 465

BIBLIOGRAFIA ... 487